Karl C. Thalheim

VERÖFFENTLICHUNGEN DER

HISTORISCHEN KOMMISSION ZU BERLIN

BAND 70/1

OTTO BÜSCH · WOLFGANG HAUS

GEORG KOTOWSKI · HANS JOACHIM REICHHARDT

BERLINER DEMOKRATIE 1919—1985

BAND 1

Walter de Gruyter & Co. · Berlin · New York

1987

BERLINER DEMOKRATIE

1919—1985

I

OTTO BÜSCH · WOLFGANG HAUS

Berlin als Hauptstadt der Weimarer Republik 1919—1933

Mit einem statistischen Anhang zur

WAHL- UND SOZIALSTATISTIK

DES DEMOKRATISCHEN BERLIN

1919—1933

herausgegeben von der

'Arbeitsgruppe Berliner Demokratie'

am Fachbereich Geschichtswissenschaften

der Freien Universität Berlin

Walter de Gruyter & Co. · Berlin · New York

1987

Festgabe aus Anlaß der 750-Jahr-Feier der Stadt Berlin 1987

Herstellung und Druck mit Unterstützung der
Sparkasse der Stadt Berlin West

Herstellung der Statistik mit Unterstützung der
Freien Universität Berlin

Die Schriftenreihe der Historischen Kommission zu Berlin
erscheint mit Unterstützung des
Senators für Wissenschaft und Forschung, Berlin

Lektorat der Schriftenreihe
Christian Schädlich

CIP-Kurztitelaufnahme der Deutschen Bibliothek

Büsch, Otto:
Berlin als Hauptstadt der Weimarer Republik: 1919—1933 / Otto Büsch; Wolfgang Haus. Mit e. statist. Anh. zur Wahl- und Sozialstatistik des demokratischen Berlin: 1919—1933 / hrsg. von d. „Arbeitsgruppe Berliner Demokratie" am Fachbereich Geschichtswiss. d. Freien Univ. Berlin.
— Berlin; New York: de Gruyter, 1987
(Berliner Demokratie; Bd. 1)
(Veröffentlichungen der Historischen Kommission zu Berlin; Bd. 70)
ISBN 3 11 010176 9

NE: Haus, Wolfgang:; Wahl- und Sozialstatistik des demokratischen Berlin; Historische Kommission <Berlin, West> : Veröffentlichungen der Historischen...

Satz und Umbruch: Historische Kommission zu Berlin, Berlin 38
Druck: Werner Hildebrandt, Berlin 65
Einband: Lüderitz & Bauer, Berlin 61

EINLEITUNG

Die Hauptstadt und Weltstadt Berlin hat in der ersten wie in der zweiten deutschen Demokratie, in der Weimarer Republik wie in den Jahrzehnten nach dem Zweiten Weltkrieg, eine je besondere politische Stellung eingenommen. Wie in anderen, vergleichbaren Großstädten in den beiden historischen Epochen formte sich ein Gemeinwesen heraus, das den Typ der modernen Kommunaldemokratie in einer besonderen Weise verkörperte. Die zentralen hauptstädtischen und weltstädtischen Funktionen der demokratischen Metropole Berlin haben im erstgenannten Zeitraum eine mehr national oder staatlich beeinflußte, im Nachkriegs-Berlin hingegen eine überwiegend von der Weltpolitik bestimmte demokratische Entwicklung herbeigeführt. In jedem Fall präsentiert sich Berliner kommunale Demokratie als eine von den sachlichen Aufgaben der Selbstverwaltung der Großgemeinde für die Sicherung der täglichen Existenz ihrer Bürger her bestimmte städtische und in besonderem Maße bezirkliche Demokratie, die sich gewiß auch im Spannungsfeld zwischen Parteien, Ideologien und Programmen, und zwar auf kommunaler wie staatlich-nationaler und internationaler Ebene und innerhalb von Regierungen, Verwaltungen und parlamentarischen Körperschaften, abspielt — und doch immer auf die gemeinnötigen Bedürfnisse des täglichen gemeindlichen Lebens, vor allem in den Bezirken, direkt bezogen bleibt. „Berliner Demokratie" in der Weimarer Republik wie in den Nachkriegs- und Wiederaufbaujahrzehnten nach dem Zweiten Weltkrieg stellt sich also dar als eine Mischform von parlamentarisch-demokratischer Praxis, wie sie auf nationaler, weltpolitisch eingebundener Ebene mit Zentralitätsfunktion für die ganze Nation ausgeübt wird, und einem politischen Entscheidungshandeln auf gemeindlicher Ebene, in dessen Mittelpunkt vorrangig Notwendigkeiten des täglichen Lebens der Bürger in der Kommune stehen. Sie bildet so zugleich einerseits einen Testfall der liberalen Demokratie in Deutschland im Bereich und unter den besonderen Bedingungen der städtischen und bezirklichen Selbstverwaltung mit ihren vielfältigen Leistungen, andererseits aber auch ein für die gemeindliche Selbstverwaltung atypisches, höchst eigenes Beispiel einer hauptstädtisch und weltpolitisch bestimmten, demokratisch geleiteten Millionenstadt.

Die sehr unterschiedliche Einbindung der Berliner Demokratie einerseits als Hauptstadt des demokratischen Freistaats Preußen und als Reichshauptstadt der Weimarer Republik, andererseits als international besetzte Viersektorenmetropole und schließlich geteilte Stadt eines gespaltenen Deutschland hat es erforderlich gemacht, ihre Geschichte in zwei Teilen zu präsentieren, die einmal die Epoche von 1919 bis 1933, zum anderen die — ebenso wie die erste — in Phasen gegliederte Entwicklung von 1945 bis 1985 umfassen. Die Autoren des ersten Bandes legen hiermit zunächst die politisch-soziale Geschichte des demokratischen Berlin in der Weimarer Republik vor. Der alsbald nachfolgende zweite Band behandelt in der Darstellung seiner Verfasser die Entwicklung der Viersektorenstadt bis 1948/49, des Landes Berlin bis in die entscheidenden sechziger Jahre und darüber hinaus bis 1985.

*

Bei der Aufteilung des Zeitraumes von 1919 bis 1933 unter die beiden Autoren des vorliegenden ersten Bandes haben nicht nur Überlegungen zur Periodisierung der Berliner Selbstverwaltungsdemokratie eine Rolle gespielt. Eine Phase vom Übergang der alten Reichshauptstadt aus dem Kaiserreich in die neue Stadtgemeinde Groß-Berlin seit 1920 bis zur großen politischen und wirtschaftlichen Krise auf kommunaler wie nationaler und weltwirtschaftlicher Ebene sowie zur Änderung der Berliner Verfassung im Jahr 1931 wurde abgelöst von einer Phase der Umwandlung und schließlich der Zerschlagung der demokratischen Selbstverwaltung Berlins im Zuge des größeren Auflösungsprozesses der Weimarer Demokratie und des Überganges in die Diktatur des nationalsozialistischen ‚Dritten Reiches'. Beide Perioden lassen sich nur erfassen im steten Rückgriff und Vorgriff auf die jeweils andere. Die sie behandelnden Beiträge können daher nur schwerpunkthaft in der jeweils vorrangig dargestellten Phase wurzeln und beziehen sich von dort aus auf den Gesamtzeitraum der Weimarer Republik. Dabei bestätigte sich für die Autoren erneut, daß aus der Sicht der Berliner Kommunaldemokratie mancher Schwerpunkt der deutschen Geschichte in der Zeit der Weimarer Republik ein anderes Gewicht erhält, als er es in vielen bisherigen Arbeiten über diesen Zeitraum erhalten hat, wie umgekehrt der Einfluß der „großen" Politik auf staatlicher und Reichsebene als konstitutiver Bestandteil der Berliner Entwicklung auch in den vorliegenden Beiträgen gewürdigt wird. Freilich konnten deshalb nationale Ereignisse am Ort Berlin, die in der Literatur bereits häufiger geschildert worden sind, hier unter dem erstgenannten Gesichtspunkt oftmals bewußt kursorisch behandelt werden.

Die Aufgabenverteilung zwischen den Autoren des vorliegenden Bandes war auch daran orientiert, daß in der Schilderung der erstgenannten Phase der politisch-sozialen Geschichte Berlins in der Weimarer Demokratie bis zum Ausgang der zwanziger Jahre stärker die sozial- und wirtschaftsgeschichtlichen sowie die politisch-ökologischen, etwa in der parteien- und wahlhistorischen Entwicklung zum Ausdruck kommenden Grundzüge und Voraussetzungen behandelt werden; im zweiten Teil, der vor allem Krise und Sturz der Berliner Demokratie behandelt, kommen mehr die verfassungs- und verwaltungs- sowie die mentalitäts- und kulturgeschichtlichen Signaturen der politischen und sozialen Entwicklung des demokratischen Berlin zur Darstellung. Die Verfasser haben damit bewußt einerseits chronologische und thematische Überschneidungen und, in begrenztem Umfang, auch Wiederholungen in Kauf genommen, andererseits sich nicht gescheut, dem Leser auch Nuancen der Interpretation des Geschehenen anzubieten, wie sie sich aus dem selbständigen Aufbau des jeweiligen Einzelbeitrages und der unabhängigen Sicht des einzelnen Autors ergaben. Die beiden Beiträge dieses Bandes zur Geschichte der Berliner Demokratie in der Weimarer Republik sind also vielfältig aufeinander bezogen und ergänzen sich, ohne auf die selbständige Interpretation der gemeinsamen Thematik zu verzichten. Dies geschieht in der Überzeugung, daß der Benutzer des Bandes aus dem Vergleich der gelegentlich anderen Gewichtung der historischen Fakten eine Unterstützung für seine eigene selbständige Urteilsfindung gewinnen kann.

Im ersten Teil der folgenden Darstellung stehen die Bedingungen und Voraussetzungen für die Konstituierung der Berliner Demokratie seit 1919 im Vordergrund, dann die Wähler und ihre Entscheidungen im anschließenden Jahrzehnt des Ausbaus und der Praxis der sozialbetonten Stadtdemokratie. Beispielhaft werden die Leistungen der demokratischen Berliner Stadtverwaltung, das Zusammenspiel von Stadtparlament und Magistrat auf den Gebieten der kommunalen Versorgungswirtschaft, der gemeindlichen Unternehmen in ihrem Zusammenhang mit der Stadtverfassung, mit der gemeindlichen Finanzverfassung Groß-Berlins und mit den demokratischen Institutionen der städtischen und bezirklichen Selbstverwaltung gezeigt. Im zweiten Teil werden die Wechselwirkungen zwischen Kommunalverfassung und Dezentralisierung der Großstadt Berlin auf ihre demokratischen Elemente hin untersucht. Geschildert wird, wie Verwaltungsleistungen und weitreichende politische Grundsatzziele mit den Notwendigkeiten des Tages in einen Dauerkonflikt kommen. Die Chancen der Berliner Demokratie, sich zu bewähren, dann die Krisenelemente stehen im Vordergrund der Betrachtung. Das kulturelle Berlin wird — notgedrungen nur knapp — mit seinen Anteilen an der Berliner Demokratie vorgestellt. Deutlich soll im ersten wie im zweiten Teil dieser Darstellung werden, was an demokratischem Potential unverlierbar bleibt. Der später nachfolgende zweite Band des Gesamtwerkes soll das Erbe für die Nachkriegsdemokratie bis in die Gegenwart sichtbar machen.

*

Beiden Bänden ist eine Wahl- und Sozialstatistik des demokratischen Berlin für den jeweils in einem Band dargestellten Zeitraum beigegeben. Im vorliegenden ersten Band ist sie unter Leitung von Otto *Büsch* und unter Mitarbeit von Sabine *Jung*, Martina *Sönnichsen* und Alexander *Wilde* von Andreas *Splanemann* verantwortlich bearbeitet und kommentiert worden und entstanden im Rahmen der ‚Arbeitsgruppe Berliner Demokratie' des Forschungsprojektschwerpunkts „Geschichte Berlins" des Fachbereichs Geschichtswissenschaften der Freien Universität Berlin. In der Gegenüberstellung der Wahlergebnisse von Bezirks- und Stadtverordneten-, preußischen Landtags- und deutschen Reichstagswahlen sowie von Reichspräsidentenwahlen und Volksabstimmungen in Alt-Berlin und Groß-Berlin zwischen 1919 und 1933 und der Bevölkerungs-, Konfessions- und Erwerbsstatistik nach Berufsgruppen und Wirtschaftszweigen in Alt-Berlin, Groß-Berlin und in den Berliner Bezirken nach den Stichjahren der Volkszählungen von 1925 und 1933 hoffen die Bearbeiter dieser erstmals in einer solchen Kombination zusammengestellten und kommentierten Statistik, einen Beitrag zum Verständnis der Faktoren und Zusammenhänge geben zu können, die zu diesen Wahlergebnissen geführt haben. Zugleich soll so ein Überblick über die räumliche Zuordnung der Ergebnisse ermöglicht werden, der es erlaubt, die Wahlgeographie und -geschichte Berlins in diesem Zeitraum mit den Daten und Ereignissen der politischen Geschichte der Reichshauptstadt leichter als zuvor in eine aufschlußreiche Verbindung zu setzen.

*

Die Geschichte der „Berliner Demokratie 1919—1985“ ist ein Beitrag der Historischen Kommission zu Berlin und der Autoren dieses Werkes zur 750-Jahr-Feier Berlins 1987. Der herausgebenden Institution ebenso wie den Autoren und dem Verlag kam es deshalb darauf an, diese Publikation schon äußerlich so zu gestalten, daß sie möglichst vielen Interessenten eine relativ leicht zugängliche Lektüre bietet. Daher haben sie darauf verzichtet, einen komplizierten wissenschaftlichen Anmerkungsapparat beizugeben und die Darstellung mit methodologischen oder theoretischen Ausführungen über Vorgehensweise, Selektionskriterien oder kategoriale Definitionen etc. zu befrachten. Auch das Literaturverzeichnis im Anhang des vorliegenden ersten Bandes stellt eine auf Beispiele und Grundlagen reduzierte Titelauswahl dar, die es dem kritischen Leser und Benutzer freilich erlaubt, die Ausführungen der Autoren dieses Bandes mit den vielfältigen Interpretationen zu vergleichen, die ihm die in dieser Auswahlbibliographie enthaltenen Werke anbieten. Der Bildteil endlich, der in die Mitte zwischen die beiden Darstellungsteile gestellt ist, soll es dem Leser erleichtern, sich im Rückblick auf den ersten und im Blick auf den folgenden Teil dieses Bandes den Zugang zu der politischen Kultur der Weimarer Demokratie im Ausschnitt der Berliner Selbstverwaltungsgeschichte jener Epoche zu erschließen, die bei aller inneren Widersprüchlichkeit doch den faszinierenden Eingang zum modernen Berlin in Politik und Gesellschaft, Wirtschaft und Kultur dieser gleichermaßen lokal- wie weltpolitisch, regional wie national immer wieder tonangebenden Metropole markiert.

*

Die Historische Kommission zu Berlin ist der ‚Sparkasse der Stadt Berlin West‘ zu außerordentlichem Dank verpflichtet für die Gewährung eines finanziellen Zuschusses, der es ermöglicht hat, diesen Band hiermit im Druck vorzulegen. Die Autoren danken den oben bereits genannten Mitarbeitern für ihre Unterstützung bei der Materialbeschaffung, der Bebilderung und der Bereitstellung statistischer Unterlagen sowie dem Lektor der Historischen Kommission, Christian *Schädlich,* für die sorgfältige Betreuung der Drucklegung.

Die Möglichkeit der Erarbeitung der Wahl- und Sozialstatistik Berlins in der Weimarer Republik ist der finanziellen Hilfe zu verdanken, die die Freie Universität Berlin auf Empfehlung der zentralen ‚Ständigen Kommission für Forschung und wissenschaftlichen Nachwuchs' und auf Anordnung ihres Präsidenten, Prof. Dr. Dieter *Heckelmann*, gewährt hat.

Der Dank aller gilt auch den Archiven und Bibliotheken innerhalb und außerhalb Berlins und deren Mitarbeitern, die das wissenschaftliche Grundlagen- und Bildmaterial zur Verfügung gestellt haben, das den Darstellungen dieses Bandes zugrunde liegt.

Alle an dieser Publikation beteiligten Personen und Institutionen haben an deren Fertigstellung in der Hoffnung mitgewirkt, daß die Besinnung auf die spezifischen Formen demokratischen Lebens in den entsprechenden Epochen der Berliner Geschichte im deutschen, europäischen und weltweiten Zusammenhang den Blick weiten möge für die Gefahren, aber auch die großen Chancen eines Gemeinwesens wie des demokratischen Berlin.

Berlin-Nikolassee,
im April 1987

Otto Büsch *Wolfgang Haus*
Georg Kotowski *Hans Joachim Reichhardt*

INHALT

ERSTER TEIL

Entstehung und Leistung der ersten Berliner Demokratie: Das neue Groß-Berlin als Hauptstadt der Weimarer Republik

Otto Büsch

ERSTER TEIL

Entstehung und Leistung der ersten Berliner Demokratie: Das neue Groß-Berlin als Hauptstadt der Weimarer Republik

Otto Büsch

INHALT

VERZEICHNIS
der Tabellen und Schaubilder im Text

ERSTER TEIL

Entstehung und Leistung der ersten Berliner Demokratie: Das neue Groß-Berlin als Hauptstadt der Weimarer Republik

Otto Büsch

I

Berlin im Übergang vom Kaiserreich zur Republik Die Entstehung der modernen Selbstverwaltungsdemokratie

Mit der Einführung des demokratischen allgemeinen und gleichen, erstmals auch für Frauen geltenden Verhältniswahlrechts in der preußischen und deutschen Hauptstadt Berlin im Januar 1919 — nicht nur für die Wahl des deutschen Reichstags, sondern auch für die Wahlen zur Berliner Stadtverordnetenversammlung und zum preußischen Landtag — und mit der Übergabe kommunalpolitischer und administrativer Selbstverantwortung an die Stadtverordnetenversammlung und den Magistrat fand die Demokratisierung der Berliner Selbstverwaltung, die Geburt der Berliner Selbstverwaltungsdemokratie statt. Der Beginn dieser neuen Epoche in der politischen Geschichte der preußisch-deutschen Metropole erfolgte schon in den 22 historischen Stadtteilen mit ihrer Bevölkerung von 1,9 Millionen Einwohnern in Alt-Berlin, das umringt war von den mehreren, zum Teil ebenfalls großstädtischen Gemeinden, mit denen es seit langem in enger wirtschaftlicher Verflechtung und im Rahmen des im Jahr 1911 gebildeten ‚Zweckverbands Groß-Berlin' auch in einer administrativen Verbindung stand. Inmitten des gesellschaftlichen und politischen Wandlungsprozesses, der sich in Stadt, Staat und Reich in Deutschland nach dem Ersten Weltkrieg vollzog, erlebte die Reichshauptstadt dann aber den politisch-administrativen und kommunalwirtschaftlichen Zusammenschluß von 94 Stadtgemeinden, Vororten und Gutsbezirken zur Einheitsgemeinde Groß-Berlin, die nun in 20 Bezirken 3,8 Millionen Menschen umschloß. In diesem neugeschaffenen kommunalen, für die damalige Zeit riesigen Gebilde mußten die demokratisch gewählten städtischen Organe im Rahmen ihrer veränderten Verantwortlichkeiten nicht nur die durch Nachkriegsnot und Inflation, weltstädtische Aufbauprobleme und internationale Krisen bedingten Aufgaben bewältigen, sondern auch einen der neuen Verfassungsordnung der Weimarer Republik entsprechenden Verwaltungs- und Wirtschaftsstil entwickeln: ein System der demokratisch bestimmten politischen Gewichtung und Ausbalancierung der kommunalen Selbstverwaltungsaufgaben der hauptstädtisch orientierten, funktional in die nationale Geschichte Preußen-Deutschlands eingebundenen Großgemeinde.

Zur Vorgeschichte der Einheitsgemeinde von 1920

Schon einmal in seiner politisch bewegten Geschichte hatte Berlin eine entscheidende Zäsur seiner kommunalen Verfassung und administrativen Organisation, ebenfalls nach einem verlorenen Kriege und inmitten eines bedeutenden Verfassungswandels auf staatlicher ebenso wie auf provinzialer und kommunaler Ebene erfahren. Im Rahmen der Reformgesetzgebung des preußischen Staates führte als leitender Minister der preußischen Monarchie Freiherr vom Stein im November 1808 eine neue Städteordnung ein, mit der an die Stelle einer vom absolutistischen Staat von oben eingesetzten und reglementierten Stadtobrigkeit eine von der wahlberechtigten Bürgerschaft gewählte Stadtverordnetenversammlung und ein von dieser gewählter Magistrat traten, denen im Sinne der Mobilisierung des „Gemeinsinns" der Bürger aufgegeben war, die städtischen Verwaltungsangelegenheiten selbständig und in eigener finanzieller Verantwortung wahrzunehmen. Freilich erfüllten weder das Wahlrecht, auf das nur etwa sechs bis acht Prozent der mit Bürgerrecht ausgestatteten Besitzbürger Anspruch hatten — alle anderen Bewohner waren bloße „Schutzverwandte" —, noch das Maß der Funktionen der städtischen Organe, deren Tätigkeit in wesentlichen Bereichen überdies durch parallele staatliche Instanzen und im allgemeinen durch die Staatsaufsicht erheblich eingeschränkt oder gar ausgeschaltet war, die Vorstellungen von einer freien kommunalen „Selbstverwaltung"; und auch die nach mancherlei Veränderungen der preußischen Kommunalverfassung 1831 und 1850 schließlich im Mai 1853 eingeführte Städteordnung für die östlichen Provinzen des preußischen Staates, die im Prinzip noch in der Weimarer Republik im Freistaat Preußen die Grundlage der Verwaltung bildete, enthielt einige, eine echte Selbstverwaltung einschränkende Bestimmungen. Sowohl der Oberpräsident der Provinz Brandenburg als auch der Regierungspräsident des Bezirks Potsdam wie schließlich der Berliner Polizeipräsident waren dem Magistrat übergeordnet. Von einer „demokratischen" Selbstverwaltung konnte weder bei der Städteordnung von 1808 noch bei der von 1853 die Rede sein, so sehr auch die Leistungen der bürgerlich-liberalen Vertreter der Selbstverwaltung des ausgehenden 19. und frühen 20. Jahrhunderts — der Rudolf *Virchow*, Rudolf *Gneist*, August *Borsig* und anderer in der Stadtverordnetenversammlung, der Oberbürgermeister Karl *Seydel*, Arthur *Hobrecht*, Max *von Forckenbeck*, aber auch eines Martin *Kirschner* (bis 1912) und eines Adolf *Wermuth* (1912—1920), Oberhaupt der Stadt Berlin in Weltkriegszeit und Novemberrevolution — für die breite Bevölkerung mit Recht immer wieder hervorgehoben worden sind. Hier brachte das „Gesetz über die Bildung der neuen Stadtgemeinde Berlin" vom 27. April 1920 bei allen von den Zeitgenossen wie von späteren Kritikern vorgebrachten Unzulänglichkeiten im ganzen doch einen entscheidenden Wandel: Der politisch-soziale Ereignisablauf erweist, daß es, zunächst wenigstens für ein Jahrzehnt, die Basis für eine Reihe durch Wählerentscheidungen der gesamten Bürgerschaft getragene, demokratische Selbstverwaltungsmaßnahmen bilden konnte. Die Schaffung von Groß-Berlin als Einheitsgemeinde und politische Hauptstadt wie wirtschaftliches Zentrum des Freistaates Preußen und des Deutschen Reiches der Weimarer Verfassung war, für sich gesehen, bereits eine erhebliche Leistung.

Die über Jahrzehnte immer wiederholte Forderung nach einer verfassungsrechtlichen Absicherung der *de facto* bereits seit langem bestehenden wirtschaftlichen und verkehrsmäßigen Verschränkung Alt-Berlins und der sie umgebenden Einzelgemeinden erreichte ihren Höhepunkt nach den Erfahrungen des Ersten Weltkriegs. Die gemeinsamen Probleme der Lebensmittelversorgung, deren sinnfälliger Ausdruck etwa die „Brotkarte für Großberlin" und der „Lebensmittelverband Großberlin" wurden, aber auch der Zwang zur Bildung einer ganzen Reihe von anderen „Groß-Berliner" Gemeinschaftsorganisationen für die Versorgung der Menschen im Wirtschaftsbezirk Groß-Berlin ebenso wie die gemeinsamen Aufstellungen von Baufluchtplänen und Bauordnungen, der Erwerb größerer Freiflächen und die Aufsicht über Straßen- und Schnellbahnen im „Zweckverband Groß-Berlin" deuteten auf die Notwendigkeit des Groß-Berliner Zusammenschlusses hin. Fast ebenso sehr aber zeigten die gleichzeitigen kommunalpolitischen Konkurrenzkämpfe im „Zweckverband" auf dem Gebiet der Verkehrs- und Energiepolitik den Schaden, den es durch einen Zusammenschluß zu vermeiden galt. Ein breites Spektrum des Widerstandes seitens der verschiedenartig motivierten Gegner einer „Eingemeindung" reichte von dem Beharren auf traditioneller Selbständigkeit bei tonangebenden Bürgerkreisen der historisch gewachsenen Einzelstädte und Landschaften um Berlin bis zum Protest gegen alle finanziellen Belastungen durch einen Lastenausgleich zwischen armen und reichen Gemeinden, bei den letzteren bis hin zu der jahrzehntelang genährten Furcht vor den politischen Folgen einer Verbindung bürgerlich-konservativer Gemeinden mit dem „roten" Berlin der großen Arbeitermassen bei der preußischen Regierung. Die Befürworter waren ihrerseits in Lager gespalten: Die Alternative war einerseits das Modell einer gleichsam föderalistischen „Gesamtgemeinde" und andererseits das einer stärker zentralistischen „Einheitsgemeinde". Der Streit fand eine dauerhafte Lösung erst nach der Novemberrevolution von 1918.

Das rätedemokratische Zwischenspiel der Revolution brachte keine einschneidenden Veränderungen für das alte Berlin. An die Stelle des Oberpräsidenten der Provinz Brandenburg traten als Aufsichtsbehörde vier „Volksbeauftragte" für die Stadt Berlin, die der Vollzugsrat der Arbeiter- und Soldatenräte aus den Reihen sozialdemokratischer Stadtverordneter ernannte und die als erste Amtshandlung den Oberbürgermeister *Wermuth* sowie das im Amt befindliche Magistratskollegium baten, unter der neuen Verfassung weiterzuarbeiten. Die Kommunalbehörden setzten, nun im Namen des Vollzugsrats und unter der Kontrolle der Volksbeauftragten, ihre Tätigkeit einfach fort. Politische Gegensätze der Fraktionen der Stadtverordnetenversammlung und der Magistratsmitglieder wurden durch die im November 1918 gebildete, aus 10 Magistratsmitgliedern und 20 Stadtverordneten bestehende und unter dem Vorsitz des Oberbürgermeisters tagende „Große Deputation" aufgefangen. Sie und der für die Versorgung und Wiedereingliederung der bei Kriegsende heimkehrenden Soldaten in das Erwerbsleben geschaffene „Demobilmachungsausschuß Großberlin" — umfassend Alt-Berlin, die fünf Nachbarstädte und die beiden Nachbarkreise Teltow und Niederbarnim — sowie die im April 1919 eröffnete, seit Februar 1920 mit den Nachbarstädten und -kreisen arbeitende „Kommunalisierungsdeputation" fingen den politischen Trend sowohl der kurzen rätedemokratischen Phase als auch der Zeitspanne zwischen dem Wirksamwerden der liberal-demokratischen Weimarer Verfassung für Berlin im Januar 1919 und dem Inkrafttreten des Groß-Berlin-Gesetzes im Oktober 1920 auf.

Die politischen Vorbedingungen des Groß-Berliner Zusammenschlusses

Für die Fortschritte in der Frage des Groß-Berliner Zusammenschlusses wurde nach der Revolution in erster Linie die Ablösung des preußischen Königstaats im Wilhelminischen deutschen Kaiserreich durch die Konstituierung des republikanischen Freistaates Preußen als parlamentarische Demokratie mit einer sozialdemokratisch geführten Regierung im Rahmen des republikanischen Deutschen Reiches der Weimarer Verfassung entscheidend. Die Berliner Stadtverordneten wandten sich im Januar 1919 gegen alle Vorstellungen zur Auflösung des preußischen Staates und bestätigten den Anspruch Berlins als Hauptstadt dieses Staates. Gleichzeitig verlangte der Berliner Magistrat von der Reichsregierung die ihm daraufhin schriftlich gegebene Zusicherung, daß Berlins Stellung ungeachtet des Zusammentritts der konstituierenden deutschen Nationalversammlung in Weimar als Reichshauptstadt unangetastet bleibe. Von der zähen Ausdauer der für die Schaffung der Gemeinde Groß-Berlin eintretenden Einzelpersönlichkeiten wie politischen Gremien, darunter der besonders rührige „Bürgerausschuß Groß-Berlin" unter Leitung des Schöneberger Oberbürgermeisters Alexander *Dominicus* — oppositionell taten sich die „Berliner Vorortgemeinschaft im Kreise Teltow" und der „Bürgerbund Groß-Berlin" hervor —, ist zu berichten. Nach langwierigen Verhandlungen und Auseinandersetzungen zwischen den Einzelgemeinden, dem Zweckverband und der preußischen Regierung über Gebietsumfang und Verfassung der zu bildenden Großgemeinde, die auch starkes Echo in Presse und Öffentlichkeit fanden, wurde auf Antrag des sozialdemokratischen preußischen Innenministers in der Preußischen Landesversammlung in der Schlußabstimmung am 27. April 1920 mit den Stimmen der sozialistischen Parteien und der überwiegenden Mehrheit der liberalen Deutschen Demokratischen Partei die Bildung der „neuen Stadtgemeinde Berlin" als Groß-Berliner Einheitsgemeinde beschlossen. Sie bestand aus den Städten Alt-Berlin, Charlottenburg, Schöneberg,

Wilmersdorf, Lichtenberg, Spandau, Neukölln, Köpenick, 59 Landgemeinden, darunter Steglitz, Lichterfelde, Tempelhof und anderen vorgelagerten Gemeinden, die an Einwohnerzahl zum Teil nicht weit hinter den großen Stadtgemeinden zurückstanden, zum Teil diese gar übertrafen, und 27 Gutsbezirken, die ebenso wie die Landgemeinden, sehr zum Kummer der Landkreise, erhebliche Areale und Kommunen aus den beiden Nachbarkreisen Berlins, dem Kreis Teltow und dem Kreis Niederbarnim, ausgrenzten.

Für die Organisation der demokratischen Selbstverwaltung der neuen Riesengemeinde — nach Areal war Groß-Berlin zu diesem Zeitpunkt die größte Stadt der Welt, nach Bevölkerungszahl stand sie an dritter Stelle unter den Weltstädten — gelang es, eine Kompromißstruktur zu erreichen, in der die überwiegend anerkannte Notwendigkeit zu einer effektiven Zentralisation der Einheitsgemeinde ebenso berücksichtigt war wie der Wunsch nach weitgehender Dezentralisation der von eigenen geschichtlichen Wurzeln getragenen ehemaligen Einzelgemeinden in Bezirken. Das Gesetz vom 27. April 1920 über die Bildung der neuen Stadtgemeinde sah deshalb als zentrale Körperschaften neben der 225 Mitglieder zählenden, alle vier Jahre nach dem Verhältniswahlrecht zu wählenden *Stadtverordnetenversammlung* einen *Magistrat* vor, der sich einschließlich des *Oberbürgermeisters* teils aus bis zu 18 auf 12 Jahre von der Stadtverordnetenversammlung zu wählenden besoldeten und teils aus auf vier Jahre zu wählenden 12 unbesoldeten Mitgliedern zusammensetzte; und es schuf die sich aus Magistratsvertretern, Stadtverordneten und Bürgerschaftsvertretern zusammensetzenden, dem Magistrat beigegebenen *Deputationen.* Die Körperschaften des in 20 Verwaltungsbezirke eingeteilten Stadtgebiets — das Gebiet des ehemaligen Alt-Berlin wurde, nicht ohne Kritik der betroffenen Einwohner und Instanzen, in sechs neue Verwaltungsbezirke gegliedert (Mitte, Tiergarten, Wedding, Prenzlauer Berg, Friedrichshain, Kreuzberg) — waren die parallel zur Zentralverwaltung zu wählenden *Bezirksversammlungen* aus Bezirksverordneten und den aus dem Bezirk stammenden Stadtverordneten, den von der Bezirksversammlung zu wählenden *Bezirksämtern* aus *Bezirksbürgermeister* und bis zu 13 Bezirksstadträten sowie den aus Bezirksamtsmitgliedern, Bezirksverordneten und Vertretern der Bürgerschaft zusammengesetzten *Bezirksdeputationen.* Die Kommunalaufsicht über die Stadt lag beim Oberpräsidenten von Brandenburg; dem Polizeipräsidenten standen die Befugnisse eines Regierungspräsidenten zu: neben den Polizeiangelegenheiten die Gewerbeaufsicht, die Wasserbau- und Gesundheitsverwaltung, die Kirchensteuer- sowie die Theater- und Kunstaufsicht. Außerdem blieb die staatliche Verwaltung am Ort Berlin — Provinzialschulkollegium, preußische Bau- und Finanzdirektion, Landeskulturamt und anderes — erhalten.

Alles in allem standen so Zentralisation und Dezentralisation in einem Wechselspiel, das eine für das Verhältnis von Stadt- und Bezirken in Groß-Berlin recht charakteristische Note des demokratischen Ausgleichs im politischen Entscheidungsprozeß schuf, aber auch Grenzen der kommunalen Selbstverwaltung deutlich werden ließ.* Die zentralen Körperschaften beschlossen den städtischen Haushalt. Der Magistrat oder die zentralen Deputationen behielten sich auch die zentrale Entscheidung über Angelegenheiten und Bereiche vor, die gewiß ebenso die Bezirke betrafen: Finanzverwaltung, Verkehrswesen, Güter und Forsten, städtische Werke und Betriebe, Versorgung und Entsorgung, Feuerwehr, Beschaffungswesen, außerordentliche Fürsorgefragen, Schulwesen, Teile des Krankenhauswesens, Sparkasse und statistische Aufnahmen. Sie ließen ihre Aufgaben teilweise durch gemeinwirtschaftliche Gesellschaften zentral verwalten, wie das Verkehrswesen, Elektrizitäts-, Gas- und Wasserversorgung, Güter, Flughafenbetrieb etc. Die dezentralen, auf die Bezirke verlagerten Aufgaben umfaßten einmal die eigenen Angelegenheiten des Bezirks, zum anderen die vom Magistrat überwiesenen, zum Teil staatlichen Auftragsangelegenheiten, wie etwa Wohnraumfragen, baupolizeiliche Angelegenheiten oder Standesamtsachen und anderes. Ungeachtet solcher Regelungen, durch die die Einheitlichkeit der politisch-administrativen Entscheidungen bei gleichzeitiger Berücksichtigung der regionalen Besonderheiten in den verschiedenen historischen Einzelgemeinden und jetzigen Bezirken gesichert schien, fehlte es jedoch nicht an Unzufriedenheit und Kritik an der gefundenen Lösung der Groß-Berlin-Frage. Noch im Ausgang der Weimarer Zeit war die Auffassung verbreitet, daß etwa die Bezirkseinteilung einerseits historisch Gewachsenes unnötig zerstört habe — dies galt besonders für die Neugliederung des alten Berlin in die sechs Innenbezirke — und daß andererseits die Bevölkerungsziffern und Flächengrößen der Bezirke zu ungleich geschnitten worden waren. Vor allem aber wurde seitens der Bezirke beklagt, daß ihnen zu geringe echte Selbstverwaltungsbefugnisse zugestanden waren

* Weitere Ausführungen hierzu bei Wolfgang Haus, „Chance, Krise und Sturz der Demokratie im Berlin der Weimarer Republik" (im ZWEITEN TEIL des vorliegenden Bandes).

— besonders fehlte ihnen die eigene Steuer- und Finanzhoheit —, wenn sie auch in der Praxis, etwa im Bereich des Schulwesens, weitaus größere Einflußmöglichkeiten praktizierten als zunächst erwartet; gleichzeitig litt die zentrale Verwaltung unter Überforderung und schleppendem Geschäftsgang infolge eines zu komplizierten Instanzenzugs durch die politischen und behördlichen Entscheidungsgremien, so daß Vereinfachungen und Verfahrensabkürzungen eine ständige Aufgabe von Legislative und Exekutive während der gesamten Weimarer Zeit blieben. Die gewaltige Größe des neuen Berlin bewirkte, daß es schon damals eher einem Stadtstaat mit Parlament und Regierung ähnelte als einer beliebigen anderen Kommune. Hinzu kam, daß diese Metropole politisch vorwiegend in nationale, wirtschaftlich auch in internationale Zusammenhänge eingebunden war.

Das Problem der modernen Weltstadtorganisation in der Demokratie mit allen sozialen und politischen Interessenverflechtungen der nach Berufsgruppen und Wirtschaftszweigen wie nach Stadtteilen beziehungsweise Bezirken gegliederten Bevölkerung dieser Stadt im Innern wie nach Außen, im Verhältnis der Stadt zum Staat Preußen und zum Reich, wurde in Groß-Berlin also zum einen durch die administrative Verbindung der Verwaltung der früheren Einzelgemeinden zu gemeinsamen Organen der neuen Zentralverwaltung — Magistrat, Stadtverordnetenversammlung und zentrale Deputationen — und der Bezirksverwaltungen — Bezirksämter und Bezirksversammlungen — gelöst. Es wurde zum anderen bewältigt durch das Prinzip des Ausgleichs der Belastung von einkommensschwachen und wohlhabenden Bevölkerungsschichten und — was zum Teil auf dasselbe herauskam — von armen und reichen ehemaligen Einzelgemeinden und jetzigen Bezirken in einer *de facto* seit langem bestehenden und jetzt endlich verfassungsrechtlich festgeschriebenen Einheit eines siedlungsmäßig und wirtschaftlich in sich verflochtenen Großraums. Dem hatten bis dahin ungezählte Reibungen auf kommunalpolitischem und kommunalwirtschaftlichem einschließlich verkehrspolitischem, stadtplanerischem und steuerpolitischem Gebiet zwischen den früheren Einzelgemeinden Groß-Berlins gegenüberstanden. Jetzt sollte nicht nur die gleichmäßige Belastung, sondern nicht zuletzt auch die gleichmäßige Versorgung aller Bürger der neuen Einheitsgemeinde mit den gemeinnötigen Gütern des täglichen Bedarfs — Wasser, Energie, Transport und anderen Leistungen der städtischen Infrastruktur — und die dazu notwendige Rationalisierung der vorher nebeneinander bestehenden, jetzt zusammengefaßten kommunalen Verwaltungseinrichtungen erreicht werden.

Die neue Stadtverwaltung und die sie tragenden politischen Kräfte — Parteien, Verbände, Parlament, Deputationen — sahen sich dabei einer Sozial- und Wirtschaftsstruktur-, aber auch einer Bedarfsstruktur und Funktionenfülle der Bevölkerung der neugebildeten Hauptstadt gegenüber, die die Vorgehensweise bei der Erfüllung dieser Aufgaben entscheidend bestimmte. Man braucht nur an das Format Berlins als deutsches und internationales Wirtschaftszentrum seit Beginn der Weimarer Zeit zu denken, um das Ausmaß des Aufgabenkreises zu ermessen, dem sich Politik und Verwaltung der neuen Riesenmetropole gegenübersahen.

Demographische und wirtschaftliche Grundlagen

Mit ihrer Bevölkerung von über 3,8 Millionen Menschen — von den 20 Bezirken der Stadt hatten im Jahr 1920 volle 13 über 100 000, 5 über 300 000 Einwohner; auf die sechs Innenbezirke Alt-Berlins und auf die 14 Außenbezirke entfielen jeweils rund 1,9 Millionen — wurde Berlin zum größten geschlossenen *Konsumtionszentrum* Deutschlands. Bis 1925 erhöhten sich diese Zahlen noch auf über vier Millionen für die ganze Stadt, auf über 1,97 Millionen in den Bezirken des alten Berlin, auf über 2 Millionen in den schneller wachsenden Außenbezirken.

(Siehe Tabellen 1—3 und Schaubild 1 auf den folgenden Seiten)

Zugleich war Groß-Berlin mit der Zahl seiner Betriebe und seiner berufstätigen Bevölkerung zum größten *Produktionszentrum* des Reiches geworden. Nach seiner wirtschaftlichen und sozialen Struktur und den Größenordnungen seines Wirtschafts- und Soziallebens stieg Berlin gleichermaßen zur bedeutendsten deutschen Industrie- wie Handels- und Handwerksstadt als auch Banken- und Börsenstadt auf. Die Reichshauptstadt ließ mit der Entwicklung ihres Wirtschaftslebens zwischen 1920 und 1925 nicht nur alle anderen deutschen Großstädte, sondern auch die meisten preußischen Provinzen und deutschen Einzelstaaten hinter sich. Bis zum Jahr 1925 waren von den rund 2,3 Millionen Erwerbstätigen der Stadt etwa 1,7 Millionen in rund 300 000 gewerblichen Betrieben beschäftigt. Damit errang die Berliner Wirtschaft an den im ganzen Reich vorhandenen Gewerbebetrieben einen Anteil von rund einem Zwölftel, an den in ihnen Beschäftigten nicht ganz ein Zehntel der Reichssumme, während die Berliner Bevölkerung mit ihrer seit 1924 über vier Millionen Menschen zählenden Bevölkerung den fünfzehnten Teil der gesamten Reichsbevölkerung ausmachte.

TABELLE 1*

Die Bevölkerung Berlins nach dem Ergebnis der Volkszählung 1871—1925

Verwaltungsbezirk	1871	1885	1890	1895	1900	1905	1910	1919	1925**
Kreuzberg	.	.	.	.	.	.	421.536	366.299	377.253
Wedding	.	.	.	.	.	.	348.682	337.193	351.798
Friedrichshain	.	.	.	.	.	.	361.421	326.062	336.338
Prenzlauer Berg	.	.	.	.	.	.	304.548	311.631	326.311
Mitte	.	.	.	.	.	.	341.235	292.779	295.837
Tiergarten	.	.	.	.	.	.	298.750	273.502	283.581
Alt-Berlin	826.815	1.316.024	1.581.318	1.679.054	1.892.216	2.043.687	2.076.172	1.907.466	1.971.118
Charlottenburg	20.876	45.510	80.063	136.318	192.634	243.041	308.703	325.084	345.139
Neukölln	11.442	28.789	43.314	69.191	101.636	166.045	252.105	279.447	290.327
Schöneberg	4.555	18.009	32.932	70.547	107.048	159.021	207.685	218.926	231.664
Lichtenberg	9.617	28.639	31.500	56.436	58.030	109.638	164.221	183.706	198.832
Wilmersdorf	2.106	4.725	7.322	18.073	37.650	73.675	123.200	157.944	174.884
Steglitz	3.340	15.782	23.959	36.377	50.082	75.952	117.530	146.666	160.580
Spandau	22.989	35.761	51.305	61.931	72.383	77.946	91.076	104.360	111.629
Pankow	7.593	12.713	15.197	21.830	33.545	48.430	76.303	94.399	100.825
Reinickendorf	3.681	13.337	17.879	20.715	33.806	53.878	77.366	92.476	105.467
Treptow	1.921	5.134	10.845	16.318	28.104	44.899	71.985	89.138	97.524
Tempelhof	3.919	7.667	10.170	12.487	17.320	22.681	40.580	60.060	68.009
Cöpenick	8.821	18.304	25.351	31.776	37.314	46.615	51.875	56.910	65.765
Weißensee	2.310	11.369	23.127	30.815	38.875	43.401	50.305	54.553	58.114
Zehlendorf	1.999	3.935	5.865	8.092	11.547	17.140	25.152	32.913	44.288
Außenbezirke	105.169	249.674	378.829	590.906	819.974	1.182.362	1.658.086	1.896.582	2.053.047
Stadt Berlin	931.984	1.565.698	1.960.147	2.269.960	2.712.190	3.226.049	3.734.258	3.804.048	4.024.165

* Nach *Berlins wirtschaftliche Verflechtung.* Im Auftrage des Magistrats bearbeitet im Statistischen Amt der Stadt Berlin (= Mitteilungen des Statistischen Amts der Stadt Berlin, Nr. 8, August 1928), Berlin 1928, S. 7.

** Wohnbevölkerung.

TABELLE 2*

Die durchschnittliche jährliche Zunahme der Bevölkerung Alt-Berlins und der Außenbezirke nach den Ergebnissen der Volkszählungen 1871—1925

Volkszählungsperiode	Die Bevölkerungszu- oder -abnahme betrug im Jahresdurchschnitt absolut			in v. H. des Bevölkerungsstandes zu Beginn der Volkszählungsperiode		
	Alt-Berlin	Außenbezirke	Stadt Berlin	Alt-Berlin	Außenbezirke	Stadt Berlin
1871—1885	34.943	10.322	45.265	4,2	9,8	4,9
1885—1890	53.059	25.831	78.890	4,0	10,3	5,0
1890—1895	19.547	42.415	61.962	1,2	11,2	3,2
1895—1900	42.632	45.814	88.446	2,5	7,8	3,6
1900—1905	30.294	72.478	102.772	1,6	8,8	3,8
1905—1910	6.497	95.145	101.642	0,3	8,0	3,2
1910—1919	— 18.982	26.834	7.852	— 0,9	1,6	0,2
1919—1925	11.267	27.696	38.963	0,6	1,5	1,0
1910—1925	— 7.221	27.149	19.928	— 0,3	1,6	0,5

TABELLE 3*

Die prozentuale Verteilung der Bevölkerungszunahme auf Alt-Berlin und die Außenbezirke 1871—1925

Volkszählungsperiode	Von je 100 der Bevölkerungszunahme in den einzelnen Volkszählungsperioden entfallen auf	
	Alt-Berlin	die Außenbezirke
1871—1885	77,2	22,8
1885—1890	67,8	32,7
1890—1895	31,5	68,3
1895—1900	48,2	51,8
1900—1905	29,5	70,5
1905—1910	6,4	93,6
1910—1919	— 241,7	341,7
1919—1925	28,9	71,1
1910—1925	— 36,2	136,2

* Nach *Berlins wirtschaftliche Verflechtung.* Im Auftrage des Magistrats bearbeitet im Statistischen Amt der Stadt Berlin (= Mitteilungen des Statistischen Amts der Stadt Berlin, Nr. 8, August 1928), Berlin 1928, S. 7.

Mit diesen Zahlen stand die Reichshauptstadt in ihrer neuen Gestalt innerhalb des preußischen Staates an zweiter Stelle nach der Rheinprovinz, mit Abstand vor allen anderen preußischen Provinzen, und innerhalb Deutschlands an dritter Stelle nach Bayern und Sachsen, mit Abstand vor allen anderen deutschen Ländern. Auf 878 qkm vollzog sich das wirtschaftliche Geschehen in Berlin in einem Raum, der nur einen Bruchteil dessen der an Produktionskraft vergleichbaren deutschen Regionen betrug. Diese Zahlen geben ein Bild von der damaligen Wirtschaftskonzentration im neuen Groß-Berlin.

Im stärksten Industriezweig der Stadt, der Metallindustrie, waren in 15 000 Betrieben 400 000 Personen beschäftigt; das waren 12 Prozent der in der gesamten deutschen Eisen- und Metallindustrie arbeitenden Belegschaft. Eine ihrer Untergruppen, die elektrotechnische Industrie, war in Berlin stärker als irgendwo anders in Deutschland zusammengeballt; sie beschäftigte 41 Prozent aller in der deutschen Elektroindustrie tätigen Personen. In der zweiten Untergruppe, der Maschinenindustrie, hatten über 110 000 Personen Arbeit gefunden; das waren 9 Prozent aller im deutschen Maschinenbau beschäftigten Arbeiter und Angestellten. Die zweitgrößte Berliner Industrie, die Bekleidungsindustrie, stellte mit 80 000 Betrieben und 210 000 Beschäftigten über 13 Prozent sämtlicher deutscher Bekleidungsbetriebe und 14,5 Prozent aller darin beschäftigten Personen. Im Baugewerbe waren 105 000, im Nahrungs- und Genußmittelgewerbe 85 000, im Holz- und Schnitzstoffgewerbe 50 000, in der chemischen Industrie 25 000 Personen beschäftigt. Im Vervielfältigungsgewerbe stand Berlin mit 74 000 Beschäftigten und mit der Zahl seiner Betriebe an der Spitze aller deutschen Städte. Die Stadt war ferner führend in der Schuh- und Lederindustrie, in der Möbelindustrie und — in der Filmindustrie. Sie stand mit ihrer Brauereiindustrie an zweiter Stelle nach München. Mit ihrer Zigarettenindustrie nahm sie den gleichen Rang hinter Dresden ein.

Den Berliner Industriebetrieben standen Handwerksbetriebe von gleicher Bedeutung zur Seite. Als größte Handwerksstadt Deutschlands hatte Berlin bis Mitte der zwanziger Jahre 68 000 Handwerksbetriebe mit 224 000 Arbeitnehmern und Lehrlingen. Die Stellung der größten Handelsstadt des europäischen Festlands nahm Berlin mit 73 000 Groß- und Einzelhandelsbetrieben, 54 großen Waren- und Kaufhäusern, insgesamt aber 122 000 Handelsbetrieben und 144 000 Beschäftigten ein.

Dieses industrielle und kommerzielle Volumen und Wachstum der Berliner Wirtschaft bedurfte einer entsprechenden Entwicklung des Bankwesens. Berlin wurde durch seine über 3200 Bankniederlassungen,

SCHAUBILD 1

*Berlins Bevölkerungsentwicklung nach dem Ergebnis der Volkszählungen 1871—1925**

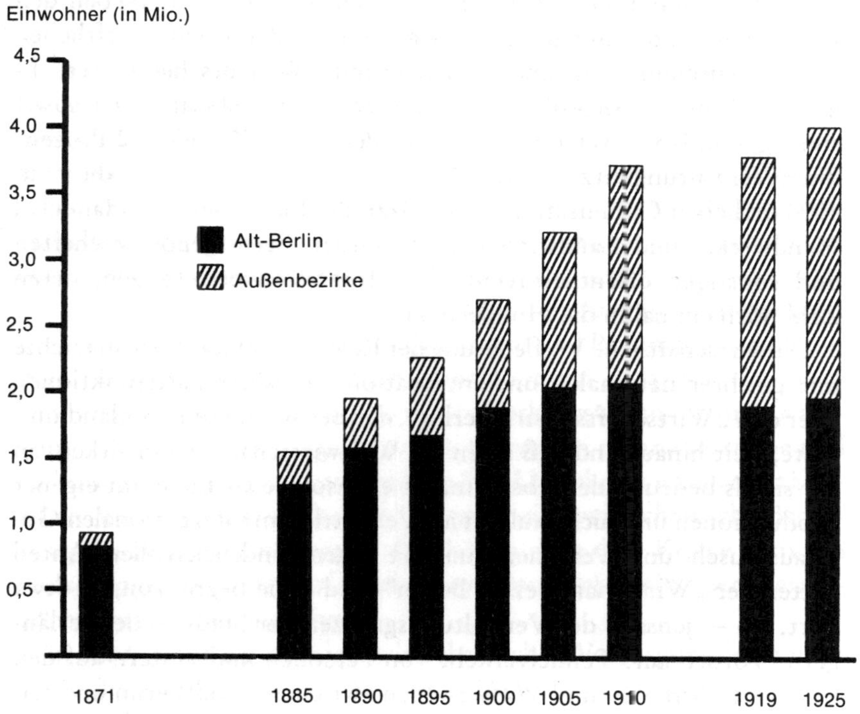

* Nach: *Berlins wirtschaftliche Verflechtung.* Im Auftrage des Magistrats bearbeitet im Statistischen Amt der Stadt Berlin (= Mitteilungen des Statistischen Amts der Stadt Berlin, Nr. 8, August 1928), Berlin 1929, S. 7.

in denen die rund 50 000 Angestellten etwa ein Viertel aller im deutschen Geld-, Banken- und Börsenwesen Beschäftigten darstellten, das Zentrum des deutschen Geldverkehrs und eine Bankstadt von internationaler Bedeutung. Im Ergebnis der Konzentrationsbewegung der deutschen Wirtschaft in der Weimarer Republik, in deren Brennpunkt Berlin aus wirtschaftlichen ebenso wie aus politischen Gründen stand, kamen von den 11 Milliarden Mark des Kapitals der deutschen Aktienbanken bei sieben Berliner Großbanken allein 8,6 Milliarden Mark zusammen.

Diese wirtschaftlichen Tatsachen im Zusammenhang der politischen Rolle Berlins als preußische und deutsche Hauptstadt machten die Reichshauptstadt zum Mittelpunkt der wirtschaftspolitischen und be-

zeugnisse wurden sowohl die allgemeine Wirtschaft als auch insbesondere der Berliner Arbeitsmarkt gefördert und damit die Arbeitslosigkeit gemildert. Die Bautätigkeit der Werke — Umbauten und Neuanlagen —, aber auch ihre Unterhaltungs- und Instandsetzungsarbeiten ließen Aufträge in der Höhe von Millionenbeträgen an Tausende von großen und kleinen Betrieben der Berliner Privatwirtschaft fließen. Die finanziellen Abführungen der großen Versorgungswerke an den städtischen Etat boten der kommunalen Selbstverwaltung bei der Finanzierung ihrer sozialen Aufgaben gegenüber der städtischen Bevölkerung eine unentbehrliche Hilfe. Die Summe ihrer kommunalwirtschaftlichen Unternehmungen mit verschiedenartigem Wirtschaftszweck sowie unterschiedlichster Rechts-, Verwaltungs- und Betriebsform machte die Stadt Berlin in der Weimarer Republik zu einem der größten Wirtschaftsunternehmer des damaligen Deutschlands.

Sozialstruktur und Wählerentscheidungen in den Anfängen des demokratischen Berlin

Der Sieg der repräsentativen Demokratie im Deutschland der Weimarer Verfassung hatte auch in der Reichshauptstadt die Demokratisierung von Politik, Verwaltung und Wirtschaft gebracht, für die das Groß-Berlin-Gesetz den Rahmen für die politisch-administrative Ausformung und Durchführung setzte. Die politischen Mittel bot die Angleichung der von staatlicher und städtischer Verfassung geforderten parlamentarischen Repräsentation an die gesellschaftliche Struktur der Bevölkerung durch das Verhältniswahlrecht. Von den im Gebiet des 1920 zur Einheitsgemeinde zusammengeschlossenen Groß-Berliner Raumes lebenden 3,8 Millionen Menschen waren nach diesem Wahlrecht über 2,5 Millionen Männer und Frauen, also rund 67 Prozent der Bevölkerung, wahlberechtigt; bis 1925 lauteten die entsprechenden Zahlen: über 2,9 Millionen von 4 Millionen Gesamtbevölkerung, also 72 Prozent; bis 1929: rund 3,3 Millionen von über 4,3 Millionen Gesamtbevölkerung, das waren 77 Prozent. Eine große, wenn auch umstrittene Bedeutung für die politische Wählerentscheidung der demokratisch verfaßten Berliner Bevölkerung wurde dem erstmals in der deutschen Geschichte wahlrechtlich verankerten Frauenanteil an der Wählerschaft beigemessen, der in Groß-Berlin bei einem weiblichen Anteil von 54 Prozent an der Gesamtbevölkerung bis 1928/29 einen

Wahlberechtigtenanteil der Frauen von rund 55 Prozent gegenüber nur rund 44 Prozent der Männer erreichte.*

Dem stand eine Erwerbstätigenbevölkerung der Viermillionenstadt von rund 2,3 Millionen oder 54 Prozent der Gesamtbevölkerung gegenüber, von der im einzelnen nach der beruflichen und sozialen Gliederung im Jahr 1925 über eine Million oder 46 Prozent Arbeiter, rund 130 000 oder etwa 6 Prozent Hausangestellte, 665 000 oder über 30 Prozent Angestellte und Beamte und rund 340 000 oder über 15 Prozent Angehörige selbständiger Berufe waren; der Rest bestand aus mithelfenden Familienangehörigen. Diese Menschen waren zu 51 Prozent in Industrie und Handwerk, zu 30 Prozent in Handel und Verkehr und zu nur 8 Prozent in der öffentlichen Verwaltung und in den freien Berufen tätig; die restlichen Prozente verteilten sich auf häusliche Dienste, Gesundheitswesen, Wohlfahrtspflege und zu einem geringen Prozentsatz (0,9 %) auf die Landwirtschaft und verwandte Zweige.

Einschließlich ihrer Familienangehörigen und sonstigen Berufszugehörigen gehörten von den vier Millionen Berlinern, also von der Gesamtbevölkerung, über 1,6 Millionen oder rund 41 Prozent zur Arbeiterschaft, und noch rund 140 000 Menschen, über 3 Prozent, entfielen auf die Gruppe der Hausangestellten sowie rund 50 000 oder über ein Prozent auf mithelfende Familienangehörige; über 1,1 Millionen oder rund 28 Prozent gehörten zur Schicht der Angestellten und Beamten; die leitenden Beamten und die Angehörigen selbständiger Berufe nebst ihren Angehörigen machten rund 670 000 oder annähernd 17 Prozent der Berliner aus; bemerkenswert ist auch die Zahl von rund 390 000 Personen, rund 10 Prozent, die auf Rentner und Berufslose entfielen.

Es gab also in den ersten Jahren der neuen Großgemeinde Berlin — sowohl auf die Gesamtbevölkerung als auch auf die erwerbstätige Bevölkerung bezogen — zu drei Vierteln Angehörige abhängiger Berufsschichten, davon wiederum zu zwei Dritteln Arbeiter, neben einem Viertel leitender Beamter und Angestellter sowie Angehöriger selbständiger Berufe. Sie alle waren zu drei Vierteln in Industrie und Handwerk, Handel und Verkehr, darüber hinaus noch überwiegend in öffentlichen und privaten Dienstleistungsberufen tätig.

Dieses auf das Groß-Berlin der Jahre 1920 bis 1925 bezogene Gesamtbild erfährt wesentliche Variationen, wenn man die einzelnen Teile — ehemalige Einzelgemeinden und neue Bezirke — differenziert betrachtet.

* Siehe hierzu die „Wahl- und Sozialstatistik des demokratischen Berlin ...", Tabellenteil, „Spezialtabellen" (im STATISTISCHEN ANHANG des vorliegenden Bandes).

(Siehe Schaubild 2 auf Seite 24 f.)

Diese Unterscheidung wird besonders wichtig für das Verhältnis der sechs Innenbezirke des vorherigen Alt-Berlin und der eingemeindeten Außenbezirke, der vorherigen Nachbarstädte, Vororte, Landgemeinden und Gutsbezirke um Berlin. Die besonders starke Industrialisierung Alt-Berlins zwischen der Mitte des 19. Jahrhunderts und dem Ersten Weltkrieg bedingt, daß die zuvor für das Groß-Berlin von 1920 bis 1925 angedeuteten Merkmale der sozialen und wirtschaftlichen Struktur für die sechs Alt-Berliner Bezirke in besonderem Maße galten. Sowohl auf dem industriellen als auch vor allem auf dem Dienstleistungssektor repräsentierte die alte Stadt Berlin eine Ballung, die jene für das neue Groß-Berlin aufgestellte Statistik schwerpunkthaft zum entscheidenden Teil trug. Indessen zeigt die wirtschaftliche und soziographische Gliederung des Groß-Berliner Stadtgebietes, daß von der jeweiligen Gesamtbevölkerung Industrie und Handwerk auch in den nördlichen, nordwestlichen und nordöstlichen wie südöstlichen Außenbezirken einen Anteil von zwischen 40 bis 60 Prozent und mehr erreichten; daß Handel und Verkehr auch in einigen südwestlichen, darüber hinaus in nordöstlichen und nordwestlichen Außenbezirken Werte bis zu 40 und 50 Prozent aufwiesen und daß häusliche Dienste vor allem im Südwesten bis zu 20 Prozent und freie Berufe von der Mitte in Richtung Südwesten zunehmend bis zu 20 Prozent und mehr erreichten; in den Ortsteilen am Rande Groß-Berlins wiesen einige sowohl im Norden, Nordosten und Osten wie im Süden sogar noch erhebliche landwirtschaftliche Nutzungswerte auf. Entsprechend variierten die in diesen Gebieten anzutreffenden Anteile von Arbeitern und Dienstpersonal, Angestellten und Beamten sowie Freischaffenden an der beruflichen und sozialen Bevölkerungsgliederung.

Mit einer solchen Sozial- und Wirtschaftsstruktur ihrer neuen Stadt und ihres ehemaligen und neuen Stadtgebietes hatten es die Berliner zu tun, als die ersten demokratischen Wahlen auf städtischer, staatlicher und nationaler Ebene — also für die *Berliner Stadtverordnetenversammlung,* die *Preußische Landesversammlung* beziehungsweise für den *Preußischen Landtag,* die *Deutsche Nationalversammlung* und den *Deutschen Reichstag* — anstanden: zuerst, vor dem Juni 1920, noch im *alten Berlin* und in den Vororten, deren Wahlergebnisse in diejenigen der Nachbarkreise eingingen; dann, seit der Bildung der neuen *Einheitsgemeinde Berlin,* im Raum *Groß-Berlin.*

(Siehe Tabelle 4 auf Seite 26 f.)

Die Ergebnisse der *Wahlen* zur *Deutschen Nationalversammlung* am *19. Januar 1919* brachten in *Alt-Berlin* bei einer Wahlberechtigtenzahl von rund 1,385 Millionen Männern und Frauen (bei der letzten Reichstagswahl von 1912 gab es im gleichen Gebiet nur rund 508 000, und zwar nur männliche Wahlberechtigte) und einer Wahlbeteiligung von rund 82 Prozent der gemäßigten Mehrheitssozialdemokratie (MSPD) 36,4 %, den linken Unabhängigen Sozialdemokraten (USPD) 27,6 %, beiden sozialdemokratischen Parteien zusammen also 64 % der abgegebenen gültigen Stimmen ein (1912 noch 75,3 %). Die liberale Deutsche Demokratische Partei (DDP) gewann rund 16 % (1912 hatte die liberale Fortschrittliche Volkspartei 17,2 %), die rechtskonservative Deutschnationale Volkspartei (DNVP) 9,3 % (1912 hatten beide konservativen Parteien zusammen nur 3,2 % der Stimmen, die Nationalliberalen keine Mandate). Die rechtsliberale Deutsche Volkspartei (DVP) erhielt 5,6 % der Stimmen (1912 hatten die Nationalliberalen, wie erwähnt, keinen Anteil), die Christliche Volkspartei (ehemals und später wieder: [katholische] Zentrumspartei) 5 % und die völkische Soziale Reformpartei eine verschwindende Stimmenzahl (unter 0,1 %).

Einschränkend zu der hier wie später noch häufiger erfolgenden Etikettierung der politischen Parteien als „bürgerlich", „links-" oder „rechtsliberal", „sozialistisch", „konservativ", „völkisch" oder „klerikal" etc. ist zu bemerken, daß jede wie hier notwendigerweise knappe und kursorische Charakteristik für eine Differenzierung im Einzelfall offen bleiben muß, wenn das Verhalten einer Partei bei anfallenden Entscheidungen zu beurteilen ist. Man geht bei solchem Vorgehen stets das Risiko einer Verallgemeinerung um der Standortbestimmung in der Struktur des Parteiensystems willen ein. In diese Gefahr gerät der Betrachter besonders, wenn es um die Zuordnung ethnischer und religiöser Gruppen der Bevölkerung zum Parteienspektrum geht, etwa bei der Behandlung des jüdischen Bevölkerungsteils, von dem zwar nachgewiesen worden ist, daß er bei Wahlen eine deutliche Präferenz für die linksliberale DDP zeigte — bis hin zur polemischen Etikettierung der Demokratischen Partei als „Judenpartei" und „Judenschutztruppe" —, dessen Vertreter zugleich aber ebensowohl nicht unbeträchtliche Sympathien für die SPD, in weit geringerem Umfang für die DVP, vereinzelt aber sogar für die programmatisch nicht eben judenfreundliche DNVP aufbrachten. Alle solche Kautelen wird man im Sinn behalten müssen, wenn es im folgenden darum geht, die Entwicklung des demokratischen Berlin anhand seiner Wählerbewegung und Parteienaktivität zu verfolgen.

SCHAUBILD 2

*Die Bevölkerung der Groß-Berliner Bezirke nach ihrer Erwerbszugehörigkeit 1925**

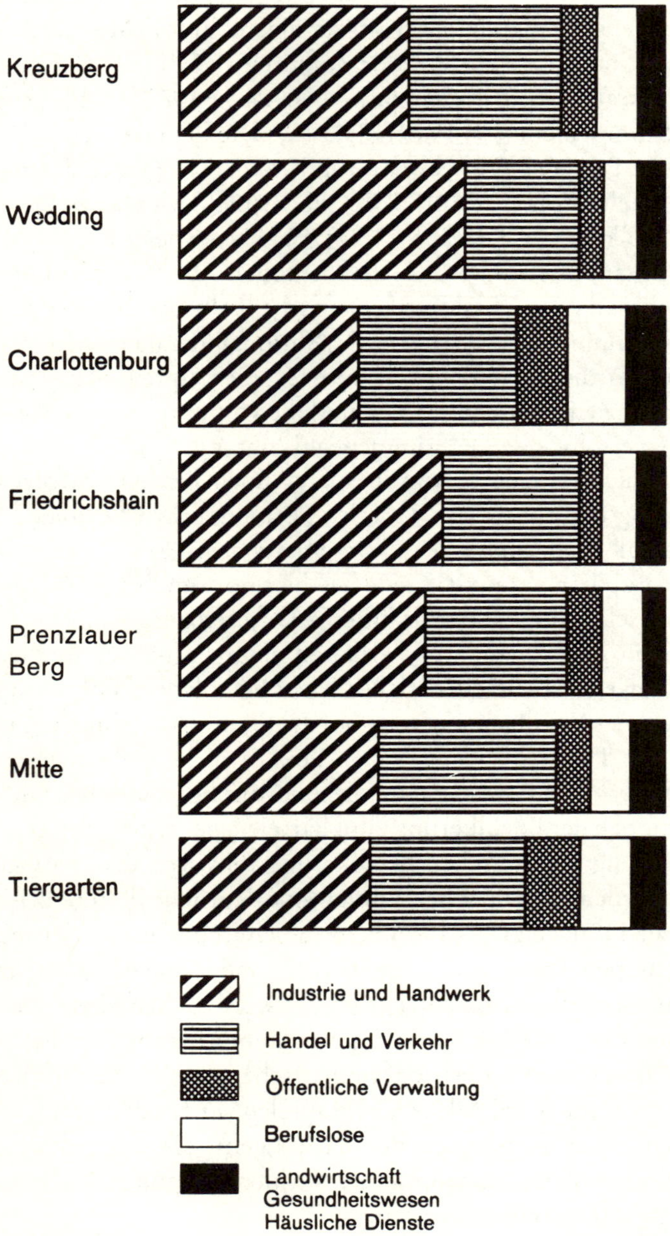

SCHAUBILD 2 (*Fortsetzung*)

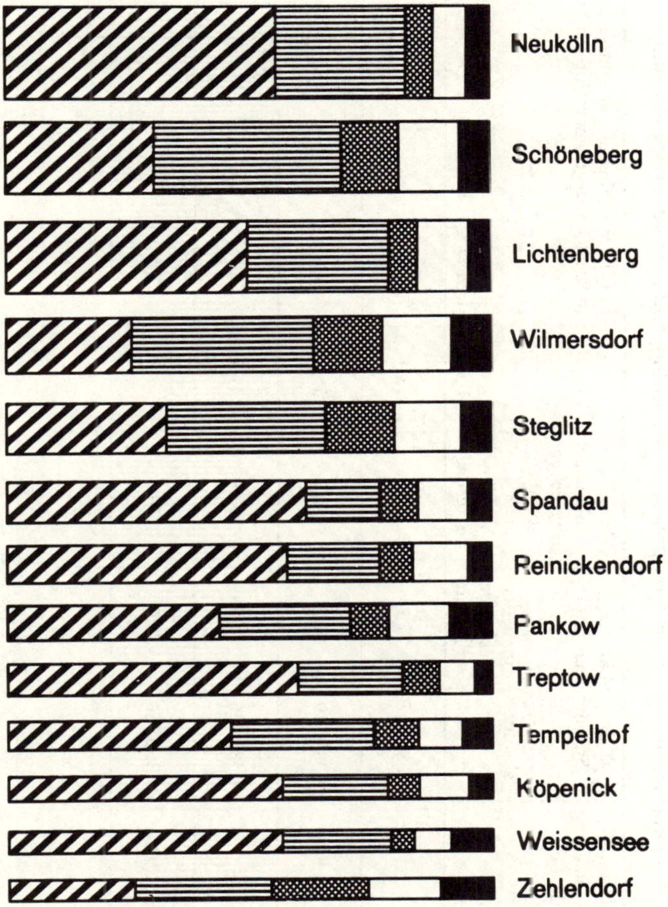

* Nach: *Berliner Wirtschaftsberichte,* Jg. 1925, Nr. 1, S. 3. — Die Bezirke sind hier in der Reihenfolge der Zahl ihrer Erwerbspersonen angeordnet. Der Bezirk Kreuzberg hatte rund 240.200, der Bezirk Zehlendorf rund 25.000 Erwerbspersonen (siehe *Wahl- und Sozialstatistik zum demokratischen Berlin 1919—1985*, hrsg. von der 'Arbeitsgruppe Berliner Demokratie' am Fachbereich Geschichtswissenschaften der Freien Universität Berlin, Leitung: Otto Büsch, Teil I: 1919—1933, bearb. von Andreas Splanemann, Tabellenteil, Abschnitt VI: Die Sozial- und Wahlstatistik der Groß-Berliner Bezirke bis 1933 [im ANHANG des vorliegenden Bandes]).

TABELLE 4

*Wählerschaft und Wahlergebnisse bei den Wahlen in Alt-Berlin 1919 und Groß-Berlin 1920 zur Stadtverordnetenversammlung sowie zum preußischen Landtag und zum deutschen Reichstag**

Jahr	Wahl	Gesamtbevölkerung (in Mill.)	Wahlbevölkerung (Stimmberechtigte)		Wahlbeteiligung (Abgegebene Stimmen in % der Wahlbevölkerung)	Für Parteien abgegebene gültige Stimmen (in % aller abgegebenen gültigen Stimmen)					
			absolut	in % der Gesamtbevölkerung		(M)SPD	USPD	KPD	DDP	Zentrum[a]	DVP
1919	Deutsche Nationalversammlung 19.1.1919	1,91	1.385.537	72,7	81,7	36,4	27,6	—	16,0	5,0	5,6
1919	Preußische Landesversammlung 26.1.1919	1,91	1.389.919	72,9	70,7	35,0	28,1	—	15,3	5,5	5,5
1919	Berliner Stadtverordnetenversammlung 23.2.1919	1,91	1.389.246	72,8	57,6	31,8	33,0	—	14,5	5,6	4,6
1920	Reichstagswahl in Alt-Berlin 6.6.1920	1,94	1.350.766	70,0	79,6	17,5	42,7	1,3	7,0	3,4	14,1
1920	Groß-Berliner Stadtverordnetenversammlung 20.6.1920	3,86	2.554.147	66,4	64,7	17,2	38,4	—	7,1	3,7	16,9

* *Quelle: Statistisches Jahrbuch der Stadt Berlin,* 34. Jg. (1920), und *Statistisches Taschenbuch der Stadt Berlin,* Ausgabe 1924; siehe im übrigen: *Wahl- und Sozialstatistik zum demokratischen Berlin...* (siehe oben SCHAUBILD 2, S. 25), Tabellenteil, Abschnitte I u. II, passim.

[a] 1919 = „Christliche Volkspartei" bzw. „Christlicher Volksdienst".

TABELLE 4 *(Fortsetzung)*

Jahr	Wahl	Gesamtbevölkerung (in Mill.)	Wahlbevölkerung (Stimmberechtigte)		Wahlbeteiligung (Abgegebene Stimmen in % der Wahlbevölkerung)	Für Parteien abgegebene gültige Stimmen (in % aller abgegebenen gültigen Stimmen)				
			absolut	in % der Gesamtbevölkerung		Wirtschaftsvereinigung	DNVP	Frauenvereinigung	Einzel-Kandidaten	Sonstige
1919	Deutsche Nationalversammlung 19.1.1919	1,91	1.385.537	72,7	81,7	—	9,3	—	—	0,1[b]
	Preußische Landesversammlung 26.1.1919		1.389.919	72,9	70,7	—	10,4	—	—	0,2[c]
	Berliner Stadtverordnetenversammlung 23.2.1919		1.389.246	72,8	57,6	—	10,5	—	—	0,1[d]
1920	Reichstagswahl in Alt-Berlin 6.6.1920	1,94	1.350.766	70,0	79,6	2,4	11,5	—	—	0,1[e]
	Groß-Berliner Stadtverordnetenversammlung 20.6.1920	3,86	2.554.147	66,4	64,7	4,2	11,4	0,1	1,0[f]	—

* *Quelle: Statistisches Jahrbuch der Stadt Berlin*, 34. Jg. (1920), und *Statistisches Taschenbuch der Stadt Berlin*, Ausgabe 1924; siehe im übrigen: *Wahl- und Sozialstatistik zum demokratischen Berlin...* (siehe oben SCHAUBILD 2, S. 25), Tabellenteil, Abschnitte I u. II, passim.

[b] Soziale Reformpartei (völkisch).

[c] Soziale Reformpartei (völkisch).

[d] Soziale Reformpartei (völkisch).

[e] Nationaldemokratische Volkspartei; Deutsch-Hannoversche Partei.

[f] Kandidat = Dr. Steiniger, ehem. Direktor des ‚Zweckverbandes Groß-Berlin'.

Am *26. Januar 1919*, nur eine Woche nach den Wahlen zur Nationalversammlung, wählte dieselbe Berliner Wahlbevölkerung (in *Alt-Berlin*) zur *Preußischen Landesversammlung*. Die entsprechenden Ergebnisse lauteten: Wahlberechtigte 1,39 Millionen, Wahlbeteiligung 70,7 %, abgegebene gültige Stimmen für die MSPD = 35 %, USPD = 28 % (Sozialdemokratische Parteien zusammen 63 %) (ein Vergleich zur letzten Vorkriegswahl ist hier nicht sinnvoll, da in Preußen nach dem nichtdemokratischen Dreiklassenwahlrecht abgestimmt wurde), DDP = 15,3 %, DNVP = 10,4 %, DVP = 5,5 %, Christliche Volkspartei (Zentrum) = 5,5 %, unerhebliche Stimmenzahlen (unter 0,2 %) für die völkische Soziale Reformpartei.

Einen Monat später, am *23. Februar 1919* fanden die Wahlen zur *Berliner Stadtverordnetenversammlung* statt; es ergab sich, wieder ausgehend von der gleichen Wahlbevölkerung, das folgende Bild: Wahlberechtigte = 1,39 Millionen, Wahlbeteiligung: 57,6 %, abgegebene gültige Stimmen für die MSPD = 31,8 %, USPD = 33 % (beide sozialdemokratische Parteien zusammen 64,8 %, die linke USPD hier um 1,2 % stärker als die gemäßigte MSPD [im Jahre 1913 erhielt die SPD bei den Ergänzungswahlen zur Stadtverordnetenversammlung im Rahmen des *Dreiklassen*wahlrechts in der dritten Abteilung 86,2 % der abgegebenen gültigen Stimmen!]). Weiter erhielten die DDP = 14,5 % (1913 hatte die Freisinnige Volkspartei in der dritten Abteilung 13,4 %, in der zweiten Abteilung 36,5 % der Stimmen), die DNVP = 10,5 %, die DVP = 4,6 %, die Christliche Volkspartei (Zentrum) = 5,6 % (gegenüber den Stimmenabgaben bei den Wahlen zu Staat und Reich hatten nach Stimmenzahl die DVP und das Zentrum in der Reihenfolge um 1 % die Plätze getauscht), die Soziale Reformpartei unter 0,1 %.

Hatte sich schon in der letzten Reichstagswahl unter demokratischem (Mehrheits-)Wahlrecht im Jahre 1912 gezeigt, daß die Sozialdemokratie (mit 34,8 % der Stimmen), die Linksliberalen (Fortschrittliche Volkspartei mit 12,3 %) und das Zentrum (16,4 %) rund zwei Drittel der Stimmen der Wahlbevölkerung einer hochindustrialisierten Gesellschaft auf sich vereinigen konnten (in Berlin waren unter den Bedingungen des Mehrheitswahlrechts für Männer im Jahre 1912 von sechs Reichstags-Wahlkreisen fünf durch sozialdemokratische Kandidaten, nur einer noch durch einen liberalen Kandidaten der Fortschrittlichen Volkspartei gewonnen worden), so setzte sich dieser Trend nun im demokratischen Nachkriegsberlin des Jahres 1919 unter den Bedingungen des neuen Verhältniswahlrechts für Männer *und* Frauen auf allen Ebenen fort. Wenn sich gezeigt hatte, daß selbst unter den Bedingungen des nichtdemokratischen Dreiklassenwahlrechts im Preußen der Vorkriegszeit die Sozialdemokratie und der Linksliberalismus zeitweilig und teil- wie bereichsweise sogar höhere Wahlergebnisse als später erzielten, so bedeutet dies, daß deren Erfolge zu Beginn der Weimarer Zeit hier schon angelegt waren. Die Einschränkungen der preußischen und der Reichsverfassung der Vorkriegs- und Kriegszeit ließen indessen eine entsprechende kommunalpolitische Auswertung dieser Wählerentscheidungen bekanntlich nicht zu. Die gemäßigte „Mehrheitssozialdemokratie" und die linke „Unabhängige Sozialdemokratie" errangen jetzt (1919) in allen parlamentarischen Gremien rund zwei Drittel der Stimmen und konnten überall, zusammen mit dem stärker gewordenen „Linksliberalismus" (DDP) — im Reich auch und vor allem mit dem Zentrum (1919 = „Christlicher Volksdienst"), das dort mit rund 20 % Stimmen an zweiter Stelle nach der MSPD auftreten konnte —, eine Koalition zur Durchsetzung ihrer politischen Ziele bilden. Die in der Revolutionszeit dominierende Sozialdemokratie entschied sich im Ergebnis ihrer Flügelkämpfe auf Reichsebene schließlich mehrheitlich nicht für den rätedemokratischen Weg der Novemberrevolution, sondern — nach jenem rätedemokratischen Zwischenspiel der Monate um die Jahreswende 1918/19 — für die Errichtung einer repräsentativ-demokratischen parlamentarischen Republik in Kommune, Einzelstaat und Reich und damit für die Anerkennung pluralistischer, differenzierter Interessen der unterschiedlichen politisch-ideologischen, konfessionellen und sozialökonomischen Gruppen und Schichten der hochindustrialisierten Gesellschaft von Staats- und Wirtschaftsbürgern. Auch für Berlin, das durch seine auf allen Wahlebenen trotz unterschiedlich hoher Wahlbeteiligung (am niedrigsten auf kommunaler Ebene) nahezu identische Stimmenabgabe seiner Wählerinnen und Wähler seinen Teil zu dieser Lösung beigetragen hatte, bedeutete diese Wendung eine Neuformierung der wahldemokratischen Voraussetzungen und verfassungsmäßigen Grundlagen seiner Existenz in den ersten Nachkriegsjahren.

Im Ergebnis der Wahlen vom *23. Februar 1919* zur *Alt-Berliner Stadtverordnetenversammlung* vor der Eingemeindung, die der „rechten" und „linken" („Unabhängigen") Sozialdemokratie je ein Drittel der Stimmen eingebracht hatten, nahmen die „Unabhängigen" (USPD) 47 Sitze (32,6 %), die Mehrheitssozialdemokratie (MSPD) 46 Sitze (31,9 %), die Sozialdemokratie zusammen 93 von den insgesamt 144 Stimmen der Alt-Berliner Stadtverordnetenversammlung, also rund

65 % der Mandate ein; die liberalen Demokraten (DDP) erhielten 21 (14,6 %), das Zentrum („Christlicher Volksdienst" acht (5,6 %), die rechtsliberale DVP sechs (4,2 %), die konservative Deutschnationale Partei 16 Mandate (11,1 %). Es gehörte zur Berliner politischen Tradition, daß die sozialistischen Fraktionen der aus den Dreiklassenwahlen hervorgehenden Stadtverordnetenversammlung im Berlin des Kaiserreichs während des Weltkriegs einen nicht geringeren Anteil an den Mandaten der Versammlung hatten. In einem Punkt unterschieden sich die Stadtverordnetenversammlungen vor und nach Einführung des demokratischen Wahlsystems der Weimarer Verfassung: 1919 zogen erstmals 25 weibliche Stadtverordnete in das Stadtparlament ein. Entsprechend dem Übergewicht sozialdemokratischer Mandate gehörten der Stadtverordnetenvorsteher Dr. med. Hermann *Weyl* der USPD, sein Stellvertreter Hugo *Heimann* der SPD an. Ungeachtet dieser sozialistischen Mehrheit behielt der seit 1912 im Amt befindliche und schon von den Volksbeauftragten 1918 bestätigte parteilose Adolf *Wermuth* das Oberbürgermeisteramt inne. Die Erklärung für diesen Vorgang ebenso wie für die Zusammensetzung des übrigen, aus 18 besoldeten und 18 unbesoldeten Stadträten bestehenden Magistrats, die der Zusammensetzung der gewählten Mitglieder der Stadtverordnetenversammlung nicht entsprach, findet sich in der zeitgenössisch vertretenen Auffassung, daß die Magistratsmitglieder *Fach*stadträte sein sollten, also die fachliche Befähigung für das Ressort *vor* aller politischen Zugehörigkeit rangieren sollte.

So haben wir bis 1919 in Alt-Berlin eine von einer qualifizierten sozialistischen Mehrheit getragene Stadtverordnetenversammlung und einen nahezu durchweg der bürgerlichen Richtung zugehörigen Magistrat mit einem parteilosen, aus preußisch-deutscher Beamtentradition erwachsenen Oberbürgermeister. Obwohl oder gerade weil die Ende 1919 nach dem Verhältniswahlrecht neugewählten unbesoldeten und die im Laufe des Jahres 1919 nachrückenden besoldeten Magistratsmitglieder dann aber doch proportional überwiegend den beiden sozialdemokratischen Parteien entstammten, vermochten auf der Basis jener für die ganze Weimarer Demokratie charakteristischen politischen Einstellung, die den Parteien die Interessenvertretung antagonistischer Gruppen und Schichten der Gesellschaft, der Regierung aber das über den Parteien stehende Wohl der Gesamtheit des Volkes zuwies, der Oberbürgermeister und sein Magistrat den Kompromiß mit der nach Kriegsende herrschenden politischen Linken und ihren Vertretern und kommunalpolitischen Zielen suchen und zu Zugeständnissen an den politischen Gegner bereit sein. Sie taten es im Sinne jener auch von den linken Parteien anerkannten Verpflichtetheit demokratischer Kommunalpolitik gegenüber der als solcher erkannten Gemeinsamkeit der Interessen der Bevölkerung der gesamten Stadt an den gemeinnötigen Versorgungsleistungen gegenüber ihren breiten Schichten im Sinne jenes Ausgleichs zwischen reich und arm, den die Mehrheitspolitik des Kommunalliberalismus und Munizipalsozialismus schaffen wollte. Die auf sachliche Zusammenarbeit durch mehrere Fraktionen hindurch und auf der Basis einer gemeinsam abgestimmten Magistratspolitik aufgebaute Selbstverwaltungsdemokratie der ersten Nachkriegsjahre in Berlin drückte sich nicht nur darin aus, daß sich die Interimsphase der Regierung der Arbeiter- und Soldatenräte und der Volksbeauftragten im Konsens aller Parteien nahezu spurlos und in fließendem Übergang in der Stadtverwaltung abspielte. Sie konnte sogar dazu führen, daß ein eher bürgerlich-konservativer Oberbürgermeister, wie Adolf *Wermuth,* sich in einem solchen Maße auf die vorübergehend stärkste Fraktion in der Stadtverordnetenversammlung, der von dem Stadtverordnetenvorsteher Dr. *Weyl* geführten USPD, einstellte, daß ihm diese Hinwendung alsbald zum politischen Verhängnis werden sollte. Dieser Vorgang fiel in die Zeit unmittelbar nach Gründung der neuen Stadtgemeinde Groß-Berlin im Jahr 1920, deren erster Oberbürgermeister er noch werden sollte.

Die Wahlen der gemäß Gesetz vom 27. April 1920 zu wählenden *Stadtverordnetenversammlung* ebenso wie der parallel zu wählenden *Bezirksversammlungen* der neuen *Großgemeinde Berlin* fanden am *20. Juni 1920* statt (siehe Tabelle 4); ihre Ergebnisse wurden aufgrund der Wahlanfechtung von bürgerlichen Kreisen durch Entscheidung des Oberverwaltungsgerichts vom Juni 1921 für ungültig erklärt, sind aber zunächst doch die Grundlage für die Bildung von Magistrat und Bezirksämtern sowie der Wahl des Oberbürgermeisters und der Bezirksbürgermeister gewesen. Bei einer Wahlberechtigtenzahl von rund 2,55 Millionen und einer Wahlbeteiligung von 64,7 Prozent (1,65 Millionen) entfielen von den abgegebenen gültigen Stimmen auf die USPD 38,4 % (1919 erst 33 %), auf die SPD 17,2 % (1919 noch 31,8 %), auf beide sozialdemokratischen Parteien zusammen 55,6 % (1919 = 64,8 %) der Stimmen; die liberale DDP errang nur 7,1 % (1919 noch 14,5 %), die rechtsliberale DVP aber 16,9 % (1919 erst 4,6 %) und die konservative DNVP 11,4 % (1919 erst 10,5 %); die an Stimmenzahl kleineren Parteien beziehungsweise Wahllisten erhielten zusammen 9 %, davon das katholische Zentrum 3,7 %, die bürgerliche Wirtschaftspartei 4,2 % und der im Alleingang vorgehende konservative Kandidat Dr. *Steiniger,* vormals Stadtkämmerer von Alt-Berlin und Direktor des Zweckverbandes Groß-Berlin, 1 %; noch keine Durchsetzungsmöglichkeit ergab sich für die Liste der „Parteilosen Frauenvereinigung" (0,1 %).

Gegenüber den Februarwahlen von 1919 in Alt-Berlin zeigte sich bei erheblich höherer Wahlbeteiligung ein Abstimmungsverhalten der Groß-Berliner Bevölkerung, das in der Haupttendenz, der Herstellung einer sozialistischen Mehrheit, die Alt-Berliner Wahl von 1919 bestätigte. Ihr Verlust von rund 9 % der Wähler kam indessen doch nicht dem Linksliberalismus zugute, der ebenfalls einen Rückgang von rund 7,5 % zu verzeichnen hatte, sondern Sozialisten und Linksliberale gaben beide ihre Stimmenverluste offenbar überwiegend an die rechtsliberale Deutsche Volkspartei (Zugewinn von 12,3 %) und an die konservativen Deutschnationalen (Zugewinn rund 1 %) ab; die erstmals auftretende „Wirtschaftspartei" mit ihren 4,2 % der Wählerstimmen muß zur Seite der bürgerlichen Parteien gezählt werden; bei einem Anteil von rund 10 % Katholiken an der Bevölkerung Groß-Berlins um 1925 (siehe unten TABELLE 6 und STATISTISCHER ANHANG) konnte der politische Katholizismus gleichwohl hier nicht mehr als 3,7 % der Stimmen erlangen. Alles in allem hatte sich also der Zusammenschluß des „roten" Berlin mit den Vorstädten und ländlichen Gemeinden zum Vorteil der bürgerlichen Kräfte ausgewirkt, wenn auch eine herausragende numerische Stärke weiterhin eindeutig auf seiten der sozialistischen Parteien lag.

Der Ausgang der gleichzeitigen *Bezirksverordnetenwahlen* am 20. Juni 1920 mit der regionalen Differenzierung der Wahlergebnisse gibt Auskunft über das politische Gewicht, das von den einzelnen historischen Einzelgemeinden und Landschaften in das Gesamtbild eingebracht wurde. Große sozialistische Mehrheiten gab es in den vier Alt-Berliner Innenstadtbezirken Wedding, Prenzlauer Berg, Friedrichshain und Kreuzberg sowie in den ehemaligen Vorstädten und jetzigen südlich und östlich an Kreuzberg und Friedrichshain sich anschließenden Bezirken Neukölln, Treptow und Lichtenberg sowie in dem nördlich an Wedding sich anschließenden Bezirk Reinickendorf, also zweifellos in überwiegend oder doch schwergewichtig von gewerblich-industrieller Arbeiter- und Handwerkerschaft bewohnten Stadtteilen; dazu kamen mit einer knappen sozialistischen Mehrheit noch der Alt-Berliner Innenbezirk Mitte, der Bezirk (Stadt) Köpenick und die nördlichen, östlich an Wedding und Reinickendorf sich anschließenden Außenbezirke Pankow und Weißensee, für die sämtlich die gleichen sozialstrukturellen Merkmale galten. Knappe bürgerliche Mehrheiten entstanden in dem Alt-Berliner Innenbezirk Tiergarten sowie in dem neuen Bezirk Charlottenburg, starke bürgerliche Mehrheiten in dem Block der sich südlich und südwestlich anschließenden Außenbezirke Wilmersdorf, Zehlendorf, Schöneberg und Steglitz, die sämtlich überwiegend von Beschäftigten in Handels-, Dienstleistungs- und freien Berufen sowie sehr stark von Rentiers und Berufslosen bewohnt wurden. Dreiviertel der Bevölkerung der Groß-Berliner Bezirke ließ sich überwiegend von sozialistischen, ein Viertel überwiegend von bürgerlichen Parteien vertreten; letztere waren der Alt-Berliner Westen, der Bezirk Tiergarten und die fünf westlich und südwestlich sich anschließenden Außenbezirke Charlottenburg und Wilmersdorf, Schöneberg sowie Steglitz und Zehlendorf, deren wohlhabendere Bevölkerungsschichten sich überwiegend für bürgerlich-liberale und bürgerlich-konservative Parteien entschieden, die jenen Einbruch in die beherrschende Stellung von Sozialisten und Linksliberalen im alten Berlin der beiden unmittelbaren Nachweltkriegsjahre bewirkten.

Das Abstimmungsverhalten der Groß-Berliner Wähler bei den Wahlen zum Stadtparlament und zu den Bezirksversammlungen im Juni 1920 kann nicht losgelöst von deren Wahlverhalten bei der knapp davor stattfindenden Reichstagswahl gesehen werden — handelte es sich doch um die gleiche Wahlbevölkerung unter demselben demokratischen (Verhältnis-)Wahlrecht. Bei der *Reichstagswahl* vom *6. Juni 1920* (siehe Tabelle 4), die den städtischen Wahlen also nur zwei Wochen vorausging, waren 1,35 Millionen Berliner wahlberechtigt, von denen sich 79,6 Prozent an der Wahl beteiligten. Von den abgegebenen gültigen Stimmen fielen *in Berlin* auf die Mehrheits-SPD 17,5 % (Reichsdurchschnitt = 21,6 %), auf die USPD 42,7 % (im Reich = 18,0 %), auf die hier erstmals mitkandidierende, von der USPD losgelöste Kommunistische Partei (KPD) 1,3 % (im Reich = 2 %). Die liberalen Demokraten (DDP) erhielten 7 % (im Reich = 8,4 %), die rechtsliberale DVP 14 % (entsprechend dem Reichsdurchschnitt), die konservative DNVP 11,5 % (im Reich = 15,1 %). Das katholische Zentrum (Christliche Volkspartei), das in Berlin nur 3,4 % erringen konnte, erwarb im Reich dagegen 13,6 % der Stimmen. Die Wirtschaftspartei (Wirtschaftliche Vereinigung) kam in Berlin auf 2,4 % (im Reich nur auf 0,8 %), und auf Splittergruppen (Nationaldemokratische Volkspartei, Deutsch-Hannoversche Partei) entfielen unter 0,1 %. Vergleicht man diese Werte mit den Stimmenergebnissen der zwei Wochen danach abgehaltenen städtischen Wahlen des Juni 1920, so wird hier schon jene gewisse Tendenz nach „rechts" in der Groß-Berliner Wählerschaft deutlich, die in der Stadtverordnetenwahl zu dem bereits festgestellten Ergebnis eines gegenüber den Alt-Berliner Wahlen von 1919 deutlichen Rechtsrucks führte. Unübersehbar ist freilich die starke Stellung der linken Sozialdemokratie, die in Berlin die zweieinhalbfache Stärke der Partei auf Reichsebene hatte, und die abnehmende Stärke der gemäßigten sozialdemokratischen und der linksliberalen Kräfte — mit stärker als auf nationaler Ebene sinkender Tendenz.

Überblickt man soweit den Trend des Berliner Wählerverhaltens von 1919/20 auf den verschiedenen Ebenen der demokratischen Mitbestimmung der Bürger des alten und neuen Berlin, so spiegelte die neue Reichshauptstadt tendenziell das Wechselspiel von linksrevolutionären, gemäßigt sozialdemokratischen und bürgerlichen, teils links-, teils rechtsliberalen bis liberalkonservativen und reaktionären Kräften um die Macht im Übergang und Eingang zum Deutschland der Weimarer Demokratie zwischen 1918/19 und 1920 in einer gleichsam prismatischen Verstärkung wider — wie es ihrer Rolle als primäres Experimentierfeld der sich in diesen Jahren ablösenden demokratischen Systeme auch durchaus entsprach.

Ereignisse, Gestalten und typische Strukturen 1920/21

Die Reichshauptstadt bot im Jahr 1920, dem Jahr des Entstehens ihrer Groß-Berliner Existenz und Wirksamkeit, wie in manchen anderen Jahren der Weimarer Republik das Bild eines Tummelplatzes politischer Leidenschaften. Alle Republik- und Demokratiefeindschaft — auch von links, zu diesem Zeitpunkt vor allem aber von rechts — konnte in diesem Berlin den sinnfälligsten Ausdruck des verhaßten neuen Staates und seines Systems erblicken. Die Wahlen zur Verfassungsgebenden Nationalversammlung im Januar 1919 waren vom Spartakusaufstand und Generalstreik mit scharfen Kämpfen im Berliner Zeitungsviertel begleitet gewesen. Die Ermordung von Karl *Liebknecht* und Rosa *Luxemburg* und die Niederschlagung der Aufständischen mit schweren Ausschreitungen von allen Seiten warf Schatten auf das Ansehen der Reichshauptstadt. Erst nach dem 20. September 1919 tagte die Nationalversammlung wieder im Berliner Reichstagsgebäude. Aufstand und Blutvergießen mit Toten und Verwundeten begleiteten bei linksradikalen Kundgebungen die Verhandlungen über das Betriebsrätegesetz im Januar 1920 vor dem Reichstag und führten zur Verhängung des Ausnahmezustandes und Übertragung der vollziehenden Gewalt für Berlin und die Provinz Brandenburg durch den Reichswehrminister Gustav *Noske*.

Schon im März 1920 folgte der *Kapp*-Putsch. Die Reichsregierung hatte Berlin verlassen, als die „Brigade Ehrhardt“ mit 6000 Mann in die Stadt einmarschierte und mit der Unterstützung des Reichswehrgenerals von Lüttwitz der ehemalige Vorsitzende der monarchistischen „Vaterlandspartei“, Wolfgang *Kapp*, sich zum Reichskanzler und preußischen Ministerpräsidenten ausrief. Die Haltung der Ministerialbürokratie, die Einstellung der Reichswehr und der von den Gewerkschaften ausgerufene Generalstreik insgesamt ließen das Unternehmen schnell, am 17. März 1920, zusammenbrechen. Der Rücktritt Noskes und die Bildung der Regierung Hermann *Müller* verhinderten nicht die Welle der Erbitterung über diese Vorfälle im Reich — und auch nicht in Berlin: Aufgebrachte Berliner stürmten das Rathaus und erschlugen aufständische Offiziere. Oberbürgermeister und Magistrat hatten Mühe, nach dem Generalstreik die über den Militärputsch erbitterten Arbeiter zu bewegen, die lebenswichtigsten Versorgungsleistungen der Stadt wieder in Gang zu bringen.

Für Oberbürgermeister *Wermuth* sollte das Jahr 1920 aber noch weit größere Schwierigkeiten bringen. Im November 1920 kam es zu einem wilden Streik der Elektrizitätsarbeiter, ohne daß *Wermuth*, der auf eine Selbstbeendigung des Streiks setzte, behördlich eingreifen wollte. Er zog damit den Zorn der bürgerlichen Fraktionen endgültig auf sich, die ihm, dem Oberbürgermeister der alten Stadt Berlin, der erst im September 1920 mit den Stimmen der beiden sozialistischen Fraktionen zum Oberbürgermeister der neuen Stadtgemeinde gewählt worden war, schon seit langem seine alte und nun erneute Kooperation mit der Linken in der Stadtverordnetenversammlung verargten. Als er aufgrund magistratsinterner Auseinandersetzungen, vor allem mit dem Stadtkämmerer Gustav *Böß*, seine Demission einreichte, wurde sie vom Magistrat angenommen.

Mitten hinein in eine turbulente politische Szene in Stadt, Staat und Reich und in die allerersten Monate des Aufbaus eines neuen, im Verhältnis zu vorher riesenhaften demokratischen Gemeinwesens erfolgte so ein Wechsel des Stadtoberhauptes: An die Stelle des in der monarchisch-konstitutionellen Vorkriegs- und in der besonderen Anforderungen unterworfenen Kriegszeit, in der rätedemokratischen Übergangs- und in der beginnenden republikanisch-demokratischen Nachkriegszeit erfolgreichen parteilosen Beamten Adolph *Wermuth* trat der bisherige Stadtkämmerer von Alt-Berlin und Groß-Berlin Gustav *Böß*. Am 20. Januar 1921 wurde der der liberalen Deutschen Demokratischen Partei (DDP) zugehörige Gustav *Böß* von der Stadtverordnetenversammlung gegen die Kandidatur des der Unabhängigen Sozialdemokratie (USPD) angehörenden Stadtverordnetenvorstehers Dr. *Weyl* zum neuen Oberbürgermeister gewählt. Es war bezeichnend, daß man gar nicht erst — wie es durchaus als üblich hätte angesehen werden können — versuchte, auswärtige Kandidaten zu bemühen. Als fähig, mit den Problemen des Aufbaus und der Integration der soeben erst gebildeten Großgemeinde im Sinne der vorherrschenden liberal- und sozialdemokratisch bestimmten Politik fertig zu werden, wurden nur Anwärter betrachtet, die mit den speziellen Berliner Verhältnissen der neuen Stadtgemeinde von Anfang an vertraut waren. Gustav *Böß*, der ehemalige Stadtrat für Verkehrsangelegenheiten in Schöneberg, Kämmerer in Berlin seit 1912, in Groß-Berlin seit der Bildung der Einheitsgemeinde, profitierte als liberaler Demokrat von der Ende 1920 bereits wirksamen Entzweiung von USPD und SPD, die auch in Groß-Berlin zur „Weimarer Koalition" vor allem mit der linksbürgerlichen DDP tendierte, während selbst die Stadtverordnetenfraktionen der Rechtsparteien die Sachkompetenz des von ihnen ansonsten nicht geschätzten Kenners der städtischen Finanzwirtschaft anerkannten. Den neugewählten Oberbürgermeister erwarteten dann auch gerade in diesem Bereich bedeutende Probleme. Nach den eigenen Worten seiner Antrittsrede waren es „Hunger und Elend, Arbeitslosigkeit und Wohnungsnot und andere Mühsale", die — man konnte sagen: wieder einmal oder noch immer — die Stadt beherrschten; und weiter: „Ungeheure Aufgaben der Organisation der Stadtverwaltung" warteten der Lösung, und die „Ansprüche unserer Arbeiter, Angestellten und Beamten" bereiteten schwere Sorgen; vor allem aber: „Auf Schritt und Tritt hemmt uns die traurige Finanzlage der Stadt."

Alle von Gustav *Böß* aufgezählten politisch-gesellschaftlichen Fragen der Zeit waren zugleich gemeinsame Probleme der Menschen innerhalb und außerhalb Berlins, in Preußen und im Reich ebenso wie in beider Hauptstadt, Regierungs- und Verwaltungssitz. Der Zusammenhang der politischen Reaktionen, die die Berliner Wählerschaft einerseits auf bezirklicher und städtischer, andererseits auf überregionaler Ebene im Rahmen der preußischen Landtags- und Reichstagswahlen im Raum Berlin in Form ihrer Wahlentscheidungen zeigte, wird wiederum deutlich, wenn man die zu Anfang des Jahres 1921, ein Dreivierteljahr vor den im Oktober 1921 abgehaltenen Neuwahlen zur

Stadtverordnetenversammlung und zu den Bezirksversammlungen in Groß-Berlin veranstalteten *preußischen Landtagswahlen* betrachtet. Preußen, das nach Staatsgebiet und Bevölkerungszahl über drei Fünftel des Deutschen Reiches der Weimarer Republik ausmachte, war durch seine im November 1920 beschlossene Verfassung zum republikanischen Freistaat mit demokratischer politischer Ordnung geworden. Die Wahl vom 20. Februar 1921 brachte im preußischen Landtag eine Mehrheit der bürgerlichen Parteien, durch die — ebenso wie im Reich nach der Reichstagswahl vom Juni 1920 — das in Preußen regierende Kabinett der Weimarer Koalition (SPD, Zentrum, DDP), hier unter der Leitung des sozialdemokratischen Ministerpräsidenten Otto *Braun*, durch eine bürgerliche Koalition, in Preußen unter der Regierung des Zentrumspolitikers Adam *Stegerwald*, abgelöst wurde; erst das Auseinanderfallen des bürgerlichen Bündnisses sowie die Verstärkung der Mehrheitssozialdemokratie aufgrund des Zerfalls der USPD-Fraktion erlaubten es Otto *Braun* im November 1921, mit einem Kabinett der erweiterten Koalition (SPD, Zentrum, DDP, DVP) erneut das Amt des Ministerpräsidenten zu übernehmen und seit 1922 mit einer kurzen Unterbrechung und einigen Umbesetzungen nach 1925 (wieder mit den Parteien der Weimarer Koalition) bis zum „Preußenschlag" des Reichskanzlers *von Papen* im Jahre 1932 aus dem jahrhundertealten Königsstaat Preußen jenes „Bollwerk der Demokratie" zu machen, dem die Weimarer Republik nicht zuletzt ihre demokratische Existenz verdankte.

Die Haltung, die nun die Berliner Wähler in der *preußischen Landtagswahl* vom *20. Februar 1921* einnahmen, zeigte den durch die politischen Ereignisse des Jahres 1920/21 hervorgerufenen Unmut über die vermeintliche bis tatsächliche Schwäche der jungen deutschen Demokratie, mit eben den Problemen fertig zu werden, die Gustav *Böß* für die Großstadt Berlin bezeichnet hatte. Zu ihnen gesellten sich die überregionalen bis nationalen, in die Hauptstadt unvermeidlich verstärkt hineinwirkenden großen Themen der inneren und äußeren Politik — wie etwa die deutschen Gebietsverluste, vor allem im preußischen Osten, und andere Auswirkungen des Versailler Vertrages, aber auch das Geschehen in dem zu Preußen gehörenden Ruhrgebiet und die ersten Anzeichen der herannahenden Hyperinflation. So kam es zu dem durch alle diese Entwicklungen hervorgerufenen Wechsel der politischen Grundstimmungen auch breiter, bisher reformbegeisterter Kreise der Bevölkerung zwischen den auf bezirklicher, städtischer, staatlicher und Reichsebene stattfindenden Wahlen des Jahres 1920 und denen des Jahres 1921.

Bei einer Berliner Wahlberechtigtenzahl von 2,76 Millionen und einer Wahlbeteiligung von 70,5 % wurden bei der *preußischen Landtagswahl* vom *20. Februar 1921* (siehe unten TABELLE 7) von den abgegebenen gültigen Stimmen nur noch 17,4 % (bei den Wahlen zur preußischen Landesversammlung 1919 noch 28,3 %) für die USPD und 10,1 % für die 1919 noch nicht kandidierende KPD (also noch 27,5 % für die extreme Linke) abgegeben, während auf die gemäßigte Sozialdemokratie (SPD) in einem katastrophalen Rückgang nur noch 22,3 % der Stimmen entfielen (1919 noch 35,0 %). Das katholische Zentrum errang 3,7 % (1919 noch 5,5 %), die linksliberale DDP 7,7 % (1919 = 7,1 %), die Wirtschaftspartei (die 1919 nicht mitgewirkt hatte) 5,2 %. Die rechtsliberale Deutsche Volkspartei (DVP) erzielte 15,8 % und erfuhr damit eine bedeutende Steigerung von über 10 % gegenüber der vorherigen Landtagswahl (1919 erst 5,5 %), während die konservative DNVP einen ebenfalls gewichtigen Zuwachs auf 17,8 % erreichen konnte (1919 erst 10,4 %). Die bürgerlichen Parteien hatten also auch im Berliner Wahlergebnis zur preußischen Landtagswahl eine Mehrheit gewonnen, und zwar aufgrund der starken Zunahme der Rechtsparteien bei gleichzeitiger frappanter Abnahme der Sozialdemokratie im Verhältnis zur letzten Preußenwahl von Anfang 1919.

So bereitete sich die politische Haltung der Berliner Wählerschaft vor, als die Stellungnahme der Berliner zu ihrer eigenen neuen demokratischen Selbstverwaltung noch einmal gefordert wurde, als — der schon erwähnten Wahlanfechtung von Vertretern bürgerlicher Parteien zugunsten der Deutschen Volkspartei in den sechs Innenstadtbezirken folgend — zur hämischen Freude der Rechten das preußische Oberverwaltungsgericht am 16. Juni 1921 die *Neuwahl* der *Stadtverordnetenversammlung* und der *Bezirksversammlungen* beschloß und auf den *16. Oktober 1921* festsetzte (siehe unten TABELLE 6). Die Wahlberechtigtenzahl hatte bis dahin rund 2,61 Millionen erreicht; die Wahlbeteiligung lag bei 66,0 %. Von den abgegebenen gültigen Stimmen entfielen bei der Wahl zur *Stadtverordnetenversammlung* auf die USPD 19,2 % (bei den am gleichen Tage stattfindenden Wahlen zu den 20 *Bezirksverordnetenversammlungen* bei dieser wie den meisten anderen Parteien wie immer unterschiedliche Prozentzahlen), auf die SPD 20,5 %, während keine anderthalb Jahre zuvor bei den Stadtverordnetenwahlen vom 20. Juni 1920 die USPD noch 38,4 %, die SPD erst 17,2 % der gültigen Stimmen auf sich vereinigten. Die USPD hatte einen Großteil ihrer Wähler vor allem an die im Dezember 1918 in Berlin gegründete, nun erstmals bei Berliner Wahlen auftretende

Kommunistische Partei Deutschlands (KPD) abgeben müssen, die bei den Stadt- und Bezirksverordnetenwahlen vom Oktober 1921 nun 9,5 % der Wählerstimmen erhielt; Ende Oktober 1920 hatten sich im Berliner Stadtparlament schon 21 Stadtverordnete von der USPD getrennt und sich als Fraktion der Kommunisten konstituiert. Insgesamt mußte der Linkssozialismus einschließlich des zuerst im Spartakusbund, dann in der KPD von Karl *Liebknecht* und Rosa *Luxemburg* organisierten deutschen Kommunismus in Berlin einen Rückgang seiner Wählerstimmen um über 9 % hinnehmen, während die SPD der Weimarer Koalition in Berlin eher dazugewann (über 3 %). „Gewinner" in diesen Wahlen wurde die konservative DNVP mit 17,3 %, die 1920 erst 11,4 % erringen konnte, während die rechtsliberale DVP sich mit 15,3 % (1920 noch 16,9 %) im ganzen halten konnte. Die liberale DDP blieb mit 7,4 % (im Jahr zuvor 7,1 %) gleichstark, ebenso die bürgerliche Wirtschaftspartei mit 5,1 %, die 1920 schon 4,2 % erreicht hatte. Auch das katholische Zentrum blieb mit 3,7 % über alles stetig. Die sonstigen (Splitter-)Parteien erhielten zusammen rund 3 % der Wählerstimmen, darunter erstmals die rechtsextreme Deutschsoziale Partei, die immerhin einen Sitz in der Stadtverordnetenversammlung erlangen konnte.

Im Ergebnis dieses Wählervotums erhielten von den 225 Sitzen des Stadtparlaments die Unabhängigen Sozialdemokraten (USPD) nun 43 Mandate (statt der 86 von 1920), die Kommunisten (die sich 1920 noch nicht beteiligt hatten) 21; die SPD konnte sich auf 46 Sitze steigern (1920 = 39), während die liberale DDP mit 17 Mandaten (1920 = 16) und das katholische Zentrum mit acht Sitzen (1920 ebenfalls acht) die gleiche Stärke behielten. Die Wirtschaftspartei behielt ebenfalls 12 Sitze. Die konservative deutsch-nationale Fraktion steigerte sich auf nunmehr 42 (1920 erst 26) und die Fraktion der rechtsliberalen Volkspartei auf 35 Sitze (1920 erst 16); die rechtsextremen Deutschsozialen erhielten (erstmals) einen Sitz. Es entstand so eine schwache „bürgerliche" Mehrheit von 115 Stimmen, wenn man die liberalen Demokraten und das Zentrum mit den bürgerlichen Interessenparteien und den Rechtsparteien zusammenzählt. Das Abstimmungsverhalten der Stadtverordneten bei Sachfragen in den folgenden Jahren kommunalpolitischer Arbeit zeigte freilich, wie fraglich solche Additionen sein können. Indessen führte der „Rechtsruck" dieser Wahl doch dazu, daß im November 1921 anstelle des Unabhängigen Sozialdemokraten Dr. *Weyl* der der rechtsliberalen DVP angehörende Dr. *Caspari* mit 115 von 200 abgegebenen Stimmen zum Stadtverordnetenvorsteher gewählt wurde, während dem weiteren Vorstand der Versammlung kein einziges Mitglied der SPD, USPD oder KPD mehr angehörte. Von den bisherigen Magistratsmitgliedern waren nach dem das neue Groß-Berlin schaffenden Gesetz vom 27. April 1920 nur die unbesoldeten Magistratsmitglieder nach dem Verhältniswahlrecht neu zu wählen; unter anderem wurden zwei USPD- und ein KPD-Angehöriger durch je einen Abgeordneten der DNVP, der Wirtschaftspartei und der SPD ersetzt. Die Mehrheitsverhältnisse im Groß-Berliner Magistrat blieben — bezogen auf eine gedachte Links-Rechts-Dimension — im ganzen erhalten, und sie waren eindeutig im Sinne einer überwiegenden Besetzung mit sozialdemokratischen bis liberalen fortschrittlichen Politikern beziehungsweise Beamten ausgerichtet.

Der liberaldemokratische Oberbürgermeister und sein Magistrat waren nach der geltenden preußischen Städteordnung nicht nur ausführendes Organ der Stadtverordnetenversammlung, sondern auch ein dem Stadtparlament gleichgestelltes beschlußfassendes Organ. Es gehört zu den Merkmalen der Berliner Selbstverwaltungsdemokratie in jenen Entstehungsjahren, daß die Politisierung der Exekutive durch demokratische Wahlen und die von ihren Ergebnissen herbeigeführten Veränderungen in der Stellung des Oberbürgermeisters und des Magistrats in der Kommunalverfassung ihre Grenzen fand. Einmal gewählt, blieben sie — von späteren reichsgesetzlichen Personalabbauverordnungen im allgemeinen und persönlichen politischen Schicksalen einzelner im speziellen einmal abgesehen — auf 12 Jahre im Amt und von sich verändernden politischen Mehrheiten rechtlich unberührt. Unter der Gunst der Wahlergebnisse von 1920 hatten die sozialistischen Parteien einen überwiegend sozialdemokratisch-sozialistischen Magistrat, vor allem bei den besoldeten Magistratsmitgliedern, mit einem erst parteilos-sympathisierenden, dann liberaldemokratischen Oberbürgermeister gewählt, der gemäß geltender preußischer Städteordnung staatlich bestätigt worden war. Die „bürgerliche" Mehrheit als Resultat der Neuwahlen von 1921 gab keine gesetzliche Handhabe, den Magistrat gemäß den neuen politischen Machtverhältnissen in der Stadtverordnetenversammlung umzugestalten. Erst die Personalabbauverordnung der Reichsregierung und Preußens von 1924 bot einer anti-sozialistischen Mehrheit die Chance zur Entlassung sozialistischer Stadträte. Die Anfänge der Berliner Selbstverwaltungsdemokratie waren mithin geprägt von einem Nebeneinander von Gewaltenteilung und Gewaltenparallelismus. Dieses Problem erweiterte sich noch dadurch, daß neben die beiden großen gesamtstädtischen Organe — Magistrat und Parlament — als weitere Beschlußorgane auf gesamtstädtischer Ebene die „Zentralen Verwaltungsdeputationen" traten, die sich aus einer Mischung von Magistratsmitgliedern, Stadtverordneten und „Bürgerdeputierten" im Verhältnis 1 : 3 : 1 zusammensetzten und im politischen wie administrativen Entscheidungsprozeß, oftmals mit Verzögerungseffekt, teilnahmen. Schließlich wiederholte und verfielfachte sich die gesamte Problematik durch die Existenz der Bezirke mit ihren Bezirksverordnetenversammlungen, Bezirksämtern und Bezirksdeputationen.

Die durch die Einheitsgemeinde Groß-Berlin geschilderten und in ihren Konsequenzen betrachteten Ergebnisse der *Neuwahlen* vom *16. Oktober 1921* für die Stadt insgesamt und für die in den *Bezirkswahlen* erzielten Durchschnittsresultate führten in bezug auf die Bezirke im einzelnen wiederum zu außerordentlich differenzierten Aussagen.* Während sich, wie für das Stadtparlament, für den *Durchschnitt* der Bezirke eine *nicht-sozialistische* Mehrheit ergab, entstand eben eine solche Mehrheit mehr oder minder stark nur in 10 von den 20 Berliner Bezirken, nämlich in den Bezirken Mitte, Tiergarten, Charlottenburg, Spandau, Wilmersdorf, Schöneberg, Tempelhof, Steglitz und Zehlendorf sowie im Bezirk Pankow, also vor allem in den von der Mitte nach Westen und Südwesten sich aneinanderreihenden, im Südwesten besonders in den weniger dicht und hauptsächlich von Angehörigen des Dienstleistungssektors, der freien Berufe und Rentiers bewohnten Stadtteilen; Ausnahmen bildeten in bezug auf die Berufsstruktur die Mitte, Charlottenburg, Pankow und Spandau, wo auch der Anteil von Industrie und Handwerk beachtlich war. Ohnehin haben sich sozioökonomische Bestimmungsgründe für das Wählerverhalten schon immer als relative Faktoren erwiesen, deren Bedeutung leicht von anderen, wie zum Beispiel konfessionellen, politisch-psychologischen und -traditionalen, ökologischen und schließlich stets auch ereignisgeschichtlich-individuellen Faktoren überlagert waren, wenn solche strukturellen Bedingungen, wie Berufs-, Verbands- und Branchenzugehörigkeit doch weiter laufende Beachtung verdienen. So blieben 1921 bedeutende sozialistische Mehrheiten bestehen in den von Industrie und Handwerk, Arbeitern und anderer abhängiger Arbeitnehmerbevölkerung geprägten Bezirken Friedrichshain und Wedding, Neukölln und Treptow; knappe sozialistische Mehrheiten erhielten sich in den Bezirken

* Siehe hierzu die „Wahl- und Sozialstatistik des demokratischen Berlin . . .", Tabellenteil, Abschnitt VI (im ANHANG zum vorliegenden Band).

Prenzlauer Berg und Kreuzberg, Lichtenberg und Köpenick sowie Weißensee und Reinickendorf, in Stadtteilen also, in denen bei freilich ganz unterschiedlicher Bevölkerungsdichte überwiegend Industrie und Handwerk mit ihren Berufsschichten angesiedelt waren.

Ungeachtet des durch den Wahlausgang auf gesamtstädtischer Ebene sich ergebenden Zustandes einer nichtsozialistisch-bürgerlichen Mehrheit in der Stadtverordnetenversammlung und im *Durchschnitt* der Bezirkswahlergebnisse entsprach eigentlich die überwiegend sozialistisch bis liberaldemokratische Zusammensetzung des Magistrats immer noch eher der tatsächlichen Bevölkerungsgliederung als diejenige der Stadtverordnetenversammlung, lebten doch in den zehn Bezirken mit sozialistischer Mehrheit rund 54 % der Gesamtbevölkerung und über 55 % der Wahlbevölkerung der neuen Großgemeinde, während die sozialistischen Parteien im Stadtparlament nur 48,9 %, also eine Minderheit der Stadtverordnetensitze einnahmen. In das politisch-administrative Kräftespiel zwischen den Organen der Stadt Groß-Berlin und denen der Bezirke trat durch die abweichenden Mehrheitsverhältnisse nicht nur zwischen den gesamtstädtischen Körperschaften der Großgemeinde, sondern nun auch zwischen ihnen und den einzelnen Bezirken ein politisches Kräfteparallelogramm in die Existenz, das die kommunalpolitischen Entscheidungen, an denen nach der Verfassung Stadt und Bezirke gemeinsam mitwirken sollten, oft genug zu langwierigen und schwierigen Auseinandersetzungen werden ließ. In der Summe bedeuteten sie die Zerreißprobe der Selbstverwaltungsdemokratie einer Doppelhauptstadt, Großstadt und Weltstadt, die zu ihrer Führungsrolle im Rahmen einer neugeborenen republikanisch-demokratischen politischen Ordnung finden wollte.

Vielleicht charakterisierte nichts die politisch-psychologischen Probleme des neuen Groß-Berlin bei der Erlangung dieser Spitzenstellung in Preußen und im Reich besser als die Parole der republikfeindlichen, in der Preußenwahl vom Februar 1920 erfolgreichen konservativen Deutschnationalen Volkspartei (DNVP), die in Flugblättern und Artikeln mit der „Losung“ auftrat: „Los von Berlin“. Gemeint war mit diesem Schlagwort „los von der von internationalen Juden geleiteten internationalen sozialdemokratischen Mißwirtschaft in Berlin!“ Das heiße „natürlich nicht ‚Los von Preußen‘“, welches „das Rückgrat“ „unseres deutschen Vaterlandes“ sei, wohl aber von der Sozialdemokratie, der man „einzig und allein“ die jetzigen „unerträglichen Zustände“, darunter den „Schandfrieden von Versailles“ zu danken habe. Wohin es führe, wenn man — wie die Sozialdemokratie — die Sozialisierung beziehungsweise Kommunalisierung auf allen Gebieten durchführen wolle, das sehe man an Städten, wie Berlin, wo bereits Hunderte von Millionen Mark vergeudet seien (Flugblatt: „Auf zur Preußenwahl am 20. Februar [1921] mit der Losung ‚Los von Berlin'"). Nicht immer mit gleicher Schärfe und identischen Schlußfolgerungen, aber aus dem gleichen Arsenal von Argumenten speiste sich die sonstige Republikfeindschaft von rechts, und *Berlin* war das verhaßte Symbol für alles, was Staat und Verfassung von Weimar und alle darauf aufbauenden politischen Koalitionen in Berlin, in Preußen wie im Reich ausmachte.

Zur Republikfeindschaft von rechts gesellte sich diejenige von links, der weder die gesellschaftliche und wirtschaftliche noch die politische Ordnung im Reich, in Preußen und in der Hauptstadt Berlin von den Erbsünden des vergangenen Königstaats Preußen und Kaiserreichs Deutschland ausreichend gereinigt schien und die wiederum die Mehrheitssozialdemokratie, diesmal als Erfüllungsgehilfin bürgerlich-kapitalistischer Kräfte, schuldig sprach. Gelegentlich der städtischen Berliner Wahlen vom Oktober 1921 konnte diesmal die Linke der Wählerschaft in diesem Sinne insinuieren: „Berlins Schicksal entscheidet die politische Zukunft Deutschlands" und zur Preußenwahl: „Weg mit der schwächlichen Mehrheitssozialdemokratie, die nur betteln kann, wo es handeln heißt!" (Wahlaufrufe der USPD aus dem Jahr 1921). Die Hauptstadt war auch in dieser Argumentation das politisch-publizistische Medium zur Anprangerung des verhaßten sozial- und liberaldemokratischen Systems, auf dem die Weimarer Demokratie essentiell aufruhte und für das die Berliner Selbstverwaltungsdemokratie der konkrete Ausdruck war und auch als solcher von den Zeitgenossen empfunden wurde.

Der zuletzt getroffenen Feststellung steht nicht entgegen, daß in der Weimarer Zeit von Politikern und Staatsrechtlern zwischen den Aufgaben der kommunalen Selbstverwaltung und denen von Republik und Demokratie auf einzelstaatlicher und Reichsebene gelegentlich immer wieder auch Gegensätze gesehen wurden, die sich hauptsächlich auf finanzpolitischem und -wirtschaftlichem Gebiet ergaben. Auch hierzu hatte das neue Groß-Berlin, etwa mit seiner Kommunalwirtschaft, Lösungen anzubieten. Die ganze auf Berlin als Beispiel für die Untugenden der Weimarer Demokratie konzentrierte Polemik von links wie rechts konnte und kann doch nicht darüber hinwegtäuschen, daß die kommunal und regional ebenso wie national und international bestimmte Selbstverwaltungsdemokratie des Berliner Typs jener Zeit für das soziale und wirtschaftliche Leben aller davon betroffenen Gruppen und Schichten von Menschen innerhalb und außerhalb der Stadt erstaunliche und nachhaltige Leistungen vollbracht hat, deren Wirkungen bis in die Gegenwart des späten 20. Jahrhunderts hineinreichen.

II

Formen und Stadien der Entwicklung der Groß-Berliner Demokratie: Stadtregierung und Verwaltung, Parteien und Wahlen

Der Kreislauf des demokratischen Willensbildungsprozesses zwischen Wählern und Gewählten, Selbstverwaltung, Parteien und Parlamenten auf städtischer und bezirklicher Ebene war im Berlin der Weimarer Zeit auch geprägt durch die Einflußfaktoren von draußen: durch den Staat Preußen und das Reich. Berlin war bestimmt zum Ort des Geschehens von preußischer Staats- und deutscher Reichsgeschichte, aber auch von europäischen Kultureinflüssen und weltwirtschaftlicher Verflechtung. Die Versorgungsprobleme von Bevölkerung und Wirtschaft der Viermillionenmetropole standen zwischen allen diesen Bereichen. Ihnen galten die politischen Anstrengungen der verantwortlichen Selbstverwaltungsorgane in vorderer Linie. An den Formen und Ergebnissen ihrer Bewältigung lassen sich das Funktionieren und die Effektivität der neuen Groß-Berliner Selbstverwaltungsdemokratie gleichsam exemplarisch ablesen.

*Die politischen Probleme im Bereich der kommunalen Versorgung von Bevölkerung und Wirtschaft — Ein Paradigma**

Wenn immer wieder festgestellt wird, daß kommunale Selbstverwaltung sich in der Weimarer Demokratie in erster Linie als finanzielle Selbstverantwortung darstellt, so trifft dies erst recht für die Reichshauptstadt zu, für die sich die Deckung des städtischen Finanzbedarfs als zentrale Aufgabe ergab. Als neu entstandene Millionenmetropole sah sich Berlin vor einer doppelten, sich gegenseitig verstärkenden

* In den folgenden Ausführungen bedient sich der Autor einiger überarbeiteter Formulierungen seiner älteren Studie über die „Geschichte der Berliner Kommunalwirtschaft in der Weimarer Epoche“ (erschienen beim Verlag Walter de Gruyter & Co., Berlin).

Problematik. Dem jähen Anstieg der öffentlichen Aufgaben und einem dementsprechenden sprunghaften Anwachsen der dadurch hervorgerufenen Ausgaben stand gleichzeitig eine drastische Einschränkung der finanziellen Austattung gegenüber. Auf der Ausgabenseite stand die gegenüber dem Vorweltkriegsstand um ein Mehrfaches angewachsene Unterstützungssumme für Erwerbslose und Wohlfahrtsempfänger der ersten Nachkriegsnotjahre; im Laufe der Jahre wurden außerdem durch die Reichsgesetzgebung die Gemeindefinanzen um so mehr belastet, als die „Endfürsorge" für die erwerbslosen Massen der Kommune zusätzlich zur Armenpflege aufgebürdet wurde. Sieht man davon ab, daß auch die Ausgaben für das Bildungswesen und die allgemeine Verwaltung infolge von Bevölkerungsvermehrung, fortschreitender Besiedelung, Zunahme der Zahl der Privathaushalte ebenso wie des industriellen Verbrauchs erheblich stiegen, stellte nun vor allem die möglichst billige Massenversorgung der Bevölkerung mit den lebensnotwendigen Gütern und Leistungen des täglichen Bedarfs sowie der produzierenden und handeltreibenden Wirtschaft mit ihren Bedürfnissen — vor allem Wasser, Energie, Transport, Märkte, Entsorgung etc. — steigende Anforderungen an den städtischen Haushalt.

An die Stelle der also nötigen stärkeren finanziellen Unterstützung der Stadt durch das Reich und das Land Preußen trat umgekehrt eine Beschränkung der kommunalen Einnahmen aus dem Steueraufkommen. Die Reichsfinanzreform von 1920 brachte einen grundlegenden Wandel bei den städtischen Einnahmen in Berlin wie in allen anderen Gemeinden. Die gemeindlichen Zuschläge zur staatlichen Einkommensteuer, bis dahin das Hauptdeckungsmittel des städtischen Haushalts, wurden ersetzt durch einen Anteil an der nun vom Reich erhobenen Einkommensteuer, der einen erheblich geringeren Prozentsatz der Steuereinnahmen der Stadt erbrachte als der frühere Gemeindezuschlag zur staatlichen Einkommensteuer: Im Jahre 1914 brachte der Zuschlag zur Staatseinkommensteuer in Berlin fast 50 % der Steuereinnahmen der Stadt, während der Anteil an der Reichseinkommensteuer nach Beendigung der Inflation nur etwa 30 % ausmachte. Im zentralistischen Steuersystem der Weimarer Republik bestanden bis zu zwei Drittel der Groß-Berlin zur Verfügung stehenden Steuereinnahmen — neben der Einkommen- und Körperschaftssteuer vor allem noch die Hauszins-, Umsatz- und Kraftfahrzeugsteuer — aus Überweisungssteuern, über die die städtischen Organe — Magistrat und Stadtverordnetenversammlung — nicht selbst bestimmen konnten, sondern um deren Zuteilung sie mit der preußischen Staatsregierung ebenso wie mit den Reichsbehörden einen zähen Kampf führen mußten. Verschiedene „kleine Steuern" — Hundesteuer, Lustbarkeitssteuer, u. a. — und neue Erhebungen, wie die Beherbergungssteuer, die vor dem Ersten Weltkrieg nur etwa 6 % des gesamten Steueraufkommens ausgemacht hatten, sollten schließlich in den Nachkriegsjahren auf etwa ein Drittel der gesamten Steuereinnahmen anschwellen. Fehlbeträge im städtischen Steuerbedarf konnten nur durch Erhöhungen der gemeindlichen Zuschläge zur Grund- und Gewerbesteuer gedeckt werden.

Diese Lage der städtischen Finanzen erhielt in Preußen seit langem ihre besondere politische Note dadurch, daß die von den Behörden und Körperschaften der städtischen Selbstverwaltung entworfenen Steuervorlagen von der Zustimmung der staatlichen Aufsichtsbehörde abhängig waren. Nach der unitarischen Regelung der Gesetzgebung im Deutschen Reich der Weimarer Republik war das gemeindliche Leben der Reichshauptstadt, wie der anderen deutschen Gemeinden, als Ganzes dem maßgeblichen Einfluß der politischen Institutionen des Reiches und des Staates, in diesem Falle Preußens, unterworfen. Gerade die finanzielle Selbstverantwortung der verfassungsmäßigen Organe der neuen Stadt Groß-Berlin war daher von allem Anfang an so eingeschränkt, daß die politischen Maßnahmen der Berliner demokratischen Selbstverwaltung durch sie geprägt wurden. So sehr war diese Tatsache bestimmend für das politische Bewußtsein der Zeitgenossen, daß während der ganzen Weimarer Zeit von Politikern und Beamten der Reichshauptstadt, aber auch ganz allgemein für die deutsche Gemeinde in den theoretischen und praktischen Erörterungen der Staatsrechtslehre wie der deutschen Spitzenverbände, vor allem im Deutschen Städtetag, immer wieder die Frage aufgeworfen wurde, wie es mit der Funktionsfähigkeit der demokratischen Selbstverwaltung in der Weimarer Republik unter solchen Bedingungen überhaupt bestellt sei. Dieselbe Frage hat sich der Betrachter von heute, aus dem Blickwinkel des späten 20. Jahrhunderts, zu stellen, wenn er die Möglichkeiten und Chancen der Berliner Demokratie in der Weimarer Zeit beurteilen will.

In der kritischen Lage der städtischen Finanzen und damit auch der politischen Beweglichkeit der demokratischen Selbstverwaltung erlangte in den Jahren der Weimarer Republik die kommunale Versorgungswirtschaft in mehrfacher Hinsicht eine besondere Bedeutung. Zum einen nahmen unter den städtischen Einnahmequellen die Überschüsse der kommunalen Betriebe, vor allem der Gas-, Wasser- und Elektrizitätswerke, deshalb eine so herausragende Stellung ein, weil die politischen Organe der Stadt in der Aufbringung und Verwendung der

Betriebseinnahmen im wesentlichen ungebunden waren — insbesondere dann, wenn die erwerbswirtschaftliche Eigenbetätigung der Großkommune Berlin sich in privatrechtlichen Formen bewegte. Durch eine geschickte Wirtschaftsführung bei den kommunalen Unternehmen oder im Zuge der notwendigen Ausweitung der eigenwirtschaftlichen Betätigung der Stadt konnten die Betriebsüberschüsse gesteigert werden, ohne daß hier die Staatsaufsicht tätig werden konnte, und sie konnten durch kaufmännische und technische Tüchtigkeit erhöht werden, ohne daß — wie bei einer Erhöhung der Realsteuern — die Berliner Bevölkerung notwendigerweise stärker belastet zu werden brauchte. So konnten die politischen Körperschaften Groß-Berlins über die Erwerbsüberschüsse der gewinnbringenden kommunalen Versorgungsunternehmen frei verfügen und damit manche ihrer sozialpolitischen Programme verwirklichen, ohne ihre konsumentenfreundliche Tarif- und Preisgestaltung zu gefährden.

In der Hyperinflation der beginnenden zwanziger Jahre hatten die Betriebseinnahmen aus den kommunalen Unternehmen den zusätzlichen Wert, daß sie laufend eingenommen wurden und bei entsprechender Anpassung der Tarifsätze den sinkenden Geldwert wenigstens in etwa ausglichen. Im Laufe der folgenden Jahre wurden die kommunalen Betriebe Berlins zu einem wirksamen Kreditinstrument in der Hand von Magistrat und Stadtverordnetenversammlung. In den Jahren des wirtschaftlichen Aufstiegs zwischen 1924 und 1929, als auch die deutsche Gemeindewirtschaft sich reichlich des auf dem in- und ausländischen, besonders dem amerikanischen Anleihemarkt angebotenen Kredites bediente, waren es in Berlin hauptsächlich die kommunalen Betriebe, vor allem die seit 1929 zur „Berliner Verkehrs-AG (BVG)" zusammengeschlossenen vereinigten Verkehrsbetriebe — Straßenbahnen, Untergrundbahnen und Omnibusse, die auf ihre Weise die einzelnen Teile der neuen großen Stadt und ihre Bewohner privat und beruflich zu einer Einheit verbanden —, für die die städtischen Organe die später so heftig kritisierten Anleihegeschäfte tätigten. Sie erwiesen sich im ganzen aber auch als die stärkste Sicherheit der Stadt Berlin gegenüber ihren in- und ausländischen Gläubigern, weil sie eben eine beständige wirtschaftliche Reserve unter der freien Verfügbarkeit der Groß-Berliner politischen Körperschaften darstellten, so zum Beispiel, als später durch die Einbringung der städtischen Elektrizitätswerke (BEWAG) in die gemischt-wirtschaftliche „Berliner Kraft- und Licht-AG (BKL)" im Krisenjahr 1931 Verkaufseinnahmen erzielt wurden, durch die die bestehende Verschuldung der Reichshauptstadt — die schwebende Schuld betrug rund 500 Millionen Reichsmark — abgemildert werden konnte.

Mochten die Abführungen der städtischen Betriebe im Umfang hinter den staatlichen Dotationen, den Verwaltungseinnahmen und den Steuern auch zurücktreten — vom Finanzbedarf deckten sie in den Inflationsjahren bis zu 17 %, vom Zuschußbedarf in späteren Jahren bis zu 22 %, in einzelnen Jahren auch nur zwischen 5 % und 10 % der städtischen Gesamtausgaben —, politisch war für die Stadtvertreter aus allen Parteien allein wichtig, daß die Einnahmen von den Betrieben die Organe der städtischen Selbstverwaltung in die Lage versetzten, notfalls unabhängige Entschlüsse im finanziellen Bereich fassen zu können. Die festen Einnahmen aus den städtischen Betrieben blieben in allen Jahren der Berliner Geschichte in der Zeit der Weimarer Republik, vor allem auch in den Krisennotjahren zu Beginn, abgeschwächt zum Ausgang der Weimarer Republik, als stabilisierender Faktor für den städtischen Haushalt der Reichshauptstadt und damit für die Funktionsfähigkeit der Groß-Berliner Selbstverwaltungsdemokratie dieser Zeit bestehen. In der Geschichte des Verhältnisses zwischen der ersten deutschen Demokratie von Weimar und ihrer kommunalen Selbstverwaltung übte die städtische Kommunalwirtschaft Berlins durch ihre beziehungsreiche Wechselwirkung zum Wachstum und zur immer bedeutender werdenden Zentralitätsfunktion der preußischen und deutschen Metropole sowie zu den Lebensverhältnissen der Berliner Bevölkerung einen bestimmenden Einfluß aus. Entwicklung und Bedeutung dieses Zweiges der demokratischen Selbstverwaltung Berlins mußten daher zu einem zentralen Gegenstand für die politischen Auseinandersetzungen werden, die in den städtischen Körperschaften, von den politischen Parteien und mit den Organisationen der gewerblichen Wirtschaft über die Berliner Entwicklung in der Weimarer Zeit geführt wurden.

Ein Gegenstand solcher Erörterungen waren zum einen die Tariferhöhungen für Versorgungsleistungen der verschiedenen Art, wenn den Vertretern der politischen Parteien in Stadtverordnetenversammlung und Magistrat eine Steigerung der Einnahmen aus den öffentlichen Betrieben im Interesse der Aufrechterhaltung der Funktionsfähigkeit der Reichshauptstadt insgesamt geboten erschien. Eine Erhöhung der Gas-, Wasser- und Verkehrstarife wirkte sich in erster Linie als verstärkte soziale Belastung und indirekte Besteuerung für die breiten Verbraucherschichten aus, wohingegen Tariferhöhungen für den abgegebenen elektrischen Strom, der zeitweise bis zu zwei Dritteln von den

Industriebetrieben verbraucht wurde, sich hauptsächlich als wirtschaftliche Mehrbelastungen für Industrie und Gewerbe auswirkten, ohne dabei die privaten Kleinverbraucher zu schonen. Entsprechend unterschiedlich wurden in den kommunalpolitischen Auseinandersetzungen des Berliner Parlaments diese Eingriffe in das soziale und wirtschaftliche Leben der Bevölkerung bewertet.

Ein Ausgangspunkt der Debatten war, daß als Ergebnis des politischen Gestalt- und Bedeutungswandels der modernen Großgemeinde Berlin nach dem Weltkrieg nicht mehr Hausbesitzer und Gewerbetreibende als die primären Interessenten an den Leistungen der Stadt aufgefaßt werden könnten, sondern daß die demokratisierte Selbstverwaltung — vor allem angesichts der Berliner Mehrheitsverhältnisse in den politischen Gremien der Viermillionenmetropole — sich notwendig in erster Linie als Sachwalter der breiten Bevölkerungsschichten von Arbeitnehmern zu verstehen hatte. Zu dieser bevorzugten Stellung der breiten Massen gab es als politische Gegenposition von Vertretern bürgerlicher Rechtsparteien die Auffassung, daß es im Sinne einer „gerechten" Steuerverteilung nur recht sein könne, wenn durch die Gebühren und Tarife für Wasser, Gas, Strom, Beförderung und sonstige kommunale Leistungen die breiten Massen zur Deckung des städtischen Finanzbedarfs entsprechend herangezogen wurden. Sozialistische und liberaldemokratische Vertreter hielten dem entgegen, daß mit einer zu scharfen Anspannung der Gebühren und Tarife auch den Unternehmerkreisen der Wirtschaft ein schlechter Dienst erwiesen werde, indem dadurch die Kaufkraft der breiten Schichten der Arbeitnehmer und also die Absatzmöglichkeiten der Wirtschaft geschwächt würden.

Die kommunale Eigenwirtschaft Berlins wurde ferner immer dann ein Anlaß zu politischen und wirtschaftlichen Auseinandersetzungen, sobald sie in Konkurrenz zu gleichartigen Unternehmungen der privaten Wirtschaft trat oder zu treten schien. Die Tendenz zur Ausweitung der kommunalwirtschaftlichen Betätigung war in Berlin eine politische Reaktion auf die schwierige wirtschaftliche Lage, in die die deutschen Städte nach dem Ersten Weltkrieg geraten waren und die den städtischen Betrieben zu ihrer tragenden Rolle in Selbstverwaltung und Wirtschaftsleben verholfen hatten. Wenn gerade in der Viermillionenstadt Berlin, der Reichshauptstadt und deutschen Wirtschaftsmetropole, der erwerbswirtschaftliche Sektor der demokratischen Selbstverwaltung verstärkt nutzbar gemacht wurde, so sahen die zeitgenössischen Theoretiker wie Praktiker der kommunalen Selbstverwaltung, etwa im Deutschen Städtetag, hierin ein Zeichen des allgemeinen Umbildungsprozesses der modernen Stadt vom Verwaltungskörper zum Wirtschaftskörper, den die sprunghafte Vermehrung ihrer sozial- und wirtschaftspolitischen Aufgaben immer stärker erforderlich machte. Neben den erwerbswirtschaftlich ausgerichteten Versorgungsbetrieben für Wasser, Gas, Strom und Verkehrsmittel gab es freilich die Vielzahl von öffentlichen Einrichtungen, wie Kanalisation, Beleuchtung, Markthallen, Vieh- und Schlachthöfe und andere, die im Interesse von Gesundheit und Hygiene ohne eine eigentliche Absicht der Gewinnerzielung kommunal bewirtschaftet wurden. Alle aber wurden sie aus dem Grundverständnis betrieben, daß — besonders angesichts der wirtschaftlichen Schwankungen der Weimarer Zeit — die lebensnotwendigen, ständigen Bedürfnisse der Bevölkerung im Interesse aller Schichten dauernd und gleichmäßig und vor allem ohne Rücksicht auf die Konjunkturlage befriedigt werden mußten. Also hatten soziale Gesichtspunkte die Wirtschaftsführung dieser Betriebe vorwiegend zu bestimmen. Eine sozialverpflichtete Tarifpolitik und Wirtschaftsführung konnte ein Wirtschaftsunternehmen der öffentlichen Hand mit dem Rückhalt der Stadt als Gewährsverband aber leichter durchstehen als ein gleichartiger Privatbetrieb, der ausschließlich der Erzielung von Überschüssen dienen mußte. Im Verlauf der Weimarer Zeit gelang dem Berliner Magistrat und der Stadtverordnetenversammlung, den städtischen Anteil an der Berliner Wasser- und Energieversorgung immer weiter zu steigern und — im Ergebnis einer zielbewußten Sozialisierungspolitik der Stadtverordnetenmehrheit — die bisher privaten Verkehrsbetriebe in der Form der „Berliner Verkehrs-Gesellschaft (BVG)“, einem Werk vor allem des damaligen städtischen Verkehrsdezernenten Ernst *Reuter,* vollständig in städtisches Eigentum zu überführen.

Wie schon in anderem Zusammenhang erwähnt, wurden durch Leistungen der Berliner Kommunalwirtschaft — zunehmenden Absatz, Investitionstätigkeit für Neu- und Erweiterungsbauten, Vergrößerung des in die 'zigtausende gehenden Personalbestandes, Auftragserteilungen an die private Wirtschaft, Abnahme privatwirtschaftlicher Leistungen und Erzeugnisse, direkte und indirekte Beschäftigung etlicher Zehntausender von Arbeitnehmern, Steigerung der Erwerbsüberschüsse und -abgaben an den städtischen Etat — die Unternehmen der kommunalen Versorgungswirtschaft Groß-Berlins in der Weimarer Republik ein Faktor, der aus dem politischen und wirtschaftlichen Leben der Reichshauptstadt nicht mehr wegzudenken war. Auf der anderen Seite standen die Beschwerden der Privatwirtschaft vor allem gegenüber Teilen der kommunalen Wirtschaftsbestätigung, in denen die städtische Wirtschaft in Bereichen aktiv wurde, die — wie die Beschwerdeführer argumentierten — von der privaten Wirtschaft genauso gut oder besser wahrgenommen werden könnten, ohne sich im Fall eines wirtschaftlich-finanziellen Mißerfolges der Deckung durch öffentliche Gelder aus dem städtischen Haushalt bedienen zu müssen. Einen solchen Bereich bildeten die von der Stadt unterhaltenen Geld- und Kreditinstitute. Nahm zum Ärger der politischen Vertreter des privaten Gewerbes schon die Sparkasse der Stadt Berlin, die die Spartätigkeit besonders der unteren und mittleren Lohnempfänger anzuregen vermochte, durch die Pflege des Realkreditgeschäftes, etwa im Wohnungsneubau, oder die Vergabe von Mittelstandskrediten an der Kapitallenkung im städtischen Bereich teil, so schien den Opponenten vollends die nach der Inflationszeit neu gegründete Stadtbank einen unzulässigen Wettbewerb gegenüber dem privaten Bankgewerbe zu bedeuten, bei dem ungerechtfertigt risikoreiche Geldgeschäfte durch das dem Gewährsverband, der Stadt Berlin, anvertraute öffentliche Kapital gedeckt werden sollten.

Ebenso erhob sich politischer Protest, wenn das Berliner Parlament und der Magistrat neue kommunale Wirtschaftsunternehmen schufen — ohne Rücksicht darauf, ob sie damit die Erwerbsmöglichkeiten der privaten Wirtschaft auf diesen Gebieten einschränkten. Neben anderen Unternehmungen der Stadt, die durch ihr Konkurrenzgebaren gegenüber gleichartigen privaten Betrieben die Gegnerschaft privatwirtschaftlicher Kreise und ihrer politischen Vertreter in der Stadtverordnetenversammlung herausforderten, wie etwa der städtische Fuhrpark, gehörten hierzu zum Beispiel die Beschaffungsgesellschaften, die „Berliner Brennstoffgesellschaft" und die „Berliner Anschaffungsgesellschaft (BAG)". Sie übernahmen für die städtische Verwaltung sowie die öffentlichen Einrichtungen und kommunalen Betriebe, weitestgehend unter Ausschluß der privaten Konkurrenz, die Versorgung mit Brennstoffen und den von ihnen benötigten Bedarfsartikeln, so daß hier der private Handel in eine Opposition zu diesem städtischen Beschaffungswesen gedrängt wurde, die sich ausgangs der Weimarer Zeit außerordentlich ungünstig auswirken sollte. Der 1929 ausbrechende Skandal um die Firma *Sklarek*, die in der Zeit der BAG einen Monopolvertrag für den Einkauf, die Lagerhaltung und die Auslieferung der von der Stadt an Hilfsbedürftige ausgegebenen Bekleidungsstücke besaß und mißbraucht hatte, führte 1931 zu ihrer Umbildung in ein städtisches Berliner Beschaffungsamt, das durch Verzicht auf eigenen Einkauf und Lagerhaltung, vielmehr durch Zulassung privater Firmen zur Belieferung der städtischen Wirtschaft und Verwaltung auf dem Wege der öffentlichen Ausschreibung den Forderungen der mittelständischen Gewerbetreibenden entgegenkam.

Charakteristische Auseinandersetzungen über die Grenzen der kommunalen Erwerbstätigkeit in Berlin fanden sodann um das städtische Anschlag- und Reklamewesen statt. Auf der immerwährenden Suche nach neuen Einnahmequellen verfielen die städtischen Körperschaften nach dem Kriege darauf, das Anschlagwesen durch einen neugegründeten städtischen Betrieb, die „Berliner Anschlag- und Reklamewesen-Gesellschaft (BEREK)", besorgen zu lassen, und schalteten durch günstigere Angebote die privaten Druckereien aus. Die politischen Vertreter von Handel, Handwerk und Gewerbe wollten auch hier der kommunalen Wirtschaft keine andere Funktion zubilligen, als die örtliche private Unternehmerwirtschaft zu unterstützen und zu ergänzen, wo der Monopolcharakter eines Wirtschaftsbetriebes und seine überwiegend soziale Bestimmung eine private Bewirtschaftung unangemessen erscheinen ließ. Die kommunalisierungsfreundliche Mehrheit in der Stadtverordnetenversammlung stellte hingegen das übergeordnete Interesse der Kommune an einem Haushaltszuschuß über solche Erwägungen. — In etwa gleichem Sinne wechselten die Vertreter privatwirtschaftlicher Interessenstandpunkte in Politik und Verwaltung, Verbänden und Publizistik zwischen Ablehnung und Anerkennung auch anderer kommunalwirtschaftlicher Eigenbetätigungen, darunter etwa noch der Gerätehandel der „Berliner Elektrizitätswerke AG (BEWAG)", der aufgrund der privatwirtschaftlichen Gegenwehr in das vom privaten Einzelhandel schließlich voll akzeptierte „Elektrissima-System", eine Muster- und Werbeausstellung elektrischer Geräte mit Kundenkreditfinanzierung, umgewandelt wurde. Insgesamt aber beklagte sich ein Sprecher der Wirtschaftspartei in der Berliner Stadtverordnetenversammlung in der Zeit der schwungvollsten Ausdehnung der eigenwirtschaftlichen Bestrebungen der städtischen Körperschaften in der Mitte der zwanziger Jahre über die Existenz von mehr als sechzig städtischen Betrieben aller Art, die auf den verschiedensten Gebieten eine schwere Konkurrenz für die private Wirtschaft bedeuteten.

Die Klagen der Wirtschaftsvertreter bürgerlicher Rechtsparteien und ihre Forderungen nach Entkommunalisierung städtischer Betriebe fochten die sozialistische und liberaldemokratische Mehrheit in der Stadtverordnetenversammlung und im Magistrat von Groß-Berlin während der Weimarer Zeit in ihrem Bestreben nach weitestgehender Kommunalisierung der Versorgungswirtschaft im ganzen wenig an, wenn es ihnen um die Durchsetzung ihres eigenen sozial- und wirtschaftspolitischen Konzeptes, der Pflege der einkommenschwachen Bevölkerungsschichten, zu gehen schien. Sie wollten örtliche Wirtschaftsbetriebe, soweit sie allgemeinen Bedürfnissen der Einwohnerschaft zu dienen schienen, prinzipiell in die öffentliche Hand übernehmen — freilich in die Hand der *kommunalen* Selbstverwaltung, *nicht* in die des Staates oder Reiches. „Munizipalsozialismus" und „Reichs- oder Staatssozialismus", „Kommunalisierung" und „Sozialisierung" im Sinne zentraler Verstaatlichung, traten sich in teilweise grotesker Form gegenüber. Der Gedanke der Bewirtschaftung der gemeinnötigen Versorgungsbetriebe durch die Stadt war nicht erst durch die Novemberrevolution 1918 geboren, sondern schon von liberalen politischen Kreisen des ausgehenden 19. und frühen 20. Jahrhunderts in der Form eines „Kommunalliberalismus", in der Reichshauptstadt Berlin vor dem Kriege von den Oberbürgermeistern *Hobrecht*, *Forckenbeck* und *Wermuth*, nach dem Krieg von Gustav *Böß*, vertreten worden. Im übrigen ging die Front zwischen den bedingungslosen und den nur bedingten Anhängern der kommunalen Gemeinwirtschaft — absolut ablehnend stand ihr kaum mehr jemand gegenüber — durch die politischen Parteien hindurch: Die von der Stadtverordnetenmehrheit aus SPD und einem Teil der DDP auf kommunalwirtschaftlichem Gebiet vorgeschlagenen und vollzogenen Maßnahmen erhielten oft die Unterstützung auch anderer Teile des Stadtparlaments von dessen rechter Seite. Danach ereignete sich sogar das unerwartete Schauspiel, daß anläßlich der Überführung der BEWAG in die gemischtwirtschaftliche „Berliner Kraft- und Licht-AG (BKL)" zugunsten einer Aufbesserung der städtischen Finanzlage dieselbe Mehrheit, die die Kommunalisierung zu ihrem Programm erhoben hatte, nun diesen Akt der Entkommunalisierung gegen den Widerstand einer heterogenen Rechtsopposition durchsetzen mußte. So läßt sich — wie das Beispiel der Berliner kommunalwirtschaftlichen Betätigung erkennen läßt — eine einseitige doktrinäre parteipolitische Überfremdung der politischen Beschlüsse der demokratischen Selbstverwaltung Berlins in der Weimarer Republik nicht erkennen. Diese partielle Integration der demokratischen Kommunalpolitik war allerdings sehr weitgehend auch jener rationalen Politik des vernünftigen Ausgleichs der verschiedenartigen sozialen und wirtschaftlichen Bedürfnisse der Berliner Bevölkerungsschichten zu danken, die von dem kommunalen Beamtentum ausging. Sie wird deutlich in einem bemerkenswerten Kompromiß, der als Ergebnis dieses Integrationsprozesses um die Mitte der zwanziger Jahre in der Kommunalisierungsfrage geschlossen wurde.

Nach Bildung der Einheitsgemeinde Berlin waren die kommunalwirtschaftlichen Betriebe Alt-Berlins mit denen der Vororte in einem gemeinsamen Haushalt unter zentraler Verwaltung für jede Werksgattung zusammengefaßt worden. Die Leitung der Werke war der Aufsicht durch die Deputationen unterworfen, die von der Stadtverordnetenversammlung für die verschiedenen Betriebsarten eingesetzt worden waren. Wirtschaftliche Entscheidungen von einiger Bedeutung bedurften der Billigung durch Deputation, Magistrat und Stadtverordnetenversammlung. So wurde der kommunalpolitische Einfluß auf die Wirtschaftsführung sichergestellt, der eine soziale Tarifgestaltung garantierte; gleichzeitig sollte aber auch größtmögliche Rentabilität erreicht werden, um so hohe Gewinne wie nur möglich an die städtische Kämmerei abführen zu können. Der lange Instanzenweg, den wirtschaftliche Entscheidungen der kommunalen Betriebe jedesmal zu durchlaufen hatten, lähmte indessen die geschäftliche Initiative der verantwortlichen Direktoren der Werke — insbesondere dann, wenn die vom Parlament nach dem Parteienproporz besetzten, politisierten Deputationen die zu treffenden Beschlüsse mehr nach politisch passenden als nach kaufmännisch richtigen, manchmal unbequemen Gesichtspunkten trafen. Die politisierte Einstellung der Deputationsmitglieder war freilich die Folge der Politisierung des Wirtschaftszwecks der kommunalen Betriebe in der Weimarer Demokratie, in der Berliner Demokratie der Weimarer Republik überhaupt, indem sie nämlich von der Mehrheit des Berliner Parlaments jetzt als Instrumente eines allgemein sozialisierten Versorgungsplanes aufgefaßt wurden. Der Ausweg aus dem Dilemma der zu großen Beschneidung der Bewegungsfreiheit der Werkleitungen wurde nach langen, scharfen Auseinandersetzungen der Fraktionen schließlich in einer *Kommerzialisierung* der öffentlichen Betriebe gefunden. Es wurde die Form der Aktiengesellschaft für die einzelnen Werke gewählt; die dem Betrieb dienenden Grundstücke und Anlagen blieben im Eigentum der Stadt, die auch das Kapital stellte; wirtschaftliche Maßnahmen erfolgten auf Rechnung der Gesellschaft, aber auf den Namen der Stadt. Die Verwaltungsdeputation wurde durch den aus Magistratsvertretern, Stadtverordneten und eigenen, vom Stadtparlament ernannten, sachverständigen Bürgern zusammengesetzten Aufsichtsrat ersetzt; ein Betriebsüberlassungsvertrag machte die jeweilige Gesellschaft in ihrer Wirtschaftsführung, die nun auf

Gewinn- und Verlustrechnung, Inventur, doppelte kaufmännische Buchführung und Bilanz aufgebaut war, von der städtischen Kämmerei unabhängig; gleichwohl blieb durch den Aufsichtsrat der politische Zusammenhang mit der Stadtverwaltung gewahrt. Es war die Zeit der Entstehung der „gemeinwirtschaftlichen Selbstverwaltung“ als einem charakteristischen Bestandteil der Berliner Selbstverwaltungsdemokratie — ein Erfolg der Demokratisierung der Selbstverwaltung nach dem Ersten Weltkrieg überhaupt.

Man darf daran überdies hervorheben, daß die gefundene Lösung auch auf finanzverfassungspolitischem Gebiet paradigmatischen Charakter besaß. Die Probleme der kommunalwirtschaftlichen Selbstverwaltung waren untrennbar mit den Auseinandersetzungen über den Finanzausgleich zwischen Reich, Ländern und Gemeinden in der Weimarer Republik verknüpft. Die Schaffung privatrechtlicher Betriebsformen schaltete die Einmischung der Staatsbehörden in die wirtschaftspolitischen Handlungen der Berliner Selbstverwaltung in normalen Zeiten unangetasteter Rechtsstaatlichkeit aus und erhielt so partiell den Charakter eines erfolgreichen Ausweichens der kommunalen Selbstverwaltung vor dem aufsichtsrechtlichen Einfluß der preußischen Landesbehörden auf die städtische Versorgungswirtschaft. Dieser Aspekt gewann tragende Bedeutung wegen der finanzpolitischen Rolle der Kommunalbetriebe für den städtischen Haushalt, was dann vor allem für die freie Aufnahme von Anleihen in der Stabilisierungsperiode der Berliner städtischen Selbstverwaltungsdemokratie in der Weimarer Zeit zwischen 1924 und 1929, vor allem bis 1927, wichtig war.

In der Verschränkung von wirtschaftlichen und verfassungspolitischen Motiven bei der Kommerzialisierung der kommunalen Versorgungsbetriebe darf ein entscheidender Wesenszug dieser Entwicklung erblickt werden. Freilich konnte wiederum von einer dogmatischen Kommerzialisierung nicht die Rede sein. Die bis dahin bewährten Formen kommunalwirtschaftlicher Selbstverwaltung wurden von Parlament und Magistrat Groß-Berlins keineswegs aufgegeben. Neben der Entwicklung, die die großen Versorgungswerke nahmen, ist jene Vielzahl von anderen Formen und Arten von Betrieben zu nennen, die sich in der Übergangszeit nach dem Kriege herausgebildet hatten: Neben der Gesellschaftsform mußte die Stadt auch gemischtwirtschaftliche Betriebe mit privater Kapitalbeteiligung zulassen; sie erhielt aber auch rein städtische Regiebetriebe mit kameralistischer Buchführung aufrecht. In der Ergänzung der rein gemeinwirtschaftlichen Wirtschaftstätigkeit der Großgemeinde Berlin durch Zwischenformen privatrechtlichen bis gemischtwirtschaftlichen Charakters wird man gleichwohl eine beachtliche Konzession der nach dem Kriege zunächst überwiegend unter sozialistischem Vorzeichen erfolgenden Demokratisierung des politischen und wirtschaftlichen Lebens in Berlin an bürgerlich-konservative Elemente der Sozial- und Wirtschaftspolitik in dieser Stadt sehen müssen. So wurde auch in den Jahren der relativen Stabilisierung nach 1924 auf Verlangen der politischen Vertreter der freien Wirtschaft und der Wirtschaftsverbände das ursprüngliche Steuerprivileg der kommunalen Unternehmungen abgebaut und wurden diese aus Wettbewerbsgrundsätzen heraus allgemein zur Körperschaftssteuer herangezogen.

Ende der zwanziger Jahre mehrten sich schließlich die Bestrebungen der Spitzenverbände der privaten und der kommunalen Wirtschaft, des Reichsverbandes der Deutschen Industrie, des Deutschen Industrie- und Handelstags und des Deutschen Städtetages, anstelle der bisherigen Rivalitätsstellung den Aspekt der volkswirtschaftlichen Partnerschaft von kommunaler und privater Wirtschaft zu betonen. Wirtschaft und Kommune — so wurde 1928 festgestellt — seien Bundesgenossen beim Aufbau einer leistungsfähigen kommunalen Selbstverwaltung, indem diese mit der „wirtschaftlichen Selbstverwaltung" der öffentlich-rechtlichen Industrie- und Handelskammer korrespondiere. Die gemeindlichen Versorgungsbetriebe stellten eine Grundvoraussetzung der privatwirtschaftlichen Prosperität dar. Die erstrebte Partnerschaft zwischen Wirtschaft und Stadt beruhte danach auf der gegenseitigen Abhängigkeit voneinander im herrschenden Verfassungs- und Wirtschaftssystem des Weimarer Staates. Inmitten der wirtschaftlichen und politischen Krise der kommunalen Selbstverwaltung Berlins wie anderer deutscher Kommunen in den letzten Jahren der Weimarer Demokratie nach 1930 sollte sich die kommunale Versorgungswirtschaft durch ihre Mittlerrolle zwischen Wirtschaft und Selbstverwaltung als deren bis zuletzt verbindendes Glied erweisen.

Eine bedeutende Rolle spielte hierbei die kommunale Beamtenschaft im politisch-ideologischen Parteienstreit. Sie hatte ungeachtet der persönlichen parteipolitischen Bindungen des einzelnen Beamten die Ausdehnungspolitik im Bereich der kommunalen Erwerbswirtschaft generell gefördert und war zum Teil in gewissem Sinne Vertreter eines neuen kommunalen Wirtschaftsstils geworden, der den gemeinnützigen Verwaltungsauftrag älterer Provenienz gegen ein Wettbewerbs- und Rentabilitätsstreben für ein gedachtes Allgemeinwohl eintauschte.

In der kommunalisierungsfreundlichen Haltung der Beamtenschaft wurde eine eigene politisch-ideologische Position erkennbar. Ihre Einheitlichkeit verdankte sie einer fachlich-sachlichen Übereinstimmung in den Fragen der notwendigen Bedarfsdeckung für die Bevölkerung und den städtischen Gesamthaushalt. Sie braucht deshalb nicht notwendigerweise als unpolitische Fachmannsideologie im Gegensatz zu politischem Verantwortungsbewußtsein eingestuft zu werden. Vielmehr darf man aus ihr eine praktische Integration verschiedenartiger demokratischer Denkansätze und sozial- wie wirtschaftspolitischer Standorte herauslesen, die durchaus den Charakter einer eminent politischen Entscheidungsfreudigkeit unter Beweis stellt — Ergebnis einer adäquaten Handlungsweise des in die pluralistische Demokratie gestellten Beamtentums. Der „Kommunalliberalismus" und seine sozialkonservativen Spielarten, die in der begrenzten Kommunalisierung eine Ergänzung und Förderung der Privatwirtschaft erblickten, und der „Munizipalsozialismus", für den die fortschreitende Kommunalisierung Teil einer sozialistischen Wirtschaftspolitik blieb, konnten sich in den Gremien der kommunalen Legislative und Exekutive einer Großgemeinde, wie der Reichshauptstadt und Wirtschaftsmetropole Berlin, vorteilhaft zu einer die sozialen, wirtschaftlichen und politischen Probleme der Weimarer Republik deckenden Mehrheitspolitik vereinigen, bis das Zerbrechen der Grundwertpositionen dieser Demokratie im Übergang zur Hitler-Diktatur auch ihr die Voraussetzungen entzog.

Ereignisabläufe und politische Entscheidungen im ersten Jahrzehnt des neuen Groß-Berlin

Die am Beispiel des Umgangs der politisch verantwortlichen Selbstverwaltungskörperschaften im demokratischen Groß-Berlin mit den Problemen der Versorgung der Bevölkerung und Wirtschaft der Reichshauptstadt paradigmatisch gezeigten politisch-administrativen Entscheidungsprozesse ruhten auf wenigstens zwei Grundvoraussetzungen auf: teils auf der Wählerentscheidung der aktiven Berliner Wahlbevölkerung im Wandel ihrer Parteienpräferenz und in der entsprechend sich ändernden Fraktionszusammensetzung der Stadtverordnetenversammlung, teils auf den in der Berliner Stadtverfassung vom April 1920 festgelegten Vorbedingungen, wie etwa der Amtsdauer der 1921 gewählten Magistratsmitglieder — bis die teilweise Umgestaltung der Magistratszusammensetzung seit 1924/1925 und schließlich die Aufhebung der Magistratsverfassung vom März 1931 eine neue

Richtung in die Geschichte der Berliner Demokratie während der Weimarer Republik hineinbrachte. Strukturelle und ereignisgeschichtliche Merkmale von Gesellschaft, Wirtschaft und Politik bestimmten die Richtung des politischen Auftrags, den die Wähler an Parteien, Parlament und Regierung der Viermillionenmetropole zwischen Ende 1921 — nach vollzogener Neuwahl zur Stadtverordnetenversammlung und zu den Bezirksversammlungen — und dem Ausgang des Jahres 1931 in zwei Stadt- und dazu zwei Bezirksverordnetenwahlen, zwei Wahlen zum preußischen Landtag, vier Reichstagswahlen, einer Reichspräsidentenwahl, vier Wahlgängen zu Volksbegehren und drei zu Volksentscheiden, mithin in 18 Wahlentscheidungen während elf Jahren erteilten. Im tabellarisch-statistischen Bild ergibt sich der folgende Überblick.

(Siehe Tabelle 5 auf der folgenden Seite)

Deutet sich in den Schwankungen der Wahlbeteiligung bereits etwas von dem politischen Gewicht an, das die Berliner Wählerschaft dem jeweiligen Wahlanlaß und seiner politischen Thematik zumaß, so wird aus den Wahlergebnissen im Licht der Zusammensetzung der Wählerschaft und der jeweiligen Wahlkampfthemen deutlicher, wie das Spektrum des Wählerwillens in den einzelnen Wahljahren und auf der jeweiligen Entscheidungsebene — Bezirk, Stadt, Land, Reich — sich gestaltete. Eine Gegenüberstellung der Endergebnisse auf den einzelnen Ebenen und in den aufeinanderfolgenden Wahljahren unter Berücksichtigung der Strukturdaten der Bevölkerung mag die Grundlage für den Versuch bilden, die Wahlergebnisse in ihren Trendaussagen zu erfassen, die anschließende Interpretation vor dem Hintergrund ereignisgeschichtlicher Einflußfaktoren dabei helfen, sie in ihrer Einmaligkeit zu verstehen.

Zunächst auf „einzelgemeindlicher“ (bezirklicher) und einheitsgemeindlicher (gesamtstädtischer) Ebene bietet die Entwicklung der Wahlergebnisse vor dem Hintergrund soziostruktureller Daten zur Bevölkerungs- und Wirtschaftsstruktur das folgende Bild.

(Siehe Tabelle 6 auf Seite 62 f.)

Zwischen den *Stadt- und Bezirksverordnetenwahlen* von *1921*, deren Signifikanz in einem „Rechtsruck“ gegenüber den Wahlergebnissen von 1920 bei gleichbleibend sozialdemokratisch-liberaler Mehrheit im Magistrat gelegen hatte, denen von *1925* und den letzten demokratischen *Stadt- und Bezirkswahlen* von *1929* vor der „Machtübernahme“

TABELLE 5*

Bevölkerungsentwicklung, Wahlen und Abstimmungen in Berlin zwischen Anfang 1921 und Ende 1931 (Übersicht)

Jahr	Bevölkerung am Ende des Jahres (in Mill.)	Wahlbeteiligte absolut (in Mill.)	Wahlbeteiligte in % der Wahlberechtigten	Wahl bzw. Abstimmung (Tag und Monat)
1921	3,90	1,94	70,5	Landtagswahlen (20.2.)
	3,91	1,72	66,0	*Stadt- und Bezirksverordnetenwahlen* (16.10.)
1924	3,99	2,20	76,6	Reichstagswahlen (4.5.)
		2,30	78,0	Reichstagswahlen (7.12.)
		2,29	77,9	Landtagswahlen (7.12.)
1925	4,08**	2,22	75,3	Reichspräsidentenwahl (1. Wahlgang, 29.3.)
		2,41	81,7	Reichspräsidentenwahl (2. Wahlgang, 26.4.)
		1,85	63,7	*Stadt- und Bezirksverordnetenwahlen* (25.10.)
1926	4,13	1,59	53,4	Volksbegehren „Enteignung der Fürstenvermögen“ (März)
		1,82	62,6	Volksentscheid „Enteignung der Fürstenvermögen“ (20.6.)
1928	4,27	2,48	78,9	Reichstagswahlen (20.5.)
		2,46	78,8	Landtagswahlen (20.5.)
		0,42	13,1	Volksbegehren „Panzerkreuzerverbot“ (Oktober)
1929	4,33	0,24	7,7	Volksbegehren „Freiheitsgesetz“ (Oktober) [betr. Young Plan]
		0,36	10,9	Volksentscheid „Freiheitsgesetz“ (22.12.) [betr. Young-Plan]
		2,29	70,3	*Stadt- und Bezirksverordnetenwahlen* (17.11.)
1930	4,33	2,71	81,4	Reichstagswahlen (14.9.)
1931	4,32	0,44	12,9	Volksbegehren „Landtagsauflösung“ (April)
		1,08	32,3	Volksentscheid „Landtagsauflösung“ (9.8.)

* Entnommen dem *Statistischen Taschenbuch der Stadt Berlin*, Jg. 1926, und dem *Statistischen Jahrbuch der Stadt Berlin*, Jgg. 1927, 1930, 1932, 1933 und 1934.

** Gegenüber der Volkszählung von 1925 berichtigtes Ergebnis (siehe *Statistisches Jahrbuch der Stadt Berlin*, Jg. 1934).

durch die Nationalsozialisten im Jahr 1933 vollzieht sich ein nicht unbeträchtlicher Wandel in einigen grundlegenden Strukturdaten. Bei einer um über 400 000 Einwohner wachsenden *Wohn*bevölkerung (von 3,9 Mill. auf 4,3 Mill. Einwohner), aber um fast 700 000 Personen wachsenden *Wahl*bevölkerung (von 2,6 Mill. auf 3,3 Mill. wahlberechtigte Bürger) und einer rund zweieinhalb Millionen starken *Erwerbs*bevölkerung wuchs die Wahl*beteiligung* immerhin um über 4 % (von 1,72 Mill. auf 2,29 Mill. aktive Wähler), absolut um nahezu 600 000 Wähler. In diesen Zahlen spiegelt sich eine zunehmende Politisierung der in die parlamentarisch-demokratisch verfaßte, durch ein Parteienspektrum strukturierte, bürokratisch regierte Berliner Selbstverwaltungsdemokratie hineinwachsenden Bevölkerung der preußischen und deutschen Reichshauptstadt. Unter anderem mag es — etwa nach den Erkenntnissen einer vorwiegend soziostrukturell argumentierenden, quantifizierenden Wahlanalyse — signifikant erscheinen, die folgenden Strukturdaten und Wahlergebnisse in ihrem Zusammenhang oder zumindest ihrem zeitlichen, räumlichen und strukturellen Zusammentreffen zu sehen.*

Die Berliner der zwanziger Jahre bildeten eine Gesamtbevölkerung, die — um mit der *Konfessions*struktur zu beginnen — zu drei Vierteln aus Angehörigen der evangelischen Konfession (rund 77 %), nur zu 10 % aus Katholiken, zu rund 4 % aus Zugehörigen des mosaischen Glaubens und zu weiteren 9 % aus Mitgliedern anderer Religionen und Konfessionen bestand. Diese auf Gesamtberlin bezogenen Angaben variierten freilich, wenn man die Unterschiede von Bezirk zu Bezirk betrachtet: Dann betrug etwa der Prozentsatz der religiös-jüdischen Bevölkerung im Bezirk Wilmersdorf 13 %, im Bezirk Mitte 10,5 %, in Charlottenburg 8,9 %, in Schöneberg 7,7 %, in den Bezirken Steglitz und Zehlendorf aber nur 1,1 % beziehungsweise 1,5 %. Angesichts der schon festgetellten Präferenz von DDP und SPD bei jüdischen Wählern konnten solche Unterschiede eine Bedeutung haben. — Wieder im Blick auf Groß-Berlin insgesamt gab es eine Berliner *Erwerbs*bevölkerung, die sich zu 48 % aus Arbeitern, Hausangestellten und mithelfenden Familienangehörigen, zu 27 % aus mittelständischen Angestellten und Beamten und zu 25 % aus selbständigen Erwerbstätigen und berufslosen Selbständigen zusammensetzte, und gab es eine Verteilung

* Zum folgenden vgl. die „Wahl- und Sozialstatistik des demokratischen Berlin ...", Tabellenteil, I: „Übersichtstabellen", und VI: „Die Sozial- und Wahlstatistik der Groß-Berliner Bezirke ..." (im STATISTISCHEN ANHANG zum vorliegenden Band).

der Gesamtbevölkerung auf die Wirtschaftszweige, nach der 46 % in Industrie und Gewerbe (Handwerk), 43 % im Handels- und Dienstleistungssektor, nur knapp 1 % in der Landwirtschaft tätig und rund 10 % berufslose Selbständige waren. Als sozial-dynamisch relevanter Faktor kam eine Entwicklung der Arbeitslosigkeitsziffern und der Zahl der Wohlfahrtsempfänger hinzu, die 1921 und 1929 die vielberufenen, enormen Steigerungen, in der Mitte der zwanziger Jahre teilweise einen wohltuenden Rückgang aufwies.

Angesichts einer solchen sozialen Struktur kamen die Berliner durch ihre Wahlbevölkerung 1925 und 1929 zu Wahlergebnissen, die in der Links-Rechts-Dimension des gegebenen Parteien- und politischen Ideologienspektrums nun wieder, wie zu Beginn der Weimarer Zeit, zu einer deutlichen sozialistischen Stimmenmehrheit bei daneben aber auch spürbaren rechtsbürgerlichen bis -radikalen Zuwächsen zurückführten. Bezogen auf die Gewinne und Verluste an Wählerstimmen für die einzelnen Parteien, nahm die Entwicklung der Wahlergebnisse bei den Stadt- und Bezirksverordnetenwahlen in Groß-Berlin zwischen 1921 und 1929 den folgenden Verlauf (siehe oben TABELLE 6).

Der Anteil der Sozialdemokraten wuchs — auf Kosten der Unabhängigen (USPD) — von 20,5 % (*1921*) um volle 12 % auf 32,6 % (*1925*) und behielt *1929* immerhin noch eine Stärke von 28,4 %, während die USPD im gleichen Zeitraum von 19,2 % auf 0,8 % und 0,2 % sank, ohne daß ihre Stimmen von der Kommunistischen Partei (KPD) voll aufgefangen werden konnten; die KPD wuchs von 9,5 % (*1921*) auf 18,8 % (*1925*) und allerdings beachtliche 24 % im Jahr *1929*. Auf diese Weise wuchs die Gesamtzahl der linken Stimmen (SPD + USPD + KPD) von 49,2 % (*1921*) auf 52,2 % (*1925*) und 53,2 % (*1929*), ohne daß damit, wie die politische Realität, etwa in den Debatten der Stadtverordnetenversammlungen oder der Bezirksversammlungen, bewies, sich nun auch eine geschlossene sozialistische Handlungsfront bei der Lösung der kommunalen Probleme ergab. Vielmehr entsprach es kommunaler, von Sachzwängen bestimmter „Realpolitik", daß — wie sich zum Beispiel an dem vorgestellten Bereich der städtischen Versorgungswirtschaft zeigte — Handlungsfronten unabhängig vom ideologisch-politischen Spektrum der Parteien im Parlament bildeten, vor allem wieder zwischen den Vertretern des „Munizipalsozialismus" und des „Kommunalliberalismus". Der liberale „Partner" der Sozialdemokratie, die linksliberale Demokratische Partei (DDP), konnte sich von 7,4 % (*1921*) der Stimmen auf 9,3 % (*1925*) steigern, um dann allerdings auf 6 % (*1929*) abzusinken.

TABELLE 6

*Bevölkerung, Wählerschaft und Wahlergebnisse bei den Stadt- und Bezirksverordnetenwahlen in Groß-Berlin 1921, 1925 und 1929**

Bevölkerung

Jahr	*Wohnbevölkerung* insgesamt	männlich	weiblich
1921	3.895.300[a]	.	.
1925	4.024.165[b]	1.848.859[b]	2.175.306[b]
1929	4.337.500[c]	2.004.300[c]	2.333.200[c]

Jahr	*Konfessionen* (in % der Wohnbevölkerung) evangelisch	katholisch	jüdisch	sonstige
1925	76,6	10,0	4,3	9,1

Jahr	*Erwerbsbevölkerung*								
	Erwerbstätige insgesamt		nach Berufen (in % der Erwerbstätigen)			nach Wirtschaftszweigen (in % der Erwerbstätigen)			
	absolut	in % der Wohnbevölkerung	Arbeiter, Hausangestellte und mithelfende Familienangehörige	Angestellte und Beamte	Selbständige und berufslose Selbständige	Landwirtschaft	Gewerbe und Industrie	Handel, Verkehr, Dienstleistungen	Berufslose Selbständige
1925	2.462.629	61,2	48,0	27,0	25,0	0,8	46,2	43,4	9,6

* Zusammengestellt aus: *Statistisches Jahrbuch der Stadt Berlin*, 9. Jg. (1933), und frühere Jahrgänge; *Mitteilungen des Statistischen Amts der Stadt Berlin*, 1929 ff.; siehe im übrigen: *Wahl- und Sozialstatistik zum demokratischen Berlin* ... (wie oben SCHAUBILD 2, S. 25).

[a] Fortgeschriebene Bevölkerungszahlen (Stand: 1.10.1921).
[b] Volkszählung 1925.
[c] Fortgeschriebene Bevölkerungszahlen (Stand: 1.11.1929).

TABELLE 6 *(Fortsetzung)*

Wahlergebnisse

Jahr	*Wahlbevölkerung* (Stimmberechtigte) absolut	in % der Wohnbevölkerung	*Wahlbeteiligung* (abgegebene Stimmen in % der Wahlbevölkerung)	*Für Parteien abgegebene gültige Stimmen bei den Stadt- und Bezirksverordnetenwahlen (in % aller abgegebenen gültigen Stimmen)* SPD StVV	SPD BV**	USPD StVV	USPD BV**	KPD StVV	KPD BV**	DDP StVV	DDP BV**	Zentrum StVV	Zentrum BV**	DVP StVV	DVP BV**
1921 (16.10.)	2.610.146	67,3	66,0	20,5	20,5	19,2	19,2	9,5	9,5	7,4	7,3	3,7	3,7	15,3	14,8
1925 (25.10.)	2.935.493	73,0	63,7	32,6	32,6	0,8	0,8	18,8	18,8	9,3	9,3	3,4	3,4	6,0	5,9
1929 (17.11.)	3.289.182	77,0	70,3	28,4	28,4	0,2	0,2	24,6	24,6	6,0	6,0	3,6	3,9	6,7	6,6

	absolut	in % der Wohnbevölkerung	(abgegebene Stimmen in % der Wahlbevölkerung)	Wirtschafts-Partei StVV	Wirtschafts-Partei BV**	Christl.-Soz. Volksdienst StVV	Christl.-Soz. Volksdienst BV**	DNVP StVV	DNVP BV**	NSDAP StVV	NSDAP BV**	Sonstige StVV	Sonstige BV**
1921 (16.10.)	2.610.146	67,3	66,0	5,1	5,0	—	—	17,3	17,1		—	2,2	3,1
1925 (25.10.)	2.935.493	73,0	63,7	4,0	4,0	—	—	20,8	20,4	—	—	4,4	4,7
1929 (17.11.)	3.289.182	77,0	70,3	4,4	4,3	1,3	1,3	17,6	17,7	5,8	5,7	1,4	1,3

** Angegeben sind die Durchschnittsergebnisse aus den 20 Einzelbezirken, deren Einzelergebnisse differieren (siehe die *Wahl- und Sozialstatistik des demokratischen Berlin...* [im ANHANG des vorliegenden Bandes]).

Weit spektakulärer entwickelte sich die für die rechtsliberale Volkspartei (DVP) abgegebene Stimmenzahl, die von 15,3 % für die Stadtverordnetenwahl beziehungsweise von 14,8 % im Durchschnitt der bei den Bezirksverordnetenwahlen abgegebenen Stimmen im Jahr *1921* auf 6 % im Jahr *1925* abfiel und dieses Niveau bis *1929* mit 6,7 % nur mühsam hielt. Einen ähnlichen, wenn auch nicht so markanten Verlauf nahm die Entwicklung der Wahlergebnisse der rechtsbürgerlichen Wirtschaftspartei („Reichspartei des deutschen Mittelstandes"), die leicht von 5,1 % (*1921*) auf 4,0 % (*1925*) und 4,4 % (*1929*) zurückging, während die katholische Zentrumspartei, mehr noch als in Land und Reich, auf kommunaler Ebene eine, wenn auch nicht bestimmende, so doch zuverlässig gleichbleibende Höhe einhielt (*1921* = 3,7 %; *1925* = 3,4 %; *1929* = 3,6 %). Eine ebensolche Zuverlässigkeit der Stimmenabgabe konnten als drittstärkste Fraktion bei den Wahlen von *1921* und *1929*, als zweitstärkste bei den Wahlen von *1925* aber auch die konservativen Deutschnationalen (DNVP) für sich in Anspruch nehmen: Von 17,3 % bei der Stadtverordnetenwahl von *1921* steigerten sie sich bis *1925* auf 20,8 % und konnten *1929* noch 17,6 % der Wählerschaft hinter ihre politische Linie bringen.

Antisemitische und nationalsozialistische Aufrufe des kleinen „Christlich-sozialen Volksdienstes" beziehungsweise der auf Landes- und Reichsebene bereits stark sich ankündigenden NSDAP hatten bei städtischen und bezirklichen Wahlen in der Reichshauptstadt erstmals *1929* einen Erfolg, der im Falle der erstgenannten Partei mit 1,3 % der Wählerstimmen kläglich war, den Nationalsozialisten aber mit 5,8 % unter Führung des Berliner „Gauleiters" Joseph *Goebbels* den Einzug als Fraktion in das Stadtparlament ermöglichte. Die „sonstigen" Parteien, die zusammen *1921* rund 2,2 % bei den Stadtverordneten- und 3,1 % im Durchschnitt der Bezirksverordnetenwahlen, *1925* rund 4,4 % beziehungsweise 4,7 % und *1929* nur 1,4 % beziehungsweise 1,3 % erzielten, errangen keine politische Bedeutung. Die sechs bis sieben Prozent betont völkisch und nationalchauvinistisch abstimmenden Wähler hatten zu Teilen ihres politischen Wollens ohnehin Entsprechungen bei den Anhängern einer Reihe von bürgerlichen Parteien, wie schon ein Blick in deren Programmatik und Vokabular zeigt. Die Ausbildung der politischen Extreme und Radikalismen, wie sie zum Ausgang dieser Jahre die Auseinandersetzungen auf preußischer Landes- und auf Reichsebene zu beherrschen begannen, schlug auch auf die Berliner Kommunalebene durch.*

* Mehr hierüber bei Wolfgang Haus, „Chance, Krise und Sturz der Demokratie im

Im Ergebnis der *städtischen Wahlen* von *1925* standen in der Stadtverordnetenversammlung einer „sozialistischen" Mehrheit von 43 kommunistischen, einen unabhängig-sozialdemokratischen und 73 sozialdemokratischen Stadtverordneten 21 Vertreter der liberalen Demokratie, acht des katholischen Zentrums, 14 der rechtsliberalen Volkspartei, zehn der Wirtschaftspartei, 47 der konservativen Deutschnationalen sowie einige Vertreter der Deutsch-Völkischen und des Evangelischen Gemeinschaftsbundes, nach anderer Rechnung aber eine sozialdemokratische und bürgerlich-liberale sowie katholische Abstimmungsmehrheit, auch „Etatsmehrheit" genannt, von 73 Verordneten der SPD, 21 der DDP, 14 der DVP und acht des Zentrums allen Republikfeinden von links und rechts gegenüber.

Einem „Übergewicht" der Linken in Groß-Berlin als Ganzem entsprachen auf *Bezirksebene*** mit einer knappen bis großen „sozialistischen" Mehrheit nur die Bezirke Wedding, Prenzlauer Berg, Friedrichshain, Kreuzberg, Spandau, Neukölln, Treptow, Köpenick, Lichtenberg, Weißensee und Reinickendorf, also ein Kranz von elf nördlichen, östlichen und südöstlichen, zum Teil noch westlichen, überwiegend von Industriearbeiterschaft bewohnten und auf Industrie und Handel ausgerichteten Stadtteilen, in denen allerdings 56 % der Berliner Bevölkerung überhaupt wohnten. Eine knappe bis große „bürgerliche" Mehrheit wiesen dagegen vor allem die mittleren, westlichen und südwestlichen, zum Teil noch südlich und nördlich gelegenen Bezirke Mitte, Tiergarten, Charlottenburg, Wilmersdorf, Zehlendorf, Schöneberg, Steglitz, Tempelhof und Pankow auf, die überwiegend von Angehörigen der Berufe aus Handel und Dienstleistungen einschließlich der öffentlichen Verwaltung bewohnt wurden.

Es entspricht den in diesem Zusammenhang schon getroffenen Feststellungen, daß für die Auswirkung solcher Wahlergebnisse auf die „praktische Politik" in den parlamentarischen Gremien von Stadt und Bezirken indessen nicht primär die ideologische Verwandtschaft bestimmend war für das politische Entscheidungshandeln der Parteien. Vielmehr kam es eben ganz einfach auf deren grundsätzliche Haltung im Rahmen der Selbstverwaltungsaufgaben in der kommunalen Demokratie der Weimarer Republik an, wie es sich etwa gerade im Bereich der politischen „Linken" im Gegensatz zwischen SPD und USPD bezie-

Berlin der Weimarer Republik" (im ZWEITEN TEIL des vorliegenden Bandes).

** Siehe hierzu die „Wahl- und Sozialstatistik des demokratischen Berlin ...", Tabellenteil, Abschnitt VI (im ANHANG zum vorliegenden Band).

hungsweise KPD und umgekehrt im ideologisch widersinnigen, gelegentlichen Zusammengehen der Republikfeinde von links und rechts, KPD und DNVP sowie NSDAP, zeigte.

Ganz ähnlich wie *1925* lagen die Verhältnisse bei den *städtischen* und *bezirklichen Wahlen* in Groß-Berlin im Jahr *1929*. Im Stadtparlament wuchs die rechnerische „Linksmehrheit" von *1925* (117 : 108) um einige Mandate (*1929* = 120 : 105). 56 Mandaten der KPD und 64 Mandaten der SPD standen, so gerechnet, 14 Sitze der Liberaldemokraten, acht der Zentrumspartei, 16 der rechtsliberalen Volkspartei, zehn der Wirtschaftspartei, 40 der konservativen Deutschnationalen, drei des Christlichen Volksdienstes und hier schon 13 Mandate der Nationalsozialisten sowie ein Sitz für die Deutsch-Völkischen gegenüber; die Bildung einer „Etatsmehrheit" von Fall zu Fall wurde daher immer schwieriger. Im *bezirklichen* Bereich blieb die Zuordnung der Bezirke zum „sozialistischen" beziehungsweise „bürgerlichen" Lager mit einer Ausnahme — der Bezirk Mitte, der schon zwischen *1920* und *1921* beziehungsweise *1925* das Lager gewechselt hatte, erhielt *1929* eine knappe „sozialistische Mehrheit" — *1929* wie *1925* erhalten. Ihre höchsten Stimmenzahlen erreichten die SPD in den Bezirken Wedding, Prenzlauer Berg, Friedrichshain, Kreuzberg, Spandau, Tempelhof, Neukölln, Treptow, Lichtenberg, Weißensee, Pankow und Reinickendorf (jeweils um 30 % bis zu 35 % der abgegebenen gültigen Stimmen), die KPD in Wedding, Prenzlauer Berg, Friedrichshain, Neukölln, Lichtenberg, Weißensee und Reinickendorf (jeweils um 30 % bis zu 40 % [Wedding]), also ganz überwiegend in Bezirken mit überdurchschnittlich starker Industriebevölkerung und meist langer sozialdemokratischer Tradition. Die Deutschnationalen, die auch in einigen der vorgenannten Bezirke nicht unbeträchtliche Stimmenanteile gewinnen konnten (zum Beispiel im Bezirk Prenzlauer Berg 14,8 %, in Kreuzberg 17,5 %, in Spandau 18,5 %, in Treptow 15,6 %, in Weißensee 15,0 %) errangen ihre größten Erfolge in Zehlendorf (30,4 %), Wilmersdorf (28,8 %) und Steglitz (25,4 %), im Bezirk Mitte sowie in den Bezirken Tiergarten, Charlottenburg, Schöneberg, Tempelhof und Pankow (jeweils um 20 % bis zu 25 %), das heißt: ganz überwiegend in Bezirken mit überdurchschnittlich hohen Bevölkerungsanteilen an Selbständigen, Rentiers, Beamten- und Angestelltenschaft in Verwaltung, Gesundheitswesen, Handel und Dienstleistungen. In Wilmersdorf waren aber auch die liberalen Demokraten (mit 12,8 %), in Zehlendorf und Steglitz — der letztere war ein Bezirk, der den beiden vorgenannten Bezirken in seiner sozialen und beruflichen Zusammensetzung sehr ähnelte — die rechtsliberale

Volkspartei (19,8 % beziehungsweise 18,2 %) besonders stark vertreten, die Volkspartei freilich auch in einem Bezirk wie Schöneberg, der ebenfalls insgesamt über eine große bürgerliche Mehrheit verfügte. In Steglitz hatten Nationalsozialisten, die bei den Wahlen von *1929* in einigen Bezirken — Tiergarten, Kreuzberg, Charlottenburg, Spandau, Wilmersdorf, Zehlendorf, Schöneberg, Tempelhof, Köpenick, Lichtenberg, Pankow und Reinickendorf — Anteile von zwischen 5 % und 8 % erreichten, mit 10,2 % einen besonders hohen Stimmengewinn zu verzeichnen.

Wiederum sollten einerseits das Zustandekommen der hier angedeuteten Wahlergebnisse aus ihrem Verhältnis zur Sozialstruktur der Bevölkerung und Wählerschaft oder andererseits die Wirkung des Wahlausgangs auf die Gestaltung von praktischer Verwaltung und Politik nicht überschätzt werden. Die Wahlresultate für die einzelnen Parteien in den sozial doch sehr verschieden strukturierten Bezirken erlauben die unterschiedlichsten Interpretationsmöglichkeiten hinsichtlich ihrer Bestimmungsfaktoren, und eintretende Wechsel in der Zusammensetzung der parlamentarischen Körperschaften in Stadt und Bezirken im Ergebnis des Wahlausgangs bedeuteten aufgrund der geschilderten verfassungsrechtlichen Bestimmungen nicht unbedingt ein entsprechendes parteipolitisches Revirement in der Besetzung der Verwaltungsstellen. Nichtsdestoweniger beeinflußte das Wissen um die politische Struktur des demokratischen Auftrags, der von den Wahlergebnissen ausging, das Verhältnis von Exekutive und Legislative sowohl auf den verschiedenen Ebenen der Gemeinde Groß-Berlin als auch zwischen ihnen, wenn es um die Durchführung kommunaler Selbstverwaltungsaufgaben ging. Zwar hatte der Stadtsyndikus Friedrich C. A. *Lange* schon für die Mitte des Jahres 1926 in seinen Tagebuchaufzeichnungen vermerkt, daß die „Flügelparteien“ in der Stadtverordnetenversammlung — gemeint waren zu jenem Zeitpunkt die Fraktionen der Kommunisten und der Deutschnationalen — sich der „parlamentarischen Disziplinlosigkeit“ befleißigten, „keine Achtung vor dem politischen Gegner kennen und den Mangel an sachlichen Argumenten durch persönliche Verunglimpfungen zu ersetzen suchen“. Zum Wesen der Berliner Selbstverwaltungsdemokratie auf städtischer wie auf bezirklicher Ebene gehörte es gleichwohl, daß die politischen Aktionen der kommunaldemokratisch gesinnten Teile von Bevölkerung, Parteien und Parlament und das administrative Handeln der kommunalen Leitungsgremien und leitenden Persönlichkeiten, zumindest eben im Rahmen der konsensfähigen „Etatsmehrheiten“, bis zur großen Krise von 1929/31 im wesentlichen in einem überwiegend sachbezogenen Kompromißverhältnis standen und funktionierten, bis die Wellen der Zerrüttung des politischen Lebens zum Ausgang der Weimarer Demokratie mit ihrer kompromißlosen Freund-Feind-Gegensätzlichkeit auch die kommunale Arbeit überschwemmten.

Für das Verständnis der Geschichte des demokratischen Berlin im Jahrzehnt von 1920/1921 bis 1930/1931 auf gesamtstädtischer und bezirklicher Ebene ist — in Anknüpfung an die für die Eingangszeit der neuen Stadtgemeinde Groß-Berlin angestellte Untersuchung — nun wiederum auch ein Blick auf die Einwirkung preußen- und reichsgeschichtlicher Einflüsse auf die Entwicklung der Reichshauptstadt angezeigt. Sie werden deutlich anhand der parallelen Wahl- und Abstimmungsvorgänge auf diesen Ebenen im Ausschnitt der Stadt Berlin und durchgeführt von derselben Wahlbevölkerung, die ihren politischen Willen in kommunalen Wahlen artikulierte.

(Siehe Tabelle 7 auf den folgenden Seiten)

Im Zeitraum von 1921 bis 1930 wuchs die *Gesamt*bevölkerung von rund 3,9 Millionen auf über 4,3 Millionen, also um rund 10 %, die *Wahl*bevölkerung aber von 2,76 Millionen auf 3,35 Millionen, also um volle 21 %, während die Wahl*beteiligung* von 70,5 % (1921) [bei den Landtagswahlen] auf 81,4 % (1930) [bei den Reichstagswahlen] anstieg. Dies geschah bei sinkendem Anteil der Beschäftigten des industriellen Sektors (von über 46 % im Jahr 1925 auf weniger als 40 % im Jahr 1930), aber einem über 5 % auf rund 15 % der Erwerbsbevölkerung ansteigenden Anteil der „Berufslosen Selbständigen", gleichzeitig einer — nach vorübergehender Erholung um 1925 — zum Ende der zwanziger und Beginn der dreißiger Jahre auf um ein Fünftel der Bevölkerung ansteigenden Zahl von Erwerbslosen- und Wohlfahrtsunterstützungsempfängern. Gleichzeitig nahm die Entwicklung der Wählerpräferenzen bei den Landtags- und Reichstagswahlen in den Berliner Wahlkreisen von Preußen und dem Reich für die konkurrierenden Parteien einen tendenziellen Verlauf, der das von den städtischen Wahlen schon gewonnene Bild abmilderte oder verschärfte, je nachdem, wie abweichende ereignisgeschichtliche Faktoren den Trend der Wählerbewegung kurzfristig und kurzzeitig unterbrachen.

Die Besonderheiten des Wählerverhaltens in Berlin aufgrund sozialstruktureller ebenso wie ereignisgeschichtlicher Gegebenheiten und Veränderungen werden deutlich, wenn man die *Berliner Wahlergebnisse* auch mit den *Gesamtresultaten* für *Preußen* und das *Reich* bei einer jeweils in Berlin stattfindenden Wahl vergleicht (vgl. Tabellen 6 und 7).

TABELLE 7

*Bevölkerung, Wählerschaft und Wahlergebnisse bei den preußischen Landtags- und deutschen Reichstagswahlen in Groß-Berlin 1921, 1924, 1928 und 1930**

Bevölkerung

Jahr	*Wohnbevölkerung*
1921	3.895.300[a]
1924	3.965.100[b]
1928	4.234.500[c]
1930	4.333.579[d]

Jahr	*Konfessionen* (in % der Wohnbevölkerung)			
	evangelisch	katholisch	jüdisch	sonstige
1925[e]	76,6	10,0	4,3	9,1
1933[f]	71,1	10,4	3,8	14,7

Jahr	*Erwerbsbevölkerung*								
	Erwerbstätige insgesamt		nach Berufen (in % der Erwerbstätigen)			nach Wirtschaftszweigen (in % der Erwerbstätigen)			
	absolut	in % der Wohnbevölkerung	Arbeiter, Hausangestellte und mithelfende Familienangehörige	Angestellte und Beamte	Selbständige und berufslose Selbständige	Landwirtschaft	Gewerbe und Industrie	Handel, Verkehr, Dienstleistungen	Berufslose Selbständige
1925[e]	2.462.629	61,2	48,0	27,0	25,0	0,8	46,2	43,4	9,6
1933[f]	2.730.769	61,1	47,5	25,6	26,9	1,2	39,8	44,1	14,9

* Zusammengestellt aus: *Statistisches Jahrbuch der Stadt Berlin*, Jgg. 1924 ff.; siehe im übrigen: *Wahl- und Sozialstatistik zum demokratischen Berlin*... (wie oben SCHAUBILD 2, S. 25).

[a] Fortgeschriebene Bevölkerungszahlen (Stand: 1.10.1921).
[b] Fortgeschriebene Bevölkerungszahlen (Stand: 1.11.1924).
[c] Fortgeschriebene Bevölkerungszahlen (Stand: 1. 5.1928).
[d] Fortgeschriebene Bevölkerungszahlen (Stand: 14. 9.1930).
[e] Volkszählung 1925.
[f] Volkszählung 1933.

TABELLE 7 (*Fortsetzung*)

Wahlergebnisse[1]

Jahr	*Wahlbevölkerung* (Stimmberechtigte) absolut	in % der Wohnbevölkerung	*Wahlbeteiligung* (abgeg. Stimmen in % der Wahlbevölkerung) LW	RW	*Für Parteien abgegebene gültige Stimmen bei den preußischen Landtags- und den Reichstagswahlen in Groß-Berlin (in % aller abgegebenen gültigen Stimmen)* SPD LW	SPD RW	USPD LW	USPD RW	KPD LW	KPD RW	DDP LW	DDP RW	Zentrum LW	Zentrum RW	DVP LW	DVP RW
1921 (20.2.)	2.756.442	71,0	70,5	—	22,3	—	17,4	—	10,1	—	7,7	—	3,7	—	15,8	—
1924^I (4.5.)	2.904.914	72,3	—	76,6	—	20,4	—	2,6	—	17,9	—	8,9	—	3,8	—	8,4
1924^II (7.12.)	LW: 2.976.896 RW: 2.978.738	73,0 73,0	77,9	78,0	30,3	30,3	0,6	0,6	16,4	16,3	10,8	10,9	4,0	3,9	6,4	6,5
1928 (20.5.)	LW: 3.166.249 RW: 3.167.378	71,6 74,8	78,8	78,9	32,9	32,9	0,1	0,1	24,7	24,6	7,7	7,7	3,3	3,3	6,4	6,4
1930 (14.9.)	3.345.523	77,2	—	81,4	—	27,2	—	0,1	—	27,3	—	5,4	—	3,6	—	3,7

[1] LW = Landtagswahl; RW = Reichstagswahl

TABELLE 7 *(Fortsetzung)*

Wahlergebnisse[1]

Jahr	*Wahlbevölkerung* (Stimmberechtigte) absolut	in % der Wohnbevölkerung	*Wahlbeteiligung* (abgeg. Stimmen in % der Wahlbevölkerung) LW	RW	*Für Parteien abgegebene gültige Stimmen bei den preußischen Landtags- und den Reichstagswahlen in Groß-Berlin (in % aller abgegebenen gültigen Stimmen)* Wirtschaftspartei LW	RW	Christl.-Soz. Volksdienst LW	RW	DNVP LW	RW	NSDAP LW	RW	Sonstige LW	RW
1921 (20.2.)	2.756.442	71,0	70,5	—	5,2	—	—	—	17,8	—	—	—	—	—
1924[I] (4.5.)	2.904.914	72,3	—	76,6	—	4,0	—	—	—	22,6	—	—	—	11,5[2]
1924[II] (7.12.)	LW: 2.976.896 RW: 2.978.738	73,0 73,0	77,9	78,0	3,5	3,4	—	—	23,8	23,9	—	—	4,1	4,2
1928 (20.5.)	LW: 3.166.249 RW: 3.167.378	71,6 74,8	78,8	78,9	2,7	2,7	—	—	17,8	17,7	1,5	1,6	2,9	2,9
1930 14.9.	3.345.523	77,2	—	81,4	—	2,4	—	1,0	—	13,0	—	14,6	—	1,7

[1] LW = Landtagswahl; RW = Reichstagswahl

[2] Deutsch-Völkische Freiheitspartei = 4,8; Nationalliberale Vereinigung = 0,7; Republikanische Partei Deutschlands = 0,6; Nationale Freiheitspartei = 0,2; Sozialistischer Bund = 0,6; Deutsche Arbeitnehmerpartei = 0,3; Deutsch-Soziale Partei = 3,8; Haeußer-Bund = 0,07; Polnische Volkspartei = 0,3 (abgerundet).

So konnte die SPD, die *1921* auf *städtischer* Ebene 20,5 % der Wählerstimmen erhielt, im gleichen Jahr bei den Wahlen zum *preußischen Landtag* in *Groß-Berlin* 22,3 %, in ganz *Preußen* aber 26,3 % der Stimmen erringen. Die Sozialdemokratie konnte sich dann bei den Wahlen auf *kommunaler* Ebene *1925* auf 32,6 % steigern und *1929* noch 28,4 % halten, während sie bei der *Landtagswahl* von *1924* in Berlin 30,3 % erhielt und *1928* die Höhe von 32,9 % der Stimmen erreichte. Das *Gesamtergebnis* für die SPD in ganz *Preußen* lautete dagegen *1924* erst 24,9 % und erreichte bei der *Landtagswahl* von *1928* für *Preußen* insgesamt nur 29,0 %. Noch aufschlußreicher fällt der Vergleich mit den *Reichstagswahlen* in der Hauptstadt *Berlin* aus. Bei den *beiden Reichstagswahlen* von *1924* erreichte die Sozialdemokratie im *Mai 1924* erst 20,4 %, im *Dezember 1924* aber 30,3 %; die *Reichsergebnisse* für die SPD bei diesen beiden Wahlen lauteten 20,5 % und 26 %. Die Entwicklung auf *Reichsebene* ging für die SPD in *Berlin* von 32,9 % (1928) zu 27,2 % (1930); die *Gesamtresultate* für die Sozialdemokratie im *Reichsdurchschnitt* beliefen sich auf 29,8 % (*1928*) und 24,5 % (*1930*). Alle diese Zahlen und Fakten rücken einmal mehr in das Bewußtsein des Historikers, wie sehr Groß-Berlin als preußische und Reichshauptstadt in der Weimarer Republik ein die soziale Demokratie stützendes Bollwerk selbst innerhalb des demokratischen Freistaates Preußen, erst recht aber innerhalb des republikanischen Deutschlands der Weimarer Demokratie gewesen ist.

Die zuletzt getroffene Feststellung läßt sich durch einen Blick auf das Abschneiden der liberalen DDP im Vergleich bekräftigen. Die Demokraten errangen bei der *preußischen Landtagswahl* im Jahr *1921* in *Berlin* 7,7 % der Stimmen (bei den *städtischen* Wahlen 7,4 %), aber im Durchschnitt des Staates *Preußen* nur 6,2 %. Sie steigerten sich *1924* bei der *Landtagswahl* in *Berlin* auf 10,8 % und hielten *1928* auf dieser Ebene noch 7,7 %; im *preußischen Durchschnitt* errang die DDP bei den *Landtagswahlen* im Jahr *1924* nur 5,9 % und fiel *1928* auf 4,5 % ab. Die Ergebnisse bei den *Reichstagswahlen* in *Berlin* lauteten im *Mai 1924* immerhin 8,9 % und im *Dezember 1924* sogar 10,9 %, bei den *Reichstagswahlen* von *1928* noch 7,7 % und von *1930* noch 5,4 %; im *Reichsdurchschnitt* lagen die entsprechenden Resultate sichtlich niedriger und betrugen da 5,7 % (*Mai 1924*) und 6,3 % (*Dezember 1924*), nur noch 4,9 % im *Jahr 1928* und gar nur 3,8 % bei der Wahl von *1930*. Deutlich wird, daß die Wählerschaft von Groß-Berlin den Liberalismus als eine staatstragende Kraft der Weimarer Demokratie in den Grenzen seiner ihm nach der Novemberrevolution verbliebenen Wirkung weit stärker mittrug, als dies im Durchschnitt des Wählerverhaltens selbst des demokratischen Preußens oder gar des Deutschen Reiches in seiner an sich doch von der liberalen Verfassung von Weimar bestimmten Epoche geschah.

Von den drei Parteien der die deutsche Demokratie der Weimarer Reichsverfassung tragenden „Weimarer Koalition" — der sozialistischen SPD, der liberalen DDP und der katholischen Zentrumspartei — steht unter dem Aspekt des Aufbaus und der Entwicklung der Berliner Demokratie einzig der Wahlerfolg des Zentrums in Berlin unter den ungünstigen Auswirkungen eines Strukturfaktors, der die beiden anderen Partner der Weimarer Koalition — SPD und DDP — im gleichen Maße begünstigte, wie er das Zentrum behinderte: die Konfessionszusammensetzung der Berliner Bevölkerung. Bei einem katholischen Konfessionsanteil von 10 % (*1925*) bis 10,4 % (*1930*) errang die Partei des politischen Katholizismus, das Zentrum, in allen Wahlen — städtischen wie Landtags- und Reichstagswahlen — in *Berlin* während des gesamten Zeitraumes von 1921 bis 1930 zwischen dreieinhalb und vier Prozent, während in *Preußen* zum *Landtag* insgesamt 17,2 % (*1921*), 17,6 % (*1924*) und 14,5 % (*1928*), im *Reichsdurchschnitt* zum deutschen *Reichstag* 13,4 % beziehungsweise 13,6 % (*1924*), 12,1 % (*1928*) und 11,8 % (*1930*) der Wähler dem Zentrum ihre Stimme gaben. Traditionell konnte das Zentrum als katholische Partei in Gebieten mit einem hohen Anteil an evangelischer Konfessionszugehörigkeit — Groß-Berlin hatte eine zu 76,6 % (*1925*) und 71,1 % (*1933*) evangelische Bevölkerung — keine ins Gewicht fallenden Erfolge erzielen.

In bezug auf die DVP und andere bürgerliche Rechtsparteien, wie etwa die mittelständische Wirtschaftspartei, läßt sich eine weitgehende Annäherung des Trendverhaltens der Berliner Wählerschaft sowohl zwischen städtischen, preußischen und Reichstagswahlen in Berlin als auch im Vergleich zu den preußischen und Reichsergebnissen feststellen. Von um 15 % (*1921*) bis zu zwischen 4 % und um 8 % (*1929/1930*) reichte die Abwärtsbewegung der rechtsliberalen Volkspartei, und von über 5 % (*1921* in *Berlin*) bis zu zwischen 2,5 % und um 4 % (*1929/1930*) die der rechtsbürgerlichen Wirtschaftspartei.

Die große Rolle in Reich, Staat und also auch in der Reichshauptstadt spielten im negativen, destruktiven Sinne der politische Radikalismus und die Republikfeindschaft von links und rechts. Die USPD im Jahr *1921* und die KPD in den Jahren *1924, 1925, 1928, 1929* und *1930* erlangten in *Groß-Berlin* Stimmenanteile bei den *städtischen* ebenso wie bei den *Landtags-* und *Reichstagswahlen*, die zum Teil weit über den

Werten lagen, die diese Parteien im *Landes-* und *Reichsdurchschnitt* erzielen konnten. Die USPD, die *1921* bei den *städtischen* Wahlen 19,2 % der Stimmen erhielt, errang im gleichen Jahr 17,4 % bei den *preußischen Landtagswahlen* in *Berlin,* während sie im *preußischen Landesdurchschnitt* nur einen Stimmenanteil von 6,5 % hatte. Danach gab sie ihre Wählerschaft teils an die KPD, teils an die SPD ab. Die KPD, deren Stimmenanteil bei den *städtischen* Wahlen von 18,8 % (*1925*) auf 24,6 % (*1929*), bei den *preußischen Landtagswahlen* in *Berlin* von 16,4 % (*1924*) auf 24,7 % (*1928*) und bei den *Reichstagswahlen* in Berlin von 17,9 % (*Mai 1924*) beziehungsweise 16,3 % (*Dezember 1924*) auf 24,6 % (*1928*) und 27,3 % (*1930*) anwuchs, brachte im *preußischen Landesdurchschnitt* ganze 9,6 % (*1924*) beziehungsweise 11,9 %, im *Reichsdurchschnitt* 12,6 % (*Mai 1924*) beziehungsweise 9 % (*Dezember 1924*) und 10,6 % (*1928*) bis höchstens 13,1 % (*1930*) auf. Berlin erwies sich so auch als eine Heimstatt des linken Radikalismus in der Weimarer Republik.

Auf der rechten Seite des Parteienspektrums ist deutlich zu unterscheiden zwischen der konservativen Rechten, wie sie vor allem durch die Deutschnationalen (DNVP) repräsentiert wurde, und den rechtsradikal-völkischen Nationalsozialisten, der NSDAP. Auch die DNVP als teils zweit-, teils drittstärkste Fraktion der Berliner Stadtverordnetenversammlung sah sich in *Berlin* mit Stimmergebnissen zwischen 17,3 % (*1921*), 20,8 % (*1925*) und 17,6 % (*1929*) bei den *städtischen* Wahlen, zwischen 17,8 % (*1921*), 23,8 % (*1924*) und 17,8 % (*1928*) bei den *preußischen Landtagswahlen* in *Berlin* sowie zwischen 22,6 % (*Mai 1924*) beziehungsweise 23,9 % (*Dezember 1924*) und 17,7 % (*1928*) beziehungsweise 13,9 % (*1930*) bei den *Reichstagswahlen* in *Berlin* im Verhältnis zum *preußischen Landesdurchschnitt* (23,7 % [*1924*], 17,4 % [*1928*]) beziehungsweise zum Reichsdurchschnitt (19,5 % und 10,5 % im Jahr *1924*, 14,2 % [*1928*] und 7,0 % [*1930*]) teils mehr als adäquat repräsentiert.

Hingegen hatte die NSDAP im preußischen Berlin noch lange keine Chance, als sie auf *Reichsebene* durchschnittlich 6,6 % (*Mai 1924*) aufbrachte (3 % im *Dezember 1924*) und selbst im republikanischen *Preußen* des Jahres *1924* 2,5 % der Stimmen erzielte; sie blieb bei den städtischen Wahlen in *Berlin 1925* noch ohne Erfolg und errang auch *1924* bei den *Landtags-* und *Reichstagswahlen* in *Berlin* keinen Anteil am Wahlergebnis. Erst bei den *Stadt-* und *Bezirksverordnetenwahlen* in *Berlin* im Jahr *1929* fielen auf die NSDAP 5,8 % beziehungsweise 5,7 % der Stimmen und erst bei den *Landtags-* und *Reichstagswahlen* zählte man schmale 1,5 % beziehungsweise 1,6 % der Berliner Stimmen für die Nationalsozialisten aus; im *preußischen Landesdurchschnitt* erhielt die NSDAP im Jahr *1928* bereits 2,9 % der Stimmen. Der erste nationalsozialistische Durchbruch bei den *Reichstagswahlen* von *1930* (18,3 % der Wählerstimmen im *Reichsdurchschnitt*) brachte ihnen dann in einem von übergroßer und immer steigender Erwerbslosigkeit, von Korruptionsfällen und wachsender städtischer Finanznot geschüttelten Berlin, in einer von Auseinandersetzungen über staatliche und nationale, politische und wirtschaftliche Streitfragen erregten preußischen und Reichshauptstadt einen Stimmenanteil von allerdings auch erst 14,6 % der *Berliner* Wählerschaft.

Da eben die zuletzt erwähnten, überregional bis national bestimmten politischen Kampfthemen erheblich zur Ausbildung der Gesamtstimmungslage der Berliner Bevölkerung beitrugen, sind sie im folgenden — zumindest, soweit sie sich in Wahlen und Abstimmungen niederschlugen — ebenfalls im Überblick dargestellt.

(Siehe TABELLE 8 auf der folgenden Seite)

Die Reichspräsidentenwahl vom März/April 1925, durch die gemäß Artikel 41 der Weimarer Reichsverfassung das Oberhaupt der deutschen Nation, der „Ersatzkaiser" — wie manche Interpreten seiner verfassungsrechtlichen Stellung dieses Amt sehen wollten — erkoren wurde, war eine Persönlichkeitswahl und zugleich ein Bekenntnis der Wählerschaft zu bestimmten staatspolitischen Tugenden, von denen sie mehrheitlich wünschte, daß sie für die Leitung des Reiches bestimmend sein sollten. Diese Wahl — ausgelöst durch den Tod des ersten Reichspräsidenten *Ebert* — fiel in Berlin zeitlich zwischen die Reichstags- und preußischen Landtagswahlen des Jahres 1924 und die Stadt- und Bezirksverordnetenwahlen in Groß-Berlin im Jahr 1925. Der Wahlausgang insgesamt für das ganze Deutsche Reich brachte am 26. April 1925 den ehemaligen, jetzt 77jährigen Feldmarschall des Weltkrieges, den konservativen, evangelischen, preußischen, aristokratischen Monarchisten Paul *von Hindenburg* mit 48,3 % der Stimmen an die Spitze der ersten deutschen republikanischen Demokratie nach Berlin, in die deutsche Reichshauptstadt. Die deutsche Nation in ihrer Gesamtheit zog ihn für dieses mächtige, höchste Reichsamt dem bürgerlichen, katholischen, rheinischen Republikaner, dem Zentrumsvorsitzenden Wilhelm *Marx*, Kandidaten der Parteien der Weimarer Koalition, vor, der nur 45,3 % der Stimmen erhielt, wobei in dem nach der Verfassung notwendig werdenden zweiten Wahlgang die katholische,

TABELLE 8

*Reichspräsidentenwahl, Volksbegehren und Volksentscheide in Groß-Berlin 1925 bis 1931**

Jahr	Gesamtbevölkerung	Wahlbevölkerung (Stimmberechtigte)		Wahlbeteiligung (Abgegebene Stimmen)	Reichspräsidentenwahl (2. Wahlgang April 1925 in % der abgegebenen gültigen Stimmen)			Volksentscheid „Enteignung des Fürstenvermögens" Juni 1926 (in % der abgeg. gültig. Stimmen)		(in % der abg. Stimmen)	Volksbegehren „Panzerkreuzerverbot" Oktober 1928 Gültige Eintragungen (in % der Stimmber.)	Volksentscheid „Freiheitsgesetz" (betr. Young-Plan) Dezember 1929 (in % der abgeg. gültig. Stimmen)		(in % der abg. Stimmen)	Volksentscheid „Landtagsauflösung" (in Preußen) August 1931 (in % der abgeg. gültig. Stimmen)		(in % der abg. Stimmen)
		absolut	in % der Gesamtbevölkerung	in % der Wahlbevölkerung	Hindenburg	Marx	Thälmann	ja	nein	ungültig		ja	nein	ungültig	ja	nein	ungültig
1925	4.024.165[a]	2.968.226[b]	72,0[c]	81,7	37,0	52,6	10,4	—	—	—	—	—	—	—	—	—	—
1926	4.102.100[d]	3.040.918	74,1	62,6	—	—	—	96,7	3,3	4,5	—	—	—	—	—	—	—
1928	4.263.500[e]	3.167.378	74,3	13,1	—	—	—	—	—	—	13,1	—	—	—	—	—	—
1929	4.348.600[f]	3.375.288[g]	77,6	10,9	—	—	—	—	—	—	—	95,8	4,2	0,8	—	—	—
1931	4.336.500[h]	3.396.824[i]	rd. 78,0[j]	32,2	—	—	—	—	—	—	—	—	—	—	96,9	3,1	1,7

* Zusammengestellt aus: *Statistisches Taschenbuch der Stadt Berlin,* 2. Ausg., Jg. 1926; *Statistisches Jahrbuch der Stadt Berlin,* Jgg. 1927, 1929, 1930, 1932; siehe im übrigen: *Wahl- und Sozialstatistik zum demokratischen Berlin* ... (wie oben SCHAUBILD 2, S. 25).

[a] Volkszählungsergebnis (Jahresmittel).

[b] Einschl. Inhaber von Stimmscheinen.

[c] Amtliche Zahl; das Verhältnis der absoluten Zahlen von Gesamtbevölkerung und Wahlbevölkerung.

[d] Fortgeschriebene Bevölkerungszahl (Stand: 1.7.1926).

[e] Fortgeschriebene Bevölkerungszahl (Stand: 1.10.1928).

[f] Fortgeschriebene Bevölkerungszahl (Stand: 1.12.1929).

[g] Einschließlich Inhaber von Stimmscheinen.

[h] Fortgeschriebene Bevölkerungszahl vom Dezember 1930.

[i] Einschließlich Inhaber von Stimmscheinen.

[j] Annäherungswert aus dem Verhältnis der absoluten Zahlen von Gesamtbevölkerung und Wahlbevölkerung.

föderalistische Bayerische Volkspartei dem evangelischen Preußen und ehemaligen Gefolgsmann der Hohenzollernmonarchie den Vorzug vor dem Führer des politischen Katholizismus im Reich gab. Auch die Kommunistische Partei entzog — im vollen Bewußtsein ihres Schrittes — durch die Abgabe von 6,4 % aller Stimmen für ihren Kandidaten Ernst *Thälmann* dem bürgerlichen Kandidaten zugunsten des Kandidaten der Rechten die Chancen. Die rund drei Millionen Wahlberechtigten in Groß-Berlin, die zu rund 82 % ihr Wahlrecht wahrnahmen, votierten mit 52,6 % der abgegebenen gültigen Stimmen für den Kandidaten des bürgerlichen „Volksblocks“ der Weimarer Koalition, Wilhelm *Marx,* gegen den Kandidaten des „Reichsblocks“, Paul *von Hindenburg,* der nur 37,0 % der Stimmen der Reichshauptstadt erhielt; Ernst *Thälmann* kam auf 10,4 % der Berliner Stimmen. Groß-Berlin wählte demokratisch-republikanisch. Nimmt man die in der preußischen Landtagswahl von 1924 und in der Stadtwahl von 1925 in Berlin für die Parteien der Weimarer Koalition — SPD, DDP, Zentrum — abgegebenen Stimmen zusammen (*Landtagswahl 1924* in Berlin: 45,1 %; *Stadtwahlen 1925:* 45,3 %), so wird deutlich, daß erhebliche Teile anderer Parteien von links oder rechts oder aus beiden Lagern im Gesamtumfang von über 7 % ebenfalls den „Volksblock“-Kandidaten gewählt haben mußten, um das Wahlresultat von 52,6 % für Wilhelm *Marx* verständlich zu machen. Hier wird ein bemerkenswerter Zug politischer Eigenständigkeit unter den Bürgern der Berliner Demokratie in der Weimarer Republik deutlich sichtbar.

Die Wählerschaft Groß-Berlins gab sich bei passender Gelegenheit aber auch betont antimonarchistisch, antiaristokratisch und antiobrigkeitlich. In der Volksabstimmung gemäß Artikel 73 der Weimarer Reichsverfassung über die Frage der entschädigungslosen *Enteignung von Fürstenvermögen* beteiligten sich 62,6 % der etwas über drei Millionen Wahlberechtigten, die mit 96,7 % der abgegebenen gültigen Stimmen *für* eine solche Enteignung stimmten. Dieser, gemeinsam von SPD, KPD und den Gewerkschaften (ADGB) eingebrachte Antrag, der beim Volksentscheid im Reich nicht die von der Verfassung vorgeschriebene Stimmenzahl erhielt, erzielte in Berlin bei 57,9 % der Wahlbevölkerung das *umgekehrte* Ergebnis.

Den Beweis, daß sie nicht blind einer sozialistischen Linie um jeden Preis nachliefen, lieferten die Berliner Wähler zwei Jahre später (Oktober 1928) bei der Abstimmung über den wieder von KPD und SPD eingebrachten Gesetzesentwurf über das Verbot des *Baus eines Panzerkreuzers,* der von der Bürgerblockregierung von Zentrum, DVP und

DNVP unter der Kanzlerschaft von Wilhelm *Marx* 1927 beschlossen, aber von der Regierung der Großen Koalition unter Leitung des SPD-Kanzlers Hermann *Müller* im August 1928 bestätigt worden war. Der Berliner Wahlkampf für das einem Volksentscheid gemäß Verfassung vorangehende „Volksbegehren" (Volksinitiative) wurde von den Antragstellern unter der Parole „Panzerkreuzer oder Kinderspeisung" geführt, und im Reichstag stimmten die SPD-Minister des Kabinetts *Müller* mit ihrer Fraktion gegen ihren eigenen Regierungsbeschluß — Offenbarung des grundlegenden Wesenszuges einer parlamentarischen Demokratie, in der Parteipolitik als partikulare Interessenpolitik einer Staatspolitik im nationalen Interesse als gegenüberstehend gesehen wurde. Durch eine Eintragung von nur 13 % aller Stimmberechtigten gab die Berliner Wählerschaft zu erkennen, daß sie den auch auf Reichsebene scheiternden polemischen Antrag — die von den Antragstellern genannten Alternative der anderweitigen Verwendung der für den Panzerkreuzerbau vorgesehenen Mittel existierte in der politischen Realität nicht — von realistischer Politik in nationalem Interesse sehr wohl zu unterscheiden wußte.

Auch bei der Stimmabgabe für den Volksentscheid vom Dezember 1929 über die Ablehnung des *Young-Planes* zur Regelung der deutschen Reparationszahlungen an die Siegermächte des Weltkrieges — der von *Hitler* für die NSDAP, *Hugenberg* für die DNVP und *Seldte* für den „Stahlhelm" über den von ihnen gegründeten „Reichsausschuß für das deutsche Volksbegehren" eingebrachte Entwurf eines „Gesetzes gegen die Versklavung des deutschen Volkes" drohte den für den Abschluß des Young-Abkommens verantwortlichen Staatsmännern die strafrechtliche Verfolgung an und erhielt den amtlichen Kurztitel „*Freiheitsgesetz*" — bewiesen die Berliner Wähler, daß sie — entgegen den Forderungen einer extremen Rechten — der verständigungsbereiten Aussöhnungspolitik der demokratischen Parteien, diesmal der *Stresemann*schen internationalen Friedensdiplomatie, den Vorzug vor aggressiver Polemik gaben. Die tatsächlich Abstimmenden — ein heranwachsendes Wählerpotential der radikalen Rechten — stimmten dem Gesetzentwurf zu rund 96 % zu; aber weniger Wähler als im Reichsdurchschnitt (dort 13,8 %) beteiligten sich in der Hauptstadt Berlin an dieser Abstimmung: Nur 10,9 % der nahezu 3,4 Millionen Abstimmungsberechtigten nahmen an dieser Volksabstimmung (Volksentscheid) vom Dezember 1929 teil und erteilten dem Unternehmen auf diese Weise eine Abfuhr. Noch einmal hatte sich vernunftbestimmte demokratische Politik hier durchgesetzt.

Nachdenklicher stimmte im Verhältnis dazu das Ergebnis des politischen Meinungsstreits in Berlin um die *Auflösung des preußischen Landtages,* die der „Stahlhelm, Bund der Frontsoldaten" im Februar 1931 durch das Verlangen nach einem Volksbegehren in Gang setzen wollte. Ziel der Aktion war die Herbeiführung einer Neuwahl, von der die NSDAP sich erhoffte, mit einer starken Fraktion auch in den preußischen Landtag einziehen und die im Amt befindliche Regierung der Weimarer Koalition stürzen zu können, nachdem sie in der Reichstagswahl von 1930 über 18 % der deutschen Wählerstimmen erhalten hatte. Da das Volksbegehren knapp erfolgreich war, der Landtag seine Auflösung und Neuwahlen aber mehrheitlich ablehnte, kam es am 9. August 1931 zum Volksentscheid. In Berlin beteiligten sich 32,3 % der Wahlberechtigten an der Abstimmung (im preußischen Landesdurchschnitt waren es 40,1 %), von denen rund 95 % der Landtagsauflösung zustimmten (im Landesdurchschnitt waren es über 37 % der Wahlbevölkerung). Wiewohl das Ergebnis auf Landesebene zu einem Gelingen des Volksentscheides nicht ausreichte, war die Beunruhigung im demokratischen Lager darüber doch allgemein, daß immerhin ein Drittel der gesamten Wahlbevölkerung in Preußen (in Berlin waren es 30,7 % der Stimmberechtigten) ihre Feindschaft gegenüber der politischen Linie der Weimarer Demokratie in Preußen in so unverhüllter Form aussprachen. Freilich hatten die Parteien, die die Landtagsauflösung anstrebten, in der voraufgehenden Landtagswahl von 1928 und in der Reichstagswahl von 1930 sowohl in Preußen und im Reich als auch in der Hauptstadt Berlin in der Summe bereits zwischen 10 % und 25 % höhere Wahlergebnisse erzielt; ihr gemeinsamer Wille zur Zerstörung dieser parlamentarischen Demokratie über die sie trennenden, fundamentalen Gegensätze hinweg war aber noch in keinem Wahlkampf so deutlich geworden, wie in dieser Auseinandersetzung. Die antiparlamentarische und antidemokratische Opposition hatte im Jahr 1931 in ernst zu nehmender Stärke auch das demokratische Berlin und die Berliner Demokratie erreicht. Hierfür waren indessen nicht nur die politisch meinungsbildenden Vorgänge in der preußischen und Reichspolitik, sondern sehr weitgehend auch die politische Entwicklung in der demokratischen Selbstverwaltung Groß-Berlins bis zu diesem Zeitpunkt selbst verantwortlich.

Kommunale Selbstverwaltung und politisches Verhalten der Bevölkerung bis zur großen Krise 1929/1931

Die in der aufgezeichneten Wählerbewegung (Tabelle 6) bei den Wahlen zur Stadtverordnetenversammlung und zu den Bezirksverordnetenversammlungen zwischen 1921 und 1929 zum Ausdruck kommende Tendenz der Veränderung von Wählerverhalten und Parteienpräferenz der Wahlbevölkerung Groß-Berlins ist in Verbindung zu sehen mit der wechselhaft sich gestaltenden Entwicklung der städtischen Finanzen und den krisenhaften Erscheinungen im Vollzug der demokratischen Selbstverwaltung in institutioneller ebenso wie in personeller Hinsicht.

Die feststellbaren Schwankungen im Wählervotum bei den städtischen Wahlen in Berlin waren letztlich ein Gradmesser für den jeweiligen Stand der politischen Einschätzung des Wertes der lokalen Demokratie durch die Berliner Bevölkerung, deren Ansehen folgerichtig vom finanz- und wirtschaftspolitischen Erfolg der demokratischen Selbstverwaltung abhing. Die zum Ausgang der zwanziger Jahre entfachte öffentliche Diskussion um die „Krise der kommunalen Selbstverwaltung" war insoweit als latente Fragestellung in allen politischen Wählerentscheidungen, aber auch im Verwaltungshandeln der politisch verantwortlichen städtischen Gremien, Ämter und Institutionen von Anbeginn der demokratischen Selbstverwaltung nach dem Krieg angelegt. Zweifel an der funktionalen Rechtfertigung der finanziellen und wirtschaftlichen Selbstverantwortung der Gemeinde konnten immer dann formuliert werden, wenn in wirtschaftlichen Krisenzeiten das Problem der Verschuldung des städtischen Haushalts und deren Konsequenzen für die zur Sanierung erforderlichen Maßnahmen die gemeindliche Selbstverwaltung in Gegensatz zu Bevölkerung und Wirtschaft, Staat und Reich und deren demokratische Gremien und Institutionen brachte. Im Chaos der einsetzenden, fortschreitenden und schließlich ihrem Höhepunkt entgegenschreitenden Inflationszeit bis 1923 ebenso wie in der einsetzenden Weltkrise von Wirtschaft und staatlicher Ordnung seit 1928/29 übertrug sich die Unsicherheit des sozialen und wirtschaftlichen Lebens der Bevölkerung auf ihr politisches Verhalten gegenüber den republikanisch-demokratischen Parteien, Verbänden und Persönlichkeiten, die als Träger der staatlichen und politischen Ordnung galten, der sie die eingetretene Situation anlastete, und trieb sie partiell und temporär den Republikfeinden und Gegnern einer politisierten und demokratisierten Selbstverwaltung zu.

Die Inflationszeit war auch im neugeschaffenen Groß-Berlin eine Phase der politischen Entwicklung, in der die Hoffnung von Millionen Menschen auf einen grundlegenden Wandel der sozialen Verhältnisse im Innern und der Beziehungen zu den anderen Staaten der Welt aufgrund der neuen gesellschaftlichen und politischen Ordnung des republikanisch-demokratischen Deutschland und unter anderem auch einer ihr gemäßen kommunalen Selbstverwaltung in doppelter Hinsicht enttäuscht werden mußte. Der Schwung und die guten Absichten des Anfangs — Sozialisierungsbestrebungen und tatsächliche Kommunalisierungsmaßnahmen, Partnerschaftsbeziehungen zwischen Arbeitgeber- und Arbeitnehmerschaft, etwa in der „Zentralarbeitsgemeinschaft der Arbeitgeber- und Arbeitnehmerverbände Deutschlands" (seit 1918) mit Achtstundentag und Legalisierung gewerkschaftlich organisierter Streiks, kommunale Fürsorgeeinrichtungen und verbesserte Versorgung, menschenwürdiger Wohnungsbau mit städtischer Hilfe und gesunde Stadtplanung, Verkehrsausbau etc., und das alles unter der verbesserten politischen Mitbestimmung der Bürger auch breiter Schichten im Rahmen demokratischer Selbstverwaltungsorgane und parlamentarischer Gremien — mußten sich dadurch innen- und sozialpolitisch unvermeidlich abschwächen. Sie mußten unter den stetig drückender werdenden Bedingungen der wachsenden Inflation und der dadurch immer mehr schwindenden Kaufkraft der lohnarbeitenden Massen sowie des einsetzenden, mehr und mehr sich verschlimmernden Haushaltsdefizits, insbesondere in den städtischen Kassen, teils aufgegeben werden, teils verkümmerten sie, wie die Abmachungen der „Zentralarbeitsgemeinschaft". Außen- und wirtschaftspolitisch traten die Demütigungen und wirtschaftlichen Folgen des Versailler Vertrages hinzu, die breite Wählerschichten, deren politisches Denken unter dem Einfluß der Programmatik der ursprünglich von ihnen favorisierten politischen Parteien strukturell nicht zu Radikalismen geneigt hatte, in ihrer Enttäuschung in die Arme rechtsbürgerlicher und rechtsextremer Agitatoren mit ihren chauvinistischen Parolen trieben, nachdem die Parteien der Weimarer Koalition als Träger der Regierungsverantwortung nach dem Kriege die Bedingungen von Versailles für die deutsche Nation hatten akzeptieren müssen. Auch in Berlin erhielten die Träger der neuen demokratischen Ordnung bei den städtischen Wahlen die politische Quittung nicht nur in Form von vielfachen Demonstrationen, Streiks und Plünderungen zwischen 1920/21 und 1924, die veranstaltet wurden von Arbeitslosen, Arbeitern, Frauen, Jugendlichen sowie politischen Protestierenden aller Art, getrieben von wirtschafts- und sozialpolitischen ebenso wie außenpolitisch-„patriotischen" Anlässen: aus Gründen von Arbeitslosigkeit, Teuerungen und Hunger, betrieblichen Protesten und Aussperrungen, Antikriegsprotesten und Protesten gegen politische Morde etc. Diese Stimmung machte sich auch mit Hilfe des Stimmzettels an der Wende von 1919 nach 1920/21 mit Auswirkungen bis in die Reichstagswahlen der ersten Hälfte des Jahres 1924 hinein Luft, wie es sich nicht nur an dem Rückgang der Stimmenzahl für die Parteien der Weimarer Demokratie, sondern vor allem im Anwachsen der extremen, republikfeindlichen Flügelparteien auf der Rechten und Linken des Parteienspektrums in der Weimarer Demokratie auch auf Berliner Boden zeigte. Wenn gleichwohl das Funktionieren der demokratischen Selbstverwaltung im alten und neuen Berlin der Gründungs- und Anfangsjahre der Weimarer Republik durch diese erklärlichen Schwankungen des Wählerverhaltens nicht in Frage gestellt wurde, zeigt diese Entwicklung doch die Durchsetzungskraft der unter ungünstigen Bedingungen auf die Bewährungsprobe gestellten neuen Berliner Selbstverwaltungsdemokratie.

Nach Beendigung der Inflation Ende 1923 und mit den der kommunalen Selbstverwaltung gegebenen Möglichkeiten eigenverantwortlicher Kreditaufnahmen erhielten auch die städtischen Körperschaften und Institutionen Groß-Berlins ihre Chance der Verwirklichung jener sozialpolitischen Programme der Weimarer Demokratie auf den Gebieten der schon beschriebenen städtischen Versorgungsleistungen, dazu des Bau- und Wohnungswesens, der Gesundheitsfürsorge, der Stadt- und Gartenplanung, Sportanlagen und Spielplätze, der Theater-, Kunst- und sonstigen Kulturbereiche, die allesamt die Lebensbedingungen der breiten Schichten der Bevölkerung auf eine neue Ebene der Qualität und der Partizipation heben sollten. Diese von vielen Bürgern der demokratischen Selbstverwaltung zu verdankenden Projekte — Krankenhäuser, Schulen und Heime, Sportanstalten, Erholungs- und Spielplätze, Parks und Straßen, Sozialwohnungsbauten, Theater und Museen etc. —, die einem Nachholbedarf der Bevölkerung in Alt-Berlin wie in den 1920 mit ihm zusammengeschlossenen Gemeinden Groß-Berlins von Jahrzehnten seit dem 19. Jahrhundert entsprachen und für die überwiegend breite Mehrheiten in Magistrat und Stadtverordnetenversammlung wie in den Bezirksparlamenten gefunden werden konnten, waren freilich nur zu realisieren, wenn Anleihen in großer Höhe aufgenommen wurden, wie sie in der relativen wirtschaftlichen Erholungsphase der Weimarer Republik zwischen 1924 und 1928/29 aus dem In- wie Ausland, besonders aus den USA, nun reichlich angeboten wurden. Das Berliner Wahlbarometer für Stadt, Land und Reich zwischen 1924 und 1928 registrierte einerseits diese von der Bevölkerung wohl aufgenommenen Verbesserungen ihrer Lebensqualität, wie der Stimmenzuwachs für SPD und DDP zeigte; gleichzeitig blieben Erwerbslosigkeit und politische Reizthemen in wechselnder Intensität erhalten und verschafften auch der KPD einerseits und der DNVP andererseits einen erheblichen Zulauf weiterhin unzufriedener Bevölkerungsteile. Streiks und Demonstrationen der geschilderten Art hielten an. Im parlamentarischen Bereich und im Außenverhältnis von Stadt, Preußen und Reich wurde zum Ausgang dieser Jahre der nur relativen Stabilisierung von Wirtschaft und Politik dann gerade jene Anleihe- und Ausgabenpolitik der Stadt zugunsten der Versorgung und der Verbesserung der Lebensbedingungen der breiten Massen der Bevölkerung, die unter der Leitung sozial- und liberaldemokratischer politischer Kreise und Koalitionen auf städtischer und bezirklicher Ebene in diesen Prosperitätsjahren durchgeführt wurde, zum Stein des Anstoßes für die Gegner. Ein Blick auf die Entwicklung der städtischen Finanzen zwischen 1924 und 1931 zeigt die finanzpolitischen Ansatzpunkte.

Schwoll der städtische Etat (Ordentlicher und Außerordentlicher [Anleihe-]Haushalt) zwischen 1924 und 1931 von rund einer halben Milliarde Mark auf über eine Milliarde Mark an, so kam dieser Anstieg überwiegend auf das Konto des Wohlfahrts-, Bau- und Wohnungs-, Schul- und Gesundheitswesens sowie nicht zuletzt auf das der städtischen Betriebe, die freilich im Unterschied zu den vorgenannten Bereichen neben den Steuereinnahmen insgesamt als einzige in allen Jahren einen finanziellen Überschuß an den städtischen Haushalt abführen konnten, während zur Deckung des Bedarfs der anderen genannten sozialen Tätigkeitsfelder der kommunalen Selbstverwaltung auf gesamtstädtischer wie bezirklicher Ebene über den Ordentlichen Haushalt hinaus bedeutende Anleihen aufgenommen werden mußten. Seit 1924 hatte die Neuverschuldung der Stadt bis Ende März 1930 eine runde Milliarde Reichsmark, seit Anfang der zwanziger Jahre rund 1,2 Milliarden Mark erreicht. Hiervon betrug die schwebende Schuld nach Auskunft des Berliner Stadtsyndikus rund 511 Millionen Reichsmark, kurzfristig abrufbare Verbindlichkeiten also, die die Stadt zugunsten ihrer kommunalpolitischen Für- und Vorsorgemaßnahmen in den Jahren zuvor eingegangen war. Von diesen Summen entfielen rund 600 Millionen Mark auf kurzfristige Kredite für die kommunalen Betriebe, davon 231 Millionen Mark auf die Elektrizitätswerke (BEWAG) und 347 Millionen Mark auf die Verkehrsgesellschaften (seit 1928 die BVG). Bis 1930 hatten die städtischen Körperschaften insgesamt aus verschiedenen Quellen für Verkehrsbauten nicht weniger als 325 Millionen Mark, darunter 300 Millionen Reichsmark für U-Bahn-Bauten, und weitere Ausgaben für Grundstücksankäufe, Straßenregulierungs- und Durchbruchsarbeiten anläßlich der Bahnbauten in Höhe von weit über die Hälfte der zuvor genannten Summe bewilligt. Ähnliche Dimensionen an Ausgaben lassen sich für die Versorgungs- und Fürsorgemaßnahmen auf dem Bau- und Wohnungssektor sowie dem Schul- und Gesundheitswesen registrieren. Die gesamtschuldnerischen Verbindlichkeiten Groß-Berlins betrugen 1930 mit 1,2 Milliarden Reichsmark soviel wie der gesamte Haushalt der Stadt in diesem Etatsjahr, und insbesondere die schwebende Schuld von über einer halben Milliarde Reichsmark wurde mit Recht als bedrohlich für das Funktionieren und das Ansehen der demokratischen Selbstverwaltung der Reichshauptstadt empfunden. Die enorme Höhe dieser Schuldenlast wird verständlich, wenn man dagegenhält, daß der gesamte Reichshaushalt des Deutschen Reiches im Jahr 1931 vergleichsweise nur rund 10,5 Milliarden Mark betragen hat. So nimmt es nicht wunder, daß eine solche Last schließlich zu einem zentralen Problem der politischen Auseinandersetzungen in der Berliner Selbstverwaltung und zwischen der Stadt, dem preußischen Staat und dem Reich wurde, die nun vor allem die mit dem Beginn der Wirtschaftskrise einsetzende Phase der Krisennotjahre von 1929/30 bis 1931/32 erfüllten.*

Die schwierige Finanzlage der Reichshauptstadt und Viermillionenmetropole in den Jahren nach 1929/30 war, wie in den Haushaltsdebatten der Berliner Stadtverordnetenversammlung ebenso wie in dem vom Preußischen Landtag eingesetzten Untersuchungsausschuß in jenen Jahren immer wieder festgestellt wurde, keineswegs ausschließlich eine Folge der Beschaffung von Anleihen und Krediten für die kommunalen Aktivitäten der Berliner Selbstverwaltungsorgane, sondern entstand insgesamt aus einer Bündelung wirtschaftlicher und politischer Ereignisse aus der Berliner wie der nationalen und internationalen Szene. Da wirkte unter anderem der für Berlin während der ganzen

* Hierzu wie zum folgenden siehe noch Wolfgang Haus, „Chance, Krise und Sturz der Demokratie im Berlin der Weimarer Republik“ (im ZWEITEN TEIL des vorliegenden Bandes).

Weimarer Zeit und verschärft zu ihrem Ausgang nachteilige Finanzausgleich zwischen Reich, Ländern und Gemeinden ein, der zu einer ständigen Verkürzung der Steueranteile für Berlin an der Reichseinkommen-, Körperschaft- und Umsatzsteuer, Hauszins- und Kraftfahrzeugsteuer zugunsten anderer Gemeinden und Gemeindeverbände führte. Während etwa im Jahr 1924 bei einem Reichs- und Landesaufkommen an Einkommen- und Körperschaftsteuer von 2,5 Milliarden Mark der Anteil der Stadt Berlin noch rund 101 Millionen Mark betragen hatte, flossen der Stadt im Etatsjahr 1931 bei einem Voranschlag des Reiches von 3,2 Milliarden Mark nur noch 85 Millionen Mark zu. Einhellig war auch der Protest der städtischen Körperschaften gegen die Verteilung des Hauszinssteueraufkommens, durch die der Stadt Berlin alljährlich über 50 Millonen Reichsmark Hauszinssteuermittel für Wohnungsbauzwecke zugunsten anderer Gemeinden entzogen wurden. Vom jährlichen Gesamtaufkommen an Hauszinssteuer in der Reichshauptstadt, die in der zweiten Hälfte der zwanziger Jahre ungefähr ein Drittel des preußischen und fast ein Viertel des Reichsaufkommens lieferte, blieben der Berliner Wirtschaft und Bevölkerung nur etwa 45 % erhalten. Jedes Jahr wieder erhoben die Berliner Selbstverwaltungsorgane ihre Klagen gegen diese Benachteiligung Berlins bei der Verteilung der von der Stadt aufgebrachten Hauszinssteuer, während die Wohnungsnot drückend war in einer Gemeinde von der riesigen Ausdehnung der Reichshauptstadt und Wirtschaftsmetropole Berlin, in der jeder zwölfte gewerbliche Betrieb Deutschlands lag und jeder zehnte in gewerblichen Betrieben beschäftigte Erwerbstätige lebte. Es wurde berechnet, daß mit den der Stadt entzogenen Hauszinssteueranteilen im Berlin der Prosperitätsjahre jährlich etwa 10 000 Wohnungen mehr, als tatsächlich geschehen, hätten gebaut werden können. In den Krisennotjahren nach 1930 sank mit den schrumpfenden Hauszinssteuermitteln auch die Zahl der Neubauten, die die städtische „Wohnungsfürsorgegesellschaft“ durch Hergabe von Hauszinssteuerhypotheken ermöglichen konnte. Die Finanzierungshilfe für den Berliner Wohnungsneubau, insbesondere für einkommensschwache Schichten, gehörte aber zu den vornehmsten Aufgaben, die sich die demokratischen Selbstverwaltungsorgane Groß-Berlins gestellt hatten, war sie doch nicht nur volkswirtschaftlich wertvoll, sondern auch eine wesentliche Voraussetzung für die soziale und damit politische Zufriedenheit der Bevölkerung.

Die städtischen Bemühungen, Auslandsanleihen für die Durchführung ihrer sozialpolitischen Programme heranzuziehen, scheiterten in den Jahren der Wirtschaftskrise am Widerstand der reichsbehördlichen „Beratungsstelle für öffentliche Auslandsanleihen“ beim Reichsfinanzministerium, nachdem sich Hjalmar *Schacht* als Reichsbankpräsident schon in den Jahren zuvor gegen die Zweckmäßigkeit von Kommunalanleihen unter Gründen gewandt hatte, die ihm den Ruf eines bewußten Feindes kommunalwirtschaftlicher Versorgungsmaßnahmen einbrachte. Gerade durch diese Behinderung der städtischen Anleihewirtschaft wurden die demokratischen Körperschaften Berlins zum Ende der zwanziger Jahre mehr und mehr von günstigen langfristigen Anleihen abgedrängt und zu der sich in der Weltwirtschaftskrise so unheilvoll auswirkenden Aufnahme kurzfristiger Kredite geführt. 1929 und 1930 konnten Berliner Bevollmächtigte letzte Dollaranleihen für die BEWAG abschließen; es waren zugleich die letzten Anleihen, die vor der Weltwirtschaftskrise für einen Betrieb der kommunalen Versorgungswirtschaft Berlins überhaupt aufgelegt werden konnten. Die anschließend einsetzenden katastrophalen Verhältnisse auf dem internationalen Kapitalmarkt ließen dann die Möglichkeiten der Anleiheaufnahme auf dem Auslandsmarkt völlig zum Erliegen kommen, und auf dem inländischen Geldmarkt führte die große Krise des deutschen Bankwesens nach dem Zusammenbruch des gesamten Kreditsystems im Juli 1931 dazu, daß auch Berlin endgültig von dieser Finanzierungsquelle abgeschnitten wurde. Eine Notverordnung des Reichspräsidenten verbot im August 1931 schließlich noch die Kreditgewährung durch Sparkassen und öffentlich-rechtliche Banken. Unter solchen Umständen war die Konsolidierung der schwebenden Schuld der Stadt nicht zu erreichen.

Die allgemeine Finanzierungskrise in Reich, Ländern und Gemeinden, die in der Reichshauptstadt Berlin einen besonders prägnanten Ausdruck fand, hatte die Reichsregierung seit der Kanzlerschaft von Heinrich *Brüning* dazu gebracht, von Juli 1930 an ihre Politik der „Notverordnungen des Reichspräsidenten zur Sicherung von Wirtschaft und Finanzen in den Ländern und Gemeinden“ durchzuführen. Der Freistaat Preußen schloß sich mit entsprechenden Durchführungsverordnungen an, die auch für Berlin staatliche Eingriffe verschiedenen Umfangs und unterschiedlicher Tragweite in die gemeindliche Steuerhoheit, die Sozial- und Wirtschaftspolitik und die bisherigen verfassungsmäßigen Rechte der hauptstädtischen Selbstverwaltungskörperschaften brachten, durch die die letzten Bereiche der großen reichs- und landesunabhängigen Sphäre der demokratischen Selbstverwaltung eingeengt und der Staatsaufsicht unterworfen wurden. Über das Instrument der zeitweiligen Einsetzung von „Staatskommissaren" konnte die präsidiale Notverordnungspolitik, wie sie seit 1930 für den Bereich der kommunalen Demokratie, etwa bei der Erhebung neuer, teils höchst unpopulärer Gemeindesteuern, wie der „Bürgersteuer", oder bei der Erhöhung der bestehenden Realsteuern, praktiziert wurde, gegen den Widerstand der kommunalen Selbstverwaltung der Reichshauptstadt durchgesetzt werden. Die Bedingungen, unter denen dies geschah, kamen der zumindest zeitweiligen Aufhebung der demokratischen Selbstverwaltung gleich und bedeuteten den ersten Schritt in Richtung auf die politische Entmachtung der gemeindlichen Demokratie in der Reichshauptstadt, dem sich sehr bald auch durch den Erlaß eines neuen Gemeindeverfassungsgesetzes für Berlin im Jahr 1931 ein politischer Akt anschließen sollte, der das Gesicht und die Gestalt der Berliner Demokratie in der Weimarer Republik ändern sollte. Auf dem Wege dorthin sollte eine Reihe anderer, ganz unterschiedlicher sozialer und politischer Tatbestände den Gegnern der Berliner Selbstverwaltungsdemokratie von 1920 entschlossen wahrgenommene Handhaben bieten.

Im Rahmen der Entwicklung der allgemeinen Wirtschaftslage wurde Berlin gleichzeitig auch in anderer Hinsicht von den Auswirkungen der Wirtschaftskrise im Reich wie in der übrigen Welt überdurchschnittlich hart betroffen. Neben dem starken Rückgang der Wirtschaftskraft in Industrie und Handel, allgemeinem Einkommensrückgang und sinkender Steuerkraft der Bevölkerung zeigte in der Reichshauptstadt besonders der Stand der Erwerbslosigkeit das ganze Ausmaß der wirtschaftlichen Katastrophe. Die Zahl der arbeitslosen Arbeiter und Angestellten stieg in der Reichshauptstadt seit der Schaffung der Berliner Großgemeinde zuerst in den Nachkriegsnotjahren, dann — mit Erholungsphasen in den Jahren nach Beendigung der Inflation — wieder in den Krisenjahren seit 1929/30 in einer die wirtschaftliche wie die politische Lage erschütternden Weise an. Nachdem die Zahl der Hauptunterstützungsempfänger bis Ende 1923 auf 236 000 Personen, einschließlich der „Zuschlagsempfänger" und Kurzarbeiter auf 435 000 unterstützte Personen oder rund 11,6 % der Berliner Gesamtbevölkerung angestiegen war (im gesamten Reichsgebiet waren es mit rund drei Millionen insgesamt unterstützten Personen vergleichsweise nur rund 4,8 % der Bevölkerung!), gingen die Erwerbslosenzahlen in der Zeit von 1924 bis 1929 auf in manchen Jahren wesentlich geringere Prozentsätze zurück, wobei es eine beeindruckende zeitgenössische Beobachtung blieb, daß die Erwerbslosigkeit in Berlin sich auch in diesen Jahren ständig weiter vom Reichsdurchschnitt entfernte und bereits 1927 prozentual wieder nahezu doppelt so groß war wie im Reich. Aber schon Ende 1929/Anfang 1930 wurden Zahlen erreicht, die die katastrophale Entwicklung auf dem Arbeitsmarkt der Folgejahre bis 1933 bereits andeuteten. Zu den „Arbeitslosen“ und „Krisenunterstützten“, die das Landesarbeitsamt Brandenburg für Groß-Berlin in Höhe von insgesamt 293 000 Personen oder 6,7 % der Berliner Bevölkerung meldete, kamen städtisch unterstützte Arbeitslose, Wohlfahrtserwerbslose und sonstige Wohlfahrtsunterstützte im Umfang von insgesamt 333 000 Personen oder nochmals 7,6 % der Gesamtbevölkerung hinzu; das heißt: 14,2 % der Berliner waren solcherart in irgendeiner Form von den wirtschaftlichen Mißerfolgen und der daraus resultierenden sozialen Misere in der Weimarer Demokratie betroffen und konnten von daher seit 1929/30 überwiegend dazu neigen, ihrem Unwillen über ihren unterprivilegierten Status durch politische Aktionen, vor allem bei Wahlen durch ihre Stimmabgabe für die Kritiker des bestehenden Systems, gehörigen Ausdruck zu verleihen.

Bis Anfang 1933 stiegen diese Prozentsätze weiter an. „Arbeitslose“ und „Krisenunterstützte“ erreichten im „Hungerwinter“ 1930/31 in der Gestalt von „Hauptunterstützungs-“ und „Zuschlagsempfängern“ einen Umfang von 418 000 Personen oder 9,9 % der Bevölkerung (Januar 1931); dazu kamen die städtisch unterstützten Wohlfahrtserwerbslosen der „offenen Fürsorge“ im Umfang von 309 000 Personen oder weitere 7,3 % der Bevölkerung, so daß zu dem oben definierten Personenkreis jetzt schon 17,2 % der Bevölkerung gehörten, die nach Alterszugehörigkeit überwiegend zugleich einen bedeutenden Teil der Wahlbevölkerung darstellten. An der Jahreswende 1932/33 gab es schließlich in Groß-Berlin insgesamt rund 574 000 Empfänger von staatlicher Unterstützung (rund 13,5 % der Gesamtbevölkerung); aus Gemeindemitteln wurden insgesamt rund 381 000 Personen, also 8,9 % der Berliner Bevölkerung, unterstützt; mithin lebten 22,4 %, das heißt nahezu ein Viertel der arbeitenden und über ein Viertel der Wahlbevölkerung von rund 3,5 Millionen Berliner Bürgern, in wirtschaftlichen und sozialen Verhältnissen, die sie tendenziell in ein kritisches Verhältnis zum bestehenden Staat und seiner wirtschaftlichen und politischen Ordnung gelangen lassen konnten.

In welchem besonderen Ausmaß die Reichshauptstadt von der Katastrophe der Weltwirtschaftskrise und ihren sozialen und politischen Folgen betroffen war, ergibt sich aus den Vergleichszahlen im Verhältnis zum Reichsdurchschnitt. Den erwähnten rund 10 % arbeitsloser

Bevölkerung in Berlin von Anfang 1931 standen rund 3 % ebensolcher Bevölkerung im Reich gegenüber; schon jetzt stellten die Berliner Arbeitslosen rund 8,5 % der Arbeitslosen im Reich; bis Anfang 1933 wuchs dieser Anteil auf rund 10 % an, obwohl die Berliner Bevölkerung insgesamt nur rund 7 % der Reichsbevölkerung ausmachte. Berlin litt also unter den Auswirkungen der Wirtschaftskrise in Form von Erwerbslosigkeit ökonomisch, sozial und damit auch politisch besonders schwer; es hatte unter dieser Entwicklung aber auch finanziell extrem zu leiden. Die Zahl der arbeitslosen Arbeiter und Angestellten, die die gesetzliche Dauer der Unterstützung durch Arbeitslosenversicherung und „Krisenfürsorge" überschritten hatten und damit der allgemeinen Wohlfahrt, der „Endfürsorge", anheimfielen, stieg von rund 32000 Personen im Jahr 1929 auf das rund Zehnfache, nämlich auf über 300000 „Wohlfahrtserwerbslose" im Jahr 1932 an. Damit wuchs auch der Zuschußbedarf der gesamten Wohlfahrtsverwaltung der Stadt, der im Jahr 1924 etwas über 54 Millionen Mark ausgemacht hatte, bis 1932 um das Siebenfache auf rund 375 Millionen Mark an, von denen 166 Millionen Mark allein durch die Wohlfahrtserwerbslosen bedingt waren.

Zum Ausgang des hier betrachteten Zeitraums war also ein in diesem Umfang stark herabgeminderter Beschäftigungsstand der Bevölkerung zu verzeichnen. Im Jahr 1931 mußten selbst große Elektrofirmen, wie Siemens und AEG, Tausende von Arbeitskräften entlassen. Nachdem sich Angst und Zorn der Beschäftigten in der Metallindustrie wegen der Lohnsenkungen in diesem Industriezweig bereits im Oktober 1930 in einem vierzehntägigen Streik von 130000 Metallarbeitern aus 280 Betrieben Luft gemacht hatten und im Monat darauf eine Demonstration kommunistischer Arbeiter auf dem damaligen Bülow-Platz mit Polizeieinsatz niedergekämpft worden war, schritt 1931 die Entlassungswelle fort, an der auch ein Großbetrieb, wie Borsig, mit der Kündigung von mehreren Tausend Arbeitern Anteil hatte. Der insoweit verminderte Leistungsstand von Handel und Industrie führte hinwiederum unter anderem auch bei den konjunkturempfindlichen direkten Gemeindesteuern — wie beispielsweise der Gewerbesteuer — zu einem dementsprechenden Rückgang der Einnahmen der Öffentlichen Hand, wodurch sich die Haushaltslage der Stadt und ihre Fähigkeit, helfend in das soziale und wirtschaftliche Geschehen einzugreifen, weiter verschlechterten.

Unter den Vorgängen, die dazu geeignet waren, das Vertrauen der Berliner Bürger — und nicht nur dieser, sondern aller aufmerksamen

Beobachter der Vorgänge in der Reichshauptstadt als einem Gradmesser für das politische und wirtschaftliche Standvermögen der Weimarer Demokratie — in die Selbstverwaltungsdemokratie der Stadtgemeinde Groß-Berlin auf die Probe zu stellen oder gar zu erschüttern und den Gegnern ebendieser Form von Demokratie, wie sie sich seit dem Groß-Berlin-Gesetz von 1920 in der politischen Praxis herausgebildet hatte, eine Handhabe zur Bekämpfung der sie tragenden Persönlichkeiten und Institutionen zu liefern, waren es zwei, die das Augenmerk der Öffentlichkeit in besonderem Maße auf sich zogen und deshalb im folgenden als Beispiele vorgestellt werden sollen. So unterschiedlich nach Anlaß und Motivation, Hergang und Ergebnis, Publikumsinteresse und Auswirkung einerseits der sogenannte „*Sklarek*-Skandal" des Jahres 1929, dessen Bewältigung bis in das Jahr 1931 hineinreichte, und andererseits die „BEWAG-Transaktion" des Jahres 1931 sich präsentierten, gaben sie doch beide Anlaß zu einem das Ansehen der städtischen Demokratie in Frage stellenden Meinungsstreit.

Von der „Berliner Anschaffungsgesellschaft" (BAG), einem nach dem Krieg gegründeten kommunalen Betrieb, der für die städtischen Dienststellen, öffentlichen Einrichtungen und Betriebe verschiedene Bedarfsartikel sowie die von der Stadt an Hilfsbedürftige ausgegebenen Bekleidungsstücke selbst einkaufte, auf Lager nahm und bei Bedarf auslieferte, hatte die Firma *Gebr. Sklarek* einen Monopolvertrag für die Bekleidung der Hilfsbedürftigen erhalten. Mittels gefälschter Bestellscheine der Bezirksämter hatten die Inhaber, die Gebrüder *Sklarek*, die Berliner Stadtbank um einen Betrag von rund 10 Millionen Reichsmark geschädigt. Auf Antrag der Deutschnationalen Volkspartei (DNVP) wurde zur Durchführung von Ermittlungen über diesen Vorfall im Preußischen Landtag ein Untersuchungsausschuß gebildet, der „zur Prüfung der Mißwirtschaft in der Berliner Stadtverwaltung" zwischen dem Oktober 1929 und dem Juni 1931 annähernd einhundert Zeugen aus den Parlamenten, Verwaltungen und Regierungen von Stadt, Staat und Reich anhörte. Begleitet wurden diese Untersuchungen von Auseinandersetzungen im Berliner Parlament, die zeitweilig — so im November 1929 — Tumult auslösten, „wie ihn die Versammlung bisher noch nicht erlebt hatte" (F. C. A. *Lange*). Die von der Firma *Sklarek* verübten betrügerischen Handlungen und Fälschungen gegenüber der Stadtbank, so lautete die Anklage, und die Vorzugsbehandlung, die sie durch die Stadt und die städtischen Gesellschaften KVG („Kleidervertriebsgesellschaft") und BAG („Berliner Anschaffungs-Gesellschaft") genossen habe, seien durch Bestechung einer Anzahl auch leitender städtischer Beamter und Angestellter begünstigt worden. Die Stadtbank habe bei den Krediten an die Firma *Sklarek* die nötige Sorgfalt in der Kreditkontrolle vermissen lassen, und dem Grundstücksdezernenten der Stadt Berlin vermochte der Untersuchungsausschuß gar ausgesprochene Korruption nachzusagen. Insgesamt waren zufolge der Feststellungen des preußischen Untersuchungsgremiums die aufgetretenen Mißstände erheblich durch unübersichtliches Geschäftsgebaren, unklare Zuständigkeiten und Organisationsmängel der Berliner Stadtverwaltung möglich geworden, für die namentlich der Oberbürgermeister verantwortlich gemacht wurde. Gustav *Böß* sollte aber auch in einer ganz persönlichen Weise in diesen Fall hineingezogen werden. Die Ankläger des Oberbürgermeisters warfen ihm nicht nur vor, er wäre seinen schwierigen Aufgaben nicht in allen Teilen gerecht geworden, sondern er habe darüber hinaus im Verkehr mit privaten Geschäftspartnern der Stadt nicht diejenige persönliche Zurückhaltung gewahrt, die seine besonders exponierte amtliche Stellung als Oberbürgermeister der Reichshauptstadt erforderte. Zum Verhängnis wurde für Gustav *Böß*, daß im Zuge der Überprüfungen der Firma *Sklarek* festgestellt wurde, der Oberbürgermeister habe von der Firma eine Pelzjacke für seine Frau für einen offensichtlich viel zu niedrigen Preis erhalten. Obwohl die spätere gerichtliche Untersuchung dieses von der Presse und den politischen Gegnern des Stadtoberhauptes unproportional zu dem Anlaß hochgespielten Vorfalls ergab, daß *Böß* sich „unehrenhafter Handlungen nicht schuldig gemacht" hatte, trat er im November 1929 einen Urlaub an und wurde er Ende 1930 auf eigenen Wunsch durch Beschluß des Magistrats, der sich stets schützend vor ihn gestellt hatte, in den Ruhestand versetzt. Mit ihm verlor schon 1929 auch eine Reihe von Magistratsbeamten ihre Ämter.

Die neuere Forschung hat die Persönlichkeit Gustav *Böß*' längst von den übertriebenen Anklagen und Vorwürfen aus der Zeit des tragischen Endes seiner politischen Karriere gereinigt und die große Bedeutung seiner kommunalpolitischen Tätigkeit bis 1929 als hervorragenden Vertreter eines demokratischen Regierungs- und Verwaltungssystems herausgestellt, das als beispielhaft für die städtische Demokratie in der Weimarer Republik, aber auch sprechend für die individuelle Besonderheit der reichshauptstädtischen Selbstverwaltungsdemokratie angesehen werden darf. Die politische Auswirkung der Diskreditierung dieses verdienstvollen Politikers und Beamten und der öffentlichen Diskussion über Mängel in der Berliner Verwaltung und namentlich in den genannten städtischen Betrieben erschöpfte sich nicht in dem personellen Revirement bei den beteiligten Dienststellen und Betriebsinstanzen. Sehr zum Schaden des Ansehens der Stadt Berlin und ihrer demokratischen Selbstverwaltungsinstitutionen konnten die radikalen politischen Gegner der demokratischen Selbstverwaltung Berlins in der Weimarer Republik von links wie von rechts, konnten Kommunisten, Deutschnationale und Nationalsozialisten die geschilderten Vorkommnisse zum willkommenen Anlaß nehmen, nicht nur die beteiligten Personen ausgiebig zu verunglimpfen. Diese in einzelnen Fällen aufgetretenen organisatorischen und personellen Unzulänglichkeiten ebenso wie die allgemeinen finanziellen Schwierigkeiten der städtischen Verwaltung, die sich mit Beginn der Weltwirtschaftskrise verschärften, wurden von diesen Gegnern der Demokratie als eine zwangsläufige Zusammenbruchserscheinung des bestehenden politischen, sozialen und wirtschaftlichen Systems hochstilisiert. Sie verwendeten ihre Interpretation der Berliner Korruptionsskandale im Rahmen der deutschen Innenpolitik für ihre Umsturzbestrebungen gegen die Weimarer Demokratie überhaupt. Für die Beeinflussung der Berliner Kommunalpolitik des Jahres 1929 verhalf der *Sklarek*-Skandal den demokratiefeindlichen Kräften zu einem Agitationsmittel ersten Ranges im Wahlkampf um die Besetzung der Stadtverordnetenversammlung und der Bezirksversammlungen bei den Berliner Wahlen vom 17. November 1929. Es fügt sich ins Bild, wenn im Ergebnis des vom *Sklarek*-Skandal und den aus ihm abgeleiteten politischen Folgerungen für die Glaubwürdigkeit des bestehenden politischen Systems weitestgehend bestimmten Wahlkampfes gegenüber den Wahlergebnissen der voraufgegangenen Berliner Stadt- und Bezirksverordnetenwahlen die liberalen und sozialdemokratischen Kräfte um 8 % abnahmen, während die Kommunisten ihren Stimmenanteil um 5 % erhöhen konnten und die rechtsradikale NSDAP mit einem Anteil von rund 6 % der Wählerstimmen erstmals im Berliner Parlament auftauchte (TABELLE 5).

Den rechts- und linksradikalen Gegnern der Berliner Selbstverwaltungsdemokratie in der Zeit der ausgehenden Weimarer Republik bot sich eine neue Chance, das bestehende System der demokratischen Stadtverwaltung Berlins in Frage zu stellen, als der Magistrat sich angesichts der schwebenden Haushaltsschuld Berlins in Höhe von einer halben Milliarde Mark im Frühjahr 1931 entschloß, der Stadtverordnetenversammlung eine Vorlage zu unterbreiten, die eine Veräußerung der „Berliner Elektrizitäts-Werke AG" (BEWAG), des städtischen Wirtschaftsbetriebs zur Energieversorgung von Bevölkerung und Wirtschaft der Reichshauptstadt, vorsah, um mit dem Erlös zur Konsolidierung des städtischen Haushalts in der Wirtschaftskrise beizutragen. Der Verkauf sollte in der Form eines Eintauschs der BEWAG-Aktien gegen einen Barerlös von rund 200 Millionen Reichsmark stattfinden, die BEWAG in ein gemischt-wirtschaftliches Unternehmen mit öffentlichen und privaten Anteilseignern, die „Berliner Kraft- und Licht-AG“ (BKL), umgewandelt werden, die als Holding-Gesellschaft fungierte und die BEWAG-Aktien erwerben sollte. Die geplante BEWAG-Transaktion und Gründung der BKL stellte nach Meinung der Fachwelt die wohl größte Transaktion in der deutschen Elektrizitätswirtschaft und eine der größten in der Geschichte des deutschen Aktienwesens überhaupt dar. Zwar sollten sich 160 von den 240 Millionen Mark Grundkapital in der Hand privater Geldgeber befinden, darunter 116 Millionen in den Händen ausländischer Kapitalgruppen; mit Hilfe doppelten Stimmrechts für die Besitzer von Vorzugsaktien — das waren Berlin, Preußen und das Reich — hatten indessen diese Anteilseigner der Öffentlichen Hand — die sich später, im Jahr 1932, in der „Berliner Elektrizitäts-Union“ zu gemeinsamer Stimmabgabe in den Gesellschaftsversammlungen verpflichteten — die, wenn auch vertraglich eingeschränkte, Stimmenmehrheit in der BKL. Die BEWAG sollte die Betriebsgesellschaft des neuen Unternehmens werden.

In der über die BEWAG-Vorlage des Magistrats beschlußfassenden Sitzung des Berliner Parlaments stimmten am 8. Mai 1931 im Endergebnis bei einer Stimmenthaltung 104 Stadtverordnete der Sozialdemokraten, der liberalen Staatspartei (vormals Deutsche Demokratische Partei), der rechtsliberalen Deutschen Volkspartei, des katholischen Zentrums und des Christlichen Volksdienstes gegen 100 Vertreter der Kommunisten, der konservativen Deutschnationalen, der Nationalsozialisten und der Wirtschaftspartei, also eine knappe Mehrheit der Stadtverordnetenversammlung für die BEWAG-Transaktion. Der Berliner Magistrat und die die BEWAG-Vorlage stützenden Parteien hatten die undankbare Aufgabe, ihre konsequente, für die Öffentlichkeit aber zweifellos auslegungsbedürftige Entscheidung verständlich zu machen. Den rechts- und linksradikalen Gegnern der Vorlage bedeutete die BEWAG-Transaktion das „wohl bedauerlichste Vorkommnis der Berliner Kommunalpolitik“, „den Tausch unrentabler Untergrundbahnanlagen gegen das ertragreichste Unternehmen der Stadt“, weil mit dem finanziellen Erlös der BEWAG-Transaktion die zu einem großen Teil durch die U-Bahn-Bauten der „Berliner Verkehrs-AG“ (BVG) entstandenen Schulden der Stadt abgetragen wurden. Die vereinte Opposition von Kommunisten und Nationalsozialisten unter

Einschluß der Deutschnationalen und der Wirtschaftspartei benutzte die Gelegenheit, die Befürworter dieser Teilprivatisierung eines bedeutenden Unternehmens der kommunalen Versorgungswirtschaft der Stadt — Sozialdemokraten, Liberale, Zentrum und andere, die doch in der Kommunalisierung der Versorgungswerke die unabdingbare Voraussetzung für die Erhaltung der Lebensqualität der Bürger gesehen hatten und sahen, sich nun aber, durchaus wider Willen, aus fiskalischen Gründen zur Konsolidierung der städtischen Finanzen zu ihrem Schritt gezwungen sahen — mit hohnvoller Agitation zu überziehen. Gerade die sozialdemokratischen Verfechter eines unbedingten Gemeindesozialismus schlügen mit der „Verschacherung" der BEWAG ihrem eigenen politischen Programm ins Gesicht. Aus der rein finanzwirtschaftlichen Problematik dieses Projekts in der durch die Weltwirtschaftskrise verschärften Notsituation des gemeindlichen Haushalts versuchten die Gegner der demokratischen Stadtgemeinde Berlin in demagogischer Absicht einen „politischen Konkurs" des gesamten demokratischen Regimes herauszuinterpretieren.

In den Erklärungen, die die sozialdemokratische und die bürgerlichen Fraktionen sowie der soeben neu gewählte Oberbürgermeister in der Stadtverordnetenversammlung diesen Vorwürfen entgegenhielten, klang anläßlich dieses kardinalen Ereignisses der Berliner Kommunalpolitik in den letzten Jahren der demokratischen Selbstverwaltung vor der nationalsozialistischen Zeit noch einmal die gesamte Problematik der Berliner Selbstverwaltungsdemokratie im Weimarer Staat auf. Durch die, wie es hieß, „planmäßige ... Abschnürung der Gemeinden vom Auslandskapitalmarkt" sei die Bereitstellung der zum Wiederaufbau der kommunalen Wirtschaft nach Krieg und Inflation erforderlich gewordenen Mittel in der „unerhörtesten Weise" verhindert worden, so daß es nicht mehr möglich gewesen sei, die „notwendig gewesenen langfristigen Anleihen" aufzunehmen, und deshalb „kurzfristige Verbindlichkeiten" hätten eingegangen werden müssen. Dazu habe die „besondere Benachteiligung Berlins beim Finanzausgleich in der Zeit schwerster wirtschaftlicher Krisen und steigender Sozialleistungen" zu dem erheblichen Haushaltsdefizit und zu Verschlechterungen der Kassenlage geführt. Eine im bisherigen Ausmaß fortschreitende Steigerung der Kassenschwierigkeiten würde eine „schwere Schädigung des öffentlichen und privaten Kredits" für die Reichshauptstadt bedeuten und könnte „die Auszahlung der Unterstützungen an die Erwerbslosen, Wohlfahrtsrentner, der Arbeiterlöhne sowie der Gehälter der Angestellten und Beamten unmöglich machen". Eine solche Verantwortung gegenüber der betroffenen Öffentlichkeit könne die Sozialdemokratie nicht übernehmen und stimme daher „trotz schwerster grundsätzlicher und finanzieller Bedenken" der BEWAG-Vorlage zu. Auch die bürgerlich-liberalen Parteien gaben ihre Zustimmung „schwersten Herzens" im Bewußtsein „der Pflicht, an der Sanierung der städtischen Finanzen verantwortungsbewußt mitzuarbeiten". Die „Achtung vor der Selbstverwaltung" gebiete es, rechtzeitig dafür zu sorgen, daß ein Eingreifen der staatlichen Aufsichtsbehörde dort verhindert werde, „wo die Selbstverwaltung allein bestimmen sollte". Es gelte, „den Kredit Berlins und das Vertrauen zur Reichshauptstadt wieder zu heben".

Die abschließende zusammenfassende Stellungnahme gab der als Nachfolger des seit 1929 beurlaubten und seither von dem Bürgermeister Arthur *Scholtz* (DVP) als amtierendem Oberbürgermeister vertretenen, seit Ende 1930 in den Ruhestand versetzten Gustav *Böß* am 14. April 1931 von der Stadtverordnetenversammlung zum neuen Oberbürgermeister gewählte Heinrich *Sahm* ab, ein parteiloser, aber als Vertreter einer gemäßigten bürgerlichen Linie bekannter Politiker und Beamter, der zuletzt Senatspräsident der Freien Stadt Danzig gewesen war. Nach seinen Worten blieb Berlin angesichts der Aussichtslosigkeit der Bemühungen, von Preußen und dem Reich, deren Finanzen ebenfalls darniederlagen, eine finanzielle Hilfe von außen zu erhalten, nur der Weg der Selbsthilfe. Der Stadtverordnetenversammlung sagte er, daß man „nicht nur in Berlin und nicht nur in Deutschland" auf die Entscheidung des Stadtparlaments der Reichshauptstadt in dieser Angelegenheit blicke, sondern daß „dieses Geschäft von der ganzen Welt" beachtet und sich „fruchtbringend auf den Kredit von Berlin, auf den Kredit der deutschen Städte und auch auf den Kredit des Reiches" auswirken werde. Wenn durch die Annahme dieser Vorlage „die gewählte Vertretung der Berliner Bevölkerung aus freier Entschließung" und „unter eigener Verantwortung" die Konsolidierung der schwebenden Schuld der Reichshauptstadt besorge und damit „nicht nur für eine Reorganisation der Finanz- und Kreditverhältnisse", sondern auch für eine „Reorganisation der gesamten Verwaltung Berlins" die Grundlage schaffe, so liege dies im Interesse „der Wiederherstellung des Ansehens ... der Stadt Berlin". Selten war in so deutlicher Form der Zusammenhang des politischen und ökonomischen Schicksals der demokratischen Selbstverwaltung der preußischen und deutschen Hauptstadt mit dem Gang der historischen Entwicklung von Preußen und dem deutschen Reich der Weimarer Republik hervorgehoben und zugleich auf die Verbindung mit den verfassungs- und verwaltungsrechtlichen wie -politischen Konsequenzen aus der politisch-administrativen und sozialen wie finanziellen und wirtschaftlichen Krisensituation Berlins im Ausgang der Weimarer Demokratie hingewiesen worden, wie sie kurz zuvor, am 20. März 1931, mit dem Inkrafttreten des Gesetzes über das neue Gemeindeverfassungsrecht für die Hauptstadt Berlin ihren Ausdruck gefunden hatten. Jedenfalls trug der Appell des Oberbürgermeisters dazu bei, daß wenigstens der äußerst knappe Mehrheitsbeschluß der Stadtverordnetenversammlung von 104 zu 100 Stimmen zugunsten der Annahme der BEWAG-Vorlage zustande kam.

Wenn auch der Nutzen der in finanziell verzweifelter Lage vorgenommenen Veräußerung von Berliner Vermögensreserven, wie die BEWAG-Transaktion sie darstellte, durch die fortschreitende Verschlechterung der städtischen Finanzsituation infolge der wachsenden Fürsorgelasten und der ausweglos erscheinenden Entwicklung auf dem internationalen Geld- und Kapitalmarkt bald darauf verblassen mußte, muß dieser Vorgang doch als Teil der umfassenden finanzpolitischen Selbstverantwortungsproblematik der Stadtgemeinde Berlin in der Weimarer Demokratie gedeutet werden. Solange die städtische Selbstverwaltungsdemokratie dieser Epoche der deutschen Geschichte mit der finanziellen Selbstverantwortung der Gemeinde stand und fiel, mußte es für die rechtsstaatlich denkende politische Mehrheit in den städtischen Körperschaften der Reichshauptstadt geboten erscheinen, der drückenden Finanznot, in die Groß-Berlin wenige Jahre nach seiner Gründung als demokratisch verfaßte Millionenmetropole infolge der mangelhaften Finanzausgleichsgesetzgebung und den Auswirkungen der Weltwirtschaftskrise geraten war, zunächst aus eigener Kraft zu begegnen und damit das Vertrauen ihrer Gläubiger zu rechtfertigen. Die gegen alle eigenen politischen Bedenken durchgeführte weitgehende Reprivatisierung der kommunalen Elektrizitätswirtschaft Berlins verriet eine politische Haltung der führenden Koalition aus sozialdemokratischen und bürgerlich-liberalen Kräften im damaligen Berlin, die zeigte, daß im Augenblick der weitgehend durch höhere Gewalt entstandenen Notlage Berlins die das System der demokratischen Selbstverwaltung tragende Mehrheit in den städtischen Körperschaften ihre bis dahin unbedingte Kommunalisierungspolitik einer undoktrinären, von sachlichen — hier fiskalischen — Erwägungen bestimmten Wirtschafts- und Finanzpolitik unterzuordnen wußte. Die Berliner Demokratie dieser Jahre verstand sich noch gegen die drohende ideologische und demagogische Überfremdung ihrer Selbstverwaltungsentschlüsse durch die extremistischen Flügelparteien zu wehren.

Die so bewiesene demokratische Standhaftigkeit vermochte indessen nicht, jene politisch-verfassungs- und verwaltungsrechtliche Entwicklung aufzuhalten, die mit dem „Gesetz über die vorläufige Regelung verschiedener Punkte des Gemeindeverfassungsrechts für die Hauptstadt Berlin" vom 30. März 1931 einen unübersehbaren Schritt auf dem Wege zur Zurückdrängung und schließlichen Entmachtung der gemeindlichen Demokratie in der Reichshauptstadt der Weimarer Republik brachte.

III

Zum Ausgang der Selbstverwaltungsdemokratie in der Reichshauptstadt Berlin Ein Ausblick

Die politischen Wogen der hitzigen Auseinandersetzungen in der Berliner, preußischen und deutschen Öffentlichkeit über die Korruptionsskandale, wie die *Sklarek*-Affäre, die finanziellen Schwierigkeiten der Stadt, wie sie beispielsweise der BEWAG-Verkauf offenbarte und die wirtschaftlichen Probleme ihrer Bewohner, wie sie sich zum Beispiel in ihrer extrem hohen Arbeitslosenziffer abzeichneten, hatten dazu geführt, daß die Berliner Nöte nicht mehr länger eine Angelegenheit lediglich der städtischen Selbstverwaltungskörperschaften geblieben waren. Ende 1929 faßte die preußische Staatsregierung den Plan zu einer einschneidenden Revision der Berliner Stadtverfassung, um die nicht nur in den Augen rechts- und linksradikaler Feinde des demokratischen Berlin durch Skandale und Finanznöte anscheinend in ihrem inneren Gefüge zutiefst diskreditierten Selbstverwaltungsdemokratie einer grundlegenden Änderung ihres Verwaltungssystems zu unterziehen.

Schon 1929 entstand der erste „Entwurf eines Selbstverwaltungsgesetzes für die Hauptstadt Berlin", der nach dem damaligen preußischen Innenminister als „*Grzesinski*-Entwurf" bezeichnet wurde und im Kern eine Ersetzung der bestehenden Berliner Magistratsverfassung durch die Bürgermeistereiverfassung mit dem sogenannten „Einkörpersystem" darstellte. Die preußische Staatsregierung argumentierte, „für die exekutive Zentralverwaltung Berlins" sei „die erste Notwendigkeit eine straffe Leitung und Kontrolle". Eine „kollegiale Verfassung" werde „die hierfür notwendigen Voraussetzungen nicht bringen können", vielmehr „verschleiere" sie die „Verantwortung nach innen und nach außen" und erschwere den unmittelbaren Kontakt zwischen „dem Dirigenten und den einzelnen Leitern der Verwaltungszweige mit nachteiliger Wirkung für beide". Hier kamen Gesichtspunkte zum Ausdruck, die auch Vertreter demokratischer Parteien in der Berliner Regierung und Verwaltung selbst, etwa auch der ausgeschiedene Oberbürgermeister *Böß*, in der Kritik an mancherlei Schwerfälligkeiten im Verwaltungsvollzug, vor allem zwischen der Zentralverwaltung und den Bezirksverwaltungen, immer wieder aufgestellt hatten. Gleichwohl gingen die auf Einschränkung bis Ausschaltung des parlamentarischen Elements in der Berliner Verfassung von 1920 in Stadt und Bezirken zugunsten einer autoritären Verstärkung der Stellung des Oberbürgermeisters und einer strengen Staatsaufsicht zielenden Vorschläge des *Grzesinski*-Entwurfs allen Berliner Parteien zu weit. In der Stadtverordnetensitzung vom 18. März 1930 wurde der Entwurf von Sprechern aller Fraktionen als mit dem Prinzip der Selbstverwaltung schlechthin unvereinbar scharf abgelehnt.

Es entbehrt nicht der Pikanterie, daß es eine sozialdemokratisch geführte preußische Staatsregierung war, die einer solchen Bevormundung bis Ausschaltung der von Sozialdemokraten und Liberalen geschaffenen und getragenen gemeindlichen Selbstverantwortungsdemokratie des Berliner Modells das Wort redeten. Als Erklärung ist angeboten worden, der demokratischen preußischen Regierung seien die aufgedeckten Mißstände in der Berliner Verwaltung so peinlich gewesen, daß aus Gründen einer höheren Staatsräson die Kollision mit den Selbstverwaltungsinteressen des demokratischen Berlin als notwendig angesehen wurde. Die Berliner SPD trat im Juni 1930 dem *Grzesinski*-Entwurf mit einem eigenen Vorschlag entgegen, in dem umgekehrt das Parlament in seiner Funktion als Entscheidungsträger gestärkt werden sollte, um, „getragen vom Gedanken der demokratischen Selbstverwaltung", nun erst recht Reste obrigkeitsstaatlichen Denkens im Gemeinderecht der Weimarer Republik auszumerzen. Die deutschnationale Fraktion hatte zuvor schon in einem von ihr ausgehenden Entwurf eine Dezentralisierung der Verwaltung zugunsten der Bezirke gefordert und damit ebenfalls die Basis des Berlin-Gesetzes von 1920 verlassen. Sie wandte sich gegen die Verformung der Berliner Verfassung zum Präfektursystem, hierin einig mit dem kommunistischen Abgeordneten *Schwenk*, dem Vorsitzenden im Untersuchungsausschuß über den *Sklarek*-Skandal, der die *Grzesinski*-Vorlage „ein Präfektursystem, bemäntelt durch die diktatorische Stellung des Oberbürgermeisters" nannte.

Eine Annäherung der Standpunkte bahnte sich an, seit um die Wende des Jahres 1930/31 eine Berliner gemischte Deputation für Organisationsfragen eingesetzt wurde, die den preußischen Regierungsentwurf beriet. Ende Oktober 1930 wurde Carl *Severing* (SPD) preußischer Innenminister, der gegenüber einer Änderung des *Grzesinski*-Entwurfes offen war, um so eine „Lösung des Berliner Verfassungsproblems" zu erreichen, da sicher sei, daß „Berlin die für die vakanten Stellen des Oberbürgermeisters und des Kämmerers erforderlichen erstklassigen Kräfte" nicht bekommen werde, solange die Frage der Organisation ungeklärt bleibe; insbesondere erklärte er sich bereit, den Abschnitt über die Staatsaufsicht fortfallen zu lassen, um dem Vorwurf zu entgehen, es handele sich in dem Regierungsentwurf um ein selbstverwaltungsfeindliches Präfektursystem. Der nach weiteren Auseinandersetzungen zwischen den Parteien am 7. März 1931 im Preußischen Landtag als Kompromißergebnis vorgetragene „Entwurf eines Gesetzes über die vorläufige Regelung verschiedener Punkte des Gemeindeverfassungsrechts für die Hauptstadt Berlin" sah eine Reform des bisherigen Berlin-Gesetzes von 1920 in drei Punkten vor: eine „Entlastung" der Stadtverordnetenversammlung durch einen neu zu schaffenden, nicht öffentlich tagenden „Stadtgemeindeausschuß", dessen Vorsitzender der Oberbürgermeister war; die Übertragung der Exekutive vom Magistratskollegium auf den Oberbürgermeister; und durch die Abgrenzung der Zuständigkeiten zwischen Zentrale und Bezirken, in deren fortan nicht öffentlich tagenden Bezirksverordnetenversammlungen der Bezirksbürgermeister der Vorsitzende wurde. Bei der Schlußlesung im Preußischen Landtag blieben die Deutschnationalen, die Deutsche Volkspartei, die NSDAP und die Wirtschaftspartei der Abstimmung fern; das Gesetz wurde mit 223 Stimmen der Koalitionsparteien — Sozialdemokratie, Liberale, Zentrum — und einiger Splittergruppen gegen 18 Stimmen angenommen. Es trat am 31. März 1931 in kraft. Die Regelung der Zuständigkeiten zwischen Zentralverwaltung und Bezirken wurde endgültig durch die „Ortssatzung" von 1932 vorgenommen. Die Parteien der Weimarer Republik waren mit diesem neuen Gesetz aus Gründen der Reinigung des Ansehens der 1920 geschaffenen Berliner Selbstverwaltungsdemokratie von den geschilderten Skandalen und administrativen Schwierigkeiten bei den staatlichen und Reichsinstanzen ebenso wie bei der Berliner Wählerschaft selbst einen Kompromiß eingegangen, dessen Tragweite ihnen erst ganz klar werden sollte, als auch die gemeindliche Demokratie schrittweise in den Strudel der allgemeinen Auflösung der Demokratie in Deutschland hineingerissen wurde.

Über die Frage der Einschätzung dieses Gesetzes, dessen Kompromißcharakter freilich von allen Parteien gerügt worden ist — neben der Gesetzesnovelle von 1931 blieben sowohl die Städteordnung von 1853 als auch das Berlin-Gesetz von 1920 noch in vielen Teilen bestehen —, gibt es im übrigen abweichende Auffassungen. Seine Entstehung sei eindeutig demokratischen Kräften zuzuschreiben, die eine Abhilfe gegen den Wirrwarr der Berliner Verwaltungskompetenzen, die Schwerfälligkeit des Instanzenzuges und die festgestellte Anfälligkeit gegen Mißbrauch der Verwaltungskompetenzen suchten und diese in der Verstärkung der Stellung des Oberbürgermeisters wie der Bezirksbürgermeister zu finden meinten und glaubten, hierin mit dem neuen Gesetz einen Schritt vorwärts gekommen zu sein. Sie sollten sich freilich in manchem enttäuscht sehen: Das neu geschaffene Organ der Gesamtstadt, der Stadtgemeindeausschuß, der aus 45, von der Stadtverordnetenversammlung aus ihren Reihen nach dem Verhältniswahlrecht gewählten Vertretern bestand und unter dem Vorsitz des stimmberechtigten Oberbürgermeisters in nicht-öffentlichen Sitzungen tagte, trat etwa im Jahr 1931 nur fünfmal zusammen und „entlastete" die Stadtverordnetenversammlung nur unerheblich. Dagegen war dem Oberbürgermeister nun als „Gemeindevorstand" an Stelle des Magistrats die Exekutive ausgehändigt; an Beschlüsse der Vertretungskörperschaften oder des Magistrats war er nicht gebunden. Ihm als dem „Führer der Verwaltung" waren zwei Bürgermeister als ständige Vertreter beigegeben. Die Befugnisse der Stadtverordnetenversammlung wurden durch das Gesetz stark eingeengt. Man kann daher, wie in der Literatur auch geschehen, in der Beschränkung der Zuständigkeit des Stadtparlaments zugunsten des neu geschaffenen Stadtgemeindeausschusses sowie in der autoritativen Verstärkung der Stellung des Oberbürgermeisters — das Stadtoberhaupt konnte als „Führer der Verwaltung" beispielsweise notfalls gegen den Widerstand aus Kreisen der Stadtverordnetenversammlung alle ihm notwendig scheinenden Maßnahmen zum Ausgleich des städtischen Haushalts treffen und machte in der Folgezeit von diesem Recht übrigens auch Gebrauch — eine Einengung der Berliner Selbstverwaltungsdemokratie insgesamt erblicken, die den Übergang zum Führerprinzip der folgenden Epoche der deutschen und Berliner Geschichte schon vorbereitete. Zumindest steht fest, daß das nationalsozialistische Regime, als es später die Stellung des Oberbürgermeisters im Sinne des Führerprinzips umgestaltete, auf der Umgestaltung der Berliner Verfassung durch die Novelle des Jahres 1931 ganz einfach aufbauen konnte. Mit ihr endete deutlich die erste Phase in der Geschichte der Berliner Selbstverwaltungsdemokratie im republikanischen Staat.

Die Aufgaben des Oberbürgermeisters in dem Jahrzehnt zwischen 1920 und 1931 waren von allen Seiten eingestandenermaßen enorm, und es gehört zu der Feststellung der ganz außerordentlichen Verdienste eines Gustav *Böß* für den Aufbau des demokratischen Groß-Berlin im Weimarer Staat, daß er sich diesen Anforderungen gewachsen gezeigt hatte. Von dem gesuchten neuen Oberbürgermeister mit dem Aufgabenzuschnitt der Verfassung von 1931 wurde von Vertretern verschiedener Parteien halb scherz-, halb ernsthaft gesagt, er müsse einem „Übermenschen" gleichen, einer „Edelrasse" entnommen werden, um deren Züchtung man sich in Preußen zukünftig werde bemühen müssen. Immerhin fühlte sich eine Reihe von Kandidaten der Aufgabe gewachsen, so von der SPD der Altonaer Oberbürgermeister *Brauer*, von der Staatspartei (ehemals DDP) der preußische Finanzminister *Höpker-Aschoff*, vom Zentrum der Essener Oberbürgermeister *Bracht*, von der DVP der Präsident des Deutschen Städtetags *Mulert*, aber auch der bisherige amtierende Berliner Oberbürgermeister *Scholtz* (DVP), dessen interimistische Vertretung seit dem faktischen Ausscheiden von Gustav *Böß* Ende 1929 ihm Anerkennung eingetragen hatte. Eine ins Groteske gehende, aber gerade, weil sie geschehen konnte, auch betroffen machende Note brachte die Bewerbung des Zirkusdirektors *von Stosch-Sarasani* in das Geschehen, der meinte, die Leitung einer Kommune und die eines Zirkus ähnelten sich so, daß er sich als qualifiziert ansehen könne. Schließlich setzte sich erst im März 1931 die Kandidatur des parteilosen bisherigen Senatspräsidenten der Freien Stadt Danzig, Heinrich *Sahm*, siegreich durch. Gegen die Zusicherung, daß die liberale Staatspartei, die Deutsche Volkspartei und das Zentrum den bisherigen Stadtsyndikus Friedrich C. A. *Lange* zu einem der beiden Bürgermeister und den bisherigen Frankfurter Stadtkämmerer Bruno *Asch* zum Stadtkämmerer in Berlin wählen würden — beide gehörten der SPD an —, verzichteten die Sozialdemokraten auf einen eigenen Kandidaten. Die DNVP präsentierte indessen noch den ehemaligen Direktor des „Zweckverbandes Groß-Berlin" (1911—1920) *Steiniger*, und die KPD schlug ihren Stadtverordneten Wilhelm *Pieck* als Kandidaten vor. Am 14. April 1931 wurden Heinrich *Sahm* zum Oberbürgermeister, Friedrich C. A. *Lange* (SPD) und — da der bisherige Bürgermeister Arthur *Scholtz* auf eine Kandidatur verzichtete — der Vizepräsident des Deutschen Städtetages, Fritz *Elsas* (DDP) zu den vom neuen Berlin-Gesetz geforderten Bürgermeistern und Stellvertretern und Bruno *Asch* zum Stadtkämmerer gewählt; außerdem waren noch weitere acht besoldete und sechs unbesoldete Fachstadträte zu bestellen. Die Wahlen wurden umgehend vom preußischen Staatsministerium bestätigt, die neuen Magistratsmitglieder am 21. April 1931 in ihre Ämter eingeführt.

Die Wahl Heinrich *Sahms* erfolgte mit der knappen Mehrheit von 110 Stimmen der sozialdemokratischen und bürgerlich-liberalen, der Zentrums- und einiger anderer Stadtverordneten, der sogenannten „Etatsmehrheit", gegen die 98 Stimmen der Deutschnationalen und der Kommunisten bei Stimmenthaltung der 15 nationalsozialistischen Stadtverordneten. In seinen autobiographischen Aufzeichnungen vermerkte *Sahm* dazu, er sei sich erst später in vollem Umfang der Tatsache bewußt geworden, daß er seine Wahl im Grunde den Nationalsozialisten zu verdanken hatte. In seiner Inauguralrede vor der Stadtverordnetenversammlung versicherte er, „die Geschäfte unparteiisch, nicht gebunden durch Parteischranken, zu führen". Gleichwohl hatte, wie sein Vorgänger *Böß*, auch *Sahm* angesichts der mit der seit Juli 1931 ihrem Höhepunkt zustrebenden Weltwirtschaftskrise und deren schweren finanzpolitischen Konsequenzen für die Stadt Berlin sowie der wachsenden Zahl von Hunderttausenden von Arbeitslosen und Unterstützungsempfängern in der Reichshauptstadt die schweren Angriffe der politischen Gegner von links und rechts zu ertragen. Weder der neue Oberbürgermeister als Person noch das System einer autoritär angelegten Selbstverwaltungsdemokratie, das mit der Verfassungsänderung von 1931 in Berlin seinen Einzug hielt, blieben von der Krise verschont, in deren Strudeln die Weimarer Demokratie als ganze bis 1933 unterging. Das Experiment einer für das demokratische Berlin in der Weimarer Republik neuen Form der Berliner Selbstverwaltungsdemokratie begann im Frühjahr 1931; es endete, bevor es sich qualifizieren konnte, zwei Jahre später, am 14. März 1933, als Julius *Lippert*, der Führer der nationalsozialistischen Stadtverordnetenfraktion des Berliner Parlaments, im nationalsozialistischen Deutschland das Amt eines „Staatskommissars der Hauptstadt Berlin" zugewiesen erhielt und alle Magistratsmitglieder mit Ausnahme des Oberbürgermeisters und zweier Stadträte unmittelbar nach den letzten städtischen Wahlen im März 1933 ebenso wie die meisten Bezirksamtsmitglieder ihre Ämter für nationalsozialistische und deutschnationale Nachfolger räumen mußten. Schließlich stellte Heinrich *Sahm* nach mancherlei Einschränkungen seiner Funktion in längst aussichtsloser Position sein Oberbürgermeisteramt im Dezember 1935 zur Verfügung.

Was blieb, waren immer die Berliner selbst. Durch ihr Wahlverhalten bewiesen sie, daß in der Hauptstadt Berlin selbst unter dem Wechselbad von lockenden Verheißungen und aktivem Terror des Nationalsozialismus und dem allgemeinen Zusammenbruch der Demokratie in Deutschland bis zuletzt ein deutlicher republikanisch-demokratischer Traditionsrest erhalten blieb (siehe unten TABELLE 9)

Bei den letzten freien Wahlen des Jahres 1932 und selbst bei den Wahlen vom März 1933, die bereits von der Bedrohung der demokratischen Republik durch die Regierung *Hitler* überschattet waren, bekannten sich noch rund dreißig Prozent der Berliner Wähler — nämlich die Wähler der SPD, des Zentrums und der liberalen Parteien — zur Demokratie der Weimarer Republik. Es ist ferner in der Literatur vermerkt worden, daß die NSDAP mit ihren Erfolgen in Berlin stets hinter dem Reichsdurchschnitt herhinkte (siehe unten TABELLE 10).

Selbst zuletzt — bei der letzten Reichstagswahl der Weimarer Demokratie am 5. März 1933 — stand den rund 44 % NSDAP-Wählern im Reichsdurchschnitt erst ein Wählerstimmenanteil von 34 % für die Nationalsozialisten in Berlin gegenüber. Ähnlich waren die Verhältnisse bei den Wahlen zum preußischen Landtag. Als Steigbügelhalter für die nationalsozialistischen Ambitionen Adolf *Hitlers* im Reich, des preußischen Innenministers und Ministerpräsidenten *Göring* in Preußen und des Berliner Gauleiters Joseph *Goebbels* in der Reichshauptstadt Berlin spielten die Deutschnationalen eine unrühmliche Rolle; in Berlin, wo sie seit Gründung der Stadtgemeinde Groß-Berlin bei den Wahlen mit Stimmanteilen zwischen 17 % und 24 % eine unübersehbare Oppositionsrolle zugewiesen erhalten hatten, sanken sie auf Wählerstimmenanteile von 8 % bis 12 % herab. In den letzten, noch frei zu nennenden Wahlen zur Stadtverordnetenversammlung und zu den Bezirksversammlungen konnten dann die „Koalitionsparteien" der seit dem 30. Januar 1933 bestehenden Reichsregierung *Hitler*, die NSDAP mit 38,2 % und die DNVP (Kampffront Schwarz-Weiß-Rot) mit 12,1 % der Stimmen, zusammen eine knappe Mehrheit bilden, während die Kommunisten sich mit rund 20 %, das sozialdemokratische und bürgerlich-demokratische Lager mit zusammen rund 30 % behaupteten. Die Gleichschaltung des politischen Lebens und Ausschaltung der demokratischen Selbstverwaltung in der Reichshauptstadt Berlin des nationalsozialistischen „Dritten Reiches" konnten beginnen. Die Berliner Selbstverwaltungsdemokratie als politische Idee und ihre Träger gingen ins äußere und innere Exil.

Tabelle 9

*Wählerschaft und Wahlergebnisse bei den Stadt- und Bezirksverordneten- sowie preußischen Landtags- und deutschen Reichstagswahlen in Groß-Berlin 1932/33**

Jahr	Wahl	Gesamtbevölkerung (in Mill.)	Wahlbevölkerung (Stimmberechtigte)[3] absolut	Wahlbevölkerung in % der Gesamtbevölkerung	Wahlbeteiligung (abgeg. Stimmen in % der Wahlbevölkerung)	Für Parteien abgegebene gültige Stimmen (in % aller abgegebenen Stimmen) SPD	KPD	DDP[4]	Z[5]	DVP	Wirtschaftspartei	Christlich-Sozialer Volksdienst	DNVP[6]	NSDAP	Sonstige
1932	Preußischer Landtag (24.4.)	4,23[1]	3,43	80,4	80,5	29,1	23,7	3,1	4,0	1,0	0,4	0,6	8,2	27,9	2,2
	Deutscher Reichstag (31.7.)		3,46	81,8	81,6	27,3	27,3	1,6	4,9	0,8	0,2	0,4	8,3	28,7	0,5
	Deutscher Reichstag (6.11.)		3,46	81,9	81,0	23,3	31,0	1,4	4,4	1,1	0,1	0,5	11,4	26,0	0,8
1933	Preußischer Landtag (5.3.)	4,24[2]	3,46	81,9	87,2	21,2	24,3	1,8	4,8	0,9	—	0,6	10,7	34,2	1,5
	Deutscher Reichstag (5.3.)		3,46	81,9	87,3	21,7	24,5	1,8	5,0	0,9	—	0,6	11,0	34,6	—[7]
	Groß-Berliner Stadtverordnetenversammlung (12.3.)		3,41	80,7	75,9	22,0	19,5	2,0	4,7	0,7	—	0,6	12,1	38,2	0,2

* *Quelle: Statistisches Jahrbuch der Stadt Berlin*, hrsg. vom Statistischen Amt der Stadt Berlin, 8. Jg. (1932) u. 9. Jg. (1933), Berlin 1932 f. (und weitere Ausgaben des *Statistischen Jahrbuchs*); siehe im übrigen: *Wahl- und Sozialstatistik zum demokratischen Berlin*... (s. o. Schaubild 2, S. 25).

[1] Jahresmittel.

[2] Volkszählung 1933.

[3] Einschließlich Stimmscheininhaber.

[4] Seit 1930 = Deutsche Staatspartei.

[5] Bei Landtagswahlen = Preußische Zentrumspartei.

[6] 1933 = Kampffront Schwarz-Weiß-Rot.

[7] 965 Stimmen für 3 Splittergruppen.

TABELLE 10

*Reichstagswahlen in Alt-Berlin 1919/20 und Groß-Berlin 1924—1933 im Vergleich zum Reichsdurchschnitt**

Wahl	Berliner Wahlberechtigte (in Mill.)	Berliner Wahlbeteiligung (in %)	Prozentualer Anteil der Parteien an den abgegebenen gültigen Stimmen											
			KPD		USPD		SPD		DDP[2]		Zentrum[3]		DVP	
			Berlin	Reich	Berlin	Reich	Berlin	Reich	Berlin	Reich	Berlin	Reich	Berlin	Reich
19. 1.1919[1] (National-Versammlung)	1,39	81,7	—	—	27,6	7,6	36,4	37,9	16,0	18,6	5,0	19,7	5,6	4,4
6. 6.1920[1]	1,35	79,6	1,3	2,0	42,7	18,0	17,6	21,6	7,0	8,4	3,4	13,6	14,0	14,0
4. 5.1924	2,91	76,6	17,9	12,6	2,6	0,8	20,4	20,5	8,9	5,7	3,8	13,4	8,4	9,2
7.12.1924	2,98	78,0	16,3	9,0	0,6	0,3	30,3	26,0	10,9	6,3	3,9	13,6	6,5	10,1
20. 5.1928	3,17	78,9	24,7	10,6	0,1	0,1	32,9	29,8	7,7	4,9	3,3	12,1	6,4	8,7
14. 9.1930	3,35	81,4	27,3	13,1	0,1	—	27,2	24,5	5,4	3,8	3,6	11,8	3,7	4,5
31. 7.1932	3,45	81,6	27,3	14,6	—	—	27,3	21,6	1,6	1,0	4,9	12,5	0,8	1,2
6.11.1932	3,46	81,0	31,0	16,9	—	—	23,2	20,4	1,4	1,0	4,4	11,9	1,1	1,9
5. 3.1933	3,46	87,3	24,5	12,3	—	—	21,7	18,3	1,8	0,9	5,0	11,2	0,9	1,1

* Zusammengestellt aus: *Wahl- und Sozialstatistik zum demokratischen Berlin*... (wie oben SCHAUBILD 2, S. 25), sowie aus Ernst-Rudolf Huber (Hrsg.), *Dokumente zur deutschen Verfassungsgeschichte*, Bd. 3, Stuttgart 1966, S. 606 f.

[1] Alt-Berlin.
[2] Seit 1930 = Deutsche Staatspartei.
[3] Seit 1928 = Reichspartei des deutschen Mittelstandes.

TABELLE 10 (*Fortsetzung*)

Wahl	Berliner Wahlberechtigte (in Mill.)	Berliner Wahlbeteiligung (in %)	Prozentualer Anteil der Parteien an den abgegebenen gültigen Stimmen — Wirtschafts-Partei[4] Berlin	Wirtschafts-Partei[4] Reich	CSVD[5] Berlin	CSVD[5] Reich	DNVP[6] Berlin	DNVP[6] Reich	NSDAP[7] Berlin	NSDAP[7] Reich	Sonstige Berlin	Sonstige Reich
19. 1.1919[1] (National-Versammlung)	1,39	81,7	—	0,7	—	—	9,3	10,3	—	—	0,1	0,8
6. 6.1920[1]	1,35	79,6	2,4	0,8	—	—	11,5	15,1	—	—	0,1	6,5[8]
4. 5.1924	2,91	76,6	4,0	2,4	—	—	22,6	19,5	—	6,6	11,5[9]	9,3[9]
7.12.1924	2,98	78,0	3,4	3,3	—	—	23,9	20,5	2,0	3,0	2,2	7,9[10]
20. 5.1928	3,17	78,9	2,7	4,5	—	—	17,8	14,2	1,6	2,6	2,9	12,5[11]
14. 9.1930	3,35	81,4	2,4	3,9	1,0	2,5	13,0	7,0	14,6	18,3	1,7	10,6[12]
31. 7.1932	3,45	81,6	0,2	0,4	0,4	0,9	8,3	5,9	28,7	37,4	0,5	4,5[13]
6.11.1932	3,46	81,0	0,1	0,3	0,5	1,2	11,4	8,8	26,0	33,1	0,8	4,5[14]
5. 3.1933	3,46	87,3	—	—	0,6	1,0	11,0	8,0	34,6	43,9	—	3,3[15]

[4] 1919 = Christlicher Volksdienst.

[5] Christlich-Sozialer Volksdienst.

[6] 1933 = Kampffront Schwarz-Weiß-Rot.

[7] 1924 = Nationalsozialistische Freiheitsbewegung.

[8] Darunter: Deutsch-Hannoversche Partei = 1,2; Bayerische Volkspartei = 4,2.

[9] Darunter in Berlin: Deutsch-Völkische Freiheitspartei = 4,8; Deutsch-Soziale Partei = 3,8 (und 7 weitere Parteien); — im Reich: Bayerische Volkspartei (3,2), Landbund, u. a.

[10] Darunter: Bayerische Volkspartei (3,7), Landbund, u. a.

[11] Darunter: Bayerische Volkspartei (3,1), Landbund, Landvolkpartei, Bauernpartei, Volksrechtspartei, u. a.

[12] Darunter: Bayerische Volkspartei (3,0), Landvolkpartei (3,2), Bauernpartei, Volksrechtspartei, Landbund u. a.

[13] Davon 3,2 % Bayerische Volkspartei.

[14] Davon 3,1 % Bayerische Volkspartei.

[15] Davon 2,7 % Bayerische Volkspartei.

BILDTEIL

INHALT

I. Repräsentanten der neuen Demokratie

1. Persönlichkeiten

2. Gremien

3. Versammlungen

II. Demokratische Aktionen

III. Werbung um den Berliner Wähler

IV. Währungsnot im Berlin der Inflationszeit

V. Baukultur im Groß-Berlin der Weimarer Demokratie

VI. Kultur in der Berliner Demokratie

VII. Bedrohung und Sturz der Demokratie in Berlin

Benutzte Bildarchive

Akademie der Künste, Berlin (Sammlungen: Baukunst, Bücherverbrennung, Tucholsky; Archiv der Akademie); Archiv der sozialen Demokratie/Friedrich-Ebert-Stiftung, Bonn-Bad Godesberg; Archiv der Zentralen Abteilung für Bauten und Anlagen der Siemens-AG, Berlin; Archiv für Kunst und Geschichte, Berlin; Bauhütte, Berlin; Bildarchiv Preußischer Kulturbesitz, Berlin; Bundesarchiv Koblenz; Heimatmuseum Wedding; Heimatverein Wilmersdorf e. V./Kunstamt Wilmersdorf; Landesbildstelle Berlin; Ullstein-Archiv, Berlin/Ullstein-Bilderdienst Berlin (West).

I. Repräsentanten der neuen Demokratie

1. Persönlichkeiten

Abbildung 1
Adolf Wermuth, Oberbürgermeister von Alt-Berlin bis 1919 und von Groß-Berlin 1920
(Foto: *Landesbildstelle Berlin*)

Abbildung 2
Gustav Böß, Oberbürgermeister von Berlin 1920—1930
(Foto: *Landesbildstelle Berlin*)

Abbildung 3
Heinrich Sahm, Oberbürgermeister von Berlin 1931—1935
(Foto: *Landesbildstelle Berlin*)

Abbildung 2
Alexander Dominicus, Oberbürgermeister von Schöneberg bis 1920 — Preußischer Innenminister 1921
(Foto: *Bundesarchiv Koblenz*)

Abbildung 5
Otto Braun, Preußischer Ministerpräsident, auf dem Weg zum Wahllokal bei der Preußenwahl im April 1932
(Foto: *Bildarchiv Preußischer Kulturbesitz*, Berlin)

Abbildung 6
Johannes Hass, Vorsteher der Berliner Stadtverordnetenversammlung 1924—1933
(Foto: *Landesbildstelle Berlin*)

Abbildung 7
Albert Grzesinski, Polizeipräsident von Berlin 1930—1932, bringt als preußischer Innenminister (1926—1930) bei der Verfassungsfeier der Berliner Schutzpolizei (1930) ein Hoch auf die Republik aus
(Foto: *Bundesarchiv Koblenz*)

Abbildung 8
Oberbürgermeister *Gustav Böß* spricht aus Anlaß der Berliner Turn- und Sportwochen von der Freitreppe der Nationalgalerie im Lustgarten nahe dem Schloß
(Foto: *Bundesarchiv Koblenz*)

Abbildung 9
Hugo Preuß, Staatssekretär 1918/19, Reichsinnenminister 1919 bis 1921, Schöpfer der Weimarer Reichsverfassung (Foto: *Landesbildstelle Berlin*)

Abbildung 10
Die Bundespost der zweiten deutschen Nachkriegsdemokratie ehrt drei bedeutende Frauenrechtlerinnen der ersten deutschen Demokratie: *Marie Juchacz*, Mitglied der Nationalversammlung (1919), Mitglied des Reichstags (seit 1920), SPD; *Marie-Elisabeth Lüders*, liberale Berliner Politikerin im Reichstag der Weimarer Republik (seit 1920), DDP; *Helene Weber*, Mitglied der Nationalversammlung (1919), Zentrum, Mitglied des Preußischen Landtags (1921), Mitglied des Reichstags (1924).

Abbildung 11
Bürgermeister *Karl Augustin* von Wilmersdorf 1920—1924 und von Charlottenburg 1924 bis 1936
(Foto: *Kunstamt Wilmersdorf*)

Abbildung 12
Bürgermeister *Carl Leid* von Wedding 1920—1933
(Foto: *Heimatmuseum Wedding*)

2. Gremien

Abbildung 13
Die Mitglieder des Bezirksamts Charlottenburg 1921 bis 1925 (v. l. n. r.: *Karrer, Stadthagen, Groß, Panachow, P. Wilk, Bunge, Augustin, de Roon, Oettinger, Hirsch, Zimmermann, Winterstein, Otto, A. Wilk, March*) (Foto: *Landesbildstelle Berlin*)

Abbildung 14
Das Wilmersdorfer Bezirksamtskollegium 1932 (v. l. n. r.: *Spanier, Vilmar, Hoffmann, Steinhoff, Emmel, Gruder*, Bürgermeister Dr. *Franke*, Altoberbürgermeister *Habermann*, Dr. *Krüger, Leibholz, Oppel, Wenzel, Larenz*) (Foto: *Heimatverein Wilmersdorf e. V.*)

Abbildung 15
Das Weddinger Bezirksamtskollegium um 1926 (v. l. n. r.: *Kulisch* [SPD], *Hesse* [KPD/ehrenamtlich], *Bock* [SPD], *Rieck* [SPD/ehrenamtlich], *Riess* [DDP], *Frank* [SPD], *Fabiunke* [SPD], *Vahle* [SPD], *Pfeiffer* [SPD/ehrenamtlich], *Bethge* [DNVP/ehrenamtlich])
(Foto: *Heimatmuseum Wedding*)

Abbildung 16
Der neue Berliner Magistrat seit April 1931 (v.l.n.r. Oberbürgermeister *Sahm*, Bürgermeister *Zange*, Bürgermeister *Elsas*, Stadtkämmerer *Asch*, die Stadträte *Ortmann*, *Ahrens*, *Linzweiler*, *Jursch* und *Kinscher*)
(Foto: *Ullstein-Archiv*, Berlin)

3. *Versammlungen*

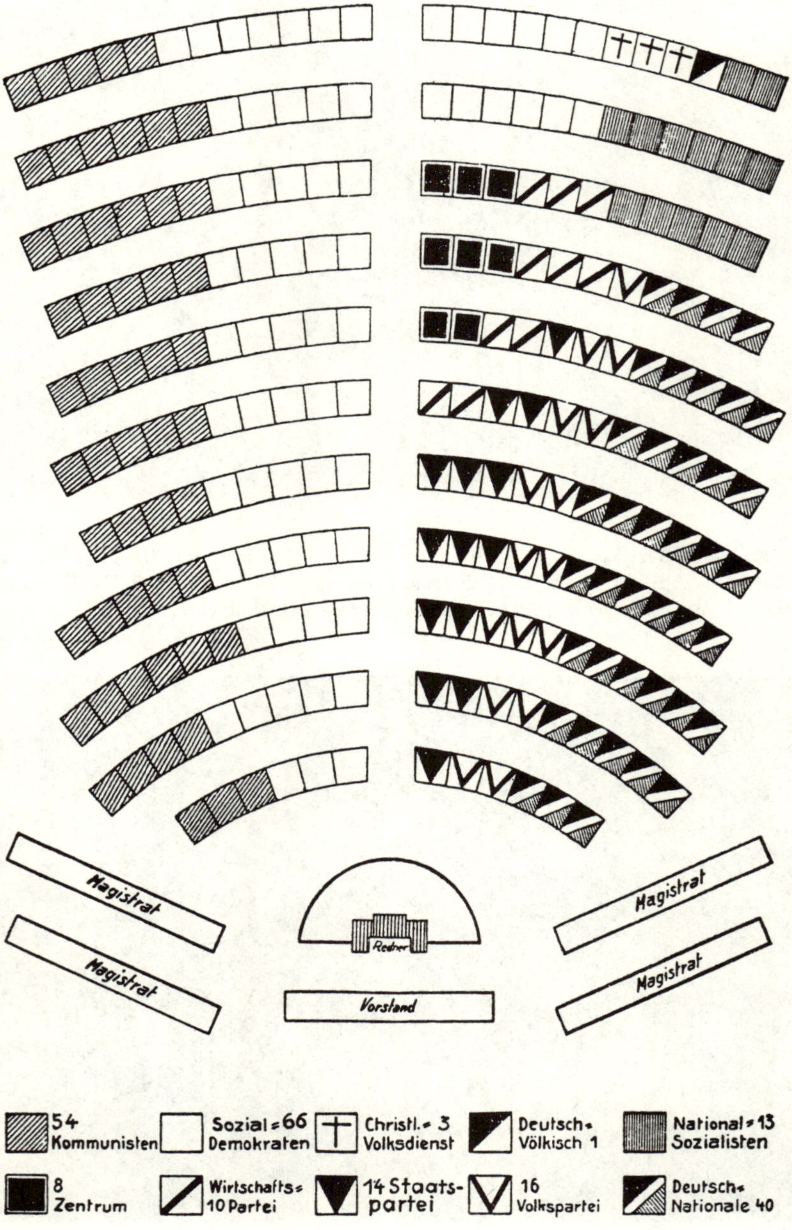

Abbildung 17
Berliner Stadtverordnetenversammlung. Sitzverteilung 1931
(Quelle: *Stadtverordnetenversammlung der Stadt Berlin*, Berlin 1931)

Abbildung 18
Eröffnung der Verfassunggebenden Preußischen Landesversammlung im Haus des Preußischen Abgeordnetenhauses in Berlin 1919
(Foto: *Ullstein-Archiv*, Berlin)

Abbildung 19
Die Stadtverordnetenversammlung von Groß-Berlin 1920 (stehend der Vorsitzende Dr. Hermann *Weyl*, USPD)
(Foto: *Archiv der sozialen Demokratie*, Bonn)

Abbildung 20
Schlußsitzung der 1925 gewählten Stadtverordnetenversammlung im Berliner Rathaus im November 1929 (Foto: *Ullstein-Archiv*, Berlin)

II. Demokratische Aktionen

Abbildung 21
Protestkundgebung der KPD gegen die Ermordung *Erzbergers* am 31. August 1921. Rednerin: *Clara Zetkin* (Foto: *Landesbildstelle Berlin*)

Abbildung 22
Demonstration für die Erhaltung der Republik an der Berliner Gedächtniskirche 1922 (*Archiv für Kunst und Geschichte*, Berlin)

Auf zum Generalstreik!

An alle Arbeiter, Angestellte u. Beamte! Männer und Frauen!

Die militärische Reaktion hat ihr Haupt von neuem erhoben und in Berlin die Gewalt an sich gerissen. Pflichtvergessene Reichswehrgruppen sind hier unter Führung meuternder Offiziere einmarschiert und haben sich neben der vom Volk gewählten Regierung eine illegale Gewalt angemaßt. Die Reaktionäre haben die Nationalversammlung und die Preußische Landesversammlung als aufgelöst erklärt und schicken sich an, auch die Errungenschaften der Revolution vom November 1918 zu beseitigen.

Die deutsche Republik ist in Gefahr

Der Absolutismus sowohl im Staat als auch im Betrieb soll wiederhergestellt werden. Das Koalitionsrecht, jene unerläßliche Voraussetzung alles sozialen Aufstiegs, wird beseitigt, jede Meinungsfreiheit unterdrückt. Damit kehren auch alle reaktionären Zustände zurück, mit denen das deutsche Volk im November 1918 glücklich aufgeräumt hatte. Der Achtstundentag, die gesetzlichen Betriebs- und Beamtenvertretungen, die Besoldungsreform für die Beamten, der Ausbau des Arbeiter- und Beamtenrechts, der Reichslohntarif für die Eisenbahnarbeiter, das soziale und wirtschaftliche Mitbestimmungsrecht aller Arbeitnehmer wie

der gesamte Arbeiterschutz ist bedroht

Lasse sich kein denkender Arbeiter, Angestellter und Beamter durch zweifelhafte Versprechungen der Putschregierung betören. Es gilt, alle Kräfte des Volkes zum Widerstand zusammenzufassen. Das Volk wäre nicht wert der Freiheiten und Rechte, die es sich erkämpft hat, wenn es sie nicht bis zum äußersten verteidigen würde.

Wir fordern daher alle Arbeiter, Angestellten und Beamten zum einmütigen Protest gegen die Gewaltherrschaft auf, überall sofort in den Generalstreik einzutreten. Alle Betriebe müssen stillgelegt werden. Ausgenommen sind nur die Wasserwerke, Krankenhäuser und Krankenkassen. Die örtlichen zuständigen Vertretungen der Arbeitnehmerschaft werden darüber entscheiden, in welchen sonstigen lebensnotwendigen Betrieben die Arbeit fortgesetzt werden darf.

Der Abwehrkampf der Arbeitnehmerschaft muß ein gewaltiger und erdrückender werden. Deshalb darf sich kein Beruf und keine Gruppe davon ausschließen. Jeder Einzelne tue seine Pflicht. An dem geschlossenen Widerstand des Volkes muß die Reaktion scheitern. Ihre Machtmittel werden in Kürze versagen. Der Sieg wird auf seiten des arbeitenden Volkes sein.

Berlin, den 13. März 1920.

Allgemeiner Deutscher Gewerkschaftsbund
Arbeitsgemeinschaft freier Angestelltenverbände

Für den Inhalt verantwortlich: C. Legien, S. Aufhäuser

Abbildung 23
Flugblatt des ADGB anläßlich des *Kapp*-Putsches vom März 1920
(Foto: *Landesbildstelle Berlin*)

Abbildung 24
Gewerkschaftsdemonstration in Berlin im September 1926 (Foto: *Landesbildstelle Berlin*)

Abbildung 25
Frauen als Streikposten der kommunistischen Revolutionären Gewerkschaftsopposition (RGO) vor dem Haus der AEG in der Brunnenstraße (Wedding) am 28. Oktober 1930
(Foto: *Landesbildstelle Berlin*)

Abbildung 26
Frauenkundgebung am 31. März 1932 in der Hasenheide. Als Referentin nimmt die Frauenrechtlerin *Marie Juchacz* teil (Foto: *Bundesarchiv Koblenz*)

Abbildung 27
Leben zwischen Hakenkreuz und Hammer und Sichel: Auf einem Hinterhof in der Köpenicker Straße während des Mieterstreiks im September 1932
(Foto: *Landesbildstelle Berlin*)

Abbildung 28
Oberbürgermeister *Böß* (siehe Pfeil) verhandelt vor dem Berliner Rathaus mit Demonstranten
(Foto: Bildband *Das Gesicht der Demokratie* [1931], Bildnachweis)

III. Werbung um den Berliner Wähler

Zur Wahl in Preussen!

Wähler und Wählerinnen!

Die am 26. Januar zu wählende preußische Nationalversammlung soll die Verfassung des neuen Preußens feststellen. Geht es nach dem Willen der Sozialdemokratie, so wird Preußen in eine Anzahl kleiner Bundesstaaten zerfallen. Berlin hörte dann auf, die Hauptstadt eines Vierzig-Millionen-Volkes zu sein, und, wenn es auch noch Reichshauptstadt bliebe, so würde es an Wert und Bedeutung außerordentlich verlieren. Jeder Berliner Bürger, mag er Beamter, Kaufmann, Handwerker oder Arbeiter sein, mag er einem anderen Berufe angehören, und jede Berliner Bürgerin darf schon deswegen keinen Sozialdemokraten in die preußische Nationalversammlung entsenden!

Durch Mitglieder der deutsch-nationalen Partei darf Berlin in der preußischen Nationalversammlung auch nicht vertreten werden. Diese Partei, die sich hauptsächlich aus den früheren konservativen Parteien zusammensetzt, hat bisher gerade Berlin aufs schwerste zu schädigen versucht. Die Eingemeindung der Berliner Vororte, die Elektrisierung der Stadtbahn, die Uebertragung der Wohlfahrtspolizei an die Stadt, alles wurde von den Konservativen bekämpft und teilweise verhindert.

Berliner Wähler und Wählerinnen! Die Deutsche demokratische Partei wurzelt im Berliner Bürgertum, und sie wird alles tun, um die notwendigen Verbesserungen in der Gemeindeverfassung Berlins und seiner Vororte endlich zur Durchführung zu bringen. Die Deutsche demokratische Partei will das ungeteilte Preußen als Vormacht des Reiches erhalten. Dieses Preußen muß aber ein Hort der Freiheit, des Rechts, der staatsbürgerlichen Gleichberechtigung und der Förderung des Mittelstandes und der Arbeiterschaft sein!

Wählt die Liste der Deutschen demokratischen Partei, die an erster Stelle

Universitäts-Professor

Dr. Ernst Troeltsch

und dann

Oskar Cassel, Notar
Dr. Hugo Preuß, Staatssekr. des Innern
Wilhelm Flügel, Lehrer
Frieda Wunderlich
Hermann Englert, Verbandssekretär
Dr. Otto Mugdan, Arzt

Karl Löhning, Stadtrat
Dr. Kurt Köhler, Direktor
Leopold Rosenow, Kaufmann
Paul Lucht, Hutmachermeister
Dr. Maximilian Kunze, Pfarrer
Marie v. Bunsen

Abbildung 29
Aus einem Wahlplakat der Deutschen Demokratischen Partei (DDP) zur Wahl der Preußischen Nationalversammlung in Berlin am 23. Januar 1919
(Foto: *Archiv der sozialen Demokratie*, Bonn)

Männer und Frauen des arbeitenden Volkes

Auf, zur

Stadtverordnetenwahl

Den Wahlen zur Nationalversammlung und zur preußischen Landesversammlung sollen am 23. Februar

die Wahlen zur Stadtverordnetenversammlung

folgen. Diese Wahlen sind von nicht geringerer Bedeutung als die bereits vollzogenen.

Nach dem neuen Wahlrecht zur Gemeinde sollen alle Vorrechte des Besitzes fortfallen. Das elende Dreiklassenwahlrecht und das Hausbesitzerprivileg sind beseitigt. Die breite Masse der Bevölkerung soll im Gegensatz zu bisher den Einfluß in der Gemeinde haben, der ihr zukommt. Und dieser Einfluß kann ein großer werden, wenn die arbeitende Bevölkerung sich ihrer Macht bewußt ist.

Wir stehen in Berlin und zahlreichen Gemeinden Groß-Berlins vor einer

sozialistischen Mehrheit in der Gemeinde,

wenn am 23. Februar die arbeitende Bevölkerung ihre Pflicht erfüllt.

Denn dann muß auch der Magistrat eine andere Zusammensetzung erfahren und die Geschäfte der Gemeinde müssen im sozialistischen Geiste geführt werden, soweit das unter den heutigen Zuständen möglich ist.

Die erste Voraussetzung hierfür muß ein

einheitliches Groß-Berlin

sein. Die heutige kommunale Zerrissenheit, hemmt jede großzügige Entwicklung des Gemeindelebens; ist der Feind derselben. Zahlreiche Kräfte und viel Geld wird durch eine überflüssige Verwaltung vergeudet. Die Bevölkerung leidet unsäglich unter den vielen Instanzen und Behörden.

Die Polizei

darf nicht mehr Instrument der herrschenden Machthaber sein. Sie gehört in die Verwaltung der Gemeinde, die Bürgerschaft muß selber über die Polizei bestimmen, die nur Schutz und Hilfe der Einwohner sein darf.

Die alles vernichtende Kriegspolitik der Machthaber hat auch die Gemeinden in eine unheimliche Schuldknechtschaft gebracht und uns ein böses Erbe hinterlassen.

Wir müssen eine

gründliche Reform des Steuerwesens

durch das Reich verlangen, durch das der Besitz und die großen Einkommen schärfer gefaßt werden als heute. Daran muß auch die Gemeinde teil haben. Die alte Bevormundung des Staates, das Hineinreden in alle Angelegenheiten der Gemeinde muß beseitigt werden. Wahre Selbstverwaltung der Gemeinde ist die Voraussetzung jeder freien Entwickelung.

Abbildung 30
Wahlplakat der SPD zur Stadtverordnetenversammlung am 23. Februar 1919
(Foto: *Archiv der sozialen Demokratie*, Bonn)

Die Revolution hat uns auch in den Gemeinden vom Dreiklassenwahlrecht und vom Hausbesitzerprivileg befreit. Am 23. Februar findet in Charlottenburg

die Wahl der Stadtverordneten

statt. **Jeder Mann und jede Frau über 20 Jahre** haben die Pflicht, ihre Stimme abzugeben. **Arbeitende** Männer und Frauen, Ihr seid frei und mündig! Euer Schicksal hängt von Eurer Entscheidung **ab**. Die bürgerlichen Parteien, die kapitalistischen **Hausagrarier**, machen Euch Versprechungen. **Bedenkt**, daß sie bislang die Mehrheit in Charlottenburg hatten und nichts von ihren Versprechungen erfüllten. **Ihrer Mißwirtschaft** verdankt Ihr die **Verteuerung der Lebens- und Verkehrsmittel**; sie haben **nichts** gegen **das Wohnungselend** getan. **Sie werden auch weiterhin** das **Interesse des Geldsacks wahrnehmen.** Die Mehrheitssozialisten **haben sich politisch eng mit den Bürgerlichen verbunden**, ihre Politik ist unzuverlässig und schwächlich.

Nur die Unabhängige Sozialdemokratische Partei

hat nirgends einen Kompromiß mit dem kapitalistischen Bürgertum gemacht. Sie ist als sozialistische Partei grundsätzlich für das Interesse des arbeitenden Volkes eingetreten.

Drum **prüft** unsere Forderungen: **Mit** der Regierung **des Geldsacks** und **der** bürokratischen Obrigkeit muß aufgeräumt **werden**. **An ihre** Stelle muß die schon **1808** versprochene

völlig durchgeführte Selbstverwaltung

treten. **Und diese** muß zur **Wahrung und Durchführung der revolutionären Errungenschaften** durch die

Arbeiterräte als oberste Kontrollinstanz

ergänzt werden.

Der Krieg **hat** die Schuldenlast ungeheuer **erhöht**. **Vom Kriege hat nur der Kapitalist profitiert, er muß daher auch die Schuldenlast tragen.**

Nur eine sozialistische Steuerpolitik

kann verhüten, daß die besitzenden Klassen sich ihrer Pflicht entziehen.

Während des **Krieges** hat **das Volk** gedarbt, während der **Reiche durch den Schleichhandel nichts zu entbehren** hatte. Auch noch in absehbarer Zeit werden die Lebensmittel knapp sein. **Drum** muß **die Kommune für die breiten Massen des Volkes sorgen.** Fleisch, **Brot, Milch, Fett, Kartoffeln und Gemüse müssen von der Gemeinde durch Eigenproduktion und Aufkauf nach Bedarf des arbeitenden Volkes gesichert und verteilt werden.**

Kein Profitinteresse, sondern nur sozialistisches Gemeinschaftsinteresse.

Abbildung 31
Aus einem Wahlplakat der USPD zur Stadtverordnetenversammlung am 23. Februar 1919
(Foto: *Archiv der sozialen Demokratie*, Bonn)

Zur Stadtverordnetenwahl

am 23. Februar d. Js.

Bürger und Bürgerinnen Charlottenburgs!

Wählt Liste Dr. Luther.

Sie vertritt die Interessen der

Charlottenburger Bürger, welche die Stadt nicht zum Spielball undurchführbarer Beglückungsideen der Linksparteien werden lassen wollen, denen vielmehr an gesunder Fortentwicklung ihrer Stadt auf wirtschaftlichem und kulturellem Gebiet gelegen ist.

Steuerzahler, denn sie tritt unter Berücksichtigung der Leistungsfähigkeit des Einzelnen für äußerste Sparsamkeit auf dem Gebiet der Finanz- und Steuerpolitik ein.

Eltern durch Ausbildung des Schulwesens in der Richtung des ungehemmten Aufstieges der Begabten aller Volksschichten, gegebenenfalls mit wirtschaftlicher Erleichterung durch Schulgeld- und Lehrmittelfreiheit.

Frauen, denen sie gleiches geheimes Gemeindewahlrecht, sowie Verminderung der wirtschaftlichen Sorgen für im Erwerbsleben Stehende durch Einrichtung von Ledigenheimen sichert.

Jugend durch Ausbau des Fortbildungsschulwesens für beide Geschlechter, Berufsberatung und Lehrstellenvermittlung, durch Förderung der körperlichen Ertüchtigung, durch Spiel und Sport, gepaart mit Pflege vaterländischen und religiösen Geistes.

Kriegsbeschädigten und Kriegsteilnehmer durch Ausbau der Berufsberatung und des Stellennachweises, sowie möglichste Verwendung im kommunalen Dienst.

Armen und Waisen durch gerechte und gütige Armen- und Waisenpflege.

Minderbemittelten durch weitestgehende Wohnungsfürsorge, Unterstützung gemeinnützigen Siedlungswesens, Wohnungsaufsicht und Wohnungsnachweis.

des Mittelstandes durch Ausbau des sozialen Fürsorgeamtes auch für den Mittelstand, Mutter- und Säuglingsfürsorge und Krankenpflege, sowie Gelegenheit zur Pflege der Kunst und Bildung für die Allgemeinheit durch Gründung von Volksheimen, Volkschören und Volksabenden.

Abbildung 32
Wahlplakat der Zentrumspartei zur Stadtverordnetenwahl am 23. Februar 1919
(Foto: *Archiv der sozialen Demokratie,* Bonn)

Abbildung 33
Klebekolonne der SPD für die Wahl zur Nationalversammlung in Berlin im Januar 1919 (Foto: *Landesbildstelle Berlin*)

Abbildung 34
Propagandaaktion der DNVP für die Wahl zur Nationalversammlung in Berlin im Januar 1919 (Foto: *Landesbildstelle Berlin*)

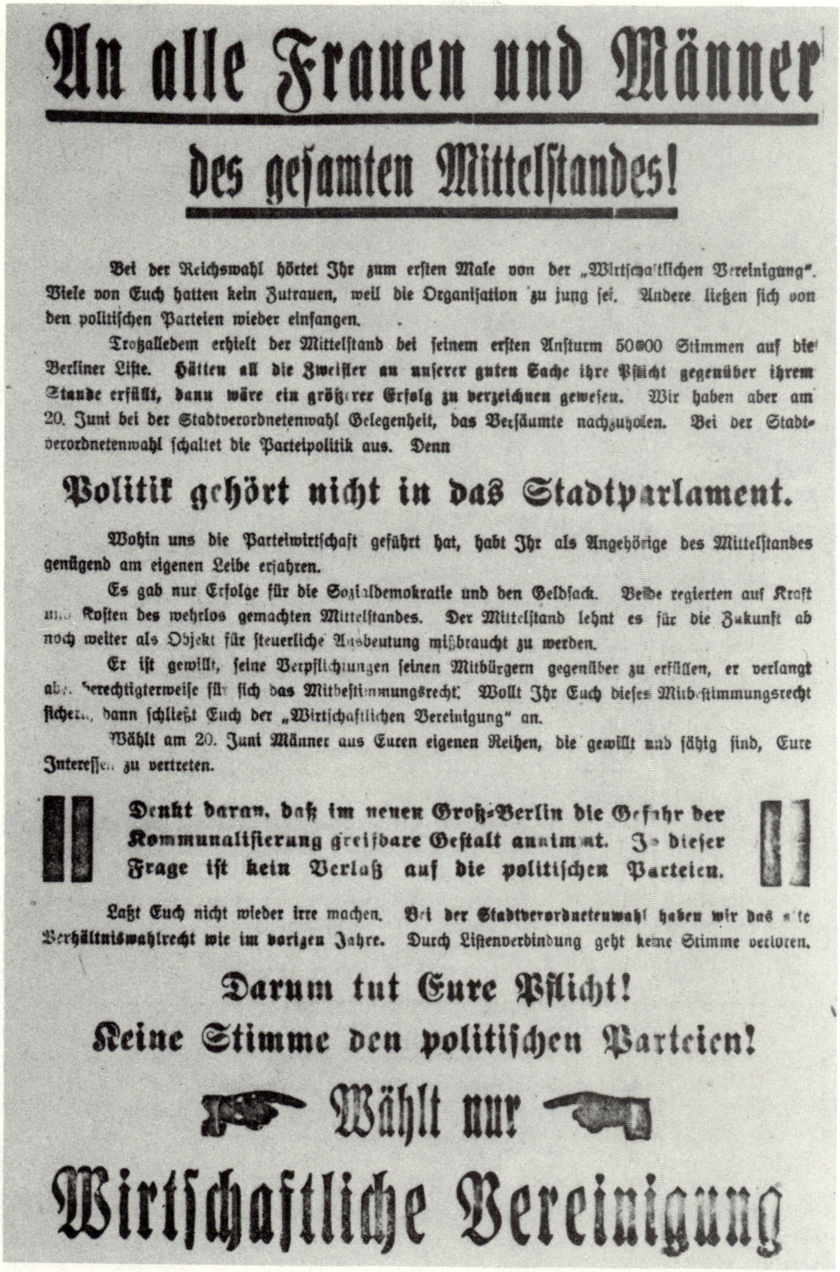

Abbildung 35
Wahlplakat der Wirtschaftlichen Vereinigung zur Stadtverordnetenwahl im Juni 1920
(Foto: *Archiv der sozialen Demokratie*, Bonn)

Abbildung 36
Wahlpropaganda zur Reichstagswahl am 31. Januar 1932 in Berlin
(Foto: *Bundesarchiv Koblenz*)

Abbildung 37
Werbung der Zentrumspartei für die Reichstagswahl am 14. September 1930 in den Straßen Berlins
(Foto: *Bundesarchiv Koblenz*)

Abbildung 38
Titelseite einer Wahlzeitung der DDP zur Berliner Stadtverordnetenwahl am 25. Oktober 1925
(Foto: *Landesbildstelle Berlin*)

Wähler und Wählerinnen Berlins!

Die während des Wahlkampfes erschienenen Bilderblätter zeigten euch die Arbeit der sozialdemokratischen Vertreter in allen Zweigen des kommunalen Lebens der Riesengemeinde Berlin! ● In den letzten Wochen wurde der Stadtbank-Skandal, mit dem weder die Sozialdemokratische Partei noch eines ihrer Mitglieder etwas zu tun hat, von der bürgerlichen und kommunistischen Presse zu einem Kesseltreiben gegen die SPD. benutzt mit dem ausschließlichen Ziel, die starke Position der Sozialdemokratie in der Gemeinde zu erschüttern.

Laßt euch nicht verblüffen!

Die Geldsackparteien dürfen in Berlin nicht die Kommunalpolitik bestimmen. Den Schaden habt nur ihr und eure Kinder.

Darum lautet die Parole: **Am 17. Nov. jede Stimme der SPD. – Liste 1**

Abbildung 39
Wahlwerbung der SPD in Tempelhof zu den Stadt- und Bezirksverordnetenwahlen in Berlin am 17. November 1929 (Foto: *Archiv der sozialen Demokratie*, Bonn)

Abbildung 40
Litfaßsäulenwerbung zu den Berliner Kommunalwahlen am 17. November 1929
(Foto: *Landesbildstelle Berlin*)

Abbildung 41
Wahlwerbung an der Litfaßsäule in Berlin 1932 (Foto: *Bundesarchiv Koblenz*)

Reichstagswahl

Wahlkreis Berlin

1	Nationalsozialistische Deutsche Arbeiter-Partei (Hitlerbewegung) Dr. Goebbels – Graf zu Reventlow – Schuhmann – Dr. Fabricius	1 ○
2	Sozialdemokratische Partei Deutschlands Crispien – Aufhäuser – Frau Bohm-Schuch – Litke	2 ○
3	Kommunistische Partei Deutschlands Thälmann – Pieck – Torgler – Kayser	3 ○
4	Deutsche Zentrumspartei Dr. Brüning – Dr. Krone – Schmitt – Bernoth	4 ○
5	Deutschnationale Volkspartei Laverrenz – Berndt – Wischnöwski – Koch	5 ○
5a	Radikaler Mittelstand Mylius – Dr. Wörbelauer	5a ○
6a	Interessengemeinschaft der Kleinrentner und Inflationsgeschädigten Pitak – Stoinski – Jochens – Bittkow	6a ○
7	Deutsche Volkspartei Dr. Mahler – Dr. Müller – Frau Haß – Müller	7 ○
8	Deutsche Staatspartei Dr. Schreiber – Colosser – Dr. Goepel – Frau Berrensson	8 ○
9	Christlich-sozialer Volksdienst (Evangelische Bewegung) Hartwig – Frau Ulbrich – Lüthje – Kogelschatz	9 ○
9a	Deutsch-hannoversche Partei Meyer – Prelle – Meier – Salter	9a ○
10	Reichspartei des deutschen Mittelstandes Mollath – Koch – Gröger – Heinicke	10 ○
13	Deutsches Landvolk Dr. Ponfick – Baecker	13 ○
14	Volksrecht-Partei D. Dr. Graf Posadowsky-Wehner – Bauser – Brink – Mende	14 ○
15	Gerechtigkeits-Bewegung-Meißner Meißner – Brandt	15 ○
17	Sozial-Republikanische Partei Deutschlands (Hörsing-Bewegung für Arbeitsbeschaffung) Hörsing – Hauff – Dr. Hamburger – Krystek	17 ○
18	Sozialistische Arbeiter-Partei Deutschlands Ledebour – Seydewitz – Dr. Zweiling – Dr. Sternberg	18 ○
19	Polenliste Kwietniewski – Labecki – Sierakowski – Staniecki	19 ○
21	Freiwirtschaftliche Partei Deutschlands (F.P.D.) Partei für krisenfreie Volkswirtschaft Graske – Banzhaff – Last – Mix	21 ○
25	Kampfgemeinschaft der Arbeiter und Bauern Müller – Wawrzinek – Hirschfeld – Rüder	25 ○
26	Haus- und Landwirtepartei (Bund für Wirtschaftsreform) Staegemann – Borchert – Meinen – Sakulowski	26 ○
27	Kleinrentner, Inflationsgeschädigte und Vorkriegsgeldbesitzer Beer – Sielmann – Huhn – Bungert	27 ○
28	Deutsche Bauernpartei (National-Republikanische-Partei) Soban – Wist	28 ○
29	Radikaldemokratische Partei Ende – Frau Brinkmann – Dr. Danielewicz – Frau Straßer	29 ○
31	Enteigneter Mittelstand Kramer – Hellwig – Herfort	31 ○
32	Handwerker, Handel- und Gewerbetreibende Richter – Rosier	32 ○
33	Für Hindenburg und Papen (Nationalistische Kampfbewegung) Preukschat – Frau Langermann – Buja	33 ○
35	Unitaristen Union Deutschlands (Einheitsbewegung aller Schaffenden) Kindt – Siebert – Willhain – Paritschke	35 ○
36	Mittelstands-Partei [illegible]arisien) Schoch – [illegible] – [illegible]unert	36 ○

Abbildung 42
Liste der bei der Reichstagswahl von 1932 konkurrierenden Parteien
(Foto: *Archiv der sozialen Demokratie*, Bonn)

10 Gebote

für die Berliner Stadtverordneten-Wahlen am 12. März 1933.

1. Erhaltung und Förderung der bedrohten Selbstverwaltung durch Verantwortungsbewußtsein und Sauberkeit.
2. Stärkung des selbständigen Bürgertums in Handwerk, Handel und Gewerbe.
3. Kampf gegen alle Sozialisierungs- und Kommunalisierungs-Experimente.
4. Sparsamste Verwaltung in der Zentrale und in den Bezirken.
5. Beseitigung unrentabler bürgerfeindlicher Betriebe der öffentlichen Hand.
6. Ausbau eines die Substanz schonenden Steuersystems: deshalb Kampf für den vernünftigen Finanzausgleich. Gerechte Gemeindesteuern, unter billiger Berücksichtigung der Not des Mittelstandes, mit dem Ziel der Beseitigung der Hauszinssteuer.
7. Erhaltung und Förderung der privaten Wohlfahrtspflege. Entpolitisierung der Städtischen Krankenhäuser.
8. Wahrung deutscher Kultur und Erziehung der Jugend auf religiöser Grundlage. Dementsprechend Fortentwicklung und Ausbau unseres Schulwesens. Ablehnung jeglichen Kulturbolschewismus'.
9. Erhaltung des Berufsbeamtentums. Ablehnung aller Parteibuchbeamten. Entpolitisierung der Verwaltung.
10. Kommunalwahl ist nicht Reichstagswahl. Eine Stadtverwaltung muß anders geleitet werden als Reich und Land. Parteipolitik hat dabei auszuscheiden. Deshalb gehören keine Parteipolitiker ins Rathaus, sondern Vertrauensleute der Berliner Bürgerschaft.

Wer nach diesen 10 Geboten der Vernunft unsere Vaterstadt Berlin regiert sehen will, der wählt:

Liste 7

Deutsche Volkspartei.

Abbildung 43
Flugblatt der DVP zur Wahl der Berliner Stadtverordnetenversammlung am 12. März 1933
(Foto: *Landesbildstelle Berlin*)

IV. Währungsnot im Berlin der Inflationszeit

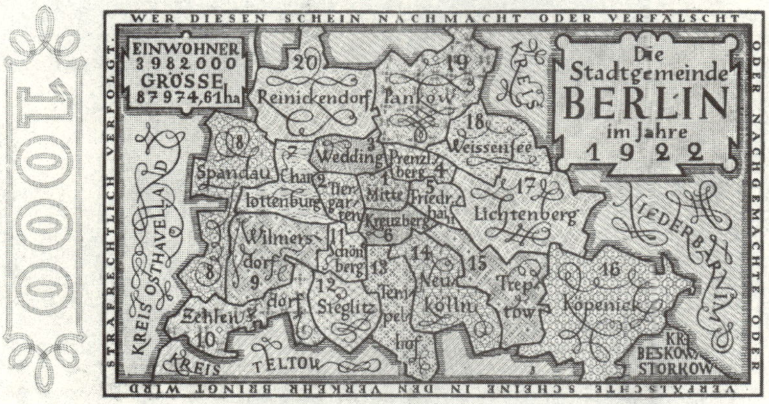

Abbildung 44
Notgeld der Stadtgemeinde Berlin im Inflationsjahr 1922 (Vorder- und Rückseite eines 1000-Mark-Stadtkassenscheins mit späterem Überdruck „Drei Millionen"
(Fotos: Aus Privatbesitz).

Abbildung 45
Notgeld der 20 Berliner Bezirke im Inflationsjahr 1921: Vorderseiten eines 50-Pfennig-Scheins der Bezirke 1 und 20 und identische Rückseite (Fotos: Aus Privatbesitz)

V. Baukultur im Groß-Berlin der Weimarer Demokratie

Gemeinnütziger Wohnungsbau

ZUR ERÖFFNUNG DER INTERNATIONALEN BAUAUSSTELLUNG IN BERLIN

Auf der Bauausstellung in Berlin werden nicht nur die großen Behördenorganisationen und Industriefirmen ihre Arbeit aufzeigen. In all den verschiedenen Unterabteilungen werden auch die deutschen Gewerkschaften unter Führung des Baugewerksbundes und die gemeinnützigen und genossenschaftlichen Baubetriebe ausstellen. Dazu sind sie um so mehr berechtigt, weil nach den statistischen Errechnungen von den

Oben:
Einfamilienhäuser in der Großsiedlung Berlin-Zehlendorf

Unten:
Fassaden Berliner Mietkasernen

Siedlung Praunheim bei Frankfurt a. M.

Rechts:
Wohnstadt Carl Legien in Berlin

Abbildung 46
Werbung zur Internationalen Bauausstellung in Berlin 1931
(Foto: *Archiv der sozialen Demokratie*, Bonn)

Abbildung 47
Die Groß-Siedlung Britz, Hufeisensiedlung (768 Einfamilienhäuser, 1542 Wohnungen von 1—4 Zimmern, 11 Läden, 1 Apotheke und 1 Café. Erbaut 1925—1929 von der Gemeinnützigen Heimstätten-, Spar- und Bau-Aktiengesellschaft Berlin [GEHAG] — Architekten Bruno Taut und Martin Wagner — und von der Deutschen Gesellschaft zur Förderung des Wohnungsbaues, Gemeinnützige Aktiengesellschaft Berlin-Schöneberg [DEWOGE] — Architekten: Engelmann und Fangmeyer) (Foto: *Hansa Luftbild*)

Abbildung 48
Das Kraftwerk West 1928 (Foto: *Landesbildstelle Berlin*)

Abbildung 49
Flugbild der Messehallen am Berliner Funkturm
(Foto: *Aero Lloyd Lichtbild GmbH.*)

Abbildung 50
Siemensstadt (Siemensdamm), erbaut 1929/30 von *Hans Hertlein*
(Foto: *Archiv der Zentralen Abteilung für Bauten und Anlagen der Siemens-AG*, Berlin)

Abbildung 51
Siemensstadt (Nonnendamm), erbaut 1926/28 von *Hans Hertlein*
(Foto: *Archiv der Zentralen Abteilung für Bauten und Anlagen der Siemens-AG*, Berlin)

Abbildung 52
Der Flughafen Tempelhof (um 1930) (Foto: *Landesbildstelle Berlin*)

Abbildung 53
Das Strandbad Wannsee 1931
(Foto: Arthur Köster, Sammlung Baukunst, Akademie der Künste, Berlin)

VI. Kultur in der Berliner Demokratie

Abbildung 54
Montage von *Walter Ruttmann*: „Berlin, die Sinfonie der Großstadt" (1927)
(Foto: *Bildarchiv Preußischer Kulturbesitz*, Berlin)

Abbildung 55
Arbeitsschluß in der Lynarstraße am alten Bahnhof Wedding in Berlin 1928

(Foto: *Heimatmuseum Wedding*)

Abbildung 56
Denkmal der Novemberrevolution. Für *Rosa Luxemburg* und *Karl Liebknecht* (Entwurf: *Ludwig Mies van der Rohe*) (Foto: *Bauhütte*, Berlin)

Abbildung 57
Kurt Löwenstein, USPD-, später SPD-Mitglied, Schulstadtrat im Bezirksamt Neukölln (1921—1929), Mitglied des Reichstags 1920 bis 1933
(Foto: *Archiv der sozialen Demokratie*, Bonn)

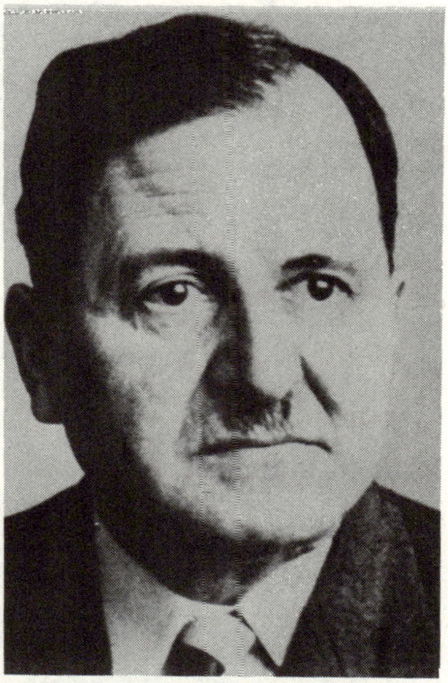

Abbildung 58
Eröffnung der Gedenkausstellung „Goethe und seine Welt" durch *Max Liebermann* in der Berliner Akademie der Künste am 19. März 1932 (am rechten Bildrand Oberbürgermeister *Heinrich Sahm* und *Paul Löbe*)
(Foto: *Landesbildstelle Berlin*)

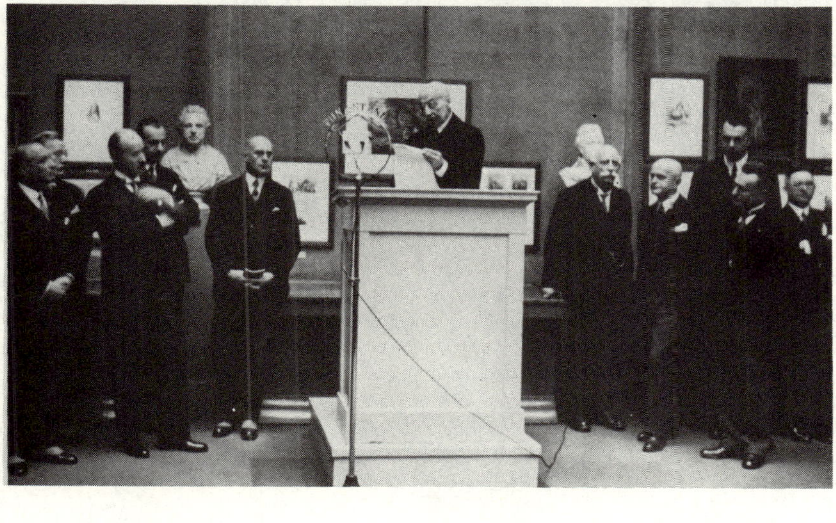

Abbildung 59
Thomas Mann (Sechster von links) bei der Plenarsitzung der Preußischen Akademie der Künste anläßlich der Gründung der Sektion für Dichtkunst in Berlin am 25. November 1926
(Foto: *Archiv der Akademie der Künste,* Berlin)

Abbildung 60
Carl von Ossietzky, (erste Reihe, dritter von links), Herausgeber der „Weltbühne“, bei der Verabschiedung von seinen Freunden vor seiner Einlieferung in das Gefängnis Tegel 1932 (anwesend Ernst Toller, Alfred Apfel, Willi Wolfradt; laut *Frankfurter Zeitung* vom 11. Mai 1932 waren außerdem anwesend: Leonhard Frank, Arnold Zweig, Erich Mühsam, Ernst Glaeser, Roda Roda, Hermann Kesten, Alfons Goldschmidt, Herbert Ihering, Hellmut von Gerlach, Werner Hegemann, Walther Karsch, Rudolf Olden, Kurt R. Grossmann, Alfred Polgar, Hermann Zucker, Kurt Pinthus, Walther Victor, Bruno Frei).
(Foto: *Archiv der Akademie der Künste,* Berlin/*Sammlung Tucholsky*).

VII. Bedrohung und Sturz der Demokratie in Berlin

Abbildung 61
Das „Anti-Kriegsmuseum" in der Parochialstraße im Bezirk Mitte (August 1931) in der Demokratie ...
(Foto: *Landesbildstelle Berlin*)

Abbildung 62
... und danach: Schließung durch die Nationalsozialisten, Einrichtung eines SA-Heimes
(Foto: *Landesbildstelle Berlin*)

Abbildung 63
Freikorpsaktion im März 1920 (Kapp-Putsch) in den Straßen von Berlin
(Foto: *Landesbildstelle Berlin*)

Abbildung 64
Stahlhelm-Kundgebung vor dem Berliner Schloß zum Volksentscheid über die Auflösung des Preußischen Landtags 1931 (Foto: *Landesbildstelle Berlin*)

Abbildung 65
KPD-Kundgebung im Bezirk Friedrichshain von Berlin 1930 (Foto: *Landesbildstelle Berlin*)

Abbildung 66
KPD-Demonstration zum 1. Mai 1932 (Foto: *Landesbildstelle Berlin*)

Abbildung 67
Der „Preußenschlag" (Sturz der preußischen Regierung der demokratischen Koalition durch den Reichskanzler *von Papen*) und seine Folgen für Berlin: Verordnung gegen Generalstreik vom 21. Juli 1932 inmitten der Wahlpropaganda der NSDAP an der Litfaßsäule
(Foto: *Landesbildstelle Berlin*)

Abbildung 68
SA-Aufmarsch in Schönholz bei Berlin im Oktober 1932 (Foto: *Landesbildstelle Berlin*)

Abbildung 69
SA-Sturmlokal am Mühlendamm (Bezirk Mitte), Oktober 1932
(Foto: *Landesbildstelle Berlin*)

Abbildung 70
NSDAP-Kundgebung zur Reichspräsidentenwahl (2. Wahlgang) im April 1932 mit *Adolf Hitler*, *Joseph Goebbels* und *W. H. Graf Helldorf* (Foto: *Landesbildstelle Berlin*)

Abbildung 71
Joseph Goebbels bei einer Versammlung in Berlin-Zehlendorf zur Reichspräsidentenwahl im April 1932 — Verheißung . . . (Foto: *Landesbildstelle Berlin*)

Abbildung 72
. . . und die Folgen: „Schutzhaftlager" (KZ) Oranienburg bei Berlin, August 1933 (Häftlinge v. l. n. r: Ernst Heilmann, Alfred Braun, Cresecke, Walter Flesch, Dr. Magnus)
(*Bundesarchiv Koblenz*)

ZWEITER TEIL

Chance, Krise und Sturz der Demokratie im Berlin der Weimarer Republik

Wolfgang Haus

INHALT

ZWEITER TEIL

Chance, Krise und Sturz der Demokratie im Berlin der Weimarer Republik

Wolfgang Haus

I

Das Symbolische: Fahnen und Gedenktage

Zum 9. November 1928 brachte der Berliner Stollberg Verlag einen umfangreichen Band „Zehn Jahre Deutsche Geschichte" heraus. In dem behutsam formulierten Geleitwort des sozialdemokratischen Reichskanzlers Hermann Müller hieß es, das Werk solle „an die 10. Wiederkehr der Tage erinnern, an denen in tiefster Not Deutschlands Wiederaufbau begonnen wurde"; die Erfolge der zehn Jahre nach der Neuordnung „auf republikanischer Grundlage" sprächen für sich selbst.

Die Demokraten und ihr Selbstbewußtsein

Es hatte seine eigene Bewandtnis mit diesem großen, nüchternen Sammelband. Im Januar 1928 hatte nämlich Reichspräsident von Hindenburg die Regierung wissen lassen, daß er sich „unter keinen Umständen" bereitfinden werde, den „Jahrestag des Ausrufens der Republik irgendwie zu beachten". Die Reichsregierung, noch unter dem Zentrums-Kanzler Wilhelm Marx, hatte dagegen beschlossen, jedenfalls die Herausgabe einer geeigneten Festschrift zu fördern. Zum richtigen Zeitpunkt erschien dann das Buch mit den Beiträgen von vorwiegend in Berlin tätigen Verantwortlichen aus Politik, Wirtschaft, Kultur sowie entsprechenden Verbänden und Organisationen. Es wurde kein buchhändlerischer Erfolg; aber es lieferte eine bemerkenswerte Zwischenbilanz zum Selbstverständnis der Republikaner nach zehn Jahren komplizierter Erfahrungen mit der Demokratie in Staat und Stadt seit dem Berliner November von 1918.

Es fehlte nicht an Leistungen, die aufzuzählen und zu beschreiben waren, aber ebensowenig an Kenntnis der Mängel und der Probleme des demokratischen, parteienstaatlichen Gemeinwesens, das unter ungünstigsten Bedingungen ausgebaut werden mußte. So zeigten viele Beiträge der Festschrift, die einen Festakt ersetzen sollte, trotz aller positiven Informationen, daß es an Entschiedenheit, an Selbstsicherheit und Durchsetzungskraft gemangelt hatte und mangelte. Ungewißheit über weitere Mittel und Wege klang durch sachkundige Formulierungen. Bemüht, offen und tolerant suchte da eine sehr freiheitlich verfaßte Demokratie mit dem Rückblick auf zahllose Schwierigkeiten nach besserem Halt für ihr zweites Jahrzehnt.

„Das innere Verbundensein mit dem Staat", schreibt der Reichsinnenminister beschwörend, müsse für die Beamtenschaft des Volksstaates oberstes Gebot sein; zugleich wirbt er um Verständnis für die Notwendigkeit von Autorität gerade im demokratischen Staatsgefüge. Johannes Popitz, Staatssekretär im Reichsfinanzministerium, fordert endlich kräftige Schritte zur Verfassungs- und Verwaltungsreform sowie zur lange verzögerten Neuregelung des Finanzausgleichs zwischen Reich, Ländern und Gemeinden. Das bevorstehende erste „Normaljahr" 1929 sieht er als gute Gelegenheit.

Zur Entwicklung der Kommunalverwaltung bis 1928 konstatiert Oskar Mulert, der Präsident des Deutschen Städtetages, „nichts wäre verfehlter", als von einer „Krise der Selbstverwaltung" zu sprechen. Allerdings sei die Vielzahl der kommunalen Aufgaben — von der „hoheitlichen" Verwaltung bis zu den weiten Gebieten der Gemeindewirtschaft — mit der ungenügenden Finanzausstattung vor allem für den Fall zusätzlicher Sozialausgaben nicht zu bewältigen.

Niemand konnte 1928 mit letzter Sicherheit voraussagen, wie es in der wirtschaftlichen und politischen Entwicklung weitergehen würde. Eine Existenzkrise der Demokratie in Deutschland war trotz aller Labilität und trotz aller Drohungen von Rechts- und Linksextremen nach der spürbaren ökonomischen Besserung und der etwas ruhiger gewordenen politischen Lage 1926/1928 nicht zu erwarten. Das Reich ging wie seine Hauptstadt mit enormen Lasten und Sorgen, aber auch mit gewissen Chancen zur Lösung der Aufgaben in das zweite Jahrzehnt der Republik.

Abgesehen vom 9. November, dem Tag des „Umsturzes“ von 1918, gab es den 11. August als Erinnerungstag zum Inkrafttreten der Weimarer Reichsverfassung von 1919. In Berlin fanden zu diesem Tag jeweils offizielle Verfassungsfeiern statt, im Reichstagsgebäude oder auf dem davor gelegenen Platz der Republik (bis 1926 „Königsplatz“) oder in der Funkhalle am Messegelände, wie zum Beispiel im Jahr 1927, als eine gemeinsame Veranstaltung des Reichs, Preußens und Berlins arrangiert worden war. Der Magistrat hatte dazu in einem Aufruf gesagt: „Wer Volk und Heimat liebt, möge die schwarzrotgoldene Fahne hissen.“ Und es waren dann in der Berliner Innenstadt tatsächlich mehr Flaggen der Republik zu sehen gewesen als in früheren Jahren, sowohl auf den öffentlichen Gebäuden als auch neuerdings an den Berliner Straßenbahnen und Bussen.

Eben dies war allerdings schon wieder als Teil einer Auseinandersetzung empfunden worden, die zwischen Gegnern und Verteidigern der Weimarer Demokratie seit Jahren „reichsweit“ mit wachsender Erbitterung geführt wurde: Am Schwarzrotgold als Reichsflagge, dem Symbol der demokratischen Republik, und an der Frage, ob und wie politische Erinnerungstage zu würdigen seien, entzündete sich der Streit, der in Berlin so bezeichnende kommunalpolitische Brennpunkte fand.

Viele Konservative, die diese Demokratie ablehnten und sie zumal in der großstädtischen Berliner Prägung haßten, mieden das in der Weimarer Verfassung festgelegte Schwarzrotgold und zeigten demonstrativ das alte schwarzweißrote Fahnentuch als politisches Bekenntnis. Sie beriefen sich auf die von der Verfassung garantierte Freiheit für die friedliche Bekundung politischer Meinungen. Gerade in Berlin erinnerte man sich auf der anderen Seite aber daran, daß Freikorps-Verbände, die beim „Kapp-Lüttwitz-Putsch“ nach Berlin einmarschiert waren, unter schwarzweißroter Fahne oder alter Kriegsflagge daherkamen. Und man hatte gehört, daß am Grab eines (durch Selbstmord geendeten) rechtsextremen Rathenau-Mörders zu den Gedenktagen schwarzweißrote Schleifen zu sehen waren. Auch hatte es in einzelnen Berliner Bezirken seltsame Schwierigkeiten gegeben, für die öffentlichen Schulen in der ersten Hälfte der zwanziger Jahre wenigstens je eine schwarzrotgoldene Fahne anschaffen zu lassen. Hingegen sah man dann später von Jahr zu Jahr mehr Schwarzweißrot etwa zum 2. Oktober, dem sogenannten „Hindenburgtag“, an Häusern zum Beispiel im Zentrum und in südwestlichen Teilen Berlins; so auch zum „Reichsgründungstag“ von 1871, dem 18. Januar. Das empfanden viele andere Berliner als bewußte Herausforderung — wie es auch gemeint war —, weil die „Traditionsfarben" des Kaiserreichs als antirepublikanische Symbole eingesetzt wurden. Bei den engagierten Anhängern der Demokratie wuchs die Empfindlichkeit um so schneller, als der „Flaggenstreit" im Reich wieder hell aufgeflammt war und 1926 sogar zum Rücktritt einer Reichsregierung geführt hatte. Geriet nun ausgerechnet in Berlin die Demokratie mit ihren Symbolen gewissermaßen optisch in die Minderheit? Sollte auch noch die Erinnerung an das Schwarzrotgold als Fahne der Berliner vom März 1848 geschmälert werden? Viel Zulauf hatte eine Abend-Kundgebung auf dem Gendarmenmarkt, als Hindenburg im Mai 1926 den Erlaß unterzeichnete, der das Schwarzweißrot im Ausland wieder stärker zur mitberechtigten Fahne machte. Es war, als spürten die Berliner am ehesten ein Signal zum Umschwung gegen die demokratische Republik, für ein Präsidialregime.

Irritierend, herausfordernd, „belastend" war für das demokratische Berlin andererseits, daß von den Parteien gerade die antidemokratische KPD den 9. November 1918 bei ihren jährlichen Revolutionsfeiern in Anspruch nahm und die Todesopfer unter den Spartakuskämpfern zum Mittelpunkt des Gedenkens und des Kampfes mittels politischer Symbolik machte. Auf dem städtischen Friedhof in Friedrichsfelde, im Bezirk Lichtenberg, war von der KPD nach einem Entwurf von Mies van der Rohe 1924—1926 ein „Denkmal der Novemberrevolution" errichtet worden, dort wo Rosa Luxemburg und Karl Liebknecht neben 30 anderen Toten von 1918/1919 bestattet waren. Sowohl bei der Genehmigung des Denkmalbaus auf diesem städtischen Friedhof wie insbesondere bei der feierlichen Enthüllung kam es zu Einwänden, Auflagen und Einschränkungen von seiten der Behörden. Für politisch demonstrative Gedenkfeiern wurde das große Monument von der KPD dann um so mehr genutzt; es wurden Mahnfeuer auf ihm entzündet, Fahnenaufzüge mit Gedächtnisfeiern im Zeichen der Revolutionsflaggen und der Sowjet-Embleme verbunden. Immer wieder gab es Behinderungen durch behördliche Bedingungen. Mitte Januar 1931 ließ das Bezirksamt Lichtenberg sogar Fahne und Mast vom Denkmal entfernen; doch dies (wie auch ein ausdrückliches Demonstrationsverbot des Polizeipräsidenten) wirkte nur als verstärkte Werbung für Kundgebungsteilnehmer. Eine schwarzrotgoldene Fahne der Weimarer Republik gab es hier von Partei wegen selbstverständlich nicht.

Die Stadt im Flaggenstreit

Anfang 1927 hatten Magistrat und Bezirksämter beschlossen, für städtische Anlagen und Gebäude nur noch die schwarzrotgoldene Reichsfahne (neben der Preußischen und der Berliner Fahne) zu dulden. Vor allem Oberbürgermeister Böß bestand darauf, in der Frage der offiziellen Fahne der Republik keine Gleichgültigkeit einreißen zu lassen. An Veranstaltungen auf Friedhöfen dachte er dabei kaum. Viel Aufsehen erregte es aber, daß er sogar selbst eingriff, als einmal ein Friedenauer Kriegsveteranenverein entgegen klarem Vorbescheid zu seiner Feier auf einem städtischen Schulgelände schwarzweißrote Fahnen anbrachte. Der Schuldirektor erhielt, weil vom Bezirksamt kein Verantwortlicher erreichbar war, direkt von Böß die Weisung, die dann zur Abnahme der Fahnen führte. Bis nach Amerika gingen schließlich die Berichte über Berliner Versionen des Flaggenstreits, als Böß erleben mußte, wie das Hotel „Kaiserhof" seinem Namen politisch derart treu blieb, daß es bei einem Essen zu Ehren des Berlin besuchenden New Yorker Oberbürgermeisters neben dem US-Sternenbanner nur die *schwarzweißrote* Fahne und trotz Beschwerde nicht die verfassungsgemäßen Reichsfarben zu zeigen bereit war.

Der Magistrat hatte daraufhin beschlossen, daß seine Mitglieder „die Teilnahme an Veranstaltungen in solchen Hotels verweigern sollen, die am Verfassungstag nicht die Reichsflagge zeigen". Denn jetzt hatten auch andere große Hotels in Berlin auf Wink der Eigentümergesellschaften oder des konservativen Stammpublikums erklärt, sie wollten sich so „unpolitisch" verhalten wie der „Kaiserhof", also kein Schwarzrotgold aufziehen. Nicht wenige Bankunternehmen und Warenhäuser in der Berliner Innenstadt hielten es ebenso. Mit seinen vielgelesenen wöchentlichen Glossen hat Adolf Stein unter dem Pseudonym „Rumpelstilzchen" in der deutschnationalen Presse Berlins keinen Monat vergehen lassen, ohne „Schwarz-rot-gelb" zu verspotten, Schwarzweiß-rot aber als Farben des anständigen Deutschen zu verherrlichen. Hier war auch das Stichwort „Kurfürstendamm" als Symbol für alles „Neureiche" und „Undeutsche" zu finden.

Der Flaggenstreit geriet natürlich in die städtischen Körperschaften. In der Berliner Stadtverordnetenversammlung kam es im Oktober 1927 zu einem „Mißtrauensantrag" der Deutschnationalen gegen den Oberbürgermeister und zu aufgeregten Debatten. Böß wurden unberechtigte Ausgaben für Fahnenkäufe vorgeworfen, vor allem aber wurde ihm ein rechtswidriger „Boykott" gegen Wirtschaftsunternehmen, nämlich die Hotels, angelastet. Den Bruch der Reichsverfassung durch Verletzung der Freiheit zur unbehinderten politischen Meinungsäußerung, „Terror" und Eingriffe zugunsten parteilicher Auffassungen kreidete die politische Rechte des Stadtparlaments ihm an. Eine Art „Geßlerhut" in Gestalt der schwarzrotgoldenen Fahne wolle der Magistrat gegen die national Denkenden in Berlin aufstecken, dabei mache der Oberbürgermeister als erfolgloser Eiferer in der Flaggenfrage die Stadt und sich selbst nur lächerlich.

Die Stadtverordneten der Deutschen Volkspartei unterstützten die Kritik an Böß. Die Kommunisten schütteten Hohn darüber aus, daß in städtischen Wohnsiedlungen für das Hissen schwarzrotgoldener Fahnen seitens der Stadt sogar Fahnenmaste angebracht und Flaggen zur Verfügung gestellt worden seien, angeblich auch gegen den Willen von Bewohnern. Das wirkliche Wahrzeichen der Berliner Arbeiterschaft sei und bleibe allein die rote Fahne.

Böß, seine Demokratische Partei, die Sozialdemokraten und das Zentrum in der Stadtverordnetenversammlung wußten sich zu wehren: Durch demokratische Überzeugung und durch Eid auf die Verfassung sei der Oberbürgermeister verpflichtet, dafür zu sorgen, daß der Reichsfahne in der Hauptstadt Geltung verschafft werde. „Wir stellen Ihrem Geist von Potsdam ... den Geist von Berlin ... entgegen", bekamen die Deutschnationalen zu hören. Wegen der provokativen Mißachtung, wegen der Gehässigkeit und wegen des Spottes gegen die demokratischen Verfassungsfarben habe der Magistrat so handeln müssen, wie er es tat.

Die grimmigen Auseinandersetzungen um die republikanisch-demokratische Fahne wie um manchen Gedenktag zeigten mit immer neuen Spielarten in Berlin deutlicher als anderes, wie es um die Mentalität der Demokraten und der Demokratie-Gegner auch in den relativ ruhigen, den „besten Jahren" der Weimarer Zeit stand. Der Widerspruch zwischen den politischen Empfindungen war weit tiefer und härter, als es ein Jahrzehnt nach Änderung der Staatsform zu erwarten gewesen wäre. Der Bruch in den politischen Wertvorstellungen 1918 war von erheblichen Teilen der Berliner Bevölkerung nach wie vor nicht akzeptiert; die häufig als „undeutsch" denunzierte Demokratie wurde gerade in der Reichshauptstadt für viele Probleme und neue Sorgen verantwortlich gemacht. Der Einfluß der Parteien in der Stadtverwaltung insgesamt wie in den Bezirken, ihr dauernder offener Kampf, ihr Zugriff auf Posten und Arbeitsplätze in der Verwaltung und den städtischen Unternehmen nährten solche Kritik.

Durfte diese Republik, diese Stadtdemokratie, schon Respekt und volle Loyalität von jedem fordern, noch bevor sie dauerhafte Leistung und auch politische Integrationskraft vorweisen konnte? Durfte sie Gefühle, die gute Patrioten mit der alten Reichsfahne verbanden, geringschätzen? War nicht in der Weimarer Nationalversammlung vor unheilvoller Spaltung der Meinungen im Volk gewarnt worden für den Fall der Festlegung auf eine schwarzrotgoldene Nationalfahne? Gab es nicht kriegsinvalide Bettler am Kurfürstendamm, die mit ihrer alten Uniformmütze samt schwarzweißroter Kokarde um ein Geldstück baten?

Wenn die politischen Grundempfindungen gegenüber dem 1919 konstituierten demokratischen Staat in seiner Hauptstadt mit besonderer Heftigkeit angeheizt wurden, so war das durchaus naheliegend. Und daß der Kampf um die Symbole dieses Staates in den Gremien der hauptstädtischen Kommunalpolitik aufgegriffen und immer wieder verstärkt wurde, ergab sich, weil Berlin ausweislich der Kommunal- und Landtags-Wahlergebnisse 1925 wie auch 1928 seine für die Demokratie deutlich positive Stellungnahme bekräftigt hatte und tatsächlich für die Republik und ihren demokratischen Charakter repräsentativ war. Genauso wurde Berlin von Freund und Feind bewußt auch gesehen und eingeordnet. In den Redeschlachten der Berliner Stadtverordneten — sowohl in der Bösartigkeit und Aggressivität von Rechts- und Linksaußen als auch in der gereizten und doch wieder zurückhaltenden Gegenwehr der Demokraten mit ihren rationalen Argumenten — spiegelte sich die Situation der Weimarer Republik und der Berliner Demokratie gleichermaßen.

Das Straßenbild Berlins hatte mit der wachsenden Zahl von politischen Bekundungen, Aufmärschen, auch Wahlkämpfen und Demonstrationen gegen Ende der zwanziger Jahre mehr zu bieten, als manchem Bürger und den Behörden recht war. Der „Stahlhelm", als Bund der Frontkämpfer, ließ seine Mitglieder unter der leicht geänderten alten Reichskriegsflagge marschieren und dabei möglichst auch ehemalige Uniformen tragen. Der „Rote Frontkämpferbund" zeigte sich mit dem Hammer- und Sichel-Zeichen auf mancher seiner roten Fahnen, die „Kämpfer" trugen grau-grüne Russenblusen, dazu „Leninmützen". Seit 1927 kamen mehr und häufiger Nationalsozialisten ins Bild, mit ihrem Hakenkreuz auf der Armbinde und auf der Fahne, mit braunen Uniformen bei ihren Propagandamärschen und Kundgebungen, die (auch wegen der dann wirksameren „Werbung") oft in Schägereien mit politischen Gegnern endeten. Seit einigen Jahren hatte, zur Antwort auf die Agitation der extremistischen „Wehrverbände", als republikanisch-demokratischer Verband das neu gegründete, überwiegend von Sozialdemokraten geförderte „*Reichsbanner Schwarz-Rot-Gold*" seine Mitglieder zu demonstrativen Veranstaltungen und Umzügen auf die Straße gebracht; die Deutschnationalen in der Berliner Stadtverordnetenversammlung wollten aus der Verwendung der geltenden Reichsfarben durch diese republikanische Organisation dann auf das Schwarzrotgold als „parteiliche" Fahne schließen dürfen. Die DDP benutzte diese Fahne in der Tat für ihren Wahlkampf.

Die Demokraten hatten, wie speziell die politische Linke, nach 1918 die Bedeutung von Symbolen in der Politik zunächst verneint, später unterschätzt: Schon in der Weimarer Verfassung war in demselben Artikel 3 außer der schwarzrotgoldenen Reichsflagge als „Handelsflagge" das *schwarzweißrote* Tuch mit einem kleinen schwarzrotgoldenen Rechteck im Winkel zugelassen worden. Dies gehörte — zusammen mit späteren Reichspräsidenten-Verordnungen — zu jenen Kompromissen von Weimar, die von Unentschiedenheit ausgingen, also Unsicherheit schufen, Mißdeutung, Umdeutung und Mißbrauch möglich machten und in der Stärkung alter Kampfpositionen endeten. Preußen traf zwar 1929 endlich eine gesetzliche „Fahnen"-Regelung für seine öffentlich-rechtlichen Institutionen. Aber es gab bis zum Ende der Weimarer Demokratie um die Flaggenfrage, um die Symbole des demokratischen Gemeinwesens, um seine Legitimität einen bösen Krach nach dem anderen — so wie man auch mit einem Antrag Preußens im Reichsrat 1928, den Verfassungstag des 11. August zum gesetzlichen Feiertag zu erklären, nicht zum Ziele kam. Der deutschnationale Gymnasialdirektor in Friedenau, der sich weigerte, zum 11. August eine kleine Ansprache auf die Verfassung zu halten, und den Schülern riet, sich auch zu der Veranstaltung der Nachbarschule krank zu melden, blieb im Amt.

Gut gemeinte Ratschläge, den Streit um Fahnen und Gedenktage nicht überzubewerten, halfen nicht. Und Satire, wie ein ironisches „Fahne muß sin", erreichte die Beteiligten erst recht nicht. Bei den größeren Veranstaltungen der Berliner Parteien in der „Neuen Welt", in den „Pharussälen" oder im „Sportpalast" wurden vielmehr auf allen Seiten die Fahnen- und Standarten-Weihen und die Einmärsche zum wichtigen Teil des emotionalen Rituals. Wer seine Fahnen zu Erinnerungstagen oder bei Aufmärschen dem Gegner zum Trotz in bestimmten Stadtteilen oder Häuserblocks demonstrativ und wiederholt dominieren lassen konnte, der hatte symbolisch „gesiegt", er „beherrschte die Straße". Von Jahr zu Jahr wurde das bei den politischen Auseinandersetzungen in Berlin bedeutsamer.

Schlichte Ablehnung des Symbols der Demokratie zu zeigen, war im Vergleich zu all dem fast harmlos: Schon zum Verfassungstag 1928 hatte die Evangelische Kirche an dem der Stadt Berlin gehörenden Propsteigebäude statt der Reichsflagge plötzlich ihre eigene Fahne mit violettem Kreuz vor weißem Grund aufgezogen, woran sie vor 1918 niemals gedacht hätte. Daß vom Bezirksamt Mitte dann vor Gericht versucht werden sollte, das Hissen der Republikfahne durchzusetzen, wurde als bemerkenswert empfunden.

Oberbürgermeister Böß hatte 1929 erneut auf seiner gestrengen Linie beharrt und einer jungen Florettfechterin die Teilnahme an der Berliner Sportwoche untersagt, weil sie als Olympiasiegerin in Amsterdam mit einer schwarzweißroten Fahne gewinkt hatte. Daraufhin war dann auch Kritik seiner eigenen Freunde am „nicht zweckmäßigen" Vorgehen des Oberbürgermeisters vernehmbar geworden. Man verstand die Ungelenkheit nicht, mit der Böß auf Ahndung einer vielleicht unbedachten Verwechslung der Fahnen bestand.

Böß war kein politischer Eiferer, kein Kämpfer für Parteilichkeit. Eher an Ordnung, Pflichtbewußtsein war der Verwaltungsmann an der Spitze der Reichshauptstadt orientiert. Politische „Gelenkigkeit", geschicktes Handhaben und Vorauskalkulieren von Kritik waren nicht sein Metier. Auch nicht, als es um ihn selbst und im Herbst 1929 ganz unvermittelt um seinen Rücktritt ging. Als aber die Stadtverordneten im Februar 1930 diesen Rücktritt debattierten, hieß es triumphierend in der Rede eines KPD-Verordneten: „Das System Böß, das System der Weimarer, das System der Schwarz-Rot-Goldenen ist ... zusammengebrochen." Das war Anfang 1930 gewiß noch Agitation und Wunschdenken. Aber wenn man den Umgang mit den Symbolen der Weimarer Demokratie im politischen Tageskampf der ausgehenden zwanziger Jahre Berlins im einzelnen überblickt, wird erkennbar, warum die Demokratie im Streit um das Symbolische, um die Begriffe und die Erinnerungswerte einen so schweren Stand hatte.

War es denn aber zutreffend, was die Links- und Rechtsextremisten in der Stadtverordnetenversammlung und in ihren Parteiveranstaltungen behaupteten: Daß dieses Berlin mit seinen Problemen an der Schwelle zu den dreißiger Jahren *das* Symbol für das Problematische am demokratischen Preußen, ja für das „unfähige demokratische System" in Deutschland war? Und war diese Demokratie vor Ort wirklich so

„grau", so „farblos", fehlte es ihr so sehr an allgemein Akzeptiertem, an begeisternden Ideen und Köpfen?

II

Die Verwaltungen und die Volksvertretungen

Ob sich die 1920 eingeführte Gliederung und Organisation der Berliner Verwaltung als praktikabel erwiesen hatte, blieb bis zum Ende der Weimarer Republik umstritten. Zunächst war kritisch auf die Bezirke geblickt worden, weil es dort das meiste an Neuem sowohl administrativ wie personell gab; dann auf die Stadtverordneten, deren Sitzungen neben heftigeren Auseinandersetzungen eigentlich nur eine mächtige Ausweitung der früheren Tätigkeit zu bringen schienen; schließlich auf Magistrat und Oberbürgermeister, die 1929 so plötzlich und dramatisch in die Schußlinie kamen. Für eine Zwischenbilanz ist das voraufgegangene Jahr 1928 geeignet.

Die Bezirke

Bei den Bezirksverwaltungen samt ihren Bezirksversammlungen waren seit 1920 nicht wenige Probleme deutlich geworden: Manche Umständlichkeit, zuweilen Schwerfälligkeit; im Bezirksparlament zu viel Freude an Debatten über nicht-bezirkliche, hochpolitische Themen, Zuständigkeits-Kalamitäten mit Magistratsstellen, parteipolitisches Postengerangel, zuweilen fachliche Unzulänglichkeit und ein relativ großer Kostenaufwand, insbesondere bei kleinen Verwaltungsbezirken. Was am meisten kritisiert wurde, war die „Politisierung der Verwaltung", die es seit jeher gab, die man vor 1914 auf bürgerlicher, speziell konservativer Seite aber nicht recht wahrgenommen hatte. Daß jetzt politische Parteien und deren Fraktionen in den Vertretungskörperschaften bei so vielen Fragen auch der Kommunalpolitik in ideologischen Streit gerieten, manchmal nur noch mühsam zu Mehrheitsentscheidungen fanden und auf die Personalpolitik ganz ungeniert einwirkten, wurde negativ beurteilt. Vor allem „Parteibuchbeamte" nahm man ins Visier.

Im Preußischen Landtag, bei der Staatsregierung und im Berliner Magistrat hatte man allerdings gewußt, daß die 1919/1920 von der

Mehrheit der Landesversammlung gewollte Demokratisierung des Berliner Verwaltungssystems mehr Parteieneinfluß und „Politisierung“ bringen würde. Aber das Übermaß, das „Ausufern“ wurde nun zum Ärgernis. Bei den konservativen Gegnern des Berlin-Gesetzes von 1920 war die Ablehnung jeglicher „Parteien-Demokratie“ in der Verwaltung ohnehin politische Maxime geblieben.

Mitte der zwanziger Jahre war die Agitationswelle „Los von Berlin“ verebbt. Überwiegend hatte man sich an die Bezirksverfassung zu gewöhnen begonnen, auch an die weitgehende Abhängigkeit der Bezirke von den Magistratsinstanzen.

Ohne Tradition war man in Preußen bei der Unterteilung von Ortsverwaltungen übrigens nicht. Die Gliederung der Städte in Bezirke ging in ihren Ansätzen bis auf die Steinsche Städteordnung von 1808 zurück. Dort hieß es einst:

„§. 11. Jede Stadt, welche über Achthundert Seelen enthält, soll geographisch nach Maaßgabe ihres Umfanges, in mehrere Theile getheilet werden …

§.12. Diese Theile werden Bezirke genannt, und jeder derselben wird durch einen Beinamen nach der darin belegenen Hauptstraße oder einem Hauptplatze etc. etc. von den übrigen unterschieden.

§.13. Der ganzen Stadt ist ein Magistrat und jedem Bezirk ein Bezirksvorsteher vorgesetzt.“

Damals waren diese Bezirke vor allem für die Durchführung der Wahlen zu den neuen Stadtverordnetenversammlungen wichtig. In der Revidierten Preußischen Städteordnung von 1831 hieß es dann (§ 97), der Bezirksvorsteher sei *„Unterbehörde des Magistrats für alle Geschäfte, welche blos örtliche Gegenstände, z. B. Straßenpflaster, Brunnen, Erleuchtung, Löschanstalten u. s. w. betreffen. In Beziehung auf diese Gegenstände hat er Aufsicht zu führen, Anzeigen zu machen, und die ihm vom Magistrate gegebenen Aufträge und Anweisungen zu vollziehen.“* 1853 sprach die neue Städteordnung für die sechs östlichen Provinzen Preußens von „Ortsbezirken“, die der Magistrat „nach Anhörung der Stadtverordneten“ bilde; der Bezirksvorsteher sei von den Stadtverordneten „aus den stimmfähigen Bürgern des Bezirks auf sechs Jahre“ zu wählen, auf gleiche Weise werde ein Stellvertreter „angestellt“ (§ 60).

Die Geschichte der Kommunalverfassung zeigte also ferne Wegmarken zum speziellen Berlin-Gesetz von 1920, das dann den neuartigen und viel größeren Bezirken eine von den Bürgern gewählte Vertretungskörperschaft und den Bürgermeister („Vorsitzenden des Bezirksamts") mit Stadträten, jeweils gewählt von der Vertretungskörperschaft, gegeben hat. Um die Zuständigkeiten und um das Maß an Abhängigkeit der Bezirke vom Magistrat ging es bei den Erfahrungen mit den neuen Verwaltungseinheiten während all der folgenden Jahre. Die städtischen Verwaltungsberichte wiesen später nach, daß man in den Bezirken mit Geschick und Improvisationsgabe sowohl neue administrative Anforderungen als auch herkömmliche Verwaltungsangelegenheiten, insbesondere aber Sozial- und Versorgungsaufgaben, in sehr großen Dimensionen zu bewältigen gewußt hat. In der Bevölkerung spürte man das am ehesten während ausgesprochener Krisensituationen gerade auch in den dichtbesiedelten, neu installierten sechs Innenstadtbezirken. Zwei Drittel der kommunalen Verwaltungsarbeit Groß-Berlins wurden in den Bezirken geleistet, so hat man unter Hinweis auf die Ausgabenanteile für 1927 festgestellt. Gleichwohl war schon um 1925 das Stichwort von der „Bezirksverdrossenheit" in Umlauf gekommen. Es begannen — nicht zuletzt vom Magistrat her — zahllose Erörterungen über Änderung, Vereinfachung, Verbilligung der Verwaltung, in erster Linie der Bezirksverwaltungen. Als Folge einer allgemeinen Personal-Abbauverordnung waren 1924/1925 selbstverständlich auch in den Bezirken systematisch Stellen gestrichen und war die Anzahl der besoldeten und unbesoldeten Bezirksamtsmitglieder verringert worden.

Die Gesamtzahl von Mitarbeitern bei den Bezirksverwaltungen lag Mitte der zwanziger Jahre zwischen ca. 275 (in Zehlendorf) und fast 1950 (in Charlottenburg); bei allen 20 Bezirken zusammen gab es etwa 17 000 Mitarbeiter. Zugleich war der Magistrat allein mit 9600 Beamten und Angestellten — ohne Lehrer — ausgestattet. Wachsende Bevölkerung und weiter zunehmende Aufgaben unter anderem im Sozialbereich ließen größere Personaleinschränkungen trotz aller Finanznot dann vorerst nicht mehr zu. Auch die in Berlin früh aufgenommene Arbeitsplatzprüfung, die Aufgaben-Kritik und erste Automatisierungshilfen konnten daran wenig ändern.

Daß Alt-Berlin bei einer Siedlungsdichte von fast 30 000 Einwohnern je qkm in sechs Bezirke aufgeteilt worden war, wurde bei den Reformdebatten ebenso kritisiert wie die überhaupt als zu groß empfundene Zahl von 20 Bezirken. Dabei hatten die Innenstadtbezirke je zwischen 290 000 und 380 000 Einwohner (Tiergarten und Kreuzberg). Zudem war die relativ große Zahl von gewählten Volksvertretern und ehrenamtlich — auch als Bürgerdeputierte — an der Verwaltung Beteiligten je Bezirk demokratisch gesehen nicht unwichtig, wenn auch fürs erste nur quantitativ zu werten. Eine hohe „Mandatsdichte“ gab der Demokratisierung immerhin mehr Chancen.

Zwischen dem Magistrat, vor allem seiner Spitze, und den Bezirksverantwortlichen war es übrigens im Laufe der Jahre nur zu ungenügenden Kontakten gekommen. Oberbürgermeister Böß erklärte 1928 in aller Form, er sei ein Gegner der Bezirksversammlungen und überhaupt nicht für die zu starke Großstadtgliederung nach Berliner Muster; er hatte im Grunde als Vorbild — aus der alten preußischen Städteordnung — stets jene „Ortsbezirke“ im Blick, die von Magistrat und Stadtverordnetenversammlung personell besetzt und als nachgeordnete Verwaltungen behandelt werden sollten.

Stadtsyndikus Friedrich C. A. Lange, der für die Bildung und Ausstattung der Bezirke in Ausführung des Berlin-Gesetzes zuständig gewesen und auch als kritischer Organisations- und Personaldezernent des Magistrats zum besten Kenner der Probleme geworden war, hat indessen seinem Tagebuch mehrfach andere, präzise Notizen über den Mangel an notwendigem Spielraum für die Bezirke anvertraut. Anfang 1928 zum Beispiel vermerkt er: Trotz Aufnahme sogenannter „Elendsfaktoren“ in die Berechnung der Finanzzuweisungen an die Bezirke je nach Bedürftigkeit „kann von der im Gesetz geforderten Bewegungsfreiheit noch immer keine Rede sein, und die Proteste der Bezirksbürgermeister sind nur zu berechtigt“.

An Friedrich Lange wandten sich nicht selten Mitglieder der Bezirksämter, wenn sie bei den Magistratsfachverwaltungen für neue Vorschläge kein Gehör fanden, obgleich sie manchmal die sachlich besseren Argumente hatten. Der Syndikus war dann in der peinlichen Situation, einzelnen seiner Kollegen im Magistrat eine vernünftige Bezirksinitiative fachlich verständlich machen zu müssen. „Die Weisheit muß ja nicht immer von oben kommen“, notierte er in diesem Zusammenhang.

Die Zahl der 20 Bezirke zu verringern, hielt im übrigen auch Syndikus Lange mit der herrschenden Magistratsmeinung zur Einsparung von Verwaltungskosten für richtig. „Fraglich ist nur, ob die Parteien auf einen Teil ihrer kommunalpolitischen Exerzierplätze verzichten werden.“ Für die politische Praxis einer noch jungen Demokratie war das 1928 keine spöttische Frage, weil es den Parteien von der Mitte bis zur Linken an Kommunalpolitikern mit *Verwaltungserfahrung* fehlte: Selbst unter den Einschränkungen, die für die Bezirke galten, war dort jedenfalls ortspolitische und administrative Praxis zu gewinnen.

Daß einige „Geburtsfehler" des Berlin-Gesetzes von 1920 korrigiert, Unklarheiten und Effektivitätsmängel beseitigt werden sollten, war 1927/1928 so weit klar, daß vom Magistrat zunächst — vergeblich — Vorschläge von den Bezirken verlangt, dann kurzerhand zwei Gesetzentwurfstexte für den Landtag zur Diskussion gestellt wurden. Über bloße Korrekturen gingen die Entwürfe weit hinaus: An die Stelle der Bezirksversammlung und des Bezirksamtes sollte nach bayerischem Vorbild, so lautete der eine Vorschlag, *eine* Körperschaft, der „Stadtrat" des Bezirks, mit einem besoldeten Vorsitzenden (Bürgermeister) treten; neben den ehrenamtlichen Bezirksstadtrats-Mitgliedern (den bisherigen Bezirksverordneten) hätten dann einige „berufsmäßige", besoldete Mitglieder der Körperschaft die Aufgaben der früheren Bezirksstadträte zu übernehmen gehabt. Vertretungskörperschaft und Verwaltungsführung wären so in einem Gremium zu vereinigen und dem Magistrat zu unterstellen gewesen. Der andere Entwurf des Magistrats wollte die bestehenden Bezirkskörperschaften überhaupt beseitigt sehen, es sollte jeweils ein Magistratsmitglied mit der selbständigen Leitung einer Bezirksverwaltung als „Bürgermeister" betraut und ihm ein bezirklicher Verwaltungsausschuß aus Stadtverordneten und Bürgerdeputierten beigegeben werden. Eine deutliche Zentralisierung und strikte Unterordnung der Bezirke kennzeichnete beide Vorschläge. Sie stimmten übrigens auch darin überein, daß wieder *ein* großer Innenstadt-Bezirk mit vielleicht 750 000 Einwohnern gebildet werden sollte, während die übrigen Bezirke neu, viel größer geschnitten und „radial" um das große Zentrum jeweils bis zur Peripherie hin angeordnet werden sollten; höchstens 9 solcher Bezirke sollten es werden.

Das waren verwaltungstechnisch interessante Modelle, aber schon so wenige Jahre nach Abschluß der Arbeiten zum organisatorischen Vollzug des Berlin-Gesetzes höchst zielbewußte Empfehlungen der Zentrale. Sogleich bei der ersten Beratung in der zuständigen Deputation (gebildet aus Stadtverordneten und Magistratsmitgliedern) verfielen beide Entwürfe der Vertagung auf lange Sicht. Fehlte es den Stadtverordneten an Einsicht? Wollten sie bereits parteipolitische Besitzstände schonen oder allzu hastige Neuerungen vermeiden? Beides spielte wohl mit. Jedenfalls war die Behauptung, daß die Regelung von 1920 „mehr Probleme geschaffen als gelöst" habe, nicht als ausreichende Begründung für die schnelle Abschaffung oder Einschränkung ohnehin begrenzter bezirklicher Selbstverwaltung akzeptiert worden.

Unter demokratischen Aspekten war die Regelung von 1920 mit der Heranziehung der Parteien und dem eigenen politischen Gewicht der

Bezirke — nach den Erfahrungen in den etwas normaler verlaufenen Jahren seit der Inflation — zweifellos ein bemerkenswerter Ansatz. Daß die *Staats*verwaltung nach 1918 fast unverändert beibehalten worden war, wurde später als eine der Tatsachen erkannt, die der Weimarer Demokratie die breite Verwurzelung, die Stabilität und Anerkennung vorzuenthalten half. Zumindest bei neuen Regelungen für sehr große *Orts*verwaltungen die Chance auf Einbau demokratischer Komponenten in die Institutionen und die Verfahren zu nutzen, war also durchaus geboten. So fremd wie der überkommenen Staatsverwaltung war überdies gerade der Kommunalverwaltung auch in Preußen die Mitwirkung der Verwalteten an der Verwaltung nicht, und zwar seit jener Steinschen Städteordnung und manchem späteren Kommunalverfassungsgesetz. Daß der streng konservativen Seite eben diese Selbstverwaltung wegen der Beteiligung der Bevölkerung seit jeher nicht geheuer gewesen war, schien erklärlich, weil es da andeutungsweise doch nach „Volksherrschaft" ausgesehen hatte.

Während man sich im Reich und in Preußen 1918/1919 mit der Demokratisierung beim Wahlrecht zufrieden gab, Staatsverwaltung und Kommunalverwaltung im großen und ganzen unverändert ließ, war das Kompromiß-Ergebnis der verfassunggebenden Preußischen Landesversammlung zum Berlin-Gesetz von 1920 ein nicht gering zu achtender Schritt zugunsten eines demokratischen Elements in der Verwaltung. Allerdings blieb für den Berliner Magistrat und die Stadtverordnetenversammlung die Städteordnung von 1853 in Kraft, unter anderem also das gesetzliche Erfordernis *übereinstimmender* Beschlüsse von Stadtverordneten und Magistrat („beider Gemeindebehörden") für die kommunalen Entscheidungen. Für das Verfahren in den Bezirken war das im neuen Gesetz nicht vorgesehen, so daß sich rechtlich eine hervorgehobene Stellung der Bezirksversammlung gegenüber dem Bezirksamt ergab.

Was die Parteien anging, so blieben die konservativen Kräfte während der gesamten Weimarer Zeit Gegner der demokratisierten Berliner Kommunalverfassung. Die Deutschnationalen schlugen noch 1930 die Abschaffung der Stadtverordnetenversammlung als Organ der Einheitsgemeinde sowie eine weitgehende Wieder-Verselbständigung der Bezirke mit Blick auf die einst eigenständigen Städte und Gemeinden im Gebiet Groß-Berlin vor. Die Bürgermeister der Bezirke sollten dann gemeinsam im Gesamtberliner Magistrat (genannt „Senat") die Mehrheit stellen.

Die Sozialdemokraten hatten sich zwar 1920 für das Berlin-Gesetz und für die demokratisch organisierten Bezirksverwaltungen eingesetzt; aber in ihrer politischen Programmatik lag kein besonderes Gewicht auf dem Ausbau einer starken kommunalen Selbstverwaltung. Demokratisieren wollte man zwar, aber die *Kommunalisierung* der Betriebe und Einrichtungen im Interesse sozialer Wirkungen der Gemeinwirtschaft wurde meistens als ebenso wichtig empfunden oder ihr sogar Vorrang eingeräumt. Selbst als es 1928 zu „Kommunalpolitischen Richtlinien" des Reichsausschusses für Kommunalpolitik der SPD kam, blieb das für die Gesamtpartei, die um soziale und sozialistische Demokratie kämpfte, ein Randgebiet. Als preußischer Innenminister während vieler Jahre, auch als Reichsinnenminister 1928 bis 1930, hat Carl Severing der kommunalen Selbstverwaltung innerhalb der demokratischen Republik kein besonderes politisches Gewicht zuerkannt. Die Demokratie war im Staat als Ganzem, vor allem also „oben" — beim Parlament und bei der Regierung — zu verankern, nicht „unten" in vielen Ortsdemokratien, wo ja auch konservative oder nicht-soziale Mehrheiten das Heft in der Hand haben konnten, so dachten viele Sozialdemokraten, soweit sie nicht selbst in den Organen der Städte und Gemeinden — oder in Berliner Bezirken — politisch weiterhin tätig waren.

Bei der Vorbereitung der „Kommunalpolitischen Richtlinien" der SPD hatten mit Paul Hirsch und Carl Herz, um nur zwei zu nennen, bekannte Berliner Bezirkspolitiker erheblichen Einfluß gehabt. Die Richtlinien aber konnten nichts daran ändern, daß letztlich und im Konkreten die Weimarer Demokratie zum Schaden des eigenen Fundaments, nämlich der Städte und Gemeinden, oft zentralistischer verfuhr als zum Beispiel der Staat Preußen vor 1914.

Die Vertreter der Deutschen Demokratischen Partei, des Zentrums und der Deutschen Volkspartei hatten in den Bezirksversammlungen gegen Ende der zwanziger Jahre zwar eine geringer gewordene Anzahl von Mandaten; sie blieben aber zumeist auf der Seite der Befürworter einer bezirklichen Selbstverwaltung und waren für die praktische Arbeit der Gremien oft in entscheidender Position.

Für die Kommunistische Partei waren die Berliner Bezirksverwaltungen mit ihren Volksvertretungen zumal nach der weiteren Linksschwenkung seit 1928 nichts anderes als Institutionen des zu bekämpfenden Klassenstaates und örtliche Agitationsbühnen. Propaganda-Gremien waren die Vertretungskörperschaften auch für die Nationalsozialisten, die 1929 mit ersten einzelnen Kandidaten in alle 20 Bezirksversammlungen kamen.

In Preußen war seit 1918 ein neues Gesetz über die kommunale Selbstverwaltung geplant, das der administrativen und politischen Modernisierung dienen sollte; es gab jahrelange Arbeit an ministeriellen Entwürfen, zu dem Gesetz aber kam es bis 1933 nicht. Die Berliner Regelung mit der demokratisch verfaßten Untergliederung einer sehr großen kommunalen Einheit hatte Parallelen (abgesehen von Eingemeindungs-Gebieten nach einem Gesetz von 1929 für Teile des Rheinisch-Westfälischen Industriegebietes) nur außerhalb Deutschlands, wie in Wien mit seinen älteren, kleineren und stärker abhängigen Stadtbezirken. Die eigenen Erfahrungen im Jahrzehnt 1920 bis 1930 mußten in den Berliner Bezirken unter schwierigsten Bedingungen gesammelt werden, wirtschaftlich und politisch, personell und administrativ. Selbst die Jahre 1925/28 konnten nicht als eine ausreichende Eingewöhnungszeit angesprochen werden, weil es an Kompetenzklarheit und vor allem an einer halbwegs zureichenden Finanzausstattung fehlte.

Daß Alt-Berlin in 6 Bezirke mit jeweils ca. 300 000 bis fast 400 000 Einwohner zerlegt worden war, erwies sich als eine etwas künstlich-schematische und aufwendige Lösung. Aber war es ganz abwegig, die nicht nur im sozialen und politischen Profil deutlich differierenden Stadtteile wie Tiergarten oder Friedrichshain, Berlin-Mitte oder Wedding in eigene kommunale Einheiten zu fassen, damit für die Bürger wie für die Großstadtverwalter eine gewisse Gliederung der „unübersichtlichen Riesenstadt" wirksam wurde? Mußten andererseits nicht so unterschiedliche Städte wie Charlottenburg, Lichtenberg, Schöneberg, Wilmersdorf, Köpenick, Neukölln oder Spandau mit ihren großen Erweiterungen nach der Einfügung in die Einheitsgemeinde ebenso schwierige Neugliederungs- und Anpassungsvorgänge durchmachen wie auch die vielen „Landgemeinden", von Steglitz bis Reinickendorf, von Zehlendorf bis Weißensee und Pankow? Man ist damit letztlich auch zu Rande gekommen. Die Verwaltungsreformdiskussion seit 1927, soweit sie durchgreifende Zentralisierung oder Zerlegung in alte Bestandteile als Forderungen laut werden ließ, war zwar erklärlich, aber mit einer nüchternen Bilanz aus den nach wenigen Jahren vorliegenden Erfahrungen nicht überzeugend zu begründen.

Der Mangel an Einheitlichkeit im Siedlungsgebiet Groß-Berlin war weder zu vermeiden noch schnell zu beheben. Bügerliche Wohngegenden und große Industriegebiete, Mietskasernen-Quartiere und Villenorte, Schwerpunkte politischer Radikalität, alte und neue City-Gebiete, Vergnügungsviertel und „Krawallreviere“ gehörten wie in den meisten Weltstädten zu dieser Stadtlandschaft. Und gerade das Nebeneinander des eigentlich Unvereinbaren zählte zum Typischen an diesem Berlin, war einer der Gründe für die Anziehungskraft der Stadt wie für die heftige Ablehnung, die sie erfuhr.

Die starken Unterschiede und Gegensätze, die sich (vgl. den ANHANG zu diesem Band, S. 364ff.) in den von Bezirk zu Bezirk so deutlich voneinander abweichenden Ergebnissen der Wahlen dokumentierten, waren nach dem Berlin-Gesetz immerhin in ein demokratisches Gefüge gebracht, stadtpolitisch signifikant, weil klar erkennbar und in gewissem Maße berechenbar geworden.

Daß das Jahrzehnt seit 1920 auch Mängel und übermäßige Organisation, hier und da ein Zuviel an Wahlpositionen und Gremien zeigte, galt für die Bezirke. Es galt aber auch für den großen Magistrat und für die Stadtverordnetenversammlung mit ihren 225 Mitgliedern und all ihren Ausschüssen und Deputationen. Die Demokratie in dem mit beratenden und beschließenden Körperschaften reich ausgestatteten Berliner Verwaltungsgefüge hatte es denn auch — wie in Preußen und im Reich — zunächst deshalb schwer, weil den „Weimarer Parteien“ politisch und administrativ erfahrene und den Wählern gut bekannte Mitglieder in der wünschenswert großen Zahl fehlen mußten: Weit über 1000 Mandatsträger zählten die 20 Berliner Bezirksversammlungen und die Stadtverordnetenversammlung bei Hinzurechnung der Bürgerdeputierten und ehrenamtlichen Stadträte.

Der Personalaufwand der Verwaltung für ihre hauptberuflichen Mitarbeiter hatte allenthalben Sorgen bereitet, so daß schon 1924 nach den vom Reich und von Preußen erlassenen „Abbau“-Verordnungen in den Berliner Bezirks- und Magistratsverwaltungen etwa 2000 Mitarbeiter — auch besoldete Bezirksstadträte und Magistratsmitglieder — entlassen worden waren. Nur korrigierten die Parteien so manche Personalentscheidung damals nicht nach fachlichen Qualitätsmaßstäben, sondern zugunsten der eigenen Partei oder sogar nach der aktuellen Mehrheitslage innerhalb der in Frage kommenden Partei. Diese öffentlich mit Recht sehr kritisch kommentierten Vorgänge haben dem Ansehen der Parteien und auch der Bewertung örtlich institutionalisierter Demokratie nachhaltigen Schaden zugefügt.

Ähnlich wie bei der Besetzung von Positionen im Berliner Magistrat gab es bei den Entscheidungen über Stellen besoldeter Stadträte in den

Bezirken immer wieder Streit um „politische" oder „fachliche" Voraussetzungen. Die staatliche Aufsichtsbehörde, also der „Oberpräsident", übte ebenso wie vor 1918 ein Recht auf Bestätigung der gewählten Kandidaten aus, jetzt auch in den Bezirken. Einzelne Ungeeignete, aber auch manche politisch Ungenehme — zum Beispiel Kommunisten — wurden durch Nichtbestätigung aus dem Amte eines besoldeten Bezirksstadtrats ferngehalten.

In der Praxis der Bezirke ergab sich ferner eine andere, im Gesetz nicht vorgesehene Übernahme von Vorbildern aus der preußischen „echten" Magistratsverfassung: Die Bezirksämter brachten Vorlagen zur Zustimmung in die Bezirksversammlungen ein, als ob man nach dem „Zweikammersystem" (Übereinstimmung von Stadtverordnetenversammlung und Magistrat) von 1853 arbeitete. Das wiederum hing mit den zu geringen und unklaren Aufgaben der Bezirksversammlungen zusammen; weit mehr konkrete Tätigkeitsfelder hatten die beschließenden Bezirks-Deputationen. Nicht selten bezeichnete man Bezirksversammlungen deshalb als „langweilig" oder „einflußlos". Als seit 1927/1928 immer mehr Agitationsanträge eingebracht wurden, von der KPD, der DNVP, dann heftig rivalisierend auch von der NSDAP, sah man aus den Bezirksversammlungen immer deutlicher parteipolitische Kampf- und Werbetribünen werden. Die einen nutzten und mißbrauchten sie, die anderen schüttelten den Kopf und wehrten sich gegen die Propaganda-Tiraden so gut es ging.

Waren die Ziele des Gesetzgebers, der 1920 etliches offengelassen, anderes unklar formuliert hatte, in der Realität der Berliner Bezirksverwaltungen während der zwanziger Jahre also nicht erreicht oder mißverstanden worden? Waren keine deutlichen demokratischen Ansätze in den Gliedern der dezentralisierten Einheitsgemeinde zu sehen? Ausweislich der regionalen Presse in der Stadt, der Werbung und Auseinandersetzung vor Wahlen, auch nach erhalten gebliebenen Unterlagen von Parteien hat sich ein durchaus beachtliches politisches Leben um die meisten Bezirksrathäuser entwickelt, sowohl dort, wo sie erst neu geschaffen, in Schulen oder Mietshäusern untergebracht werden mußten (wie in den neugebildeten Bezirken der Innenstadt), als auch bei den großstädtischen Rathäusern, so etwa von Neukölln, Charlottenburg oder Spandau.

Das Interesse der Bevölkerung an dieser innerstädtischen Demokratie eigenen Musters war unterschiedlich stark; örtliche Tradition sorgte hier für das eher großbürgerlich-konservative Bezirksbewußtsein des Wilmersdorfers oder Schönebergers, dort für Solidaritätshaltungen in den Arbeitervierteln am Wedding, auch am Friedrichshain. In den Notzeiten vor und in der Inflation, dann im bitterkalten, endlosen Winter 1928/1929 und zunehmend mit der großen Wirtschaftskrise waren vor allem die Bezirksverwaltungen zuständig für unmittelbare Hilfsleistungen, für Anträge, Bewilligungen, Bescheinigungen, für Verteilungen oder Auszahlungen. In den großen Außenbezirken hat es dazu dezentrale Ortsamtsstellen gegeben, und nach dem Gesetzestext von 1920 hätten auch regelrechte „*Ortsbezirke*" gebildet werden können.

Der entscheidende Ausbau der kommunalen Leistungsverwaltung, der konkreten „Daseinsvorsorge", vollzog sich in der Alltagserfahrung der Berliner (abgesehen von den Arbeitsämtern, die 1927 *vom Staat* als Sonderbehörden überbezirklich eingerichtet wurden) *innerhalb der Bezirke.*

Für das örtliche Gesundheits- und Krankenhauswesen, für fast alle Sozialfragen, die Jugendwohlfahrt, die Familienfürsorge, vor allem auch für das Wohnungswesen und eine Reihe von Schulangelegenheiten waren die Bezirke zuständig, ebenso wie etwa für die örtlichen Grünflächen und Anlagen. Nicht nur politisch engagierten Bürgern ist die kommunale Bezirksverwaltung deshalb binnen weniger Jahre zum Begriff geworden. So wie man andererseits zumeist auch wußte, daß zum Beispiel das „Polizeirevier", bei dem man sich mit ordentlich ausgefüllten Formularen bei jedem Wohnungswechsel zur „An- und Abmeldung" einzufinden hatte, *nicht* zum kommunalen Stadtbezirk, sondern zum zentralen Polizeipräsidium, jedenfalls zum Staat unmittelbar gehörte.

Was dem Bürger dagegen nicht so ohne weiteres bekannt sein konnte, war zum Beispiel der Mangel an Finanzmitteln für eigene örtliche Aufgaben der Bezirksverwaltung und die große Abhängigkeit vom Magistrat. Auch daß verantwortungsscheue Bezirksbeamte zu oft die zuständige Deputation im Bezirk um Beschlüsse baten, bevor sie handelten, obwohl sie selbst für die Entscheidung hätten einstehen können — wie viele Bürger konnten das schon wissen, um unnötige Schwerfälligkeit der Behörden wirksam zu kritisieren?

Die Erfahrungen mit den Bezirksverwaltungen waren bis 1928/1929 für die Einwohner — angesichts der Probleme, die seit 1920 zu bewältigen gewesen waren — überwiegend nicht negativ. Ernüchterung über die demokratische Republik insgesamt war verbreitet, bei politisch besonders Interessierten auch Enttäuschung, Desillusionierung. Die mit dem Berlin-Gesetz 1920 angestrebten Ziele für die verwaltungspolitische Gliederung mit Hilfe von Elementen der kommunalen Selbstverwaltung waren — finanziell „mangels Masse" — nur zum Teil erreicht worden; von einem Scheitern der Regelung aber konnte bei sachlicher Wertung niemand sprechen.

Das zeigte sich übrigens auch im Vergleich zu den Stadtbezirken Wiens und den Erfahrungen seiner Bezirksräte und Bezirksvorsteher mit der stark zentralistischen Position des Magistrats und des Bürgermeisters von Wien seit dem Erlaß der dortigen Stadtverfassung von 1920. Die Mitwirkung gewählter Bürgervertreter an der Verwaltung einer Millionenstadt war in Berlin weit stärker, so gesehen, die Demokratisierung besser ins Werk gesetzt. Die weniger guten Erfahrungen mit überzogenen Ansprüchen der politischen Parteien oder einer vorherrschenden Partei machte man in Wien übrigens ebenso wie in Berlin; auch die zerstörerische Agitation der extremistischen Parteien zum Ende der zwanziger und Anfang der dreißiger Jahre gab es hier wie dort.

Manche Berliner Bezirke hatten ihr eigenes Profil aus der dominierenden Bevölkerungsschicht, andere aus Siedlungs- und Wirtschaftsgegebenheiten; einige blieben „blaß", andere entwickelten ihre typischen Akzente, wurden bei bestimmten Ereignissen immer wieder genannt. Ein agiler Bezirksbürgermeister, ein engagierter Bezirksstadtrat mit interessantem Arbeitsfeld konnte zum politischen Profil seines Bezirks erheblich beitragen; dabei stand die Parteizugehörigkeit dann oft nicht mehr im Vordergrund. Von den 20 Bezirksbürgermeistern ordnete man 1928 zehn den bürgerlichen Parteien zu (Deutsche Demokratische Partei, Deutsche Volkspartei, Deutschnationale Volkspartei), zehn gehörten zu den Sozialdemokraten.

Zum Gewinn einer breiten Popularität der demokratischen Bezirksverwaltung in Berlin boten die einzelnen Jahre relativ normaler Arbeit nach Einrichtung der Bezirke, vor allem also 1925 bis 1928, zu wenig Zeit; zu viel steckte noch in den Ansätzen, erst einige größere Vorhaben mit beispielhaft Überzeugendem konnten 1928 von Bezirken fertig vorgezeigt werden. Die ganz großen Projekte im Bau- und Verkehrsbereich wurden ohnehin vorwiegend vom Berliner Magistrat geplant und gesteuert — und von ihm als politischer Erfolg verbucht.

Die Stadtverordneten

Wer 1928 auf die Arbeit der Berliner Stadtverordneten in den Jahren seit 1920 zurückblickte, dem bot sich das Bild eines sehr großen, politisch eifrigen Stadtparlaments mit langen Tagesordnungen, vielen

Anfragen und Anträgen sowie einer scharfen, fundamentalen Opposition vom äußersten rechten und linken Flügel. Es hatte sich nicht so sehr die mit 225 ungewöhnlich große Zahl der Mitglieder dieser Vertretungskörperschaft, wohl aber die zeitraubende Abwicklung in den zahlreichen „Ständigen Ausschüssen", „Gemischten Deputationen" (Stadtverordnete und Magistratsmitglieder) sowie „Zentralen Verwaltungsdeputationen" (mit den Bürgerdeputierten) nach dem Verfahren der Städteordnung von 1853 bei der Fülle und der Größenordnung der Entscheidungen in der Viermillionenstadt als problematisch erwiesen. Obwohl alle Stadtverordneten nach dem Gesetz von 1920 zugleich Bezirksverordnete waren, hatte sich die gewünschte verwaltungspolitische Verbindung, der Austausch von frühzeitiger Information und die wechselseitige Anregung nicht besonders stark entwickelt.

Die sogenannte echte Magistratsverfassung von 1853 hatte die Stadtverordnetenversammlung als eine der „beiden Gemeindebehörden", den Magistrat ausdrücklich als „Ortsobrigkeit" bezeichnet. Die Demokratisierung durch Änderung des Wahlrechts 1919 war in dem Berlin-Gesetz 1920 nicht dahin weitergeführt worden, daß die Volksvertretung der Einheitsgemeinde zum *obersten* Organ gemacht worden wäre, zu dessen Beschlüssen es einer Zustimmung des Magistrats nicht mehr bedurft hätte. Gleichwohl ergab eine Zwischenbilanz an Hand der Praxis bis 1928, daß die Demokratie in Berlin durch die Einschränkung der Alleinzuständigkeit der Stadtverordnetenversammlung kaum Schaden genommen hatte; so wie andererseits ein Demokratie-Gewinn bei den Bezirksversammlungen, die für ihre Beschlüsse keine Mitwirkung eines anderen Organs benötigten, praktisch nicht erkennbar geworden war.

Viel eher hatte im Urteil der Öffentlichkeit die vor allem seit 1926 gesteigerte Agitation der Parteien — entfacht besonders von Deutschnationalen und von Kommunisten — der Stadtdemokratie geschadet, weil negative Schlagzeilen über die Stadtverordnetenversammlung sich mehrten. So wie die KPD-Reichstagsabgeordnete und Parteiführerin Ruth Fischer 1924 ihre erste Rede vor dem Reichstag mit der Anrede „Hochverehrtes Affentheater!" begonnen hatte, so bewußt provozierend und herabsetzend wurde von Jahr zu Jahr zunehmend im Preußischen Landtag und in der Berliner Stadtverordnetenversammlung von Kommunisten, aber auch von extremen Völkischen, zuweilen von Deutschnationalen, insbesondere dann später von Nationalsozialisten geredet. Über Prügeleien, die nicht selten von KPD-Stadtverordneten ausgingen, wurde seit 1927 aus dem Stadtparlament berichtet.

Trotz solcher Vorgänge, oft übertrieben als alleiniges Kennzeichen für die damalige Entwicklung zitiert, war die Tätigkeit der Stadtverordneten bis 1929 letztlich nicht entscheidend beeinträchtigt. Die Volksvertretung traf die ihr zustehenden Entscheidungen — vom kleinen Grundstücksgeschäft bis zur großen Zusammenfassung der Nahverkehrsmittel in der Hand der Stadt mit Gründung der BVG, der Berliner Verkehrsgesellschaft. Die jährlichen Haushaltsbeschlüsse kamen seit 1926 mit der „Etatsmehrheit" aus SPD, DDP, Zentrum und (unter besonderen Mühen) der Deutschen Volkspartei zustande. Von der „Krise des Parlamentarismus" wurde zwar in Berlin häufiger als anderswo gesprochen, aber den Anlaß dafür gaben eher das Verhalten der Fraktionen im Reichstag, die Unfähigkeit der damaligen Parteien zum Kompromiß und die häufigen Regierungskrisen. Wenn abfällige Kritik an der Arbeit Berliner Kommunalverfassungs-Organe geübt wurde, so spielte dabei zuweilen — und bald immer stärker — die Absicht mit, durch Negativurteile über die demokratische Verwaltung in Berlin die Hauptstadt der Republik und damit den republikanischen, demokratischen Staat zu treffen. Die Aversionen gegen Berlin als politisch unruhige, riesige Stadt, die frühere Ablehnung Berlins als Reichshauptstadt überhaupt, wurden zusätzlich wachgehalten. Der Begriff des „roten" Berlin stammte aus der Zeit lange vor dem Ersten Weltkrieg und wurde von bürgerlicher Seite immer gern gegen Berlin aktualisiert. Nach den Kommunalwahlen von 1925 zum Beispiel konnte für politische Etikettierungen die sogenannte „Linksmehrheit" in der Stadtverordnetenversammlung benutzt werden, obgleich man wußte, daß die KPD-Stadtverordneten durch ihren immer härteren Kampf gegen die Sozialdemokraten bald dafür sorgten, daß keine „linke" Mehrheit zustandekommen konnte.

Die demokratischen Institutionen der Stadt Berlin funktionierten zwar bis 1929 und zum guten Teil auch in den folgenden Jahren. Doch gab es administrative und kommunalpolitische Defizite in nicht geringer Zahl. Dazu gehörte die unzureichende Zusammenarbeit zwischen der Magistratsspitze und wenigstens jenen Stadtverordneten-Fraktionen, die sich zu den erforderlichen Mehrheitsbeschlüssen bereitfanden; ein gleiches Defizit wurde in der Kooperation mit den Bezirksämtern immer wieder beklagt. Gemeinsame Ressortbesprechungen oder Beratungen unter den Bezirksbürgermeistern ersetzten die erforderliche Information und ein gemeinsames Vorbereiten der Willensbildung nicht. Die Hoffnung aber, daß im Laufe der nächsten Jahre hier durchaus Besserung bewirkt werden würde, war 1928 gewiß vertretbar. Verwaltungskoordinations-Sorgen, Parteienstreit-Auswüchse und Drohungen wie Warnungen aus radikaler Position konnten noch nicht zu Gründen für eine massive Minderung des Selbstvertrauens der demokratischen Kräfte in Berlin werden. Dazu war das — trotz aller staatlichen Finanzbenachteiligung Berlins — bis 1928/1929 bereits Erreichte, das Vorzeigbare zu deutlich: Unbestreitbar erwiesen hatte sich gerade in Groß-Berlin die Leistungsfähigkeit der viel gescholtenen demokratischen, dezentralen Großstadtverwaltung, so im Wohnungsbau, bei den Einrichtungen des Sozial- und Gesundheitswesens, bei den Sport- und Grünanlagen, im Messewesen, bei der Volksbildung und vor allem im öffentlichen Nahverkehr; und daß dieses Berlin seit 1919 weltweit eine Spitzenposition auf kulturellen Gebieten erlangte, hing ebenfalls mit der freiheitlichen Demokratie und Vielfalt in der Stadt zusammen.

Demokratisierung und Effektivität schlossen einander nicht aus, wie die Erfahrungen in Berlin trotz vielfältiger Probleme gezeigt hatten. Die 1920 gegründete Einheitsgemeinde hatte sich auch nicht zu einem Kommunalverband höherer Ordnung oder einem „20-Bezirke-Verbund" zurückgebildet, wie manche gehofft, manche befürchtet hatten. Die Gliederung in Bezirke mit einigen Selbstverwaltungsrechten war im Rückblick verwaltungspolitisch nicht als Fehlentscheidung zu werten, sondern als verbesserungsbedürftiger, aber vernünftiger Versuch der Einfügung demokratischer Elemente in die Stadtteil-Verwaltung. Dezentralisation war gewiß nicht gleichbedeutend mit Demokratisierung. Hugo Preuß war dennoch von der Zusammengehörigkeit des Selbstverwaltungsprinzips und der Volksstaatsidee überzeugt gewesen, ohne daß er diese Grundauffassung in der Weimarer Verfassung hatte eindeutig durchsetzen können. Immerhin war es zu dem Artikel 127 der Reichsverfassung gekommen, der den Gemeinden und Gemeindeverbänden das Recht auf kommunale Selbstverwaltung gab.

Eine stark eingeschränkte, besondere Form von Teilnahme an dieser Selbstverwaltung war den Berliner Bezirken eingeräumt: Das republikanische Preußen hatte „im Rahmen der Gesetze" den Stadtteilen der sehr großen neuen Einheitsgemeinde Berlin in Anlehnung an die gemeindliche Selbstverwaltung bestimmte Institutionen und einige Kompetenzen demokratischen Einflusses auf die örtliche Verwaltung gegeben. Im Reich und in den Ländern hatte man große Mühe, nach 1919 das politisch-repräsentative und demokratische Element in die unangetastet übernommenen Verwaltungs-Bürokratien einzufügen. In den Städten mit ihrer bereits bewährten Selbstverwaltung, insbesondere in Berlin nach dem Gesetz von 1920, war das nicht problematisch;

hier war es schon mehr darum gegangen, die führenden Positionen der Stadtverwaltung stärker mit den demokratisch legitimierten politischen Kräften zu verbinden. Eben diese Demokratisierung aber, die sich in Parteieneinfluß umsetzte, geriet unter besonders scharfe Kritik bei allen, die nach Auffassungen des 19. Jahrhunderts von der kommunalen Selbstverwaltung als einer *„unpolitischen" Verwaltung* sprachen, obwohl es die in den großen Städten — wenn überhaupt jemals — schon lange vor dem Ersten Weltkrieg nicht mehr gegeben hatte. Um „Entpolitisierung" der Kommunalverwaltung im Groß-Berlin der zwanziger Jahre zu kämpfen, hieß ein entschwundenes Trugbild gegen die Parteiendemokratie aufzurufen. Nicht nur auf konservativer Seite im politischen Tageskampf, sondern in weiten Kreisen — und auch in der Staatsrechtslehre — fand die Forderung nach der „unpolitischen" Verwaltung dennoch viele Anhänger. Die beachtliche Zahl von Gewerkschafts- und SPD-Mitgliedern unter den Arbeitern und Angestellten in der Berliner Verwaltung der zwanziger Jahre war einerseits Thema stolzer Organisations-Berichte; andererseits wurde sie als Beweis für „Parteiwirtschaft" zitiert.

Seit der Mitte der zwanziger Jahre hat es sowohl gegenüber der Stadtverordnetenversammlung wie den Bezirksversammlungen in Berlin deutliche Kritik an „überzogenem Kommunalparlamentarismus" gegeben. Die hektischer werdenden Debatten in den Vertretungskörperschaften, die Vielzahl der kommunalpolitisch abwegigen Propaganda-Anträge boten berechtigte Ansätze dafür. Das Nebeneinander, die Mehrfachberatung, auch das Gegeneinander und Durcheinander bei Erörterungen in Ausschüssen, Deputationen, Plenarsitzungen ließ sich sehr wirksam schildern, vor allem wenn man die schwierige Kooperation zwischen den Organen der Einheitsgemeinde und der Bezirke einbezog, wo es am meisten an Einübung mangelte. Auch Beispiele für viel zu langwierige Baugenehmigungsvorgänge fehlten nicht.

Komplizierter als eine hierarchische Verwaltung ohne Bevölkerungs-Mitwirkung war eine demokratisierte, überdies dezentralisierte Großstadtverwaltung zweifellos. Aber ein Zurück hinter die Steinsche Städteordnung von 1808 oder eine Beseitigung der politischen Parteien aus der Stadt und ihren Gliedern konnte nicht gut als realisierbar betrachtet werden — solange man die Weimarer Verfassung ernst nahm. Korrekturen unter Verwertung der Erfahrungen waren allerdings geboten, wenn man zutreffender Kritik begegnen und zudem bekräftigen wollte, daß eine große Verwaltung, wie die Berlins, funktionsfähig und gleichwohl institutionell und personell demokratisiert sein konnte.

Der Magistrat

Ein Fazit aus der Tätigkeit des Berliner Magistrats 1920 bis etwa 1928 ist gewiß nicht für alle Zeitabschnitte und Arbeitsbereiche mit übereinstimmend positiver Wertung zu ziehen. Daß aber ansehnliche, in weiten Teilen sehr gute Leistungen der Kommunalverwaltung für das damalige Berlin zu belegen sind, wird aus hinreichender Distanz stadtgeschichtlicher Betrachtung nicht mehr bestritten. Sowohl die Größenordnung der in Berlin zu lösenden Probleme, als auch der Vergleich mit der Verwaltungsarbeit in den anderen deutschen und ausländischen Großstädten während jener zwanziger Jahre bekräftigt die insgesamt eher günstige Beurteilung.

Der seit 1925 von 30 auf 24 Mitglieder verkleinerte Berliner Magistrat zeigte sich kommunalpolitisch den Aufgaben bis auf einige Ausnahmefälle gewachsen. Die Demokratisierung und Politisierung seiner Zusammensetzung in Abhängigkeit von den politischen Parteien und ihrer jeweiligen Stärke im Stadtparlament hat entgegen aller Kritik kein Versagen der Selbstverwaltung herbeigeführt. Es gab personelle Schwächen in einzelnen leitenden Stellen, und zwar bei den berufsmäßigen, besoldeten Stadträten seltener als bei den ehrenamtlichen, die nach jeder Stadtverordnetenwahl zur Disposition standen und den Parteien nach ihrem Verhältnisanteil in der Stadtverordnetenversammlung zugeteilt wurden. Die Wahl der berufsmäßigen Stadträte wie des Oberbürgermeisters auf 12 Jahre sorgte — trotz der Korrekturen unter parteipolitischer Sicht beim „Abbau“ 1924 und nach Vakanzen — für erhebliche Kontinuität. Das immer noch recht große Gremium fand zumeist auch zu kollegialer Zusammenarbeit.

Im Verhältnis zwischen Magistrat und Stadtverordnetenversammlung lag es teils an der Magistratsverfassung mit ihrer „Gewaltenteilung“, teils an den Personen, daß die Distanz größer, die Zusammenarbeit des Magistrats mit den Stadtverordnetenfraktionen geringer war, als es im Zeichen der Parteien-Demokratie zu erwarten oder auch tunlich gewesen wäre. Die Deutschnationalen waren unter den *besoldeten* Stadträten nach 1925 nicht mehr vertreten, die Kommunisten ebensowenig. Unter den 12 nichtbesoldeten Stadträten im Magistrat hatte die DNVP drei, die KPD dann (1929) zwei Mitglieder. Die großen, hauptamtlich besetzten Fachressorts im Magistrat wurden also nicht von Leuten mit extrem demokratiekritischer Position geleitet. Die „halbe Parlamentarisierung“ in dieser Gemeindeverfassung nach den Gesetzen von 1853 und 1920 funktionierte, was den Magistrat anging, denn auch zumeist ganz gut. Probleme zeigten sich vielmehr auf seiten des Stadtparlaments, wo die heftige Polarisierung durch die Radikalen von rechts und links die Arbeit und das Ansehen der Volksvertretung und der Berliner Kommunalpolitik zunehmend belastete, verstärkt durch ein Parallel-Verhalten der Extremisten in Bezirksversammlungen. Oberbürgermeister Böß, der sich dem parteipolitischen Nahkampf entzog, soweit und sooft es möglich war, wurde zum Hauptangriffsobjekt derjenigen Stadtverordneten, die die Weimarer Republik und die demokratische Kommunalpolitik in der Hauptstadt grundsätzlich anfeindeten. Das waren bis 1928/1929 annähernd 100 von 225 Stadtverordneten. Die mehr oder minder gute Abwehr der oft giftigen Vorwürfe hing dann ab von einzelnen Stadträten und ihrer Argumentationskraft sowie von der unterschiedlich abgestuften Hilfe von Sprechern aus den Fraktionen der „Etatsmehrheit".

Gerade wegen der — wie sie meinten — viel zu starken Stellung des Oberbürgermeisters (die sich zum Teil auf eine „Instruction für die Stadtmagisträte" aus dem Jahre 1835 zurückführen ließ) haben die Sozialdemokraten hier gewisse Vorbehalte walten lassen. Der taktisch nicht sonderlich geschickte Böß blieb stets mehr Beamter als Politiker, legte als Repräsentant der Reichshauptstadt bei der Fülle seiner Verantwortung bewußt auch manchen autoritären Zug nicht ab. Er hielt eine gewisse Isolation in diesem besonders schwierigen Berliner Amt für unumgänglich, reagierte zudem oft empfindlich. Und was für ihn hier gegenüber der Stadtverordnetenversammlung galt, war dort auch nach draußen, etwa zum Städtetag hin, bis zum Eklat zu verfolgen: Die andere Interessenlage der übrigen Oberbürgermeister der Großstädte, die im engeren Vorstand des Preußischen und Deutschen Städtetages den kritischen Ton gegenüber Berlin bestimmten, führte Böß 1927 zum Beispiel bis zu einer ernsten Austrittsdrohung Berlins gegenüber dem Städtetag, dessen Präsident Böß sogar selbst war und — mit fortan stärkster Zurückhaltung — auch weiter blieb.

Das kritische Urteil über die geltende Magistratsverfassung mit ihrem „Zwei-Körpersystem" wurde für manchen in Berlin durch diese Eigenarten des Oberbürgermeisters dahin zugespitzt, daß die aus der Vorkriegszeit übernommene Gemeindeverfassung eben nicht sehr demokratisch sei. So sahen es neben Sozialdemokraten auch andere Stadtverordnete. Die Umständlichkeit, der Aufwand mehrfacher Beratung und übereinstimmender Beschlüsse, also die „checks and balances" der alten Magistratsverfassung waren — ebenso wie die Dezentralisierung — in der Tat hemmend für eine forsche Stadtpolitik und für kurzfristige Entscheidungen; als „undemokratisch" aber hat die alte Kommunalverfassung sich in der Praxis der zwanziger Jahre nicht erwiesen. Es sei denn, man sah Demokratie nur dann verwirklicht, wenn das Volk durch sein Parlament die alleinige, unbegrenzte Entscheidungs- und Weisungsvollmacht hatte.

Gerade für die Verwaltung in einem noch sehr jungen freiheitlichen Parteienstaat war aber Demokratie vor Ort, zudem in der Einführungsphase, mit Parlamentsabsolutismus und Zentralismus kaum ins Werk zu setzen, wie schon damals vorliegende Erfahrungen auch zeigten. Daß die kommunale Willensbildung „unnötig kompliziert" und dies ein Argument *gegen* die Magistratsverfassung war, leuchtete dennoch so weitgehend ein, daß im Entwurf für eine Reichsstädteordnung, die der Deutsche Städtetag 1930 vorlegte, gar nicht mehr die Magistratsverfassung, sondern die Rheinische Bürgermeisterverfassung und die Bayerische Stadtratsverfassung alternativ vorgesehen waren; beide mit starker Stellung der Oberbürgermeister, die im Städtetag den Entwurf verabschiedet hatten. Freilich hatte dabei auch die jüngste Erfahrung Pate gestanden, daß Oppositions-Parteien bei der Magistratsverfassung in Stadtparlamenten für Propaganda-Anträge leichter Mehrheiten fanden, weil man wußte, daß der erforderliche gleichlautende Beschluß des Magistrats, weil nicht zu verantworten, ausbleiben mußte, so daß man die parteipolitische Werbung erzielte, nicht aber die Ausführung und die Folgen des Beschlusses zu berücksichtigen brauchte.

Weit stärker als durch die Magistratsverfassung war in der Hauptstadt der Wirkungskreis der kommunalen Selbstverwaltung eingeengt durch die Staatsaufsicht und durch überörtliche Zuständigkeiten älteren Ursprungs. Die gesamte Praxis kommunaler Politik der zwanziger Jahre in Berlin zeigte das nur zu deutlich, obwohl weit weniger darüber gesprochen wurde, als über andere Funktionseingrenzungen und Mängel der 1919/1920 demokratisierten Körperschaften der Stadt.

Schon die Finanznot der Stadt, zunächst als Folge staatlichen Unvermögens zur Regelung der Finanzausstattung der Gemeinden und speziell der Hauptstadt, bot ein böses Beispiel. Es fehlte an Resonanz auf die Notrufe Berlins. Auch in der Bevölkerung war für die daraus folgenden Einschränkungen der Eigenverantwortung ihrer Stadt kein kritisches demokratisches Interesse zu spüren.

Abgesehen von dem vordemokratischen Recht des Staates auf „Bestätigung" gewählter, hauptamtlicher Stadträte für Magistrat und Bezirksämter (als Bedingung für deren Amtsübernahme), war der Staat durch den „Oberpräsidenten der Provinz Brandenburg und für Berlin“ sowie durch den Polizeipräsidenten, der die Rechte des Regierungspräsidenten wahrnahm, weitgehend an der Berliner Verwaltung beteiligt geblieben. Der Verwaltungsalltag zeigte, daß es durchaus nicht um nur formale, „leerlaufende“ oder unwesentliche Eingrenzungen der Stadtkompetenzen ging. Der einstige Begriff der „Polizey‘ im Sinne von öffentlicher Verwaltung insgesamt schimmerte vielmehr durch, wenn man auch nur einen Teil dessen aufzählte, wofür in Berlin der Polizeipräsident zuständig blieb: Gewerbepolizei, Veterinär- und Lebensmittelpolizei, Straßenverkehrspolizei, Wasserbau, Aufsicht über Kunst, Theater und (dann zusätzlich) Lichtspielhäuser, nicht zu vergessen die Gesundheitspolizei, die „Ordnungs- und Sittenpolizei‘, das Paß- und Meldewesen. Die Sicherheits- und die Verwaltungspolizei zusammen beschäftigte für Berlin einschließlich der 20 Polizeiämter und der über 160 Polizeireviere in den zwanziger Jahren mehr als 21 000 Mitarbeiter, darunter ca. 4000 Verwaltungsbeamte.

Während die Baupolizei im Hochbauwesen nach 1920 an die städtischen Behörden übergeleitet worden war, hatte der Staat Genehmigungskompetenzen unter anderem für Grundstücksgeschäfte und alle seine Bauvorhaben, für die Aufnahme städtischer Anleihen usw. Auch die Preußische Bau- und Finanzdirektion hatte ihre zahlreichen Funktionen aus der Zeit Berlins als Residenzstadt der Hohenzollern und weitere Zuständigkeiten behalten. Auch bedurften alle wichtigen kommunalen Satzungen der Bestätigung des Oberpräsidenten.

Als Oberbürgermeister Böß, um nur ein einziges Beispiel zu nennen, den Bau eines Konzertsaales für die Philharmonie in Charlottenburg, nahe dem Bahnhof Tiergarten, planen ließ, weil ein Neubau hier weniger kosten würde als ein Abriß des bisher genutzten Gebäudes samt dortigem Neubau (nahe dem Potsdamer Platz), lehnte das zuständige Preußische Ministerium dies schlicht „aus grundsätzlichen Erwägungen“ ab; es blieb danach bei der unvollkommenen Lösung über Jahrzehnte hinaus.

Besonders deutlich war die politische Einwirkung des *Provinzialschulkollegiums*, das nach alten Regeln und Wertvorstellungen die Aufsicht über das (innere) Schulwesen ganz Berlins auch nach 1919 wahrnahm. Von ihm sagte Stadtsyndikus Lange in seinen Aufzeichnungen für 1928, daß es „... seine Hauptaufgabe darin zu erblicken scheint, der Berliner Verwaltung jede nur mögliche Schwierigkeit zu machen, indem man mindestens, wenn eine Genehmigung nicht verweigert werden kann, sie um Monate verzögert.“

Zur allgemeinen Staatsaufsicht schrieb Lange: „Unsere Bemühungen, daß der Innenminister selbst die Kommunalaufsicht führt, sind leider ergebnislos geblieben. Bis dahin schikaniert eine reaktionäre Bürokratie im Oberpräsidium ungeniert weiter." Der Stadtsyndikus gehörte der SPD an; er war alles andere als ein politischer Heißsporn. Aber über seinen Schreibtisch gingen nun einmal alle „rechtserheblichen Eingänge" von staatlichen Aufsichtsbehörden seit dem Inkrafttreten des Berlin-Gesetzes 1920. Und daher stammte sein Urteil.

Rechnet man noch hinzu, welche Vielzahl von staatlichen Auftragsangelegenheiten vom Magistrat und von den Bezirksämtern gemäß Weisung zu erledigen waren, so blieb kein sehr weites Feld für reine Selbstverwaltungssachen nach demokratischer Eigenentscheidung, zumal auch in den „guten Jahren" 1926/1928 außerhalb der Schwerpunkte erhebliche Geldnot bei den kommunalen Fachverwaltungen herrschte.

Daß Reichsbehörden mit eigener Ortsverwaltung zusätzlich eingerichtet und das Stadtgebiet dazu wiederum in gesonderte Verwaltungsbereiche zerlegt wurden — wie bei der (bis dahin kommunalen) Arbeitsvermittlung und der Arbeitslosenversicherung seit 1927 —, rundete das Bild ab. Die Aufwendigkeit und Ungereimtheit mancher Verwaltungsarbeiten ging auch in Berlin durchaus nicht immer auf das Konto kommunaler, demokratisierter Selbstverwaltung.

Carl Herz, Jurist, Stadtrat in Spandau seit 1921, von 1925 bis 1933 Bezirksbürgermeister von Kreuzberg, beklagte in späterem Rückblick auf die gescheiterte Weimarer Republik aus Berliner Erfahrung die Eingrenzung der kommunalen Selbstverwaltung in Preußen auf eine ausgedehnte „Wohlfahrts- und Wirtschaftsverwaltung". Daß keine wirklich umfassende Ortsverwaltung dem Bürger zur Verfügung stand, sondern daß die „Hoheitsverwaltung", vieles von der einstigen „Polizeyverwaltung", überwiegend im Griff des Staates blieb, erschien Herz als ein Grund für die mangelhafte Fundierung der Demokratie. Sein negatives Urteil über seinen Parteifreund Severing und dessen Begriff von Verwaltung und Demokratie war überzogen. Aber für jeden, der nach den Gründen für das Versagen der demokratischen Institutionen auch in den Städten 1931/1932 sucht und nicht die Wirtschaftskrise als einzige Ursache akzeptiert, bleiben solche Hinweise bedenkenswert.

Die Berliner Demokratie hatte ihre Grenzen und ihre Gefährdungen damals eben nicht nur in eigenen politischen Defiziten: sie wurde in erheblichem Maße vom Staat her reduziert. Das demokratische Bollwerk Preußen tat auch 1929/1932 nicht allzuviel für seine Bastion

Berlin. Daß die Spitzenpositionen in Regierungspräsidien und bei den großstädtischen Polizeipräsidien mit demokratisch Gesinnten — in Berlin mit Sozialdemokraten — besetzt wurden, sicherte für den äußersten Krisenfall nur eine oberflächliche Demokratisierung, weil in der *staatlichen* preußischen Verwaltung dann letztlich die konservative Überlieferung schnell wieder zur Geltung kam, nicht aber die noch neue demokratische Übung.

Ein Gegengewicht zum Einfluß der traditionell konservativen Staatsverwaltung war das eigenständige städtische Beamtentum schon lange vor 1914, in Berlin mit zumeist liberalen Oberbürgermeistern an der Spitze. Im Jahrzehnt nach 1920 gab es im Magistrat und in den aus Großstadtverwaltungen entstandenen Bezirksämtern deshalb schon eine Tradition der Verteidigung kommunaler Selbstverwaltung gegenüber mancher Zumutung staatlicher Aufsichtsbehörden. In den 1920 gebildeten Innenstadtbezirken war überdies eine neue Verwaltungs-Mitarbeiterschaft heranzuziehen, zum Teil aus den Gewerkschaften, auch aus jenen Parteien und Organisationen stammend, die die Weimarer Republik trugen; ähnliches galt für einen erheblichen Teil der Mitglieder der neuen Vertretungskörperschaften, ebenso für die Bürgerdeputierten. Die Zahl der Planstellen für Beamte lag 1929/1930 bei der Berliner Zentralverwaltung bei ca. 8200, in den 20 Bezirken zusammen bei annähernd 14 200. Zum demokratischen Engagement dieser Mitarbeiterschaft läßt sich Genaues meist nur im Einzelfall belegen, doch geben hier viele Quellen Hinweise auf weit mehr Aufgeschlossenheit für die Demokratie als bei dem 1918 übernommenen Beamtentum des Reiches und Preußens.

Im Bilanzrückblick auf die zwanziger Jahre erweist sich das Gesetz über die Bildung der Einheitsgemeinde Berlin von 1920 als das wichtigste Verwaltungsreformgesetz, das im demokratischen Preußen verwirklicht wurde und das dann auch im wesentlichen Bestand hatte, wenn man die Notlösung der Novelle von 1931 einmal vernachlässigt und wenn man die Beseitigung der Demokratie 1933 bis 1945 gesondert beurteilt. Zur Verwaltungsreform in Preußen und im Reich, zur Reichsreform insgesamt ist es ja — trotz immer erneuter Versuche — bis 1933 nicht gekommen. Kommunalverfassungsgesetze wie in Bayern 1927 die neue Gemeindeordnung waren als Verwaltungsreformschritte dem Groß-Berlin-Gesetz unter dem Aspekt der Demokratisierung noch am ehesten vergleichbar.

Wie kam es, daß sich die Demokratie in Berlin dennoch später nicht als so stabil erwies wie weithin angenommen? Hatte es nicht genug überzeugende Schritte zu demokratischen Entwicklungen speziell in Berlin gegeben?

III

Das Erforderliche und die hohen Ziele

Mehr als ein Jahrzehnt war seit 1914 vergangen — mit Kriegsnot, Umbruch, Krisen, Geldentwertung —, ehe in Berlin von 1925 an endlich wieder wirtschaftliche und politische Konsolidierung spürbar, Hoffnungen auf Beruhigung und Aufschwung deutlich wurden. Man konnte, ja mußte nun an das denken, was so lange trotz aller Dringlichkeit hatte liegenbleiben müssen — beim Einzelnen und auch in der Stadt. Die Liste des unumgänglich Erforderlichen bei den großen kommunalen Aufgaben Berlins war lang geworden. Nicht nur die Strom- und Gasversorgung, das gesamte öffentliche Verkehrswesen, der Sozial- und Gesundheitsbereich, die Wohnraumbeschaffung gehörten dazu, übrigens zum erheblichen Teil mit bösen Erblasten aus der „guten alten Zeit" vor 1914, ferner alle die öffentlichen Bauten und Einrichtungen, ohne die bei gewachsener Bevölkerungszahl keine Großstadtverwaltung ihren Aufgaben mehr gerecht werden konnte, von Schulbauten bis zu Straßen und Brücken, von Krankenhäusern bis zur Trinkwasserversorgung.

Dabei blieb die Finanzdecke von Reichs und Staats wegen gerade für Berlin sehr kurz, und der Finanzausgleich wurde entgegen allen Anträgen und Argumenten weder entscheidend verbessert noch endgültig geregelt. Wie allenthalben in Deutschland, wurden Auslandsanleihen aufgenommen, mit der Zeit auch mehr und mehr kurzfristige, weil man das Erforderliche anders nicht finanzieren konnte.

Alltagsarbeit, Erfolge und Idealvorstellungen

1928 war ein erfreuliches Jahr, trotz noch andauernder Wirtschaftsprobleme, trotz manch negativer Daten und pessimistischer Voraussagen. Verglichen mit dem stets herangezogenen „Normaljahr" 1913 gab es nun vierteljährlich bei der Berliner Sparkasse zum Beispiel regelmäßig viel mehr Einzahlungen als Rückzahlungen. Über zwei Drittel der Sparkonten hatten einen Bestand bis zu 500 RM; die Zahlen der Vorkriegszeit wurden insgesamt fast wieder erreicht. Die Preise waren im

Gesamtdurchschnitt gegenüber 1913 in Berlin allerdings um gut 42 % gestiegen.

Der Wochenlohn für männliche „ungelernte" Arbeitskräfte in der Textilindustrie lag nach Tarif jetzt etwas über 30,— RM, im Jahre 1913 waren es ca. 20,— Mark gewesen. In derselben Branche erhielten weibliche ungelernte Kräfte 1928 etwa 21,— RM in der Woche. Gelernte Kräfte bekamen je etwa 5,— RM mehr. In der für Berlin wichtigen Metallindustrie lagen die Löhne spürbar höher (insbesondere für gelernte Kräfte), im großstädtischen Baugewerbe noch günstiger sowohl für ungelernte wie für gelernte Arbeiter — mit über 50,— RM beziehungsweise 60,— RM je Woche. Es galt die 48-Stunden-Woche, bei Ausnahmen mit Überstunden-Zuschlägen. Der Anteil der Frauen unter den Erwerbstätigen in Berlin war mit etwa 800 000 hoch; ca. 1,8 Millionen männliche Erwerbstätige hatte die Volkszählung von 1925 ergeben.

Nach der sehr kräftigen Erhöhung der Beamtenbesoldung von 1927 lagen die Grundgehälter für beamtete Mitarbeiter des kommunalen Dienstes auch in Berlin zwischen 200,— und über 800,— RM monatlich, wenn man die Spitzenpositionen unterhalb der Wahlbeamten einbezog; den Gesamtberliner Haushalt belastete diese vom Reichstag beschlossene Erhöhung sogleich mit 45 Millionen RM Mehrausgaben jährlich.

Die Kriegsfolgen waren auf vielen Gebieten weiter deutlich wahrnehmbar: Die Wohnungsnot war groß geblieben. Auch der Neubau etlicher Wohnsiedlungen brachte nur partiell Erleichterung. Der Abbau der Wohnungszwangswirtschaft und der Wohnungsämter überhaupt, wie von der DVP und der Wirtschaftspartei energisch gefordert, wurde von den Sozialdemokraten ebenso energisch abgelehnt, die überdies die Einführung einer „Wohnungsaufsicht und Wohnungspflege" verlangten; eine Familie mit einem Kind zum Beispiel sollte in Zukunft eine Wohnung mit 48 m² haben, lautete ihr Ziel.

Es ging der kommunalen Demokratie in Berlin auch während dieser „besten Jahre" der Weimarer Zeit materiell nicht gut. Über Schulkinderspeisung und Grippestationen, über Reformen der (immer noch schlimmen) Obdachlosenbetreuung wie über die Tuberkulosebekämpfung hatte die Stadtverordnetenversammlung zu streiten: oft mit Rednern der KPD als *Ankläger* — die Tbc sei eine „proletarische Krankheit", 14 % von den Schulanfängern kämen aus „Tbc-betroffenen Familien" —; mit den Deutschnationalen, der DVP und der Wirtschaftspartei als *Kritikern* an den Großstadtproblemen und an der „sozialistischen Verwaltungs-Mißwirtschaft". Die Parteien der „Etatsmehrheit" stellten die *Verteidiger* der nur schrittweise erreichten Verbesserungen und der Magistratsarbeit überhaupt.

Die Kriminalität war in Berlin ähnlich wie in anderen Weltstädten relativ hoch, und eine weit mehr als früher auf Sensationen orientierte Vielzahl von Massenblättern sorgte für eine breite Berichterstattung, die das Bild der Metropole für die Provinz stark beeinflußte. Auch blutige Auseinandersetzungen zwischen radikalen politischen Parteien gehörten inzwischen zum Berliner Alltag. Schlägereien und Überfälle waren der SA wie dem Roten Frontkämpferbund vielfach nachgewiesen worden. Gleichwohl hatte man Ende März 1928 zum Beispiel das zeitweilige NSDAP-Verbot für Berlin wieder aufgehoben.

Die Ergebnisse der Reichstagswahlen und der preußischen Landtagswahlen vom 20. Mai 1928 brachten Gewinne für die SPD und Verluste für die Deutschnationalen, aber auch eine deutliche Zunahme für die KPD. Die Berliner Wähler gaben der NSDAP, die unter Joseph Goebbels mit Saalschlachten und rabiater Propaganda in der Stadt bewußt Unruhe erzeugt hatte, nur 1,6 % ihrer Stimmen (im Reichsdurchschnitt zählte man einen NSDAP-Anteil von 2,6 %). Im Bezirk Steglitz kamen die Nationalsozialisten allerdings auf 2,9 %. Die Kommunisten andererseits erzielten im Berliner Durchschnitt fast 25 %. Die Sozialdemokraten hatten mit knapp 33 % ihr bestes Wahlergebnis im Berlin der Weimarer Epoche überhaupt zu verzeichnen. Die Deutsche Demokratische Partei erlitt Einbußen. Eine getrennte Auswertung ergab übrigens, daß mehr Männer als Frauen KPD und NSDAP wählten, aber mehr Frauen SPD, DVP, DNVP und Zentrum (siehe ANHANG, S. 348 ff. zu Reichstags- und Stadtverordnetenwahlen).

Als im Sommer 1928 eine neue Reichsregierung der Großen Koalition — erstmals seit fünf Jahren wieder mit der SPD — an die Arbeit ging, brachte das auch für Berlin eine Bekräftigung seiner demokratisch-republikanischen Hauptstadtpflichten. Obwohl diese Regierung nur mit Mühe zustandegebracht worden war und schon bald von einer großen Schwierigkeit in die andere geriet, konnte von einer Chance zur Bewährung des Parlamentarismus gesprochen werden. Prinzipielle Kritiker des Weimarer Systems haben zwar damals schon, Historiker dann viel später dargetan, daß die Voraussetzungen für die Reichsregierung Hermann Müller, für die Wirtschaft in Deutschland, für die Stadtpolitik also auch in Berlin bereits 1928 sehr schlecht waren. Die Wirtschaftsdaten zeigten nämlich im weiteren Überblick, daß die Erholung nur eine „relative Stagnation" war, eine Scheinblüte, „hohle Prosperität" mit geborgtem Auslandsgeld; die Erwerbslosigkeit war zwar Mitte 1928 niedriger als zuvor, blieb aber (mit ca. 125 000 = 2,9 % der Bevölkerung in Berlin) dennoch erheblich.

Denen, die 1928 in der Berliner Kommunalpolitik die Entscheidungen zu treffen hatten, ist die Weiterführung auch großer Investitionen aus damaliger Sicht nicht zum Vorwurf zu machen. „Waghalsig" und „ohne Maßstab" waren die meisten Unternehmungen der Stadt nicht; die finanziellen Risiken waren wegen der Schwäche der Konjunktur erhöht, aber nicht unverantwortbar. Vergleiche mit Bemühungen und Entscheidungen der Stadtverwaltungen in Wien, Frankfurt am Main oder in Hamburg im gleichen Zeitraum liefern beachtliche Parallelen zum Beispiel auch im entsprechenden städtebaulichen Aufwand. In London und New York fehlte es noch an kommunal-politischer Organisation und Entscheidungskraft etwa für die dort ebenso wie in Berlin bereits notwendige Vereinheitlichung und Zusammenfassung der öffentlichen Personenverkehrseinrichtungen. Man sah somit Beispielhaftes in Berlin, nicht kommunalen Hauptstadt-Übermut, als Magistrat und Stadtverordnete 1928 die Gründung der einheitlichen Berliner Verkehrsgesellschaft und den Weiterbau von U-Bahnlinien beschlossen.

Es gab eine Menge zukunftsorientierter Ereignisse im Berlin jener Tage. Die jährlichen Funkausstellungen und eine erste Luftfahrtschau waren nur einzelne der vielen Erfolge der Stadt, in der zum Beispiel Siemens, AEG und Telefunken gerade ihre gemeinsame Tonfilmgesellschaft, die Klangfilm GmbH, gründeten. 1927 war in Tempelhof das größte und modernste Druckhaus Europas, von Ullstein errichtet, in Betrieb genommen worden. Der Alexanderplatz wurde umgebaut, er erhielt um einen großen Kreisverkehr sehr moderne, gleichförmige Geschäftsbauten. Dem weltbekannten Potsdamer Platz konnte der „Alex" nun als Verkehrsknotenpunkt den Rang wegen der U-Bahn/S-Bahn-Kombination bis auf weiteres streitig machen. Der Kurfürstendamm als anspruchvolles Geschäftsviertel samt Tauentzienstraße war längst zu einer zweiten City geworden, in Konkurrenz zur Friedrichstraße und zur Leipziger Straße. Die kommunalpolitische Entwicklung begünstigte auch damals schon die Stärkung von „Unterzentren" in der Stadt. Da waren die Veranstaltungshallen, wie die „Neue Welt" und der „Sportpalast" in Neukölln und Schöneberg, große neue Uraufführungskinos unter anderem am Gesundbrunnen und an der Steglitzer Schloßstraße („Titania-Palast"), es gab Schwerpunkte städtischen Lebens in der Weddinger Müllerstraße (die „Pharussäle" dort zum Beispiel von der KPD bevorzugt), in der Frankfurter Allee südöstlich vom Friedrichshain und in vielen anderen Teilen der Stadt.

Große öffentliche Kundgebungen, denen weithin Bedeutung gegeben werden sollte, legte man ins Stadtzentrum, auf den Platz zwischen Schloß, Dom und Altem Museum — den Lustgarten — oder auf den Platz der Republik; hier beging die Weimarer Demokratie vorzugsweise ihre Erinnerungstage. Die einzelnen Parteien nutzten für ihre Veranstaltungen zum Zweck überzeugender Auftritte gern Säle und Straßenzüge in Stadtteilen, wo sie bei Wahlen überdurchschnittliche Ergebnisse hatten.

Der Alltag des Berliners 1928 war für die sehr große Mehrheit weit weniger dramatisch und dunkel als für Franz Biberkopf in Alfred Döblins „Berlin Alexanderplatz", aber einiges von der Grundstimmung der Zeit in diesem Berlin fing der Roman ein. Einen Mangel an demokratischen Freiheiten empfand man in Berlin nicht, es sei denn, man zählte zu den Abonnenten der *Roten Fahne* oder des *Angriff.* Dem antiliberalen Zeitgeist, der im Laufe und gegen Ende der zwanziger Jahre deutlich zunahm, hat die Berliner Demokratie sich weitgehend entzogen.

Häufig wurde betont, es sei damals schnell gegangen, Berliner zu werden, wenn man in voller Bewußtheit die Atmosphäre der Stadt mit ihrer Vielfalt in sich aufnahm. Die scharfe, klare Reaktion des Berliner Publikums, das „Nichts-Feierlich-Nehmen und doch Ernst-Nehmen von Dingen", die „unbeschreibliche Dynamik", der Arbeitseifer und die Unternehmungslust, die Anziehungskraft für besondere Qualität, für alles Neue kennzeichneten das damalige Berlin ebenso wie (notgedrungen) die „Bereitschaft, schwere Schläge einzustecken — und weiterzuleben" (Willy Haas). Wer eindrucksvolle Bilder aus dem Tagesablauf im damaligen Berlin sucht, wird unter anderem auf den Dokumentarfilm von Walter Ruttmann (1927) „Berlin — Symphonie einer Großstadt" stoßen und zumindest vom äußeren Ablauf eines ganzen Tages der Stadt eine Kette von Impressionen im Rhythmus jenes Lebens finden. Ähnliches galt für den Film „Menschen am Sonntag", hergestellt 1929 von Robert Siodmak, Billy Wilder und anderen; hier ging es um ein Wochenende im Kreis junger Angestellter in Berlin. Die Bilder vom „chaotischen Sündenbabel" Berlin, von der „Kapitalisten-Metropole" wie von der „Zukunftsstadt des weltrevolutionären Kommunismus" wurden natürlich weiterhin mit kräftigen Strichen in der rechts- und linksradikalen Presse täglich nachgezeichnet.

Die dringenden Erfordernisse des Nachkriegs-Alltags, der „Nach-Inflationszeit" mit allen Folgen, blieben für die hauptstädtische Kommunalpolitik länger und in höherem Maße bestimmend, als die Demokraten es jemals geahnt hatten. Ihre hohen Ziele, in Parteiprogrammen und auf Parteitagen oft formuliert, kamen zu kurz und gehörten doch mit zum politisch Tragenden für einen guten Teil der Berliner Demokratie. All die hoffnungsvollen Ansätze seit 1920, die Ideen der freiheitlichen, aber auch sozialen Demokratie wollte man gerade in Berlin möglichst deutlicher als anderswo in Deutschland voranbringen, und das galt insbesondere auch für die Bürgerlich-Liberalen.

Der Ausbau der modernen Leistungsverwaltung

Die Riesenstadt hatte außerordentlich schwere Probleme, zugleich aber auch Chancen für beispielhafte Lösungen. An klugen Köpfen und an Experimentierfreude fehlte es nicht. Vorstellungen von einer modernen Gestaltung der städtischen Massengesellschaft waren für wichtige Bereiche sehr wohl zur Hand, wenn auch in eher allgemeinen Zielen, der Erprobung bedürftig, wie beispielsweise für eine freiheitliche Erziehung oder für die bessere Sicherung der Menschen im Sozialgefüge.

Am Konkreten, so bei Experimenten in diesen Verwaltungszweigen einzelner Stadtbezirke, trennten sich die Meinungen der Demokraten, die in der „Etatsmehrheit" zusammenarbeiteten.

Im Sozialwesen der Stadt zeigten sich zum Beispiel die weitgehenden Unterschiede in den Grundauffassungen. Hier war die Haltung der Sozialdemokraten so nachhaltig auf Hilfe für die Schwachen orientiert, daß von ihnen jede Finanzierung öffentlicher sozialer Einrichtungen oder Leistungen wie ein Schritt auf dem weiteren Wege zu einem demokratischen und „sozialistischen" Gemeinwesen empfunden oder doch behandelt wurde, während Ablehnung aus Finanznot oder mangels eigener Mehrheit ihnen als Abweichen vom einzig richtigen Weg erschien. Die Ausgaben für das Sozial- und Gesundheitswesen zuzüglich des Schulwesens — als *Sozialausgaben* zusammengefaßt und vorwiegend von den Stadtbezirken verausgabt — überschritten 1929 mit fast 500 Millionen RM die Hälfte des ordentlichen Haushalts der Stadt. Im entsprechenden Jahresbericht der Berliner SPD wurde dies als unumgänglicher und nur konsequenter Vorgang behandelt. Die Kritik der Kommunisten, die weit mehr Sozialleistungen des Kapitalisten-Staates forderten, war zu ertragen angesichts dieser Summen, ebenso die Vorwürfe etwa der Deutschnationalen, die behaupteten, es seien ganz unnötige „Luxusausgaben" in diesen Riesenbeträgen enthalten. Im übrigen wurde die hohe Zahl der Sozialdemokraten in der ehrenamtlichen Wohlfahrtspflege allein bei den Berliner Bezirksverwaltungen (mit ca. 3500 für die späteren zwanziger Jahre) gern als Beleg für den Erfolg des Engagements zugunsten der sozialen Demokratie genannt, aber auch als ein Verdienst der Bezirke gewürdigt. Zusammengerechnet soll es in allen 20 Bezirken damals aus der Bevölkerung annähernd 20 000 ehrenamtliche Kräfte in der Wohlfahrtspflege gegeben haben.

Die moderne Leistungsverwaltung fand in Berlin wie in anderen großen Stadtregionen zwar am frühesten ihre Ausprägung vor Ort; nur blieb man mit den auf das unabweisbar Notwendige begrenzten Leistungen weit entfernt von Regelungen nach idealen politischen Grundvorstellungen vom gemeinschaftsorientierten Staat, in dem die gesellschaftlichen Gruppen wechselseitig für einander eintraten und den Schwächsten hinreichend geholfen wurde. Eine früher volksfremde Bürokratie in der sogenannten Armenverwaltung sei nun wenigstens von einer modernen Wohlfahrtsverwaltung der Bezirke abgelöst und diese auch in breiten Volkskreisen verankert worden, so sagte man. In den 20 Bezirksämtern stellte die SPD die höchste Zahl von Stadträten im Ressort Allgemeine Wohlfahrtsverwaltung, nämlich 13. Weitere 12 SPD-Stadträte hatten das Dezernat Jugendwohlfahrt, 11 das Kunst- und Bildungswesen, je 10 arbeiteten im Schul- und Wohnungswesen, 9 im Gesundheitswesen, aber nur 6 SPD-Stadträte im Dezernat Finanzen.

Die „sozialdemokratische Handschrift" war, wie in einigen deutschen Großstädten so auch in Berlin, für die Weimarer Epoche mit kennzeichnend. Da in Berlin aber nicht die Spitze des Magistrats, also der Oberbürgermeister, von der SPD gestellt wurde, auch in der Stadtverordnetenversammlung die Zahl der SPD-Mandate bei 73 von 225 lag (1925—1929), war der sozialdemokratische Einfluß — speziell in den neun Bezirken mit bürgerlichen Mehrheiten in der Bezirksversammlung — vielfach deutlicher begrenzt, als es der breiten Öffentlichkeit bewußt war. Deutschnationale, also strikt konservative Kommunalpolitiker, und Volksparteiler mit liberal-konservativen Grundsätzen gaben der Berliner Demokratie nicht nur von ihren Bezirkshochburgen her zu erheblichem Teil auch andere Farben als „rot", ebenso die Deutsche Demokratische Partei und, wenn auch in weit geringerem Maße, das katholische Zentrum.

Bestärkt wurde der Eindruck vom übermächtigen SPD-Einfluß allerdings dadurch, daß auf einigen der am heißesten umstrittenen Feldern der Stadtpolitik Sozialdemokraten mit außergewöhnlich angelegten Vorstößen ihren hohen Zielen nachgingen. Im Bezirk Neukölln hatte der Stadtschulrat *Kurt Löwenstein*, weit über Berlin hinaus als Schulreformer wirkend, zusammen mit *Fritz Karsen* Formen der betont weltlichen Schule ausgebaut, auch den besonderen Bildungsweg über die Aufbauschule zur Universität eröffnet, Abitur-Kurse für junge begabte Arbeiter eingerichtet, die Karl-Marx-Schule als Versuchsstätte moderner Pädagogik bekannt gemacht, auch Arbeitsunterricht unter dem Ideal sozialer Verantwortung befürwortet und überhaupt seine sozialistischen Erziehungsideen nachdrücklich vertreten. Die Auseinandersetzungen, die sich daran entzündeten, wurden nicht nur von Konservativen im „Provinzialschulkollegium" verschärft, sondern von vielen, auch demokratischen Gegnern solcher Ansätze. Hier setzte dann sogar der in der Berliner Bevölkerung nicht besonders verbreitete Antisemitismus mit ein, um den Reformer zu treffen.

Man konnte in anderen Stadtbezirken damals ebenfalls Reformansätze finden, spezielle Bemühungen um Volksbildung, Volksbüchereien, um das Gesundheitswesen oder auch um Modelle für eine neue umfassende Jugendarbeit der demokratischen Kommunalverwaltung, wie zum Beispiel in Prenzlauer Berg, wo Walter Friedländer seit 1920 besoldeter Stadtrat für Jugendwohlfahrt und Otto Ostrowski seit 1925 Bürgermeister war. Die Einrichtung eines eigenen Jugendamtes nach neuem Reichsgesetz hatte hier zu beispielhaft ausgedehnter moderner sozialer Arbeit geführt. Die Sorgen mit sogenannten „Wilden Cliquen" arbeitsloser Jugendlicher gehörten da zu den Problemen.

Der Fortschrittsglaube junger, politisch zumeist sozialdemokratisch engagierter Mitarbeiter der Verwaltung wurde in den Erinnerungen der Zeitgenossen gerade auch für Berliner Bezirksdezernate nachträglich häufig als wichtigste persönliche Motivation gegenüber all den Schwierigkeiten der Zeit bekundet. Bitterkeit und enttäuschte Abwendung gegenüber dieser sozial bemühten, nicht radikalen Demokratie hat es auf dem entschieden linken Flügel des politischen Spektrums allerdings auch gegeben, dann aber seinen Ausdruck zumeist in kritischer politischer Tagesliteratur gefunden, unberührt von Erfahrungen aus praktischer Arbeit etwa in der Verwaltung.

Stadtdemokratie als Bauherr: Wohnungen und Verkehr

Die weitgesteckten Ziele rückten bei der Arbeit im Berliner Magistrat zwar mehrfach in den Vordergrund, kamen aber hier nur in einzelnen Bereichen voll zur Geltung. Das unmittelbar Notwendige und das „hohe Ziel“ ließen sich zum Beispiel bei Städtebau und Stadtplanung mit dem Erfordernis eines möglichst umfangreichen Wohnungsbaus verbinden. Ein Architekt und Stadtplaner, der die Modernisierung und Rationalisierung im Bauwesen zu seinem Spezialgebiet gemacht hatte, wurde 1926 Stadtbaurat für Hochbau und Leiter des Amtes für Stadtplanung: *Martin Wagner.* Er blieb es bis 1933. Und er zählt zu denen, die beispielhaft und mit gutem Recht als Berliner Demokraten jener Epoche hervorgehoben werden können. Er gehörte zu den sozial Engagierten wie zu den Schwierigen. 1931 verließ er die SPD.

Geboren 1885 in Königsberg/Preußen, war Martin Wagner seit 1914 beim Zweckverband Groß-Berlin, dann 1918 und 1919 Stadtbaurat von Berlin-Schöneberg; mit der neuen Lindenhof-Siedlung war sein Name verbunden. Bis 1926 war er Geschäftsführer gewerkschaftlicher Baubetriebe und Wohnungsbauunternehmen: Die Reform der Wohnungswirtschaft und der kostengünstige Kleinwohnungsbau bestimmten seine Arbeit. In seine Amtszeit als Stadtrat im Berliner Magistrat gehörte die „Hufeisen“-Großsiedlung in Berlin-Britz, an der er mit Bruno Taut als Architekt und Planer beteiligt war. Sowohl die Bauindustrialisierung wie das Bemühen um Modelle für das Wohnen in der neuen Gesellschaft und für entsprechende Eigentumsverhältnisse standen hier Pate. Doch darüber wie über die Siedlungsbauten in Siemensstadt, über „Onkel Toms Hütte“ in Zehlendorf, die „Weiße Stadt“ in Reinickendorf usw. ist bereits viel geschrieben worden; auch kann man sich bis heute einen guten Teil der Bauten selber ansehen.

Wagner fühlte sich seit 1926 weit mehr als für den Wohnungsbau schon in der Verantwortung für den Umbau der Großstadt zur Weltstadt, er sah sich als Planer für das bessere Funktionieren der „Stadt als Betrieb“, auch bei den Lösungen der Verkehrsprobleme. Die so wichtigen neuen Bauordnungen für Berlin aus der zweiten Hälfte der zwanziger Jahre sorgten endlich für soziale und gesundheitliche Mindestbedingungen im Mietwohnungsbau. Jetzt ging es für Wagner darum, die wirtschaftlichen Triebkräfte der Stadtentwicklung nutzbar zu machen. An der zum Teil neuen und beispielhaften gemeinwirtschaftlichen Finanzierung und Trägerschaft der großen Siedlungsbauten hatte er erheblichen Anteil. Der Ausbau der Vorstädte, aber auch „Auto, Kino,

Radio und 5-Tage-Woche" waren ihm gerade nach den Erfahrungen seiner USA-Reisen wichtig geworden. Die von ihm 1929 herausgegebene Zeitschrift *Das neue Berlin*, die nur ein Jahr lang erschien, zeigte seine Konzeptionskraft. Die zahlreichen Veröffentlichungen Wagners, besonders seit 1926, boten ein Kompendium von Anregungen, Entwürfen, Lösungsvorschlägen zur stadtplanerischen Entwicklung Berlins, wie man es so reich bei keinem anderen in diesen Jahren finden konnte. Wagner hatte schon 1927 die ersten Ablehnungen seiner Vorschläge hinnehmen müssen; er hat sich — auch gegenüber dem Oberbürgermeister — aber bald durchzusetzen gewußt. Von den exemplarischen Bauten für das Strandbad Wannsee bis zur Realisierung des Volksparks Rehberge und des Ausstellungsviertels um den Funkturm reichte sein Einfluß, seine Verantwortung. Und die hat er aus demokratischer Motivation wahrgenommen, ohne großartige Gesten oder Ansprüchlichkeiten: einschließlich jener Rede übrigens, mit der er vor dem Deutschen Werkbund im Juni 1933 wie zuvor in der Akademie der Künste auf die Angriffe gegen Mitglieder wie Heinrich Mann und Käthe Kollwitz in einer Strenge, mit einem Mut reagierte, wie sie so konsequent nicht häufig zu finden waren.

Die Leistungen im Bauwesen Berlins während der zwanziger Jahre, seither nicht nur vielfach beschrieben, sondern mehr denn je positiv bewertet, können im Zusammenhang der Namen Martin Wagner, Otto Bartning, Bruno und Max Taut, Hugo Häring, Hans Poelzig, Walter Gropius, Ludwig Mies van der Rohe, Erich Mendelsohn, Hans Scharoun zum Beispiel eindrucksvoll belegen, was zukunftsorientiertes Schaffen brachte. Ein wichtiges Stück Berliner Demokratie der Weimarer Zeit ist hier als Erbe auf uns gekommen, übrigens auch über den Weg vieler Beteiligter in die Emigration seit 1933 — und zurück nach dem Kriege in das weitgehend zerstörte Berlin — dann ohne Martin Wagner, der aus den USA nicht zurückgerufen wurde und kritisch auf vieles blickte.

Will man weitere hervorragende Vertreter der Berliner Demokratie aus der zweiten Hälfte der Weimarer Zeit wenigstens als Beispiele nennen, so ist zweifellos *Ernst Reuter* mit seiner Arbeit als Stadtrat für Verkehr zu beschreiben, wie im Ersten Teil dieses Bandes geschehen.

Schon sein Erfolg, trotz aller wirtschaftlichen Widrigkeiten das Großberliner Interessengewirr überkommener und neuer Verkehrssysteme zu klären, die Unternehmen in der Hand der Stadt zusammenzufassen und die breite Zustimmung des Stadtparlaments zu erreichen, wies ihn als Kommunalpolitiker ersten Ranges aus und brachte den

Einwohnern der Stadt Verbesserungen großen Umfangs. Das Bemühen und die Erfolge demokratischer Stadtverwaltung in der Weimarer Epoche für Gesamt-Berlin hatten auf diesem Gebiet überhaupt ihren Schwerpunkt — gefördert durch eine gewisse „Verkehrsbegeisterung" der Berliner und ihres Oberbürgermeisters Böß. Die extreme Konzentration auf die Verkehrsaufgaben mit den weitgreifenden Grundstücksankäufen berührte aber auch — oder überschritt — bereits die äußersten Grenzen des wirtschaftlich noch Tragbaren. Für Reuter waren die großen, modernen Verkehrsbauten Berlins und die Ausgestaltung der Verkehrsnetze „bewußt Hilfsorgane und Träger" der gesamten Stadtentwicklung. „Das neue Berlin", schrieb er 1929, „entwickelt sich ja überhaupt in seinen Außenbezirken: In Zehlendorf, in Britz, in Reinickendorf, in Lichtenrade, in Pankow, in Köpenick bekundet es den Willen einer neuen Zeit zu neuen menschenwürdigen Wohnungen, zu neuen Stadtbegriffen und Verhältnissen". Den Lebens- und Selbstbehauptungswillen seiner Generation sah Reuter in solcher weitgreifenden, demokratisch fundierten Kommunalpolitik bekräftigt.

Bei den Sozialdemokraten zählte zu den „hohen Zielen" der nachhaltige Ausbau der Gemeindewirtschaft, der städtischen Unternehmen, eben die „Kommunalisierung". Wo die SPD in Großstädten kommunale Verantwortung übernahm, stärkte sie den Sektor öffentlicher Wirtschaft; sie konnte hier an die Stadtpolitik der bürgerlichen Seite aus den Vorkriegsjahrzehnten anknüpfen, in denen Stadtwerke und öffentliche Einrichtungen nicht nur sozial-hygienisch gebotene Leistungen übernahmen, sondern neue technische Entwicklungen für die Städte nutzbar machten — teilweise wurden sie auch erst nach Übernahme aus privater Hand für die ganze Stadt mit öffentlich verantworteten, einheitlichen Tarifen zugänglich, wie zum Beispiel in Berlin Stadtgas, Straßenbahn usw.

Die kommunalpolitischen Richtlinien der SPD von 1928 enthielten unter dem Titel „Gemeindesozialismus" die Forderung nach einem „Reichskommunalisierungsgesetz" und nach einem entsprechenden Enteignungsrecht. Nicht nur die örtliche „Bedarfsversorgung" (Wasser, Elektrizität, Lebensmittel, Baustoffe), sondern die Förderung der Volkswohlfahrt und des Bildungswesens waren dort aufgenommen, bis zu Apotheken und Lichtspielhäusern. Daneben stand die Beteiligung der Gemeinden an „Wirtschaftsunternehmungen, die mit der Führung öffentlicher Betriebe in Zusammenhang stehen oder deren Beeinflussung durch die Gemeinden heute oder in Zukunft von Wichtigkeit sein wird". Zwischen Kommunalsozialismus und Kommunaldemokratie sah man eindeutige Zusammenhänge. Berührungen mit der „Wirtschaftsdemokratie", wie sie 1928 vom Kongreß der Freien Gewerkschaften postuliert wurde, waren gewollt.

Auf dem Wege zu mehr Kommunalwirtschaft war es in Berlin bei den konkreten Ausbauschritten seit 1920 zwar nicht zu großen Auseinandersetzungen gekommen, weil die prinzipiellen Einwände der Wirtschaftspartei oder der Deutschnationalen mit besseren Argumenten aus kommunalpolitischen Erfahrungen und Notwendigkeiten eindeutig entkräftet werden konnten. Ernst Reuter hielt aber der DDP noch während des Kommunalwahlkampfes im November 1929 entgegen, für die große Masse der Bevölkerung sei die *Freiheit* und nicht das *Privateigentum* Grundlage ihrer kulturellen Entwicklung. Das *Bedürfnis* bestimme füglich die Entwicklung zur öffentlichen Wirtschaft und zu mehr kommunalen Einrichtungen. Aber er setzte auch schon skeptisch und vorsorglich hinzu: „Es gibt Zweige der gemeindlichen Betätigung, die uns vielleicht wieder verloren gehen können, wie die Elektrizitätsversorgung"; er verwies dazu auf problematische Tarif- und Lohnentscheidungen. Die wirtschaftliche Gesamtentwicklung und die Finanznot der Stadt ließen die weitere Annäherung an eines der „hohen Ziele" auch hier nicht zu, führten eher zu Rückzügen.

Als Berlins Oberbürgermeister Gustav Böß 1929 mit einem Buch unter dem Titel „Berlin von heute — Stadtverwaltung und Wirtschaft" für mehr Einsicht in die Verklammerungen zwischen öffentlicher Verwaltung und Ökonomie sorgen wollte, tat er es an Hand einer umfassenden Schilderung der kommunalen Einrichtungen, der städtischen Unternehmen und aller ihrer Leistungen. Der studierte Kameralist lieferte ein Plädoyer für die moderne kommunale Daseinsvorsorge als Voraussetzung für das Gedeihen der Wirtschaft und der Bürgerschaft. Vom „Kommunalsozialismus" abgesehen, standen ähnliche Gesamtziele bei dem bürgerlichen Demokraten Böß ebenso im Mittelpunkt wie bei dem sozialdemokratischen Stadtrat Reuter. Der erweiterte wirtschaftlich-soziale Aufgabenkreis der kommunalen Demokratie war eben das anerkannte Hauptthema damaliger Stadtpolitik. Berlin hatte von Interessenverbänden der Wirtschaft im Reich, speziell auch vom Präsidenten der Reichsbank, Schacht, heftige Kritik wegen seiner großen Kommunal-Investitionen zu ertragen und dann auch scharfe Finanz-Restriktionen hinnehmen müssen. An der Überzeugung aber, mit all den kommunalen Leistungen — einschließlich des Wohnungsbaus, der Verkehrs- und Versorgungsbetriebe, der Anlage von Volksparks, der Freiflächenpolitik, ja der umfassenden Sozial- und Volksbildungspolitik — das für diese Weltstadt *Erforderliche* zu liefern, hielten die Hauptvertreter der Berliner Demokratie unbeschadet sehr verschiedener politischer Grundauffassungen und Parteizugehörigkeiten fest.

Wie der Magistrat, so hat sich — unter Selbstausschluß der KPD, einiger Mitglieder der Wirtschaftspartei und der Deutschnationalen — in der Stadtverordnetenversammlung bis zum Spätsommer 1929 fast immer eine ansehnliche demokratische Mehrheit des praktisch für die Stadt Notwendigen angenommen. Nur vier Namen seien hier genannt: Johannes Haß (SPD) als Stadtverordnetenvorsteher in vielen Amtsjahren, ferner Otto Merten (DDP), Wilhelm Caspari (DVP) und Karl Steiniger (DNVP), deren Argumentationen in den Stenographischen Berichten des Donnerstagabend-Stadtparlaments nachzulesen nie unnützer Zeitaufwand war. Auch wer dem Wirken bestimmter Bezirkspolitiker in jenen Jahren nachgeht, wird — von dem Wilmersdorfer, dann Charlottenburger Bürgermeister *Karl Augustin* (DVP) beispielsweise bis zu dessen Weddinger Amtskollegen *Carl Leid* (USPD/SPD) — eine lange Reihe profilierter demokratischer Verwaltungspolitiker finden.

Sie alle verleugneten ihre hohen politischen Ziele nicht. Aber das täglich oder doch kurzfristig Notwendige in der Stadt hatte letztlich immer wieder den Vorrang.

IV

Die öffentliche Meinung und die Stadtkultur

Für die sogenannten „Goldenen Zwanziger“ Jahre ist Berlin weit über Deutschland hinaus zur Beispielstadt geworden. Zwar wußte niemand so recht, warum von „Goldenen“ Jahren die Rede war; die Anführungsstriche waren schon bei der Prägung des Begriffs dabei. Aber daß weniger das materielle als vielmehr das geistige Leben, dessen Fülle und Reichhaltigkeit, „golden“ genannt werden konnte, hat sich zumindest im Rückblick als eine annehmbare Deutung durchgesetzt.

Das Kulturelle in fast allen seinen Zweigen machte Berlin seit 1918 zur besonderen Stadt. Entfesselt und fesselnd zugleich zeigten die Künste hier die jüngsten Entwicklungen, neue Stilrichtungen, hervorragende Schöpfungen und auch sogleich heftig Umstrittenes, Herausforderndes. Die öffentliche Meinung — und die öffentliche Stimmung — in Berlin waren geprägt von der Vielfalt und der Toleranz, der

Experimentierfreude, dem Extremen; auch Ausschweifendes, Widersprüchliches gehörte dazu. Berlin wurde aufs heftigste attackiert, aber auch weithin akzeptiert, weil es unbestreitbar die stärkste Anziehungskraft für Besonderes, für Qualität, aber auch für Kritik und Kritisches entwickelt hatte. In der Bildenden Kunst wie auf seinen Bühnen, in der Literatur wie in seiner Presse war Berlin damals an Mannigfaltigkeit, interessanter Leistung und an modernem Engagement schwerlich zu überbieten. Die Aufgeschlossenheit und die Freiheitlichkeit, die das Leben in der Stadt kennzeichneten, hatten ihre Wirkung getan — und auf einzelnen Gebieten, wie dem des Theaters, zur Weltgeltung geführt.

Was die öffentliche Meinung anging, so war mit alledem allerdings in Deutschland auch die Berührung und Verletzung von Toleranzgrenzen vieler Zeitgenossen verbunden. Berlin wurde kulturell und politisch zu einem Inbegriff der Weimarer Demokratie; daß hier das Revolutionär-Linke aus der Gründungsphase der Republik stärker als sonst in Deutschland auch in der zweiten Hälfte der zwanziger Jahre zur Geltung kam und jedenfalls in der veröffentlichten Meinung eine erhebliche Rolle spielte, stärkte andererseits die seit jeher vorhandene Ablehnung Berlins, machte es zur Zielscheibe auch der schlimmsten Anfeindungen. Die Berliner Demokratie fand ihren Ausdruck und ihre Spiegelung nicht nur in den Lokalseiten der großen Berliner Zeitungen, sondern bei jedem örtlichen Ereignis von politischer Brisanz auch auf den Titelseiten von Blättern, die in ganz Deutschland gelesen wurden. Die liberale demokratische Presse, voran die *Vossische Zeitung* von Ullstein, das *Berliner Tageblatt* aus dem Hause Mosse, aber auch die den demokratischen Parteien unmittelbar verbundenen Zeitungen — von der *Germania* des Zentrums bis zum *Vorwärts* der Sozialdemokraten — stellten nicht nur bei Wahlkämpfen oder Krisen vor Ort entschieden interessierte Beobachter und Kommentatoren. Auch die *Berliner Morgenpost* und das *Tempo*, beide von Ullstein, sowie weitere Mittags- und Abendzeitungen (samt gesonderter Ausgaben der großen Tageszeitungen zum Beispiel abends) bestimmten das Bild ebenso wie aus dem Hause Scherl — seit 1916 schon in der Hand Hugenbergs — der *Berliner Lokalanzeiger* und die *Berliner Illustrierte Nachtausgabe*, beide deutschnational und der Demokratie gegenüber von tiefer Aversion. Sie gehörten wie *Die Rote Fahne* samt *Welt am Abend* und wie *Der Angriff* des Joseph Goebbels zum Spektrum der Hauptkräfte in der Auseinandersetzung um die Demokratie in der Stadt Berlin.

Außerdem gab es mit zumeist bürgerlicher politischer Tendenz in Bezirken und Ortsteilen zum Teil schon seit Jahrzehnten Zeitungen, die im einzelnen oft am konkretesten zeigten, wie es um Berlin vor und in der Wirtschaftskrise und im Kampf um die Demokratie bei den Menschen, bei den politisch Engagierten und in den Institutionen der Stadtverwaltung stand. Eine „öffentliche Meinung" gab es in Wilmersdorf und in Neukölln, in Charlottenburg wie am Wedding und in Köpenick, Steglitz, Lichtenberg.

In der Wirtschaft, in der Publizistik und in der Politik Berlins, vor allem im Kulturellen waren viele jüdische Mitbürger mit herausragender Leistung tätig. Sie zählten bei den demokratischen Parteien der linken Mitte wie bei der Linken insgesamt nicht selten zu den besten Köpfen. In der Berliner kommunalen Demokratie waren sie — zumeist bis in das Großbürgertum hinein — Mitträger und Befürworter der republikanischen Verfassung und der örtlichen Selbstverwaltung — wobei es an Differenzierung politischer Grundauffassungen hier ebensowenig fehlte wie bei allen anderen Berlinern. 4,3 % Einwohner jüdischen Glaubens waren 1925 bei der Volkszählung in der Stadt gezählt worden. Die große jüdische Gemeinde in Berlin hatte Ende der zwanziger Jahre ca. 175 000 Mitglieder. Der von der nationalistischen, „völkischen" Rechten, dann von der NSDAP entfachte und schroff in den Vordergrund ihrer Propaganda gestellte Antisemitismus zielte letztlich unter anderem auch auf die Berliner Demokratie. Überfälle auf Personen „jüdischen Aussehens" durch Nationalsozialisten auf dem Kurfürstendamm hatte es seit Mitte der zwanziger Jahre gegeben; die Berliner Polizei faßte da alsbald kräftiger zu.

Der Vizepolizeipräsident Berlins, Bernhard Weiß, wurde von Goebbels in einer jahrelangen Kampagne unter der Bezeichnung „Isidor" Weiß zum meistgehaßten Mann des „marxistisch-jüdischen Berliner Systems" erklärt und mit Schmähungen bedacht.

Erst nach dem Einsetzen der Wirtschaftskrise allerdings hatte die antisemitische Hetze der Nationalsozialisten in Berlin etwas deutlichere Resonanz, als im *Angriff* und bei der Wahlpropaganda wie bei Versammlungen der NSDAP niedrige Haß- und Neidgefühle gegen Juden angefacht und mit den Anwürfen gegen die „Mißwirtschaft" in Berlin als Grund für die Wirtschaftsmisere verbunden wurden. Auch gegen die „Judenpresse" (Ullstein, Mosse usw.) richtete sich die immer bösartiger werdende Hetze der NSDAP, nicht weniger gegen Künstler der Moderne, gegen jüdische Schriftsteller, Wissenschaftler, gelegentlich einfach zusammengefaßt mit den Vorkämpfern der Weimarer Republik überhaupt — den sogenannten „November-Verbrechern von 1918".

An der Tatsache, daß Albert Einstein — als Direktor des Kaiser-Wilhelm-Instituts für Physik — um 1930 der in der Welt wohl berühmteste Berliner war, konnte kein noch so infamer Antisemitismus etwas ändern, auch nicht daran, daß das intellektuell und kulturell so faszinierende Berlin der zwanziger Jahre überhaupt nicht denkbar war ohne die jüdischen Mitbürger, ebensowenig wie Berlin geschichtlich ohne die von den französischen Einwanderern abstammenden Bürger das hätte werden können, was es geworden war.

Sehr reich, weitgefächert und von Kennern noch nach vielen Jahren schwärmerisch gewürdigt war das Musikleben damals in Berlin. Das Konzertwesen ließ kaum einen Weltstar aus, desgleichen die Musikbühnen. Namen wie Paul Hindemith, der nach 1927 die Leitung der Klasse für Komposition an der Berliner Hochschule für Musik übernahm, und Arnold Schönberg, der gleichfalls dort gelehrt hat, zählten zu diesem Berlin. Unter Wilhelm Furtwängler begingen die Berliner Philharmoniker 1932 ihr fünfzigjähriges Jubiläum. Zu den vielen, die dann bald emigrieren mußten, zählte der Dirigent Bruno Walter; er hat später kritisch bekannt, daß er — im Blick auf die Weimarer Demokratie — stets nur in seiner künstlerischen Arbeit aufgegangen sei, eine Bewußtheit für Bürgerpflichten nicht entwickelt habe.

Das lebhafte Interesse an den zwanziger Jahren hat in den Jahrzehnten nach dem Zweiten Weltkrieg zu vielen Berichten, Darstellungen und Wertungen geführt, die das kulturelle, vor allem auch literarische Schaffen aus dem Berlin der Weimarer Epoche in den Vordergrund rückten. Zahllose Wiederaufführungen auf der Bühne und viele Neuverfilmungen, auch für das Fernsehen, zählen dazu. Alfred Döblins „Berlin Alexanderplatz", Erich Kästners „Emil und die Detektive" wie auch sein „Fabian" gehörten zu den populären Beispielen.

Neben den vielen in Berlin arbeitenden Malern des Spätexpressionismus und dann der Neuen Sachlichkeit blieb George Grosz der bekannteste politische Provokateur mit seinen karikierenden und enthüllenden Grafiken und Bildern. Käthe Kollwitz und Max Beckmann erreichten mit ihren Werken die nachhaltigste Wirkung über Jahrzehnte hinweg. Hans Baluscheks Bilder zeigten etliches vom demokratischen damaligen Berlin. Als andere bemerkenswerte Beispiele sind die Arbeiten Otto Nagels, die Fotomontagen John Heartfields zu nennen.

Die Theaterwelt brillierte mit Namen wie Max Reinhardt, Leopold Jessner, aber auch Ernst Toller und Erwin Piscator. Die Vielzahl überragender Schauspieler, die von Berlin aus weltbekannt wurden, weil sie nicht nur hier Theater spielten, sondern auch in erfolgreichen Filmen Hauptrollen übernahmen, ist mit den Namen Fritz Kortner, Albert Bassermann, Elisabeth Bergner, Conrad Veidt, Marlene Dietrich, Tilla Durieux, Heinrich George, Emil Jannings und Ernst Deutsch nur angedeutet. Für die Qualität der Berliner Theaterkritik sind neben anderen Alfred Kerr, Julius Bab und Herbert Ihering zu nennen.

Bert Brecht gehörte nicht nur mit der „Dreigroschenoper" und mit dem „Aufstieg und Fall der Stadt Mahagonny" aufs Engste zum damaligen Berlin; darüber liegen viele Berichte vor. Im politischen Kabarett gab es vor und neben Werner Finck viele Namen in Berlin — vor allem Kurt Tucholsky, der schon um 1920 hier die schärfste und beste Klinge geführt hatte. Depressionen und die Verzweiflung über eine Demokratie, die für ihn nur als unerträgliche Halbheit aus der vermiedenen Revolution von 1918/1919 hervorgegangen war, haben ihn früher als andere, schon 1924, aus Berlin weggehen lassen, nach Paris zunächst, als Korrespondent der *Weltbühne* und der *Vossischen Zeitung*. Eben diese *Weltbühne* mit den wöchentlichen Beiträgen von Tucholsky wurde vor dem *Tage-Buch* von Leopold Schwarzschild zur bekanntesten politischen Zeitschrift für die Linke in der Weimarer Zeit.

Geschehnisse und Verantwortliche wurden da ebenso brillant wie rücksichtslos ins satirische Visier genommen, politisch abgeurteilt. Sie stand auf der radikalen Seite der „Berliner Demokratie", diese *Weltbühne*, und zwar einschließlich ihres politisch so problematischen inneren Widerspruchs: Wie so viele entschiedene Linke in dieser Demokratie bekämpfte die *Weltbühne* aufs bitterste die unvollkommene Demokratie Weimarer Zuschnitts, um eine bessere, gerechtere, fortschrittlichere Zukunft zu erreichen. Die ideale sozialistische Demokratie wollte man, nicht diesen realen bürgerlichen Staat mit all seiner Demokratie- und Sozialisten-Feindschaft zum Beispiel bei der Justiz und bei erheblichen Teilen der Beamtenschaft. Ähnlich wie der linke Flügel der Sozialdemokratie sah man kaum etwas Gutes, Überzeugendes an dieser vorhandenen Demokratie, die 1918/1919 nicht den vollen Bruch mit der Vergangenheit des Staates und seiner Gesellschaft gewagt hatte. So bekämpfte man die unzureichende Demokratie und schwächte sie, man erleichterte es den Gegnern der Demokratie, sie überhaupt zu beseitigen, einschließlich aller Opposition, und durch eine Diktatur zu ersetzen — dies dann sehr im Gegensatz zum Grundziel der radikalen Ideal-Demokraten.

Diese Widersprüchlichkeit gehörte in gewissem Maße ohnehin zum politischen Spektrum der Berliner Demokratie — mit deutlichen Parallelen zumal bei dem linken Flügel der damaligen SPD, weniger übrigens im Berliner Rathaus, als vielmehr im Reichstags-Gebäude und in Parteivorstandshäusern, wo es immer wieder um die Ablehnung der Übernahme von Verantwortung für die Regierungsarbeit in dieser unvollkommenen, zu viel Reaktionäres enthaltenden Demokratie ging. Am strengsten hat Walter Benjamin 1931 die bloße Ironie, den Fatalismus verurteilt, der von etlichen Literaten als Ersatz für politisches Handeln genommen wurde. Einer der hervorragenden Zeugen radikalen Engagements für Demokratie und Pazifismus wurde indessen Carl von Ossietzky, Herausgeber der *Weltbühne* 1927 bis 1933; mit unbeirrbarem persönlichen Einstehen für seine Überzeugungen und für seine publizistische Arbeit reihte er sich unter die Großen aus dem Berlin der Weimarer Epoche ein.

Wie war es um den Einfluß durchgreifender politisch-literarischer Kritik bestellt? Ihre Wirkung war groß überall dort, wo die Enttäuschung über diese Weimarer Form bürgerlicher Demokratie herrschte; hier war sie stets bekräftigend, weil sie deutliche Kritik intelligent vorbrachte. Sie entmutigte letztlich dann aber auch, denn es wurde ja schlimmer, nicht besser mit dieser labilen, eher nach rechts hin Halt suchenden Demokratie in der Wirtschaftsnot. Außerhalb des radikal demokratisch, sozialistisch orientierten Meinungsfeldes, dem die meisten Berliner Vertreter des kulturellen Lebens zuneigten, war die Resonanz nicht nachhaltig, nicht mit starker Werbe- und Überzeugungskraft verbunden. Insbesondere blieb der Abstand zwischen diesen intelligenten und politisch engagierten Kritikern und der Masse der Berliner sehr groß. Der Erfolg etlicher Romane änderte wenig daran, auch nicht das Interesse an einigen Inszenierungen des progressiven politischen Theaters oder an gelungenen Filmen aus dem politisch-propagandistisch gedeuteten Berliner Arbeitermilieu, wie „Mutter Krausen's Fahrt ins Glück" (1929) und insbesondere „Kuhle Wampe oder Wem gehört die Welt" (1932), an dessen Drehbuch Bert Brecht mitarbeitete, dessen Musik Hanns Eisler komponierte.

Eine ganz andere Beschreibung Berlins, die zum Beispiel Franz Hessel in seinem Buch „Spazieren in Berlin" 1929 veröffentlichte, zeigte schlicht, daß auch Intellektuelle diese Stadt trotz all ihrer Aufgeregtheit, ihrer Gegensätze und Exaltiertheiten anders sehen konnten, Sympathie und Antipathie im Alltäglichen eher beiläufig mischend. Insgesamt aber blieb es dabei: Bestimmend für die Haltung der fortschrittlichen Intelligenz zu dieser Weimarer — und auch Berliner — Demokratie waren bestenfalls „Ein großes Nein und ein kleines Ja", wie es später im Titel der Autobiografie von George Grosz hieß.

Will man — geschrieben *nach* allen Erfahrungen — Betrachtungen und Einzelheiten zum Lebensgefühl in Berlin etwa um 1930 ausgebreitet sehen, so ist der Nachkriegsband von Heinrich Mann „Ein Zeitalter wird besichtigt" (1947) mit Nutzen zu lesen, gerade weil er aus der Feder eines „Nicht-nur-Vernunftsrepublikaners" stammt, der 1930 nach Berlin zog. Hans Falladas „Kleiner Mann was nun?" beschrieb 1931 ein Stück Berliner Lebenssituation. Carl Zuckmayers „Hauptmann von Köpenick" führte den am Rathaus Schöneberg über den Dächern der Stadt wohnenden Autor 1931 zur Höhe seines Erfolges. Theodor Pliviers „Der Kaiser ging, die Generale blieben" erschien 1932. Gabriele Tergit („Käsebier erobert den Kurfürstendamm") hatte 1931 ihren Roman-Bericht aus dem Publizisten-Milieu veröffentlicht. Vielfältige Bekanntschaft mit dem Leben von Schriftstellern und Künstlern in den damaligen Stadtteilen und Quartieren Berlins — mit Hinweisen auf die Zeit nach 1945 — vermittelt in seinem „Reiseführer für Literaturfreunde Berlin. Vom Alex bis zum Kudamm" Karl Voß (1980).

Was konnte die Berliner Kommunalpolitik, die Kommunalverwaltung, vom breiten Feld des Schulwesens abgesehen, auf kulturellen Gebieten mit ihren dafür relativ geringen Mitteln tun?

Der Tradition nach hatte in der Haupt- und Residenzstadt Berlin der *Staat* für Schauspiel, Oper, für die großen Museen und Kunstsammlungen zu sorgen. Dort standen die Finanzmittel für die großen Institutionen im Etat, nicht bei der Stadtverwaltung. Die demokratischen Regierungen seit 1918/1919 gewährten dann außer — oft eher knappem — Geld entscheidend mehr künstlerische Freiheit. Die Preußische Akademie der Künste hatte von 1919 bis 1933 den großartigen Berliner Max Liebermann zum Präsidenten; in den Akademiesektionen umfaßte die Mitgliedschaft die Bekanntesten ihres Fachs, an der Spitze der 1926 neu errichteten Sektion für Dichtkunst stand von 1928 an Walter von Molo, später Heinrich Mann.

Eine der häufig genannten Deputationen der Berliner Stadtverwaltung war die für „Kunst und Bildungswesen". Oberbürgermeister Böß hatte als Magistratsvertreter den Vorsitz selbst übernommen und sich der Kunstförderung in den Grenzen zugewandt, die der kommunale Haushalt zog. So ging es um den Ankauf von Kunstwerken und um die Förderung von Künstlern in vielen Einzelfällen, dann aber auch um die Übernahme der Charlottenburger Oper in städtische Trägerschaft

1925, weil das Haus bankrott war. Diese Übernahme gelang, und mit Bruno Walter als Dirigenten und Heinz Tietjen — später Carl Ebert — als Intendanten hatte man auch eine Reihe von Jahren Erfolg.

In der Kunstdeputation hatten in der ersten Hälfte der zwanziger Jahre Käthe Kollwitz und Max Liebermann ihren Sitz als Bürgerdeputierte; dem letzteren verlieh die Stadt 1927 das selten vergebene Ehrenbürgerrecht Berlins. Später waren der Maler Hans Baluschek, der ehemalige Stadtbaurat Ludwig Hoffmann, Leopold Jessner und Erwin Piscator in der Deputation, zu der insgesamt bis zu 9 Bürgerdeputierte und bis zu 17 Stadtverordnete — zeitweise zum Beispiel Theodor Heuß — gehörten. Im Tagebuch des Kunstfreundes Friedrich C. A. Lange, der Böß oft vertrat, sind die ziemlich regelmäßigen Ankaufsentscheidungen des Gremiums für bemerkenswerte Kunstwerke aus Berliner Ateliers samt beabsichtigter Verwendung in der Stadt verzeichnet, zuweilen kommentiert.

Im übrigen waren Festspiele, auch Rathauskonzerte, unter den Initiativen, die von der Stadt ausgingen, und immer wieder Geldbeschaffung und -vermittlung zur Rettung kultureller Institutionen, wie zum Beispiel auch der Berliner Philharmoniker. Vielfältige, aber sehr unterschiedliche Förderungsmaßnahmen gab es in künstlerischen Dingen bei den Bezirken, vor allem auch dort, wo mit der Bezirksgeschichte schon eine wohlausgestattete Vergangenheit verbunden war, wie in Charlottenburg, Schöneberg, Rixdorf/Neukölln, Spandau usw. Allerdings war überall für die jeweilige Aktivität nicht nur die nach 1920 insoweit sehr schmal gewordene Finanzausstattung bestimmend, sondern auch das Maß an Initiative der im einzelnen Bezirk für „Kunst und Bildungswesen" gerade Zuständigen.

Zu dem reichen kulturellen Bild Berlins und der Berliner Demokratie trugen selbstverständlich weniger die Aktivitäten der Behörden bei, als vielmehr die zahllosen und oft überragenden Arbeiten und Leistungen der in Berlin lebenden oder auf einige Zeit in die Stadt kommenden Künstler; die Umstrittenheit vieler Gegenwarts-Werke sorgte für zusätzliches Interesse. Allerdings verhielt es sich mit den praktischen Beiträgen der meisten Künstler zur Berliner Alltags-Demokratie wie mit den behördlichen, kommunalen Beiträgen zur großen Kunstförderung: Sie blieben überwiegend auf Einzelfälle begrenzt. Anders als bei den radikalen Linken mit vielen Aktivisten machten sich unter den übrigen Schriftstellern, Bildenden Künstlern, Malern nur einige zu Fürsprechern der demokratischen, *bürgerlichen* Republik „vor Ort", nur wenige zu Verteidigern des demokratischen städtischen Gemeinwesens.

Heinrich Mann veröffentlichte mehrmals eindringliche Plädoyers für die Demokratie des Weimarer Staates, er ließ es in den letzten Krisenjahren auch nicht an konkreter Warnung und Forderung auf Notwehr fehlen. Gerhart Hauptmann hat mit positiven Stellungnahmen und repräsentativem Mitwirken nicht gezögert; die NSDAP hat ihm dafür Hohn als „Gewerkschafts-Goethe" angedeihen lassen. Der „Appell an die Vernunft", den zum Beispiel Thomas Mann — nach der „Erdrutsch-Wahl" zum Reichstag — im Oktober 1930 zugunsten der Demokratie, gegen den Fanatismus und die „gliederwerfende Unbesonnenheit" der marschierenden NSDAP formulierte, blieb wie viele Manifeste jener Zeit ohne weiteren Effekt.

Kultur und Politik nahmen gleichsam auf „höherer", jedenfalls anderer als der kommunalen Ebene, die im Berlin der zwanziger Jahre gegebene Chance der „Koexistenz" wahr, wie man später gesagt hat. Zu einer gegenseitigen Durchdringung kam es nicht. Viele der betont progressiv gesonnenen Künstler, immer wieder als kulturelle Repräsentanten der Weimarer Epoche genannt, blieben „Außenseiter" in der Weimarer Zeit, im Staat von Weimar und selbst im Berlin der zwanziger Jahre. Manche Gefahr wurde trotz aller intelligenten Analysen unterschätzt. Viele offenbare Leistungen der gegebenen Demokratie wurden nicht positiv gewertet. „Der Weimarer Republik haben wir nicht vertraut", hieß es dann nachträglich und nur teilweise selbstkritisch, als die Demokratie beseitigt war. Die Nivellierung und die „Einschmelzung", die die frühere Klassengesellschaft im Übergang von den zwanziger zu den ersten dreißiger Jahren — auch durch die schwere ökonomische Krise — erfuhren, berührten oder veränderten das Denken und Empfinden der linken Intellektuellen und Künstler kaum. Daß auch „Neue Medien" wie der Film, die Schallplatte, schließlich das Radio die egalisierte Unterhaltung der Menschen mit letztlich auch politischer Auswirkung stark ausweitete, wurde spürbar, aber nur bei speziellen Ereignissen gewürdigt, wie bei politischen Filmen, ersten Rundfunkansprachen von Politikern oder bei der Verwendung moderner Techniken in Wahlkämpfen.

In gewisser Weise gehörte übrigens auch die 1920 aus Friedrich Naumanns „Staatsbürgerschule" hervorgegangene *Deutsche Hochschule für Politik* zum demokratischen Bild des damaligen Berlin. Wissenschaftler und führende Politiker wie auch Verwaltungsleute aus allen politischen Richtungen lehrten da in mehrsemestrigen Kursen. Politik, Verfassung und Verwaltung standen neben der Sozial- und Kulturpolitik, und zwar immer auch unter dem Gesichtspunkt des praktischen Wirkens. 1500 Studierende zählte man jährlich in der zweiten Hälfte der zwanziger Jahre. Politik als Gegenstand der Wissenschaft war akademisch erst auf dem Wege zu teilweiser Anerkennung. Daß diese von den Universitäten kritisch gesehene neue Berliner Einrichtung überdies auch Berufserfahrenen, aber ohne Gymnasialabschluß Gebliebenen, ein Studium ermöglichte, stärkte viele Vorbehalte. Und daß an dieser Hochschule die demokratische Republik nicht abgelehnt, sondern erörtert, befürwortet, akzeptiert wurde, machte den Abstand auch zur Berliner Universität nur noch deutlicher. Der Historiker Hajo Holborn (der nach 1945 zu einem der wichtigen Berater der US-Regierung für Deutschlandfragen wurde), Arnold Bergsträsser, Sigmund und Franz Neumann waren einige der Lehrer beziehungsweise Graduierte jener Hochschule für Politik. Sie wurde 1933 kurzerhand dem „Reichsminister für Volksaufklärung und Propaganda" unterstellt, das heißt „gleichgeschaltet".

„Massenkultur" als Komponente der Berliner Demokratie

Recht vielfältig war die Verbindung zur Berliner Demokratie im Bereich der „Arbeiterkultur", wie sie in erster Linie von der deutschen Sozialdemokratie bereits traditionell über Jahrzehnte hin entwickelt und der Weimarer Zeit überliefert worden war. Zu der nun aus aller Diskriminierung entlassenen proletarischen, sozialistisch verstandenen Massenkultur gehörte unter anderem die Volksbühnenorganisation; sie behielt nicht nur theatergeschichtlich, sondern auch kulturell für Teile der politisch interessierten Arbeiterschaft der Stadt ihre Bedeutung. Die Organisationen im Umfeld der SPD, der Gewerkschaften, später teilweise auch der KPD, reichten weithin von den Konsumgenossenschaften bis zu Arbeiterfreizeitheimen und von Wohnungsbaugenossenschaften bis zur Arbeitersportbewegung.

In Berlin hatte speziell die Volksbühnenbewegung ihren Schwerpunkt; allein hier zählte sie an die 50 000 Mitglieder, nicht wenige aus der Arbeiterschaft, allerdings zur Weimarer Zeit immer deutlicher zum Kleinbürgerlichen und Bürgerlichen hinüberreichend. Mit Erwin Piscator als hervorragendem Regisseur für provokative politische Lehrstücke gab es eine Linksschwenkung im Programm der Bühnenorganisation, gegen den damit zunehmenden Einfluß der KPD aber auch breitere Ablehnung, bis dann 1928/1929 die Sozialdemokraten in der Führung der Volksbühne auf Trennung von den Kommunisten drängten und damit — entgegen manchem Protest von jungen Mitgliedern und Künstlern — bei fast der ganzen Mitgliedschaft Erfolg hatten: Theater als KPD-Agitationsfeld wollte die große Mehrheit selbst bei interessanten Aufführungen nicht. Zu den aus dem Bereich der Volksbühne beispielhaft zu Nennenden gehört für die Berliner Demokratie zweifellos Siegfried Nestriepke.

Die „Arbeiterkultur" in Berlin hatte ihre Prägung lange vor 1914 erhalten, und zwar als politisch bewußtes Verhalten in der Freizeit, auch in der Familie, am Arbeitsplatz; das Beziehungsgeflecht des zu Klassenbewußtsein und Solidarität gekommenen Arbeiters brachte Verbindung, Freundschaft, Überzeugungsbekräftigung und Bewußtseinsgemeinschaft. Das alles war mit den älteren SPD- und Gewerkschafts-Mitgliedern in das demokratische Berlin der zwanziger Jahre herübergekommen, jetzt nicht mehr politisch bedrängt, sondern verbreitert, verallgemeinert, also auch an Intensität verlierend.

Viele Organisationen gewannen stark an Mitgliedschaft, von der Frauenbewegung in der SPD — die es im Parteibezirk Berlin 1930 auf 19000 Mitglieder unter rund 77000 SPD-Mitgliedern brachte, das heißt auf die höchste absolute Zahl weiblicher Mitglieder in allen Bezirken der Sozialdemokraten in Deutschland — bis zum weitverbreiteten Deutschen Arbeiter-Sängerbund; von der Arbeiterwohlfahrt — mit Marie Juchacz an der Spitze — bis zum Arbeiter-Samariter-Bund und seinen vielen Außenstellen in den Stadtteilen Berlins; vom Verein für Freidenkertum und Feuerbestattung bis zur Arbeitersportbewegung, die in Berlin für die meisten Sportarten eigene Organisationszweige hatte. Die Resonanz für die „proletarische Freizeit" war erheblich, die Öffnung zu bürgerlichen Kreisen im Laufe der Jahre auch etwas weniger problematisch. Dagegen gab es in allen „Umfeld"-Organisationen, einst als Zusammenschlüsse derer entstanden, die als „Unterschicht" sonst gegen bürgerliche Privilegiertheit nicht ankommen konnten, dann um 1929 Abspaltungen und Eigengründungen der KPD (oft als „Kampfgemeinschaften" oder „Fraktionen" firmierend) mit heftigen Auseinandersetzungen gerade in Berlin. Eigene Jugendorganisationen der KPD und des Roten Frontkämpferbundes waren schon weit früher in Gegnerschaft zur Sozialistischen Arbeiterjugend, zu den „Falken" und zur „Arbeitsgemeinschaft der Kinderfreunde Groß-Berlin" aufgebaut worden. Die „Revolutionäre Gewerkschaftsopposition" als spezielle KPD-Organisation trat 1930 in breite Aktion.

Proletarische „Festkultur" und Feierstunden mit großen Kundgebungen standen sich auf gemäßigter SPD-Seite einerseits und radikaler (komintern-orientierter) KPD-Seite andererseits politisch kaum weniger hart gegenüber als etwa Demonstrationen konservativ-nationalistischer Kreise den Demonstrationen republiktreuer Sozialdemokraten. Die Belastungsproben, die die mehrheitlich etwas nach links tendierende Berliner Sozialdemokratie durch Auffassungsunterschiede in ihrer eigenen Mitgliedschaft zu überstehen hatte, reicherten das Feld der Spannungen in der Berliner Demokratie ohnehin deutlich an. Auch für die politische öffentliche Meinung im Berlin der ausgehenden zwanziger Jahre und für die so breit gefächerten kulturellen Bereiche der Stadt hatte das seine Auswirkung. Die Herausforderung, die auf bürgerlicher, konservativer Seite in der Berliner „Proleten-" und „Massen-Kultur" gesehen wurde, war durch Übernahme und bewußt provokative Ausformung von seiten der Kommunisten, die ein „Sowjetdeutschland" als Vorbild und Rettung anboten, eher noch stärker geworden. Und in Berlin war das den Ängstlichen am besten zu erläutern: Äußerste Aggressivität war ohnehin für die revolutionäre Oppositionskultur kennzeichnend. „Der Marxismus" mit seinen 1918/1919 „noch nicht" verwirklichten Zielen schien da in vielfältigen Formen und Arten im Vormarsch zu sein. In Wahrheit trennte Kommunisten und Sozialdemokraten wegen des verschärften Kurses der KPD gegen die SPD als „Partei der Sozialfaschisten" nicht erst seit 1929 gerade in Berlin eine bis ins Existenzielle gehende Feindschaft, die sich wiederholt als konsequenter erwies, als die Feindschaft zwischen KPD und NSDAP.

Die „sozialistische Bildungsarbeit" hatte für die Sozialdemokraten nach 1919 mit der Demokratisierung und der Übernahme von Verantwortung in Stadt und Staat einen Teil ihres früheren Charakters als selbstorganisierte „Gegenkultur zum bürgerlichen Klassenstaat" verloren. Berlin mit seinen — in der umfassenden Sozialverwaltung vorangehenden — Arbeiter-Bezirken gab ein gutes Exempel dafür. Zur „Bildungsarbeit" rechneten der seit 1925 finanziell wieder stärker mögliche Ausbau der Volksbüchereien, die vermehrten Kurse der Berliner Volkshochschule, aber für die Arbeiterschaft nach wie vor auch die große Zahl an Lehrgängen, die von Gewerkschafts- oder Parteiorganisationen veranstaltet wurden. Die Gründung von Buchgemeinschaften, eine Berliner Erfindung der Inflationszeit, wurde von den Arbeiterorganisationen aufgegriffen.

Sozialdienste wie Bildungseinrichtungen wurden übrigens in vielen Teilen Berlins traditionellerweise (und gerade während der Krisenphasen der Jahre zwischen 1914 bis 1933) in großem Umfang von den Kirchen, den Glaubensgemeinschaften und von privaten Vereinigungen getragen. Auch hier spielten gesellschaftliche, politische Überzeugungen ihre Rolle, ferner karitative Motivationen, die ebenfalls in gesellschaftsgestaltenden Auffassungen wurzelten. Es fehlte in Berlin außerdem nicht an liberalen und nicht an konservativen Beiträgen zum vielfältig leistungsfähigen Sozial- und Bildungswesen der demokratischen Großstadtverwaltung. Das Bild, das oft die ausführliche Schilderung des Wirkens und der Probleme der Arbeiterparteien und ihnen naher Organisationen im Vordergrund zeigt, ist insoweit ungerecht; da hier aber das seit 1919 in der Breite neu Hinzugekommene zu suchen war, blieb diese Hervorhebung berechtigt.

Für die öffentliche Meinung in Berlin und für den Anteil, den das kulturelle Leben in der Stadt an ihrer Entwicklung hatte, war der schrittweise Wandel, die Auflockerung der Mentalität in der Mehrheit der Arbeiterschaft von Belang. An die Stelle der einst immer wieder notwendigen Abwehrschritte und Vorstöße gegen den wilhelminischen Staat mit Hilfe eigener Kultur- und Fachgemeinschaften voller Solidaritätsbewußtsein trat im weiteren Verlauf der zwanziger Jahre vielfach ein neues Empfinden: Das Gefühl der nun erreichten Teilhabe an breiteren, besseren Bildungs- und Kulturangeboten samt Mitverantwortung und Gestaltung im Staat und noch konkreter in der Stadt, ja im Bezirk mit seiner weiter auszubauenden demokratischen Verwaltung. Aus der früheren „Gegenkultur" wurde ein Stück Alltagskultur der republikanischen Hauptstadt, an deren Verwaltung die eigenen Vertreter der Arbeiterschaft jetzt nicht nur mitwirkten, sondern vielfach entscheidend beteiligt waren.

Was als Wahrnehmung akzeptierter Ansprüche, auch als Einfügung in die Stadtgesellschaft, als Öffnung oder Lockerung verstanden werden konnte, gab klassenbewußten Beobachtern Grund, erstaunt und betroffen zu konstatieren, wie tief das Proletariat in der „Kleinbürgeratmosphäre steckt, wie sehr dieser Lebensstil des Kleinbürgers seinen Bedürfnissen und Wünschen entspricht" — so Otto Rühle von der Berliner Freidenker-Volkshochschule 1924.

Gegenüber der evangelischen Kirche blieb es in der politisch stark engagierten Arbeiterschaft Berlins überwiegend bei Ablehnung und Zurückhaltung, was auch mit dem betont bürgerlichen Zug nicht weniger Kirchengemeinden zusammenhing. Im Moabiter Arbeiterviertel des Bezirks Tiergarten dagegen hatte ein evangelischer Pfarrer genauere Erfahrungen gemacht: Bei den Arbeiterfrauen war nicht selten ein bleibendes „Pietäts- und Achtungsverhältnis" zur Kirche vorhanden, so berichtete er. Die Frauen drängten zum Beispiel darauf, daß Taufen, Konfirmationen sowie kirchliche Beerdigungen nicht wegfielen und ganz durch „Jugendweihen" oder „Proletarische Feiern" ersetzt wurden. Bei entschiedenen Linken und Mitgliedern der KPD war die Ablehnung der Kirche allerdings auch in der Familie radikal. In solche Zusammenhänge gehörte wohl auch die in den Berliner Wahlergebnissen — soweit 1928 bis 1930 getrennt nach Geschlecht ausgezählt — festzustellende weit größere weibliche als männliche Stimmenzahl für die katholische Zentrumspartei (siehe ANHANG, S. 343 ff.).

Was die zur Weimarer Zeit weltweit beachtete Hochblüte progressiver Kunst in Berlin anging, so war die Mehrheit der Berliner nur ebenso begrenzt interessiert, wie es fast immer und allenthalben gegenüber neuer Kunst gewesen sein muß; in Berlin war und blieb man aber toleranter und eher aufgeschlossen als in fast allen anderen Teilen des damaligen Deutschlands — etwa nach 1925. Über viel positives Interesse gerade auch von bürgerlicher, großbürgerlicher Seite — vor allem bei Verlegern, Kunstfreunden und Mäzenen — ist immer wieder mit Recht berichtet worden: von Samuel Fischer bis zu Bruno Cassirer oder zu Harry Graf Kessler, um nur diese drei beispielhaft zu nennen.

Die Sozialdemokraten kamen überwiegend aus ihrer Zurückhaltung gegenüber Intellektuellen, auch gegenüber linken modernen Künstlern, nicht heraus; ebensowenig wie gegenüber den Akademikern, die zum Beispiel an der Berliner Universität — trotz offenerer Berufungspolitik der sozialdemokratischen preußischen Kultusminister — politisch ihren Platz zumeist sehr weit rechts hatten. Die Geschichte, die aus dem Jahre 1922 berichtet und von Harry Graf Kessler in seinem Tagebuch festgehalten wurde, ist in den folgenden Jahren mit immer neuen Varianten und verschärft vorgekommen: Zur Feier des 60. Geburtstages von Gerhart Hauptmann in der Universitäts-Aula hatte die Berliner Studentenschaft beschlossen, sich von dem Festakt fernzuhalten, weil der zu Ehrende sich als Republikaner bekannt hatte, also nicht mehr als charakterfester Deutscher anzusehen war. Und der Festredner, der Germanist Julius Petersen, hatte noch in den Tagen vor der Feier versucht, wenigstens die Anwesenheit des republikanischen Reichsoberhauptes Friedrich Ebert neben dem doch ebenfalls zur SPD gehörenden Reichstagspräsidenten Paul Löbe abzuwenden.

Zehn Jahre später, als derselbe Reichstagspräsident Paul Löbe zum Verfassungstag am 11. August 1932 im Rundfunk sprechen wollte, wurde ihm das verwehrt. Unter dem Reichskanzler von Papen gab es Ansprachen des Innenministers und des Regierungs-Chefs, aber der Begriff „Republik“ wurde darin nicht verwendet. Proteste gegen solches Vorgehen der dann schon staatsautoritär gerichteten Rundfunkherren sah man nur in der linken Presse. Die Geschichte des Rundfunks reichte in Berlin von den Anfängen im Dachgeschoß eines Hauses nahe dem Potsdamer Platz 1923/1924 mit der „Berliner Funkstunde" zunächst bis zum Reichsrundfunk-Kommissariat und eben unter der Regierung von Papen bis zu „Leitsätzen" vom 27. Juli 1932: Für ein Teilgebiet war dies dann schon eine organisatorische und politische Vorwegnahme des Staatsumsturzes von 1933/1934.

Die Zahl der Radio-Apparate wie der zu hörenden Sender war zwar seit 1925/1926 in Berlin schnell gestiegen. Für die breite *politische* Information hatte das Radio dennoch bis zur Schwelle der dreißiger Jahre eine nur allmählich zunehmende Rolle gespielt. Unterhaltung und Belehrung unter Ausschluß von Parteipolitik galt als Regel; seit 1926 gab es in Berlin Schulfunksendungen. Vor allem aber gab es — eine gewisse Unabhängigkeit sichernd — den vom Reichspostminister eingesetzten „Rundfunk-Kommissar", Staatssekretär Hans Bredow, der die Kompetenz für die wirtschaftlich-technische Aufsicht hatte.

Nach Inbetriebnahme des mustergültigen ersten Rundfunk-Spezialgroßbaues von Hans Poelzig nahe dem Berliner Funkturm 1931 war die Chance greifbar nahe, daß hier mit dem Gelände der Messe, den dortigen Funkausstellungen und den Zweigstellen der Rundfunkgeräte-Industrie wie auch den Fernseh-Experimenten ein Zentrum für die Arbeit „Neuer Medien" entstehen würde. Die Vorgänge nach 1933 haben es auf lange Sicht, dann auch mangels internationaler Bindungen, nicht dazu kommen lassen.

Die politische Bedeutung des Rundfunks wurde während der Krisenjahre 1930/1932 schnell deutlicher. Carl Severing hatte noch für politische Sendungen und deren Legitimität aus demokratischer Sicht streiten müssen und Kritik dafür einzustecken. Bei Wahlkämpfen nahm das Interesse der Parteien indessen rapide zu. Benachteiligung der radikalen Opposition von links und rechts wurde nun lauter bekämpft. Starke Wirkung wurde letztlich erst durch die erwähnten Eingriffe der Reichsregierung erzielt: Vom Sommer 1932 an gab es plötzlich *regelmäßige* Rundfunkreden von Regierungsvertretern des *Reichs*.

Für die Berliner Demokratie hatte das Radio trotz mancher Ansätze bis etwa 1931 nur marginale Bedeutung. Auch die Arbeiter-Radio-Clubs gewannen kein besonderes Gewicht. Die öffentliche Meinung der Hauptstadt erhielt noch sehr wenig Prägung von dem Rundfunk. Die kulturelle Vermittlungswirkung der Rundfunksendungen vor allem auf musikalischem Feld war in der Breitenwirkung um ein Vielfaches größer.

Insgesamt sah sich das Bildungsbürgertum in Berlin zum Beginn der dreißiger Jahre mehr denn je politisch nach rechts gedrängt. „Die Mitte hat versagt", hieß auch hier die reichlich pauschale, resignative Feststellung angesichts der parteipolitischen Zersplitterung und Dezimierung aller jener Kräfte zwischen Kommunisten und Nationalsozialisten. Die somit zwingend scheinende Entscheidung zwischen „rechtsextrem" und „linksextrem" konnte selbst in Berlin, wo das Wählerverhalten zugunsten demokratischer und linker Parteien positiver war als weithin im Reich, für das Bürgertum wegen seiner traditionellen Bindungen wie auch angesichts der eben hierauf ausgerichteten hochemotionalen Propaganda der NSDAP nur für „rechts" fallen.

Bis über 1930 hinaus hatten die Berliner Demokratie und die große Mehrheit der öffentlichen Meinung dem künstlerischen Schaffen seinen weiten Freiraum, sein Experimentier- und Provozier-Feld nicht in Frage gestellt. (Jene Oberprüfstelle, die die Aufführung des Films „Im Westen nichts Neues" untersagte, war eine Einrichtung des Reichs.) Es blieb einer jahrelangen NSDAP-Agitation vorbehalten, die Angriffe auf das, was sie für „Schmutz und Schund", für „undeutsch", „marxistisch-jüdisch" erklärte, in der breiten öffentlichen Meinung Berlins wenigstens ansatzweise virulent zu machen.

Die ersten Jahre in der Geschichte einer neuen Künstlerkolonie, die seit 1927 am Laubenheimer Platz in Wilmersdorf von der Bühnenberufs-Genossenschaft und dem Schriftsteller-Schutzverband als Wohnviertel errichtet wurde, war in gewisser Weise kennzeichnend: Unter den 300 Schriftstellern, Künstlern, Journalisten, die dort Wohnung fanden, waren Ernst Busch, Erich Weinert sowie Ernst Bloch, Arthur Koestler, Manès Sperber, Axel Eggebrecht. Mehr rote als schwarz-rot-goldene Fahnen gab es an Gedenktagen dort, aber keine Hakenkreuze. 1932 dann wurde häufiger von der NSDAP über den „roten Block" hergezogen. 1933 gehörten die Häuser zu denen, die von SA und Polizei demonstrativ besetzt, durchsucht, deren Bewohner mißhandelt wurden.

Die KPD hatte bei Intellektuellen wie bei Künstlern während der gesamten Weimarer Zeit stärkere Resonanz als die Sozialdemokraten, die Tucholsky nicht erst 1926 mit seinem Reim auf „außen rot und innen weiß" lächerlich gemacht hatte. Wo immer Idealisten, Radikale oder seit 1919 Enttäuschte über die Weimarer Demokratie kritisch nachdachten, blieb diese Republik „als traurige Realität hinter den Ansprüchen solchen Denkens zurück" (K. D. Bracher). Und der Aufprall ganz konsequenter idealer Zielvorstellungen auf die politische Tatsachenwelt war im dichten Gefüge der Kräfte und Institutionen Berlins besonders heftig; hier war eben die „Hauptstadt" sowohl der geschundenen, unbefriedigenden demokratischen Republik wie auch der intellektuellen Linken mit ihren so eindeutigen Forderungen und Angriffen und ihren erhabenen Zielen.

Aus aller Welt sah man auf Berlin als eine Stadt der künstlerischen und politischen Avantgarde. Aber diese Stadt und diese Berliner Demokratie waren zum Symbol nicht nur für Fortschrittsideen, sondern ebenso für die Schwierigkeiten dieser deutschen Demokratie geworden. Daß darin auch Gründe lagen, zunächst die Haltbarkeit, die Breite und Tiefe des demokratischen Gebäudes zu *überschätzen*, dann es aber auch zu schnell für nicht mehr rettbar zu halten, wurde erst später deutlich. Die „Entzauberung" der Weimarer Zeit, der Kultur dieser Epoche, hat nicht erst in kulturgeschichtlichen Schriften der Jahrzehnte nach 1960 stattgefunden, sondern schon am Ende der zwanziger Jahre eingesetzt und in Fragwürdigem, Radikalisiertem, Notstandsbestimmtem, aber auch in Gutgläubigkeiten der Intelligenz viele Belege hinterlassen. Zu der Kulturstadt Berlin, die ihre Vielfalt und Überzeugungskraft aus der Offenheit gewann, gehörte in den zwanziger Jahren eine besonders sensible, aber auch flinke, tolerante öffentliche Meinung. Mit der Brutalisierung der politischen Kämpfe vor allem seit 1929 verfiel die differenzierte veröffentlichte Meinung, dann mit der großen Wirtschaftsnot auch die öffentliche Stimmung; das meiste wurde von der Parteilichkeit und von Vorurteilen und Ängsten mitgerissen. Zugleich zeigten die Jahre 1931/1932 bereits eine deutliche Schwächung des Überragend-Innovativen in der Kulturstadt Berlin.

V

Das Skandalöse und der Kampf gegen die Krise

„Wir Berliner sind seltsam. Wir sind mit allem unzufrieden und bemerken nicht, daß doch sehr viel getan wird", hatte Oberbürgermeister Böß im Oktober 1927 vor dem Verein Berliner Kaufleute und Industrieller und dem City-Ausschuß gesagt. Er hatte über die „Lebensnotwendigkeiten Berlins, ihre staatspolitische und wirtschaftliche Bedeutung" gesprochen und erläutert, wie Stadt und Staat zum Beispiel im Interesse des großen Verkehrsausbaus zusammenwirkten. 1928 ging es tatsächlich, wie wir schon sahen, auf vielen Gebieten gut voran in Berlin, im Hochbau und Tiefbau, überhaupt in den meisten Wirtschaftszweigen. Um die Finanzen der Stadt stand es angesichts vieler

Erfordernisse und begrenzter staatlicher Zuweisungen indessen weiterhin nicht sehr gut.

Politische Zusammenstöße auf den Straßen zwischen Radikalen wurden 1928 häufiger und heftiger. Ein Volksbegehren, von der KPD beantragt, richtete sich im Oktober gegen den von der neuen Reichsregierung beschlossenen Bau eines Panzerkreuzers; die SPD desavouierte durch die Reichstagsfraktion ihre eigenen Minister. Die Agitation für das Volksbegehren und gegen die unsicher taktierenden Sozialdemokraten machte Unruhe, brachte in Berlin mit rund 13 % der Wahlberechtigten-Unterschriften zwar viel mehr als im Reichs-Durchschnitt (kaum 3 %), aber weit weniger als erforderlich und weniger als die KPD im Frühjahr bei den Reichstagswahlen für sich an Stimmen hatte buchen können. Mehr Labilität als Stabilität schien jetzt trotz zahlenmäßig breiter fundierter Parlamentsarbeit von der Koalitions-Regierung im Reich auszugehen, da die Sozialdemokraten dort — anders als in der Berliner Stadtpolitik — nur widerstrebend für Kompromisse zu haben waren.

Nicht aus heiterem, sondern bewölktem Himmel kamen die unerwarteten Unwetter. Der kälteste und längste Winter seit langem führte Anfang 1929 plötzlich zu Notständen; die Kohlenversorgung stockte, Schulen mußten kurzfristig geschlossen werden, die Zahl der Arbeitslosen schnellte in die Höhe. Hatte die Bezirksversammlung Charlottenburg eben noch zur Frage des Panzerkreuzer-Baus Propaganda der KPD auf der Tagesordnung gehabt, so kamen nun Anträge auf sofortige Unterstützung Notleidender, wofür dem Bezirk die Mittel weithin fehlten. Und doch gab es nicht nur am Wedding, am Friedrichshain oder in Teilen Neuköllns Not, deren schnelle Linderung man — entgegen unumgänglicher Ablehnung von Propaganda-Anträgen — eigentlich befürworten mußte.

Schon vor Weihnachten 1928 hatte der Polizeipräsident ein Verbot politischer Demonstrationen erlassen, um neue Gewalttätigkeiten zu vermeiden. Der Preußische Innenminister warnte im Frühjahr vor allem die KPD davor, ihren Drohungen gegen die „sozial-faschistischen Hindenburg- und Panzerkreuzer-Sozialdemokraten" Gewaltanwendung folgen zu lassen. Die schlimmen Vorgänge in Wien, wo im Juli 1927 beim Brand des Justizpalastes die Zusammenstöße aufgebrachter Demonstranten mit der Polizei 89 Menschenleben gekostet hatten, sollten sich in Berlin nicht wiederholen. Der Sozialdemokrat Karl Zörgiebel, damals Berliner Polizeipräsident, ließ es darauf ankommen, auch zum traditionellen 1. Mai, der in Preußen kein staatlich anerkannter Feiertag war, das Demonstrationsverbot hart durchzusetzen. Die KPD, die im Berliner Mai-Komitee die Vorhand hatte, drohte damit, einen Massenstreik zu beginnen, falls es am 1. Mai zu „Bluttaten der Polizei" komme.

Es gab dennoch sieben Tote an jenem 1. Mai 1929 in Berlin; insgesamt über 30 Tote (darunter keine Polizisten) waren es nach drei Tagen: Bei Barrikadenkämpfen vor allem am Wedding, aber auch am Neuköllner Hermannplatz, hatte es schwere Schießereien und zusätzlich annähernd 200 Verletzte gegeben. Die SPD bemühte sich, alle ihre Mitglieder davon zu überzeugen, daß die Polizei mit ihren Gewehren und Schießbefehlen so hatte vorgehen müssen, um den angedrohten Aufstand abzuwehren. Die Kommunisten, von Moskau aus ohnehin auf schärferen „Revolutionskurs" gedrängt, sahen sich in ihrem Haß auf Severing, Grzesinski und Zörgiebel, im Kampf gegen die Sozialdemokratie als „verräterische Vorhut der Faschisten" bestätigt. Das anschließende Verbot, dann die Auflösung des paramilitärischen Roten Frontkämpferbundes in Preußen, auch das vorübergehende Verbot des KP-Zentralorgans *Rote Fahne*, traf die KPD zwar, doch nutzte sie die Situation zu gesteigerter Propaganda, indem sie ihren gerade in Dresden bevorstehenden Reichsparteitag nach Berlin-Wedding verlegte. Nicht wenige Kritiker aus liberalen und linken Kreisen hielten Art und Maß des Einschreitens der Berliner Polizei für unverantwortlich; sie verwiesen darauf, daß es in anderen Großstädten bei Aufhebung des Demonstrationsverbotes zum 1. Mai kein Blutvergießen gegeben hatte.

Nahezu jede Politik in Berlin war nach diesem „Blutmai", wie die KPD seither sagte, nach diesem „Kommunistischen Mai-Aufstand", wie viele andere es nannten, erbitterter und erregter denn je, zumal nun auch die NSDAP auf dem anderen Flügel extrem-radikaler Kräfte ihre Kampfschreie mit dem Hinweis auf den „bolschewistischen Revolutionsversuch" verstärkte. Der Boden für den Wahlkampf zu den im Spätherbst fälligen Stadt- und Bezirksverordnetenwahlen war tief aufgerauht. Zum Verfassungstag im August 1929 gaben die Deutschnationalen den Auftakt für die Agitation zugunsten eines Volksbegehrens gegen die Neuregelung der Reparations-Abzahlungen an die Alliierten nach dem sogenannten „Young-Plan": Durch einen Volksentscheid sollte ein Gesetz verabschiedet werden, nach dem Reichskanzler und Reichsminister sich strafbar machten, wenn sie den Plan und damit die „Kriegsschuldlüge von Versailles" nicht feierlich ablehnten. Die Nationalsozialisten, auch der „Stahlhelm", brachten für die Unterschriftenlisten zum

Oktober 1929 in einer Propagandaschlacht alle auf die Beine, die sie für dieses „Freiheitsgesetz", gegen die „Versklavung des deutschen Volkes", in Bewegung setzen konnten: Bei 7,7 % der Stimmberechtigten hatte es in Gesamtberlin für das voraufgehende Volksbegehren allerdings schon sein Bewenden, der Volksentscheid erhielt 10,3 %. Doch da schrieb man schon den 22. Dezember 1929, und die Berliner Politik, ja die Berliner Demokratie hatte aus ganz anderen, nämlich kommunalpolitischen Anlässen eine Wendung zum Bösen erlebt.

Sklarek-Skandal und Kommunalwahl

In den Kommunalwahlkampf, den die Parteien vor dem neuen Hintergrund zunehmender Wirtschaftskrisen-Zeichen begonnen hatten, schoß weit mehr Unruhe und Leidenschaft ein als früher. Daß am 1. September rechts-konservative Landvolk-Anhänger, die in Schleswig-Holstein schon mit Explosivstoffen am Werk gewesen waren, einen Sprengsatz im Berliner Reichstagsgebäude legten, fand nur kurzfristig Interesse. Am 26. September aber wurden in Berlin die stadtbekannten drei Brüder Sklarek verhaftet, weil von Dienststellen der Bezirke und des Magistrats schwerster Betrug in Millionenhöhe zu Lasten der Stadtkasse im Zusammenhang mit einem Monopolvertrag zur Lieferung von Kleidungsstücken für Sozialbehörden aufgedeckt wurde. Die im Wahlkampf engagierte Presse lieferte von nun an täglich neue, dramatische Vorwürfe gegen die Stadtverwaltung.

Tatsächlich hatte, wie sich später ergab, ein ehrenamtlicher KPD-Stadtrat des Magistrats für den Monopolvertrag beziehungsweise dessen Verlängerung gesorgt; er und ein KPD-Bezirksstadtrat vom Prenzlauer Berg waren bestochen worden. Zug um Zug kam ferner zutage, daß auch zwei SPD-Bezirksbürgermeister, in Mitte und Köpenick, und zwei parteilose Direktoren der Berliner Stadtbank betroffen waren. Andere gerieten in Verdacht. Viele sollten Vorteile bei Käufen von der Firma Sklarek, also Rabatt, erhalten haben, so im Fall des Kaufs einer stark verbilligten Pelzjacke auch die Gattin von Oberbürgermeister Böß.

Da Gustav Böß gerade mit einer Magistrats-Delegation in den USA war, nicht voll informiert wurde und die Reise nicht vorzeitig abbrach, traf er bei der Heimkehr in die Stadt am 31. Oktober auf für ihn beispiellos bösartige Demonstrationen; konsterniert und schockiert, hat er die Tätigkeit in seinem Amt nicht wieder aufgenommen. Nach einer Stadtverordnetensitzung mit Einbringung eines „Mißtrauensantrages“ ließ er sich vorläufig beurlauben. Der Skandal, knapp drei Wochen vor der Stadtverordnetenwahl, beherrschte die Berliner Politik mehr als zwei Jahre lang — auch über die Änderung der Stadtverfassung 1931 hinaus.

Am 3. Oktober 1929 war Reichsaußenminister Stresemann, noch nicht 52 Jahre alt, plötzlich gestorben, einer der bedeutendsten Vertreter der Weimarer Demokratie; die DVP verlor, spürbar bis in die Berliner Parteiarbeit, mit ihrem Vorsitzenden die mühsam gehaltene Zuwendung zur Demokratie. Zwischen dem 24. und 29. Oktober war es dann mit dem großen Kurs-Zusammenbruch an der New Yorker Börse zum Signal für die Ausbreitung einer Weltwirtschaftskrise gekommen, die das Schicksal Berlins mitbestimmen sollte.

Die Stadt- und Bezirksverordnetenwahl vom 17. November 1929 ging für die „Magistratsparteien“ so schlecht aus, wie nach allem Voraufgegangenem zu erwarten gewesen war. Nur das Zentrum konnte seine acht Mandate in der Stadtverordnetenversammlung halten; die DVP gelangte sogar von 8 auf 10. Die DDP aber, die „Böß-Partei“, verlor ein Drittel und zählte nur noch 14 Mandate. Die SPD rutschte von 73 auf 64 Sitze zurück. Die Deutschnationalen fanden sich von 47 auf 40 reduziert und hatten auf Anhieb 13 NSDAP-Leute als Konkurrenten neben sich im Sitzungssaal. Die KPD gewann mit 56 statt bis dahin 43 Sitzen kräftig hinzu, auch weil sie die Beteiligung ihres unbesoldeten Magistrats-Mitglieds Gäbel und ihres ehrenamtlichen Bezirksstadtrats Degener an den Sklarekvorgängen durch konzentrierte Agitation gegen Böß und die Sozialdemokraten zu verdecken wußte; in dieser Kampfrichtung wie in der Brutalität ihrer Propaganda stimmten sie mit der NSDAP überein. Die Formulierungen in der *Roten Fahne* und im *Angriff* nachzulesen und zu vergleichen, bietet bis heute ein Lehrstück für Demagogie. Eine um fast 7 % höhere Wahlbeteiligung im Vergleich zur letzten Kommunalwahl 1925 bestätigte die mobilisierende Wirkung der Ereignisse und der Kritik an den „korrupten System-Parteien“. (Zu den Wahlergebnissen, auch im folgenden, siehe Anhang, S. 323, 350 f., 354 f., 358 ff.)

In der neuen Stadtverordnetenversammlung gab es keine demokratische „Etatsmehrheit“ mehr, weil die Mitte geschwächt und die extremen Flügel gestärkt waren. Und es mehrten sich die Tumulte in der Versammlung mit den deutlicher werdenden Folgen von Wirtschaftskrise und Radikalisierung — bewußt jeweils von KPD oder NSDAP mit Provokationen herbeigeführt, oft im Anschluß an blutige Auseinandersetzungen auf den Straßen und in den Versammlungshallen. Dieses Stadtparlament wie auch die Bezirksversammlungen zu Kampf- und Werbebühnen gegen die Demokratie zu machen, war das ausdrücklich bekundete Ziel der NSDAP- wie der KPD-Fraktionen. Um die Volksvertretungen arbeitsunfähig und lächerlich zu machen, war so ziemlich jedes Mittel recht. Vor allem die Sozialdemokraten wurden nach dem Wahlkampf 1929 mehr oder minder von allen Seiten als die allein Schuldigen für Sklarek-Affäre, Stadtverschuldung, Korruption und Mängel in der Verwaltung überhaupt attackiert. Zur NSDAP- und KPD-Presse gesellte sich die Presse Hugenbergs, vor allem der deutschnationale *Lokal-Anzeiger*. In der Untersuchung, die Christian Engeli über Gustav Böß und seine Tätigkeit wie über seinen Sturz als Oberbürgermeister vorgelegt hat, sind Belege aus den Jahren 1929 bis 1931 inzwischen jedem Interessierten leicht zugänglich — als Beispiel für damaliges Fehlverhalten in der Kommunalverwaltung sowie für Stil und Folgen der dadurch gespeisten Agitation.

Ernst Reuter hat ebenso wie Vertreter aus anderen politischen Lagern damals die Auswüchse in der Presseberichterstattung und Meinungsmache hart kritisiert und mit „Amokläufen" zur Zerstörung des Vertrauens verglichen. Aber Gründe für schwere Vorwürfe lagen ja vor. Und es kam wie eh und je nicht mehr so sehr darauf an, was im einzelnen wirklich war, sondern was die Leute davon hielten. Und mehr und mehr Menschen, die von der rasch wachsenden Arbeitslosigkeit gepeinigt wurden, hielten nach dem, was sie zu lesen und aus Veranstaltungen von Oppositionsparteien zu hören bekamen, diese demokratische Stadtverwaltung für korrupt. Nachschub für Verdacht lieferten jeweils aufs neue die weit über zwei Jahre dauernden Disziplinar- und Verwaltungsgerichtsverfahren, die Böß gegen sich selbst eingeleitet hatte, sowie Sitzungen eines Untersuchungsausschusses im Preußischen Landtag (mit KPD-Vorsitz und DNVP-Berichterstatter) „zur Prüfung der Mißwirtschaft in der Stadt Berlin" bis zum Juni 1931. Schließlich kam der Prozeß gegen die Sklarekbrüder, der mit der Verurteilung erst im Juni 1932 zu Ende gebracht wurde. Daß das Preußische Oberverwaltungsgericht Gustav Böß in letzter Instanz bereits im September 1930 nur zu einer Geldbuße in Höhe eines Monatsgehalts verurteilt, ihn zugleich aber vom Vorwurf unehrenhafter Handlung freigesprochen hatte, änderte in der öffentlichen Meinung nichts mehr an dem allgemeinen Schuldurteil über Böß. Die NSDAP beschimpfte das „rote" System und die „jüdischen Schieber"; die KPD setzte ihre Kampagne gegen das „kriminelle" Regime der „kapitalismushörigen" Stadtverwaltung unbeirrt fort.

Zur Verschärfung der kommunalen Situation hatte seit dem Herbst 1929 die rapide Verschlechterung der Kassenlage für die Stadt beigetragen, mit Zahlungsnot zu Monatsenden. Die kurzfristigen Schuldverpflichtungen, auf die sich Berlin wie fast jede Großstadt in den letzten Jahren verwiesen fand, weil der Staat die Aufnahme langfristiger Auslandsanleihen für „nicht-rentierliche" Kommunalausgaben unterbunden hatte, führten wegen vieler Rückzahlungsforderungen schnell zu Engpässen; zugleich blieben normal geplante Einnahmen und vom Staat erwartete höhere Finanzausgleichszahlungen aus. Die Haushaltsdebatten der Stadtverordneten im Verlauf des Jahres 1930 standen bereits im Zeichen des Fehlens einer Mehrheit für unumgängliche oder von Staatsseite geforderte Notbeschlüsse. Beim Nachtrags-Haushalt 1929/1930 stand die SPD allein mit ihrer Zustimmung, beim Entwurf für 1930 kam es nach langen Beratungen Anfang Juli sogar zur einstimmigen Ablehnung der Magistratsvorlage.

Der Druck auf die Städte wurde dann entscheidend verschärft durch Notverordnungen des Reichspräsidenten, auf die sich der neue Kanzler Brüning, in Ermangelung einer Mehrheit für seine Regierung im Reichstag, beim Kampf gegen die Wirtschaftskrise und ihre Folgen stützen mußte. Um der Zahlungsunfähigkeit zu entgehen, hatte sich der Berliner Magistrat schon Ende 1929 gezwungen gesehen, einen besonderen Kredit der Preußischen Staatsbank zu akzeptieren, der mit Kommunalaufsichts-Anordnungen verbunden war: Die Stadt durfte keine neuen Aufgaben oder Verpflichtungen mehr übernehmen und mußte dem Schuldendienst mit absolutem Vorrang nachkommen; ferner wurde dem Magistrat aufgegeben, die städtischen Tarife für Gas, Wasser, Strom und für die Verkehrsmittel zu erhöhen. Die 13 neuen NSDAP-Stadtverordneten hatten ihren Einstand — neben ähnlichen Propaganda-Anträgen der KPD — mit dem Vorschlag gegeben, in einer Notstandsaktion für von der Krise Betroffene 60 Millionen RM aufzuwenden und die Mittel dafür unter anderem aus einer „Schaufenstersteuer für Warenhäuser und Konsum-Verkaufsstellen" zu nehmen.

Staatsaufsicht statt Selbstverwaltung?

Die Auflagen der staatlichen Kommunalaufsicht aus Anlaß der erwähnten Kreditaufnahme wurden übrigens mit deutlichem Akzent gegen die Berliner Verwaltung gern in der Formulierung zusammengefaßt, Berlin sei nun „unter Staatskuratel" gestellt, also unter Vormundschaft.

Die Reichshauptstadt blieb noch anderthalb Jahre lang ohne Oberbürgermeister, weil das Disziplinarverfahren gegen Böß lief und weil eine gesetzliche Änderung der Stadtverfassung vorbereitet wurde. Die Aufgaben des erkrankten Kämmerers wurden dem Stadtsyndikus Lange übertragen; Bürgermeister Arthur Scholtz (DVP) amtierte als Stadtoberhaupt bis zum April 1931.

Die Stadtverordnetenversammlung geriet in immer heftigere Tumulte und Propaganda-Debatten der Radikalen. Als Mehrheiten für die vom Staat vorgeschriebene Einführung einer kommunalen Bürgersteuer und einer Getränkesteuer im Stadtparlament nicht zustandekamen, setzte die Aufsichtsbehörde Ende November 1930 zwei Oberregierungsräte als „Staatskommissare" — unter Rückgriff auch auf das Allgemeine Landrecht von 1794 — mit dem Auftrag ein, anstelle der dafür zuständigen Kommunalorgane die verlangten Finanzbeschlüsse zu fassen. Die Zahl der Städte und Gemeinden in Preußen, bei denen bis Anfang 1931 ebenfalls solche „Steuerkommissare" eingesetzt wurden, lag bei 550. Die Protesthaltung der Mehrheiten in den Kommunalparlamenten richtete sich dagegen, daß hier das Reich bei einer für die Gemeindefinanzen gar nicht besonders ergiebigen, aber politisch höchst umstrittenen Einführung neuer Steuern im Durchgriff bewußt den Gemeinden vor der Bevölkerung die Verantwortung für zusätzliche Belastungen auferlegen wollte. Bei der Reichsbank unter ihrem politisch weit nach rechts wandernden Präsidenten Hjalmar Schacht hatte man Maßnahmen zur Einschränkung kommunaler Ausgaben und „städtischer Selbstherrlichkeit" seit langem gefördert.

Ein Hauptgrund für die schnell zunehmende Misere der städtischen Finanzen seit 1929 lag in der Regelung, daß Arbeitslose, die — nach 26 Wochen — keine Leistungen mehr aus der Arbeitslosenversicherung und — nach 32 Wochen — keine „Krisenfürsorge" mehr erhielten, als „Wohlfahrtserwerbslose" von den Gemeinden volle Unterstützung zu beanspruchen hatten. Die Zahl der Erwerbslosen aber wuchs in Berlin rapid, vom März 1930 bis März 1931 bereits von rund 280 000 auf annähernd 425 000. Damit stieg der Anteil der Erwerbslosen an der Gesamtbevölkerung von 6,5 % auf 9,8 %. 29 000 erwerbslose Wohlfahrtsunterstützte zählte man in Berlin im Jahre 1929, aber 300 000 etwa Mitte 1932; die Unterstützungssumme allein für die Wohlfahrtserwerbslosen erreichte weit über 165 Millionen Reichsmark im Jahr 1932 — bei einer Gesamtetatsumme, die im Entwurf bei einer Milliarde RM lag und mit Defiziten und hohem Schuldendienst belastet blieb. Die Verweigerungshaltung der Stadtverordneten gegenüber staatlichen Finanz-Notlösungen hatte in diesem „Hängenlassen" der Städte bei den riesigen Summen für die Wohlfahrtsleistungen einen ihrer Ansatzpunkte.

Andererseits waren gewisse Vorwürfe gegen Berlin nicht von der Hand zu weisen, die den zu spät erkannten und in ihrem Ausmaß nicht verantwortbaren Verpflichtungen galten, wie die BVG sie unter anderem durch Grundstückskäufe vor allem für die U-Bahnbauten auch zugunsten des Vorrats für künftige Erweiterungen eingegangen war; mit den Aufwendungen war man da schließlich in die Nähe von 600 Millionen RM geraten. Skandalös war dies wohl ebenso wie die jahrelange Benachteiligung Berlins im Finanzausgleich und die Überbelastung mit den Ausgaben für die von der Reichsarbeitslosenversicherung „ausgesteuerten" Erwerbslosen. In der größten Industriestadt Deutschlands häuften sich die Sozialprobleme ohnehin noch schneller und kräftiger als anderswo. Aber die Leistungen der Arbeitslosenversicherung und der Krisenfürsorge wurden hier wie überall durch Notverordnungen mehrfach gekürzt.

Im Februar 1931 — es gab in Berlin noch keinen neuen Oberbürgermeister, hingegen eine ungewisse Stadtverfassungs-Änderung, die vor der Verabschiedung im Preußischen Landtag stand — war die Kassenlage der Stadt wieder so verzweifelt, daß der Magistrat sich nicht mehr dagegen zu wehren wußte, den großen Vermögenswert der BEWAG, der Berliner Elektrizitätsgesellschaft, in die Kredit- und Geldbeschaffung einzubringen. Private und öffentlich-rechtliche Elektrizitätsinteressenten fanden geeignete Wege: „Man bat mich in die Staatsbank", notierte Interims-Kämmerer Lange unter dem 28. Februar 1931, „und erklärte mir kalt lächelnd ..., daß ein unter Führung von Staatsbank und Reichskreditgesellschaft stehendes Konsortium in- und ausländischer Banken bereit sei, der Stadt einen Zwischenkredit von 75 Mill. RM zu geben, wenn wir zu Verhandlungen über die Verwertung der BEWAG bereit seien". Die „Transaktion" wurde wenige Monate später unter heftiger Kritik — gegen die Stimmen der Deutschnationalen, der KPD und NSDAP-Stadtverordneten — vom Stadtparlament mit Mehrheit gebilligt und dann vollzogen. An zynischen Kommentaren über die „Verschacherung" der BEWAG gerade mit Hilfe der Sozialdemokraten, der „Kommunalsozialisten", hat es nicht gefehlt.

Seit die Sklarek-Affäre den Stoff für politische Vorwürfe und Auseinandersetzungen lieferte, seit dem Kommunalwahlkampf im Herbst 1929 also, kam Berlin — so sahen es viele — aus dem Skandalösen nicht mehr heraus. Die Sklarek-„Psychose“ stand allen Gegnern der demokratischen Stadtverwaltung zu Diensten, der Vertrauensschwund in der Bevölkerung war nachhaltig und wurde durch Verfahren und Endurteile im Sklarek-Prozeß noch gefördert: Der KPD-Stadtrat aus dem Magistrat, der KPD-Bezirksstadtrat vom Prenzlauer Berg, zwei SPD-Bezirksbürgermeister wurden wegen passiver Bestechung verurteilt — im Frühsommer 1932. Der aufs schwerste belastete ehemalige Grundstücksreferent des Magistrats war inzwischen gestorben. Der Direktor der Berliner Hafen- und Lagergesellschaft, BEHALA, Wilhelm Schüning, SPD, hatte als Zeuge im Sklarek-Prozeß im November 1931 zugegeben, Bestechungsgelder angenommen zu haben; kurz danach hatte er sich erschossen.

Die Hauptangeklagten, Leo und Willi Sklarek, wurden zu jeweils vier Jahren Zuchthaus verurteilt. Beide waren SPD-Mitglieder gewesen. Gegen Fritz Brolat (SPD), zuletzt Personaldirektor der BVG, hatte sich seit langem zwar die Propaganda der KPD wie der NSDAP und der Deutschnationalen gerichtet, aber ein Ermittlungsverfahren wegen Bestechung oder Begünstigung ist nach Beendigung des Sklarek-Prozesses eingestellt worden; dennoch wurde Brolat im Dezember 1932 verhaftet und nach einem Verfahren wegen seiner unterschiedlichen Aussagen Ende Februar 1933 mit der Begründung „Meineid“ zu einem Jahr Gefängnis verurteilt.

Neben der mehrfachen Betroffenheit der Sozialdemokraten trat die Beteiligung von Mitgliedern anderer Parteien oder auch Parteiloser an der Sklarek-Affäre völlig in den Hintergrund. Die SPD hatte gleichsam alle Schuld zu tragen, ähnlich wie auf seiten des Magistrats der beurlaubte Oberbürgermeister. Er war inzwischen ein gesundheitlich gebrochener Mann, hatte seine Pensionierung hinnehmen müssen; von den Nationalsozialisten wurde dafür gesorgt, daß Gustav Böß nach ihrem Machtantritt einige Monate lang unberechtigt in Untersuchungshaft zu sitzen hatte.

*

Die demokratischen Berliner Parteien zeigten sich den Belastungen der immer weiter um sich greifenden Wirtschaftskrise politisch nur begrenzt gewachsen. Sie kämpften in den Stadtverordneten-Sitzungen und in Parteiversammlungen, in der Presse, auch mit Flugblättern und Plakaten, gegen maßlose Angriffe und Vorwürfe, die von der NSDAP, der KPD, den Deutschnationalen samt den jeweiligen Sympathisanten zunehmend heftig vorgetragen wurden. Aber da es unbestreitbar Bestechung und Betrug an der Stadt seitens der Sklareks unter Beteiligung und mit Vorteilsnahme von Leuten aus Magistrats- wie Bezirksverwaltung gegeben hatte, kam es — zumal bei der wachsenden politischen Krisenlage im Reich und in Preußen — zu keinem Abbau der Emotionen oder des Mißtrauens in Berlin.

Versuche, Oberbürgermeister und demokratische Stadtverwaltungen politisch und fachlich in Verruf zu bringen, hat es am Ende der zwanziger Jahre übrigens häufiger als sonst und nicht nur in Berlin gegeben, weil der nationalsozialistische und kommunistische Kampf gegen die „bürgerliche" Demokratie ja Munition erforderte. In Frankfurt am Main kam es zum Beispiel während des Spätsommers 1929 gegen Oberbürgermeister Ludwig Landmann in demselben preußischen Kommunalwahlkampf wie in Berlin zu bösartigen Vorwürfen wegen angeblicher Mißwirtschaft, Verschwendung, Korruption, wegen „uferloser Expansion der Kommunalwirtschaft" usw. Die Vorwürfe wurden aus Kreisen der „nationalen Opposition" vorgetragen und, als sich bei Landmann nichts entsprechend Angreifbares fand, auf die Magistratsmitglieder und die Direktoren städtischer Gesellschaften ausgedehnt. Man wollte, man benötigte und suchte irgend etwas Skandalöses. Aber die Wahl vom 17. November kam heran — ohne Frankfurter Parallelen zu Berliner Sklarek-Vorgängen. Die bürgerliche Rechte mit ihrer Opposition gegen den Oberbürgermeister war zwar Gewinner der Wahl in Frankfurt; auch dort wurden anschließend die Auseinandersetzungen in der Stadtverordnetenversammlung bösartiger. Die für Berlin typische Übergröße der sozialen, wirtschaftlichen, politischen Probleme aber fehlte, und der schlimme Ansatzpunkt tatsächlicher Bestechungsfälle stand in Frankfurt nicht zur Verfügung.

In Berlin war außerdem die demokratische Republik insgesamt viel besser mit einem verallgemeinerten Skandal-Vorwurf zu verletzen; man brauchte sich hier nur rücksichtslos genug auf eine Mischung aus teils berechtigten und teils bedenkenlos erfundenen Vorwürfen zu konzentrieren, um vor den Augen aller Deutschen — eben in Berlin — die ohnehin nicht mehr sehr selbstbewußte Gruppe der demokratischen Parteien zu treffen. Und man mußte für eine möglichst lange Dauer der Anklage-Situation sorgen. Alles dies gelang den abwechselnden oder gemeinsamen Angriffen von kommunistischer, nationalsozialistischer und deutschnationaler Seite. Herausgefordert und gepeinigt wehrten sich die anderen Parteien und ihre Fraktionen im Rathaus mehr oder minder kräftig; aber die Angreifer nutzten das Emotionale und die Brutalität ihrer Propaganda als durchschlagende Waffe.

In ihrer Tageszeitung *Die Rote Fahne* druckte die KPD am Sonntag vor der Kommunalwahl 1929 unter dem Titel „Das System" zum Beispiel folgendes: „Mitglieder aller bürgerlichen Parteien sind in die Sauwirtschaft der Berliner Kommunalverwaltung verwickelt, in erster Linie aber ist dieser himmelschreiende Skandal eine Parteiangelegenheit der deutschen Sozialdemokratie ... Der Sklarek-Fall ist die unvermeidliche Folge der sozialdemokratischen Kommunalpolitik im Reich und in den Ländern ... Der wahre Räuber, der wahre Erpresser, Schuft, Betrüger, Fälscher und Mörder — das ist die sozialfaschistische Partei selbst ... Die Sozialdemokratie als Werkzeug des herrschenden Ausbeutersystems ..., als Stütze der verfaulenden bürgerlichen Gesellschaft und des kapitalistischen Privateigentums — diese Partei ist korrupt. Sie muß korrupt sein ..."

Das Wahlergebnis vom 17. November 1929 war dann für die KPD zwar noch nicht durchschlagend, aber weitere Agitation in diesem Stil erfüllte ihren Zweck: Die Gewinne bei den Reichstagswahlen vom September 1930 in Berlin — im Durchschnitt vermehrte sich die Zahl der Stimmen gegenüber der Wahl im November 1929 für die Kommunisten von 24,6 auf 27,3 % und für die Nationalsozialisten von 5,8 auf 14,6 % — brachten den entschiedenen Demokratie-Feinden noch mehr Ermutigung für solche Art demagogischer Politik.

Die Stadtverordnetenversammlung in Berlin wurde mit politischen Propaganda-Anträgen geradezu überschwemmt, zuweilen blockiert und arbeitsunfähig gemacht. Die Zahl der Anträge im Stadtparlament lag allein für die Zeit von der Novemberwahl 1929 bis zum Frühjahr 1931 bei 530 — einer größeren Zahl als die der Anträge während der ganzen Wahlperiode 1925 bis 1929. Zwei Drittel der 530 Anträge stammten von der KPD und der NSDAP.

In den demokratischen Parteien waren die Mandatsträger Leute überwiegend mittleren oder auch etwas höheren Alters; die radikalen Antidemokraten waren im Durchschnitt erheblich jünger, jedenfalls eifrig, fanatisch, bewußt „unverfroren", „kaltschnäuzig"; weder Sachlichkeit noch Kompromißbereitschaft waren bei ihnen gefragt, ja gegenüber dem verhaßten, verspotteten „parlamentarischen System" absolut unerwünscht. Drohungen gehörten vielmehr schon früh zum Auftritt vor Stadtverordneten. Der NSDAP-Mann Dr. Karl Dorsch rief zum Beispiel am 4. Dezember 1930 zum Ende einer Antragsbegründung, er garantiere: „... für das Ansehen Deutschlands wird an dem Tage mehr getan, an dem tatsächlich die ersten Köpfe der marxistischen Landesverräter in den Sand rollen." Das stenographische Protokoll der Sitzung verzeichnet als Reaktion der Versammlung: „Großer Lärm — Zuruf bei den Sozialdemokraten: Lächerlicher Junge! — Zuruf: Das Ansehen Deutschlands wird gehoben durch solche albernen Redensarten!" Damit hatte es sein Bewenden.

Beschimpfungen, Ordnungsrufe, Sitzungsunterbrechungen wurden kennzeichnend für viele Tagungen der Stadtverordneten, absichtliche Herausforderungen durch KPD und NSDAP waren die häufigste Ursache dafür. In Bezirksversammlungen gab es ähnliche Probleme. Im Reichstag und im Preußischen Landtag, also gleichfalls „in Berlin", sorgten dieselben Parteien für ebensolche Krawalle und Tumultszenen.

Die Berliner Kommunalpolitik sah sich vor der Frage, ob die schwere Beeinträchtigung der Arbeit der Vertretungskörperschaft die Funktionsfähigkeit der Kommunalverwaltung insgesamt aufhebe. Jedenfalls war es nicht ganz unberechtigt, wenn diese Problematik in den wiederbelebten Diskussionen über eine Reform der Berliner Verwaltung und der Stadtverfassung eine zunehmende Rolle spielte.

Die Radikalisierung führte zu mehr Polarisierung, zu mehr Zulauf für die Extremisten, zur Schwächung der Gemäßigten. Die Ergebnisse der Kommunal- und Provinzialwahlen in Preußen am 17. November 1929 hatten das deutlich gemacht. 1930 wurde Berlin noch stärker zum Ort politischer Leidenschaften, Demonstrationen und Zwischenfälle: Vom Mord an einem SA-Mann namens Horst Wessel im Bezirk Friedrichshain bis zum kommunistisch gesteuerten Berliner Metallarbeiterstreik und zu den NSDAP-Protesten und Schlägereien um die Uraufführung des Antikriegsfilms „Im Westen nichts Neues", der durch die Film-Oberprüfstelle dann für öffentliche Aufführungen tatsächlich gesperrt wurde. Die Nationalsozialisten machten aus dem Leichenbegängnis und dem Kult für Horst Wessel ebenso einen Erfolg wie aus dem Filmverbot nach ihrer systematischen Störung der ersten Aufführungen. Sie wußten eben noch besser als andere, Emotionen zu wecken und zu nutzen. Ihre Untaten einschließlich Mord und Totschlag an politischen Gegnern auf der Straße wußten sie zu überspielen oder als Notwehr umzudeuten.

Die KPD hatte mit ihrer politischen Werbung in Arbeiterbezirken, bei Arbeitslosen und in kleinen und mittleren Betrieben Erfolge; das Revolutions-Vokabular und die Moskau-Abhängigkeit ihrer Propaganda förderten ihre Wirkung in die Breite jedoch weit weniger als die große Wirtschaftsmisere. Hier brachte die Arbeitslosigkeit der KPD den Erfolg, weil die Regierungen, die Parteien „am Ruder" — im Rathaus wie in Preußen und im Reich —, offensichtlich hilfslos waren und den Erwerbslosen überdies noch weitere Kürzungen der ohnehin minimalen Unterstützungszahlungen zumuteten. Zwischen 50 % und 60 % Arbeitslose unter ihren Berliner Mitgliedern zählte die KPD für das Jahr 1930 in ihren offiziellen Berichten, zwischen 66 % und 82 % dann für das Jahr 1931.

Ein allgemeines Demonstrations- und Versammlungsverbot für die Straßen erließ die Preußische Regierung von Januar bis März 1930, dann wieder im Dezember. Im Sommer desselben Jahres gab es ein Verbot für das Tragen der SA-Uniform in der Öffentlichkeit. In der Berliner Stadtverordnetenversammlung kam es darüber zu lautem Protest der Betroffenen, zu denen wegen des weiter andauernden Verbotes des Roten Frontkämpferbundes auch die KPD-Leute gehörten. Als im September und Oktober 1930 Mitgliedern der KPD die Bestätigung als Berliner Magistratsmitarbeitern versagt wurde, weil die Preußische Regierung entschieden hatte, NSDAP- und KPD-Mitglieder (wegen ihrer auf gewaltsame Zerstörung der Verfassung gerichteten Ziele) nicht im öffentlichen Dienst tätig sein zu lassen, kam es wieder zu Lärm im Stadtparlament. Im Reichstag erklärten die NSDAP-Leute etwa zur gleichen Zeit durch ihren Abgeordneten Gregor Strasser mit Hilfe eines Hitler-Zitats: „Wir sind Parlamentspartei aus Zwang ... Wir sind jetzt für die Verfassung ..., solange es uns paßt." Sie forderten — wie die KPD — für sich alle Rechte aus jener demokratischen Verfassung, die sie ausdrücklich und fundamental bekämpften.

Die Bilanz der preußischen Polizei zum Jahre 1930 berichtete — mit Berlin als einem Schwerpunkt — über 37 Tote und mehr als 230 Verletzte im ganzen Land als Folge politischer Auseinandersetzungen. Fast 1900 Fälle von Störung politischer Versammlungen wurden der KPD, über 500 Fälle der NSDAP zur Last gelegt.

In Deutschland wurde speziell Berlin wegen solcher Vorgänge, aber eben auch wegen der Korruptions-Vorwürfe, wegen der hohen Verschuldung und weil überhaupt fast alle schlechten Nachrichten und die unpopulären Entscheidungen aus Berlin kamen, zum Zentrum des „Skandalösen". Berlin war als Vorort „ausländischen Einflusses" offenbar auch an weiterem schuld: an der Agitation für ein Sowjet-Deutschland, an dem Überhandnehmen der Amerikanisierung, des „Undeutschen", der „jüdischen Vorherrschaft" ...

Daß „die Mitte versagt hat", blieb im übrigen die am stärksten verbreitete tagespolitische Erkenntnis, die von 1930 an negativ durchzuschlagen begann — auf die bürgerlichen Parteien wie auf die Sozialdemokraten. Die „Erdrutsch"-Wahl zum Reichstag im September

1930 brachte in ihrem Berliner Ergebnis erstmals der KPD insgesamt mehr Stimmen als der SPD, machte die Kommunisten zur „stärksten" Partei nicht nur in ihren Schwerpunktgebieten wie Wedding, Friedrichshain, Neukölln, sondern nun auch in Reinickendorf und in Treptow, in Weißensee und Mitte, in Lichtenberg und Köpenick. Auf dem anderen Flügel der Extremisten stieß die NSDAP immerhin in *einem* Bezirk, in Steglitz (mit hohem Bevölkerungsanteil von Angestellten und Beamten), überraschend in die Stellung der Partei mit den meisten Stimmen vor. Und die Deutschnationalen konnten in ihrer Hochburg Zehlendorf mit 21,2 % „stärkste Partei" bleiben, obschon die NSDAP ihnen viele Wähler abzog (siehe ANHANG, S. 323, 352ff., 366ff.).

Im Reichstag war die NSDAP durch diese Septemberwahl mit 107 statt bis dahin 12 Mandaten in weitem Sprung zur zweitstärksten Fraktion aufgerückt. Nationalsozialisten und Kommunisten konnten in der Berliner Stadtverordnetenversammlung behaupten, daß die Zusammensetzung des Stadtparlaments wie der Bezirksversammlungen längst überholt sei. Da mit zunehmender Wirtschaftskrise und im Wege von Notverordnungen die Einwirkung von Reich und Staat auch auf die Kommunalpolitik immer kräftiger wurde, kam die problematische Orientierung der örtlichen Parteien an *gesamtstaatlichen* Zielen und Streitgegenständen in den kommunalen Vertretungskörperschaften noch unmittelbarer als bisher zur Geltung, und dies vor allem wieder bei den extremen Parteien.

Die Position der kommunalen Selbstverwaltung im Staatsgefüge war in der Weimarer Verfassung nicht eindeutig gesichert; in der — überwiegend konservativen — Staatsrechtswissenschaft fand sie sich bald kräftig umstritten oder bereits als „mittelbare Staatsverwaltung" eingeordnet, bei Ansprüchen auf eigene politische Willensbildung vor Ort zudem als „polykratisch" abgeurteilt. Nicht nur Carl Schmitt und zum Beispiel Ernst Forsthoff vertraten solche Auffassungen, die in sachlicher Deduktion für den konsequenten demokratischen Einheitsstaat auch ihre Überzeugungkraft hatten. Für eine starke, gar politisch getragene kommunale Selbstverwaltung aber fehlte dann die Legitimation. Sobald nun gar Organe gemeindlicher Demokratie nicht mehr „ordnungsgemäß" arbeiteten, wie jene Stadtverordnetenversammlungen, die — mit Berlin als Hauptbeispiel — sich staatlichen Finanzbeschluß-Forderungen nicht fügten, war hiernach der Entscheidungsanspruch der örtlichen Vertretungskörperschaft, ja die Berechtigung dieses ganzen Kommunalverfassungs-Systems eigentlich schon in Frage gestellt.

War das Berliner Stadtparlament durch die Extremisten zu einem Hindernis für die Hauptstadt-Verwaltung geworden? Blieb die Selbstbestimmung der Stadtverordneten über den geordneten Gang der eigenen Verhandlungen nach Städteordnung und Geschäftsordnung nicht wirkungslos gegenüber der Obstruktion durch die vom Volk gewählten Gegner der Demokratie? War dies eine „Krise der kommunalen Selbstverwaltung"?

Hatten zum Beispiel die Deutschnationalen (deren Fraktion in der Stadtverordnetenversammlung sich vornehmlich aus leitenden Beamten, Juristen, Geschäftsführern und ehemaligen Offizieren zusammensetzte) recht mit ihren Vorwürfen gegen KPD und SPD wegen der Berufung zu vieler Partei- oder Gewerkschaftsangestellter in kommunale Mandate und Ämter — ohne hinreichende Erfahrung in der öffentlichen Verwaltung und Finanzgebarung? Die Feinde der Parteien-Demokratie bedienten sich jeder nur denkbaren Argumentation.

Seit dem Oktober 1929 schon sah das preußische Innenministerium sich veranlaßt, konkreter als im Zusammenhang mit den Arbeiten für ein preußisches Selbstverwaltungsgesetz nun Änderungen der Berliner Stadtverfassung zu erörtern und vorzubereiten. Die „Mißwirtschaft" in der Berliner Verwaltung wurde von den Deutschnationalen zum Thema im Landtag gemacht, der Sklarek-Skandal sorgte für Forderungen auf Maßnahmen, die Abhilfe bringen würden. Die Instabilität der Situation in der Hauptstadt — von der langfristigen Beurlaubung des Oberbürgermeisters bis zu den politischen Auseinandersetzungen auf den Straßen, vom Finanzdebakel bis zum Mangel an demokratischen Mehrheiten in der neugewählten Stadtverordnetenversammlung — schien nicht hinnehmbar.

Änderung der Stadtverfassung als Krisenbewältigung?

Der Entwurf aus dem Innenministerium zu einem „Selbstverwaltungsgesetz für die Hauptstadt Berlin" geriet unter dem Namen „Grzesinski-Plan" sogleich vom Frühjahr 1930 an unter heftige Kritik, auch der Berliner Sozialdemokraten. Die vorgesehene Zusammenfassung von Kompetenzen beim künftigen Oberbürgermeister und bei einer zusätzlichen, engeren Vertretungskörperschaft wie auch der Ausbau der Staatsaufsicht und die Ersetzung der Bezirksversammlungen durch Bezirksräte (samt Abschaffung der Magistratsverfassung zugunsten einer „Einkörper-Verfassung") wurde geradezu als „Gesetz *gegen* die Selbstverwaltung" empfunden. Erst im Oktober 1930 begannen die Landtagsberatungen. Erhebliche Abstriche machte schließlich der erneut zum preußischen Innenminister berufene Carl Severing. Aber weder seine Vorschläge noch ein eigener Entwurf der Berliner Sozialdemokraten vom Juni 1930 kamen zum Zuge. Aus verfahrener gesetzgeberischer Lage gelangte man am 25. März 1931 zur Verabschiedung eines „Gesetzes über die vorläufige Regelung verschiedener Punkte des Gemeindeverfassungsrechts für die Hauptstadt Berlin".

Die Stadtverordnetenversammlung wurde in ihrer Zuständigkeit auf einen Katalog der wichtigsten Sachen eingeschränkt, ein *Stadtgemeindeausschuß* aus 45 Stadtverordneten unter dem Vorsitz des Oberbürgermeisters und mit nichtöffentlichen Sitzungen als engeres Gremium geschaffen. Die Stellung des Oberbügermeisters vor allem wurde gestärkt, die meisten „Gemeindevorstands"-Angelegenheiten gingen auf ihn über, er bekam das *Leitungs- und Weisungsrecht* gegenüber dem Magistrat, der um sechs unbesoldete Stadträte verkleinert wurde. In den Bezirken wurde der Vorsitz in der nicht mehr öffentlich tagenden Bezirksversammlung dem Bürgermeister gegeben.

Nach den jahrelangen Erörterungen über eine Verwaltungsreform für Berlin seit 1926 fanden viele diese Notlösung enttäuschend. Die Kritik an dem unerträglichen Verhalten von Radikalen im Stadtparlament wie in Bezirksversammlungen war bestimmend für die ganze Gesetzesänderung geworden; hinzu kam das, was man als notwendige Zusammenfassung der Verantwortlichkeit in *einer* Hand sah und mit der Bezeichnung „Führer der Verwaltung" für den Oberbürgermeister im Gesetzestext festhielt. Zufrieden mit diesen Bruchstücken einer Verwaltungsreform war zwar niemand; aber man hatte — im herkömmlichen deutschen Glauben an die Gesetzgebung als wirksamstes Mittel — wenigstens einiges zur Eindämmung von Mißbräuchen in den Vertretungskörperschaften und von vermuteten Defiziten in der bisherigen Position des Oberbürgermeisters getan.

Eine unterschiedliche Beurteilung der „Berlin-Novelle" von 1931 lag nahe: Ging es um eine unvermeidliche Korrektur im Mindestmaß oder um ein Zukunftsbeispiel für den Abbau der demokratischen Verfassung? Die Erfahrung mit den Veränderungen konnte nur noch teilweise Antworten liefern, weil die krisenhafte politische und wirtschaftliche Gesamtentwicklung von 1932/1933 die Berliner Vorgänge überlagerte. Immerhin erwies sich an der weiteren Arbeit der Vertretungskörperschaften, daß die zerstörerische Agitation der NSDAP und der KPD spürbar zurückgedrängt werden konnte. Als „Diktaturgesetz" bezeichneten die Kommunisten die Novelle von 1931.

Das Manko an zentraler Führungskraft, an Überblick, Koordination und verantwortlicher schneller Entscheidung, wie man es Oberbürgermeister Böß vor allem für die Bereiche der Stadtfinanzen und für die Kontrolle der Durchführung großer Projekte der Stadt ankreidete, war nicht so ohne weiteres zu beseitigen. Die Größenordnung und die Vielzahl der Verwaltungsaufgaben wie der kommunalpolitischen Vorgänge in diesem Groß-Berlin ließen gar keine praktikable Häufung aller Planungs-, Kontroll- und Entscheidungssachen bei einer einzelnen Zentralfigur zu, selbst wenn die Gesetzgebungsmehrheit im Preußischen Landtag das gewollt hätte. Der Magistrat und manche Stadtverordneten hätten indessen gern die stärkere Beschneidung der Eigenständigkeit der Bezirke, auch die Verringerung ihrer Zahl und ihre festere Einordnung unter die Hauptverwaltung durch die Novelle geregelt gesehen. Denn der Verweis auf eine solche Bezirksverwaltungsreform, empfohlen zur Vermeidung unguter Vorgänge in der Berliner Gesamtverwaltung, wäre auch zur Entlastung von der Kritik an Magistratsverwaltung und Stadtparlament ganz nützlich gewesen. Daß der Mangel an Koordination und an Einbindung der Bezirke in die stadtpolitischen Einzelschritte ihre Hauptursache bei den Zentralverwaltungen hatte, sah man beim Magistrat und an seiner Spitze — und selbst in der Stadtverordnetenversammlung — weniger deutlich. Schon eher erkannt hatte man die unzureichende Zusammenarbeit der einzelnen Stadträte im Magistrat als einer gemeinsam agierenden Körperschaft. Im Stadtparlament war kritisiert worden, daß Stadträte in wichtigen, übergreifenden Fragen ganz allein vorgingen, stets als einzelne — streng in Ressortgrenzen — der Stadtverordnetenversammlung gegenübertraten, während der Oberbürgermeister sich weitgehend aus Debatten von größerer politischer Bedeutung herausgehalten hatte. Dies hätte allerdings selbst ohne die Novelle von 1931 anders werden können. Und über eine Klärung und Neuaufteilung der Zuständigkeiten von Bezirken und Hauptverwaltung sollte (gemäß Novelle) die Stadt jetzt ohnehin erst in einer Ortssatzung bis spätestens Frühjahr 1932 endlich allein entscheiden.

Ein Weniger an Demokratie brauchte die Novelle zum Berlin-Gesetz nach all dem bei vernünftiger Praxis nicht unbedingt zu bringen. Daß die Mängel in der Verwaltungs*organisation* Berlins im übrigen als Ursache für Mißbrauch, Entscheidungsschwäche und Krisenerscheinungen überschätzt wurden, vor allem in der preußischen Regierung und im Landtag, aber auch unter Berliner Kommunalpolitikern selbst, entsprach dem Problemempfinden seit dem Inkrafttreten des Berlin-

Gesetzes, und es entsprach der Praxis der meisten Verwaltungsspezialisten unter den Juristen, die nun einmal darin geübt waren, in Institutionen und Kompetenzen zu denken und sie möglichst weitgehend durch Rechtsvorschriften zu „regeln". Allerdings war auch die von Berliner Politikern, vor allem den Sozialdemokraten, vertretene Auffassung nicht überzeugend, daß alle wesentlichen Ursachen für die Krise in Berlin von „außen", von „oben" — durch Wirtschaftskrise, unzureichende kommunale Finanzausstattung, Fanatismus von ideologisierten Extremisten — gekommen seien. Erst viel später konnte man das gedankliche Experiment machen, sich die Berliner Geschichte 1929, 1930, 1931/1932 *ohne* Weltwirtschaftskrise vorzustellen: Hier eine Antwort zu geben, blieb und bleibt dem subjektiven Urteil eines jeden überlassen. Das Skandalöse der Sklarek-Vorgänge allerdings war nicht gut „wegzudenken", ebensowenig der Mangel an überzeugender politischer, auch stadtpolitischer Führungskraft bei den demokratischen Parteien. Beides kam in Berlin von „innen", nicht von „außen".

Die „vorläufige Regelung" zum Berliner Gemeindeverfassungsrecht von 1931 führte einschließlich der Wahl eines neuen Oberbürgermeisters und zweier Bürgermeister als Stellvertreter jedenfalls dazu, daß alle Organe der Hauptstadtverwaltung wieder arbeitsfähig wurden. Der neue Verwaltungschef ging unter Betonung ausdrücklicher Zuversicht ans Werk. Sollte das Jahr 1931, in dem der 100. Todestag des Freiherrn vom Stein mit sachkundigen Festvorträgen begangen wurde, und die folgende Zeit keine Chance mehr für die bürgerschaftliche Selbstverwaltung der Städte zwischen Krise und Reform offenlassen?

VI

Die Hauptstadt und der Staatsumsturz

Am 21. April 1931 wurde *Heinrich Sahm*, zuvor zehn Jahre lang Oberbürgermeister und Senatspräsident der Freien Stadt Danzig, in sein neues Amt als Oberbürgermeister von Berlin eingeführt. Kommunale Erfahrung hatte Sahm zuvor als Bürgermeister drei Jahre lang in Bochum, 1918/1919 auch kurz als Geschäftsführer des Preußischen und Deutschen Städtetages gesammelt. Er war parteilos, stand politisch auf der bürgerlich rechten Seite, hatte aber in Danzig Krach mit den dortigen Deutschnationalen bekommen und war auch in der Berliner Stadtverordnetenversammlung bei seiner Wahl auf die Ablehnung der

Deutschnationalen und der Kommunisten gestoßen; allein die Stimmenthaltung der 15 NSDAP-Stadtverordneten ergab, daß im ersten Wahlgang 110 Stimmen genügten.

Als neugewählte Berliner Bürgermeister wurden zugleich mit Sahm in ihre Ämter eingeführt: *Fritz Elsas*, der der Deutschen Staatspartei (der ehemaligen DDP) angehörte und bis dahin stellvertretender Präsident des Deutschen Städtetages, früher Stadtrat in Stuttgart gewesen war, sowie *Friedrich C. A. Lange*, der langjährige Stadtsyndikus (SPD). Der neue Stadtkämmerer hieß *Bruno Asch* (SPD), bisheriger Kämmerer von Frankfurt am Main.

Zusammen mit den Neubesetzungen in den Positionen der sechs unbesoldeten, „politischen" Magistratsmitglieder (bei denen die Aufsichtsbehörde allerdings dem KPD-Kandidaten die Bestätigung vorenthielt) war also eine tatkräftige Magistratsspitze einschließlich der im Amt gebliebenen, erfahrenen Fachstadträte gefunden. Sahm sorgte dafür, daß ein gesondertes Dezernat für die städtischen Unternehmen und Gesellschaften gebildet wurde, dessen Leitung Elsas übernahm, denn in diesem umfassenden Bereich hatte sich der Mangel an Koordination, Aufsicht, Verantwortungszusammenfassung in den früheren Jahren klar erwiesen. Auch den Vorsitz im Preußischen und Deutschen Städtetag übernahm Sahm, allerdings nur auf drei Jahre gewählt und vom Präsidenten Oskar Mulert, dem hauptamtlichen Chef der Städteorganisation, auf die Leitung großer repräsentativer Tagungen oder Verhandlungen verwiesen.

Sowohl gegenüber den Organen der Stadt nach dem eben geänderten Berlin-Gesetz als auch gegenüber Preußen und Reich nahm Heinrich Sahm eine betont sachliche, loyale, sehr pflichtbewußte Stellung ein, die auf der Selbstverwaltung der Hauptstadt deutlich beharrte und die Interessen Berlins nicht hintanstellen lassen wollte. Die Finanznot der Stadt wurde sogleich zum Hauptthema. Der Verkauf der BEWAG mußte auf Druck des Reiches umgehend vollzogen werden. Sahm plädierte dafür mit dem Hinweis, das wiederherzustellende Ansehen der Stadt als Kreditnehmer, als selbstverantwortlich handelnde Gebietskörperschaft, stehe auf dem Spiel; die bittere, aber notwendige Entscheidung werde ein positives Signal auch für das Land und das Reich geben. Er erreichte tatsächlich, einschließlich der Stimmen der SPD, eine — wenn auch sehr knappe — Mehrheit unter den Stadtverordneten. Sogar den Haushalt für das schon laufende Etatjahr 1931 beschlossen die Stadtverordneten nach mühseligen Beratungen im Juli gegen die Stimmen der KPD, der NSDAP und der Deutschnationalen.

Auf dem Gelände um den Funkturm wurde mit der Deutschen Bauausstellung und dem Internationalen Kongreß für Wohnungswesen und Städtebau im Frühsommer 1931 eines der großen Ereignisse zu diesem gewichtigen kommunalen Aufgabengebiet mit einer eindrucksvollen Zwischenbilanz für Berlin begangen: Sahm verwies auf die Beispiele des umfassenden modernen Siedlungsbaus in Neukölln, Spandau, in Schöneberg, Zehlendorf, Lichtenberg, Reinickendorf wie in weiteren Stadtteilen. Aber in denselben Wochen bahnte sich schon die große Bankenkrise an, in die dann die Reichsregierung unter Kanzler Brüning schnell mit immer neuen Rettungsmaßnahmen eingriff.

Durch Notverordnungen des Reichspräsidenten wurde Berlin wie der gesamte kommunale Bereich in Deutschland vom Geldmarkt abgeschnürt; selbst die Stadtsparkassen wurden in ihrer Kreditvergabe praktisch der Weisung der Reichsbehörden unterstellt. Das alles bestimmende *Trauma der Inflation,* die Angst vor einer Wiederholung der Geldentwertung von 1923, führte zu immer neuen Abbau- und Einschränkungsschritten, ja führte zu einer Wirtschaftspolitik Brünings, die das ebenso schlimme Gegenteil der gefürchteten Inflation, die *Hyper-Deflation,* brachte. Die Politik der Geldverknappung, Lohn- und Gehaltssenkungen, Nachfrageeinschränkungen, Preissenkungen, die Reichskanzler Brüning — wie damals von der großen Mehrheit der Wirtschaftswissenschaftler und der Wirtschaftspraktiker als geboten angesehen — nicht nur ein zweites Jahr lang konsequent durchhielt, sondern verschärfte, hat nicht nur die öffentlichen Haushalte, die kommunalen Etats in die äußerste Krise gestoßen; die gesamte Wirtschaft in Deutschland kam in existenzielle Not. Doch diese Deflationskrise hielt Brüning als Voraussetzung der Besserung für unausweichlich.

Die noch größere Arbeitslosigkeit erreichte zuletzt fast jede dritte „Erwerbsperson" in Berlin. Der Weg in das Wirtschaftselend war für die Stadt mit vielen Einzelmaßnahmen gepflastert, mit eigenen Beschlüssen und mit vielen Erlassen des Reichs und Preußens, für die man als verantwortlicher Kommunalpolitiker angesichts der ökonomischen Krise, die unentrinnbare internationale Zusammenhänge hatte und keine probaten Gegenmittel erkennen ließ, sogar um Verständnis werben mußte, auch wenn man sie nicht billigte.

Nach dem Bankenkrach und dem Kreditzusammenbruch vom Juli 1931 wurden vom Berliner Magistrat erneut Sparmaßnahmen zusammengestellt, die unter dem Begriff „Notprogramm 1931" liefen. Schon seit dem September 1929, als der Beschluß gefaßt wurde, keinerlei

Neubauten in Berlin (von der U-Bahnstrecke nach Neukölln abgesehen) mehr aufzunehmen, waren die Einschränkungen von Halbjahr zu Halbjahr radikaler geworden. Erleichterungen, die das Reich oder Preußen finanziell bewirkten, wie die Einsparungen durch Kürzung der Gehälter im öffentlichen Dienst, brachten für Berlin 1931 etwa 15 Millionen RM, 1932 dann nochmals 6,5 Millionen. Zuschüsse aus der „Reichswohlfahrtshilfe" für die Gemeinden schlugen in Berlin 1931 mit ca. 21 Millionen zu Buche. Das „Notprogramm 1931" umfaßte annähernd 25 Millionen an Einsparungen; gemäß Städtetagsempfehlung über das „Selbsthilfeprogramm der Städte" stellte der Berliner Stadtkämmerer alles überhaupt Entbehrliche zusammen. Die Beträge blieben sämtlich weit unter dem Mindestbedarf.

Notverordnungen des Staates gegen die Stadtverfassung

Bevor die Stadtverordnetenversammlung beraten und beschließen konnte, erging unter dem 12. September 1931 eine besondere Sparverordnung der preußischen Regierung: Sie legte ausdrücklich fest, daß eine *Mitwirkung der kommunalen Vertretungskörperschaften* an den von der Regierung zum Ausgleich der Gemeindefinanzen vorgesehenen Sparmaßnahmen rechtlich *ausgeschlossen* sei. Die voraufgegangene Notverordnung des Reichspräsidenten nach Art. 48 der Weimarer Verfassung trug das Datum des 24. August 1931. Darin hatte es geheißen, die *Landesregierungen* seien ermächtigt, „alle Maßnahmen, die zum Ausgleich der Haushalte von Ländern und Gemeinden ... erforderlich sind, im Verordnungswege vorzuschreiben. Sie können dabei von dem bestehenden Landesrecht abweichen." Und die preußische Durchführungsverordnung zu jener Sparverordnung vom 12. September übertrug es den *Exekutiv*organen der Gemeinden, in Berlin also dem Oberbürgermeister, alle Maßnahmen zum Ausgleich des Haushalts zu treffen.

Heinrich Sahm hatte Bedenken gegen die Rechtsgültigkeit dieser Regelung, er folgte ihr aber; öffentlich betonte er, daß er die Stadtverordneten nicht ausschalten wolle, wenn man zu gemeinsamem Willen über das Notprogramm komme. So gab es denn einen schriftlichen Bericht für die Stadtverordneten, über den sie jedoch nicht zu beschließen hatten. Nach Erörterungen im Haushaltsausschuß debattierte die Versammlung darüber mehrfach. Sahm gab am 12. November 1931 der Stadtverordnetenversammlung einführend einen Überblick über die Auswirkungen der neuen wie der voraufgegangenen Sparmaßnahmen;

er berichtete, daß die Stadt nun fast 200 000 Menschen in der „Allgemeinen Wohlfahrt" unterstütze; mit 185 000 Wohlfahrtserwerbslosen (= 45,6 auf 1000 Einwohner) stehe Berlin nach Breslau an der Spitze unter den zehn größten Städten. Nur weitere und schwere Opfer könnten helfen, vieles müsse wieder abgebaut, mancher „Kulturfortschritt" rückgängig gemacht werden. Das Schulwesen, das Sozial- und Gesundheitswesen — fast alle Bereiche waren erneut schwer betroffen.

Sowohl die Deutschnationalen wie die NSDAP- und KPD-Leute übten lautstarke Kritik, so wie sie es seit langem bei Etat-Beratungen gehalten hatten und wie sie es 1932 dann noch heftiger taten. Der Oberbürgermeister, hieß es da bei Erörterung späterer Maßnahmen, solle doch seine guten Beziehungen zum Reichspräsidenten nutzen. Man sehe keinerlei Anlaß, erklärte zum Beispiel für die Deutschnationalen im Juni 1932 der Stadtverordnete Major a. D. von Jecklin, „dem Magistrat oder dem Oberbürgermeister oder den absterbenden Parteien, die heute hier noch an der Macht sind, die Verantwortung für diesen Notetat ... abzunehmen", der Oberbürgermeister nutze ja die diktatorischen Vollmachten, die er durch die Regelung der preußischen Regierung habe, überhaupt nicht, sondern bemühe sich um die Stellungnahme der Stadtverordneten.

Als dies in der Stadtverordnetenversammlung gesagt wurde, waren bereits weitere Verordnungen des Reichs und Preußens ergangen, hatten weitere Einschränkungsprogramme zur Entlastung der Stadtfinanzen Platz gegriffen. Vergleicht man aus späterer Sicht die Beträge, von denen man sich jeweils Hilfe versprach, mit dem Ausgabenvolumen Berlins allein für das Sozialwesen zuzüglich unabweisbarer Grundeinrichtungen im Gesundheits- und Schulbereich, dann erhält man einen Eindruck von der verzweifelten Lage. Die Mindestpersonalkosten eingerechnet, ging es in Berlin jährlich immer noch um eine Etat-Größenordnung von mehr als 800 Millionen RM — während Notsparmaßnahmen der Stadt oder Finanzhilfen des Staates von ganzen 10 oder 20 oder höchstens einmal 50 Millionen RM erörtert wurden. Und dies bei rapid fallenden Einnahmen der Stadt, weil die Hyper-Deflation alles Wirtschaftliche weiter reduzierte.

Eingaben des Oberbürgermeisters an den Preußischen Landtag, Appelle an die Regierung wegen des unzureichenden Finanzausgleichs erbrachten nichts oder sehr wenig: Auf Antrag bei der Kommunalaufsichtsbehörde gewährte der preußische Minister des Innern zur Überbrückung der Quartalstermine einmal *eine* Million RM, im Januar 1932 eine weitere Million — weitere Beihilfen wurden abgelehnt. „Vom

August 1932 ab", hieß es später im Berliner Verwaltungsbericht, „zeigte es sich, daß die bisher vereinzelt und sogar unter Verpfändung von Steuern abgeschlossenen Kredite und die schärfsten Sparmaßnahmen es nicht mehr ermöglichten, die Stadthauptkasse offenzuhalten. Rechnungen von Lieferanten wurden in großer Zahl zurückgehalten ... Die Betriebe mußten auf Ihre Ablieferungen an die Stadthauptkasse Vorauszahlungen leisten. Die eingegangenen Landessteuern wurden zum großen Teil nicht abgeliefert."

Vom April 1932 an hat der Berliner Oberbürgermeister von den Stadtverordneten *monatliche* Ermächtigungen für die zu leistenden Ausgaben erhalten, weil es zeitweise selbst an einem Nothaushalt fehlte. Die desolate Situation war in Berlin wegen seiner Größe zwar noch schlimmer als anderswo, aber im übrigen in fast allen Städten und Gemeinden ähnlich. Von 2000 Staatskommissaren, eingesetzt zur Regelung der Finanzdinge in den Kommunalverwaltungen, war die Rede. Beim Deutschen Städtetag wie bei den kommunalen Spitzenverbänden in den Ländern entwickelte man zusätzliche Notprogramme. Heinrich Sahm verhandelte für die Städte gemeinsam mit Oskar Mulert bei den Ministerien über die endlich zu ändernde Regelung der Arbeitslosenfürsorge. Die Städte zahlten die Beträge dafür teilweise bereits aus Kreditaufnahmen, aus zurückbehaltenen Staatssteuern — oder zur Not auch einmal aus vorfristig geleerten Münz-Gaszählern in Haushalten, um zum Tage der Unterstützungszahlung genug Bargeld zu haben.

Daß man im Reich und in den Ländern finanziell in ähnlich katastrophaler Not war, blieb unbestritten. Aber gerade soweit die Städte dann bis zum äußersten sparten und opferten und Einsicht praktizierten, alle Härten trugen und auch unpopuläre Notbeschlüsse faßten, klang es um so bitterer, wenn Zwischenbilanz gezogen wurde. Sahm faßte seine Erfahrungen schon zum Jahreswechsel 1931/1932 in die Worte: „Das Reich ist städte- und gemeindefremd." Ähnliches galt letztlich auch für Preußen in der äußersten Notzeit; die Lebenserinnerungen des so bemühten, aufrichtig demokratischen Innenministers Carl Severing zeigen das in den auffällig kurzen Abschnitten, die diese Kommunalfragen behandeln — selbst aus nachträglicher Sicht, an Hand aller späteren Erfahrungen geschrieben —, nur zu deutlich.

Heinrich Sahm war kein Freund des demokratischen Parteienstaates. Er sah seinen Patriotismus eher unter der schwarz-weiß-roten als der schwarz-rot-goldenen Fahne beheimatet, schrieb sein Biograph. Aber seine Erfahrungen 1931/1932 in Berlin haben ihn zur Zusammenarbeit mit eben jenen demokratischen Parteien geführt, die sich der Verantwortung für die notwendigen Beschlüsse über die Angelegenheiten der Hauptstadt in der wirtschaftlichen und politischen Krise nicht entzogen. Daß gerade die ihm politisch näher liegende Rechte, die deutschnationale Seite, zu seinem Feind im Tageskampf wurde, hat ihn ebenso sehr enttäuscht, wie die Vergeblichkeit seiner Appelle, Staat und Reich mögen einsehen, wieviel vom Zustand der Hauptstadt letztlich abhänge: Mit der Geltung eines Staates habe es zu tun, daß er „Maß und Verfassung seiner Hauptstadt" in ihrer Bedeutung erkenne. Es komme darauf an, „ob und wie weit diese Stadt als Repräsentant des Staates ... funktioniert".

Daß angesichts der Situation, die er und seine Kollegen im Frühjahr 1931 in der Stadt vor sich hatten, wenig Angenehmes, aber viel Unerfreuliches zu beschließen und durchzusetzen sein würde, hatte Heinrich Sahm als Voraussetzung seiner Arbeit in Berlin gesehen. Daß die Veränderung der Stadtverfassung durch die Novelle vom März 1931 so wenig Gewicht für den Gang der Dinge in Berlin erlangen sollte, war im voraus nicht abzusehen gewesen; die Zuspitzung der Wirtschaftsnot in der größten Industriestadt Deutschlands hat die Zuständigkeits- und Entscheidungsfragen in der Stadt relativiert, weil Geldfragen und Handlungsanweisungen als Folge von Notverordnungen zu erheblichen Teilen auf Reich und Land übergingen.

Mit seinen Vorbehalten gegen die preußische Verordnung vom 12. September 1931 samt Durchführungsbestimmungen hatte Sahm übrigens durchaus gezeigt, daß er ahnte, wo der wirkliche Bruch in der Verfassungsentwicklung für die Stadt lag. Als das Reich durch Notverordnung den Ländern das Recht zusprach, unter Abweichung von allem geltenden Recht und aller Verfassung jede für erforderlich gehaltene Maßnahme zu treffen oder treffen zu lassen (im Interesse der Deckung von Finanzerfordernissen), und als die preußische Regierung sich dieser Regelung in aller Form bediente, war die demokratische kommunale Selbstverwaltung vom Staate her *von Rechts wegen* unterbrochen. Hier ging es nicht mehr um einen Einzelfall, um befristete Korrektur in einer Notstandssache. Die Verhältnismäßigkeit des eingesetzten Mittels war nicht gewahrt — zumal der Staat gar keine zureichenden Finanzregelungen zu verordnen oder zu bieten wußte —, der „Wesensgehalt", der „Kern" des Rechts auf gemeindliche Selbstverwaltung war getroffen.

In der Debatte der Berliner Stadtverordnetenversammlung vom November 1931 über die Notstandsbefehle zur Ausschaltung der Vertretungskörperschaft klang diese böse Erkenntnis mehrfach an. Ein feixender KPD-Zwischenruf zur Sahm-Rede lautete: „Berlins Leichenrede“. Die Devise in den Worten des Oberbürgermeisters hieß gleichwohl „Arbeiten und nicht verzweifeln“.

Die Berliner Demokratie hatte durch die Behinderung der Stadtverordnetenarbeit seitens der Radikalen jahrelang Schaden genommen, dann durch die Sklarek-Skandalvorgänge aufs schwerste gelitten. Die Folgen der allgemeinen Wirtschaftskrise führten an den Rand der Katastrophe. Der Staat, der helfen sollte und wollte, zerbrach mittels Notstandsrecht das demokratische Gefüge ohne zwingende Begründung, weil ohne überzeugende Zielkonkretisierung — jedenfalls was die Situation in Berlin 1931 anging. Die Novelle zum Berlin-Gesetz war sechs Monate alt, als im September 1931 der eigentliche Staatsdurchgriff kam. Weder der neue Stadtgemeindeausschuß hat mit seinen fünf Beratungen im Jahre 1931 etwas bewirken können, noch die Bezirksbürgermeister, nun als Vorsitzende der Bezirksversammlungen. Daß Letztere nicht mehr öffentlich tagten, hat indessen die Chance der Extremisten, mit Propaganda-Anträgen und Tumulten Wirkung zu erzielen, fast ganz beseitigt.

Im übrigen aber blieb nicht viel an Nennenswertem von dieser Novelle. Denn der neue Oberbürgermeister hat sich bei der rapid fortschreitenden Finanznot, die alles beherrschte, seiner gesetzlichen Stärke als „Führer der Verwaltung“ kaum zu bedienen brauchen. Allerdings trat dann bald auch die Stadtverordnetenversammlung weniger häufig zusammen, weil es aus wirtschaftlichen, finanziellen Gründen keine neuen Aufgaben mehr aufzugreifen und zu regeln gab.

Die Änderung der Berliner Gemeindeverfassung aus dem Frühjahr 1931 kann nicht als Beispiel-Vorgang in eine Reihe gestellt werden mit bewußten Schritten zur Beseitigung demokratischer Institutionen in Deutschland 1932 und 1933. Ebensowenig konnte der preußischen Regierung vor dem 20. Juli 1932 das Ziel unterstellt werden, die kommunale Selbstverwaltung beseitigen zu wollen. Sie nutzte aber problematische Mittel und Wege, um der Finanznot und der politischen Instabilität in den Großstädten — speziell in der Hauptstadt Berlin — zu begegnen.

Die Alltagssituation der Menschen in den Großstädten mit besonders hohen Arbeitslosenzahlen bestimmte sich nicht nach den Prozentsätzen oder den Gesamtsummen, mit denen die Verwaltungen der Stadt, des Landes, des Reiches oder der Arbeitsämter umgingen, auch nicht nach Entwicklungsdaten, die von Parteien und Wirtschaftsverbänden und Gewerkschaften aus unterschiedlichster Sicht zusammengestellt und kommentiert wurden. Die Zahlenkolonnen im *Statistischen Jahrbuch der Stadt Berlin* aus den Jahren 1931/1932 konnten nur nach Monaten und Stadtbezirken, nach Branchen und nach den vielfältigen Unterstützungsarten aufgegliederte Beträge und Fallzahlen liefern: Im Winter steil ansteigend, durch Notverordnungen zuweilen rechnerisch herabgesetzt, im Zeitablauf aber schließlich immer die Gruppe der „Hauptunterstützten" bei den kommunalen Wohlfahrtsempfängern vermehrend — so waren die Daten dieser aktuellsten städtischen Sozialstatistik. *Wer* zusätzlich „Sachleistungen" erhielt, *wieviel* Mark und Pfennige bei den meisten etwa je Tag tatsächlich herauskamen, *was* praktisch zur Verfügung stand, blieb dem Erleben des einzelnen sowie dem Durchschnittszahlwissen der Politiker und der Erfahrung von Behörden- oder Wohlfahrtsverbandsangestellten überlassen. Nach den Kürzungen durch die Notverordnung vom 5. Juni 1931 konnte in der Krisenfürsorge (durch die man ging, bevor man voll in die kommunale Wohlfahrts-Erwerbslosenfürsorge kam) zum Beispiel ein Lediger nicht mehr als 11,55 RM in der Woche erhalten. Die Unterstützungsbeträge wurden nach Lohnstufen berechnet, wobei Lohneinbußen vor dem Eintritt der Arbeitslosigkeit sich entsprechend negativ auswirkten.

Daß die Familie eines aus städtischen Mitteln „wohlfahrtsunterstützten" Arbeiters (mit zwei Kindern zum Beispiel) in Berlin 1932 von insgesamt 75,— RM *monatlich* leben mußte, also nach Bezahlung der Miete, der erhöhten Gas- und Stromgebühren usw. keine 10,—RM zum Leben in der Woche für alle vier Köpfe hatte, war kein negativer Sonderfall, sondern eher günstig im Vergleich zu Alleinstehenden oder zu Empfängern von „Krisenfürsorge". Allenfalls gab es von einer Bezirksstelle noch eine vereinzelte Sachleistung oder einen Gutschein aus der Winterhilfe. Wenn die Lebenshaltungskosten im statistischen Index zu Beginn der Krise um mehr als 15 % gefallen waren, so bot das wenig Trost. Die Fotografien von der Essenausgabe für Erwerbslose in Berliner-Innenstadtbezirken 1931/1932 vermittelten mehr von der Wirklichkeit als die meisten Zahlenvergleiche.

Maßgeblich für die Grundstimmung nicht nur der Arbeitslosen wurde nach und nach der Eindruck, daß die immer noch schlimmer werdende Not augenscheinlich mit dem herrschenden Wirtschaftssystem in seiner weltweiten Krise zusammenhing, daß der verlorene Krieg und die Reparationsforderungen der Siegermächte sich auswirkten und daß Politiker und Verwaltungen nicht zu helfen wußten, sondern den Krisenverschärfungen mit ungeeigneten Maßnahmen hinterherhinkten. Schon Mitte 1931 hatte Reichskanzler Brüning einmal vor der

Abreise zu einer internationalen Tagung eine Fahrt durch Berlin in fremdem Auto unternommen, um selbst zu sehen, wie es um die Stimmung stand. Er fand alles ruhig. Die Befürchtung, man müsse sich nach dem großen Bankenkrach auf das Ausrufen des Belagerungszustandes in Berlin einrichten, sah er widerlegt.

Von Unruhen, entfacht von Arbeitslosen, war trotz der zum Teil unerträglichen Not — von Einzelvorkommnissen abgesehen — auch nach 1931 in Berlin wenig zu befüchten. Gefährlich wurden eher die Propaganda-Aktionen, die gewaltsamen Auftritte und Provokationen, die von den Kommunisten und den Nationalsozialisten (unter Berufung auf die wachsende Zahl der Erwerbslosen in ihren Reihen) ins Werk gesetzt wurden. Überhaupt war der Zugewinn an Sympathisanten für die Extremisten offensichtlich groß. Erwerbslose Angestellte und Arbeiter brachten Zulauf. „Vom Protest zur Panik", so hat man später gesagt, habe vor allem für den „neuen Mittelstand" der Weg geführt, der kleine Angestellte und Aufstiegsorientierte in die Nähe der NSDAP brachte. Wenn die Verantwortlichen in Staat und Stadt selbst auf lange Sicht überhaupt keinen überzeugenden Ausweg aus der wachsenden Not zeigen konnten, war dann nicht die Entscheidung für eine der beiden radikalen Seiten, die endlich ein „Durchgreifen", eine Änderung versprachen, nun doch naheliegend?

Auf den Straßen Berlins wurde ohnehin seit langem gerade von den Extremisten um Vorherrschaft, um Stimmung und Zustimmung, um Solidarisierung gekämpft. Denn darum ging es sowohl bei den Schlägereien im Anschluß an große politische Versammlungen wie bei Überfällen abends auf gegnerische Gruppen mit Schuldzuweisung an den Feind oder erfolgreicher Märtyrerfeier bei einem Todesfall in der eigenen Mannschaft. 1931 wie 1932 gab es auch Morde an Polizisten auf den Straßen Berlins.

Die NSDAP baute ein Netz sogenannter „Sturmlokale" in den Bezirken auf, meistens Gaststätten mit Zusatzräumen, oft als Ausgangspunkte für SA-Aktionen vielfältiger Art. Propagandamärsche durch die Stadt, auch vor das Hauptgebäude der KPD, herausfordernde Feiern zu eigenen NSDAP-Erinnerungstagen, dann wieder laute Auftritte in gegnerischen Versammlungen, sorgfältig vorbereitete Saalschlachten mit der Vorführung von frisch verletzten Kameraden. Alles dies stärkte den Eindruck, die NSDAP habe die Straßen „erobert", habe durch größere Entschlossenheit und Brutalität die Kommunisten — die mit ihrer Parole vom vorbildlichen Sowjetstaat mehr Schwierigkeiten hatten, als die NSDAP mit ihrem Konglomerat von

Zukunftsthesen für ein nationales und „sozialistisches", „antiplutokratisches" Deutschland — überrundet und den Kampf zum Teil jedenfalls für sich gewonnen.

Erfolge der Kommunisten in der Organisation der „Arbeitslosenbewegung", der „Mieterbewegung" (mit Mietstreiks in Arbeitervierteln Berlins) wurden durch gleichlaufende Aktionen der NSDAP relativiert. Selbst in die Organisations-Domäne der KPD, die Industriebetriebe, ging die NSDAP schon seit 1931: Die noch junge „Nationalsozialistische Betriebszellen-Organisation", in Berlin-Lichtenberg nach KPD-Erfahrungen erstmals aufgezogen, stieß mit einer entsprechenden Aktion vor („Keine Arbeitsstelle ohne Nazizelle"), die zwar nur begrenzte Erfolge brachte. Aber parallel zu Propagandaelementen, die sich speziell an die Arbeiter wandten, trug diese Variante der NSDAP-Selbstdarstellung dann doch zur Stärkung ihres Bildes als einer umfassenden Volkspartei bei; als „Arbeiter"-Partei firmierte die „Bewegung" ja ohnehin von früh an in ihrem offiziellen Namen.

Die Abstimmungsergebnisse hatten der NSDAP gerade in Berlin 1931 bei dem — zusammen mit den Kommunisten — betriebenen Volksbegehren und Volksentscheid zur Auflösung des Landtages in Preußen keine besonderen Erfolge geliefert. Aber im Jahr 1932, das einschließlich des Auftaktes mit zwei heißumkämpften Wahlgängen zur Reichspräsidentenwahl, mit der Landtagswahl in Preußen und zudem mit einer Reichstagswahl Ende Juli und einer weiteren Anfang November insgesamt *fünf* Wahlgänge für die Berliner Bevölkerung brachte, sah es dann anders aus.

Als Reichspräsidenten-Kandidat erreichte Hitler in Berlin zunächst 23 %; im 2. Wahlgang aber kam er gegen Hindenburg und Thälmann am 10. April 1932 immerhin auf 31,2 % der Stimmen. Die Stimmenzahl für den KPD-Vorsitzenden Thälmann lag bei 23,6 und im 2. Wahlgang bei 20,7 % (siehe ANHANG, S. 338 f., zum folgenden dort auch S. 354 ff.).

Der „Preußenschlag" und die Hauptstadt-Demokratie

Die schon am 24. April folgende *preußische Landtagswahl* entzog der sozialdemokratischen Regierung Otto Braun die Mehrheit: Verglichen mit dem letzten Landtags-Wahlergebnis (von 1928) verbesserte sich die NSDAP in Berlin von damals 1,5 % auf nun 27,9 % der Stimmen. Die SPD verlor beinahe 4 %, die KPD 1 %, die Deutschnationalen bald 10 %, die DVP mehr als 5 %, die DDP 4,5 %. Da in ganz Preußen 36,2 % der Wähler für die NSDAP gestimmt hatten, erhielt diese Partei 162 Landtagssitze (von 423), die SPD bekam 94 (zuvor hatte sie 137), das Zentrum 67 und die KPD 57 (beide wenig verändert).

Von den Folgen dieser Wahlergebnisse im April 1932 hat sich die Weimarer Demokratie nicht mehr erholt, sie wirkten sich letztlich für das Reich, für Preußen und für die gemeinsame Hauptstadt mit den jeweiligen demokratischen Institutionen zerstörend aus. Die wirtschaftliche Krise ging gerade in den anschließenden Monaten auf einen weiteren Höhepunkt zu. Reichskanzler Brüning scheiterte nicht nur am von ihm so hochverehrten Reichspräsidenten Hindenburg samt Beratern, sondern politisch auch an der „Endlosigkeit" und — genau gesehen — an der Konzeptionsschwäche sowie an der Irrealität seines so konsequent anmutenden Weges. Er mußte Ende Mai 1932 zurücktreten. Ihm folgte Franz von Papen, der aus dem Zentrum austrat, mit einem hochkonservativen Kabinett, dem am weitesten rechts orientierten seit Bestehen der Republik.

Die wirtschafts- und sozialpolitischen Schritte dieser neuen Reichsregierung schlugen fast so hart wie ihre politischen Aktionen auf die schon geschwächte Berliner Demokratie durch, weil sie die Not der Bevölkerung in den Großstädten noch stärker werden ließen und den extremistischen Demokratie-Gegnern weitere Agitationserfolge möglich machten. Das Schicksal der Hauptstadt wurde von jetzt an überwiegend zu einem bloßen Teil des Staatsschicksals.

Der Staatsstreich, durch den von Papen am 20. Juli 1932 die amtierende Preußenregierung Otto Braun mit der Begründung kaltstellte, Sicherheit und Ordnung vom Reiche her wahren zu müssen, war ein Stück Verfassungsbruch mit den Folgen eines teilweisen Staatsumsturzes. Die „bürgerkriegsähnliche Lage" in Berlin und einzelnen anderen preußischen Städten (mit blutigen Auseinandersetzungen, verstärkt nach eiliger Aufhebung des SA- und SS-Verbotes eben durch das neue Kabinett von Papen) lieferte offiziell die Argumente für die Absetzung der demokratischen Regierung in Preußen, deren starker Innenminister Severing sich auf kurzen Protest und auf Rechtsmittel zurückzog — was auch der SPD-Parteilinie entsprach, die sich von der Rechtmäßigkeit und der Gewaltlosigkeit nicht abbringen lassen wollte.

Signale zum Auftakt des politischen Umsturzes im Konkreten gab es bezeichnenderweise zuerst bei den Maßnahmen gegen eine demokratische Machtposition innerhalb Berlins: Als erste Amtshandlung des „Reichskommissars" Bracht, den von Papen für das preußische Innenministerium eingesetzt hatte, wurde bereits am späten Vormittag des 20. Juli die Amtsenthebung des Berliner Polizeipräsidenten Grzesinski, des Vizepräsidenten Weiß und des Polizeikommandeurs Heimannsberg vorgenommen. Weil die Rechtmäßigkeit der Verfügungen Brachts im Polizeipräsidium am Alexanderplatz zunächst nicht anerkannt wurde, räumten die „Amtsenthobenen" erst nach ausdrücklichem Hinweis auf die Wehrmacht, deren zuständiger Militärbefehlshaber nun die vollziehende Gewalt übernommen habe, ihren Platz. Am Nachmittag wurden sie durch ein Reichswehr-Kommando dennoch festgenommen und in die Offiziers-Militärarrestanstalt Moabit gebracht. Der mögliche Einsatz der Berliner Schutzpolizei gegen den Staatsstreich sollte jedenfalls verhindert werden, und das gelang auch. Am Abend unterschrieben die Polizeichefs eine Erklärung über ihren Verzicht auf Amtsausübung, dann ließ man sie gehen.

Daß es um Teile eines konservativen Staatsumsturzes im größten Land des Reiches ging, bewiesen sowohl die politischen Umbesetzungen in der gesamten inneren Verwaltung Preußens während der folgenden Wochen und Monate — zum Teil als „Einsparungen" und „Reformen" bezeichnet —, wie auch die Tatsache, daß die Reichsregierung von Papen unter *ihrer* politischen Richtung die „Zusammenfassung der Machtmittel des Reichs und Preußens" kurzerhand vollzogen und dann auf Dauer ausgerichtet hatte. Das Beschäftigungsverbot für NSDAP-Mitglieder im öffentlichen Dienst Preußens wurde Ende Juli aufgehoben. Der neue Reichsinnenminister Freiherr von Gayl (DNVP) führte vielfach Papens Hand.

In Berlin lag der Schlüssel zum Widerstand der demokratischen Kräfte. Auf Berlin richtete sich deshalb am 20. Juli 1932 sofort eine zweite Notverordnung, die der Reichspräsident schon vorab mit unterzeichnet hatte und die von Papen als „Reichskommissar für das Land Preußen" bald nach 11 Uhr verkünden ließ. Diese „Verordnung betreffend die Wiederherstellung der öffentlichen Sicherheit und Ordnung in Groß-Berlin und Provinz Brandenburg" setzte die gemäß Art. 48 Abs. 2 der Weimarer Verfassung suspendierbaren Grundrechte bis auf weiteres außer Kraft und unterstellte die Berliner Schutzpolizei ausdrücklich dem Reich. Zuwiderhandlungen wurden in schweren Fällen mit Todesstrafe bedroht, die Einsetzung von Sondergerichten dem Antrag des Reichswehrministers anheimgestellt.

Weniger wegen dieser Verordnung als vielmehr wegen der Zurückhaltung der Verantwortlichen in den demokratischen Parteien, den Gewerkschaften und den großen Organisationen wie dem Reichsbanner oder der gemeinsamen „Eisernen Front" blieb es ruhig in Berlin, kam es nicht zum Widerstand. Angesichts der alles niederdrückenden

Wirtschaftskrise und der Angst vor einem wirklichen Bürgerkrieg sah man die Erfolgsaussichten für gewaltsame Gegenwehr — anders als etliche Mitgliedergruppen der SPD und der Freien Gewerkschaften — als zu gering an. Einen Aufruf zum Generalstreik an die vielen zu richten, die gar keine Arbeitsstelle mehr hatten, schien ebenso fragwürdig. Würde man nicht einem von Berlin ausgehenden Bürgerkrieg zum falschen Zeitpunkt die Zündfunken liefern, wenn man jetzt mit Widerstandshandlungen die Nationalsozialisten und die Kommunisten zu eigenem Losschlagen verleitete?

Schon für den übernächsten Sonntag, den 31. Juli 1932, standen Reichstagswahlen bevor. Dorthin also war die entschiedene politische Willensäußerung zu richten, betonten vor allem die Sozialdemokraten.

Im Grunde sind seit den Tagen um den 20. Juli 1932 die Argumente für das *Stillhalten* der demokratischen Kräfte gegenüber der Überrumpelung, Auflösung, Aushöhlung und Unterdrückung der Weimarer Demokratie mit schrittweisem Staatsumsturz dann immer die gleichen geblieben. Es traten allerdings zeitweise Überschätzung und Unterschätzung der Nationalsozialisten und der Kommunisten hinzu. Und die Ernüchterung über die „Nichteinsetzbarkeit" der demokratischen Polizei in Preußen tat das ihre zusätzlich. Vom Kopfschütteln bis zur Wut reichten bei vielen politisch engagierten Berlinern die Empfindungen — doch das zählte nicht.

Die Reichstagswahl am 31. Juli 1932 brachte keine „Quittung" an die Adresse von Papens. Das Stimmergebnis in Berlin beließ die SPD und die KPD nahezu unverändert (wie bei den Reichstagswahlen vom September 1930) bei je ca. 27 %. Die Deutschnationalen und die DVP verloren kräftig, am stärksten die Staatspartei (früher DDP). Aber die NSDAP kletterte von 14,6 % auf 28,7 %; im Reichsdurchschnitt erreichte sie 37,4 % und damit 230 Mandate (bis dahin waren es 107) von 608 Reichstagssitzen insgesamt. Es ging nicht um Kommunalwahlen, doch war die politische Auswirkung auf die Hauptstadt nicht nur wegen der immer härteren Wahlkämpfe groß; ein Reichstag, in dem nun die NSDAP und die KPD (mit ihren 89 Sitzen) zusammen eine absolute Mehrheit stellten, ließ für Berlin weder wirtschaftlich noch politisch viel vernünftige Hoffnungen auf Hilfe übrig. Alle politische Aufmerksamkeit, alle Interessen und Energien richteten sich ohnehin auf den Staat. Speziell in der Hauptstadt schrumpfte Kommunalpolitik auf Mindest-Verwaltungsvollzug, Sozialleistungs-Dienste, Notstandshilfen und Kampf mit aktuellem Geldmangel.

Erst im Spätherbst konnte die Stadtverordnetenversammlung einen „endgültigen" Haushalt für das schon fast vergangene Jahr 1932 beschließen. „Nach dem Eingeständnis des Kämmerers", hieß es in einer Entschließung des Stadtparlaments dazu, „reichen die Einnahmen der Stadt gerade noch dazu aus, um die Gehälter, Löhne und Wohlfahrtslasten zu bestreiten. Alle übrigen finanziellen Verpflichtungen im Schulwesen, Gesundheitswesen usw. hat die Stadt so gut wie eingestellt." Schon bei der Planung für 1932 im Mai war Kämmerer Asch von durchschnittlich 300 000 Wohlfahrtserwerbslosen in Berlin ausgegangen, das hieß von einem Mehr in Höhe von ca. 80 %, verglichen mit dem Reichsdurchschnitt. Einschließlich der Familienangehörigen, wurden bereits vor der Mitte des Jahres 1932 etwa 1,1 Millionen Menschen in Berlin aus öffentlichen Mitteln unterstützt; und es wurden noch mehr (Wirtschaftszweige usw. siehe ANHANG, S. 302 f.).

Verunsicherung, Entmutigung, Hoffnungslosigkeit, auch Lethargie gehörten zu den Folgen der Wirtschaftsentwicklung, andererseits aber eben auch Emotionalisierung und Radikalisierung. Die Stadtverwaltung tat ihre Pflicht, versuchte zumeist, der Hoffnungslosigkeit mit diesem und jenem Schritt entgegenzuwirken. Bürgermeister *Elsas* hatte sich schon direkt an den Reichsfinanzminister Dietrich gewandt, um für die städtische Finanznot etwas mehr Verständnis herbeizuführen. 1932 — vor dem Rücktritt des Kabinetts Brüning — tat er es mit persönlichem Schreiben nochmals; die größte Gefahr für den Staat sagte Elsas im Fall eines weiteren Andauerns der Überbelastung der Städte voraus. „Arbeitsverdrossenheit" komme in den Stadtverwaltungen herauf.

Vom jetzt kommissarisch regierten preußischen Staat kamen zwar ebenso wie vom Reich mit Notverordnungen noch die eine und die andere Erleichterung für kommunale Wohlfahrtsausgaben, aber sie wurden von weiter steigenden Aufwendungen stets schnell überholt. Innen-Kommissar Bracht griff andererseits mit einem schroff formulierten Erlaß vom September 1932 plötzlich in Erörterungen zur Bezirksverwaltungsreform ein: Auch er halte die baldige Verminderung der Zahl der Bezirke für erforderlich und werde, falls die Selbstverwaltungsorgane der Stadt bis zum 15. Oktober 1932 nicht entsprechend beschlössen, die Regelung der Sache auf dem Verwaltungswege, *ohne jede Vertretungskörperschaft,* zu veranlassen wissen.

Da für das Jahr 1933 wieder Wahlen zur Stadtverordnetenversammlung wie für die Bezirksversammlungen fällig waren, hatte der Magistrat die nach dem Gesetz von 1920 von der Stadt selbst zu treffende

Entscheidung über Zahl und Grenzen der Bezirke rechtzeitig in neue Diskussion gebracht. Insgesamt neun Bezirke sollte es nach diesem Entwurf noch geben. Stadtmitte, Kreuzberg und Tiergarten sollten zu einem Innenstadtbezirk werden, im übrigen war mit einer Ausnahme die Zusammenfassung von jeweils zwei Bezirken vorgesehen: Charlottenburg sollte mit Spandau vereinigt werden; Wedding mit Reinickendorf; Pankow mit Prenzlauer Berg; Lichtenberg mit Weißensee; Köpenick mit Treptow (Ortsteil Treptow ausgenommen). Neukölln mit Ortsteil Treptow; Wilmersdorf mit Schöneberg; schließlich Tempelhof und Zehlendorf mit Steglitz. Die Zustimmung aller betroffenen Bezirke gemäß Berlin-Gesetz war dafür aber ebensowenig zu erlangen, wie eine Mehrheit in der Stadtverordnetenversammlung. Auch die Aufsichtsbehörde kam im Winter 1932/1933 zur überwiegenden Ablehnung der Vorschläge. Nur die Verringerung der Zahl der Bezirksstadträte wurde gebilligt und *Ende Februar 1933* auch vom Magistrat beschlossen: Vier besoldete und fünf unbesoldete Bezirksstadträte sollte es künftig geben. Dies war dann schon einer der letzten verwaltungspolitischen Beschlüsse, die der demokratisch gewählte Magistrat noch gefaßt hat.

Zwei Ereignisse hatten für Berlin und weit darüber hinaus zu Beginn des Winters 1932/1933 politische Aufwallung gebracht. Der gemeinsam von KPD und NSDAP (gegen den Allgemeinen Deutschen Gewerkschaftsbund) geführte große Streik der Arbeiter und Angestellten der Berliner Verkehrsgesellschaft BVG — und die in die Streikwoche fallende Neuwahl zum Reichstag am 6. November 1932. Der Streik, der zwei Tote und viele Verletzte kostete, war für die NSDAP ein massives Propagandastück, weil das Eintreten für Arbeiter, die gegen Lohnkürzungen in einen „wilden Streik" gingen, im Gleichklang mit der KPD als Streikförderer nachhaltiges Aufsehen erregte. Aber Goebbels hatte mit der gewagten Aktion mehrfachen Erfolg: In Teilen der Bevölkerung wurde der Eindruck bestärkt, daß die Nationalsozialisten nicht nur mit Konservativen, mit Arbeitgebern und mit Militärs gut Freund sein konnten — der Vorgang lieferte ihnen also ein scheinbar breiteres Fundament. Andererseits wirkte diese parallele Aktion der NSDAP mit den Kommunisten für viele Bürgerliche und Konservative, ja für nationale Rechte wie ein Signal. Es zeigte, daß die Extremisten auch sonst womöglich gemeinsame Sache machen und alles beherrschen, ja umkrempeln könnten. Da lag es näher, besser *selbst* mit der NSDAP — vielleicht nur zeitweise — zusammenzugehen, sie sich nutzbar zu machen.

Als die Ergebnisse der Reichstagswahl vom 6. November bekannt wurden, gab es Freude bei der KPD, Enttäuschung bei der NSDAP; von den Kommentatoren kam überwiegend der Hinweis, daß die Nationalsozialisten ihren Höhepunkt überschritten, ihre Gelegenheit nach der Juliwahl verpaßt hätten. Insgesamt hatte die NSDAP im Reich 4,5 % an Stimmen verloren, ihre Reichstagsmandate gingen von 230 auf 196 zurück. Die SPD hatte 12 Reichstagssitze eingebüßt, die KPD 11 hinzugewonnen.

In Berlin zeigte das Ergebnis dieser Wahl für die KPD einen Stimmenzuwachs von 27,3 % auf 31 % gegenüber der Juli-Reichstagswahl: Es war das beste Ergebnis, das die Kommunisten in Berlin insgesamt je erreichten. Die SPD fiel von 27,3 % auf 23,3 % zurück. Die NSDAP verlor 2,7 % und erhielt 26 % (während ihr Durchschnittsergebnis im Reich immer noch bei 33,1 % lag).

Die „Reihenfolge der Stärke" der Parteien nach dieser Wahl zeigte die KPD an erster Stelle im Berliner Durchschnitt — und dies in zehn von den 20 Bezirken. Die zweite Position nahm die NSDAP ein, stärkste Partei war sie in ebenfalls zehn Bezirken. Die SPD sah sich als Hauptverlierer; die Partei mit dem höchsten Stimmenanteil war sie jetzt in *keinem* der Berliner Bezirke mehr (siehe ANHANG, S. 366ff.). Da die letzten Kommunalwahlen erst drei Jahre zurücklagen, blieb in den Bezirksversammlungen wie bei den Stadtverordneten die Sitzverteilung weiterhin noch die mit den teilweisen demokratischen Mehrheiten — aber die aktuellen Zahlen wurden natürlich immer wieder für die städtischen Vertretungskörperschaften „umgerechnet" und im politischen Tageskampf zugespitzt verwendet.

Das Ende der ersten Berliner Demokratie 1932/1933

Die Lähmung der Stadtpolitik und der Demokratie in Berlin war durch politische Polarisierung, exzessive Finanzkrise, Notstandsregelungen, Unentschiedenheit der demokratischen Kräfte 1932 weit vorangeschritten. Nun war das antidemokratische Wählerpotential in dieser Stadt sogar höher als im Reichsdurchschnitt. Und zum Bedenklichsten gehörte, daß die November-Verluste der NSDAP bei diesen letzten freien Reichstagswahlen weite Kreise in der Politik zu dem Irrtum verführten, daß die Nationalsozialisten weniger gefährlich geworden, ihre Chancen im Sinken seien. Diese Unterschätzung der NSDAP hatte sich seit Jahren gezeigt, sie wurde zu höchst kritischer Zeit sogar noch bekräftigt.

Weder die demokratischen Parteien im Reich, in ihren Parteizentralen und leitenden Gremien, noch die Freien Gewerkschaften, die stärkste Mitgliederverluste durch die Wirtschaftskrise erlebten, kamen zu entschiedenem Zusammengehen, zu hilfreichen taktischen Zügen. Die „Tolerierungspolitik" in der Brüningzeit, das Kopfschütteln über die Schritte von Papens hatten fast eine Gewohnheit des Ertragens, des rechtmäßig „Nicht-Anders-Könnens", ja der Lähmung herbeigeführt. Als von Papen Mitte November 1932 zurücktrat, als General Kurt von Schleicher am 3. Dezember von Hindenburg zum Reichskanzler ernannt wurde, gab es neue Hoffnungen. Die *Vossische Zeitung* schloß ihren Jahresrückblick 1932 („Ein Jahr Kampf um die Macht") mit folgender Wertung: Letztlich habe *die öffentliche Meinung,* also *ein demokratisches Element,* es zu Wege gebracht, daß nach all den Ereignissen vom „Preußenschlag" des 20. Juli bis zum explosiven Berliner Verkehrsstreik während der entscheidenden Reichstagswahl im November endlich Franz von Papen zurücktrat und sich mit seinem Gefühl verkalkulierte, als Unentbehrlicher sogleich wiedergeholt zu werden. Mit der Ernennung von Schleichers habe daher „... ein neuer Abschnitt der deutschen Geschichte begonnen."

Ganz ohne Hoffnung war der neue Reichskanzler angesichts seiner Bemühungen, endlich auch im Kontakt mit den Freien Gewerkschaften zu einigen wirksamen Maßnahmen gegen die Wirtschaftskrise zu kommen, durchaus nicht. Arbeitsbeschaffungsprogramme großen Ausmaßes (die seit dem Frühsommer 1932 von der NSDAP — und nicht zum Beispiel von der SPD — frisch und öffentlichkeitswirksam gefordert wurden) kamen nun ernsthaft ins Gespräch.

Offen und nicht chancenlos war die Lage der Weimarer Republik, das Schicksal dieser Demokratie auch jetzt noch. Begriffe wie „Schlußphase" für den letzten Teil des Jahres 1932 und den Anfang von 1933 verführen im Rückblick zur Annahme eines bereits feststehenden Ergebnisses der weiteren Ereignisse. Will man den damals Agierenden gerecht werden, die Bedingtheiten und die gegebenen Möglichkeiten nach damaligem Stand in Rechnung setzen, muß man Klischees vermeiden. Die Nationalsozialisten, aber auch ihre Feinde, haben kräftig vereinfachte, „einfarbige" Deutungen der Jahre 1931 und 1932 geliefert, die einen, weil sie später ihre nationalen „Rettungstaten" leuchten lassen mußten, die anderen, weil sie zum Beispiel die Bestätigung ihrer Geschichtsablauf-„Gesetze", also die Unentrinnbarkeit des Bösen 1932/1933, klarlegen wollten.

Der Handlungsspielraum der demokratischen Kräfte in der Weimarer Republik ist zwar seit 1929 vor allem durch die ökonomische Krise schrittweise eingeengt worden. Aber so manche *späteren* Auswertungen von insbesondere wirtschaftlichen Daten und Statistiken, die nachträglich belegen, daß vernünftige Handlungsalternativen 1930/1932 diesem oder jenem Politiker, zum Beispiel Brüning, dieser oder jener Richtung, zum Beispiel den Sozialdemokraten, gar nicht zur Verfügung gestanden hätten, müssen in ihrem geschichtlichen Aussagewert sehr begrenzt bleiben.

Für die Berliner Demokratie, ihre weitere Auflösung, dann Unterdrückung und Beseitigung, kamen die Anstöße und Maßnahmen mehr denn je aus der Reichs- und Staatspolitik. Von Kommunalpolitik war kaum noch die Rede. Die Tage nach dem 30. Januar 1933, also nach der Ernennung Hitlers zum Kanzler eines Koalitionskabinetts mit starker Beteiligung der Deutschnationalen, waren für die Berliner Stadtverwaltung durch Unruhe, Unsicherheit und durch politische Aktionen von NSDAP-Leuten bestimmt. Hakenkreuzfahnen wollten SA-Leute auf möglichst vielen öffentlichen Gebäuden anbringen. Erste Mißhandlungen, irreguläre Maßnahmen und Versuche zur Verhaftung bekannter Gegner der Nationalsozialisten mehrten sich.

Der 30. Januar 1933 ist in erster Linie von der nationalsozialistischen Propaganda zu *dem* großen Tag der „Machtergreifung" hochstilisiert worden — samt den Fackelzügen durch das Brandenburger Tor und die Wilhelmstraße; vom nahegelegenen „Kaiserhof" (jenem Hotel, das die Republikfahne Schwarzrotgold zu zeigen sich geweigert hatte) zur Reichskanzlei beziehungsweise zum Reichspräsidentenpalais fuhr Hitler im Auto durch ein Absperr-Spalier von SA-Leuten. Der Tag hatte *einen* sehr wichtigen Schritt auf dem Wege des etappenweisen Staatsumsturzes gebracht. Aber es folgte eine lange Reihe weiterer, teilweise wichtigerer Schritte; viele davon wurden in Berlin getan — von Reichsstellen, von preußischen Institutionen, vor allem von den Organisationszentralen der NSDAP. Das Vorgehen Hermann Görings, der zum preußischen Innenminister gemacht worden war, brachte den staatlichen Terror ins Bild. Verfügungen vom 11. beziehungsweise 22. Februar machten SA- und SS-Angehörige in aller Form zu Hilfspolizisten. Durchsuchungen, Razzien, Verhaftungen „auf breiter Front" waren für Berlin das praktische Ergebnis des Reichstagsbrandes in der Nacht vom 27. zum 28. Februar 1933 mit der Verhaftung eines jungen holländischen Exkommunisten als Brandstifter: Eine Verordnung des Reichspräsidenten „zum Schutz von Volk und Staat" hob am 28.

Februar die Grundrechte der Weimarer Verfassung auf, verkündete den Ausnahmezustand. Obwohl nach Auflösung der Parlamente schon Reichstags- und Landtagswahlen für den 5. März 1933 ausgeschrieben waren, wurden alle KPD-Zeitungen erst einmal für einen Monat verboten.

Das Ergebnis dieser Wahl vom 5. März, bei der zwar noch die Parteien in geheimer Wahl zur Abstimmung standen, aber von normalen, freien Wahlen nicht mehr ohne weiteres gesprochen werden konnte, brachte der NSDAP in Berlin 34,6 % der Stimmen (für den Landtag: 34,2 %) im Vergleich zu 26 % bei der Reichstagswahl vom November 1932. Die SPD verlor 1,6 % und kam auf 21,7 %; die KPD verlor 6,5 % und hatte in Berlin (als jetzt hier zweitstärkste Partei) insgesamt 24,5 % erlangt. Die 81 KPD-Reichstagsmandate wurden dann für ungültig erklärt. Im Reichsdurchschnitt hatte die NSDAP es übrigens auf 43,9 % der Stimmen gebracht. Die von Deutschnationalen getragene „Kampffront Schwarz-Weiß-Rot" mußte ihre 52 Mandate zugunsten der NSDAP (mit 288 Mandaten) einbringen, wenn diese eine einfache Mehrheit haben wollte.

Auch in Berlin benötigte man diese „Koalition", um der NSDAP nach der *Kommunalwahl vom 12. März 1933* eine minimale rechnerische Mehrheit zu verschaffen: Für die NSDAP kamen bei der Stadtverordnetenwahl 38,3 % der Stimmen zusammen und 12,1 % für die genannte rechte „Kampffront". Die SPD erzielte nun 22 %, die KPD 19,5 % der Stimmen. Die Zentrumspartei hatte sich übrigens in ihrem Stimmenanteil bei allen Wahlen in Berlin seit 1929 (mit knapp 4 % bis annähernd 5 %) als einziger „stabiler" Faktor gehalten.

Diese Abstimmungen vom 5. und 12. März 1933 brachten den Nationalsozialisten zwar erstmals in Berlin insgesamt mehr als ein Drittel der Stimmen. Aber selbst in ihrem besten Bezirk, Steglitz, kamen sie im März 1933 nicht auf die absolute Mehrheit: Die später auf immer neue Veröffentlichungen verteilten Kampfberichte des Gauleiters Goebbels über die „Eroberung" Berlins durch die NSDAP haben sich auf eine in Wahlen erlangte Mehrheit der Bevölkerung Berlins nicht berufen können. (Siehe auch ERSTER TEIL dieses Bandes, oben S. 103 ff.)

Dessen bedurften die Nationalsozialisten im Rausch des stückweise so gut voranzubringenden Staatsumsturzes auch nicht. Am 13./15. März wurde der Berliner Magistrat bis auf zwei seiner Mitglieder „beurlaubt", Bürgermeister Elsas und Kämmerer Asch vor allem auch, weil sie Juden waren. Oberbürgermeister Sahm durfte bleiben, mußte aber den bisherigen Fraktionsvorsitzenden der NSDAP-Stadtverordneten und (bis 1932) „Hauptschriftleiter" des *Angriff*, Julius Lippert, als „Staatskommissar" fortan *neben* sich, alsbald praktisch *über* sich sehen. Es half auch nichts, daß Sahm im Herbst 1933 Mitglied der NSDAP wurde und zumeist schweigend vieles mitmachte, was der Staatsumsturz im Gewand einer „Nationalen Revolution" bei der Beseitigung der Berliner Demokratie so mit sich brachte. Die NSDAP hat ihn schließlich 1935 zum Rücktritt veranlaßt, nach Intrigen, Beschuldigungen und einem Parteiausschlußverfahren.

Die kommunistischen Stadtverordnetenmandate aus der Wahl am 12. März wurden am 20. März — durch Ministerialerlaß — für annulliert erklärt. Zog man diese 44 Mandate von den 225 Sitzen des Stadtparlaments ab, so erreichte die NSDAP allerdings immer noch nicht allein eine absolute Mehrheit. Aber auch das erwies sich im weiteren Verlauf als unwichtig, weil bald nach den ersten Sitzungen — und irregulären Wahlen von unbesoldeten Stadträten — die Vertretungskörperschaften überhaupt zur Seite geschoben wurden. Zunächst hatte es einen sogenannten Runderlaß des preußischen Ministeriums des Inneren vom 24./27. März 1933 gegeben, und zwar über die „Beurlaubung sozialistischer Mitglieder in Gemeindevorständen und Deputationen". Im Juli wurden allen SPD-Mitgliedern die Stadtverordnetenmandate aberkannt. Die Sitzungen der Stadtverordneten und der Bezirksversammlungen, die ohnedies nicht mehr regelmäßig stattfanden, glichen sich alsbald den Kundgebungen und Veranstaltungen der NSDAP als der „staatstragenden" Partei an. Durch preußisches Gesetz vom 22. September 1933 wurde die Berliner Verwaltung dergestalt „vereinfacht", daß alle Zuständigkeiten der Stadtverordnetenversammlung auf den Stadtgemeindeausschuß übergingen — und die der Bezirksversammlungen auf die Bezirksämter.

Bis zum Juni 1934 mit einem preußischen „Gesetz über die Verfassung der Hauptstadt Berlin" (29. Juni 1934) zog sich die verwirrende, von keinem kommunalpolitischen Gemeinde- oder Verfassungskonzept getragene „Umformung" und „Säuberung" der Berliner Verwaltung hin, ehe auch hier eindeutig eine Gruppe von „Ratsherren", die auf Vorschlag der NSDAP ernannt wurden, an die Stelle kam, wo früher die Volksvertretung war, nur eben ohne jedes Entscheidungsrecht, als „Gesangsverein" gleichsam — wie die Berliner in der Folgezeit den Reichstag unter Hitler nannten. Die gesetzlichen Sonderregelungen für die Verfassung der Hauptstadt Berlin wurden auch nach der reichseinheitlichen „Deutschen Gemeindeordnung", der man das Datum des 30. Januar 1935 gab, weitergeführt, und zwar durch ein *Reichs*gesetz vom 1. Dezember 1936 und zusätzliche Regelungen. Der Maßnahme-Staat gestaltete dann in all den Jahren bis zum Ende des Zweiten Weltkrieges die Zuständigkeiten in und über Berlin so, wie es dem jeweils erachteten Bedarf oder der Machtlage zwischen den Ministerien und Ministern, dem Gauleiter, Staatskommissar, „Generalinspektor“ usw. entsprach.

Die politische „Gleichschaltung“ wurde wie in Berlin in allen preußischen und deutschen Städten vollzogen. Ungesetzliche Gewalt, Terror durch die SA, SS gab es fast überall. Daß darüber auch in den (erst nach und nach von strengerer Zensur und Verboten betroffenen Zeitungen) zum Teil noch offen berichtet wurde, in NS-Blättern die Hetze gegen kommunale Amtsträger mit Vorwürfen wegen Verschwendung, Bereicherung, Korruption breit angelegt wurde, entsprach der NSDAP-Handhabung, wie man sie in der Propaganda gegen die Berliner Demokratie seit dem Sklarek-Skandal erfolgreich eingeübt hatte.

In Berlin ging vieles bei der Beseitigung der Demokratie und der Einrichtung des örtlichen nationalsozialistischen Regimes wegen der Größe und der Beispielhaftigkeit gröber, direkter, massenhafter zu. Goebbels hat in seinen späteren Darstellungen die „Riesenmillionenstadt“, die es zu „erobern“ gegolten hatte, als Gebilde geschildert, das man mit „Strömen von Blut und Tränen“ schließlich „zu Boden werfen“ mußte; den Berlinern sei der Nationalsozialismus „eingehämmert und aufgezwungen“ worden. Er wollte sich damit selbst loben für seinen jahrelangen „Kampf um Berlin“ *vor* 1933. In Wahrheit traf die dramatische Schilderung eher für das zu, was Berliner Demokraten, Gegner der NSDAP aus Politik, Verwaltung, Kultur, ja aus fast allen Bereichen, 1933/1934 erleben mußten. „Jetzt wird ausgeräuchert“, lautete die Aufforderung des Gauleiters zum Vorgehen speziell in Berlin.

Im Februar 1933 begannen jene SA- und SS-Hilfspolizisten, mehr und mehr von politischer und regulärer Polizei unter NS-Befehl begleitet, politische Gegner aller Art — vorweg Kommunisten, dann Sozialdemokraten — festzunehmen, in Kellern der SA-Sturmlokale festzuhalten und zu mißhandeln. Nach den Wahlen vom 12. März nahm die Brutalität zu. „Wilde Konzentrationslager“ der SA gab es nun an vielen Stellen Berlins. Carl Herz, Bürgermeister von Kreuzberg, beispielsweise wurde von SA-Leuten aus dem Rathaus geholt und mit einem ihm umgehängten Hetz-Pappschild durch die Straßen geführt. Am vielgenannten, symbolischen „Tag von Potsdam“ mit der Inszenierung Hitler—Hindenburg in der Garnisonkirche, am 21. März 1933, wurde auch das Konzentrationslager Oranienburg bei Berlin eingerichtet. Für den Terror, der unter dem Wort von der „nationalen Machtergreifung", durch Berlin ging, sind die berüchtigten Adressen des Columbia-Hauses in Tempelhof, dann der Prinz-Albrecht-Straße, auch mit den Folterungen und Morden während der „Köpenicker Blutwoche" vom Juni 1933 nur Einzelbeispiele von vielen. In einem Buch unter dem Titel „*‚Machtergreifung' Berlin 1933*" (Stätten der Geschichte Berlins, Band 2) ist 1982 eine Gesamtdarstellung zu diesen Vorgängen erschienen, die in Text und Bild zuverlässige Informationen gibt. Auch für eine Reihe von Berliner Bezirken liegen inzwischen materialreiche Dokumentationen über Verfolgung und Widerstand im einzelnen vor.

Wenn vielen Menschen in jenen Monaten die Vorgänge nicht als Terror, als illegal oder als verbrecherisch bewußt wurden, so lag das nicht nur an mangelnder Information oder Selbstbetroffenheit, sondern an einer „Umbruchpsychose". Zu den weithin sichtbaren Etappen des politischen Umsturzes gehörten nach dem Verbot der SPD am 22. Juni ja auch die „Selbstauflösung" der Deutschnationalen Volkspartei, der Staatspartei, der DVP und der Zentrumspartei, ferner das gesetzliche Verbot der Gründung von Parteien, die Zeitungsverbote, die „Einstellung" von Blättern, wie die der *Vossischen Zeitung* zum 31. März 1934, oder eben die „Gleichschaltung" von Publikationen, auch durch Verfolgung, Vertreibung, Ausbürgerung, Verhaftung von Journalisten betont demokratischer oder „linker" Richtung.

Das Vorgehen der Nationalsozialisten gegen Opponenten und „Erzfeinde" gewann besonders in Berlin durch organisierte Hetze und Verfolgung gegenüber den Juden einen der schlimmen, exemplarischen ersten Höhepunkte (mit auch schon staatlicher Unterstützung): Am 31. Mai 1933 gab es Durchsuchungen, Razzien im sogenannten „Scheunenviertel", einem Stadtviertel nordöstlich des Alexanderplatzes, in dem aus Osteuropa gekommene Juden in erbärmlichen Verhältnissen lebten. Der folgende Tag, der 1. April, war der erste offizielle Judenhetztag des neuen Regimes. Jüdische Geschäfte wurden beschmiert, Käufer belästigt und behindert. Gegen jüdische Ärzte und Rechtsanwälte wurde der Boykott gerichtet.

Für die Berliner Stadtverwaltung wurde das sogenannte „Gesetz zur Wiederherstellung des Berufsbeamtentums" vom 7. April 1933, wie allenthalben in Deutschland, als Begründung für die Entlassung politisch mißliebiger, insbesondere auch „nicht arischer" Beamter genutzt, soweit sie nicht „Frontkämpfer" im Weltkrieg gewesen waren. Viele hundert Mitarbeiter der Magistrats- und Bezirksverwaltungen sind nach diesem Sondergesetz entlassen beziehungsweise pensioniert worden, obwohl und weil, wie es in der Gesetzesbegründung ausdrücklich hieß, „... die nach dem geltenden Recht hierfür erforderlichen Voraussetzungen nicht vorliegen". Gesetze in ganz neuem Stil kennzeichneten vielfach die Stufen des Staatsumsturzes. Und zur neuen Realität gehörte es auch, daß an die Stellen der jüdischen Krankenhausärzte, die zum Beispiel schon auf Weisung Lipperts vom 17. März entlassen wurden, tunlichst NSDAP-Mitglieder gesetzt werden sollten, falls vorhanden. Doch an Fachkräften fehlte es der NSDAP vorerst noch weitgehend. Für die Stadtverwaltung insgesamt war im Jahr 1933 der Einzug „bewährter alter Kämpfer" mit möglichst niedriger NSDAP-Mitgliedsnummer nach Entlassungen auf Grund des erwähnten Gesetzes vom 7. April eine „parteiamtlich" gern geübte und gefeierte Aktion.

Die Ereignisliste dessen, was die neuen Herren in Berlin bei der Machtdurchsetzung des Einparteienstaates Zug um Zug vollzogen, begingen oder „aufführten", war lang. Der 2. Mai 1933 mit der Besetzung aller Gebäude der Gewerkschaften und des Verbotes ihrer gesamten Organisationen gehörte ebenso dazu, wie die zum Semesterbeginn von NSDAP-Studenten vorbereitete und dann am 10. Mai 1933 auf dem Platz gegenüber der Berliner Universität spät abends durchgeführte „feierliche" Verbrennung von Büchern des „undeutschen Schrifttums", wie vielerorts in Deutschland zur selben Stunde.

Mit einem kommunalen Eigenleben Berlins aber hatte das alles nichts mehr zu tun. Nicht nur die Berliner Demokratie war zerstört, sondern für mehr als ein Jahrzehnt jegliche eigene Stadtpolitik: In der Reichshauptstadt des „Dritten Reiches" war alles Kommunalpolitische, alles Politische „abgeleitet von der Staatsführung".

Die Zahl derer, die schon 1933 aus Berlin in die Emigration gingen oder gehen mußten, war groß, der Verlust vor allem für das kulturelle Leben erwies sich als weithin unwiederbringlich. Die Ansätze zum Widerstand gegen die nationalsozialistische Herrschaft waren vielfältig — von kommunistischen und sozialdemokratischen bis zu kirchlichen Kreisen. Berlin blieb für die Nationalsozialisten bis zu ihrem Ende ein schwieriges Feld.

Von der Berliner Demokratie der Weimarer Zeit ging an Lehren und Erfahrungen vieles dann in die politische Gestaltung der Nachkriegszeit ein, auch vermittelt von Frauen und Männern, die vor 1933 in Berlin gewirkt hatten.

Zur Bilanz

Blickt man von diesem Ausgang her zurück auf die Berliner Geschichte und auf Gewinn und Verlust der Stadtdemokratie 1920 bis 1933, so fehlt es nicht an „Aktiva". Die Berliner Bevölkerung hat neben den enormen Nachkriegs- und Weltstadtproblemen das Positive der neuen kommunalen Leistungsverwaltung erlebt. Die gemeindliche Wirtschaft in großer Dimension lieferte Beispielhaftes. Der städtische Verkehrsausbau wie das moderne Wohnsiedlungswesen und auch das ausgreifende kulturelle Leben waren getragen und möglich durch die sozial orientierte und die freiheitliche Demokratie. Die Stadtentwicklung stand unter der Idee, selbst dieses Riesengebilde von Stadt zu einem „sozialen Ort" zu machen: Die Zukunftsperspektiven zeigten eine stark gegliederte, große Stadtregion mit exemplarischen Lösungen für Wohnen, Arbeiten, für Kommunikation und Teilhabe an öffentlichen Angelegenheiten. Von Bruno Taut, von Karl Scheffler und anderen sind diese Aspekte nach der Mitte der zwanziger Jahre formuliert worden, so wie immer wieder von Martin Wagner.

Die Diskrepanz zwischen Wollen und Erreichen ist 1926/1928 für die Berliner Demokratie am geringsten gewesen. Auch wurde diese Demokratie vor Ort von der Mehrheit der Bevölkerung akzeptiert und durchaus nicht als „grau" und „farblos" empfunden. Die Weimarer Republik hingegen litt „reichsweit" unter dem Mangel an Akzeptanz, an Überzeugungs- und Repräsentationskraft, selbst in den „guten Jahren".

Emotionale Bindung an die Demokratie fehlte im Reich, in Preußen wie auch in der Hauptstadt, wenngleich es hier bei der Arbeiterschaft ein sozialistisches Erbe aus der Vorkriegszeit von erheblichem Ausmaß gab. Die politische Praxis der demokratischen Parteien im späteren Verlauf der zwanziger Jahre hat insgesamt aber Abbau, nicht Zugewinn politischer Sympathien für die Weimarer Demokratie gebracht.

„Improvisiert", „ungeliebt", „belagert" war die Berliner Demokratie ebenso wie die Weimarer Republik. Aber in der kommunalpolitischen Pragmatik, in den konkreten Leistungen der demokratischen Stadtverwaltung, konnte die Lokalpolitik etwas mehr Stabilität, Überzeugungskraft, Eigenständigkeit vorweisen. Nur das „Chaos" als Kennzeichen des damaligen Berlin zu nennen, ist ebenso unzutreffend, wie die Einordnung etwa des künstlerisch-kulturellen Überschwangs als bloße „Episode". Bei intellektuellen Trägern der öffentlichen Meinung in Berlin war freilich aus betont linker wie rechter Position mehr Nichtachtung als Akzeptanz für die bürgerliche Weimarer und die städtische Berliner Demokratie anzutreffen; sie war für jene eben bei weitem nicht radikal genug, für diese zu „unordentlich", zu locker regiert und verwaltet.

In Berlin wurde in besonderem Maße spürbar, daß nicht nur der Umsturz 1918/1919, sondern auch die Inflation mit den tiefgreifenden, bleibenden Folgen der Geldentwertung die große Zäsur im politischen Empfinden lieferte. Die Ängste aus dem Erleben 1923 spielten eine entscheidende Rolle in der Wirtschaftskrise, die seit 1929 für die Demokratie zum Schicksal wurde. Die Berliner Demokratie hat zur kritischsten Zeit, nämlich ebenfalls seit 1929, die guten Ansätze ihrer Überzeugungskraft durch Fehlverhalten etlicher Leute in Magistrat und Bezirksverwaltung aufs schwerste verletzt gesehen — ohne rechtzeitig die Sensibilität für die drohenden Dauerschäden zu finden. Sie wurde angreifbar, ließ den Eindruck der Hilflosigkeit, des Abwartenmüssens auf lange Sicht bestehen.

Wirtschaftskrise und kommunale Finanzkrise haben, zusammen mit wenig geeigneten Eingriffen des Staates, die Berliner Demokratie dann in Existenznot gebracht. Die unzureichende Regelung des großen Reichsgesetzes über die Arbeitslosenversicherung von 1927 hat sich finanziell auf die Städte und im besonderen auf Berlin ruinös ausgewirkt. Das Versagen von Reich und Land hier wie im Epochenproblem des Finanzausgleichs wiegt zumindest ähnlich schwer wie die Defizite in der Politik der demokratischen Parteien, gerade auch in Berlin.

Gewiß ist die Berliner Demokratie damals in den Bezirksversammlungen und vor allem im Stadtparlament *aus sich heraus* blockiert worden, als die Antidemokraten ohne hinreichende Gegenwehr agitieren und sich Resonanz verschaffen konnten, als sie bei den Wahlen mehr Stimmen als die demokratischen Parteien erzielten. Aber auch der Staat mit Parlamenten, Regierungen, Aufsichtsbehörden hat der städtischen Demokratie von 1929 bis zum Frühsommer 1932 unabsichtlich, von da an mit Absicht, in Berlin mehr geschadet als geholfen.

Die deutsche Hauptstadt war — um die vereinfachende Begriffsgegenüberstellung von H. Seton-Watson zu wählen — zum Hauptkampfplatz für die Auseinandersetzung zwischen *totalitärem Nationalismus* und *totalitärem Marxismus* geworden. Es gehörte zum Schicksal der Hauptstadt der ersten deutschen Republik, diese Kämpfe und die Entscheidung 1933 in aller Brutalität zu erleben. Die NSDAP hat hier mit ihren Täuschungen, Versprechungen, mit ihrem Kampfgeschrei, ihrem Terror am intensivsten gearbeitet. Die Selbsttäuschung der politisch Verantwortlichen und der Wähler über die Gefahr, die in Hitler und der NSDAP steckte, ist zum Schluß in Berlin am deutlichsten geworden.

Die Berliner Demokratie stand in einer Krise seit 1929; der Staatsumsturz, der mit und nach dem „Preußenschlag" vom Juli 1932 eingeleitet wurde, hat Schritt für Schritt ihre Zerstörung bewirkt.

LITERATURVERZEICHNIS

Die folgende, alphabetisch geordnete Zusammenstellung bildet eine knappe Auswahl aus der eine vielfache Anzahl von Titeln umfassenden Bibliographie zur politischen Geschichte des demokratischen Berlin. Weitergehende Literaturangaben sind den zitierten Werken zu entnehmen.

Amtsblatt (bis 1928 *Gemeindeblatt*) *der Stadt Berlin,* 1928 ff.

Amtliche Stenographische Berichte über die öffentlichen Sitzungen der Berliner Stadtverordnetenversammlung, hrsg. vom Magistrat der Stadt Berlin (siehe *Stenographische Berichte...*).

Amtsbuch der Stadt Berlin 1928, hrsg. im Auftrage des Magistrats vom Nachrichtenamt der Stadt Berlin, Berlin (1929).

Arendt, Max/Torge, Paul, *Berlin einst und jetzt,* 2., verm. Aufl., Berlin 1934.

Asch, Bruno, *Finanzausgleich und Gemeinden,* in: *Die Gesellschaft* (1930).

Asch, Bruno, *Das Popitz-Gutachten zum Finanzausgleich,* in: *Der Städtetag,* 26. Jg. (1932).

Aubel, Peter van, *Die gemischt-wirtschaftliche Unternehmung,* in: Hans Peters (Hrsg.), *Handbuch der kommunalen Wissenschaft und Praxis,* Bd. 3, Berlin usw. 1959.

Augustin, Karl, *Zentralisation und Dezentralisation in der Organisation der Stadt Berlin,* in: *Gegenwartsfragen der Kommunalverwaltung,* hrsg. von der Verwaltungsakademie Berlin, Berlin 1929.

Ball-Kaduri, Kurt Jakob, *Das Leben der Juden in Deutschland im Jahr 1933. Ein Zeitbericht,* Frankfurt/M. 1963.

Berlin, in: *Das Neue Deutschland,* hrsg. von Adolf Grabowsky, 11. Jg. (1923) [Sonderheft].

Berlin — Provinz. Literarische Kontroversen um 1930, bearb. von Jochen Meyer, in: *Marbacher Magazin,* 35 (1985), Stuttgart-Bad Cannstadt 1985.

Berlin und seine Bauten, hrsg. vom Architekten- und Ingenieurverein zu Berlin (in mehreren Teilen und Bänden), Berlin 1964—1979.

Berlin-Bibliographie, 3 Folgen: I: *Bis 1960;* II: *1961—1966;* III: *1967—1977,* bearb. von Gerd Heinrich u. Hans Zopf, Ursula Scholz u. Rainald Stromeyer, unt. Mitwirkung von Edith Scholz, Renate Kolb u. Frances Toma (= Veröffentlichungen der Historischen Kommission zu Berlin, Bde 15, 43 u. 58), Berlin 1965, 1973 u. 1984.

Berliner Kommunalpolitik 1921 bis 1925. Tätigkeitsbericht der Berliner Stadtverordnetenfraktion der SPD, Berlin 1925.

Berliner Stadtrecht, Bd. 1: *Städtische Gesellschaften und Gesellschaftsbeteiligungen,* Berlin 1926 u. 1930.

Berliner Wirtschaftsberichte. Wöchentliche Mitteilungen des Statistischen Amts der Stadt Berlin, Jgg. 1924—1933 (seit 1926 vierzehntägiges Erscheinen).

Berlins wirtschaftliche Verflechtung. Im Auftrage des Magistrats bearbeitet im Statistischen Amt der Stadt Berlin (= Mitteilungen des Statistischen Amts der Stadt Berlin, Nr. 8), Berlin 1928.

Bertram, Jürgen, *Staatspolitik und Kommunalpolitik. Notwendigkeit und Grenzen ihrer Koordinierung* (= Schriftenreihe des Vereins für Kommunalwissenschaften, Bd. 15), Stuttgart 1967.

Bey-Heard, Frauke, *Hauptstadt und Staatsumwälzung — Berlin 1919. Problematik und Scheitern der Rätebewegung in der Berliner Kommunalverwaltung* (= Schriften des Vereins für Kommunalwissenschaften, Bd. 27), Stuttgart usw. 1969.

Blaich, Fritz, *Möglichkeiten und Grenzen kommunaler Wirtschaftspolitik während der Wirtschaftskrise 1929—1932,* in: *Archiv für Kommunalwissenschaften,* 9 (1970).

Boberg, Jochen/Fichter, Tilman/Gillen, Eckhart, *Die Metropole. Industriekultur in Berlin im 20. Jahrhundert* (= Industriekultur deutscher Städte und Regionen, Bd. 2), München 1986.

Böhret, Carl, *Aktionen gegen die „kalte Sozialisierung" 1926—1930. Ein Beitrag zum Wirken ökonomischer Einflußverbände in der Weimarer Republik* (= Schriften zur Wirtschafts- und Sozialgeschichte, Bd. 3), Berlin 1966.

Böß, Gustav, *Berlin in der Weltwirtschaft,* in: *Berliner Wirtschaftsberichte,* 6. Jg. (1929).

Böß, Gustav, *Die sozialen Aufgaben der Kommunalpolitik,* Berlin (1928).

Böß, Gustav, *Die Verwaltungsgemeinde Berlin und ihre Aufgaben,* in: Fritz Elsas/Erwin Stein (Hrsg.), *Die deutschen Städte. Ihre Arbeit von 1918 bis 1928,* Berlin 1928.

Böß, Gustav, *Berlin von heute. Stadtverwaltung und Wirtschaft,* Berlin 1929.

Böß, Gustav, *Demokratie und Selbstverwaltung,* in: *Selbstverwaltung und Demokratie,* 1. Jg., Nr. 3 (1928).

Böß, Gustav, *Lebensnotwendigkeiten Berlins, ihre staatspolitische und wirtschaftliche Bedeutung,* in: *Berliner Wirtschaftsberichte,* 4. Jg. (1927).

Böß, Gustav, *Die Not in Berlin. Tatsachen und Zahlen,* Berlin 1923.

Böß, Gustav, *Sechs Jahre neues Berlin,* in: Hans Brennert/Erwin Stein (Hrsg.), *Probleme der neuen Stadt Berlin. Darstellungen der Zukunftsaufgaben einer Viermillionenstadt* (= Monographien deutscher Städte, Bd. 18), Berlin 1926.

Böß, Gustav, *Die Selbstverwaltung in der deutschen Republik,* in: *Gegenwartsfragen der Kommunalverwaltung,* hrsg. von der Verwaltungsakademie Berlin, Berlin 1929.

Böß, Gustav, *Verfassungsreform Groß-Berlin,* in: Christian Engeli (Hrsg.), *Gustav Böß. Oberbürgermeister von Berlin 1921—1930. Beiträge zur Berliner Kommunalpolitik,* Berlin 1981.

Böß, Gustav, *Wie helfen wir uns. Wege zum wirtschaftlichen Wiederaufstieg,* Berlin 1926.

Boldt, Walter/Boldt, Gerhard, *Stadtverfassung und Stadtverwaltung in Preußen,* Berlin 1931.

Bracher, Karl-Dietrich, *Demokratie und Ideologie im Zeitalter der Machtergreifung,* in: *Vierteljahrshefte für Zeitgeschichte,* 31. Jg. (1984).

Bracher, Karl-Dietrich, *Die Auflösung der Weimarer Republik. Eine Studie zum Problem des Machtverfalls in der Demokratie,* 5. Aufl., Villingen 1971 (Taschenbuch-Aufl., Königstein/Taunus 1984).

Bracher, Karl-Dietrich/Sauer, Wolfgang/Schulz, Gerhard, *Die nationalsozialistische Machtergreifung. Studien zur Errichtung des totalitären Herrschaftssystems in Deutschland 1933/34,* Köln-Opladen 1960.

Braun, Otto, *Von Weimar zu Hitler* (dt., 2. Aufl.), Hamburg 1949.

Brecht, Arnold, *Mit der Kraft des Geistes. Lebenserinnerungen,* Zweite Hälfte: *1927—1967,* Stuttgart 1967.

Brennert, Hans/Stein, Erwin (Hrsg.), *Probleme der neuen Stadt Berlin. Darstellung der Zukunftsaufgaben einer Viermillionenstadt* (= Monographien deutscher Städte, Bd. 18), Berlin 1926.

Broszat, Martin, *Die Anfänge der Berliner NSDAP 1926/27,* in: *Vierteljahrshefte für Zeitgeschichte* (1960).

Brüning, Heinrich, *Memoiren 1918—1934,* Stuttgart 1970.

Buber-Neumann, Margarete, *Von Potsdam nach Moskau. Stationen eines Irrwegs,* Stuttgart 1967.

Büsch, Otto, *Geschichte der Berliner Kommunalwirtschaft in der Weimarer Epoche* (= Veröffentlichungen der Berliner Historischen Kommission, Bd. 1), Berlin 1960.

Büttner, Ursula, *Hamburg in der Staats- und Wirtschaftskrise 1928—1931* (= Hamburger Beiträge zur Sozial- und Wirtschaftsgeschichte, Bd. 16), Hamburg 1982.

Burkert, Hans-Norbert/Matußek, Klaus/Wippermann, Wolfgang, *„Machtergreifung". Berlin 1933* (= Stätten der Geschichte Berlins, Bd. 2), Berlin 1982.

Citron, Bernhard, *Die Tragödie Berlin,* in: *Die Weltbühne,* 27 (1931).

Croon, Helmuth, *Das Vordringen der politischen Parteien im Bereich der kommunalen Selbstverwaltung,* in: *Kommunale Selbstverwaltung im Zeitalter der Industrialisierung,* Stuttgart usw. 1971.

Czach, Walter, *Arbeitslosenversicherung und Wohlfahrtserwerbslose,* in: *Die Gemeinde,* 6 (1929).

Czada, Peter, *Die Berliner Elektroindustrie in der Weimarer Zeit. Eine regionalstatistisch-wirtschaftshistorische Untersuchung* (= Einzelveröffentlichungen der Historischen Kommission zu Berlin, Bd. 4), Berlin 1969.

Das neue Berlin. Denkschrift des Magistrats der Stadt Berlin, Berlin (1923).

Deak, Istvan, *Weimar Germany's Left Wing Intellectuals: A Political History of the Weltbühne and Its Circle,* Berkeley/Calif. 1968.

Dederke, Karlheinz, *Reich und Republik. Deutschland 1917—1933,* 5. Aufl., Stuttgart 1984.

Dehn, Günther, *Proletarische Jugend. Lebensgestaltung und Gedankenwelt der großstädtischen Proletarierjugend,* Berlin (1930).

Denkschrift der Stadt Berlin zum Preußischen Finanzausgleich, Berlin 1928.

Dettmer, Klaus, *Arbeitslose in Berlin. Zur politischen Geschichte der Arbeitslosenbewegung zwischen 1918 und 1923,* Berlin 1977.

Dietrich, Richard (Hrsg.), *Berlin — Zehn Kapitel seiner Geschichte,* Berlin 1981.

Dopp, Werner, *Berlin und sein Geld. Kleine Geschichte des Berliner Geldwesens,* Berlin 1972.

Elsas, Fritz, *Gemischtwirtschaftliche Unternehmungen,* in: Paul Mitzlaff/Erwin Stein (Hrsg.), *Die Zukunftsaufgaben der deutschen Städte,* 2. Aufl., Berlin 1925.

Elsas, Fritz, *Wohlfahrtserwerbslose und Gemeindefinanzen,* in: *Der Städtetag,* 24 (1930).

Elsas, Fritz/Stein, Erwin (Hrsg.), *Die deutschen Städte. Ihre Arbeit von 1918 bis 1928,* Berlin 1928.

Engel, Helmut/Jersch-Wenzel, Stefi/Treue, Wilhelm (Hrsg.), *Charlottenburg,* Teil 1: *Die historische Stadt;* Teil 2: *Der neue Westen* (= Geschichtslandschaft Berlin. Orte und Ereignisse, Bd. 1, Publikation der Historischen Kommission zu Berlin aus Anlaß der 750-Jahr-Feier der Stadt Berlin 1987), Berlin 1985 u. 1986.

Engeli, Christian, *Berliner Bezirksverfassung 1920—1950*, in: O. Edel/C. Engeli/D. Holthöfer/P. Kodolitsch (Bearb.), *Materialien zur Entwicklung der Berliner Bezirksverfassung*, Berlin 1982.

Engeli, Christian, *Gustav Böß. Oberbürgermeister von Berlin 1921—1930* (= Schriftenreihe des Vereins für Kommunalwissenschaften, Berlin, Bd. 31), Berlin 1971.

Engeli, Christian (Hrsg.), *Gustav Böß. Oberbürgermeister von Berlin 1921—1930. Beiträge zur Berliner Kommunalpolitik* (= Schriften des Vereins für die Geschichte Berlins, Heft 62), Berlin 1981.

Engeli, Christian, *Landesplanung in Berlin-Brandenburg. Eine Untersuchung zur Geschichte des Landesplanungsverbandes Brandenburg-Mitte 1929—1936* (= Schriften des Deutschen Instituts für Urbanistik, Bd. 75), Stuttgart usw. 1986.

Engeli, Christian, *Volksbegehren und Volksentscheid im Kommunalverfassungsrecht der Weimarer Zeit*, in: *Archiv für Sozialgeschichte*, Bd. 25 (1985).

Engeli, Christian/Haus, Wolfgang (Hrsg.), *Quellen zum modernen Gemeindeverfassungsrecht in Deutschland* (= Schriften des Deutschen Instituts für Urbanistik, Bd. 45), Stuttgart usw. 1975.

Erbe, Michael, *Probleme der Berliner Verkehrsplanung und Verkehrsentwicklung seit 1871*, in: Dietrich Kurze (Hrsg.), *Aus Theorie und Praxis der Geschichtswissenschaft. Festschrift für Hans Herzfeld*, Berlin-New York 1972.

Erdmann, Karl Dietrich/Schulze, Hagen (Hrsg.), *Weimar. Selbstpreisgabe einer Demokratie. Kölner Kolloquium der Fritz Thyssen Stiftung*, Düsseldorf 1984.

Eschenburg, Theodor, *Die improvisierte Demokratie. Gesammelte Aufsätze*, München 1963.

Esslin, Martin, *Brecht: Das Paradox des politischen Dichters*, München 1970.

Eyck, Erich, *Geschichte der Weimarer Republik*, 2 Bde, Erlenbach-Zürich-Stuttgart 1954 u. 1956.

Falck, Ernst, *Das Problem der kommunalen Zuschlagsbesteuerung mit besonderer Rücksicht auf die kommunale Betriebs- und Anleihepolitik* (= Schriften des Vereins für Kommunalwirtschaft und Kommunalpolitik, Heft 32), Berlin 1929.

Falck, Ernst, *Kommunale Wirtschaftspolitik*, Berlin 1932.

Falter, Jürgen, u. a. (Bearb.), *Wahlen und Abstimmungen in der Weimarer Republik. Materialien zum Wahlverhalten 1919—1933* (= Statistische Arbeitsbücher zur neueren deutschen Geschichte), München 1986.

Fischer-Fabian, Siegfried, *Müssen Berliner so sein ... Ein Bekenntnis in Portraits*, Berlin 1960.

Flitner, Wilhelm, *Der Krieg und die Jugend*, in: Otto Baumgarten u. a. (Hrsg.), *Geistige und sittliche Wirkungen des Krieges in Deutschland*, Stuttgart usw. 1927.

Forsthoff, Ernst, *Die Krise der Gemeindeverwaltung im heutigen Staat*, Berlin 1932.

Forsthoff, Ernst, *Um die kommunale Selbstverwaltung*, in: *Zeitschrift für Politik*, 21. Jg., Heft 4 (1930).

Frank, Philipp, *Einstein: Sein Leben und seine Zeit*, München 1949.

Friedensburg, Ferdinand, *Die Weimarer Republik*, Berlin 1946.

Friedrich, Otto, *Before the Deluge: A Portrait of Berlin in the 1920's*, New York 1972, London 1974 (dt.: *Weltstadt Berlin. Größe und Untergang 1918—1933*, München 1973).

Gay, Peter, *Die Republik der Außenseiter. Geist und Kultur in der Weimarer Zeit 1919—1933*, Frankfurt/M. 1970.

Geisel, Eike, *Im Scheunenviertel*, Berlin 1981.
Gemeindeblatt (ab 1928 *Amtsblatt*) *der Stadt Berlin*, 1920—1930.
Geschäftsberichte 1923/24 bis 1933 (der kommunalwirtschaftlichen Betriebe und Gesellschaften von Groß-Berlin [s. Schriftenverzeichnis bei Otto Büsch, *Geschichte der Berliner Kommunalwirtschaft in der Weimarer Epoche...*]).
Geschichte der gemeinnützigen Wohnungswirtschaft in Berlin, hrsg. vom Verband Berliner Wohnungsbaugenossenschaften und -gesellschaften, (Berlin) 1957.
Glum, Friedrich, *Die Organisation der Riesenstadt. Die Verfassungen von Paris, London, New York, Wien und Berlin*, Berlin 1920.
Goebbels, Joseph, *Kampf um Berlin*, München 1934 (18. Aufl., München 1940).
Gough, Edward, *Die SPD in der Berliner Kommunalpolitik 1925—1933*, Berlin 1984.
Grab, Walter/Schoeps, Julius H. (Hrsg.), *Juden in der Weimarer Republik*, Bonn 1986.
Graf, Christoph, *Politische Polizei zwischen Demokratie und Diktatur. Die Entwicklung der preußischen Politischen Polizei vom Staatsschutzorgan der Weimarer Republik zum Geheimen Staatspolizeiamt des Dritten Reiches* (= Einzelveröffentlichungen der Historischen Kommission zu Berlin, Bd. 36), Berlin 1983.
Gröttrup, Hendrik, *Die kommunale Leistungsverwaltung. Grundlagen der gemeindlichen Daseinsvorsorge* (= Schriftenreihe des Vereins für Kommunalwissenschaften, Bd. 37), Stuttgart usw. 1973.
Gropius, Walter, *Die neue Architektur und das Bauhaus*, Mainz 1965.
Grosz, George, *Ein kleines Ja und ein großes Nein*, Hamburg 1955.
Großmann, Kurt G., *Ossietzky. Ein deutscher Patriot*, München 1963.
Grünert, Eberhard, *Die preußische Bau- und Finanzdirektion in Berlin. Entstehung und Entwicklung 1822—1944*, Köln-Berlin 1983.
Grzesinski, Albert, *Die Richtung der neuen Verfassungsreform*, in: *Gegenwartsfragen der Kommunalverwaltung*, hrsg. von der Verwaltungsakademie Berlin, Berlin 1929.
Grzesinski, Albert C., *Inside Germany*, übers. von Alexander S. Lipschitz, New York 1939.
Günther, Herbert (Hrsg.), *Hier schreibt Berlin. Eine Anthologie von heute*, Berlin 1929 (Ders. [Hrsg.], *Hier schreibt Berlin. Ein Dokument der Zwanziger Jahre* [= List-Bücher 239], München 1963).
Gumbel, Emil Julius, *Vier Jahre politischer Mord*, Berlin 1922.
Gumbel, Emil Julius, *Vom Fememord zur Reichskanzlei*, Heidelberg 1962.
Gutkind, Erwin, *Vom städtebaulichen Problem der Einheitsgemeinde Berlin*, Berlin 1922.
Haas, Willy, *Die literarische Welt. Erinnerungen*, München 1957.
Haberland, Georg, *Die Berliner Wohnungsversorgung*, Berlin 1928.
Hässlin, Johann Jakob (Hrsg.), *Berlin* (Literarische Dokumente), München 1971.
Hamburger, Ernest/Pulzer, Peter, *Jews as Voters in the Weimar Republic*, in: *Year Book XXX of the Leo Baeck Institute* (1985).
Hamilton, R. F., *Who Voted for Hitler?*, New Jersey 1982.
Handbuch über die Stadt Berlin, hrsg. vom Nachrichten-Verlag, Berlin 1929.
Hansmeyer, Karl-Heinrich (Hrsg.), *Kommunale Finanzpolitik in der Weimarer Republik* (= Schriften des Vereins für Kommunalwissenschaften, Bd. 36), Stuttgart 1973.
Hardenberg-Schattschneider, Ernst Graf von/Mosheim, Theobal (Hrsg.), *Das Gemeindeverfassungsrecht der Stadt Berlin unter besonderer Berücksichtigung des Gesetzes über die vorläufige Regelung verschiedener Punkte des Gemeindeverfassungsrechts für die Hauptstadt Berlin vom 30. März 1931*, Berlin 1931.

Harenberg, Bodo (Hrsg.), *Die Chronik Berlins*, Dortmund 1986.

Hass, Johannes, *Die Arbeit unter der neuen Regelung des Gesetzes Groß-Berlin*, in: *Kommunale Blätter*, 8 (1931).

Hass, Johannes, *Die Berliner Stadtverordnetenwahlen am 25. Oktober 1925*, in: *Kommunale Blätter*, 2 (1925).

Hass, Johannes, *Zur Änderung des preußischen Finanzausgleichs*, in: *Unser Weg*, 3 (1929).

Haus, Wolfgang, *Biographien deutscher Oberbürgermeister*, in: *Archiv für Kommunalwissenschaften*, 4. Jg. (1965).

Haus, Wolfgang, *Staatskommissare und Selbstverwaltung 1930—1933. Fragwürdige Überlieferungen zum „Versagen" der demokratischen Kommunalverwaltung*, in: *Der Städtetag*, N. F., 9 (1956).

Haus, Wolfgang, *Zur Geschichte Berlins als Hauptstadt Deutschlands*, in: *Berlin. Brennpunkt deutschen Schicksals. Vorträge*, Berlin 1960.

Haushaltspläne der Stadt Berlin (für die Rechnungsjahre 1920—1933).

Hausmann, Frederick, *Die öffentliche Hand in der Wirtschaft. Eine allgemeine Betrachtung unter Berücksichtigung der deutschen Wirtschaft*, München-Berlin 1954.

Heffter, Heinrich, *Die deutsche Selbstverwaltung im 19. Jahrhundert. Geschichte der Ideen und Institutionen*, Stuttgart 1950.

Hegemann, Werner, *Das steinerne Berlin. Geschichte der größten Mietskasernenstadt der Welt*, Berlin 1930 (Neuaufl.: Berlin usw. 1963).

Heiber, Helmut, *Joseph Goebbels*, Berlin 1962.

Heimatchronik Berlin. Mit Beiträgen von Otto-Friedrich Gandert u. a., hrsg. vom Archiv für Deutsche Heimatpflege (= Heimatchroniken der Städte und Kreise des Bundesgebietes, Bd. 25), Köln 1962.

Heinrich, Gerd (Hrsg.), *Berlin und Brandenburg. Handbuch der Historischen Stätten Deutschlands*, Stuttgart 1973.

Helfritz, Hans, *Grundriß des preußischen Kommunalrechts*, 2. Aufl., Berlin 1927.

Hergesheimer, Joseph, *Berlin*, New York 1932.

Hermand, Jost/Trommler, Frank, *Die Kultur der Weimarer Republik*, München 1978.

Herz, Carl, *Geister der Vergangenheit* (Als Manuskript vervielfältigt; Standort: Senatsbibliothek Berlin), Haifa 1953.

Herz, Carl/Brell, Walter (Hrsg.), *Berliner Stadtverfassungsrecht*, Berlin 1931.

Herzfeld, Hans, *Berlin als deutsche Hauptstadt im Wandel der Geschichte*, in: *Schicksalsfragen der Gegenwart*, Bd. 4, Tübingen 1979.

Herzfeld, Hans, *Berlin als Kaiserstadt und Reichshauptstadt 1871—1945*, in: *Jahrbuch für die Geschichte des deutschen Ostens* (ab Bd. 2: *Jahrbuch für die Geschichte Mittel- und Ostdeutschlands*), Bd. 1: *Das Hauptstadtproblem in der Geschichte*, Tübingen 1952 (wieder abgedr. in: Hans Herzfeld, *Ausgewählte Aufsätze*, Berlin 1962).

Herzfeld, Hans, *Berlin auf dem Wege zur Weltstadt*, in: Richard Dietrich (Hrsg.), *Berlin — Zehn Kapitel seiner Geschichte*, Berlin 1981.

Herzfeld, Hans, *Demokratie und Selbstverwaltung in der Weimarer Epoche* (= Schriften des Vereins zur Pflege kommunalwissenschaftlicher Aufgaben, Bd. 2), Stuttgart 1957.

Herzfeld, Hans, *Berlin und die Provinz Brandenburg im 19. und 20. Jahrhundert* (= Veröffentlichungen der Historischen Kommission zu Berlin, Bd. 25), Berlin 1968.

Herzfeld, Hans, *Weimarer Demokratie und Nationalsozialismus. Die Weltstadt Berlin 1919—1945*, in: Ders. (Hrsg.), *Berlin und die Provinz Brandenburg im 19. und 20.*

Jahrhundert (= Veröffentlichungen der Historischen Kommission zu Berlin, Bd. 25), Berlin 1968.

Hessel, Franz, *Ein Flaneur in Berlin,* Berlin 1984 (Neuaufl. von dems., *Spazieren in Berlin,* Berlin 1929).

Hettlage, Karl-Maria, *Gestalt- und Bedeutungswandel der gemeindlichen Selbstverwaltung seit 1919,* in: Robert Tillmanns (Hrsg.), *Ordnung als Ziel. Beiträge zur Zeitgeschichte,* Stuttgart-Köln 1954.

Heuß, Theodor, *Demokratie und Selbstverwaltung,* Berlin 1921.

Hilbersheimer, Ludwig, *Berliner Architektur der Zwanziger Jahre* (= Neue Bauhandbücher), Mainz-Berlin 1967.

Hiller, Kurt, *Wien und Berlin,* in: *Die Weltbühne,* 25 (1929).

Hirsch, Paul, *Der Sturm gegen die Einheitsgemeinde,* in: *Kommunale Blätter,* 1 (1924).

Hirsch, Paul, *Die Aufgaben der Kommunalpolitik,* Berlin 1921.

Hirsch, Paul, *Die neue Stadtgemeinde Berlin,* in: Josef Brix u. a. (Hrsg.), *Handwörterbuch der Kommunalwissenschaften,* Bd. 2, Jena 1922.

Hirsch, Paul (Hrsg.), *Gesetz über die Bildung einer neuen Stadtgemeinde Berlin vom 27. April 1920* (mit Einleitung und Erläuterung versehen), Berlin 1920.

Hirsch, Paul, *Kommunalpolitische Probleme,* Leipzig 1920.

Hirsch, Paul/Stelling, Johannes (Hrsg.), *Kommentar zu den kommunalpolitischen Richtlinien der Sozialdemokratischen Partei Deutschlands,* Berlin 1929.

Hofmann, Wolfgang, *Oberbürgermeister in der Politik,* in: *Archiv für Kommunalwissenschaften,* 8. Jg. (1969).

Hofmann, Wolfgang, *Plebiszitäre Demokratie und kommunale Selbstverwaltung in der Weimarer Republik,* in: *Archiv für Kommunalwissenschaften,* 4. Jg. (1965).

Hofmann, Wolfgang, *Zwischen Rathaus und Reichskanzlei. Die Oberbürgermeister in der Kommunal- und Staatspolitik des Deutschen Reiches von 1918 bis 1953* (= Schriften des Deutschen Instituts für Urbanistik, Bd. 46), Stuttgart 1974.

Holmsten, Georg, *Die Berlin-Chronik — Daten, Personen, Dokumente,* Düsseldorf 1984.

Homburg, Heidrun, *Vom Arbeitslosen zum Zwangsarbeiter. Arbeitslosenpolitik und Fraktionierung der Arbeiterschaft in Deutschland 1930—1933 am Beispiel der Wohlfahrtserwerbslosen und der kommunalen Wohlfahrtshilfe,* in: *Archiv für Sozialgeschichte,* Bd. 25 (1985).

Huber, Ernst Rudolf, *Deutsche Verfassungsgeschichte seit 1789,* Bd. 6: *Die Weimarer Reichsverfassung,* Stuttgart usw. 1981.

Hürlimann, Martin, *Berlin. Königsresidenz — Reichshauptstadt — Neubeginn,* Zürich-Freiburg 1981.

Hurwitz, Harold/Sühl, Klaus, *Autoritäre Tradierung und Demokratiepotential in der sozialdemokratischen Arbeiterbewegung* (= Demokratie und Antikommunismus in Berlin nach 1945, Bd. 2), Köln 1984.

Jahresberichte des Bezirksverbands Berlin der SPD für die Jahre 1929, 1930 und 1931, hrsg. vom Bezirkssekretariat, Berlin 1930—1932.

Jahresberichte 1924/25 (der Berliner Stadtbank und der Sparkasse der Stadt Berlin).

Jasper, Gotthard, *Die gescheiterte Zähmung. Wege zur Machtergreifung Hitlers 1930—1934,* Frankfurt/M. 1986.

Kaeber, Ernst, *Berlin im Weltkriege. Fünf Jahre städtische Kriegsarbeit,* hrsg. im Auftrag des Magistrats auf Grund der Berichte der städtischen Verwaltungsstellen, Berlin 1921.

Kaeber, Ernst, *Die Oberbürgermeister seit der Stein'schen Städteordnung,* in: *Der Bär von Berlin. Jahrbuch des Vereins für die Geschichte Berlins,* Bd. 2, Berlin 1952.

Kaes, Anton (Hrsg.), *Weimarer Republik. Manifeste und Dokumente zur deutschen Literatur 1918—1933,* Stuttgart 1983.

Karding, Ernst, *Bezirkshaushalt und Stadthaushalt,* in: Hans Brennert/Erwin Stein (Hrsg.), *Probleme der neuen Stadt Berlin,* Berlin 1926.

Kele, Max H., *Nazies and Workers. National Socialist Appeals to German Labor, 1919—1933,* Chapel Hill/North Carolina 1972.

Kempmann, Jochen, *Das Ideengut Martin Wagners als Beispiel für die Entwicklung der städtebaulichen Gedankengänge seit 1900* (Ing.-Diss. Technische Universität Berlin), Berlin 1968.

Kessler, Harry Graf, *Tagebücher 1918—1937,* Frankfurt/M. 1961.

Kessler, Harry Graf, *Walther Rathenau. Sein Leben und sein Werk,* Berlin 1928 (2. Aufl., Wiesbaden 1962).

Kettig, Konrad, *Berlin im 19. und 20. Jahrhundert — 1806 bis 1945,* in: *Heimatchronik Berlin,* Köln 1962.

Kiaulehn, Walter, *Berlin. Schicksal einer Weltstadt,* München-Berlin 1958.

Kindler, Helmut, *Berlin — Brandenburger Tor. Brennpunkt deutscher Geschichte,* red. von Anselm Heyer, München 1956.

Kingma, Johannes, *Kapitalbedarf und Kapitalbeschaffung in der deutschen Elektrizitätswirtschaft seit dem Kriege,* (Diss.) Berlin 1936.

Knickerbocker, H. R., *Deutschland so oder so?,* Berlin 1932.

Koebner, Thomas (Hrsg.), *Weimars Ende. Prognosen und Diagnosen in der deutschen Literatur und politischen Publizistik 1930—1933* (= Suhrkamp Taschenbuch 2018), Frankfurt/M. 1982.

Körner, Walter/Brell, Walter (Hrsg.), *Berliner Ortsrecht,* Berlin 1925.

Köttgen, Arnold, *Die Krise der kommunalen Selbstverwaltung,* Tübingen 1931 (auch in: Ders., *Kommunale Selbstverwaltung zwischen Krise und Reform. Ausgewählte Schriften,* Stuttgart 1968).

Kolb, Eberhard, *Die Weimarer Republik* (= Grundriß der Geschichte, Bd. 16), München-Wien 1984.

Kommunalpolitik der DVP. Hrsg. im Auftrage der Reichsgeschäftsstelle der DVP von G. Wirsig, Berlin 1929.

Korte, Helmut (Hrsg.), *Film und Realität in der Weimarer Republik* (= Fischer Taschenbuch 3661), Frankfurt/M. 1980.

Kotowski, Georg, *Preußen und die Weimarer Republik,* zuletzt in: Otto Büsch/Wolfgang Neugebauer (Hrsg.), *Moderne preußische Geschichte 1648—1947. Eine Anthologie* (= Veröffentlichungen der Historischen Kommission zu Berlin, Bd. 52), Bd. 3, Berlin 1981.

Kotschenreuther, Hellmut, *Kleine Geschichte Berlins,* 3. Aufl., Berlin 1976.

Krammer, Mario, *Berlin im Wandel der Jahrhunderte. Eine Kulturgeschichte der deutschen Hauptstadt,* 3. Aufl., Berlin 1965.

Krell, Max, *Das alles gab es einmal,* Frankfurt/M. 1961.

Kreuzberg 1933. Ein Bezirk erinnert sich, hrsg. vom Verein zur Erforschung und Darstellung der Geschichte Kreuzbergs und vom Kulturverein in der Galerie am Chamissoplatz, zus.gest. von Axel Reibe u. a., Berlin 1983.

Kroll, Gerhard, *Von der Weltwirtschaftskrise zur Staatskonjunktur,* Berlin 1958.

Krummacher, F. A./Wucher, Albert (Hrsg.), *Die Weimarer Republik. Ihre Geschichte in Texten, Bildern und Dokumenten 1918—1933.* Unter Mitwirkung von Karl Otmar Frhr. von Aretin, München 1965.

Kühne, Jörg-Detlef/Meissner, Friedrich, *Züge unmittelbarer Demokratie in der Gemeindeverfassung,* Göttingen 1977.

Künstler, Franz, *Wahlen im Sklarek-Rummel,* in: *Das freie Wort* (Dez. 1929).

Kurz, Thomas, *Arbeitermörder und Putschisten. Der Berliner Blutmai von 1929 als Kristallisationspunkt des Verhältnisses von KPD und SPD vor der Katastrophe,* in: *IWK. Internationale wissenschaftliche Korrespondenz zur Geschichte der deutschen Arbeiterbewegung,* 22. Jg., Heft 3 (1986).

Kutzsch, Gerhard, *Berlins Bürgermeister 1808 bis 1933. Die „Zweiten Männer" der Stadt,* in: *Der Bär von Berlin. Jahrbuch des Vereins für die Geschichte Berlins,* 25. Folge, Berlin 1976.

Lange, Friedrich C. A., *Groß-Berliner Tagebuch 1920—1933,* 2. Aufl., Bonn 1982 (1. Aufl., Berlin 1951).

Laqueur, Walter, *Weimar. Die Kultur der Republik,* dt. Frankfurt/M.-Berlin 1976.

Leber, Annedore, *Das Gewissen steht auf. 64 Lebensbilder aus dem deutschen Widerstand 1933—1945,* Berlin-Frankfurt/M. 1954.

Lederer, Franz, *Berlin und Umgebung,* 2. Aufl., Berlin (1929).

Leistung und Schicksal. 300 Jahre jüdische Gemeinde zu Berlin (Ausstellungskatalog), Berlin 1971.

Lerg, Winfried B., *Rundfunkpolitik in der Weimarer Republik* (= Rundfunk in Deutschland, Bd. 1), München 1980.

Leyden, Friedrich, *Das Problem der Großgemeinde,* in: *Gegenwartsfragen der Kommunalverwaltung,* hrsg. von der Verwaltungsakademie Berlin, Berlin 1929.

Leyden, Friedrich, *Groß-Berlin. Geographie der Weltstadt,* Breslau 1933.

Liang, Hsi-Huey, *Die Berliner Polizei in der Weimarer Republik* (= Veröffentlichungen der Historischen Kommission zu Berlin, Bd. 47), Berlin 1977.

Lindemann, Hugo, *Kommunalisierung und Entkommunalisierung,* in: Paul Mitzlaff/ Erwin Stein (Hrsg.), *Die Zukunftsaufgaben der deutschen Städte,* Berlin 1925.

Löwenstein, Kurt, *Sozialistische Schulpolitik in der Gemeinde,* in: *Die Gemeinde,* 2 (1925).

Lohmeyer, Hans, *Die Entwicklung Berlins zum Stadtstaat. Ein Beitrag zur Geschichte der Selbstverwaltung seit 1850,* in: *Der Bär von Berlin,* 5 (1955).

Lohmeyer, Hans, *Kommunalisierung und Entkommunalisierung,* in: *Zeitschrift für Kommunalwirtschaft und Kommunalpolitik,* 12. Jg. (1922).

Lohmeyer, Hans, *Zentralismus oder Selbstverwaltung,* Berlin 1928.

Luppe, Hermann, *Die soziale Fürsorge,* in: Paul Mitzlaff/Erwin Stein (Hrsg.), *Die Zukunftsaufgaben der deutschen Städte,* Berlin 1925.

Machalet, Eberhard, *Die Berliner Bezirksverwaltung* (= Schriften des Deutschen Instituts für Urbanistik, Bd. 39), Stuttgart usw. 1974.

Magistrats-Vorlagen für die Stadtverordnetenversammlung zu Berlin, 1920—1932.

Mann, Willy, *Berlin zur Zeit der Weimarer Republik. Ein Beitrag zur Erforschung der wirtschaftlichen und politischen Entwicklung der deutschen Hauptstadt,* Berlin [Ost] 1957.

Maretzky, Oskar, *Wirtschaftsbetriebe der Gemeinden unter besonderer Berücksichtigung der Betriebe der Stadt Berlin,* Berlin 1934.

Matschoß, Conrad, u. a. (Bearb.), *50 Jahre Berliner Elektrizitätswerke 1884—1934,* Berlin 1934.

Matthias, Erich/Morsey, Rudolf (Hrsg.), *Das Ende der Parteien 1933. Darstellungen und Dokumente,* Düsseldorf 1960.

Matzerath, Horst, *Nationalsozialismus und kommunale Selbstverwaltung,* Stuttgart usw. 1970.

Merkl, Peter H., *Formen der nationalsozialistischen Gewaltanwendung: Die SA der Jahre 1925—1933,* in: Wolfgang J. Mommsen/Gerhard Hirschfeld (Hrsg.), *Sozialprotest, Gewalt, Terror. Gewaltanwendung durch politische und gesellschaftliche Randgruppen im 19. und 20. Jahrhundert,* Stuttgart 1982.

Vom Metallarbeiterstreik zum BVG-Streik. Bericht zum 19. Bezirksparteitag der KPD Berlin-Brandenburg-Lausitz-Grenzmark am 20. November 1932 in Berlin, Berlin 1932.

Metzger, Karl-Heinz/Dunker, Ulrich, *Der Kurfürstendamm. Leben und Mythos des Boulevards in 100 Jahren deutscher Geschichte,* hrsg. vom Bezirksamt Wilmersdorf von Berlin, Berlin 1986.

Memelsdorff, F., *Die gemeindliche Erwerbslosenfürsorge in den deutschen Großstädten in den Jahren 1927—1929,* in: *Städte und Statistik.* Beilage zu *Der Städtetag,* 24 (1930), Nr. 5.

Mendelssohn, Peter de, *Zeitungsstadt Berlin. Menschen und Mächte in der Geschichte der deutschen Presse,* 2. Aufl., Berlin 1982 (1. Aufl., Berlin 1959).

Michaelis, Herbert/Schraepler, Ernst (Hrsg.), *Ursachen und Folgen vom deutschen Zusammenbruch 1918 und 1945 bis zur staatlichen Neuordnung Deutschlands in der Gegenwart. Eine Urkunden- und Dokumentensammlung zur Zeitgeschichte,* Bd. 2, Berlin 1962.

Mielke, Friedrich, *Studie über den Berliner Wohnungsbau 1914—1933,* in: *Jahrbuch für die Geschichte Mittel- und Ostdeutschlands,* 21 (1972).

Milatz, Alfred, *Wähler und Wahlen in der Weimarer Republik,* 2. Aufl., Bonn 1968.

Mitzlaff, Paul/Stein, Erwin (Hrsg.), *Die Zukunftsaufgaben der deutschen Städte,* 2. Aufl., Berlin 1925.

Möller, Horst, *Parlamentarismus in Preußen 1919—1932,* Düsseldorf 1985.

Mommsen, Hans/Petzina, Dietmar/Weisbrod, Bernd (Hrsg.), *Industrielles System und politische Entwicklung in der Weimarer Republik,* Düsseldorf 1974.

Morgenthaler, Karl, *Kommunale Versorgungswirtschaft. Geschichte und Idee,* in: Robert Tillmanns (Hrsg.), *Ordnung als Ziel. Beiträge zur Zeitgeschichte,* Stuttgart-Köln 1954.

Moss, William H. T., *Crisis of Self-Government? The Berlin City Representative Assembly, 1929—1931,* (Diss., MS), Oxford 1984.

Most, Otto, *Die deutsche Stadt und ihre Verwaltung. Eine Einführung in die Kommunalpolitik der Gegenwart,* Berlin-Leipzig 1926.

Most, Otto, *Wirtschaft und Gemeinde. Kritisches und Tatsächliches zum Streit um die Gemeindefinanzpolitik,* Jena 1926.

Müller, Paul, *Alexander Dominicus. Ein Lebensbild,* Berlin 1957.

Müller, Sebastian F., *Die höhere Schule Preußens in der Weimarer Republik. Zum Einfluß von Parteien, Verbänden und Verwaltung auf die Schul- und Lehrplanreform 1919—1925,* Weinheim-Basel 1977.

Mulert, Oskar, *Die Bedeutung des Auslandskredits für die deutschen Gemeinden,* in: Walter Lotz (Hrsg.), *Die Auslandskredite in ihrer finanziellen, wirtschaftlichen und sozialen Bedeutung...* (= Schriften des Vereins für Socialpolitik, Bd. 174, 3. Teil), München-Leipzig 1928.

Mulert, Oskar, *Die Entwicklung der Selbstverwaltung*, in: *Zehn Jahre deutsche Geschichte 1918—1928*, Berlin 1928.

Mulert, Oskar, *Die wirtschaftliche Betätigung der Gemeinden*, in: *Annalen der Gemeinwirtschaft*, Bd. 6, Heft 1, Genf 1929.

Mulert, Oskar, *Entwicklungstendenzen der kommunalen Selbstverwaltung*, in: *Neue Wege der Kommunalverwaltung*, hrsg. von der Verwaltungsakademie Berlin, Berlin 1932.

Mulert, Oskar, *Kommunalfinanzen und Reichssteuerreform*, Berlin 1925.

Nettl, Peter, *Rosa Luxemburg*, Köln 1967.

Noack, Victor, *Bürgerausschuß Groß-Berlin 1917—1920. Beitrag zur Geschichte der Hauptstadt*, Gautzsch b. Leipzig 1920.

Noske, Gustav, *Erlebtes aus Aufstieg und Niedergang einer Demokratie*, Offenbach 1947.

Nowack, Hans, *Das Werden von Groß-Berlin 1890—1920*, (Phil. Diss. FU Berlin, MS), Berlin 1953.

Nydahl, Jens (Hrsg.), *Das Berliner Schulwesen*, Berlin 1928.

Oschilewski, Walther G., *Zeitungen in Berlin*, Berlin 1975.

Osborn, Max, u. a., *Berlins Aufstieg zur Weltstadt*. Im Auftrag des Vereins der Berliner Kaufleute, Berlin 1929.

Ott, Rolf, *Die Beratungsstelle für Auslandskredite beim Reichsfinanzministerium*, in: H. Haas/R. Ott/W. Holzmann, *Auslandsanleihen und Reparationen* (= Münchner Volkswirtschaftliche Studien, Heft 7), Jena 1929.

Overesch, M./Saal, F. W., *Die Weimarer Republik* (= Chronik deutscher Zeitgeschichte. Politik, Wirtschaft, Kultur, Bd. 1), Düsseldorf 1982.

Paneth, Philipp, *Nacht über Berlin — Berlin-Alexanderplatz. Die „lasterhafte" City von Aschinger bis Zacharias. Ein Tatsachenbericht*, Leipzig 1932.

Paulsen, Wilhelm, *Begründung und Darstellung der Gemeinschaftsschule*, Leipzig 1927.

Paulsen, Wilhelm, *Das neue Schul- und Bildungsprogramm. Grundsätze und Richtlinien für den Aufbau des Schulwesens*, Osterwieck/Harz 1930.

Paulsen, Wilhelm, *Kommunale Schulpolitik. Rückblick und Ausblick*, in: *Die Gemeinde*, 1 (1924).

Peters, Hans, *Grenzen der kommunalen Selbstverwaltung in Preußen. Ein Beitrag zur Lehre vom Verhältnis der Gemeinden zu Staat und Reich*, Berlin 1926.

Peters, Hans (Hrsg.), *Handbuch der kommunalen Wissenschaft und Praxis*, 3 Bde, Berlin usw. 1956—1959 (2. Auflage, herausgegeben von Günter Püttner, 6 Bände, 1981—1985).

Pfeiffer, Herbert, *Berlin — zwanzig Jahre* (= Rembrandt-Reihe, 26), Berlin 1961.

Pikart, Eberhard, *Preußische Beamtenpolitik 1918—1933*, in: *Vierteljahrshefte für Zeitgeschichte*, Bd. 6 (1958).

Piscator, Erwin, *Das Politische Theater*. Unter der Mitarbeit von Gasbarra, Berlin 1929.

Piscator, Marie Ley-, *The Piscator Experiment: The Political Theatre*, New York 1967.

Poor, Harold L., *Kurt Tucholsky and the Ordeal of Germany, 1914—1935*, New York 1968.

Popitz, Johannes, *Der künftige Finanzausgleich zwischen Reich, Ländern und Gemeinden*, Berlin 1932.

Popitz, Johannes, *Die Neuordnung der Finanzverfassung von Reich, Ländern und Gemeinden durch das Landessteuergesetz*, in: *Preußisches Verwaltungsblatt*, Bd. 41 (1920).

Popitz, Johannes, *Finanzausgleichsproblem* (= Schriften des Vereins für Kommunalwirtschaft und Kommunalpolitik, H. 22), Berlin 1927.

Popitz, Johannes, *Zentralismus und Selbstverwaltung*, in: Bernhard Harms (Hrsg.), *Volk und Reich der Deutschen*, 2 Bde, hier: Bd. 2, Berlin 1929.

Predöhl, Andreas, *Die Epochenbedeutung der Weltwirtschaftskrise von 1929 bis 1931*, in: *Vierteljahrshefte für Zeitgeschichte*, 1. Jg. (1953).

Preller, Ludwig, *Sozialpolitik in der Weimarer Republik*, Stuttgart 1949.

Preuß, Hugo, *Die kommunale Selbstverwaltung in Deutschland*, in: Paul Laband u. a. (Hrsg.), *Handbuch der Politik*, Bd. 1/1, Berlin 1920.

Preußenwahl 1932. Eine Materialzusammenstellung der sozialdemokratischen Landtagsfraktion, hrsg. von der Sozialdemokratischen Partei Deutschlands, (Berlin 1932).

Preußischer Landtag, 3. Sitzungsperiode, *Niederschrift über die Sitzungen des (21.) Untersuchungsausschusses vom 23. Oktober 1929 bis zum 24. Juni 1931*, Berlin 1931.

Prinz, Joachim, *Wir Juden*, Berlin 1934.

Projekt Spurensicherung: Alltag und Widerstand im Berlin der 30er Jahre, hrsg. von der Berliner Geschichtswerkstatt e. V., Berlin 1983.

Püttner, Günter, *Zum Verhältnis von Demokratie und Selbstverwaltung*, in: Ders. (Hrsg.), *Handbuch der kommunalen Wissenschaft und Praxis*, Bd. 2, Berlin 1982.

Radde, Gerd, *Fritz Karsen. Ein Berliner Schulreformer der Weimarer Zeit* (= Historische und Pädagogische Studien, Bd. 4), Berlin 1973.

Rebentisch, Dieter, *Kommunalpolitik, Konjunktur und Arbeitsmarkt in der Endphase der Weimarer Republik*, in: Rudolf Morsey (Hrsg.), *Verwaltungsgeschichte. Aufgaben, Zielsetzungen, Beispiele*, Berlin 1977.

Rebentisch, Dieter, *Die Selbstverwaltung in der Weimarer Zeit*, in: Günter Püttner (Hrsg.), *Handbuch der kommunalen Wissenschaft und Praxis*, Bd. 1, Berlin usw. 1981.

Rebentisch, Dieter, *Ludwig Landmann: Frankfurter Oberbürgermeister der Weimarer Republik* (= Frankfurter Historische Abhandlungen, Bd. 10), Wiesbaden 1975.

Rebentisch, Dieter, *Die deutsche Sozialdemokratie und die kommunale Selbstverwaltung. Ein Überblick über Programmdiskussion und Organisationsproblematik 1890—1975*, in: *Archiv für Sozialgeschichte*, Bd. 25 (1985).

Reclams Kunstführer: *Berliner Kunstdenkmäler und Museen*, Stuttgart 1977.

Reichardt, Hans D., *Die Straßenbahnen Berlins*, Düsseldorf 1974.

Reichardt, Hans D., *Berliner Omnibusse*, Düsseldorf 1975.

Reichardt, Hans D., *Berliner U-Bahn*, Düsseldorf 1979.

Reichhardt, Hans Joachim, *Berlin in der Weimarer Republik. Die Stadtverwaltung unter Oberbürgermeister Gustav Böß* (= Berliner Forum, Heft 7, 1979), Berlin 1979

Reichhardt, Hans Joachim, *Wahlen in Berlin 1809 bis 1867. Ein Rückblick auf 160 Jahre Berliner Kommunalpolitik* (= Berliner Forum, Heft 7, 1970), Berlin 1970.

Reimann, Wilhelm, *Das Erwerbslosenproblem der Stadt Berlin*, in: *Sozialistische Monatshefte*, 63 (1926).

Rein, Heinz, *Berlin 1932. Ein Roman aus der großen Arbeitslosigkeit*, Berlin [1935] 1946.

Reuter, Ernst, *Berliner Verkehr*, in: *Das neue Berlin*, 1 (1929).

Reuter, Ernst, *Die Berliner Verkehrsreform*, in: *Die Gemeinde*, 6 (1929).

Reuter, Ernst, *Die Entwicklung des Berliner Verkehrs und ihre Bedeutung*, in: *Sozialistische Monatshefte*, 69 (1929).

Reuter, Ernst, *Gemeinwirtschaft und Sozialdemokratie*, in: *Die Gemeinde*, 6 (1929).

Reuter, Ernst, *Reform der Berliner Verwaltung*, in: *Sozialistische Monatshefte*, 73 (1931).

Reuter, Ernst, *Schriften — Reden*, hrsg. von Hans E. Hirschfeld und Hans J. Reichhardt, Bd. 2: *Artikel, Briefe, Reden 1922—1946*, Berlin 1973.

Reuther, Hans, *Die große Zerstörung Berlins. Zweihundert Jahre Stadtbaugeschichte*, Berlin 1985.

Ribbe, Wolfgang (Hrsg.), *Geschichte Berlins*, 2 Bde, München 1987.

Ribbe, Wolfgang (Hrsg.), *Slawenburg — Landesfestung — Industriezentrum. Untersuchungen zur Geschichte von Stadt und Bezirk Spandau*, Berlin 1983.

Ribbe, Wolfgang (Hrsg.), *Von der Residenz zur City. 275 Jahre Charlottenburg*, Berlin 1980.

Ries, Alfons, *Kommunale Wirtschaftspflege*, Berlin-Leipzig 1924.

Rindt, Erich, *Die Markthallen als Faktor des Berliner Wirtschaftslebens*, (Diss.) Berlin 1928.

Rittberger, Volker (Hrsg.), *1933: Wie die Republik der Diktatur erlag*, Stuttgart usw. 1983.

Robenson, Paul, *Die Berliner Ortssatzung*, in: *Kommunale Blätter*, 9 (1932).

Rouette, Susanne, *Die Erwerbslosenfürsorge für Frauen nach 1918*, in IWK. *Internationale wissenschaftliche Korrespondenz zur Geschichte der deutschen Arbeiterbewegung*, 21. Jg., H. 3 (Sept. 1985).

Rosenberg, Arthur, *Geschichte der Weimarer Republik*, Karlsbad 1933 (Neudruck: Frankfurt 1955).

Rosenhaft, Eve, *Working-Class Life and Working-Class Politics: Communists, Nazis and the State in the Battle for the Streets, Berlin 1928—1932*, in: R. Bessel/E. J. Feuchtwanger (Hrsg.), *Social Change and Political Development in Weimar Germany*, London 1981.

Rothfels, Hans (Hrsg.), *Berlin in Vergangenheit und Gegenwart* (= Tübinger Studien zur Geschichte und Politik), Tübingen 1961.

Rühle, Günter, *Theater für die Republik 1917—1933. Im Spiegel der Kritik*, Frankfurt/M. 1967.

Rumpelstilzchen [d. i. Adolf Stein]: 15 Bände, Berlin 1922—1935, u. a.: *Berliner Allerlei* (= Rumpelstilzchen-Reihe, Bd. 1), Berlin 1922; *Was sich Berlin erzählt...*, Berlin 1922; *Bei mir — Berlin...*, Berlin 1924; *Piept es?...*, Berlin 1930 *Mang uns mang* (= Rumpelstilzchen-Reihe, Bd. 13), Berlin 1933.

Runge, Wolfgang, *Politik und Beamtentum im Parteienstaat. Die Demokratisierung der politischen Beamten in Preußen zwischen 1918 und 1933* (= Industrielle Welt, Bd. 5), Stuttgart 1965.

Sachse, Arnold, *Grundzüge des preußischen Schulrechts*, Berlin 1926.

Saitzew, Manuel, *Die öffentliche Unternehmung der Gegenwart*, o. O. 1930.

Salomon, Ernst von, *Die Geächteten*, Berlin 1930.

Sandvoß, Hans-Rainer, *Widerstand in einem Arbeiterbezirk: Wedding* (= Schriftenreihe über den Widerstand in Berlin von 1933 bis 1945, hrsg. vom Informationszentrum Berlin/Gedenkstätte Deutscher Widerstand, Heft 1), Berlin 1983.

Sandvoß, Hans-Rainer, *Widerstand in Steglitz und Zehlendorf* (= Schriftenreihe über den Widerstand in Berlin von 1933 bis 1945..., Heft 2), Berlin 1986.

Saupe, Emil, *Die politischen Parteien und die Schule. Ein Beitrag zur Schulpolitik der Gegenwart*, 3. Aufl., Osterwieck/Harz 1932.

Sammlung der *Drucksachen des Preußischen Landtags. 1.—3. Wahlperiode*, 1921—1932.

Schallenberg, Jacob, *Der Berliner Wohnungsbau seit dem Kriege*, Berlin 1931.

Schallenberg, Jacob/Kraffert, Hans, *Berliner Wohnungsbauten aus öffentlichen Mitteln. Die Verwendung der Hauszinssteuerhypotheken*, Berlin (1926).
Schacht, Hjalmar, *Grundsätze deutscher Wirtschaftspolitik*, Oldenburg 1932.
Schanbacher, Eberhard, *Parlamentarische Wahlen und Wahlsystem in der Weimarer Republik* (= Beiträge zur Geschichte des Parlamentarismus und der politischen Parteien, Bd. 69), Düsseldorf 1982.
Scheffler, Karl, *Berlin. Wandlungen einer Stadt*, Berlin 1931.
Scheibe, Wolfgang, *Die reformpädagogische Bewegung 1900—1932. Eine einführende Darstellung*, Weinheim usw. 1969.
Schinz, Alfred, *Berlin. Stadtschicksal und Städtebau*, Braunschweig-Berlin 1964.
Schmidt, Martin, *Die BEWAG-Transaktion im Jahre 1931*, (Diss.) Berlin [Ost] 1957.
Schmidt, Theodor, *Die Groß-Berliner Bade- und Schwimmanlagen*, Berlin 1928.
Schmidt-Clausing, Fritz, *Adolf Wermuth. Oberbürgermeister von Berlin 1912—1920*, in: *Berliner Blätter*, 11. Jg., Heft 4 (1955).
Schmieder, Eberhard, *Wirtschaftsgeschichte Berlins im 19. und 20. Jahrhundert*, in: *Heimatchronik Berlin*, Köln 1962.
Schneider, Wolfgang, *Berlin. Eine Kulturgeschichte in Bildern und Dokumenten*, Leipzig-Weimar 1980.
Scholz, Ernst, *Groß-Berlin*, in: Paul Mitzlaff/Erwin Stein (Hrsg.), *Die Zukunftsaufgaben der deutschen Städte*, 2. Aufl., Berlin 1925.
Schulz, Gerhard, *Zwischen Demokratie und Diktatur. Verfassungspolitik und Reichsreform in der Weimarer Republik*, Bd. 1, Berlin 1963.
Schulz, Gerhard, *Die kommunale Selbstverwaltung in Deutschland vor 1933. Ideen, Institutionen und Interessen*, in: *Franz-Lieber-Hefte*, 2. Jg., Heft 3 (1959).
Schulz, Gerhard, *Aufbau und Fehlschlag einer Demokratie*, in: *Weimar als Erfahrung und Argument*, hrsg. von der Kommission für die Geschichte des Parlamentarismus und der politischen Parteien, Bonn-Bad Godesberg 1977.
Schulz, Wolfgang, *Stadtführer durch das historische Berlin*, Berlin 1981.
Schulze, Hagen, *Otto Braun oder Preußens demokratische Sendung*, Frankfurt/M. usw. 1977.
Schulze, Hagen (Hrsg.), *Anpassung oder Widerstand? Aus den Akten des Parteivorstandes der Sozialdemokratischen Partei Deutschlands 1932/33*, in: *Archiv für Soziale Fragen*, Beiheft 4, Bonn-Bad Godesberg 1975.
Schulze, Hagen, *Weimar. Deutschland 1917—1933*, Berlin 1982.
Schulze, Hans, *Fünf Jahre Groß-Berlin. Ein wirtschaftshistorischer Rückblick und Beitrag zur Geschichte und Organisation der Reichshauptstadt*, Berlin 1927.
Seliger, Maren/Ucakar, Karl, *Wien. Politische Geschichte 1740—1934. Entwicklung und Bestimmungskräfte großstädtischer Politik*, Teil 2: *1896—1934*, Wien-München 1985.
Sellenthin, H. G., *Geschichte der Juden in Berlin — und des Gebäudes Fasanenstraße 79/80*, Berlin 1959.
Severing, Carl, *Mein Lebensweg*, Bd. 2, Köln 1950.
Siedlungen der zwanziger Jahre — heute. Vier Berliner Großsiedlungen 1924—1984 (= Ausstellungskatalog), Berlin 1984.
Sitzungsberichte des Preußischen Landtags. 1.—3. Wahlperiode, 1921—1932.
Sontheimer, Kurt, *Antidemokratisches Denken in der Weimarer Republik*, München 1962.
Sozialdemokratische Kommunalarbeit in Berlin 1925—1929. Tätigkeitsbericht und

Handbuch für die Kommunalwahlen 1929, hrsg. vom Bezirksvorstand Berlin der Sozialdemokratischen Partei Deutschlands. Kommunales Sekretariat, Berlin (1929).

Sprenger, Heinrich, *Heinrich Sahm. Kommunalpolitiker und Staatsmann*, Köln-Berlin 1969.

Sprenger, Heinrich, *Aus dem Leben Heinrich Sahms: Die ersten beiden Jahre seiner Berliner Tätigkeit 1931—1932*, in: *Jahrbuch für die Geschichte Mittel- und Ostdeutschlands*, Bd. 15 (1966).

Stadtverordnetenversammlung zu Berlin (seit 1922: *Stadtverordnetenversammlung der Stadt Berlin*) — mit einem Anhang: *Mitglieder des Magistrats 1917, 1922, 1927—1929, 1931*, Berlin 1931.

Städte, Staat, Wirtschaft. Denkschrift des Deutschen Städtetages, Berlin 1926.

Die Städteordnung für die sechs östlichen Provinzen der Preußischen Monarchie vom 30. Mai 1853, mit Ergänzungen und Erläuterungen von O. Oertel, 7. Aufl., bearbeitet von A. Oehler, Liegnitz 1931.

Statistisches Jahrbuch der Stadt Berlin, hrsg. im Auftrage des Magistrats vom Statistischen Amt der Stadt Berlin, Jgg. 1919—1933 (Jgg. 1924 und 1926 erschienen als *Statistisches Taschenbuch der Stadt Berlin*), Berlin 1919—1934.

Steffani, Winfried, *Die Untersuchungsausschüsse des Preußischen Landtags zur Zeit der Weimarer Republik. Ein Beitrag zur Entwicklung, Funktion und politischen Bedeutung parlamentarischer Untersuchungsausschüsse*, Düsseldorf 1960.

Steffen, Friedrich Karl, *Das Berliner Stadtverfassungsrecht. Seine Entwicklung bis zur Gegenwart und seine geschichtlichen Grundlagen*, Berlin 1936.

Stein, Adolf, siehe unter Rumpelstilzchen.

Stein, Erwin (Hrsg.), *Monographien Deutscher Städte*, Bd. 8: *Berlin*, Oldenburg 1914.

Steiniger, Rudolf, *Groß-Berlins Zukunft*, Berlin 1917.

Stenographische Berichte über die öffentlichen Sitzungen der Stadtverordnetenversammlung der Stadt Berlin bis 1921 und 1924—1932 (zu den Sitzungen vom 1. 11. 1921 bis zum 1. 9. 1924 siehe die Ergebnisprotokolle im *Gemeindeblatt der Stadt Berlin*, Berlin 1921—1924).

Storm, Gerd/Scholing, Michael/Frohmann, Armin, *Arbeiterkultur zwischen Gegenkultur und Integration. Ein Literaturbericht*, in: *IWK. Internationale wissenschaftliche Korrespondenz zur Geschichte der deutschen Arbeiterbewegung*, 22. Jg., Heft 3 (1986).

Stürmer, Michael (Hrsg.), *Die Weimarer Republik. Belagerte Civitas*, 2., erw. Aufl.. Königstein/Ts. 1985.

Tautscher, Anton, *Die öffentlichen Unternehmungen und ihre wirtschaftlichen Aufgaben*, in: *Zeitschrift für die gesamte Staatswissenschaft*, Bd. 109, Heft 3 (1953).

Tendenzen der zwanziger Jahre (= Ausstellungskatalog), Berlin 1977.

Tergit, Gabriele, *Käsebier erobert den Kurfürstendamm*, Berlin 1931.

Thierauf, Hans, *Der Finanzausgleich in der Weimarer Zeit*, (Diss.) Würzburg 1961.

Tillmanns, Robert (Hrsg.), *Ordnung als Ziel. Beiträge zur Zeitgeschichte*, Stuttgart-Köln 1954.

Tormin, Walter, *Geschichte der deutschen Parteien seit 1848*, Stuttgart usw. 1966.

Triepel, Heinrich (Hrsg.), *Quellensammlung zum deutschen Reichsstaatsrecht*, 3. Aufl., Tübingen 1922.

Uhlitz, Otto, *Die Rechtsstellung der Berliner Bezirke*, (Diss., MS), Köln 1953.

Uhlitz, Otto, *Kleine Verfassungsgeschichte Berlins. Die historischen Grundlagen des Berliner Verfassungsrechts*, Berlin 1969.

Uhlitz, Otto, *Zur Geschichte des Berliner Bezirksverfassungsrechts: Eine Rückschau unter besonderer Berücksichtigung Charlottenburgs,* in: Wolfgang Ribbe (Hrsg.), *Von der Residenz zur City. 275 Jahre Charlottenburg,* Berlin 1980.

Ullmann, Hermann, *Flucht aus Berlin?* Jena 1932.

Ullstein, Hermann, *The Rise and Fall of the House of Ullstein,* New York 1943.

Urbach, Dietrich, *Die Volkshochschule Groß-Berlin 1920—1933,* Stuttgart 1971.

Urkunden zum Bericht über die Januar-Unruhen 1919 in Berlin (= Sonderdruck. Drucksachen der Verfassunggebenden Preußischen Landesversammlung), Berlin 1919.

Die Verfassung des Freistaates Preußen vom 30. November 1920, hrsg. von Eduard Heilfroh, Mannheim usw. 1921.

Verwaltungsaufbau, Steuerverteilung und Lastenverteilung im Deutschen Reich. Bearbeitet im Statistischen Reichsamt (= Einzelschriften zur Statistik des Deutschen Reiches, Nr. 6), Berlin 1929.

Verwaltungsberichte der Stadt Berlin: —

— *Verband Groß-Berlin. Verwaltungsbericht für die Zeit des Bestehens des Verbandes vom 1. April 1912 bis zum 30. September 1920,* Berlin 1920;

— *Erster Verwaltungsbericht der neuen Stadtgemeinde Berlin für die Zeit vom 1. Oktober 1920 bis zum 31. März 1924.* Bearbeitet im Statistischen Amt der Stadt Berlin [mit dem Wortlaut des Gesetzes über die Bildung einer neuen Stadtgemeinde Berlin von 1920] (Bd. I: Zentralverwaltung, Bd. II: Bezirksverwaltungen), Berlin 1926;

— *Verwaltungsbericht der Stadt Berlin 1924—1927 (1. April 1924 bis 31. März 1928).* Nach den Berichten der Verwaltung hrsg. vom Statistischen Amt der Stadt Berlin (Zentralverwaltung und Bezirksverwaltungen), Berlin 1929/31;

— Der Oberbürgermeister der Reichshauptstadt Berlin, *Verwaltungsbericht der Allgemeinen Hauptverwaltung* (1. April 1932 bis 31. März 1936, mit einem Rückblick auf die Jahre der Weimarer Zeit), Berlin 1937.

Vogel, Werner, *Führer durch die Geschichte Berlins,* Berlin 1966 (Neuaufl.: 1968).

Vollmar, Matthias R., *Städtefinanzen und Schulwesen. Der Einfluß auf das gemeindliche Schulwesen,* Köln 1927.

Voß, Karl, *Reiseführer für Literaturfreunde: Berlin,* Frankfurt usw. 1980.

Wagner, Martin, *Freiflächenpolitik,* in: *Das neue Berlin,* 1 (1929).

Wagner, Martin/Behme, Adolf (Hrsg.), *Das neue Berlin. Monatshefte für Probleme der Großstadt,* Berlin 1929.

Weber, Hans, *Der Bankplatz Berlin* (= Bankwirtschaftliche Schriftenreihe), Köln-Opladen 1957.

Weber, Hermann, *Die Wandlung des deutschen Kommunismus. Die Stalinisierung der KPD in der Weimarer Republik,* 2 Bde, Frankfurt/M. 1969.

Weidmüller, Helmut, *Die Berliner Gesellschaft während der Weimarer Republik* (Diss. FU Berlin), Berlin 1956.

Weimar. Selbstpreisgabe einer Demokratie. Kölner Kolloquium der Fritz Thyssen Stiftung, Juni 1979, hrsg. von Karl Dietrich Erdmann und Hagen Schulze, Düsseldorf 1984.

Weimarer Republik, hrsg. vom Kunstamt Kreuzberg, Berlin, und dem Institut für Theaterwissenschaft der Universität Köln, 3. Aufl., Berlin-Hamburg 1977.

Weinberg, Siegfried, *Städtische Kunstpflege,* in: *Kommunale Blätter,* 1 (1924).

Weiß, Bernhard, *Polizei und Politik,* Berlin 1928.

Wem gehört die Welt — Kunst und Gesellschaft in der Weimarer Republik (= Katalog, hrsg. von der Neuen Gesellschaft für Bildende Kunst), 4. Aufl., Berlin 1977.

Wermel, Michael T./Urban, Roswitha, *Arbeitslosenfürsorge und Arbeitslosenversicherung in Deutschland,* München 1949.

Wermuth, Adolf, *Ein Beamtenleben. Erinnerungen,* Berlin 1922.

Werner, Bruno E., *Die Zwanziger Jahre,* München 1962.

Wimmer, Ruth, *Charakteristika der Berliner Kommunalpolitik in den Jahren der Weimarer Republik, untersucht an der wirtschaftspolitischen Konzeption des Berliner Oberbürgermeisters Gustav Böß (1921—1929),* in: *Jahrbuch für Wirtschaftsgeschichte,* Teil I, Berlin [Ost] 1969.

Wimmer, Ruth, *Die Wirtschaftspolitik des Berliner Magistrats unter der Amtsführung von Gustav Böß 1921—1929,* (Diss., MS), Berlin [Ost] 1965.

Winkler, Heinrich August, *Von der Revolution zur Stabilisierung. Arbeiter und Arbeiterbewegung in der Weimarer Republik 1918 bis 1924,* Berlin-Bonn 1984.

Winkler, Heinrich August, *Der Schein der Normalität. Arbeiter und Arbeiterbewegung in der Weimarer Republik 1924 bis 1930,* Berlin-Bonn 1985.

Witte, Erich, *Der Ausbau der Berliner Volksschulen,* in: *Kommunale Blätter,* 5 (1928).

Witte, Erich, *Kommunale Schulpolitik,* Gotha 1921.

Wittwer, Wolfgang W., *Die sozialdemokratische Schulpolitik in der Weimarer Republik. Ein Beitrag zur politischen Schulgeschichte im Reich und in Preußen,* Berlin 1980.

Wöbling, Paul (Hrsg.), *Gesetz über die Bildung der neuen Stadtgemeinde Berlin. Kommentar,* 2. Aufl., Berlin-Leipzig 1921.

Woytinsky, Emma, *Sozialdemokratie und Kommunalpolitik (Gemeindearbeit in Berlin),* Berlin 1929.

Wronski, Siddy, *Die Wohlfahrtseinrichtungen in der Stadtgemeinde Berlin,* Berlin 1927.

Zehn Jahre deutsche Geschichte (mit Geleitwort von Hermann Müller und Gustav Stresemann. Einleitender Beitrag von Hermann Oncken), 2. Aufl., Berlin 1928.

Ziebill, Otto, *Geschichte des deutschen Städtetages,* 2. Aufl., Stuttgart-Köln 1956.

Ziebill, Otto, *Politische Parteien und kommunale Selbstverwaltung* (= Schriftenreihe des Vereins für Kommunalwissenschaften, Bd. 7), Stuttgart 1964 (Neuaufl.: 1972).

Zivier, Georg, *Das Romanische Café. Erscheinungen und Randerscheinungen rund um die Gedächtniskirche,* Berlin 1965.

STATISTISCHER ANHANG

WAHL- UND SOZIALSTATISTIK DES DEMOKRATISCHEN BERLIN 1919—1985

Herausgegeben von der
‚Arbeitsgruppe Berliner Demokratie'
am Fachbereich Geschichtswissenschaften
der Freien Universität Berlin

Leitung:

Prof. Dr. Otto Büsch

I

Die Berliner Wahl- und Sozialstatistik in der Weimarer Republik 1919—1933

Bearbeitet von

Andreas Splanemann

unter Mitarbeit von

Sabine Jung · Martina Sönnichsen
Alexander Wilde

INHALT

EINFÜHRUNG

von Andreas Splanemann 291

Tabellen im Einführungstext

TABELLENTEIL

I. Übersichtstabellen

II. Wahlen in Alt-Berlin

III. Wahlen in Groß-Berlin

IV. Spezialtabellen

V. Schaubild

VI. Die Sozial- und Wahlstatistik der Groß-Berliner Bezirke bis 1933

EINFÜHRUNG

von Andreas Splanemann

Aufgrund der Entstehung Groß-Berlins und der Umstellung des Statistischen Amts der Stadt Berlin auf die Gesamtberliner Ebene gibt es für die Anfangsjahre der Weimarer Republik einige Schwierigkeiten auf dem Gebiet der Wahlstatistik, wie unten näher erläutert wird. Aus den dort genannten Gründen ist eine einheitliche Wahlstatistik erst von 1920/21 an möglich. Die Sozialstatistik kann dagegen einheitlich gestaltet werden. Die Auswertungen zweier großer Volkszählungen sollen helfen, ein Bild der sozialen Schichtung der Berliner Bevölkerung zu entwerfen. Da die Gesamtsozialstatistik und die 20 Bezirksstatistiken aus verschiedenen Gründen nicht alle Aspekte beinhalten, soll diese Einführung dazu dienen, detailliertere Angaben unter anderem mit Hilfe einiger zusätzlicher Tabellen zu geben.

A. Die Sozialstatistik

Der „Wahlstatistik" der Weimarer Zeit wird eine „Sozialstatistik" gegenübergestellt, die geeignet sein soll, Möglichkeiten der sozialen Charakterisierung der Bezirke zu schaffen. Den Tabellen, die nach Bezirken unterteilt sind, ist eine Großberliner Gesamtsozialstatistik vorangestellt worden (TABELLE 1, TABELLENTEIL, S. 318 ff.), die Daten der einzelnen Tabellen wurden den Volkszählungsveröffentlichungen von 1919, 1925 und 1933 entnommen.[1] Die erste Nachkriegserhebung vom 8. Oktober 1919 bildete mit den Bevölkerungsdaten eine statistische Grundlage für das Groß-Berlin-Gesetz von 1920. Weitere Angaben sind dieser Erhebung nicht zu entnehmen, deshalb werden nur die *Bevölkerungszahlen* in drei Erhebungsjahre unterteilt, alle anderen Angaben beziehen sich auf die Volkszählung von 1925 und 1933.

[1] Zur Volkszählung von 1919 siehe: *Statistisches Jahrbuch der Staat Berlin,* 34. Jg. (1920), Berlin 1920, S. 2; — zur Volkszählung von 1925 siehe: *Mitteilungen des Statisti-*

1. Die Religionsstatistik

Die Religionsstatistik als Bestandteil der Berliner Gesamtstatistik für das Volkszählungsjahr 1925[2] wird in den detaillierten Veröffentlichungen der Statistischen Ämter ausführlicher dargestellt, als das an dieser Stelle möglich und auch sinnvoll wäre. Einführend sollen hier die wichtigsten Merkmale der Religionsstatistik verdeutlicht werden.

Die große Gruppe der *Evangelischen* setzt sich aus einer Vielzahl von Untergruppen zusammen, die grob in die Evangelische Landeskirche, in die der evangelischen Freikirchen und die der sonstigen evangelischen Religionsgemeinschaften gegliedert werden.[3] Diese erste Kategorie der Religionsstatistik hat 1925 einen Gesamtanteil von 76,6 %, wobei der Evangelischen Landeskirche 75,5 %, den anderen evangelischen Gruppen insgesamt 1,1 % zukommen.

Als *evangelisch* (alle evangelischen Gruppen) bezeichneten sich von jeweils 100 befragten Männern und Frauen 74,6 % beziehungsweise 78,3 %. Zu den 10 % der als *katholisch* definierten Bevölkerung[4] gehörten 10,0 % der Männer und 10,1 % der Frauen.

Die *anderen Christen* setzen sich aus Griechisch-, Russisch- und Orientalisch-Orthodoxen und Altkatholiken (einschließlich naheste-

schen Amts der Stadt Berlin, Nr. 5; *Die Grundstücks- und Wohnungsaufnahme sowie die Volks- und Berufszählung am 16. Juni 1925,* 9 Hefte, Mai 1926 — Mai 1931; — zur Volkszählung von 1933 siehe: *Mitteilungen des Statistischen Amts der Stadt Berlin,* Nr. 18; *Die Volks-, Berufs- und Betriebszählung in Berlin im Jahre 1933,* 11 Hefte, August 1934 — März 1937. — Wichtige Aspekte der Geschichte der Statistik sind aufgearbeitet in: *100 Jahre Berliner Statistik. 1862—8. Februar 1962. Festschrift zum hundertjährigen Bestehen des Berliner Statistischen Amts,* hrsg. vom Statistischen Landesamt Berlin, Berlin 1962. Allgemein und ohne Berücksichtigung der methodischen Probleme hat sich mit der Frage der Volkszählungen beschäftigt: Harald Michel, *Volkszählungen in Deutschland. Die Erfassung des Bevölkerungsstandes von 1816 bis 1933,* in: *Jahrbuch für Wirtschaftsgeschichte,* II (1985), S. 79—91. — Es sei an dieser Stelle ausdrücklich darauf hingeweisen, daß die Ergebnisse eigener Berechnungen auf der Grundlage mathematisch-statistischer Rundungsregeln erstellt wurden, es somit also geringe Abweichungen in der Summe von Einzelkomponenten geben kann.

[2] Berechnungen und Angaben nach: *Mitteilungen...,* Nr. 5, Heft 6 (wie Anm. 1), S. 12f., und: *Gemeindelexikon für den Freistaat Preußen,* Bd. 1: *Provinz Ostpreußen,* bearb. vom Preußischen Statistischen Landesamt, Berlin 1931, S. 1.

[3] Zu den Evangelischen, die nicht der evangelischen Landeskirche angehören, werden gezählt: Evangelisch-Luth. Freikirchen, Evangelisch-reformierte Freikirchen (Altreformierte und niedersächsische Konföderation), Brüdergemeinde (Herrnhuter, einschließlich nahestehender Religionsgemeinschaften), Mennoniten, Baptisten, Methodisten, Neuapostolisches Bekenntnis, Adventisten, Sonstige Evangelische.

[4] Zu ihnen werden auch die unierten Riten gezählt.

hender Religionsgemeinschaften) und einer kleinen Gruppe *sonstiger Christen* zusammen.

Zu der *jüdischen* Bevölkerungsgruppe wurden 4,6 % der Männer und 4,1 % der Frauen gerechnet, ihr Anteil an der Gesamtbevölkerung betrug 1925 4,3 %. Die Kategorie *Sonstige* (8,8 %) umfaßt vier Gruppen. Die *anderen nichtchristlichen Religionsgemeinschaften* oder *Personen, die einer Weltanschauungsvereinigung angehören,* die in keiner Kategorie bisher erwähnt wurde, werden hier eingeordnet. Insgesamt kommt diesen beiden Gruppen ein Anteil von 1,1 % zu, wobei der Anteil der nichtchristlichen Religionsgemeinschaften verschwindend gering ist.[5]

Rund 0,5 % der Befragten machten keine Angaben. Die restlichen 7,2 % der insgesamt 8,8 % dieser Kategorie stellen *Personen, die keiner Religionsgemeinschaft und keiner Weltanschauungsvereinigung angehören.* 8,7 % der Männer und 5,8 % der Frauen sind dieser Kategorie zuzuordnen.

Der Vergleich mit der Volksbefragung von 1933[6] zeigt erhebliche Bewegungen in der Religionsstatistik, deren Kategorisierung sich jedoch nicht geändert hat. Zu den auffallendsten Merkmalen gehört die offensichtlich starke Abnahme von Bevölkerungsteilen mit evangelischer Konfession auf insgesamt 71,1 %.[7] Eine Begründung für diese Entwicklung wird in der Kirchenaustrittsbewegung von 1918 bis 1933 gesucht.[8] 68,1 % der Männer und 73,6 % der Frauen gaben 1933 an, einer evangelischen Religionsgemeinschaft anzugehören. Der Anteil der katholischen Bevölkerung ist hingegen leicht auf 10,4 % angestiegen (Männer 10,2 %, Frauen 10,6 %), eine Abnahme haben die „anderen Christen" ebenso wie die jüdischen Bevölkerungsteile zu verzeichnen.

Eine starke Zunahme ist dementsprechend bei den *Gemeinschaftslosen* zu beobachten, deren Anteil auf 14,2 % stieg (Männer: 17,1 %, Frauen: 11,7 %). Mit 0,4 % Gesamtanteil sind auch die anderen Gruppen dieser Kategorie stark zurückgegangen. Hervorzuheben ist die Gruppe derjenigen, die keine Angabe machten, ihr Anteil sank von 0,5 % 1925 auf 0,0 % im Jahre 1933.[9] TABELLE 2, TABELLENTEIL, S. 321)

[5] Insgesamt 1332 Personen (rd. 0,03 %).

[6] Berechnungen und Angaben nach: *Mitteilungen…*, Nr. 18, Heft 4 (wie Anm. 1), S. 1—6.

[7] 1925 gaben 3 085 820 Personen an, evangelisch zu sein, 1933 waren es 3 014 317 Personen. Die Bevölkerung stieg im gesamten Zeitraum um 5,4 %.

[8] *Mitteilungen…*, Nr. 18, Heft 4 (wie Anm. 1), S. 1.

[9] Was auf eine „Änderung des 1925 angewandten Auswertungsverfahrens" zurückzu-

stellt im Überblick „die Bevölkerung Berlins nach der Religionszugehörigkeit 1925 und 1933“ dar. Der Vergleich der 20 Berliner Bezirke zeigt deutlich die Vorrangstellung der evangelischen Konfession. Von 72,3 % als minimalem Wert im Bezirk Mitte bis zu 85,4 % in Steglitz reicht die Bandbreite 1925. Im Jahre 1933 weist Friedrichshain mit 66,9 % den niedrigsten Wert auf. Köpenick war mit 6,6 % 1925 (1933: 7,1 %) der Bezirk mit dem geringsten Anteil an katholischer Bevölkerung; hingegen waren in Tiergarten 1925 12,2 % (1933: 12,9 %) der Bevölkerung katholisch. Die Gruppe der „anderen Christen“ hatte 1925 in Charlottenburg und Wilmersdorf und 1933 in Wilmersdorf einen für Berlin maximalen Wert von 0,6 % erreicht. 1933 gab es allerdings eine Reihe von Bezirken, in denen der Anteil dieser Gruppe verschwindend gering war (= 0,0 %).

Eine besonders starke Ungleichverteilung weist der jüdische Bevölkerungsanteil im Berliner Bezirksvergleich auf. 1925 in Spandau und Reinickendorf nur mit 0,5 % vertreten, waren in Wilmersdorf immerhin 13,0 % der Bevölkerung jüdischen Bekenntnisses. Der Rückgang der Personen mit jüdischem Bekenntnis von 4,3 % 1925 auf 3,8 % im Juni 1933 ist sicherlich größtenteils auf die Emigrationsbewegung seit Januar 1933 als Reaktion auf die antijüdische Politik, Haßpropaganda und Verfolgungen durch die Nationalsozialisten zurückzuführen.[10]

Die Gruppe der *Sonstigen* hatte ihren geringsten Anteil 1925 und 1933 in Zehlendorf (2,8 % beziehungsweise 5,7 %), erreichte aber schon 1925 in Neukölln 15,7 %, in Treptow 13,8 % und in Wedding 13,0 %. In diesen drei Bezirken ist das starke Ansteigen dieser Gruppe zum Jahre 1933 besonders deutlich zu beobachten. Werte über 20 % wurden 1933 in Wedding (21,5 %) und Neukölln (22,9 %) festgestellt, dicht gefolgt von Treptow (19,6 %).

2. *Die soziale Schichtung der Berliner Bevölkerung*

Die Anzahl der Erwerbspersonen,[11] die 1925 61,2 % und 1933 64,4 % der Gesamtbevölkerung betrug, läßt sich einmal nach der Stellung im

führen ist. Fehlte bei einer befragten Person die entsprechende Angabe der Religionszugehörigkeit, wurde sie der Religion des Haushaltsvorstandes (sofern vorhanden) zugerechnet. *Mitteilungen...*, Nr. 18, Heft 4 (wie Anm. 1), S. 5.

[10] *A.a.O.*, S. 6; siehe dazu auch: Wolfgang Scheffler, *Judenverfolgung im Dritten Reich* (= Zur Politik und Zeitgeschichte, 4), Berlin 1964, S. 26f. und S. 17—19.

[11] Unter dem Begriff „Erwerbspersonen“ versteht man Erwerbstätige u. nichttätige Erwerbspersonen (Arbeitslose, berufslose Selbständige).

Beruf (TABELLE 1, 1.1.: Berufsgruppen, TABELLENTEIL, S. 318 ff.) und andererseits nach Wirtschaftszeigen (TABELLE, 1, 2.1; TABELLENTEIL, S. 318 ff.) gliedern. Diesen beiden Spalten sind jeweils die Angaben über die *Berufszugehörigen*, in der Regel also die Erwerbstätigen plus nichterwerbstätige Angehörige, beigefügt.

Im folgenden sollen die einzelnen Kategorien, Begriffe und einige grundsätzliche Aspekte der Volkszählungen von 1925 und 1933 erläutert werden. In allen im TABELLENTEIL enthaltenen sozialstatistischen Tabellen unterscheiden jeweils die Zeilen 1.1. fünf Berufsgruppen, deren Verhältnis zueinander auf die Anzahl der Erwerbspersonen bezogen ist.[12]

Die erste Kategorie der *Arbeiter* unterscheidet grundsätzlich im Gegensatz zu früheren Berufszählungen nicht zwischen gelernten und ungelernten Arbeitern.[13] Die *Hausangestellten* werden der Berufsgruppe der Arbeiter zugerechnet. In der folgenden TABELLE I wird verdeutlicht, wie hoch der Anteil der Hausangestellten in den Berliner Bezirken 1925 und 1933 war.

(Siehe TABELLE I auf der folgenden Seite)

Die Bezirksangaben für die Zählung von 1925 entsprechen der Kategorie „F" (Häusliche Dienste *und* Erwerbstätigkeit ohne feste Stellung oder ohne Angabe der Betriebszugehörigkeit),[14] da für die bezirkliche Unterteilung keine anderen Daten zur Verfügung stehen. Damit treten Unschärfen auf: Gewisse Personen, die „häusliche Dienste" leisteten, können unter Umständen auch zu anderen Kategorien (zum Beispiel „technische Angestellte" oder „Betriebshandwerker") gezählt worden sein, werden hier also nicht berücksichtigt. Hingegen werden Personen

[12] Diese Tabellen berücksichtigen die Anzahl der „Arbeitslosen" nicht. Die Arbeitslosen wurden bei diesen Daten ihrer letzten hauptberuflichen Tätigkeit zugeordnet. Zum Problem der Erfassung der Arbeitslosen siehe unten S. 302 f.

[13] *Mitteilungen...*, Nr. 5, Heft 6 (wie Anm. 1), S. 3. Siehe dazu auch: *Statistik des Deutschen Reichs: Volks-, Berufs- und Betriebszählung vom 16. Juni 1925*, Bd. 402. I: *Berufszählung*, bearb. im Statistischen Reichsamt, Berlin 1927, S. 11.

[14] Die Gliederung nach der Berufszugehörigkeit bei den Volkszählungen wird nach großen Wirtschaftsabteilungen vorgenommen. 1925 und 1933 waren diese: A) Land-und Forstwirtschaft, B) Industrie und Handwerk, C) Handel und Verkehr D) Verwaltung, Heerwesen, Kirche, freie Berufe, E) Gesundheitswesen und hygienische Gewerbe, Wohlfahrtspflege, F) Häusliche Dienste und Erwerbstätigkeit ohne feste Stellung oder ohne Angabe der Betriebszugehörigkeit, G) Ohne Beruf und Berufsangabe.

TABELLE I

Das Problem der Hausangestellten — Die bezirkliche Verteilung

Bezirke	1925*		1933**	
	Personen der Kategorie F	in % der Erwerbs-personen	Hausangestellte	in % der Erwerbs-personen
1. Mitte	12.953	6,7	7.329	4,0
2. Tiergarten	16.975	9,4	10.297	6,0
3. Wedding	6.716	3,1	3.558	1,7
4. Prenzlauer Berg	7.229	3,6	4.434	2,2
5. Friedrichshain	7.740	3,7	4.140	2,1
6. Kreuzberg	13.164	5,6	6.908	3,0
7. Charlottenburg	24.384	11,5	17.898	7,9
8. Spandau	1.792	2,8	2.096	2,5
9. Wilmersdorf	19.201	17,8	15.895	12,2
10. Zehlendorf	5.527	22,1	6.755	17,6
11. Schöneberg	15.774	11,1	10.733	7,3
12. Steglitz	8.865	9,8	8.492	7,2
13. Tempelhof	2.128	5,6	2.706	4,0
14. Neukölln	5.306	3,1	3.497	1,7
15. Treptow	1.608	2,9	1.622	2,2
16. Köpenick	1.754	4,7	1.699	3,2
17. Lichtenberg	3.528	3,0	2.987	2,0
18. Weißensee	1.341	3,9	1.104	2,2
19. Pankow	2.013	3,4	1.934	2,2
20. Reinickendorf	2.148	3,5	2.529	2,6
Berlin insgesamt	160.146	6,5	116.613	4,3

* Angaben nach: *Mitteilungen...*, Nr. 5, Heft 6 (wie Anm. 1), S. 17ff.; zu den Zahlen siehe Text!

** Angaben nach: *Mitteilungen...*, Nr. 18, Heft 10 (wie Anm. 1), S. 6f.

erfaßt, die im Vergleich zu der Zählung von 1933 nicht mehr zu dieser Kategorie gehören. Einen Ausgleich schafft die Betrachtung der *Wirtschaftszweige*, die diesen Einwänden Rechnung trägt. Die Kategorien Nr. 158 und 159 der Volkszählung von 1925 ergeben folgendes Bild:[15]

(Siehe TABELLEN II und III auf der folgenden Seite)

[15] *Mitteilungen...*, Nr. 5, Heft 6 (wie Anm. 1), S. 54. Leider stehen diese Angaben nur für Gesamt-Berlin zur Verfügung.

TABELLE II

Das Problem der Hausangestellten — Der Familienstand

		insgesamt	davon		
			ledig	verheiratet	verwitwet oder geschieden
1925*	männlich	17.072	7.621	8.236	1.215
	weiblich	143.074	114.752	12.085	16.237
1933**	männlich	2.864	1.082	1.615	167
	weiblich	113.749	99.060	6.257	8.432

* Angaben nach: *Mitteilungen...*, Nr. 5, Heft 6 (wie Anm. 1), S. 71; zu den Zahlen siehe Text!

** Angaben nach: *Mitteilungen...*, Nr. 18, Heft 6 (wie Anm. 1), S. 59.

TABELLE III

Die Wirtschaftszweige der Kategorien Nr. 158 und 159 (1925)

Kategorien		männlich	weiblich	zusammen
Gruppe Nr. 159 Häusliche Dienste	Technische Angestellte und Beamte	1.651	2.742	4.393
	Betriebshandwerker	726	3.472	4.198
	Sonstige Hausangestellte	3.011	34.153	37.164
Gruppe Nr. 158	Hausangestellte im Haushalt ihres Arbeitgebers lebend	558	94.079	94.637
	Summe	5.946	134.446	140.392

Diese Angaben, die den direkten Vergleich zu den Zählungen von 1933 erlauben, liegen derart aufgegliedert für die Bezirke nicht vor, daher wurden hier als Vergleichswerte die (zu hohen) Werte der Kategorie „F" wiedergegeben, und es sei nochmals darauf verwiesen, daß die Bezirkswerte von 1925 und 1933 nur bedingt vergleichbar sind.

Zur Verdeutlichung des sozialen Standes der Hausangestellten erscheint es interessant, einen Blick auf den Familienstand und das Geschlecht der Hausangestellten zu werfen. Wie die TABELLE II (siehe oben) zeigt, besteht der überwiegende Teil der Hausangestellten aus ledigen Frauen. Trotz der Problematik der Vergleichbarkeit der Daten darf es als gesichert gelten, daß infolge der wirtschaftlichen Krisen bis 1933 die Berufsgruppe der Hausangestellten stark vom Rückgang betroffen war.[16] Die zweite Kategorie umfaßt die *Angestellten und Beamten*, die

[16] Das gleiche trifft auch auf die Kategorien Industrie und Handwerk zu (Rückgang

unterteilt werden in technische Beamte und Angestellte, Fachpersonal, Werkmeister und Aufsichtspersonal, kaufmännische Angestellte, Verwaltungsbeamte und Büropersonal. Interessanterweise werden dieser Abteilung Beamte und Angestellte in leitender Stellung nicht zugeordnet, diese fallen in die Kategorie *Selbständige.* Die Volkszählung von 1933 erfaßte die Angestellten und Beamten getrennt, so daß sich für die Gesamtzahl von 699 912 Personen dieser Gruppe folgendes Bild ergibt: 136 407 (119 792 männlich, 16 678 weiblich) Personen waren Beamte oder Soldaten, 563 505 (314 209 männlich, 249 296 weiblich) Personen waren Angestellte. Von der Untergruppe der Angestellten waren 1933 151 308 Personen arbeitslos.[17]

Die schon erwähnte Gruppe der *Selbständigen* umfaßt Eigentümer und Miteigentümer, Besitzer, Inhaber, Handwerksmeister, selbständige Erwerbstätige, Unternehmer und Pächter. Darüber hinaus werden auch Administratoren, Direktoren, Geschäftsführer, leitende Beamte und sonstige Betriebsleiter ebenso dazugerechnet, sofern auf sie das Merkmal der wirtschaftlich selbständigen Leitung eines Betriebes zutrifft. Auch die Gruppe der *Hausgewerbetreibenden* und *Heimarbeiter* fallen 1925 noch unter diese Kategorie der Selbständigen, da „sie eine Art Zwischenstellung zwischen Unternehmer und Arbeitnehmer einnehmen".[18] 1933 jedoch werden die Heimarbeiter zu den Arbeitern gezählt.

Eine besondere Kategorie bilden die *mithelfenden Familienangehörigen;* dieses Verfahren wurde im Gegensatz zur Berufszählung von 1907 und früheren Berufszählungen ab 1925 angewandt, um besser der Stellung der *mithelfenden Verwandten* Rechnung tragen zu können.[19] Die letzte Kategorie, die *berufslosen Selbständigen* hatte 1925 in Berlin einen Anteil von 11,3 % und 1933 von 17,0 % an der Anzahl der Erwerbspersonen. Zu dieser Gruppe gehören Personen, *die keine hauptberufliche Erwerbstätigkeit ausüben, sondern von Renten, Pensionen, Unterstützungen oder von eigenem Vermögen leben.*[20] Insassen von Wohlfahrtseinrichtungen (zum Beispiel Armenhäusern), Sträflinge und auch nicht bei ihrer Familie wohnende Auszubildende (Schüler, Studenten) werden dieser Gruppe zugerechnet.

um 7,2 %, bei den Häuslichen Diensten Rückgang um 16,9 %); siehe dazu: *Mitteilungen...*, Nr. 18, Heft 10 (wie Anm. 1), S. 5.

[17] *A.a.O.*, S. 9.

[18] *Statistik des Deutschen Reichs...*, Bd. 402. I (wie Anm. 13), S. 11.

[19] *A.a.O.*, S. 12.

[20] *A.a.O.*, S. 7.

Für 1925 ergibt sich folgende Aufgliederung der *berufslosen Selbständigen:*[21]

TABELLE IV

Die „berufslosen Selbständigen" (1925) — Aufgliederung der Kategorie

Kategorien	männlich	weiblich	zusammen
Von eigenem Vermögen, von Renten und Pensionen lebend	81.062	137.867	218.929
Von Unterstützung Lebende, Insassen von Armenhäusern usw.	4.221	12.665	16.886
Insassen von Irren- und Siechenanstalten	3.469	3.692	7.161
Nicht in der Familie lebende Studierende und Schüler, Zöglinge	13.179	6.382	19.561
in Anstalten	4.700	1.286	5.986
Insassen von Straf- und Besserungsanstalten	1.192	9.030	10.222
Ohne eigentlichen Beruf und ohne Berufsangabe			

Die Erwerbspersonen bilden zusammen mit ihren nicht hauptberuflich tätigen Angehörigen jeweils eine Gruppe von Berufszugehörigen, wie die Zeile 1.2. der TABELLE 1 (TABELLENTEIL, S. 318 ff.) ausweist.[22] Die Summe aller *Berufszugehörigen* der fünf Kategorien bildet die Wohnbevölkerung, auf die die prozentualen Angaben dieser Spalte bezogen sind. Eine andere Möglichkeit, die Erwerbspersonen aufzugliedern, ist die Aufteilung nach *Wirtschaftszweigen* (TABELLE 1, Zeilen 2.1. und 2.2., TABELLENTEIL, S. 318 ff.). Bei diesen Tabellen werden die Angehörigen aller Berufsgruppen außer den *berufslosen Selbständigen,* die ja auch hier eine eigene Gruppe bilden, auf die Bereiche: Landwirtschaft, Gewerbe und den „tertiären Sektor" verteilt. Der tertiäre Sektor wird nochmals unterteilt in die Untergruppe „Handel und Verkehr" und den Dienstleistungsbereich, der auch die häuslichen Dienste miteinschließt.

Die Gruppe der in der *Landwirtschaft* tätigen Personen ist, bedingt natürlich durch die Großstadtverhältnisse, sehr gering und weist im Berliner Durchschnitt nur etwa ein Hundertstel der Erwerbstätigen auf. Zu dieser Kategorie werden die Bereiche Landwirtschaft, Gärtnerei und Tierzucht, die Forstwirtschaft und Fischerei gezählt. Die hier als „Gewerbe" bezeichnete Wirtschaftsgruppe besteht aus den industriellen und handwerklichen Wirtschaftszweigen. In Berlin lagen die Schwer-

[21] *Mitteilungen...*, Nr. 5, Heft 6 (wie Anm. 1), S. 54.

[22] Diese Angehörigen, die zusammen mit den Erwerbstätigen als „Berufszugehörige" bezeichnet werden, sind alle Angehörigen, die nicht oder nur nebenberuflich tätig waren.

punkte von Industrie und Handwerk bei den 17 Untergruppen folgendermaßen verteilt:[23]

TABELLE V

Die in Industrie und Handwerk tätigen Erwerbspersonen, nach den 17 Wirtschaftszweigen gegliedert:

Rangfolge 1925	Wirtschaftszweige	1925	1933	veränderte Rangfolge 1933
1.	Bekleidungsgewerbe	241.798	207.024	(1)
2.	Elektrotechnische Industrie, Feinmechanik, Optik	189.974	159.298	(2)
3.	Maschinen-, Apparate- und Fahrzeugbau	137.779	100.640	(5)
4.	Nahrungs- und Genußmittelgewerbe	102.919	120.286	(4)
5.	Bau- und Baunebengewerbe	102.845	142.531	(3)
6.	Herstellung von Eisen-, Stahl- und Metallwaren	76.411	77.673	(6)
7.	Papier- und Druckindustrie	68.780	70.175	(7)
8.	Holz- und Schnitzstoffgewerbe	62.322	49.700	(8)
9.	Chemische Industrie	33.363	34.073	(9)
10.	Textilindustrie	23.281	20.495	(11)
11.	Eisen- und Metallgewinnung	19.151	9.810	(13)
12.	Wasser-, Gas-, Elektrizitätsgewinnung und -erzeugung	19.076	20.710	(10)
13.	Musikinstrumenten- und Spielwarenindustrie	12.407	7.066	(15)
14.	Industrie der Steine und Erden	11.905	10.330	(12)
15.	Leder- und Linoleumindustrie	10.406	8.050	(14)
16.	Kautschuk- und Asbestindustrie	5.572	5.920	(16)
17.	Bergbau, Salinenwesen und Torfgräberei	622	1.582	(17)

Der wirtschaftlichen Entwicklung entsprechend, hatten einige Wirtschaftsbereiche besonders starke Einbußen zu verzeichnen, die sich in der TABELLE V (siehe oben) als Änderung der Reihenfolge 1933 bemerkbar machen. Die veränderte Reihenfolge ist in runden Klammern hinter den Daten für 1933 angegeben.

Zu der dritten großen Gruppe, dem „tertiären Sektor", gehört die Untergruppe „Handel und Verkehr", die aus den Wirtschaftsbereichen Handelsgewerbe, Versicherungswesen, Verkehrswesen, Gast- und Schankwirtschaftsgewerbe besteht. Die zweite Untergruppe, die „Dienstleistungen", besteht aus den Erwerbstätigen in Verwaltung, Heerwesen, Kirche, in freien Berufen einerseits und denjenigen des Gesundheits- und Wohlfahrtswesens andererseits. Die Gruppe der

[23] Angaben nach: *Mitteilungen...*, Nr. 5, Heft 6 (wie Anm. 1), S. 37—41, und *Mitteilungen...*, Nr. 18, Heft 6 (wie Anm. 1), S. 85f.

häuslichen Dienste und 1925 auch die *Erwerbstätigkeit ohne feste Stellung oder ohne Angabe der Berufszugehörigkeit* werden zu den Dienstleistungen gezählt.

Für die Zahlen der *berufslosen Selbständigen* gelten die schon gemachten Erläuterungen. Wie oben ebenfalls erwähnt, sind die Berufszugehörigen in TABELLE 1 (TABELLENTEIL, S. 318 ff.), Zeile 2.2. als die Erwerbspersonen von Zeile 2.1. zu verstehen, zu denen die Angehörigen ohne Hauptberuf gerechnet werden, so daß sich als Summe die Zahl der Wohnbevölkerung ergibt.

3. Besondere Fragestellungen der Berufsstatistik

In den bisher beschriebenen Tabellen sind ausschließlich die *hauptberuflich* tätigen Personen berücksichtigt worden. Der zur Zeit der Erhebung ausgeübte Beruf wurde gezählt und nicht etwa eine früher einmal erlernte Tätigkeit. Die Arbeitslosen wurden, wie unten noch näher erwähnt wird, unter ihre letzte hauptberufliche Tätigkeit subsumiert. Es stellt sich nun die Frage, wie bei den Volkszählungen die *nebenberuflich Erwerbstätigen* gezählt wurden. Diese Problematik wurde in der Gesamtsozialstatistik und in den Bezirkstabellen nicht erwähnt, da sie für die allgemeine Fragestellung unerheblich ist und die Daten der Zählungen nicht vergleichbar sind. Die Statistik für 1925 erfaßt nicht die nebenberuflich tätigen Personen, sondern die Anzahl der Fälle, in denen eine nebenberufliche Tätigkeit vorlag, unabhängig davon, ob eine bestimmte, nebenberuflich tätige Person auch einen Hauptberuf ausübt oder nicht. Wenn nun diese Person zudem nicht nur einer, sondern mehreren Nebentätigkeiten nachgegangen ist, würden alle diese „Fälle“ gezählt, das heißt die eine Person taucht in der Nebenerwerbsstatistik mehrfach auf.[24] Übt hingegen eine Person den Hauptberuf auch nebenberuflich aus, wird diese nebenberufliche Tätigkeit nicht gezählt, auch wenn die beiden Tätigkeiten nur wesensverwandt sind (zum Beispiel Bäcker/Konditor oder Maler/Tapezierer werden nur als Bäcker oder Maler im Hauptberuf gezählt).[25] Die Statistik der Volkszählung von 1925 weist für Berlin insgesamt 28 890 dieser Fälle aus. Die Volkszählung von 1933 liefert detailliertere Angaben zu diesem Problem. Es wird die Anzahl der *nebenberuflich tätigen Personen* angege-

[24] *Mitteilungen...*, Nr. 5, Heft 6 (wie Anm. 1), S. 7.

[25] *Ebda.*

ben, wobei der Anteil der *berufslosen Selbständigen* mit 12 395 Personen von insgesamt 63 053 Personen sehr hoch ist.[26]

Ebenso wie 1925 ist 1933 die Anzahl der *Arbeitslosen* getrennt ausgezählt worden. Allerdings war deren Anzahl 1925 so gering, daß sie vernachlässigt wurde. Bei beiden Zählungen wurden die Arbeitslosen ihrer letzten (hauptberuflichen) Tätigkeit zugerechnet. Die Zählung von 1933 berücksichtigte die durch die wirtschaftliche Entwicklung bedeutsam gewordene Zahl der Erwerbslosen, indem entsprechende detaillierte Tabellen separat veröffentlicht wurden. Die Verhältniszahl, die in der Gesamtsozialstatistik und in den Bezirkstabellen angegeben ist, bezieht sich auf die Anzahl der tatsächlich Erwerbstätigen (das heißt Erwerbstätige minus berufslose Selbständige). Die Summe von 675 096 arbeitslosen Personen kann folgendermaßen weiter unterteilt werden:[27]

TABELLE VI

Arbeitslose 1933 nach Wirtschaftsabteilungen und sozialer Stellung

Wirtschafts-abteilungen	Selb-ständige[a]	Angestellte[b]	Arbeiter[c]	Hausange-stellte	Summe
Land- und Forstwirtschaft	15	883	11.902	—	12.800
Industrie und Handwerk	82	50.284	387.629	—	437.995
Handel und Verkehr	52	70.450	81.774	—	152.276
Öffentlicher Dienst und private Dienstleistungen	53	28.714	21.311	—	50.078
Häusliche Dienste	—	977	1.617	19.353	21.947
Summe	202	151.308	504.233	19.353	675.096

[a] Einschließlich Beamte und Angestellte in leitender Stellung.

[b] Ohne die in leitender Stellung.

[c] Einschließlich Heimarbeiter.

[26] Angaben nach: *Mitteilungen*..., Nr. 18, Heft 10 (wie Anm. 1), S. 16ff. Vermutlich ist die Zahl der nebenerwerbstätigen Personen höher als in der Statistik angegeben.

[27] Angaben nach: *Mitteilungen*..., Nr. 18, Heft 10 (wie Anm. 1), S. 9; die „mithelfenden Familienangehörigen" und die „Beamten" weisen keine Arbeitslosen auf, daher werden sie in der Tabelle auch nicht berücksichtigt.

Die Arbeitslosigkeit war 1933 zahlenmäßig besonders stark in folgenden Wirtschaftsgruppen:[28]

Tabelle VII

Schwerpunkte der Arbeitslosigkeit (1933)

Wirtschaftszweige	Arbeitslose	in % der Erwerbspersonen der Gruppe
1. Handelsgewerbe und Hilfsgewerbe des Handels	96.211	23,0
2. Baugewerbe und Baunebengewerbe	79.634	55,9
3. Bekleidungsgewerbe	74.986	36,2
4. Elektrotechnische Industrie	58.469	40,3
5. Maschinen-, Kessel-, Apparate- und Fahrzeugbau	51.230	50,9
6. Eisen-, Stahl- und Metallwarenherstellung	39.403	50,7
7. Nahrungs- und Genußmittelgewerbe	32.167	26,7
8. Holz- und Schnitzstoffgewerbe	27.363	55,1

Der soziale Aufbau der Berliner Gesamtbevölkerung unterscheidet sich in einigen Punkten vom Reichsdurchschnitt. Der Anteil der Selbständigen und der der mithelfenden Familienangehörigen ist in Berlin erheblich niedriger als im Reichsdurchschnitt, dagegen ist vergleichsweise der Anteil der Angestellten um knapp 10 % höher.[29]

Tabelle VIII

Vergleich der sozialen Schichtung Berlin/Reich

Soziale Schichten	Gesamtbevölkerung	
	in Berlin	im Reich
Selbständige	11,4	17,6
Mithelfende Familienangehörige	1,3	8,4
Beamte und Soldaten	7,1	5,7
Angestellte (ohne Hausangestellte)	19,8	9,9
Arbeiter	42,8	43,0
Hausangestellte	2,7	1,9
Berufslose Selbständige	14,9	13,5

[28] Angaben nach: *Mitteilungen...*, Nr. 18, Heft 6 (wie Anm. 1), S. 85 f. Die Auflistung der acht bedeutsamen Wirtschaftsgruppen mit den zahlenmäßig meisten Arbeitslosen weist 459 463 Personen nach. Dies sind rund 68 % der Erwerbslosen in Berlin im Jahre 1933.

[29] *Mitteilungen...*, Nr. 18, Heft 10 (wie Anm. 1), S. 8. Die Begründung dafür liegt in der starken Kapital- und Betriebskonzentration in Berlin.

Zur weiteren Verdeutlichung, wie die einzelnen Wirtschaftsabteilungen mit der sozialen Stellung der Erwerbstätigen zusammenhängen, soll die folgende TABELLE IX dienen:[30]

(Siehe TABELLE IX auf der folgenden Seite)

B. Die Wahlstatistik

Die vorliegende Untersuchung stellt den Versuch dar, im Berliner Ausschnitt die Wahlentscheidungen, die von 1919 bis 1933 getroffen wurden, vergleichend aneinanderzureihen. Als kleinste lokale Einheit boten sich dafür die Stadt- beziehungsweise Verwaltungsbezirke Berlins an. Um die Möglichkeit zu schaffen, im Hinblick auf die Sozialstruktur eines Bezirks die Ergebnisse zu analysieren, wurde der „Wahlstatistik" eine „Sozialstatistik" gegenübergestellt. Leider ließ sich aus verschiedenen Gründen dieser Ansatz für die ganze Weimarer Zeit nicht einheitlich durchführen, so daß aus der bezirklichen Sozial- und Wahlstatistik die Zeit von 1919 bis 1920/21 herausfällt. Die Entstehung Groß-Berlins, verbunden mit der Umstellung der Kommunalkörperschaften, macht eine einheitliche Statistik erst ab 1921 möglich.

Eine andere Ausnahme stellen die Reichspräsidentenwahlen 1925 und 1932 und die Volksbegehren und Volksentscheide dar, deren Ergebnisse in einem eigenen Abschnitt dargestellt werden. Die Reichspräsidentenwahlen als personenbezogene Wahlen ermöglichen nur bedingt den Vergleich mit der Parteienstatistik, darüber hinaus wurden aus Gründen der Übersichtlichkeit die Ergebnisse dieser Wahlen separiert (TABELLEN 11 bis 14, TABELLENTEIL, Seiten 336—339). Das nach 1918/19 neu geschaffene Instrument des Volksbegehrens ist in Berlin in vier Fällen zur Anwendung gekommen, und dreimal sind Volksentscheide durchgeführt worden („Enteignung der Fürstenvermögen" 1926, „Freiheitsgesetz" 1929, „Landtagsauflösung" 1931) (TABELLEN 15 bis 18, TABELLENTEIL, Seiten 340—343).[31]

[30] *A.a.O.*, S. 9.

[31] Die entsprechende Fachliteratur zu diesem Thema verweist vielfach auf das umstrittene Instrument des Referendums, das sich in der Verfassungspraxis nicht bewährt hat. Stellvertretend seien genannt: Alfred Milatz, *Wähler und Wahlen in der Weimarer Republik*, 2. Aufl. (= Schriftenreihe der Bundeszentrale für politische Bildung, H. 66), Bonn 1968, S. 58; Willibald Apelt, *Geschichte der Weimarer Verfassung*, 2. Aufl., Mün-

TABELLE IX

*Die soziale Stellung der Erwerbstätigen in den Wirtschaftsabteilungen**

Wirtschaftsabteilungen	Von je 100 Erwerbspersonen[a] bzw. Berufszugehörigen[b] jeder Wirtschaftsabteilung waren										
	Eigentümer und Pächter	Angestellte (in leitender Stellung)	Beamte (in leitender Stellung)	Selbständige zusammen	Mithelfende Familien-angehörige	Beamte und Soldaten (ohne die in leitender Stellung)	Fach- und techn. Angestellte usw. (ohne die in leitender Stellung)	Kaufmänn. und Büro-angestellte (ohne die in leitender Stellung)	Angestellte zusammen	Arbeiter (einschl.) Heim-arbeiter	Haus-angestellte
						Erwerbspersonen[a]					
Land- und Forstwirtschaft	9,9	0,1	0,0	10,0	8,6	0,8	3,8	2,1	5,9	74,7	—
Industrie und Handwerk	8,1	0,2	0,0	8,3	1,5	0,2	5,3	11,6	16,9	73,1	—
Handel und Verkehr	18,2	0,3	0,1	18,6	4,7	7,4	3,9	33,0	36,9	32,4	—
Öffentlicher Dienst und private Dienstleistungen	12,1	0,4	0,7	13,2	0,8	23,6	16,9	16,1	33,0	29,4	—
Häusliche Dienste	—	—	—	—	—	—	2,3	0,1	2,4	4,1	93,5
Zusammen	11,6	0,2	0,1	11,9	2,4	6,0	6,4	18,5	24,9	50,0	4,8
						Berufszugehörige[b]					
Land- und Forstwirtschaft	10,0	0,2	0,1	10,3	5,1	1,1	3,6	2,0	5,6	77,9	—
Industrie und Handwerk	9,6	0,3	0,0	9,9	1,0	0,3	6,3	10,7	17,0	71,8	—
Handel und Verkehr	18,9	0,4	0,1	19,4	3,0	10,4	4,1	28,5	32,6	34,6	—
Öffentlicher Dienst und private Dienstleistungen	12,7	0,5	1,2	14,4	0,5	30,3	14,1	14,5	28,6	26,2	—
Häusliche Dienste	—	—	—	—	—	—	2,3	0,2	2,5	5,4	92,1
Zusammen	12,8	0,1	0,2	13,4	1,6	8,4	6,6	16,6	23,2	50,3	3,1

[a] Hauptberufliche Erwerbstätige und Erwerbslose.

[b] Erwerbspersonen und Angehörige ohne Hauptberuf.

* Entnommen aus: *Mitteilungen des Statistischen Amts der Stadt Berlin*, Nr. 18: *Die Volks-, Berufs- und Betriebszählung in Berlin im Jahre 1933*, Heft 10, S. 9.

Darüber hinaus sollen weitere Tabellen und Übersichten einige Aspekte der Wahlstatistik detaillierter darstellen helfen.

Die wichtigste Grundlage für die Berechnung der Wahlergebnisse waren die Jahr- und Taschenbücher des Statistischen Amts der Stadt Berlin, die die absoluten Stimmenzahlen der jeweiligen Endergebnisse enthalten. Insgesamt mußten bei dieser Untersuchung 37 Wahlen und Abstimmungen berücksichtigt werden. Die folgende Übersicht faßt alle Wahlen und Abstimmungen in Berlin von 1919 bis 1933 zusammen:

(Siehe Tabelle X auf der folgenden Seite)

Mit der Revolution 1918/19 fielen wichtige Entscheidungen, die auch in bezug auf das Wahlrecht grundlegend waren. Bereits am 12. November 1918 wurde vom Rat der Volksbeauftragten ein Aufruf an das deutsche Volk verfaßt, in dem verschiedene, von nun an gewährte Freiheiten garantiert wurden.[32] Die Versammlungs- und Vereinsfreiheit wurde gewährleistet, die Zensur entfiel, damit verbunden waren die Presse- und Meinungsfreiheit. Neben freier Religionsausübung wurde eine Amnestie für alle politischen Straftaten erlassen. Besonders wichtig ist hier der letzte Abschnitt des Aufrufs, in dem es hieß: „Alle Wahlen zu öffentlichen Körperschaften sind fortan nach dem gleichen, geheimen, direkten, allgemeinen Wahlrecht auf Grund des proportionalen Wahlsystems für alle mindestens 20 Jahre alten männlichen und weiblichen Personen zu vollziehen. Auch für die konstituierende Versammlung, über die nähere Bestimmung noch erfolgen wird, gilt dieses Wahlrecht."

Eine Verordnung des Rates der Volksbeauftragten vom 30. November 1918 bekundete den Willen, rasch eine verfassunggebende Nationalversammlung einzuberufen. Nun wurde auf die Wahlen zu einer Konstituante das angewendet, was zuerst in dem Regierungsaufruf vom 12. November anklang: Das allgemeine, demokratische Wahlrecht auf der Grundlage des Proporzes wurde Gesetz. Erweitert wurde die

chen-Berlin 1964, S. 248—251; Ernst-Rudolf Huber, *Deutsche Verfassungsgeschichte seit 1789*, Bd. 6: *Die Weimarer Reichsverfassung*, Stuttgart usw. 1981, S. 434; neuerdings auch: Horst Möller, *Parlamentarismus in Preußen 1919—1932* (= Handbuch der Geschichte des Parlamentarismus), Düsseldorf 1982, S. 140 ff. und S. 315—323.

[32] Ernst Rudolf Huber (Hrsg.), *Dokumente zur deutschen Verfassungsgeschichte*, Bd. 3: *Dokumente der Novemberrevolution und der Weimarer Republik 1918—1933*, Stuttgart 1966, S. 6 f.

TABELLE X

Wahlen und Abstimmungen in Berlin 1919 bis 1933 — Übersicht

a) Wahlen in Alt-Berlin 1919—1920

Nationalversammlung	19. Januar 1919
Preußische Landesversammlung	26. Januar 1919
Stadt	23. Februar 1919
Reichstag	6. Juni 1920

b) Wahlen nach dem 27. April 1920 (Groß-Berlin-Gesetz)

Stadt Bezirk	20. Juni 1920
Landtag	20. Februar 1921
Stadt Bezirk	16. Oktober 1921
Reichstag	4. Mai 1924
Reichstag Landtag	7. Dezember 1924
Reichspräsidentenwahl, 1. Wahlgang 2. Wahlgang	29. März 1925 26. April 1925
Stadt Bezirk	25. Oktober 1925
Volksbegehren „Fürstenvermögen“	4.—17. März 1926
Volksentscheid „Fürstenvermögen“	20. Juni 1926
Reichstag Landtag	20. Mai 1928
Volksbegehren „Panzerkreuzer“	3.—16. Oktober 1928
Volksbegehren „Freiheitsgesetz“	16.—29. Oktober 1929
Stadt Bezirk	17. November 1929
Volksentscheid „Freiheitsgesetz“	22. Dezember 1929
Reichstag	14. September 1930
Volksbegehren „Landtagsauflösung“	8.—21. April 1931
Volksentscheid „Landtagsauflösung“	9. August 1931
Reichspräsidentenwahl, 1. Wahlgang 2. Wahlgang	13. März 1932 10. April 1932
Landtag	24. April 1932
Reichstag	31. Juli 1932
Reichstag	6. November 1932
Reichstag Landtag	5. März 1933
Stadt Bezirk	12. März 1933

Zahl der Wahlberechtigten erheblich durch die Frauen, die jetzt erstmalig am politischen Entscheidungsprozeß teilnehmen konnten. Die Entscheidung, daß nunmehr auch Personen vom vollendeten 20. Lebensjahr mitwählen konnten, erschloß einen weiten Jungwählerkreis.

Die erste von den neu zu bildenden politischen Körperschaften war die Nationalversammlung, deren Wahltermin auf Sonntag, den 19. Januar 1919 festgesetzt wurde. Bereits eine Woche später fanden die Wahlen zur Preußischen Landesversammlung statt. Bei beiden Wahlen bildete die Stadt (Alt-)Berlin den Wahlkreis 3,[33] die Ergebnisse werden hier bezogen auf die Stadtteile der Stadt Berlin wiedergegeben (TABELLEN 5 und 6, TABELLENTEIL, S. 326 f.). Die Wahl zur Stadtverordnetenversammlung am 23. Februar 1919[34] und die Reichstagswahl am 6. Juni 1926 beziehen sich auf dasselbe Stadtgebiet (TABELLEN 7 und 8, TABELLENTEIL, S. 328 f.). Auf der Grundlage des Groß-Berlin-Gesetzes vom 27. April 1920 fanden die ersten Wahlen zur Stadtverordnetenversammlung und zu den Bezirksversammlungen am 20. Juni 1920 statt.[35] In der TABELLE 9 (TABELLENTEIL, S. 330) sind jeweils die Ergebnisse der Bezirke 1 bis 6 von Groß-Berlin, die den Bereich „Alt-Berlin" umfassen, dargestellt. Aufgrund eines Einspruchs gegen die Gültigkeit dieser Wahl dem durch Entscheidung des Oberverwaltungsgerichts vom 16. Juni 1921 stattgegeben wurde, fanden am 16. Oktober 1921 Neuwahlen statt.[36]

[33] Zu den beiden Wahlen: *Die Wahlen zur verfassunggebenden Deutschen Nationalversammlung am 19. Januar 1919*, bearb. im Statistischen Reichsamt (= *Vierteljahrshefte zur Statistik des Deutschen Reichs*, 28. Jg. [1919], Erstes Ergänzungsheft), Berlin 1919; und: *Die Wahlen zur verfassunggebenden preußischen Landesversammlung vom 26. Januar 1919*, bearb. von Dr. Warnack, in: *Zeitschrift des Preußischen Statistischen Landesamts*, 59 (1919), S. 295—322. Zur Änderung des Wahlrechts in Preußen vgl. besonders S. 295—297. Zur Wahl zur Preußischen Landesversammlung siehe: H. Möller, *Parlamentarismus in Preußen...* (wie Anm. 31), S. 35 f.

[34] Zur gleichen Zeit fanden auch Stadtverordnetenwahlen in den umliegenden Städten statt. Siehe dazu z. B.: *Bericht über die Verwaltung und Stand der Gemeinde-Angelegenheiten der Stadt Berlin-Wilmersdorf*, 1919, S. 4. Eine Aufarbeitung der politischen Geschichte der Groß-Berliner Demokratie erfolgt durch die ‚Arbeitsgruppe Berliner Demokratie' an der FU Berlin.

[35] Zu den Ereignissen dieser Wahlen siehe: *Erster Verwaltungsbericht der Stadtgemeinde Berlin für die Zeit vom 1. Oktober 1920 bis 31. März 1924*, bearb. im Statistischen Amt der Stadt Berlin, Berlin o. J., S. 51 f. und S. 140; zum Ergebnis siehe: *Bekanntmachung betreffend das Gesamtergebnis der Stadtverordnetenwahlen* (= Sonder-Beilage zum *Gemeinde-Blatt* Nr. 27 des 61. Jg. [1920]).

[36] Zur politischen Bedeutung dieser Wahlen siehe den Beitrag von Otto Büsch, *Entstehung und Leistung der ersten Berliner Demokratie: Das neue Groß-Berlin als Hauptstadt der Weimarer Republik* (im vorliegenden Band, S. 1—106).

Diese beiden Kommunalwahlen sind in ihrem *Gesamtergebnis* mit den anderen Alt-Berliner Wahlen vergleichbar und wurden somit in die TABELLE 3 „Alt-Berlin: Wahlen 1919—1921" (TABELLENTEIL, S. 322) aufgenommen.[37] Nach dieser Übergangszeit berechnete und veröffentlichte das Statistische Amt der Stadt Berlin die Wahlergebnisse aller Wahlen und Abstimmungen bis 1933 nach den 20 Verwaltungsbezirken (Groß-)Berlins aufgeschlüsselt. Diese Ergebnisse gestatten den direkten Vergleich des Wahlausgangs — was sonst nur eingeschränkt möglich gewesen wäre —, da bei allen Wahlen auf Reichs- und Landesebene nicht der Bildung der neuen Stadtgemeinde Rechnung getragen wurde: Groß-Berlin gehörte insgesamt drei Wahlkreisen an (Berlin, Potsdam I und Potsdam II). In Berlin selbst bestanden für die Wahlen auf Stadt- und Bezirksebene 15 Wahlkreise:[38]

TABELLE XI

Die Wahlkreise Berlins nach dem Groß-Berlin-Gesetz von 1920

Wahlkreis	Zugehörige Bezirke	Einwohner 1919
I	Mitte	292.761
II	Tiergarten	273.502
III	Wedding	337.193
IV	Prenzlauer Berg	311.631
V	Friedrichshain	326.067
VI	Hallesches Tor	366.317
VII	Charlottenburg	324.981
VIII	Spandau	104.223
IX	Wilmersdorf	158.005
X	Zehlendorf, Steglitz, Tempelhof	239.651
XI	Schöneberg	222.071
XII	Neukölln	279.732
XIII	Treptow, Köpenick	145.947
XIV	Lichtenberg	182.870
XV	Weißensee, Pankow, Reinickendorf	241.582
	Zusammen	3.806.533

[37] Für die Juni-Wahl 1920 liegen nur die Ergebnisse der Bezirke 1—6 sowie das Gesamtergebnis der Stadtverordnetenwahl vor; die Ergebnisse der Wiederholungswahl vom 16. 10. 1921 wurden in TABELLE 3 (TABELLENTEIL, S. 322): „Alt-Berlin: Wahlen 1919—1921" aufgenommen. Die Gesamtergebnisse für die neue Stadtgemeinde Groß-Berlin dieser beiden Kommunalwahlen werden darüber hinaus in TABELLE 4 (TABELLENTEIL, S. 323 ff.): „Reichstags-, Landtags-, Stadt- und Bezirksverordnetenwahlen 1920—1933 in Berlin (Gesamtergebnisse)" aufgeführt.

[38] Anlage 1 zum Groß-Berlin-Gesetz von 1920 wieder abgedruckt in: *Quellen zum*

Entsprechend einer ausgewogenen Interessenvertretung auf Grundlage der Bezirkseinteilung und unter Berücksichtigung eines Ausgleichs der unterschiedlichen Einwohnerzahlen der Bezirke war eine Zusammenlegung von insgesamt acht Bezirken zu drei Wahlkreisen erforderlich (Vgl. TABELLE). Die zu wählenden Stadtverordneten eines Wahlkreises waren gleichzeitig Mitglieder der Bezirksversammlungen, denen darüber hinaus Bezirksverordnete angehörten. Die Stadtverordneten eines Wahlkreises wurden, wenn Bezirk und Wahlkreis nicht identisch waren, den Bezirksversammlungen nach Maßgabe des § 15 des Groß-Berlin-Gesetzes zugeteilt.

Da in der Literatur die Mandatsverteilungen ausführlich dargestellt wurden, soll an dieser Stelle auf ihre Wiedergabe verzichtet werden.[39] Der Schwerpunkt dieser Untersuchung liegt unter anderem auf dem Vergleich der Wahlergebnisse in Berlin. Deshalb muß nochmals betont werden, daß aufgrund der Nichtübereinstimmung der Wahlkreiseinteilung bei Landes- und Reichswahlen mit dem Gebiet von Groß-Berlin ein Vergleich der Mandatszahlen ohnehin nur bei Stadt- und Bezirkswahlen möglich wäre.

TABELLE 4 (TABELLENTEIL, S. 323 ff.) stellt die Berliner Gesamtergebnisse bei Reichstags-, Landtags-, Stadt- und Bezirksverordnetenwahlen 1920 bis 1933 dar. Bis auf das Ergebnis der Stadtverordnetenwahl vom 20. Juni 1920, das nur als Gesamtergebnis vorliegt, entspricht diese Tabelle in ihrer Aufteilung den Tabellen für die jeweiligen Bezirke. Es ist somit möglich, die textlichen Erläuterungen sowohl auf die Gesamttabelle als auch auf die jeweiligen Bezirkstabellen zu beziehen. Zu unterscheiden sind die zwei Blöcke, von denen der erste die Zahl der Wahlberechtig-

modernen Gemeindeverfassungsrecht in Deutschland, bearb. von Christian Engeli und Wolfgang Haus (= Schriften des deutschen Instituts für Urbanistik, Bd. 45), Stuttgart usw. S. 582—605. Die Angaben über die Einwohnerzahlen der Bezirke differieren in den einzelnen Veröffentlichungen. Die hier wiedergegebenen Daten entsprechen den Angaben der Anlage des Groß-Berlin-Gesetzes. Die entsprechenden Zahlen der bezirklichen Sozialstatistiken beruhen auf den Angaben des *Statistischen Taschenbuchs,* die denjenigen in *Wirtschaft und Statistik,* 1 (1921), H. 10, S. 495, entsprechen. Bei einem Vergleich fällt auf, daß die größten Abweichungen die Bezirke Schöneberg (3145 Personen mehr als im *Statistischen Taschenbuch* angegeben) und Lichtenberg (836 Personen weniger) betreffen. Die Summe im Groß-Berlin-Gesetz übertrifft mit 2485 Einwohnern die Angaben des *Statistischen Taschenbuchs.*

[39] Christian Engeli, *Gustav Böß. Oberbürgermeister von Berlin 1921—1930* (zuerst: Phil. Diss., FU Berlin 1969) (= Schriftenreihe des Vereins für Kommunalwissenschaften e. V. Berlin, Bd. 31), Stuttgart usw. 1971.

ten, die gültigen Stimmen und die Wahlbeteiligung enthält, der zweite hingegen den prozentualen Ergebnissen der einzelnen Parteien gewidmet ist.

1. Wahlberechtigung und Wahlbeteiligung

Die Zahlenangaben der Wahlberechtigten und der Wahlbeteiligung sind nicht ganz unproblematisch, und die Berechnung beziehungsweise die Angaben bedürfen einer näheren Erläuterung. Seit 1919 war die Ausstellung von *Wahlscheinen* üblich, „die die Wahlausübung an einem anderen Orte als dem Wohnsitz ermöglichen" sollte.[40] Diese Regelung erschwert die Feststellung der Wahlberechtigten und der Wahlbeteiligung, da es mehrere Möglichkeiten gibt, diese Wahlscheine zu berücksichtigen. Zunächst einmal ist zwischen *ausgestellten* und *abgegebenen* Wahlscheinen zu unterscheiden, wobei die abgegebenen Wahlscheine natürlich sowohl von Berlinern als auch von Auswärtigen abgegeben worden sein konnten. Seit der Reichstagswahl vom 31. Juli 1932 berechnete das Statistische Amt der Stadt Berlin die Zahl der Wahlbeteiligung folgendermaßen:

$$\text{Wahlbeteiligung in \%} = \frac{\text{Stimmberechtigte lt. Liste} - \text{ausgestellte Stimmscheine} + \text{abgegebene Stimmen}}{\text{Gültige} + \text{ungültige Stimmen x 100}}$$

Da, wie die unten stehende Stimmschein-Tabelle (TABELLE XII) zeigt, bei der Reichstagswahl im Juli 1932 die Anzahl der ausgestellten Stimmscheine wesentlich höher war, als die der abgegebenen, ist die oben angegebene Verrechnungsmethode bedeutsam. Weil die Anzahl der ausgestellten Stimmscheine von der Zahl der Stimmberechtigten abgezogen und die Anzahl der abgegebenen Stimmscheine hinzugezählt wird, ergibt sich bei dem Mißverhältnis beider Werte eine „Entlastung" der Wahlberechtigten, die sich in einer Kräftigung der Zahl der Wahlbeteiligung bemerkbar macht. Dieses Verrechnungsverfahren ist anscheinend vor der Juli-Wahl 1932 nicht angewendet worden. Es ist anzunehmen, daß bei allen vorherigen Wahlen die Wahlbeteiligungsziffern nach einer „einfachen Methode" berechnet wurden,[41] die lediglich

[40] Zu diesem Zusammenhang: Eugen Würzburger, *Wahlstatistisches (Stimmscheine — Wahlbeteiligung — Wahlpflicht)*, in: *Deutsches Statistisches Zentralblatt*, 24. Jg. (1932), H. 8, Sp. 225—230.

[41] *Ebda.;* die hier angeführten Prozentzahlen der Wahlbeteiligung sind Berechnungen

die Zahl der Wahlberechtigten und die Zahl der abgegebenen Stimmen berücksichtigte. Wie sich die Zahl der Wahlberechtigten zusammensetzte, ist jedoch nicht eindeutig festzustellen, da die entsprechenden Angaben nicht vorliegen.[42]

TABELLE XII

*Stimmscheine bei den Wahlen 1930—1933**

Wahlen		Stimmscheine	
		abgegebene	ausgestellte
Reichstag	14. 9. 1930	50.195	107.345
Landtag	24. 4. 1932	59.795	91.040
Reichstag	31. 7. 1932	110.264	303.999
Reichstag	6. 11. 1932	63.115	77.506
Reichstag	5. 3. 1933	80.031	97.452
Landtag	5. 3. 1933	75.959	97.271
Stadt/Bezirk	12. 3. 1933	256	—

* Angaben nach: *Statistisches Jahrbuch der Stadt Berlin*, hrsg. vom Statistischen Amt Berlin, 9. Jg. (1933), Berlin 1933.

Das Problem der Stimmscheine stellt sich vornehmlich bei den Reichstags- und Landtagswahlen, bei den Kommunalwahlen dagegen ist es nahezu bedeutungslos.

2. *Die Parteien*

Der erste Abschnitt dieser Spalten ist den zehn bedeutendsten Parteien der Weimarer Zeit in Berlin gewidmet. Bei der Zusammenstellung der Tabelle wurden nur solche Parteien berücksichtigt, die über eine längere Zeit größere Stimmenanteile für sich verbuchen konnten.[43] Problematisch sind in diesem Zusammenhang die Splitterparteien, die

des Statistischen Amts und so in den Tabellen der Statistischen Jahrbücher veröffentlicht worden.

[42] Der in jeder Tabelle angegebene Hinweis, die Wahlberechtigten verstehen sich „einschließlich der Wahlscheininhaber“, ermöglicht noch keinen Rückschluß auf die Verrechnungsart ausgestellter und abgegebener Stimmscheine.

[43] Zur Symbolik: Die Angabe „0,0 %“ bedeutet, daß eine Partei zwar kandidiert hat, jedoch nur unwesentliche Stimmenanteile für sich verbuchen konnte. Das Symbol „—“ bedeutet, daß keine Kandidatur stattgefunden hat.

einer größeren politischen Richtung zugeordnet werden könnten. In der Regel wurden aber nur die eigentlichen Großparteien berücksichtigt, also zum Beispiel die NSDAP, wobei ihr „Umfeld" oder ihre Vorgänger zu den „sonstigen" Parteien gerechnet werden.[44]

Die Spalte „sonstige" Parteien ist ein Sammelbecken für alle diejenigen Kandidaturen, die in den zehn anderen Spalten nicht berücksichtigt werden; in der Mehrzahl handelt es sich dabei um Splitterparteien. Umbenennungen und andere wichtige Angaben wurden, sofern sie für diese Tabelle eine Relevanz besitzen, ebenso in den umfangreichen Anmerkungsapparat aufgenommen wie die Aufgliederung der „sonstigen" Parteien.[45]

Im Gegensatz zu den Prozentangaben der Parteienspalten werden die Anteile der sonstigen Parteien, die nur in ihrer Summe prozentual angegeben werden, in absoluten Stimmenzahlen notiert.

Die Berechnung der Anteile der Parteien bezieht sich auf die jeweilige Anzahl gültiger Stimmen, wobei die Einzelwerte gerundet wurden.[46]

Ein Aspekt der Entwicklung und des Endes der Weimarer Demokratie ist der Aufstieg der Nationalsozialisten. Aus diesem Grunde ist es interessant, die Entwicklung der Wahlergebnisse dieser Partei in den Jahren 1928 bis 1933 gesondert zu betrachten. TABELLE 22 (TABELLENTEIL, S. 355) faßt die Wahlergebnisse der NSDAP in diesem Zeitraum zusammen und ermöglicht einen vergleichenden Überblick über die Berliner Bezirke.

Bei einigen Wahlen wurden stichprobenartig die Entscheidungen von Frauen und Männern getrennt ausgezählt. Bei den Reichstagswahlen 1928 und 1930 sowie bei den Stadtverordnetenwahlen von 1929 liegen die Ergebnisse, nach dem Geschlecht der Wähler getrennt, für Gesamt-Berlin vor. Mit diesen Angaben ist es möglich, detailliertere Erkenntnisse über die jeweilige Wahlentscheidung zu erhalten. Die TABELLE 19 (TABELLENTEIL, S. 347) stellt die *Wahlbeteiligung* von Männern und Frauen bei den genannten Wahlen dar; die Einzelwerte sind

[44] Eine Ausnahme macht die „Nationalsozialistische Freiheitsbewegung", deren Kandidatur am 7. 12. 1927 zum Reichstag und Landtag in der Spalte „NSDAP" aufgenommen wurde. Sinnvoll erschien es zum Beispiel auch, die „Deutsche Staatspartei" in der Spalte der „DDP" weiterzuführen.

[45] Es wurde weitgehend darauf verzichtet, allgemeine Daten der Parteiengeschichte (Gründung, Auflösung, Fusion etc.) hier anzumerken. Entsprechende Daten sind ggf. aus der reichhaltigen Spezialliteratur zu entnehmen.

[46] Dabei können sich in der Summe leichte Abweichungen bemerkbar machen, in der Regel $< \pm 0{,}2\,\%$.

auf die Anzahl der männlichen beziehungsweise weiblichen Wahlberechtigten eines Bezirks bezogen worden. Die Gesamt-Wahlbeteiligung in Prozent für die Bezirke und die Stadt insgesamt bei der Reichstagswahl von 1928 wurde der Reichsstatistik entnommen, diese Werte differieren leicht zu den Angaben der Bezirks-Tabellen, die auf den Angaben des *Statistischen Jahrbuchs der Stadt Berlin* beruhen. Die Wahlentscheidungen von Männern und Frauen bei den drei Wahlen läßt sich auf verschiedene Weise darstellen. Die TABELLEN 20a—c (TABELLENTEIL, S. 348—353) stellen die Wahlergebnisse der einzelnen Parteien in den zwanzig Bezirken dar. Die erste Zeile gibt den Gesamtanteil der jeweiligen Partei in dem jeweiligen Bezirk wieder, die zweite und dritte Zeile beziehen sich auf die männlichen und weiblichen Wähler. Bei dieser Darstellung wurde die Anzahl der für eine Partei in einem Bezirk abgegebenen Stimmen als Bezugspunkt gewählt. Die Angaben beziehen sich auf die Anteile der männlichen beziehungsweise weiblichen Wähler an dieser Zahl:

$$\text{Angabe in \%} = \frac{\text{abgegebene Stimmen für eine Partei in einem Bezirk}}{\text{Anzahl der männlichen/weiblichen Stimmen} \times 100}$$

Zu beachten ist, daß die Summe der Wahlberechtigten sich nicht aus gleichen Anteilen männlicher und weiblicher Wahlberechtigten zusammensetzt, sondern ein Frauenüberhang bestand. Dieser Tatsache trägt TABELLE 21 (TABELLENTEIL, S. 354) Rechnung, in der aufgegliedert ist, wieviel Prozent der männlichen beziehungsweise weiblichen Wähler sich für eine Partei entschieden haben:

$$\text{Angabe in \%} = \frac{\text{Gültige Stimmen aller Männer bzw. Frauen}}{\text{Anzahl der männlichen bzw. weiblichen Stimmen für eine Partei} \times 100}$$

Diese Tabelle berücksichtigt nur das Berliner Gesamtergebnis.

TABELLENTEIL

I. Übersichtstabellen

Tabelle 1

Sozialstatistik von Groß-Berlin 1919, 1925 und 1933[1]

BEVÖLKERUNG

Volkszählung	insgesamt	männlich	weiblich
1919[2]	3.804.048	1.722.167	2.081.881
1925[3]	4.024.165	1.848.859	2.175.306
1933[4]	4.242.501	1.956.015	2.286.486

RELIGIONSZUGEHÖRIGKEIT (in %)

Jahr	evangelisch	katholisch	andere Christen	jüdisch	sonstige
1925[5]	76,6	10,0	0,3	4,3	8,8
1933[6]	71,1	10,4	0,1	3,8	14,6

ERWERBSPERSONEN (einschließlich der Arbeitslosen)

1.1. nach Berufsgruppen

Jahr	Erwerbspersonen		Arbeiter und Hausangestellte		Angestellte und Beamte		Selbständige		Mithelfende Familienangehörige		Berufslose Selbständige	
	absolut	in % der Wohnbevölkerung	absolut	in % der Erwerbspersonen	absolut	in % der Erwerbspersonen	absolut	in % der Erwerbspersonen	absolut	in % der Erwerbspersonen	absolut	in % der Erwerbspersonen
1925[7]	2.462.629	61,2	1.134.655	46,1	665.143	27,0	336.297	13,7	47.852	1,9	278.745	11,3
1933[8]	2.730.769	64,4	1.241.870	45,5	699.912	25,6	269.915	9,9	55.124	2,0	463.948	17,0

1.2. Berufszugehörige

Jahr	Wohnbevölkerung	Arbeiter und Hausangestellte		Angestellte und Beamte		Selbständige		Mithelfende Familienangehörige		Berufslose Selbständige	
		absolut	in % der Wohnbevölkerung	absolut	in % der Wohnbevölkerung	absolut	in % der Wohnbevölkerung	absolut	in % der Wohnbevölkerung	absolut	in % der Wohnbevölkerung
1925[9]	4.024.165	1.803.066	44,8	1.117.880	27,8	667.197	16,6	49.046	1,2	386.979	9,6
1933[10]	4.242.501	1.928.634	45,5	1.140.692	26,9	483.573	11,4	56.375	1,3	633.227	14,9

2.1. nach Wirtschaftszweigen

Jahr	Landwirtschaft		Gewerbe		Handel und Verkehr		Dienstleistungen (incl. Häusliche Dienste)		Handel, Verkehr und Dienstleistungen insgesamt		Berufslose Selbständige	
	absolut	in % der Erwerbspersonen	absolut	in % der Erwerbspersonen	absolut	in % der Erwerbspersonen	absolut	in % der Erwerbspersonen	absolut	in % der Erwerbspersonen	absolut	in % der Erwerbspersonen
1925[11]	19.880	0,8	1.118.611	45,4	650.637	26,4	394.819	16,0	1.045.456	42,5	278.745	11,3
1933[12]	29.225	1,1	1.056.683	38,7	723.526	26,5	457.387	16,8	1.180.913	43,2	463.948	17,0

2.2. Berufszugehörige

Jahr	Landwirtschaft		Gewerbe		Handel und Verkehr		Dienstleistungen (incl. Häusliche Dienste)		Handel, Verkehr und Dienstleistungen insgesamt		Berufslose Selbständige	
	absolut	in % der Wohnbevölkerung	absolut	in % der Wohnbevölkerung	absolut	in % der Wohnbevölkerung	absolut	in % der Wohnbevölkerung	absolut	in % der Wohnbevölkerung	absolut	in % der Wohnbevölkerung
1925[13]	31.411	0,8	1.859.625	46,2	1.130.191	28,1	615.959	15,3	1.746.150	43,4	386.979	9,6
1933[14]	49.942	1,2	1.689.596	39,8	1.175.685	27,7	694.051	16,4	1.869.736	44,1	633.227	14,9

ARBEITSLOSE (1933)[15]

in % der tatsächlichen Erwerbspersonen	29,8
insgesamt	675.096
männlich	464.126
weiblich	210.970

[1] Die TABELLE 1 beruht im einzelnen auf den in den nachfolgenden Anmerkungen aufgeführten Quellen. Die hier aufgeführten Daten sind denselben Statistiken entnommen worden, wie die Werte der 20 Bezirkstabellen. Da auch die Aufteilung der Tabellen identisch ist, werden nur bei dieser Gesamtübersicht die Fundorte nachgewiesen.

[2] *Statistisches Jahrbuch der Stadt Berlin*, 34. Jg. (1920), Berlin 1920, S. 2.

[3] *Mitteilungen des Statistischen Amts der Stadt Berlin*, Nr. 5: *Die Grundstücks- und Wohnungsaufnahme sowie die Volks- und Berufszählung am 16. Juni 1925*, 9 Hefte, Mai 1926 — Mai 1931, hier: Heft 6, S. 5.

[4] *Mitteilungen des Statistischen Amts der Stadt Berlin*, Nr. 18: *Die Volks-, Berufs- und Betriebszählung in Berlin im Jahre 1933*, 11 Hefte, August 1934 — März 1937, hier: Heft 11, S. 4.

[5] *Mitteilungen...*, Nr. 5, Heft 6 (wie Anm. 3), S. 12.

[6] *Statistik des Deutschen Reichs, Volks-, Berufs- und Betriebszählung vom 16. Juni 1933*, Bd. 451: *Volkszählung*, Heft 3: *Die Bevölkerung des Deutschen Reichs nach der Religionszugehörigkeit*, bearb. im Statistischen Reichsamt, Berlin 1936, S. 45.

[7] *Mitteilungen...*, Nr. 5, Heft 6 (wie Anm. 3), S. 37 ff.

[8] *Statistik des Deutschen Reichs, Volks-, Berufs- und Betriebszählung vom 16. Juni 1933*, Bd. 454: *Berufszählung*, Heft 3: *Stadt Berlin*, hrsg. vom Statistischen Reichsamt, Berlin 1936, S. 3.

[9] Wie Anm. 7.

[10] Wie Anm. 8.

[11] Wie Anm. 7.

[12] Wie Anm. 8, S. 2 f.

[13] Wie Anm. 7.

[14] Wie Anm. 8, S. 2 f.

[15] Vgl. hierzu oben, EINFÜHRUNG, S. 302; die Arbeitslosenzahl ist auf die „tatsächlich Erwerbstätigen" bezogen, d. h. Erwerbspersonen (2.730.769) *minus* „berufslose Selbständige" (463.948) = 2.266.821 Personen. Angaben nach: *Mitteilungen...*, Nr. 18, Heft 10 (wie Anm. 4), S. 4.

TABELLE 2

Die Bevölkerung Berlins nach der Religionszugehörigkeit*
*1925 und 1933***

Bezirke	evangelisch		katholisch		andere Christen		jüdisch		Sonstige	
	1925	1933	1925	1933	1925	1933	1925	1933	1925	1933
Mitte	72,3	67,6	11,4	12,1	0,3	0,1	10,5	9,2	5,6	11,0
Tiergarten	75,8	71,3	12,2	12,9	0,4	0,2	4,6	4,9	6,0	10,7
Wedding	76,8	68,5	9,0	8,8	0,2	0,1	1,1	1,1	13,0	21,5
Prenzlauer Berg	74,3	67,2	9,3	9,4	0,2	0,1	6,3	5,8	9,9	17,5
Friedrichshain	74,3	66,9	11,5	11,7	0,2	0,1	2,4	2,1	11,6	19,2
Kreuzberg	77,7	71,3	11,0	11,6	0,2	0,1	2,2	1,8	8,9	15,2
Charlottenburg	74,2	69,9	10,8	11,6	0,6	0,4	8,9	7,9	5,7	10,2
Spandau	82,7	77,7	10,2	10,3	0,2	0,1	0,5	0,5	6,5	11,4
Wilmersdorf	72,8	68,6	10,1	10,9	0,6	0,6	13,0	13,5	3,5	6,4
Zehlendorf	85,3	80,9	8,3	9,7	0,3	0,2	3,4	3,5	2,8	5,7
Schöneberg	76,6	72,1	10,2	10,9	0,5	0,4	7,7	7,3	5,0	9,3
Steglitz	85,4	82,5	8,8	9,6	0,3	0,1	1,5	1,6	4,0	6,2
Tempelhof	81,7	75,2	9,6	11,3	0,2	0,1	1,4	2,0	7,2	11,4
Neukölln	74,9	67,9	8,3	8,3	0,1	0,0	1,0	0,9	15,7	22,9
Treptow	76,5	70,4	8,9	9,1	0,2	0,1	0,7	0,8	13,8	19,6
Köpenick	81,2	75,9	6,6	7,1	0,2	0,1	0,8	0,7	11,3	16,2
Lichtenberg	79,2	71,2	9,4	9,9	0,1	0,0	1,0	0,9	10,3	18,0
Weißensee	78,3	71,2	10,8	11,6	0,2	0,0	1,5	1,7	9,1	15,5
Pankow	83,3	76,9	7,4	8,6	0,2	0,0	1,6	1,5	7,5	13,0
Reinickendorf	78,6	71,9	9,2	9,8	0,2	0,1	0,5	0,7	11,3	17,5
Berlin insgesamt	76,6	71,1	10,0	10,4	0,3	0,1	4,3	3,8	8,8	14,6

* Bevölkerungsentwicklung: 1925 = 4.024.165 Einwohner; 1933 = 4.242.501 Einwohner (+ 5,4 %).

** Die TABELLE 2 beruht auf den Daten der in den Bezirksstatistiken eingetragenen Werte.

Tabelle 3

Alt-Berlin. Wahlen 1919—1921

Wahl		Wahl-berechtigte	Gültige Stimmen	Wahl-beteiligung	Prozentuale Anteile der Parteien an den gültigen Stimmen								
					KPD	USPD	SPD	DDP	CVP	DVP	DNVP	Wirtschaftliche Vereinigung	Son-stige
Nationalversammlung	19. 1. 1919	1.385.537	1.110.525	81,7	—	27,6	36,4	16,0	5,1	5,6	9,3	—	0,0
Preußische Landesversammlung	26. 1. 1919	1.389.919	977.683	70,7	—	28,2	35,1	15,3	5,5	5,5	10,4	—	0,0
Stadtverordnetenversammlung	23. 2. 1919	1.389.246	298.254	57,6	—	33,0	31,8	14,5	5,7	4,6	10,5	—	0,0
Reichstag	6. 6. 1920	1.350.766	1.068.715	79,6	1,3	42,7	17,5	7,1	3,4	14,1	11,5	2,4	0,0
Stadtverordnetenversammlung	20. 6. 1920[1]	1.300.177	841.664	65,2	—	44,0	16,9	6,0	4,0	14,9	10,7	3,6	0,0
Stadtverordnetenversammlung	16. 10. 1921[1]	1.331.617	881.290	66,2	10,8	22,6	20,9	6,4	3,9[2]	12,4	18,0	4,9[3]	0,2[4]

[1] Wahlen auf der Grundlage des Groß-Berlin-Gesetzes vom 27. April 1920. Die Ergebnisse sind mit denen der Bezirkswahlen nahezu identisch. Es wurden nur die Bezirke 1 bis 6 berücksichtigt.

[2] Zentrum.

[3] Wirtschaftspartei.

[4] Deutsch-Soziale Partei.

TABELLE 4

*Reichstags-, Landtags-, Stadt- und Bezirksverordnetenwahlen 1920-1933 in Berlin (Gesamtergebnisse)**

Wahlen		Wahl-berechtigte**	Gültige Stimmen	Wahl-beteiligung in %	Prozentanteile der Parteien an den abgegebenen gültigen Stimmen										
					KPD	USPD	SPD	DDP	Z	DVP	Wirtschafts-Partei	Christl.-Soz. Volksdienst	DNVP	NSDAP	Son-stige
Stadt	20. 6. 1920[1]	2.554.147	1.649.322	64,7	—	38,4	17,2	7,1	3,7	16,9	4,2	—	11,4	—	1,1[2]
Landtag	20. 2. 1921	2.756.442	1.939.669	70,5	10,1	17,4	22,3	7,7	3,7	15,8	5,2	—	17,8	—	0,0[3]
Bezirk	16. 10. 1921	2.610.146	1.720.082	66,0	9,5	19,2	20,5	7,3	3,7	14,8	5,0	—	17,1	—	3,1[5]
Stadt	16. 10. 1921	2.610.011	1.720.041	66,0	9,5	19,2	20,5	7,4	3,7	15,3	5,1	—	17,3	—	2,2[4]
Reichstag	4. 5. 1924	2.904.914	2.209.665	76,6	17,9	2,6	20,4	8,9	3,8	8,4	4,0	—	22,6	—	11,5[6]
Reichstag	7. 12. 1924	2.978.738	2.299.758	78,0	16,3	0,6	30,3	10,9	3,9	6,5	3,4	—	23,9	2,0[7]	2,2[8]
Landtag	7. 12. 1924	2.976.896	2.289.250	77,9	16,4	0,6	30,3	10,8	4,0	6,5	3,5	—	23,8	2,0[7]	2,1[9]
Bezirk	25. 10. 1925	2.935.493	1.850.159	63,7	18,8	0,8	32,6	9,3	3,4	5,9	4,0	—	20,4	0,0[10]	4,7[12]
Stadt	25. 10. 1925	2.935.493	1.853.129	63,7	18,8	0,8	32,6	9,3	3,4	6,0	4,0	—	20,8	—	4,4[11]
Reichstag	20. 5. 1928	3.167.378	2.481.138	78,9	24,6	0,1	32,9	7,7	3,3	6,4	2,7[13]	—	17,7	1,6	2,9[14]
Landtag	20. 5. 1928	3.166.249	2.462.437	78,8	24,7	0,1	32,9	7,7	3,3	6,4	2,7	—	17,8	1,5	2,9[15]
Bezirk	17. 11. 1929	3.289.182	2.279.496	70,2	24,6	0,2	28,4	6,0	3,9	6,6	4,3	—	17,7	5,7	2,6[17]
Stadt	17. 11. 1929	3.289.182	2.294.278	70,3	24,6	0,2	28,4	6,0	3,6	6,7	4,4	—	17,6	5,8	2,7[16]
Reichstag	14. 9. 1930	3.345.523	2.709.257	81,4	27,3	0,1	27,2	5,4[18]	3,6	3,7	2,4	1,0	13,0	14,6	1,7[19]
Landtag	24. 4. 1932	3.428.587	2.744.815	80,5	23,7	—	29,1	3,1	4,0[20]	1,0	0,4	0,6	8,2	27,9	2,2[21]
Reichstag	31. 7. 1932	3.445.936	2.641.497	81,6	27,3	—	27,3	1,6	4,9	0,8	0,2	0,4	8,3	28,7	0,5[22]
Reichstag	6. 11. 1932	3.461.229	2.775.211	81,0	31,0	—	23,3	1,4	4,4	1,1	0,1	0,5	11,4	26,0	0,8[23]
Reichstag	5. 3. 1933	3.460.493	2.982.002	87,3	24,5	—	21,7	1,8	5,0	0,9	—	0,6	11,0[24]	34,6	0,0[25]
Landtag	5. 3. 1933	3.459.998	2.958.955	87,2	24,3	—	21,2	1,8	4,8[20]	0,9	—	0,6	10,7	34,2	1,5[26]
Bezirk	12. 3. 1933	3.409.726	2.571.835	75,9	19,5	—	22,0	2,0	4,7	0,7	—	0,6	12,1	38,2	0,2[28]
Stadt	12. 3. 1933	3.409.726	2.573.216	75,9	19,5	—	22,0	2,1	4,7	0,7	—	0,6	12,1	38,3	0,2[27]

* Berechnungen (sofern nicht anders angegeben) nach: *Statistisches Jahrbuch* bzw. *Statistisches Taschenbuch der Stadt Berlin* 1920—1933.

** Einschließlich Stimmscheininhaber.

Anmerkungen zur Berliner Gesamtwahlstatistik (Tabelle 4)

1 Quelle: Erster Verwaltungsbericht der neuen Stadtgemeinde Berlin für die Zeit vom 1. Oktober 1920 bis 31. März 1924, bearb. im Statistischen Amt der Stadt Berlin, Berlin o. J., S. 140.

2 Liste Steiniger (16509), Parteilose Frauenvereinigung (943).

3 Niedersächsische Partei (225).

4 Deutsch-Soziale Partei (12302), Freie Vereinigung (DNVP, DVP, Wirtschaftspartei) (9933), Ordnungsblock (9077), Deutschnationale Wählerschaft (5983).

5 Deutsch-Soziale Partei (12280), Ordnungsblock (DNVP, DVP, Z, Kommunalbeamte des Bezirks 10) (10712), Freie Vereinigung (DNVP, DVP, Wirtschaftspartei) (9933), Wirtschaftliche Einheitsliste (7376), Deutsch-Nationale Wählerschaft (5983), Los von Berlin-Block (4737), Liste Heyn, Braun, Heike (1468).

6 Deutsch-Völkische Freiheitspartei (106599), Deutsch-Soziale Partei (83970), Nationalliberale Vereinigung (14878), Republikanische Partei Deutschlands (13901), Sozialistischer Bund (13406), Deutsche Arbeitnehmerpartei (7216), Polnische Volkspartei (6805), Nationale Freiheitspartei (4653), Haeußerbund (1563).

7 Nationalsozialistische Freiheitsbewegung.

8 Deutsch-Soziale Partei (35988), Polnische Volkspartei (4710), Aufwertungs- und Wiederaufbaupartei (3220), Deutsche Aufwertungs- und Aufbaupartei (2305), Freiwirtschaftsbund (1425), Deutsch-Hannoversche Partei (629), Haeußerbund (534), Partei für Volkswohlfahrt (Mieterschutz und Bodenreform) (417), Mieterpartei Deutschlands (251).

9 Deutsch-Soziale Partei (36798), Polnische Volkspartei (4665), Deutsche Aufwertungs- und Aufbaupartei (4591), Partei für Volkswohlfahrt (Mieterschutz und Bodenrecht) (629), Deutsch-Hannoversche Partei (582).

10 Nur in Spandau (137).

11 Deutsch-Völkische Freiheitspartei (28879), Deutsch-Soziale Partei (23787), Evangelischer Gemeinschaftsbund (17509), Bürgerblock (DNVP, DVP) (5550), Sparerbund (4091), Deutsche Mittelstandspartei (2293), Nationalliberale Reichspartei (2187), Mieterschutz und Bodenreform (1269), Nationale Wirtschaftliche Vereinigung (701), Arbeiterpartei (611), Deutsche Arbeitnehmerpartei (588), Entschiedene Demokraten (173).

12 Deutsch-Völkische Freiheitspartei (27536), Deutsch-Soziale Partei (25210), Evangelischer Gemeinschaftsbund (17178), Sparerbund (4100), Deutsche Mittelstandspartei (2475), Nationalliberale Reichspartei (1312), Mieterschutz und Bodenreform (1249), Nationale Wirtschaftliche Vereinigung (645), Arbeiterpartei (627), Deutsche Arbeitnehmerpartei (559), Entschiedene Demokraten (164), Staegemanns Nationaler Bund der Hauswirte (147).

13 Ab jetzt: Reichspartei des Deutschen Mittelstandes.

14 Völkisch-Nationaler Block (21698), Linke Kommunisten (8344), Volksrechtpartei (7568), Volksblock der Inflationsgeschädigten (6561), Volksrechtpartei (Reichspartei für Volksrecht und Aufwertung) (RAG) (5545), Reichspartei für Handwerk, Handel und Gewerbe (4282), Deutsch-Soziale Partei (3952), Christlich-Soziale Reichspartei (3492), Polnische Volkspartei (3267), Christlich-Nationale Mittelstandspartei (2740), Alte Sozialdemokratische Partei (2462), Deutsche Haus- und Grundbesitzerpartei (853), Christlich-Nationale Bauern- und Landvolkspartei (637), Deutscher Reichsblock der Geschädigten (495), Deutsch-Hannoversche Partei (278), Deutschkrist. folkepartei (210), Deutsche Bauernpartei (119).

15 Völkisch-Nationaler Block (21280), Linke Kommunisten (8484), Volksrechtpartei (Reichspartei für Volksrecht und Aufwertung) (7461), Volksblock der Inflationsgeschädigten (5799), Volksrechtpartei (RDA) (5543), Deutsch-Soziale Partei (3917), Reichspartei für Handwerk, Handel und Gewerbe (3882), Polnische Volkspartei (3582), Alte Sozialdemokra-

Anmerkungen zur Berliner Gesamtwahlstatistik (TABELLE 4) — Fortsetzung.

tische Partei (3274), Christlich-Nationale Mittelstandspartei (2847), Christlich-Soziale Reichspartei (2847), Deutsche Haus- und Grundbesitzerpartei (967), Deutsch-Hannoversche Partei (702), Christlich-Nationale Bauern- und Landvolkspartei (600), Deutscher Reichsblock der Geschädigten (423), Deutsche Bauernpartei (711).

[16] Deutsch-Völkische Freiheitsbewegung (7385), Freibund des Handwerks, Kleinhandels und Gewerbes (5727), Linke Kommunisten (3797), Volksrechtpartei (3504), Christlich-Soziale Reichspartei (3305), Reichspartei für Handel, Handwerk und Gewerbe (Bürgerliche Mittelstandspartei) (3007), Allgemeine Volkspartei (Reichspartei für Aufwertung und Recht (2996), Überparteiliche Liste (380), Nationalrevolutionäre Volkspartei (349), Partei für Mietsreform (298), Evangelische Wähler und Wählerinnen (17), Linksradikale Antikorruptionspartei (17), Christliche Volkspartei (30087).

[17] Deutsch-Völkische Freiheitsbewegung (7258), Freibund des Handwerks, Kleinhandels und Gewerbes (5714), Linke Kommunisten (3768), Volksrechtpartei (Reichspartei für Volksrecht und Aufwertung) (3538), Reichspartei für Handel, Handwerk und Gewerbe (Bürgerliche Mittelstandspartei) (2889), Allgemeine Volkspartei für Aufwertung und Recht (2881), Christlich-Soziale Reichspartei (2670), Überparteiliche Liste (413), Partei für Mietsreform (298), Nationalrevolutionäre Volkspartei (267), Evangelische Wähler und Wählerinnen (117), Linksradikale Antikorruptionspartei (25), Christliche Volkspartei (29299).

[18] Ab jetzt: Deutsche Staatspartei.

[19] Konservative Volkspartei (22442), Christlich-Soziale Volksgemeinschaft (7020), Deutsche Kulturpartei der geistigen Berufe, Angestellten und Beamten (3672), Volksrechtpartei (Reichspartei für Volksrecht und Aufwertung) und Christlich-Soziale Reichspartei (3074), Polnische Volkspartei (3025), Freibund des Handwerks, Kleinhandels und Gewerbes (Reichsbund des Deutschen Mittelstandes) (2665), Deutsches Landvolk (1789), Evangelische Wähler und Wählerinnen (1326), Partei gegen den Alkohol (1073), Arbeiterpartei für das arbeitende und schaffende Volk (520), Haus- und Landwirtepartei (298), Deutsche Bauernpartei (246).

[20] Preußische Zentrumspartei.

[21] Interessengemeinschaft der Kleinrentner und Inflationsgeschädigten (19676), Haus- und Landwirtepartei (11327), Deutsches Landvolk — Deutsche Rechte (8418), Sozialistische Arbeiterpartei Deutschlands (8192), Partei der Erwerbslosen: „Für Arbeit und Brot" (2534), Polnische Volkspartei (2162), Nationale Beamte, Angestellte und freie Berufe (2144), Volksrechtpartei (1814), Radikaler Mittelstand (1335), Nationale Opposition der vereinigten Reichsbankgläubiger und Markgeschädigten (1086), Volksrechts- und Wirtschaftspartei des enteigneten Mittelstandes (391), Deutsch-Hannoversche Partei (230), Deutsche Kampfpartei gegen Inflation und falsche Geldpolitik (191), Aktivistische Notgemeinschaft der Hypothekengläubiger, Sparer, Rentner und sonstigen Inflationsgeschädigten (115).

[22] Radikaler Mittelstand (3249), Deutsches Landvolk — Christlich-Nationale Bauern- und Landvolkpartei (410), Volksrechtpartei (762), Sozialistische Arbeiterpartei Deutschlands (3798), Deutsche Sozialistische Kampfpartei (149), Polenliste (1243), Freiwirtschaftliche Partei Deutschlands (Partei für krisenfreie Volkswirtschaft) (375), Partei der Erwerbslosen: „Für Arbeit und Brot" (394), Haus- und Landwirtepartei (106), Interessengemeinschaft der Kleinrentner und Inflationsgeschädigten (343), Nationalsozialistische Kleinrentner, Inflationsgeschädigte und Vorkriegsgeldbesitzer (637), Kampfgemeinschaft der Lohn- und Gehaltsabgebauten (179), Der erste evangelisch-lutherische Christ (Gerechtigkeitsbewegung) (556), Nationalsozialistischer enteigneter Mittelstand (143), Nationalsozialistische Kriegsteilnehmer, Kriegsbeschädigte und Kriegshinterbliebene (231), Übrige Parteien (402).

Anmerkungen zur Berliner Gesamtwahlstatistik (TABELLE 4) — Fortsetzung.

23 Radikaler Mittelstand (8013), Interessengemeinschaft der Kleinrentner und Inflationsgeschädigten (344), Deutsch-Hannoversche Partei (438), Deutsches Landvolk (193), Volksrechtpartei (610), Gerechtigkeitsbewegung Meißner (191), Sozialrepublikanische Partei Deutschlands (Hörsing-Bewegung für Arbeitsbeschaffung) (1154), Sozialistische Arbeiterpartei Deutschlands (2730), Polenliste (1454), Freiwirtschaftliche Partei Deutschlands F.D.P. (Partei für krisenfreie Volkswirtschaft) (453), Haus- und Landwirtepartei (Bund für Wirtschaftsreform) (126), Kleinrentner, Inflationsgeschädigte und Vorkriegsgeldbesitzer (672), Radikaldemokratische Partei (957), Handwerker, Handel- und Gewerbetreibende (157), Für Hindenburg und Papen (Nationalsozialistische Kampfbewegung) (4034), Unitaristenunion Deutschlands (Einheitsbewegung aller Schaffenden) (171), Schicksalsgemeinschaft deutscher Erwerbslosen, Kleinhandel und Gewerbe (351), Partei der Erwerbslosen: „Für Arbeit und Brot!" (121), Übrige Parteien (399).

24 Kampffront Schwarz-Weiß-Rot.

25 Deutsche Bauernpartei (311), Deutsch-Hannoversche Partei (199), Sozialistische Kampfgemeinschaft (455).

26 Mit Hindenburg für ein nationales Preußen (38057), Preußischer Mittelstand und Sparer (3187), Radikaler Mittelstand (1704), Radikal-Soziale Partei (152), Deutsch-Hannoversche Partei (275), Polenliste (1196), Kampfgemeinschaft der Arbeiter und Bauern (416), Sozialistische Kampfgemeinschaft (340).

27 Freibund des Handwerks, Kleinhandels und Gewerbes (1697), Wehrwolf (94), Radikal-Soziale Partei (5), Radikaldemokratische Partei (218), Einheitsliste der Werktätigen (417), Mit Hindenburg für ein nationales Berlin (855), Kampfbund für Handwerk, Handel und Gewerbe (2262), Handel, Handwerk und Gewerbe (243).

28 Freibund des Handwerks, Kleinhandels und Gewerbes (1790), Radikaldemokratische Partei (223), Einheitsliste der Werktätigen (474), Mit Hindenburg für ein nationales Berlin (856), Kampfbund für Handwerk, Handel und Gewerbe (2227), Übrige Parteien (365).

II. Wahlen in Alt-Berlin

TABELLE 5

*Wahl zur Nationalversammlung am 19. Januar 1919**

Bezirke	Wahl-berechtigte	Gültige Stimmen	Wahl-beteiligung	Prozentuale Anteile der Parteien an den gültigen Stimmen						
				USPD	SPD	DDP	CVP	DVP	DNVP	Sonstige
Berlin	5.568	4.911	88.9	10,8	35,3	25,8	5,1	7,5	15,6	—
Alt-Köln	3.989	3.399	85,8	12,9	38,3	23,0	3,7	8,8	13,3	—
Friedrichswerder und Neu-Köln	[2]	4.246	[2]	7,1	37,2	20,4	10,4	9,1	15,8	—
Dorotheenstadt	4.099	3.793	93,5	4,0	40,3	17,5	6,4	15,7	16,1	—
Friedrichstadt	23.578	18.644	81,0	7,7	32,8	24,7	7,7	13,1	14,1	—
Friedrichvorstadt (untere)	8.299	6.880	83,0	4,2	27,6	27,6	6,2	11,3	23,2	—
Schöneberger Vorstadt	53.271	44.586	84,0	9,1	33,9	21,8	7,1	11,1	17,0	—
Friedrichvorstadt (obere)	7.937	6.432	81,5	6,3	32,7	21,0	6,8	14,5	18,8	—
Tempelhofer Vorstadt	116.547	95.473	82,8	11,5	43,8	18,7	5,4	9,5	11,1	—
Luisenstadt jenseits	111.210	89.016	82,9	33,7	37,8	12,7	4,8	3,3	7,7	—
Luisenstadt diesseits	60.880	49.030	84,0	16,3	38,4	21,5	4,9	6,7	12,2	0,0[1]
Stralauer Viertel	195.763	152.688	80,1	33,2	37,4	14,9	4,9	3,5	6,1	0,0[1]
Königsviertel	132.506	106.381	82,6	26,7	37,3	19,4	4,1	4,7	7,9	0,0[1]
Spandauer Viertel	33.978	25.857	77,5	16,1	33,0	26,4	6,8	5,7	12,0	—
Rosenthaler Vorstadt	215.521	174.294	82,3	31,4	39,1	13,6	4,6	3,4	7,9	0,0[1]
Oranienburger Vorstadt	81.628	62.835	77,4	29,5	37,4	12,9	5,8	3,2	11,2	0,0[1]
Friedrich-Wilhelmstadt	9.518	7.736	81,7	10,3	38,0	21,6	6,9	10,1	13,0	—
Tiergarten	14.804	12.573	85,2	5,0	25,7	32,1	5,2	12,4	19,7	—
Moabit	134.471	104.892	79,5	27,2	29,8	15,1	6,5	9,9	11,5	—
Wedding und Gesundbrunnen	167.733	136.859	82,3	46,4	32,5	9,6	3,1	2,4	5,9	—
Stadt Berlin	1.385.537	1.110.525	81,7	27,6	36,4	16,0	5,1	5,6	9,3	0,0[1]

* Berechnet nach: *Statistisches Jahrbuch der Stadt Berlin.* Im Auftrage des Magistrats hrsg. von Heinrich Silbergleit, 34. Jg. (1920), Berlin 1920, S. 884.

[1] Soziale Reformpartei.

[2] Das *Statistische Jahrbuch* gibt 4237 Wahlberechtigte an, die Anzahl der gültigen Stimmen liegt darüber. Es ist möglich, daß ein Druckfehler oder eine nicht zutreffende Wählerliste vorlag.

TABELLE 6

*Wahl zur Preußischen Landesversammlung am 26. Januar 1919**

Bezirke	Wahl-berechtigte	Gültige Stimmen	Wahl-beteiligung	Prozentuale Anteile der Parteien an den gültigen Stimmen						
				USPD	SPD	DDP	CVP	DVP	DNVP	Sonstige
Berlin	5.586	4.192	75.3	11,2	30,1	27,0	5,7	7,0	19,3	—
Alt-Köln	4.025	3.251	81,3	14,2	34,2	21,5	4,6	9,0	16,4	—
Friedrichswerder und Neu-Köln	4.261	3.055	71,8	8,7	27,8	22,7	13,1	9,0	18,7	—
Dorotheenstadt	4.072	2.444	60,4	4,3	24,4	21,2	8,7	17,1	24,4	—
Friedrichstadt	23.437	16.378	70,1	8,4	31,0	23,9	8,0	11,5	17,3	—
Friedrichvorstadt (untere)	8.334	6.180	74,5	4,2	25,5	27,0	7,0	9,6	26,7	—
Schöneberger Vorstadt	53.985	39.127	72,8	10,5	31,7	20,2	7,6	9,4	20,6	—
Friedrichvorstadt (obere)	7.950	5.445	69,0	7,0	28,3	21,7	7,8	13,6	21,5	—
Tempelhofer Vorstadt	116.266	83.864	72,4	12,2	42,1	18,1	5,8	8,9	12,9	—
Luisenstadt jenseits des Kanals	112.097	80.274	72,1	33,9	37,9	12,0	4,8	3,2	8,3	—
Luisenstadt diesseits des Kanals	61.629	42.810	70,4	16,4	36,7	21,4	6,2	6,7	12,6	0,0[1]
Stralauer Viertel	195.261	136.563	70,2	34,6	35,7	14,3	5,4	4,1	6,0	0,0[1]
Königsviertel	133.570	94.911	71,5	26,5	36,1	18,4	4,7	4,4	8,9	0,0[1]
Spandauer Viertel	33.894	21.981	65,1	16,4	30,2	26,3	7,6	6,3	13,3	—
Rosenthaler Vorstadt	216.048	151.454	70,7	32,1	38,3	13,0	5,0	3,4	8,9	0,0[1]
Oranienburger Vorstadt	81.724	52.827	64,8	29,8	35,4	12,4	6,4	4,0	12,0	0,0[1]
Friedrich-Wilhelmstadt	10.282	6.608	64,5	10,5	35,2	20,2	8,2	11,5	14,4	—
Tiergarten	14.845	11.397	76,9	5,2	24,9	31,5	5,4	11,2	21,9	—
Moabit	134.851	94.095	70,0	27,2	28,8	14,6	7,0	9,2	13,3	0,0[1]
Wedding und Gesundbrunnen	167.802	119.827	71,5	46,1	32,6	8,5	3,4	3,1	6,3	0,0[1]
Stadt Berlin	1.389.919	977.683	70,7	28,2	35,1	15,3	5,5	5,5	10,4	0,0[1]

* Berechnet nach: *Statistisches Jahrbuch der Stadt Berlin.* Im Auftrage des Magistrats hrsg. von Heinrich Silbergleit, 34. Jg. (1920), Berlin 1920, S. 884.

[1] Soziale Reformpartei.

TABELLE 7

*Wahl zur Stadtverordnetenversammlung am 23. Februar 1919**

Bezirke	Wahl-berechtigte	Gültige Stimmen	Wahl-beteiligung	Prozentuale Anteile der Parteien an den gültigen Stimmen						
				USPD	SPD	DDP	CVP	DVP	DNVP	Sonstige
Berlin	5.560	3.183	57,3	12,4	26,2	29,5	6,1	5,4	20,4	—
Alt-Köln	4.009	2.258	56,6	18,2	29,7	23,1	4,8	6,6	17,5	—
Friedrichswerder und Neu-Köln	3.572	1.773	49,7	11,0	22,9	21,8	14,6	9,8	19,9	—
Dorotheenstadt	4.903	1.916	39,1	4,7	18,4	23,9	12,7	13,9	26,5	—
Friedrichstadt	23.492	11.568	49,3	10,2	27,7	23,4	10,8	9,9	18,1	—
Friedrichvorstadt (untere)	8.337	4.436	53,3	5,6	21,3	30,5	6,9	8,1	27,6	—
Schöneberger Vorstadt	54.353	30.684	56,7	14,6	28,3	21,4	7,7	7,8	20,2	—
Friedrichvorstadt (obere)	7.947	4.113	51,9	9,4	23,6	23,7	8,5	10,5	24,4	—
Tempelhofer Vorstadt	116.268	68.216	58,8	15,5	39,1	17,7	6,0	7,6	14,1	0,0[1]
Luisenstadt jenseits des Kanals	111.958	67.904	60,7	38,6	34,8	11,0	4,9	2,5	8,2	—
Luisenstadt diesseits des Kanals	61.444	34.067	55,5	20,2	33,7	21,3	6,3	5,6	13,0	—
Stralauer Viertel	194.894	113.022	58,1	39,5	31,9	13,6	5,4	3,2	6,5	0,0[1]
Königsviertel	132.763	77.646	58,6	32,3	33,6	15,9	4,8	3,7	9,7	0,0[1]
Spandauer Viertel	34.541	16.736	48,6	19,7	25,3	27,7	8,3	5,0	14,0	0,0[1]
Rosenthaler Vorstadt	215.986	127.224	59,0	37,5	34,6	11,5	5,2	2,7	8,6	0,0[1]
Oranienburger Vorstadt	81.709	41.914	51,4	34,8	30,5	13,0	6,9	3,5	11,2	0,0[1]
Friedrich-Wilhelmstadt	10.264	4.996	48,9	14,2	28,6	24,8	9,2	9,1	14,2	—
Tiergarten	14.853	8.613	58,1	6,4	22,4	31,9	6,0	9,8	23,6	0,0[1]
Moabit	134.686	75.904	56,6	31,5	25,7	13,3	7,5	8,4	13,7	—
Wedding und Gesundbrunnen	167.707	102.081	60,9	50,9	29,0	8,3	3,1	2,7	6,0	0,0[1]
Stadt Berlin	1.389.246	798.254	57,6	33,0	31,8	14,5	5,7	4,6	10,5	0,0[1]

* Berechnet nach: *Statistisches Jahrbuch der Stadt Berlin.* Im Auftrage des Magistrats hrsg. von Heinrich Silbergleit, 34. Jg. (1920), Berlin 1920, S. 885.

[1] Soziale Reformpartei.

TABELLE 8

*Reichstagswahl am 6. Juni 1920**

Bezirke	Wahl-berechtigte	Gültige Stimmen	Wahl-beteiligung	Prozentuale Anteile der Parteien an den gültigen Stimmen								
				KPD	USPD	SPD	DDP	CVP	DVP	Wirtschaftl. Vereinigg.	DNVP	Sonstige
Berlin	6.181	4.568	74,2	0,3	25,8	12,6	14,3	4,0	16,9	3,9	22,2	—
Alt-Köln	4.134	3.157	76,8	0,9	30,1	16,2	10,2	3,0	20,2	2,1	17,2	—
Friedrichswerder und Neu-Köln	3.588	2.619	73,6	0,2	20,8	13,6	10,7	8,4	23,4	3,7	22,6	—
Dorotheenstadt	5.164	3.627	70,6	0,2	15,5	21,4	6,7	3,8	31,4	2,3	18,8	0,1[1]
Friedrichstadt	22.244	16.015	727	0,4	20,6	15,2	11,0	4,8	25,1	4,3	18,3	0,1[2]
Friedrichvorstadt (untere)	8.067	5.626	70,1	0,3	12,8	12,3	18,5	4,2	27,2	1,0	23,8	0,0[3]
Schöneberger Vorstadt	53.189	39.602	75,0	0,4	25,6	14,5	10,8	4,0	22,7	3,5	18,6	0,0[4]
Friedrichvorstadt (obere)	7.923	5.766	73,2	0,8	18,0	14,5	10,4	3,7	27,1	3,5	22,1	0,0[5]
Tempelhofer Vorstadt	111.110	89.862	81,3	0,5	29,6	22,6	7,3	3,6	19,8	2,7	14,0	0,0[6]
Luisenstadt jenseits des Kanals	109.291	88.108	81,2	1,7	49,3	19,2	5,1	3,3	10,1	2,7	8,6	0.0[7]
Luisenstadt diesseits des Kanals	60.829	47.338	78,3	1,2	31,7	18,5	10,4	3,9	18,1	3,7	12,5	0,0[8]
Stralauer Viertel	192.388	152.346	80,1	1,7	48,7	17,6	6,8	3,5	11,1	2,4	8,9	0,0[9]
Königsviertel	129.427	103.305	80,3	1,0	42,8	18,1	8,4	3,0	12,3	2,8	11,6	0,1[10]
Spandauer Viertel	32.995	23.829	72,6	0,9	29,1	15,6	12,9	4,7	19,9	3,2	13,8	0,0[11]
Rosenthaler Vorstadt	211.169	169.042	80,4	1,1	48,1	18,8	5,7	3,3	10,7	1,5	10,8	0,0[12]
Oranienburger Vorstadt	78.323	59.743	76,8	1,5	44,5	16,9	5,2	3,6	13,9	1,9	12,6	0,0[13]
Friedrich-Wilhelmstadt	10.005	7.281	73,2	0,2	23,0	17,5	7,8	4,5	31,6	1,0	14,6	0,0[14]
Tiergarten	14.414	10.900	76,0	0,3	15,7	12,1	22,1	3,8	23,9	2,1	19,9	0,2[15]
Moabit	124.824	99.903	80,6	1,5	38,6	14,6	7,6	4,5	18,0	2,8	12,3	0,1[16]
Wedding und Gesundbrunnen	165.501	136.078	82,6	2,3	57,3	15,7	4,2	2,1	9,2	1,4	7,8	0,0[17]
Stadt Berlin	1.350.766	1.068.715	79,6	1,3	42,7	17,5	7,1	3,4	14,1	2,4	11,5	0,0[18]

* Berechnet nach: *Statistisches Jahrbuch der Stadt Berlin.* Im Auftrage des Magistrats hrsg. von Heinrich Silbergleit, 34. Jg. (1920), Berlin 1920, S. 885.

[1] Deutsch-Hannoversche Partei (3 Stimmen). [2] Deutsch-Hannoversche Partei (8). [3] Deutsch-Hannoversche Partei (2). [4] Nationaldemokratische Volkspartei (1); Deutsch-Hannoversche Partei (2). [5] Deutsch-Hannoversche Partei (3). [6] Nationaldemokratische Volkspartei (29); Hannoversche Partei (13). [7] Nationaldemokratische Volkspartei (14); Deutsch-Hannoversche Partei (5). [8] Nationaldemokratische Volkspartei (5); Deutsch-Hannoversche Partei (2). [9] Nationaldemokratische Volkspartei (57); Deutsch-Hannoversche Partei (11). [10] Nationaldemokratische Volkspartei (74); Deutsch-Hannoversche Partei (7). [11] Nationaldemokratische Volkspartei (3); Deutsch-Hannoversche Partei (2). [12] Nationaldemokratische Volkspartei (42); Deutsch-Hannoversche Partei (6). [13] Nationaldemokratische Volkspartei (13); Deutsch-Hannoversche Partei (6). [14] Deutsch-Hannoversche Partei (6).

[15] Nationaldemokratische Volkspartei (10); Deutsch-Hannoversche Partei (10). [16] Nationaldemokratische Volkspartei (65); Deutsch-Hannoversche Partei (9). [17] Nationaldemokratische Volkspartei (17); Deutsch-Hannoversche Partei (4). [18] Nationaldemokratische Volkspartei (331); Deutsch-Hannoversche Partei (105).

TABELLE 9A

*Wahl zur Stadtverordnetenversammlung am 20. Juni 1920 in Alt-Berlin**

Bezirk	Wahl-berechtigte	Gültige Stimmen	Wahl-beteiligung	USPD	SPD	DDP	CVP	DVP	Wirtschaftl. Vereinigg.	DNVP	Sonstige (Parteilose Frauen-vereinigung
I. Berlin Mitte	192.956	111.718	58,5	34,7	15,7	8,9	4,5	18,7	4,0	13,5	0,1
II. Tiergarten	188.901	120.532	64,1	34,1	13,4	8,3	5,1	20,4	3,7	15,0	0,1
III. Wedding	225.599	156.066	69,8	58,6	15,7	3,7	2,8	9,4	2,3	7,6	0,0
IV. Prenzlauer Tor	210.219	137.574	65,9	44,0	18,8	6,2	3,7	13,0	3,8	10,6	—
V. Friedrichshain	222.984	147.712	66,6	50,7	17,0	4,5	4,3	11,8	3,4	8,3	0,0
VI. Hallesches Tor	259.518	168.062	65,1	19,4	5,9	4,0	17,8	4,3	10,9	0,0	
Summe	1.300.177	841.664	65,2	44,0	16,9	6,0	4,0	14,9	3,6	10,7	0,0

TABELLE 9B

*Wahlen zu den Bezirksversammlungen am 20. Juni 1920 in Alt-Berlin**

Bezirk	Wahl-berechtigte	Gültige Stimmen	Wahl-beteiligung	USPD	SPD	DDP	CVP	DVP	Wirtschaftl. Vereinigg.	DNVP
I. Berlin Mitte	192.956	111.593	58,4	34,7	15,7	8,9	4,5	18,7	4,0	13,5
II. Tiergarten	188.901	120.516	64,1	34,1	13,4	8,3	5,0	20,4	3,8	15,0
III. Wedding	225.599	156.049	69,7	58,6	15,7	3,7	2,8	9,4	2,3	7,6
IV. Prenzlauer Tor	210.219	137.563	65,9	44,0	18,8	6,2	3,7	13,0	3,8	10,6
V. Friedrichshain	222.984	147.694	66,6	50,7	17,0	4,5	4,3	11,7	3,4	8,3
VI. Hallesches Tor	259.518	168.043	65,1	37,7	19,4	5,9	4,0	17,8	4,3	10,9
Summe	1.300.177	841.458	65,2	44,0	16,9	6,0	4,0	14,9	3,6	10,7

* Berechnungen nach: Statistisches Jahrbuch der Stadt Berlin. Im Auftrage des Magistrats hrsg. von Heinrich Silbergleit, 34. Jg. (1920), Berlin 1920, S. 886.

III. Wahlen in Groß-Berlin

TABELLE 10

*Ergebnis der Stadtverordnetenwahl am 16. Oktober 1921 in Berlin (nach Wahlkreisen)**

Wahlkreis	Wahl-berechtigte	Gültige Stimmen	Wahl-beteiligung	KPD	USPD	SPD	DDP	Z	DVP	Wirtschafts-partei	DNVP	Sonstige
I. Mitte	197.061	122.515	62.3	8,1	17,1	19,4	9,2	4,1	14,9	5,6	21,3	0,2[1]
II. Tiergarten	195.696	132.347	67,7	7,0	16,4	16,4	8,7	4,8	17,0	5,2	23,9	0,5[2]
III. Wedding	230.448	153.475	66,7	15,6	32,7	20,2	3,8	3,0	7,8	3,8	13,0	0,1[3]
IV. Prenzlauer Berg	214.528	142.351	66,6	10,7	22,7	23,6	6,2	3,6	11,1	5,0	17,1	—
V. Friedrichshain	225.812	147.404	65,4	13,5	26,8	20,8	4,9	3,9	9,9	5,2	14,8	0,2[4]
VI. Hallesches Tor	268.072	183.198	68,6	9,4	18,7	23,6	6,3	3,9	14,4	4,7	18,9	—
VII. Charlottenburg	222.329	129.766	58,5	5,2	12,5	16,7	12,2	3,6	20,1	5,1	18,9	5,7[5]
VIII. Spandau	65.477	41.261	63,3	6,5	15,2	29,0	8,6	4,7	—	—	—	36,0[6]
IX. Wilmersdorf	110.239	73.462	66,7	2,8	6,6	13,3	14,3	3,2	25,5	4,7	27,9	1,8[7]
X. Zehlendorf, Steglitz, Tempelhof	154.767	120.011	77,7	4,2	10,8	17,2	8,0	3,4	28,7	5,4	21,5	0.8[8]
XI. Schöneberg	161.027	102.358	63,6	4,1	9,2	17,4	11,1	3,9	21,1	4,9	26,4	2,0[9]
XII. Neukölln	184.721	122.523	66,5	13,8	23,8	27,9	4,5	2,7	9,5	5,6	12,1	0,2[10]
XIII. Treptow, Köpenick	101.234	67.134	66,6	12,7	18,1	24,2	6,8	3,0	16,9	4,7	—	13,5[11]
XIV. Lichtenberg	123.060	79.993	65,1	12,2	23,2	21,3	4,9	3,8	14,0	7,3	13,2	0,2[12]
XV. Weißensee, Pankow, Reinickendorf	155.540	102.243	65,9	10,9	20,3	19,1	5,6	3,5	18,1	6,4	16,1	—
Summe	2.610.011	1.720.041	66,0	9,5	19,2	20,5	7,4	3,7	15,3	5,1	17,3	2,2[13]

* Berechnet nach: *Bekanntmachung des Gesamtergebnisses der Wahlen der Stadtverordneten und der Bezirksverordneten in Berlin vom 16. Oktober 1921* (= Sonderbeilage zum *Gemeindeblatt der Stadt Berlin*, 62. Jg. [1921], Nr. 44), S. 2.

[1] Deutsch-Soziale Partei (247). [2] Deutsch-Soziale Partei (652). [3] Deutsch-Soziale Partei (201). [4] Deutsch-Soziale Partei (279). [5] Deutschnationale Wählerschaft (5.983); Deutsch-Soziale Partei (1.361). [6] Deutsch-Soziale Partei (4.931); Freie Vereinigung (9.933). [7] Deutsch-Soziale Partei (1.297). [8] Deutsch-Soziale Partei (972). [9] Deutsch-Soziale Partei (2.009). [10] Deutsch-Soziale Partei (219). [11] Ordnungsblock (9.077). [12] Deutsch-Soziale Partei (134). [13] Deutschnationale Wählerschaft (5.983); Deutsch-Soziale Partei (12.302); Freie Vereinigung (9.933); Ordnungsblock (9.077).

TABELLE 11

*Wahl des Reichspräsidenten (Erster Wahlgang) in Berlin am 29. März 1925**

Bezirke	Stimmberechtigte[1]		Abgegebene Stimmen		Wahl-beteiligung	Gültige Stimmen in %							
	absolut	in %	ungültig	gültig		Jarres	Braun	Thälmann	Hellpach	Marx	Ludendorff	Held	Sonstige
Kreuzberg	289.426	74,8	879	223.636	77,6	33,2	37,4	13,0	10,8	5,1	0,3	0,1	0,0
Wedding	250.702	69,9	881	186.906	74,9	21,4	40,1	25,6	8,2	4,3	0,3	0,1	0,0
Friedrichshain	245.865	70,6	867	184.092	75,2	25,0	38,8	20,7	9,6	5,5	0,4	0,1	0,0
Prenzlauer Berg	231.303	71,0	708	178.945	77,7	28,1	39,8	16,3	10,7	4,7	0,3	0,1	0,0
Mitte	219.346	68,8	709	157.159	71,5	34,9	32,5	12,3	14,1	5,6	0,5	0,1	0,0
Tiergarten	221.146	75,9	626	163.801	74,4	39,3	28,9	11,0	14,1	6,2	0,4	0,1	0,0
Charlottenburg	267.984	73,4	531	188.864	70,7	42,4	26,6	7,8	17,3	5,2	0,5	0,1	0,0
Neukölln	208.928	71,4	628	156.995	75,4	24,1	43,9	19,3	8,5	3,8	0,3	0,1	0,0
Schöneberg	178.343	74,2	359	137.276	77,2	47,6	24,7	6,0	16,4	4,9	0,4	0,1	0,0
Lichtenberg	140.148	72,0	503	104.062	74,6	29,7	37,0	18,3	9,2	5,2	0,4	0,2	0,0
Wilmersdorf	131.158	72,6	258	100.266	76,6	51,1	19,8	3,7	20,0	4,9	0,4	0,1	0,1
Steglitz	114.310	71.8	286	92.435	81,0	54,8	22,8	5,3	12,4	4,0	0,6	0,2	0,0
Spandau	78.122	68,8	234	56.731	72,9	33,7	44,3	8,7	7,1	4,7	1,3	0,1	0,0
Pankow	71.076	69,6	210	54.037	76,3	39,5	32,4	13,2	10,8	3,7	0,4	0,1	0,0
Reinickendorf	74.135	72,2	191	52.954	71,7	30,3	35,2	19,2	9,4	5,5	0,4	0,1	0,0
Treptow	68.971	71,0	212	52.851	76,9	30,3	36,9	17,7	10,2	4,6	0,3	0,1	0,0
Tempelhof	47.033	69,4	127	37.192	79,3	38,9	34,0	9.7	11,4	5,5	0,2	0,1	0,0
Köpenick	46.481	71,8	185	35.132	76,0	38,1	33,2	17,0	8,0	3,2	0,4	0,1	0,0
Weißensee	39.316	67,5	135	27.613	70,6	36,2	33,6	16,7	7,3	5,6	0,3	0,2	0,0
Zehlendorf	30.587	68,7	92	24.658	80,9	58,5	21,9	2,4	12,2	4,3	0,5	0,1	0,1
Groß-Berlin	2.954.380	71,8	8.621	2.215.605	75,3	34,8	33,9	13,9	11,9	4,9	0,4	0,1	0,0

* Berechnungen nach: *Statistisches Taschenbuch der Stadt Berlin*, 2. Ausgabe, 1926, Berlin 1926, S. 223.

[1] Einschließlich der Inhaber von Stimmscheinen.

TABELLE 12

*Wahl des Reichspräsidenten (Zweiter Wahlgang) in Berlin am 26. April 1925**

Bezirke	Stimmberechtigte[1]		Abgegebene Stimmen		Wahl-beteiligung	Gültige Stimmen in %			
	absolut	in %	ungültig	gültig		Marx	v. Hindenburg	Thälmann	Sonstige
Kreuzberg	290.425	74,8	1.365	243.584	84,3	55,1	35,0	9,9	0,0
Wedding	251.844	70,0	1.097	200.930	80,2	56,3	24,3	19,4	0,0
Friedrichshain	246.993	70,7	1.009	199.617	81,2	57,5	27,4	15,1	0,0
Prenzlauer Berg	232.081	71,2	939	192.435	83,3	58,0	30,2	11,8	0,0
Mitte	221.469	69,2	873	173.192	78,6	53,5	37,6	8,9	0,0
Tiergarten	222.490	76,1	860	176.994	79,9	50,8	41,4	7,9	0,0
Charlottenburg	267.280	73,1	864	209.451	78,7	49,7	44,5	5,8	0,0
Neukölln	210.361	71,7	806	170.587	81,5	58,5	26,3	15,3	0,0
Schöneberg	177.685	73,7	600	148.888	84,1	46,9	48,7	4,3	0,0
Lichtenberg	140.347	71,9	595	114.809	82,2	54,2	32,5	13,4	0,0
Wilmersdorf	132.047	73,1	417	110.157	83,7	45,5	51,8	2,7	0,0
Steglitz	114.619	71.7	486	99.004	86,8	38,9	57,1	4,0	0,0
Spandau	78.586	68,9	304	62.863	80,4	54,1	38,7	7,2	0,0
Pankow	71.596	69,8	374	58.717	82,5	48,0	42,2	9,8	0,0
Reinickendorf	75.598	73,4	261	57.543	76,5	52,1	33,0	14,9	0,0
Treptow	69.387	71,2	310	57.281	83,0	54,0	32,7	13,3	0,0
Tempelhof	47.246	69,3	204	40.479	86,1	51,9	40,8	7.3	0,0
Köpenick	47.503	72,9	248	39.839	84,4	46,1	40,6	13,3	0,0
Weißensee	39.600	67,5	136	30.358	77,0	49,6	38,2	12,2	0,0
Zehlendorf	31.069	69,3	123	26.616	86,1	38,7	59,2	2,1	0,0
Groß-Berlin	2.968.226	72,0	11.871	2.413.344	81,7	52,6	37,0	10,4	0,0

* Berechnungen nach. *Statistisches Taschenbuch der Stadt Berlin,* 2. Ausgabe, 1926, Berlin 1926, S. 223.

[1] Einschließlich der Inhaber von Stimmscheinen.

TABELLE 13

*Wahl des Reichspräsidenten (Erster Wahlgang) in Berlin am 13. März 1932**

Bezirke	Stimmberechtigte		Abgegebene Stimmen		Wahl-beteiligung	Gültige Stimmen in %					
	absolut	in %	ungültig	gültig		Duesterberg	v. Hindenburg	Hitler	Thälmann	Winter	Sonstige
Mitte	219.951	76,0	926	182.162	83,2	7,7	43,6	22,2	26,2	0,3	0,0
Tiergarten	222.783	86,1	839	178.726	80,6	10,0	45,8	23,9	19,9	0,3	0,0
Wedding	285.302	82,3	1.219	236.481	83,3	5,2	41,0	15,2	38,4	0,4	0,0
Prenzlauer Berg	252.390	77,4	1.187	218.330	87,0	6,9	46,0	18,5	28,4	0,4	0,0
Friedrichshain	254.602	80,8	1.214	214.933	84,9	5,7	43,1	17,1	33,8	0,4	0,0
Kreuzberg	293.496	83,0	1.209	246.196	84,3	7,9	44,6	21,0	26,1	0,4	0,0
Charlottenburg	275.752	80,2	933	231.854	84,4	9,1	49,2	26,6	14,9	0,2	0,0
Spandau	105.242	74,9	570	91.381	87,4	6,3	47,8	28,1	17,7	0,2	0,0
Wilmersdorf	159.466	79,0	445	136.054	85,6	11,8	51,9	28,7	7,4	0,2	0,0
Zehlendorf	48.060	76,6	141	42.804	89,4	14,7	48,8	29,8	6,6	0,1	0,0
Schöneberg	201.294	88,8	621	157.358	78,5	11,6	47,1	29,0	12,1	0,2	0,0
Steglitz	151.850	78,2	496	135.275	89,4	12,3	42,7	35,2	9,7	0,2	0,0
Tempelhof	85.258	78,5	320	74.499	87,8	9,2	48,1	27,5	15,0	0,3	0,0
Neukölln	247.829	78,2	1.302	216.563	87,9	4,8	44,8	19,0	31,0	0,4	0,0
Treptow	95.882	79,2	529	83.538	87,7	6,9	44,8	22,6	25,4	0,3	0,0
Köpenick	65.833	78,2	347	57.946	88,5	9,4	40,2	26,2	24,0	0,2	0,0
Lichtenberg	183.735	79,1	862	156.102	85,4	6,8	44,4	20,9	27,7	0,3	0,0
Weißensee	57.729	76,8	226	48.873	85,1	6,9	39,3	24,8	28,8	0,2	0,0
Pankow	101.764	78,4	438	88.815	87,7	9,5	44,4	25,0	20,8	0,2	0,0
Reinickendorf	117.532	75,7	529	102.220	87,4	6,2	43,6	22,7	27,2	0,3	—
Groß-Berlin	3.425.750	80,0	14.353	2.900.110	85,1	8,0	45,1	23,0	23,6	0,3	0,0

* Berechnungen nach: *Statistisches Jahrbuch der Stadt Berlin*, 8. Jg. (1932), Berlin 1932, S. 258.

TABELLE 14

*Wahl des Reichspräsidenten (Zweiter Wahlgang) in Berlin am 10. April 1932**

Bezirke	Stimmberechtigte		Abgegebene Stimmen		Wahlbeteiligung	Gültige Stimmen in %			
	absolut	in %	ungültig	gültig		v. Hindenburg	Hitler	Thälmann	Sonstige
Mitte	220.065	76,5	1.131	172.372	78,8	46,1	30,8	23,1	0,0
Tiergarten	224.731	87,5	1.176	169.120	75,8	49,5	33,4	17,1	0,0
Wedding	286.164	82,8	1.382	225.825	79,4	43,6	21,9	34,6	0,0
Prenzlauer Berg	251.854	77,4	1.356	209.027	83,5	48,5	26,5	25,0	0,0
Friedrichshain	254.137	80,9	1.309	204.900	81,1	45,4	24,0	30,6	0,0
Kreuzberg	293.173	83,2	1.488	234.138	80,4	47,4	29,5	23,1	0,0
Charlottenburg	278.732	81,7	1.298	220.324	79,5	52,3	35,0	12,7	0,0
Spandau	106.162	75,7	536	88.283	83,7	50,4	35,1	14,5	0,0
Wilmersdorf	161.176	80,3	825	127.386	79,5	55,6	38,2	6,2	0,0
Zehlendorf	49.038	78,0	300	41.016	84,3	53,3	41,3	5,4	0,0
Schöneberg	201.300	89,2	905	148.961	74,4	50,4	39,4	10,2	0,0
Steglitz	153.457	79.0	884	129.436	84,9	45,8	46,2	8,0	0,0
Tempelhof	85.849	79,0	490	71.259	83,6	51,5	35,9	12,6	0,0
Neukölln	248.496	78,6	1.340	207.718	84,1	47,5	25,1	27,4	0,0
Treptow	96.218	79,5	550	80.365	84,1	48,2	30,0	21,7	0,0
Köpenick	67.261	79,8	516	56.417	84,6	44,0	35,1	20,9	0,0
Lichtenberg	184.364	79,4	917	149.672	81,7	47,5	28,2	24.3	0,0
Weißensee	58.147	77,3	240	46.432	80,3	42,6	32,3	25,1	—
Pankow	102.355	78,8	580	85.077	83,7	46,9	35,5	17,6	0,0
Reinickendorf	117.988	76,0	606	98.032	83,6	46,2	30,4	23,4	
Groß-Berlin	3.440.667	80,6	17.829	2.765.760	80,9	48,1	31,2	20,7	0,0

* Berechnungen nach: *Statistisches Jahrbuch der Stadt Berlin*, 8. Jg. (1932), Berlin 1932, S. 259.

TABELLE 15

*Volksbegehren und Volksentscheid über den Gesetzentwurf „Enteignung der Fürstenvermögen" in Berlin 1926**

Bezirke	Volksbegehren 4.—17. März 1926			Volkentscheid am 20. Juni 1926					
	Stimm-berechtigte	Eintragungen		Stimm-berechtigte	Wahl-beteiligung in %	Abgegebene Stimmen			
						gültig			ungültig
		Zahl	in % der Stimmbe-rechtigten			ja	nein	zusammen	
1 Mitte	221.469	109.330	49,4	225.018	61,5	127.561	4.751	132.312	5.996
2 Tiergarten	222.490	99.841	44,9	224.645	54,0	111.215	4.287	115.502	5.765
3 Wedding	251.844	178.520	70,9	257.865	79,0	191.579	5.048	196.627	6.967
4 Prenzlauer Berg	232.081	149.230	64,3	235.758	73,1	159.162	5.064	164.226	8.013
5 Friedrichshain	246.993	164.230	66,5	252.002	75,8	175.984	5.881	181.865	9.127
6 Kreuzberg	290.425	165.665	57,0	297.476	65,6	179.742	6.117	185.859	9.403
7 Charlottenburg	267.280	101.771	38,1	263.986	48,7	120.178	4.185	124.363	4.222
8 Spandau	78.586	42.147	53,6	82.637	64,3	48.633	1.898	50.531	2.584
9 Wilmersdorf	132.047	38.689	29,8	136.222	36,7	46.767	1.681	48.448	1.597
10 Zehlendorf	31.069	6.092	19,6	33.417	27,9	8.733	327	9.060	255
11 Schöneberg	177.685	69.089	38,9	183.582	45,2	76.261	2.954	79.215	3.760
12 Steglitz	114.619	36.198	31,6	120.225	38,0	42.106	1.814	43.920	1.738
13 Tempelhof	47.246	23.823	50,4	49.807	59,0	26.969	964	27.933	1.476
14 Neukölln	210.361	142.600	67,8	213.201	77,9	153.905	5.243	159.148	6.870
15 Treptow	69.387	44.171	63,7	71.858	73,3	48.112	1.918	50.030	2.657
16 Köpenick	47.503	25.238	53,1	52.399	67,2	32.156	1.463	33.619	1.598
17 Lichtenberg	140.347	87.707	62,5	145.159	71,7	96.067	3.403	99.470	4.676
18 Weißensee	39.600	23.059	58,2	41.276	67,5	25.683	869	26.552	1.296
19 Pankow	71.596	34.961	48,8	74.429	59,3	40.809	1.377	42.186	1.971
20 Reinickendorf	75.598	42.331	56,0	79.956	65,5	48.756	1.518	50.274	2.136
Groß-Berlin	2.968.226	1.584.692	53,4	3.040.918	62,6	1.760.378	60.762	1.821.140	82.107

* *Quelle: Statistisches Jahrbuch der Stadt Berlin,* 3. Jg. (1927), Berlin 1927, S. 299.

TABELLE 16

*Volksbegehren über den Gesetzentwurf „Panzerkreuzerverbot" in Berlin vom 3. — 16. Oktober 1928**

Bezirke	Stimm-berechtigte	Gültige Eintragungen			Ungültige Eintragungen
		Zahl	%	in % der Stimmberechtigten	
Mitte	231.429	25.966	6,8	11,2	2
Tiergarten	223.319	22.428	5,4	10,0	4
Wedding	268.471	66.429	16,0	24,7	9
Prenzlauer Berg	241.825	41.641	10,0	17,2	9
Friedrichshain	256.296	49.494	12,0	19,3	8
Kreuzberg	302.018	43.171	10,4	14,3	4
Charlottenburg	269.051	17.478	4,2	6,5	3
Spandau	89.985	4.688	1,1	5,2	—
Wilmersdorf	141.764	4.676	1,1	3,3	—
Zehlendorf	36.676	571	0,1	1,6	—
Schöneberg	187.807	10.244	2,5	5,5	1
Steglitz	130.518	5.626	1,4	4,3	—
Tempelhof	57.805	4.351	1,1	7,5	2
Neukölln	225.415	45.368	10,9	20,1	5
Treptow	76.613	12.520	3,0	16,3	—
Köpenick	57.515	6.490	1,6	11,8	1
Lichtenberg	154.928	26.150	6,3	16,9	1
Weißensee	45.137	5.616	1,4	12,4	—
Pankow	81.312	8.279	2,0	10,2	—
Reinickendorf	89.494	13.387	3,2	15,0	—
Groß-Berlin	3.167.378	414.573	100,0	13,1	49

* *Quelle: Statistisches Jahrbuch der Stadt Berlin,* 5. Jg. (1929), Berlin 1929, S. 300.

TABELLE 17

*Volksbegehren und Volksentscheid über den Gesetzentwurf „Freiheitsgesetz" in Berlin 1929**

Bezirke	Volksbegehren 16.—29. Oktober 1929			Volkentscheid am 22. Dezember 1929					
	Stimm-berechtigte[1]	Eintragungen		Stimm-berechtigte[1]	Wahl-beteiligung in %	Abgegebene Stimmen			
		Zahl	in % der Stimmbe-rechtigten			gültig			ungültig
						ja	nein	zusammen	
1 Mitte	231.429	16.640	7,2	239.413	9,7	21.861	1.117	22.978	236
2 Tiergarten	223.319	21.150	9,5	212.862	12,8	29.401	1.291	30.692	293
3 Wedding	268.471	10.524	3,9	279.316	5,5	14.507	701	15.208	150
4 Prenzlauer Berg	241.825	13.986	5,8	255.131	8,4	20.429	870	21.299	175
5 Friedrichshain	256.296	11.682	4,6	265.531	6,5	16.225	904	17.129	161
6 Kreuzberg	302.018	21.809	7,2	315.506	10,0	29.960	1.305	31.265	258
7 Charlottenburg	269.051	26.461	9,8	285.770	13,5	36.840	1.565	38.405	314
8 Spandau	89.985	5.146	5,7	95.747	8,0	7.166	418	7.584	103
9 Wilmersdorf	141.764	19.445	13.7	153.741	17,9	26.149	1.097	27.246	215
10 Zehlendorf	36.676	5.578	15,2	41.607	20,9	8.254	346	8.600	90
11 Schöneberg	187.807	24.210	12,9	200.072	17,3	33.057	1.323	34.380	229
12 Steglitz	130.518	18.531	14,2	142.798	21,6	29.527	1.114	30.641	190
13 Tempelhof	57.805	5.431	9,4	65.208	13,9	8.634	326	8.960	73
14 Neukölln	225.415	9.145	4,1	238.656	6,3	14.143	743	14.886	110
15 Treptow	76.613	4.661	6,1	83.119	8,9	7.033	313	7.346	56
16 Köpenick	57.515	4.584	8,0	59.373	12,3	6.883	361	7.244	70
17 Lichtenberg	154.928	8.768	5,7	169.833	8,8	14.269	604	14.873	154
18 Weißensee	45.137	2.706	6,0	50.851	8,3	4.023	182	4.205	23
19 Pankow	81.312	7.310	9,0	88.545	13,2	11.084	467	11.551	101
20 Reinickendorf	89.494	5.088	5,7	102.209	8,8	8.595	369	8.964	54
Groß-Berlin	3.167.378	242.855	7,7	3.375.288	10,9	348.010	15.416	363.456	3.055

[1] Einschließlich der Inhaber von Stimmscheinen.

* *Quelle: Statistisches Jahrbuch der Stadt Berlin,* 6. Jg. (1930), Berlin 1930, S. 352.

TABELLE 18

*Volksbegehren und Volksentscheid über den Gesetzentwurf „Landtagsauflösung" in Berlin 1931**

Bezirke	Volksbegehren 8.—21. April 1931			Volksentscheid am 9. August 1931					
	Stimm-berechtigte[1]	Eintragungen		Stimm-berechtigte	Wahl-beteiligung in %	Abgegebene Stimmen			
		Zahl	in % der Stimmbe-rechtigten			gültig			ungültig
						ja	nein	zusammen	
1 Mitte	238.795	25.196	10,6	234.379	30,2	67.329	2.289	69.618	1.225
2 Tiergarten	221.031	34.455	15,6	218.024	32,0	66.424	2.193	68.617	1.166
3 Wedding	280.106	17.688	6,3	278.154	34,3	89.974	3.294	93.268	2.022
4 Prenzlauer Berg	258.575	22.470	8,7	256.561	29,9	72.899	2.467	75.366	1.369
5 Friedrichshain	264.519	18.996	7,2	259.625	31,4	77.051	2.765	79.816	1.580
6 Kreuzberg	308.136	33.419	10,8	291.140	31,9	88.352	2.908	91.200	1.628
7 Charlottenburg	285.953	47.645	16,7	284.846	29,1	79.682	2.075	81.757	1.076
8 Spandau	98.951	13.501	13,6	101.115	30,2	29.096	1.003	30.099	482
9 Wilmersdorf	157.787	35.541	22.5	152.700	32,5	47.525	1.284	48.809	744
10 Zehlendorf	44.022	12.113	27,5	46.283	38,4	16.932	500	17.432	344
11 Schöneberg	197.116	39.455	20,0	195.068	32,4	60.698	1.631	62.329	799
12 Steglitz	146.966	40.595	27,6	144.866	42,2	58.863	1.571	60.434	747
13 Tempelhof	72.700	12.219	16,8	78.919	31,6	23.941	687	24.628	342
14 Neukölln	243.157	18.229	7,5	244.770	30,9	71.500	2.513	74.013	1.667
15 Treptow	88.376	10.023	11,3	92.944	31,6	27.995	852	28.847	538
16 Köpenick	62.018	9.110	14,7	65.565	40,7	25.529	749	20.278	432
17 Lichtenberg	178.176	16.399	9,2	182.851	30,9	53.690	1.858	55.548	1.041
18 Weißensee	53.574	5.995	11,2	57.328	34,0	18.741	518	19.259	244
19 Pankow	93.577	14.309	15,3	97.268	33,9	31.436	963	32.399	591
20 Reinickendorf	110.799	11.504	10,4	114.418	33,6	36.536	1.270	37.806	651
Groß-Berlin	3.101.004	400.002	12,9	3.396.824	32,3	1.044.193	33.390	1.077.583	18.688

[1] Reichstagswahl 1930.

* *Quelle: Statistisches Jahrbuch der Stadt Berlin,* 8. Jg. (1932), Berlin 1932, S. 258.

IV. Spezialtabellen

TABELLE 19

Die Wahlbeteiligung nach Geschlechtern (Reichstagswahl 1928, Stadtverordnetenwahl 1929 und Reichstagswahl 1930) in Berlin (in Prozent)

Wahl		Mitte	Tiergarten	Wedding	Prenzlauer Berg	Friedrichs-hain	Kreuzberg	Charlotten-burg	Spandau	Wilmers-dorf	Zehlen-dorf	Groß-Berlin
Reichstag 20. 5. 1928[1]	zus.	74,1	75,5	82,7	81,9	80,5	78,1	74,6	76,6	74,9	80,3	78,9
	m.	78,2	79,7	87,5	85,7	84,6	81,9	80,1	82,2	81,3	89,0	83,6
	w.	70,2	72,3	78,7	78,7	77,1	75,0	70,7	71,5	70,9	74,9	75,2
Stadtverordneten-versammlung 17. 11. 1929[2]	zus.	64,1	64,1	74,1	73,1	70,8	69,3	65,1	68,2	66,1	73,1	70,3
	m.	67,7	68,9	77,8	77,2	67,3	72,7	70,8	72,6	72,4	79,8	74,5
	w.	60,8	60,5	70,9	69,5	74,9	66,5	60,8	64,2	62,1	68,7	66,8
Reichstag 14. 9. 1930[3]	zus.	75,6	79,8	84,0	83,1	81,6	80,1	77,4	83,9	77,4	81,1	81,4
	m.	78,2	82,0	86,8	86,1	84,0	83,3	81,0	84,7	82,8	86,7	84,2
	w.	73,3	78,0	81,6	80,6	79,5	77,6	74,7	83,2	74,1	77,5	79,1

Wahl		Schöne-berg	Steglitz	Tempel-hof	Neukölln	Treptow	Köpenick	Lichtenberg	Weißensee	Pankow	Reinicken-dorf	Groß-Berlin
Reichstag 20. 5. 1928[1]	zus.	75,0	79,8	80,6	83,5	83,5	82,9	81,8	78,0	80,8	81,6	78,9
	m.	81,0	84,4	84,7	88,3	86,4	85,1	86,8	83,7	85,2	85,0	83,6
	w.	70,8	76,4	77,1	79,5	80,8	80,7	77,4	72,9	77,1	78,5	75,2
Stadtverordneten-versammlung 17. 11. 1929[2]	zus.	68,7	74,5	74,5	75,6	76,1	76,5	72,7	70,0	72,5	73,6	70,3
	m.	73,7	78,2	78,2	78,7	79,1	79,9	74,7	74,7	76,8	76,8	74,5
	w.	65,1	71,8	71,1	72,8	73,1	73,5	70,8	65,5	68,6	70,4	66,8
Reichstag 14. 9. 1930[3]	zus.	77,4	84,2	84,4	85,1	86,4	87,8	82,8	82,3	84,0	84,3	81,4
	m.	80,4	87,1	84,9	86,9	89,3	89,3	84,9	85,9	87,8	82,8	84,2
	w.	75,2	82,0	84,0	83,4	83,7	86,2	81,0	79,0	80,8	85,9	79,1

[1] Berechnungen nach Angaben aus: *Statistik des Deutschen Reichs,* Bd. 372, Heft III: *Die Wahlen zum Reichstag am 20. Mai 1928,* bearb. im Statistischen Reichsamt, Berlin 1931, S. 11 f. — Die errechneten Summen differieren leicht im Vergleich zu den Angaben im *Statistischen Jahrbuch der Stadt Berlin,* hrsg. vom Statistischen Amt der Stadt Berlin, 4. Jg. (1928), Berlin 1928, S. 308 f. Errechnete Werte: Stimmberechtigte insges. 3.168.980, abgegebene Stimmen: 2.500.897; männliche/weibliche Stimmberechtigte 1.410.595/1.758.385; männliche/weibliche Wahlbeteiligte: 1.179.184/1.321.713.

[2] Angaben nach: *Statistisches Jahrbuch der Stadt Berlin,* hrsg. vom Statistischen Amt der Stadt Berlin, 6. Jg. (1930), Berlin 1930, S. 347.

[3] Angaben nach: *Statistisches Jahrbuch der Stadt Berlin,* hrsg. vom Statistischen Amt der Stadt Berlin, 7. Jg. (1931), Berlin 1931, S. 339.

TABELLE 20 A

*Reichstagswahlen vom 20. Mai 1928 in Berlin — Ergebnisse nach dem Geschlecht der Wähler**

Bezirk		Prozentualer Anteil der Parteien an den gültigen Stimmen									
		KPD	USPD[1]	SPD	DDP	Z	DVP	Wirtschafts-partei	DNVP	NSDAP	Sonstige[2]
Mitte	zus.[3]	25,9	0,2	31,3	8,7	3,7	5,0	2,6	17,9	1,8	3,0
	m.	53,1		47,9	48,9	36,3	48,5	49,9	42,2	55,9	
	w.	46,9		52,1	51,1	63,7	51,5	50,1	57,8	44,1	
Tiergarten	zus.	20,3	0,1	30,1	9,1	4,4	7,0	2,3	21,6	1,7	3,4
	m.	53,0		45,9	46,1	35,6	45,1	48,3	38,5	53,4	
	w.	47,0		54,1	53,9	64,4	54,9	51,7	61,5	46,6	
Wedding	zus.	40,4	0,2	34,0	4,5	2,6	2,6	2,1	11,0	0,8	2,0
	m.	51,8		46,9	48,2	38,0	45,8	50,0	42,3	56,3	
	w.	48,2		53,1	51,8	62,0	54,2	50,0	57,7	43,7	
Prenzlauer Berg	zus.	28,6	0,1	37,5	6,3	3,1	3,5	2,4	15,2	1,2	2,0
	m.	52,4		46,4	47,0	36,8	46,3	49,3	42,3	54,0	
	w.	47,6		53,6	53,0	63,2	53,7	50,7	57,7	46,0	
Friedrichshain	zus.	34,8	0,2	34,6	5,4	3,3	3,1	2,6	12,5	1,2	2,4
	m.	52,6		46,4	47,5	38,9	45,2	49,9	43,3	53,0	
	w.	47,4		53,6	52,5	61,1	54,8	50,1	56,7	47,0	
Kreuzberg	zus.	25,1	0,2	35,5	6,4	3,3	5,2	2,5	17,4	1,7	2,7
	m.	52,5		46,0	47,6	39,6	45,5	48,4	41,2	55,8	
	w.	47,5		54,0	52,4	60,4	54,5	51,6	58,8	44,2	
Charlottenburg	zus.	15,5	0,1	28,7	12,6	3,7	9,4	2,2	21,4	2,0	4,5
	m.	53,8		45,5	45,1	34,4	45,9	48,3	39,7	54,7	
	w.	46,2		54,5	54,9	65,6	54,1	51,7	60,3	45,3	
Spandau	zus.	17,2	0,1	41,0	5,1	3,6	7,3	3,2	17,9	2,3	2,1
	m.	57,1		50,9	53,4	41,8	50,3	52,6	45,1	60,1	
	w.	42,9		49,1	46,6	58,2	49,7	47,4	54,9	39,9	
Wilmersdorf	zus.	8,3	0,1	23,6	15,4	3,5	12,7	2,3	28,3	2,1	3,8
	m.	52,3		42,4	43,4	30,5	42,3	48,0	37,5	51,3	
	w.	47,7		57,6	56,6	69,5	57,7	52,0	62,5	48,7	
Zehlendorf	zus.	5,8	0,1	23,2	10,4	3,7	18,5	2,3	30,1	1,8	4,2
	m.	52,9		44,3	46,5	31,7	42,6	48,4	37,9	54,6	
	w.	47,1		55,7	53,5	68,3	57,4	51,6	62,1	45,4	
Schöneberg	zus.	12,8	0,1	27,6	12,0	3,7	9,9	2,5	26,1	2,1	3,4
	m.	53,5		44,7	45,0	33,0	43,0	47,6	38,6	53,7	
	w.	46,5		55,3	55,0	67,0	57,0	52,4	61,4	46,3	

Steglitz	zus.	11,2	0,1	22,9	8,9	3,4	16,7	3,0	26,5	2,9	4,3
	m.	54,5		46,6	46,6	36,9	43,8	49,2	39,3	53,1	
	w.	45,5		53,4	53,4	63,1	56,2	50,8	60,7	46,9	
Tempelhof	zus.	16,7	0,0	33,9	8,9	3,9	8,6	2,9	20,4	1,8	3,2
	m.	54,3		48,1	48,8	33,6	46,3	48,9	43,7	55,7	
	w.	45,7		51,9	51,2	66,4	53,7	51,1	56,3	44,3	
Neukölln	zus.	30,8	0,1	40,3	5,2	2,4	4,0	2,4	11,2	1,2	2,4
	m.	53,1		47,0	49,2	40,5	46,1	50,7	43,6	55,9	
	w.	46,9		53,0	50,8	59,5	53,9	49,3	56,4	44,1	
Treptow	zus.	27,9	0,1	35,0	6,4	3,2	6,0	3,0	14,9	1,0	2,6
	m.	54,0		49,2	49,8	42,4	46,0	49,3	45,0	60,5	
	w.	46,0		50,8	50,2	57,6	54,0	50,7	55,0	39,5	
Köpenick	zus.	23,9	0,2	32,9	5,9	2,1	6,2	6,7	17,8	1,5	3,0
	m.	54,5		49,2	50,2	40,4	47,3	50,1	44,1	58,4	
	w.	45,5		50,8	49,8	59,6	52,7	49,9	55,9	41,6	
Lichtenberg	zus.	29,4	0,2	35,6	5,2	3,2	4,6	3,0	14,2	1,5	2,9
	m.	53,9		48,6	50,2	39,8	45,8	49,3	44,6	55,6	
	w.	46,1		51,4	49,8	60,2	54,2	50,7	55,4	44,4	
Weißensee	zus.	30,8	0,2	31,9	5,0	3,4	6,1	3,7	15,7	1,0	2,5
	m.	54,2		50,3	50,4	40,0	46,5	51,5	46,0	56,4	
	w.	45,8		49,7	49,6	60,0	53,5	48,5	54,0	43,6	
Pankow	zus.	20,7	0,1	33,6	7,7	2,5	6,6	3,3	21,5	1,3	2,7
	m.	54,6		48,0	48,6	37,0	45,0	50,0	42,7	55,2	
	w.	45,4		52,0	51,4	63,0	55,0	50,0	57,3	44,8	
Reinickendorf	zus.	27,9	0,1	34,1	6,1	4,0	6,6	3,8	13,4	1,3	2,6
	m.	54,9		49,2	49,9	35,8	47,4	49,8	44,3	58,5	
	w.	45,1		50,8	50,1	64,2	52,6	50,2	55,7	41,5	
Groß-Berlin[4]	zus.	24,6	0,1	32,9	7,7	3,3	6,4	2,7	17,7	1,6	2,9
	m.	53,1		46,9	47,1	36,6	45,2	49,4	41,2	55,0	
	w.	40,9		53,1	52,9	63,4	54,8	50,6	58,8	45,0	

* Berechnungen nach: *Statistik des Deutschen Reichs,* Bd. 372, Heft III: *Die Wahlen zum Reichstag am 20. Mai 1928,* bearb. im Statistischen Reichsamt, Berlin 1931, S. 11f.

1 Aufschlüsselung nicht möglich.
2 Aufschlüsselung ist nicht sinnvoll.
3 Die Angabe „zusammen" bezieht sich auf den prozentualen Anteil der Gesamtwählerschaft einer Partei, bezogen auf die gültigen Stimmen insgesamt.
4 Wahlberechtigte insgesamt: 3.168.980 = 100 %; davon Männer: 1.410.595 = 44,5 %; Frauen: 1.458.385 = 55,5 %; gültige Stimmen insgesamt: 2.481.138 = 100 %; davon Männer: 1.170.459 = 47,2 %; Frauen: 1.310.679 = 52,8 %.

TABELLE 20 B

*Stadtverordnetenwahlen vom 17. November 1929 in Berlin — Ergebnisse nach dem Geschlecht der Wähler**

Bezirk		Prozentualer Anteil der Parteien an den gültigen Stimmen									
		KPD	USPD	SPD	DDP	Z	DVP	Reichspartei des deutschen Mittelstandes	DNVP	NSDAP	Sonstige[2]
Mitte	zus.[1]	27,1	0,2	26,7	6,7	4,3	4,9	4,2	18,1	5,8	2,2
	m.	55,1	51,7	47,9	49,3	35,2	45,9	49,9	41,2	54,7	
	w.	44,9	48,3	52,1	50,7	64,8	54,1	50,1	58,8	45,1	
Tiergarten	zus.	20,2	0,2	25,8	7,4	5,2	6,6	3,6	21,7	6,6	2,8
	m.	55,2	51,0	46,8	46,2	36,2	44,0	48,2	38,2	52,6	
	w.	44,8	49,0	53,2	53,8	63,8	56,0	51,8	61,8	47,4	
Wedding	zus.	40,6	0,3	30,1	3,7	2,9	2,6	3,7	10,8	3,1	2,2
	m.	53,0	55,3	47,5	49,2	38,3	43,8	49,4	41,9	54,0	
	w.	47,0	44,7	52,5	50,8	61,7	56,2	50,6	58,8	46,0	
Prenzlauer Berg	zus.	29,0	0,2	33,6	4,9	3,7	3,2	3,9	14,8	4,6	2,2
	m.	53,7	58,2	46,9	48,0	36,7	43,5	49,3	41,6	53,9	
	w.	46,3	41,8	53,1	52,0	63,3	56,5	50,7	58,4	46,1	
Friedrichshain	zus.	35,0	0,4	30,9	3,9	3,9	2,9	4,2	12,5	3,7	2,7
	m.	54,2	54,3	46,9	49,0	39,5	43,8	49,7	41,8	53,9	
	w.	45,8	45,7	53,1	51,0	60,5	56,2	50,3	58,2	46,1	
Kreuzberg	zus.	25,9	0,2	31,0	4,8	4,0	4,8	4,0	17,5	5,4	2,4
	m.	53,9	54,3	46,1	48,5	39,6	42,9	48,4	40,0	53,2	
	w.	46,1	45,7	53,9	51,5	60,4	57,1	51,6	60,0	46,8	
Charlottenburg	zus.	15,7	0,2	23,5	10,6	[4]	12,1	4,7	21,3	8,0	3,9
	m.	55,3	48,9	46,8	46,1		42,4	46,7	39,0	52,4	
	w.	44,7	51,1	53,2	53,9		57,6	53,3	61,0	47,6	
Spandau	zus.	16,0	0,1	34,4	4,4	4,3	8,6	6,6	18,4	5,3	2,0
	m.	59,4	54,9	51,4	52,9	40,6	48,3	51,5	43,6	58,9	
	w.	40,6	45,1	48,6	47,1	59,4	51,7	48,5	56,4	41,1	
Wilmersdorf	zus.	7,4	0,1	18,9	12,8	4,0	13,8	3,5	28,7	8,6	2,2
	m.	54,3	38,4	44,5	44,5	32,5	42,9	47,9	36,7	49,7	
	w.	45,7	61,6	55,5	55,5	67,5	57,1	52,1	63,6	50,3	
Zehlendorf	zus.	5,3	0,1	18,6	8,2	4,3	19,5	4,1	29,8	7,9	2,2
	m.	55,2	50,0	45,1	48,4	33,2	42,8	48,5	38,5	51,2	
	w.	44,8	50,0	54,9	51,6	66,8	57,2	51,5	61,5	48,8	
Schöneberg	zus.	12,1	0,1	23,0	9,2	4,2	9,7	3,8	26,7	8,7	2,5
	m.	55,5	57,0	46,0	45,9	35,0	42,3	48,1	37,6	50,5	
	w.	44,5	42,0	54,0	54,1	65,0	57,7	51,9	62,4	49,5	

Steglitz	zus.	9,6	0,2	17,6	6,8	4,0	18,0	4,7	25,2	10,3	3,5
	m.	55,9	50,6	48,1	47,3	37,4	41,8	47,9	39,2	50,5	
	w.	44,1	49,4	51,9	52,7	62,6	58,2	52,1	60,8	49,5	
Tempelhof	zus.	15,5	0,1	29,7	6,9	5,0	8,2	4,0	21,6	5,9	3,3
	m.	56,8	58,8	49,1	50,4	34,3	46,0	50,4	42,4	55,2	
	w.	43,2	41,2	50,9	49,6	65,7	54,0	49,6	57,6	44,8	
Neukölln	zus.	31,7	0,3	35,1	4,5	2,7	4,4	3,4	11,5	4,0	2,4
	m.	53,5	57,2	47,4	49,8	39,8	44,0	49,8	43,3	55,3	
	w.	46,5	42,8	52,6	50,2	60,2	56,0	50,2	56,7	44,7	
Treptow	zus.	26,9	0,3	31,0	5,2	3,8	6,3	4,2	15,5	4,3	2,5
	m.	54,8	59,4	49,4	50,1	44,2	46,2	50,9	43,7	57,1	
	w.	45,2	40,6	50,6	49,9	55,8	53,8	49,1	56,3	42,9	
Köpenick	zus.	24,7	0,3	26,8	3,9	2,6	5,9	10,7	16,1	6,4	2,8
	m.	54,3	61,1	49,3	51,6	43,0	44,9	49,3	43,2	53,0	
	w.	45,7	38,9	50,7	48,4	57,0	55,1	50,7	56,8	47,0	
Lichtenberg	zus.	29,3	0,3	31,1	3,6	4,0	4,4	4,8	13,6	5,8	3,2
	m.	55,1	61,4	48,9	51,5	41,6	46,2	50,1	44,4	55,1	
	w.	44,9	38,6	51,1	48,5	58,4	53,8	49,9	55,6	44,9	
Weißensee	zus.	28,0	0,2	28,2	3,9	4,1	5,3	6,5	14,9	4,0	4,9
	m.	55,1	55,7	50,9	52,3	40,8	46,2	50,8	45,1	56,7	
	w.	44,9	44,3	49,1	47,7	59,2	53,8	49,2	54,9	43,3	
Pankow	zus.	20,4	0,2	29,3	6,1	2,9	6,1	5,8	21,1	5,8	2,4
	m.	56,2	55,8	49,2	49,1	38,8	45,8	49,4	41,6	53,5	
	w.	43,8	44,2	50,8	50,9	61,2	54,2	50,6	58,4	46,5	
Reinickendorf	zus.	27,9	0,3	30,4	4,7	4,3	6,2	6,0	12,5	5,3	2,4
	m.	56,0	58,4	49,6	51,8	37,3	45,1	49,5	44,0	54,5	
	w.	44,0	41,6	50,4	48,2	62,7	54,9	50,5	56,0	45,5	
Groß-Berlin[3]	zus.	24,6	0,2	28,4	6,0	3,6	6,7	4,4	17,6	5,8	2,6
	m.	54,4	55,0	47,5	47,9	37,8	43,7	49,1	40,5	53,2	
	w.	45,6	45,0	52,5	52,1	62,2	56,3	60,0	50,5	4,0	

* Berechnungen nach: *Statistisches Jahrbuch der Stadt Berlin,* hrsg. vom Statistischen Amt der Stadt Berlin, 6. Jg. (1930), Berlin 1930, S. 348 f.

[1] Die Angabe „zusammen" bezieht sich auf den prozentualen Anteil der Gesamtwählerschaft einer Partei, bezogen auf die gültigen Stimmen insgesamt.

[2] Aufschlüsselung ist nicht sinnvoll.

[3] Wahlberechtigte insgesamt: 3.289.182 = 100 %; davon Männer: 1.476.564 = 44,9 %; Frauen: 1.812.618 = 55,1 %; gültige Stimmen insgesamt: 2.294.278 = 100 %; davon Männer: 1.092.309 = 47,6 %; Frauen: 1.201.969 = 52,4 %.

[4] Es lag kein Kreiswahlvorschlag der Zentrumspartei in Charlottenburg vor.

TABELLE 20 C

*Reichstagswahlen vom 14. September 1930 in Berlin — Ergebnisse nach dem Geschlecht der Wähler**

Bezirk		Prozentualer Anteil der Parteien an den gültigen Stimmen										
		KPD	USPD	SPD	Deutsche Staatspartei	Z	DVP	Reichspartei des deutschen Mittelstandes	Christlich-sozialer Volksdienst	DNVP	NSDAP	Sonstige[2]
	zus.[1]	29,8	0,1	25,5	5,3	4,0	2,9	2,3	0,8	13,2	14,9	1,4
Mitte	m.	53,7	54,2	46,1	49,8	34,7	43,2	48,7	26,7	39,1	50,3	
	w.	46,3	45,8	53,9	50,2	65,3	56,8	51,3	73,7	60,9	49,7	
	zus.	23,3	0,1	24,6	6,5	4,8	3,5	2,1	1,0	15,8	16,5	2,0
Tiergarten	m.	52,7	54,8	44,6	45,9	34,6	39,5	47,7	26,4	36,1	47,1	
	w.	47,3	45,2	55,4	54,1	65,4	60,5	52,3	73,6	63,9	52,9	
	zus.	43,0	0,1	28,0	3,0	2,7	1,6	2,1	0,9	8,7	9,0	1,1
Wedding	m.	52,0	53,9	46,1	48,9	36,8	41,0	47,8	31,6	40,1	49,9	
	w.	48,0	46,1	53,9	51,1	63,2	59,0	52,2	68,4	59,9	50,1	
	zus.	32,1	0,1	31,6	4,1	3,3	1,7	2,2	0,7	11,3	11,9	1,1
Prenzlauer Berg	m.	52,6	62,1	45,3	47,0	36,3	40,1	48,7	31,0	39,5	48,7	
	w.	47,4	37,9	54,7	53,0	63,7	59,9	51,3	69,0	60,5	51,3	
	zus.	38,0	0,1	28,4	3,2	3,5	1,5	2,3	0,8	9,3	11,6	1,2
Friedrichshain	m.	52,7	56,5	45,3	48,5	38,6	39,3	49,0	28,9	39,6	49,3	
	w.	47,3	43,5	54,7	51,5	61,4	60,7	51,0	71,1	60,4	50,7	
	zus.	29,2	0,1	28,7	4,3	3,4	2,5	2,3	0,9	13,1	14,0	1,4
Kreuzberg	m.	52,5	54,4	45,4	47,0	38,7	40,9	47,8	28,7	38,2	48,6	
	w.	47,5	45,6	54,6	53,0	61,3	59,1	52,2	71,3	61,8	51,4	
	zus.	18,1	0,1	24,5	8,8	4,2	5,5	2,1	1,2	14,8	18,5	2,3
Charlottenburg	m.	53,4	58,3	44,3	45,6	35,6	40,7	48,0	30,0	36,8	47,2	
	w.	46,6	41,7	55,7	54,4	64,4	59,3	52,0	70,0	63,2	52,8	
	zus.	20,0	0,0	32,4	3,7	3,8	5,7	3,1	1,9	12,6	15,0	1,9
Spandau	m.	57,0	58,6	49,4	52,8	40,0	48,3	49,7	37,1	42,0	51,6	
	w.	43,0	41,4	50,6	47,2	60,0	51,7	50,3	62,9	58,0	48,4	
	zus.	9,4	0,1	22,1	12,0	4,3	7,7	1,8	0,8	19,9	18,8	3,3
Wilmersdorf	m.	51,4	45,3	41,3	42,4	32,3	38,4	47,0	22,3	36,0		
	w.	46,6	54,7	58,7	57,6	67,7	61,6	53,0	77,7	61,0	55,8	
	zus.	7,4	0,1	19,7	9,8	4,1	11,7	2,0	0,9	21,2	17,7	5,6
Zehlendorf	m.	52,0	23,5	42,6	45,6	30,8	40,1	46,4	22,5	37,5	44,9	
	w.	48,0	76,5	57,4	54,4	69,2	59,9	53,6	77,5	62,5	55,1	
	zus.	14,9	0,0	23,7	8,3	4,0	5,3	2,2	0,9	18,4	19,9	2,3
Schöneberg	m.	52,5	53,2	43,7	44,4	33,7	40,0	46,1	25,5	36,4	46,4	
	w.	47,5	46,8	56,3	55,6	66,3	60,0	53,9	74,5	63,6	53,6	

Steglitz	zus.	11,8	0,1	18,8	7,1	3,6	9,6	2,6	1,2	17,7	23,3	4,2
	m.	53,7	62,0	45,9	45,2	35,1	39,9	47,0	28,7	38,6	45,4	
	w.	46,3	38,0	54,1	54,8	64,9	60,1	53,0	71,3	61,4	54,6	
Tempelhof	zus.	18,1	0,0	28,4	7,2	4,8	4,3	2,2	1,4	16,1	15,7	1,9
	m.	55,0	50,0	47,8	48,4	34,4	44,9	49,5	29,1	41,9	50,1	
	w.	45,0	50,0	52,2	51,6	65,6	55,1	50,5	70,9	58,1	49,9	
Neukölln	zus.	34,9	0,1	32,6	3,4	2,5	2,4	2,2	1,1	8,7	11,1	1,1
	m.	52,5	62,1	46,3	49,3	38,6	40,6	49,2	27,7	41,5	49,8	
	w.	47,5	37,9	53,7	50,7	61,4	59,4	50,8	72,3	58,5	50,2	
Treptow	zus.	29,1	0,1	29,5	4,6	3,4	3,4	2,8	1,2	12,0	12,5	1,5
	m.	54,5	65,7	48,4	48,8	41,2	44,1	48,9	33,6	41,7	51,9	
	w.	45,5	34,3	51,6	51,2	58,8	55,9	51,1	66,4	58,3	48,1	
Köpenick	zus.	27,1	0,1	26,2	4,4	2,3	3,9	5,8	1,3	13,0	14,0	1,9
	m.	54,0	50,0	48,3	49,4	39,3	40,8	48,8	34,8	43,0	50,1	
	w.	46,0	50,0	51,7	50,6	60,7	59,2	51,2	65,2	57,0	49,9	
Lichtenberg	zus.	31,7	0,1	29,2	3,6	3,6	2,3	2,8	1,4	10,2	13,9	1,2
	m.	53,8	50,3	47,6	49,4	39,4	43,2	50,2	30,1	42,4	50,6	
	w.	46,2	49,7	52,4	50,6	60,6	56,8	49,8	69,9	57,6	49,4	
Weißensee	zus.	32,7	0,1	25,3	3,1	3,9	2,8	3,4	1,2	12,1	14,2	1,2
	m.	53,5	59,4	48,3	50,5	39,3	43,0	52,8	31,3	42,7	51,6	
	w.	46,5	40,6	51,7	49,5	60,7	57,0	47,2	68,7	57,3	48,4	
Pankow	zus.	23,6	0,1	28,3	5,1	2,9	3,1	3,2	1,1	15,8	15,3	1,6
	m.	54,8	50,0	47,6	48,4	35,7	42,6	48,7	34,8	40,2	49,4	
	w.	45,2	50,0	52,4	51,6	64,3	57,4	51,3	65,2	59,8	50,6	
Reinickendorf	zus.	30,3	0,1	28,9	4,4	3,9	3,7	3,1	1,2	9,4	13,8	1,3
	m.	54,6	59,6	48,7	50,3	36,2	44,1	49,2	33,5	42,1	50,9	
	w.	45,4	40,4	51,3	49,7	63,8	55,9	50,8	66,5	57,9	49,1	
Groß-Berlin[3]	zus.	27,3	0,1	27,2	5,4	3,6	3,7	2,4	1,0	13,0	14,6	1,7
	m.	53,1	55,8	45,9	46,9	36,5	41,2	48,5	29,7	38,9	48,4	
	w.	46,9	44,2	54,1	53,1	63,5	58,8	51,5	70,3	61,1	51,0	

* Berechnungen nach: *Statistisches Jahrbuch der Stadt Berlin,* hrsg. vom Statistischen Amt der Stadt Berlin, 7. Jg. (1931), Berlin 1931, S. 339—342.

1 Die Angabe „zusammen" bezieht sich auf den prozentualen Anteil der Gesamtwählerschaft einer Partei, bezogen auf die gültigen Stimmen insgesamt.

2 Aufschlüsselung ist nicht sinnvoll.

3 Wahlberechtigte insgesamt: 3.345.523 = 100 %; davon Männer: 1.510.052 = 45,1 %; Frauen: 1.835.471 = 54,9 %; gültige Stimmen insgesamt: 2.709.257 = 100 %; davon Männer: 1.265.290 = 46,7 %; Frauen: 1.443.967 = 53,3 %.

TABELLE 21

*Die Wahlentscheidungen von männlichen und weiblichen Wählern bei der Reichstagswahl 1928 und 1930 sowie der Stadtverordnetenwahl von 1929**

Wahl		Prozentualer Anteil der Parteien an den gültigen Stimmen								
		KPD	SPD	DDP/Staats-partei	Z	DVP	Wirtschafts-partei/Reichs-partei	Christlich-sozialer Volksdienst	DNVP	NSDAP
Reichstag 20.5.1928	zus.**	24,6	32,9	7,7	3,3	6,4	2,7	—	17,7	1,6
	m.	27,7	32,7	7,9	2,6	6,3	2,8	—	15,5	1,8
	w.	21,9	33,1	7,9	4,0	6,8	2,5	—	19,7	1,3
Stadtverordneten-wahl 17.11.1929	zus.**	24,6	28,4	6,0	3,6	6,7	4,4	—	17,6	5,8
	m.	28,2	28,4	6,1	2,8	6,2	4,5	—	15,0	6,4
	w.	21,4	28,5	6,0	4,2	7,2	4,3	—	20,0	5,2
Reichstag 14.9.1930	zus.**	27,3	27,2	5,4	3,6	3,7	2,4	1,0	13,0	14,6
	m.	31,0	26,8	5,4	2,8	3,2	2,5	0,7	10,8	15,2
	w.	24,0	27,7	5,3	4,3	4,0	2,3	1,3	14,9	14,1

* Die erste Spalte einer Wahl berücksichtigt die nach Parteien prozentuale Aufgliederung der Stimmen, die zweite und dritte Spalte sind auf die Anzahl der gültigen männlichen bzw. weiblichen Stimmen bezogen. (Von hundert hypothetischen männlichen bzw. weiblichen Wählern haben sich für eine Partei X entschieden: . . .). —Die USPD und die „sonstigen Parteien" wurden nicht berücksichtigt.

** Die Angabe „zusammen" bezieht sich auf den prozentualen Anteil der Gesamtwählerschaft einer Partei, bezogen auf die gültigen Stimmen insgesamt.

TABELLE 22

*Anteil der NSDAP bei Reichstags-, Landtags-, Stadtverordneten- und Bezirksverordnetenwahlen in Berlin 1928 bis 1933**

Bezirke	Prozentuale Anteile der NSDAP an den jeweils gültigen Stimmen								
	RT/LT[1] 20.5.1928	StVV/BVV[2] 17.11.1929	RT 14.9.1920	LT 24.4.1932	RT 31.7.1932	RT 6.11.1932	RT 5.3.1933	LT 5.3.1933	StVV/BVV[1] 12.3.1933
Mitte	1,8	5,8	14,9	27,6	28,4	25,8	35,7	35,1	39,9
Tiergarten	1,7	6,6	16,5	25,9	29,8	27,1	35,5	35,0	38,9
Wedding	0,8	3,1	9,0	18,9	19,3	18,0	25,9	25,5	30,0
Prenzlauer Berg	1,2	4,6	11,9	23,3	23,8	22,1	30,2	29,7	34,1
Friedrichshain	1,2	3,7	11,6	20,7	21,6	20,0	28,9	28,3	32,7
Kreuzberg	1,7	5,4	14,0	26,1	26,6	23,7	32,8	32,2	36,1
Charlottenburg	2,0	8,0	18,5	31,8	33,1	29,4	38,9	38,6	42,4
Spandau	2,3	5,3	15,0	33,6	34,9	33,0	41,6	41,1	44,5
Wilmersdorf	2,1	8,6	18,8	33,6	35,1	29,3	38,2	38,1	41,2
Zehlendorf	1,8	7,9	17,7	35,5	36,3	29,4	39,2	38,8	41,1
Schöneberg	2,1	8,7	19,9	35,2	35,7	31,7	39,8	39,5	42,6
Steglitz	2,9	10,3	23,3	42,1	42,1	36,1	45,2	45,0	48,1
Tempelhof	1,8	5,9	15,7	32,7	33,9	30,3	38,5	38,2	41,5
Neukölln	1,2	4,0	11,1	22,6	24,0	22,2	29,7	29,4	33,4
Treptow	1,0	4,3	12,5	27,1	27,9	25,8	34,1	33,8	37,7
Köpenick	1,5	6,4	14,0	31,0	30,5	29,5	38,3	38,0	42,5
Lichtenberg	1,5	5,8	13,9	24,6	26,1	24,3	32,7	32,2	36,7
Weißensee	1,0	4,0	14,2	29,3	29,8	27,8	36,0	35,5	40,9
Pankow	1,3	5,8	15,3	31,6	32,3	29,9	38,4	38,0	42,8
Reinickendorf	1,3	5,3	13,8	28,1	29,0	27,1	35,7	35,3	40,2
Groß-Berlin	1,6	5,8	14,6	27,9	28,7	26,0	34,6	34,2	38,3

* *Quelle:* Siehe Bezirkstabellen bzw. Gesamtübersicht (TABELLE IV).

[1] Bei am gleichen Tag stattfindenden Wahlen sind die Ergebnisse für die einzelnen Parteien fast identisch. Bei geringfügig abweichenden Daten wurde die jeweils höhere Zahl notiert (max. Abweichung: + 0.2 %). Bei der RT- bzw. LT-Wahl am 5. 3. 1933 ist die Differenz höher als bei den anderen gleichzeitig stattfindenden Wahlen, deshalb wurden diese beiden Wahlen getrennt notiert.

(RT = Reichstag; LT = Landtag; StVV = Stadtverordnetenversammlung; BVV = Bezirksverordnetenversammlung.)

V. Schaubild

Gesamtdarstellung der Wahlergebnisse 1921 bis 1933 in Groß-Berlin

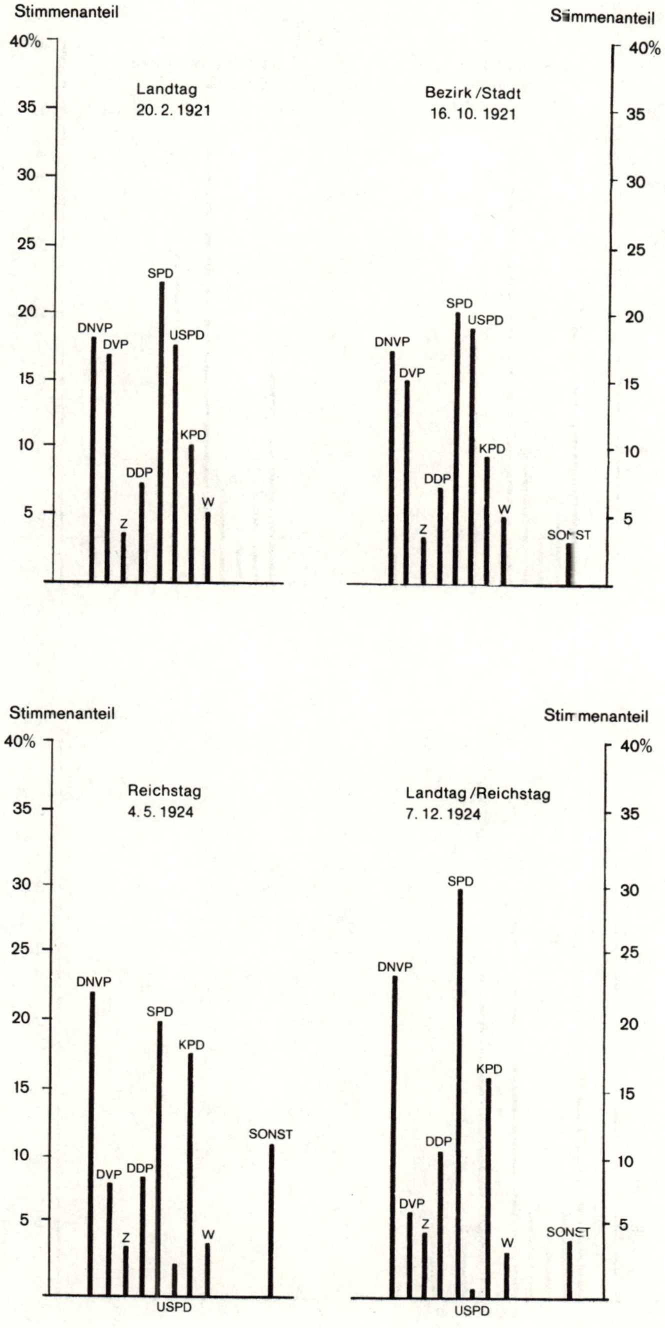

Gesamtdarstellung der Wahlergebnisse 1921 bis 1933 in Groß-Berlin (Fortsetzung)

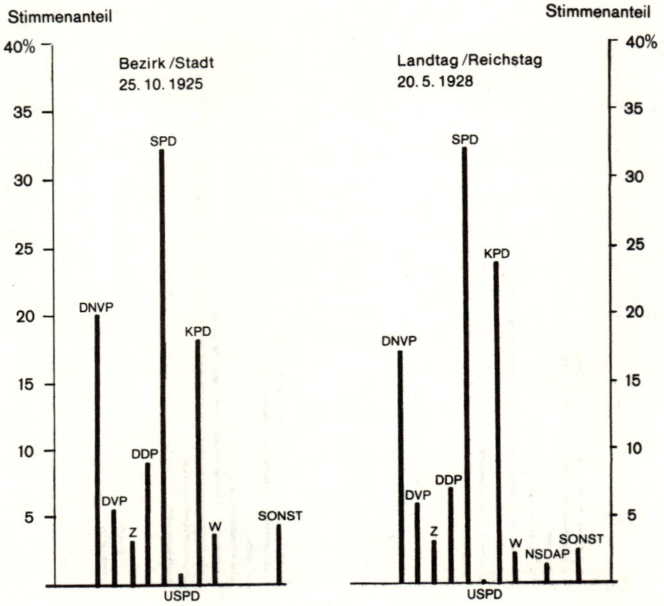

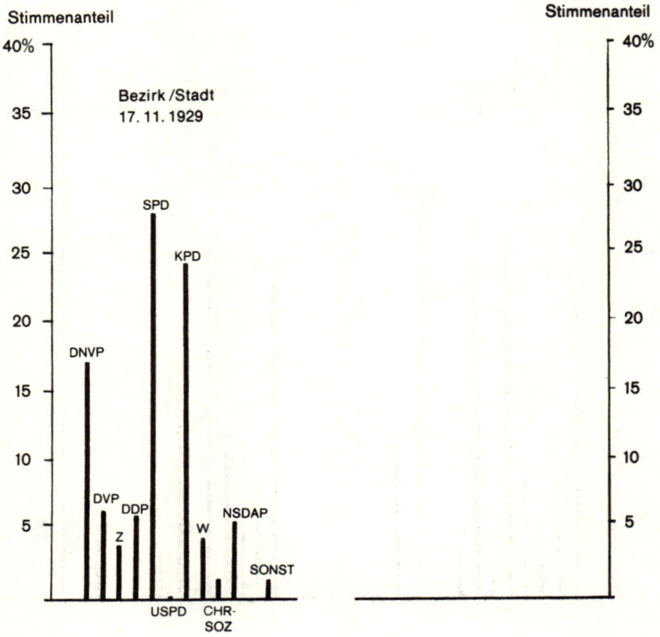

Gesamtdarstellung der Wahlergebnisse 1921 bis 1933 in Groß-Berlin (Fortsetzung)

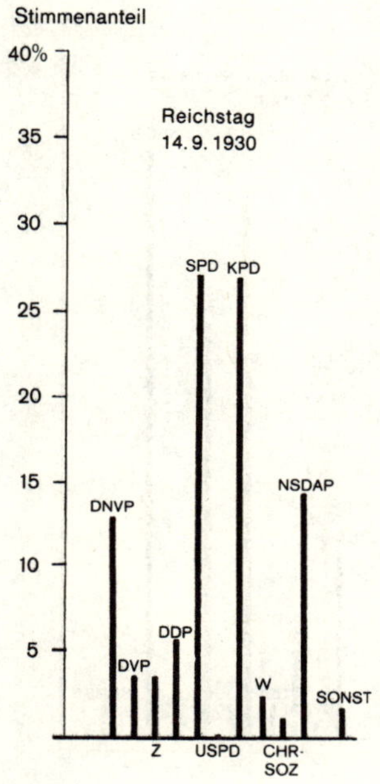

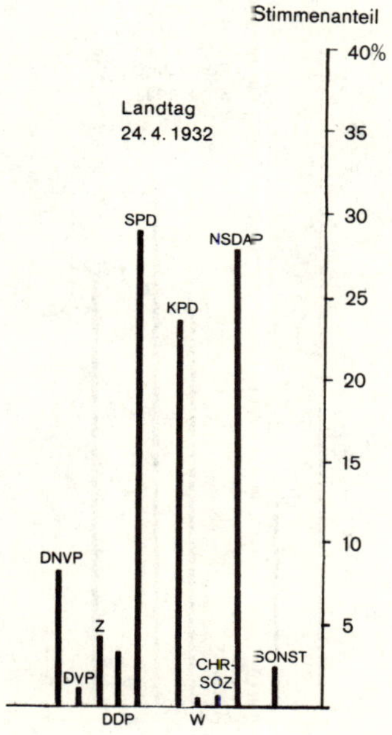

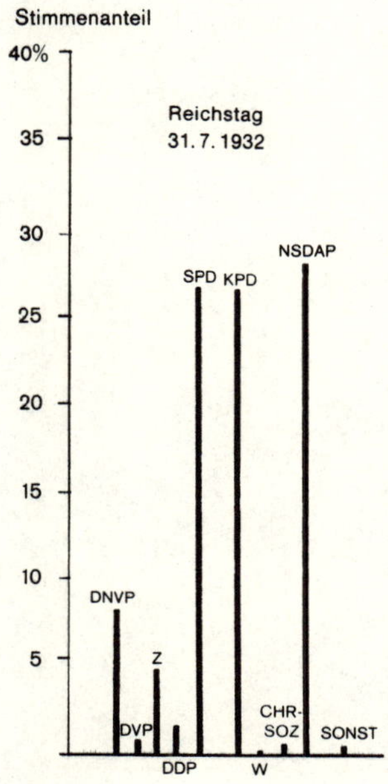

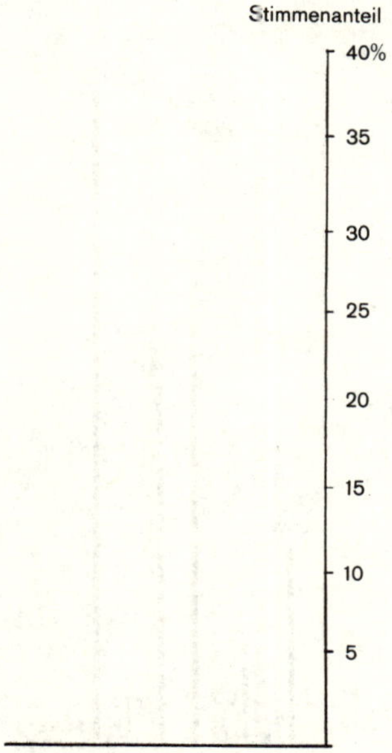

Gesamtdarstellung der Wahlergebnisse 1921 bis 1933 in Groß-Berlin (Fortsetzung)

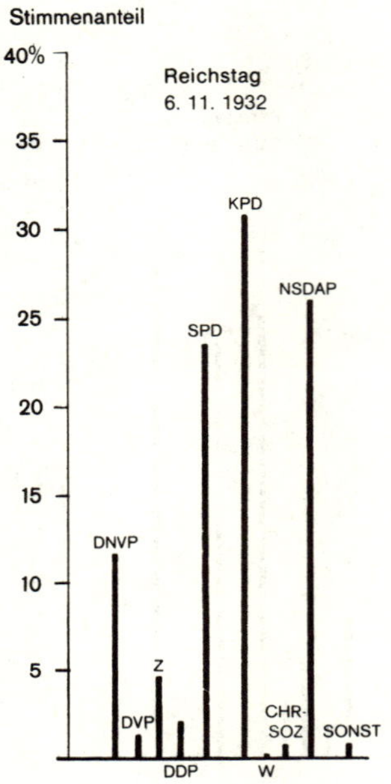

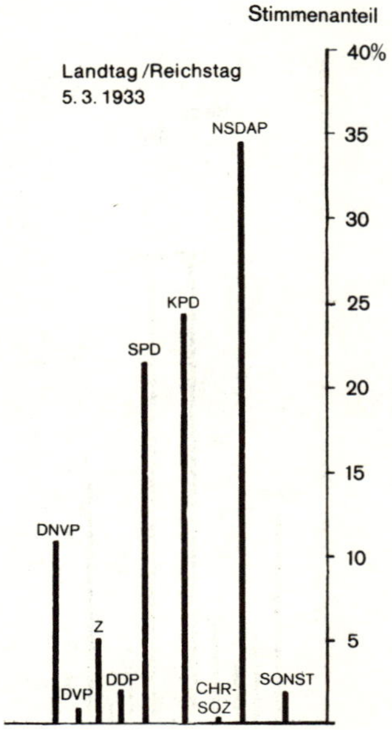

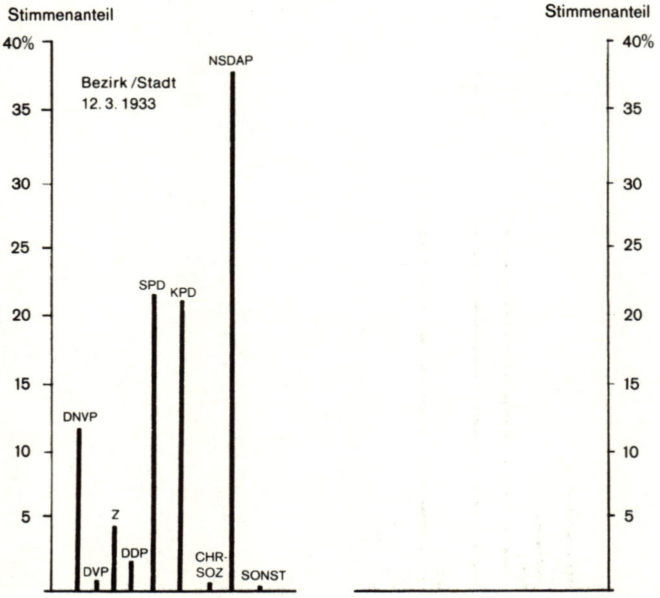

VI. Die Sozial- und Wahlstatistik der Groß-Berliner Bezirke bis 1933

1. Bezirk Mitte

1. *Bezirk Mitte: Sozialstatistik (1919, 1925 und 1933)**

BEVÖLKERUNG

Volkszählung	insgesamt	männlich	weiblich
1919	292.779	136.279	156.500
1925	295.837	135.678	160.159
1933	266.137	124.599	141.538

RELIGIONSZUGEHÖRIGKEIT (in %)

Jahr	evangelisch	katholisch	andere Christen	jüdisch	sonstige
1925	72,3	11,4	0,3	10,5	5,6
1933	67,6	12,1	0,1	9,2	11,0

ERWERBSPERSONEN (einschließlich der Arbeitslosen)

1.1. nach Berufsgruppen

Jahr	Erwerbspersonen		Arbeiter und Hausangestellte		Angestellte und Beamte		Selbständige		Mithelfende Familienangehörige		Berufslose Selbständige	
	absolut	in % der Wohnbevölkerung	absolut	in % der Erwerbspersonen	absolut	in % der Erwerbspersonen	absolut	in % der Erwerbspersonen	absolut	in % der Erwerbspersonen	absolut	in % der Erwerbspersonen
1925	193.700	65,5	87.432	45,1	48.476	25,0	32.766	16,9	4.713	2,4	20.313	10,5
1933	185.005	69,5	93.404	50,5	37.928	20,5	21.389	11,6	4.719	2,6	27.565	14,9

1.2. Berufszugehörige

Jahr	Wohnbevölkerung	Arbeiter und Hausangestellte		Angestellte und Beamte		Selbständige		Mithelfende Familienangehörige		Berufslose Selbständige	
		absolut	in % der Wohnbevölkerung	absolut	in % der Wohnbevölkerung	absolut	in % der Wohnbevölkerung	absolut	in % der Wohnbevölkerung	absolut	in % der Wohnbevölkerung
1925	295.837	128.434	43,4	72.095	24,4	63.910	21,6	4.795	1,6	26.603	9,0
1933	266.137	135.191	50,8	52.831	19,9	37.775	14,2	4.867	1,8	35.473	13,3

2.1. nach Wirtschaftszweigen

Jahr	Landwirtschaft		Gewerbe		Handel und Verkehr		Dienstleistungen (incl. Häusliche Dienste)		Handel, Verkehr und Dienstleistungen insgesamt		Berufslose Selbständige	
	absolut	in % der Erwerbs personen	absolut	in % der Erwerbs-personen	absolut	in % der Erwerbs-personen	absolut	in % der Erwerbs-personen	absolut	in % der Erwerbs-personen	absolut	in % der Erwerbs-personen
1925	512	0,3	77.157	39,8	63.984	33,0	31.734	16,4	95.718	49,4	20.313	10,5
1933	1.225	0,7	68.696	37,1	57.404	31,0	30.115	16,3	87.519	47,3	27.565	14,9

2.2. Berufszugehörige

Jahr	Landwirtschaft		Gewerbe		Handel und Verkehr		Dienstleistungen (incl. Häusliche Dienste)		Handel, Verkehr und Dienstleistungen insgesamt		Berufslose Selbständige	
	absolut	in % der Wohnbe-völkerung	absolut	in % der Wohnbe-völkerung	absolut	in % der Wohnbe-völkerung	absolut	in % der Wohnbe-völkerung	absolut	in % der Wohnbe-völkerung	absolut	in % der Wohnbe-völkerung
1925	755	0,3	121.016	40,9	102.506	34,7	44.957	15,2	147.463	49,9	26.603	9,0
1933	1.868	0,7	103.276	38,8	84.773	31,9	40.747	15,3	125.520	47,2	35.473	13,3

ARBEITSLOSE (1933)

in % der tatsächlichen** Erwerbspersonen	36,8
insgesamt	57.886
männlich	37.663
weiblich	20.223

* *Quellenangaben:* Siehe TABELLE 1.

** Siehe TABELLE 1, Anm. 15 (zugleich für alle weiteren Bezirkstabellen).

1 a. *Bezirk Mitte: Wahlstatistik 1921—1933**

Wahl		Wahl-berechtigte	Gültige Stimmen	Wahl-beteiligung in %	KPD	USPD	SPD	DDP	Z	DVP	Wirtschafts-partei	Christl.-Soz. Volksdienst	DNVP	NSDAP	Son-stige
Landtag	20. 2.1921	212.922	138.542	65,2	8,1	15,3	21,1	10,0	4,3	15,5	5,1	—	20,5	—	0,0[1]
Bezirk	16.10.1921	197.066	122.514	62,3	8,1	17,1	19,4	9,2	4,1	14,9	5,6	—	21,3	—	0,2[2]
Stadt	16.10.1921	197.061	122.515	62,3	8,1	17,1	19,4	9,2	4,1	14,9	5,6	—	21,3	—	2,2**
Reichstag	4. 5.1924	218.389	158.893	73,3	15,0	2,7	19,3	11,7	4,3	8,2	4,1	—	24,1	—	10,7[3]
Reichstag	7.12.1924	223.804	164.716	74,5	14,8	0,7	29,0	13,3	4,4	6,0	3,4	—	24,9	1,9[4]	1,7[5]
Landtag	7.12.1924	223.566	164.084	74,4	14,9	0,7	29,0	13,3	4,4	6,0	3,5	—	24,8	1,9[4]	1,6[6]
Bezirk	25.10.1925	215.702	126.108	59,1	16,9	0,9	31,3	12,0	3,8	5,8	4,0	—	21,6	—	3,8[8]
Stadt	25.10.1925	215.702	126.425	59,2	16,9	0,9	31,3	12,0	3,8	5,7	4,0	—	21,6	—	3,8[7]
Reichstag	20. 5.1928	231.429	170.022	74,0	25,9	0,2	31,3	8,7	3,7	5,0	2,6[9]	—	17,9	1,8	3,6[10]
Landtag	20. 5.1928	231.571	168.544	73,8	25,9	0,1	31,4	8,7	3,7	4,9	2,6	—	17,9	1,8	3,0[11]
Bezirk	17.11.1929	233.798	147.001	64,1	27,0	0,2	26,7	6,7	4,3	4,9	4,2	—	18,0	5,8	2,3[13]
Stadt	17.11.1929	233.798	148.605	64,1	27,1	0,2	26,7	6,7	4,3	4,9	4,2	—	18,1	5,8	2,2[12]
Reichstag	14. 9.1930	235.734	177.214	75,6	29,8	0,1	25,5	5,3[15]	4,0	2,9	2,3	0,8	13,2	14,9	1,4[14]
Landtag	24. 4.1932	219.425	169.743	77,8	26,2	—	28,9	2,5	4,1[17]	0,5	0,4	0,4	7,5	27,6	2,0[16]
Reichstag	31. 7.1932	217.069	164.141	78,5	30,2	—	26,1	1,3	5,0	0,4	0,2	0,3	7,4	28,4	0,6[18]
Reichstag	6.11.1932	217.005	168.308	77,4	34,5	—	22,2	1,2	4,5	0,6	0,1	0,4	9,9	25,9	0,9[19]
Reichstag	5. 3.1933	215.733	181.383	83,9	26,2	—	20,2	1,6	5,1	0,5	—	0,5	10,2[20]	35,7	0,0[21]
Landtag	5. 3.1933	215.706	179.414	83,8	26,1	—	19,7	1,6	4,9[17]	0,5	—	0,5	9,9[20]	35,1	1,6[22]
Bezirk	12. 3.1933	210.867	149.722	71,5	20,7	—	20,5	1,8	5,0	0,5	—	0,5	11,1[20]	39,9	0,3[24]
Stadt	12. 3.1933	210.867	149.837	71,5	20,7	—	20,5	1,8	5,0	0,4	—	0,5	11,1[20]	39,9	0,2[23]

* Berechnungen (sofern nicht anders angegeben) nach: *Statistisches Jahrbuch* bzw. *Statistisches Taschenbuch der Stadt Berlin* 1920—1933.

** Siehe dazu oben Tabelle 10 auf S. 335.

Anmerkungen zur Tabelle 1a: Wahlstatistik des Bezirkes Mitte von Groß-Berlin 1921—1933

[1] Niedersächsische Partei (12).

[2] Deutsch-Soziale Partei (247).

[3] Deutsch-Völkische Freiheitspartei (7058), Nationalliberale Vereinigung (952), Republikanische Partei Deutschlands (1343), Nationale Freiheitspartei (423), Sozialistischer Bund (979), Deutsche Arbeitnehmerpartei (514), Deutsch-Soziale Partei (5101), Haeußerbund (189), Polnische Volkspartei (510).

[4] Nationalsozialistische Freiheitsbewegung.

[5] Deutsch-Soziale Partei (1841), Polnische Volkspartei (352), Aufwertungs- und Wiederaufbaupartei (168), Deutsche Aufwertungs- und Aufbaupartei (162), Freiwirtschaftsbund (98), Deutsch-Hannoversche Partei (45), Haeußerbund (53), Partei für Volkswohlfahrt (40), Mieterpartei Deutschlands (32).

[6] Deutsch-Soziale Partei (1839), Polnische Volkspartei (358), Deutsche Aufwertungs- und Aufbaupartei (337), Partei für Volkswohlfahrt (76), Deutsch-Hannoversche Partei (42).

[7] Deutsch-Soziale Partei (1407), Evangelischer Gemeinschaftsbund (767), Sparerbund (188), Deutsche Mittelstandspartei (233), Nationale Wirtschaftliche Vereinigung (221), Arbeiterpartei (118), Deutsche Arbeitnehmerpartei (64), Staegemanns nationaler Bund der Hauswirte (24), Deutsch-Völkische Freiheitspartei (1763).

[8] Deutsch-Soziale Partei (1395), Evangelischer Gemeinschaftsbund (768), Sparerbund (282), Deutsche Mittelstandspartei (227), National Wirtschaftliche Vereinigung (222), Arbeiterpartei (109), Deutsche Arbeitnehmerpartei (62), Deutsch-Völkische Freiheitspartei (1744).

[9] Ab jetzt: Reichspartei des deutschen Mittelstandes.

[10] Völkisch-Nationaler Block (1495), Linke Kommunisten (609), Volksrechtpartei (377), Volksblock der Inflationsgeschädigten (670), Volksrechtpartei (R.A.G.) 416), Reichspartei für Handwerk, Handel u. Gewerbe (334), Deutsch-Soziale Partei (225), Christlich-Soziale Reichspartei (207), Polnische Volkspartei (225), Christlich-Nationale Mittelstandspartei (214), Alte Sozialdemokratische Partei (173), Deutsche Haus- und Grundbesitzerpartei (64), Christlich-Nationale Bauern- und Landvolkpartei (48), Deutscher Reichsblock der Inflationsgeschädigten (73), Deutsch-Hannoversche Partei (24).

[11] Völkisch-Nationaler Block (1403), Linke Kommunisten (610), Volksrechtpartei (370), Volksblock der Inflationsgeschädigten (598), Volksrechtpartei (R.A.G.) (412), Deutsch-Soziale Partei (238), Reichspartei für Handwerk, Handel und Gewerbe (288), Polnische Volkspartei (271), Alte Sozialdemokratische Partei (226), Christlich-Nationale Mittelstandspartei (249), Christlich-Soziale Reichspartei (182), Deutsche Haus- und Grundbesitzerpartei (70), Deutsch-Hannoversche Partei (72), Christlich-Nationale Bauern- und Landvolkpartei (28), Deutscher Reichsblock der Geschädigten (67).

[12] Deutsch-Völkische Freiheitsbewegung (409), Christlicher Volksdienst (1671), Volksrechtpartei (177), Freibund des Handwerks, Kleinhandels und Gewerbes (284), Allgemeine Volkspartei (297), Reichspartei für Handel, Handwerk und Gewerbe (225), Christlich-Soziale Reichspartei (192).

[13] Deutsch-Völkische Freiheitsbewegung (406), Christlicher Volksdienst (1651), Volksrechtpartei (172), Linksradikale Antikorruptionspartei (10), Freibund des Handwerks, Kleinhandels und Gewerbes (282), Allgemeine Volkspartei (277), Reichspartei für Handel, Handwerk und Gewerbe (244), Linke Kommunisten (125), Christlich-Soziale Reichspartei (184).

[14] Christlich-Soziale Volksgemeinschaft (479), Deutsche Kulturpartei der geistigen Berufe, Angestellten und Beamten (235), Deutsches Landvolk (88), Volksrechtpartei und Christlich-Soziale Reichspartei (137), Deutsche Bauernpartei (11), Konservative Volkspartei (694), Evangelische Wähler und Wählerinnen (165), Freibund des Handwerks, Klein-

handels und Gewerbes (214), Polnische Volkspartei (231), Partei gegen den Alkohol (91), Haus- und Landwirtepartei (12), Arbeiter-Partei für das arbeitende und schaffende Volk (41).

15 Ab jetzt: Deutsche Staatspartei.

16 Radikaler Mittelstand (188), Interessengemeinschaft der Kleinrentner und Inflationsgeschädigten (1126), Volksrechtpartei (100), Deutsches Landvolk — Deutsche Rechte (239), Nationale Beamte, Angestellte und freie Berufe (97), Haus- und Landwirtepartei (711), Deutsch-Hannoversche Partei (16), Sozialistische Arbeiterpartei Deutschlands (437), Polnische Volkspartei (139), Partei der Erwerbslosen (186), Nationale Opposition der Vereinigten Reichsbankgläubiger und Inflationsgeschädigten (101).

17 Preußische Zentrumspartei.

18 Radikaler Mittelstand (507), Deutsches Landvolk — Christlich-Nationale Bauern- und Landvolkpartei (23), Volksrechtpartei (38), Sozialistische Arbeiterpartei Deutschlands (190), Polenliste (81), Deutsche Sozialistische Kampfbewegung (13), Freiwirtschaftliche Partei Deutschlands (18), Partei der Erwerbslosen (30), Haus- und Landwirtepartei (4), Interessengemeinschaft der Kleinrentner und Inflationsgeschädigten (19), Nationalsozialistische Kleinrentner, Inflationsgeschädigte und Vorkriegsgeldbesitzer (34), Kampfgemeinschaft der Lohn- und Gehaltsabgebauten (2), Der ernste evangelisch-lutherische Christ (50), Nationalsozialistischer enteigneter Mittelstand (9), Nationalsozialistische Kriegsteilnehmer (17), Übrige Parteien (18).

19 Radikaler Mittelstand (701), Interessengemeinschaft der Kleinrentner und Inflationsgeschädigten (48), Deutsch-Hannoversche Partei (40), Deutsches Landvolk (11), Volksrechtpartei (28), Gerechtigkeitsbewegung Meißner (20), Sozialrepublikanische Partei Deutschlands (76), Sozialistische Arbeiterpartei Deutschlands (100), Polenliste (93), Freiwirtschaftliche Partei Deutschlands (21), Haus- und Landwirtepartei (9), Kleinrentner, Inflationsgeschädigte und Vorkriegsgeldbesitzer (32), Radikaldemokratische Partei (60), Handwerker, Handel- und Gewerbetreibende (31), Für Hindenburg und Papen (157), Unitaristenunion Deutschlands (9), Übrige Parteien (27).

20 Kampffront Schwarz-Weiß-Rot.

21 Deutsche Bauernpartei (14), Deutsch-Hannoversche Partei (12), Sozialistische Kampfgemeinschaft (37).

22 Mit Hindenburg für ein nationales Preußen (2441), Preußischer Mittelstand und Sparer (195), Radikaler Mittelstand (149), Radikal-Sozialistische Partei (19), Deutsch-Hannoversche Partei (12), Polenliste (97), Kampfgemeinschaft der Arbeiter und Bauern (11), Sozialistische Kampfgemeinschaft (24).

23 Freibund des Handwerks, Kleinhandels und Gewerbes (143), Radikaldemokratische Partei (10), Einheitsliste der Werktätigen (19), Mit Hindenburg für ein nationales Berlin (61), Kampfbund für Handwerk, Handel und Gewerbe (133).

24 Freibund des Handwerks, Kleinhandels und Gewerbes (142), Radikaldemokratische Partei (7), Einheitsliste der Werktätigen (17), Mit Hindenburg für ein nationales Berlin (67), Kampfbund für Handwerk, Handel und Gewerbe (136).

2. Bezirk Tiergarten

*2. Bezirk Tiergarten: Sozialstatistik (1919, 1925 und 1933)**

BEVÖLKERUNG

Volkszählung	insgesamt	männlich	weiblich
1919	273.502	120.714	152.788
1925	283.581	127.088	156.493
1933	251.924	112.752	139.172

RELIGIONSZUGEHÖRIGKEIT (in %)

Jahr	evangelisch	katholisch	andere Christen	jüdisch	sonstige
1925	75,8	12,2	0,4	5,6	6,0
1933	71,3	12,9	0,2	4,9	10,7

ERWERBSPERSONEN (einschließlich der Arbeitslosen)

1.1. nach Berufsgruppen

Jahr	Erwerbspersonen		Arbeiter und Hausangestellte		Angestellte und Beamte		Selbständige		Mithelfende Familienangehörige		Berufslose Selbständige	
	absolut	in % der Wohnbevölkerung	absolut	in % der Erwerbspersonen	absolut	in % der Erwerbspersonen	absolut	in % der Erwerbspersonen	absolut	in % der Erwerbspersonen	absolut	in % der Erwerbspersonen
1925	180.702	63,7	76.576	42,4	54.633	30,2	24.533	13,6	2.571	1,4	22.389	12,4
1933	171.040	67,9	75.263	44,0	44.881	26,2	18.426	10,8	3.208	1,9	29.262	17,1

1.2. Berufszugehörige

Jahr	Wohnbevölkerung	Arbeiter und Hausangestellte		Angestellte und Beamte		Selbständige		Mithelfende Familienangehörige		Berufslose Selbständige	
		absolut	in % der Wohnbevölkerung	absolut	in % der Wohnbevölkerung	absolut	in % der Wohnbevölkerung	absolut	in % der Wohnbevölkerung	absolut	in % der Wohnbevölkerung
1925	283.581	117.468	41,4	85.475	30,1	48.116	17,0	2.640	0,9	29.882	10,5
1933	251.924	111.137	44,1	66.650	26,5	32.658	13,0	3.268	1,3	38.211	15,2

2.1. nach Wirtschaftszweigen

Jahr	Landwirtschaft		Gewerbe		Handel und Verkehr		Dienstleistungen (incl. Häusliche Dienste)		Handel, Verkehr und Dienstleistungen insgesamt		Berufslose Selbständige	
	absolut	in % der Erwerbspersonen	absolut	in % der Erwerbspersonen	absolut	in % der Erwerbspersonen	absolut	in % der Erwerbspersonen	absolut	in % der Erwerbspersonen	absolut	in % der Erwerbspersonen
1925	572	0,3	68.196	37,7	51.552	28,5	37.993	21,0	89.545	49,6	22.389	12,4
1933	712	0,4	58.095	34,0	47.844	28,0	35.127	20,5	82.971	48,5	29.262	17,1

2.2. Berufszugehörige

Jahr	Landwirtschaft		Gewerbe		Handel und Verkehr		Dienstleistungen (incl. Häusliche Dienste)		Handel, Verkehr und Dienstleistungen insgesamt		Berufslose Selbständige	
	absolut	in % der Wohnbevölkerung	absolut	in % der Wohnbevölkerung	absolut	in % der Wohnbevölkerung	absolut	in % der Wohnbevölkerung	absolut	in % der Wohnbevölkerung	absolut	in % der Wohnbevölkerung
1925	916	0,3	111.178	39,2	86.051	30,3	55.554	19,6	141.605	49,9	29.882	10,5
1933	1.101	0,4	88.961	35,3	73.768	29,3	49.883	19,8	123.651	49,1	38.211	15,2

ARBEITSLOSE (1933)

in % der tatsächlichen Erwerbspersonen	27,2
insgesamt	38.613
männlich	24.958
weiblich	13.655

* *Quellenangaben:* Siehe TABELLE 1.

2a. *Bezirk Tiergarten: Wahlstatistik 1921—1933**

Wahl		Wahlberechtigte	Gültige Stimmen	Wahlbeteiligung in %	KPD	USPD	SPD	DDP	Z	DVP	Wirtschaftspartei	Christl.-Soz. Volksdienst	DNVP	NSDAP	Sonstige
Landtag	20. 2.1921	208.331	147.045	70,8	7,9	14,9	17,9	9,1	5,0	16,9	4,9	—	23,4	—	0,0[1]
Bezirk	16.10.1921	195.704	132.347	67,7	7,0	16,4	16,4	8,7	4,8	17,0	5,2	—	23,9	—	0,5[2]
Stadt	16.10.1921	195.696	132.347	67,7	7,0	16,4	16,4	8,7	4,8	17,0	5,2	—	23,9	—	0,5**
Reichstag	4. 5.1924	219.932	164.163	75,1	13,9	2,4	16,8	10,2	4,9	8,3	3,5	—	27,1	—	12,9[3]
Reichstag	7.12.1924	225.762	169.363	75,8	12,9	0,5	26,3	12,4	5,1	7,0	2,8	—	28,1	2,2[4]	2,7[5]
Landtag	7.12.1924	225.614	168.746	75,6	13,0	0,5	26,4	12,3	5,1	7,0	2,9	—	28,0	2,2[4]	2,7[5]
Bezirk	25.10.1925	221.121	133.411	60,9	14,8	0,6	28,8	11,5	4,7	6,3	3,4	—	25,6	—	4,2[8]
Stadt	25.10.1925	221.121	133.505	61,0	14,9	0,6	28,8	11,5	4,7	6,3	3,4	—	25,6	—	4,3[7]
Reichstag	20. 5.1928	223.319	167.437	75,5	20,3	0,1	30,1	9,1	4,4	7,0	2,3[9]	—	21,6	1,7	3,4[10]
Landtag	20. 5.1928	223.150	165.937	75,3	20,4	0,1	30,1	9,0	4,4	6,9	2,3	—	21,6	1,7	3,4[11]
Bezirk	17.11.1929	237.655	150.276	63,9	20,2	0,2	25,8	7,3	5,2	6,6	3,6	—	21,7	6,5	2,8[13]
Stadt	17.11.1929	237.655	151.173	64,1	20,2	0,2	25,8	7,4	5,2	6,6	3,6	—	21,7	6,6	2,8[12]
Reichstag	14. 9.1930	216.263	171.709	79,8	23,3	0,1	24,6	6,5[15]	4,8	3,5	2,1	1,0	15,8	16,5	2,0[14]
Landtag	24. 4.1932	223.475	168.589	75,9	20,1	—	27,5	3,4	5,4[17]	0,9	0,3	0,6	10,1	29,5	2,2[16]
Reichstag	31. 7.1932	224.965	157.070	75,7	24,4	—	25,3	1,8	6,6	0,7	0,2	0,5	10,2	29,8	0,8[18]
Reichstag	6.11.1932	223.862	167.472	75,5	27,2	—	21,7	1,7	5,9	1,1	0,1	0,6	13,6	27,1	1,1[19]
Reichstag	5. 3.1933	224.994	180.760	81,1	21,0	—	20,0	2,0	6,6	0,9	—	0,6	13,4[20]	35,5	0,0[21]
Landtag	5. 3.1933	224.972	179.264	81,1	20,9	—	19,5	2,0	6,4[17]	0,9	—	0,6	13,1[20]	35,0	1,7[22]
Bezirk	12. 3.1933	220.895	155.413	70,8	16,8	—	20,1	2,5	6,2	0,7	—	0,6	14,2[20]	38,9	0,2[24]
Stadt	12. 3.1933	220.895	155.618	70,8	16,8	—	20,1	2,5	6,1	0,7	—	0,6	14,2[20]	38,9	0,2[23]

* Berechnungen (sofern nicht anders angegeben) nach: *Statistisches Jahrbuch* bzw. *Statistisches Taschenbuch der Stadt Berlin* 1920—1933.

** Siehe dazu oben TABELLE 10.

Anmerkungen zur Tabelle 2a:
Wahlstatistik des Bezirkes Tiergarten von Groß-Berlin 1921—1933

[1] Niedersächsische Partei (31).

[2] Deutsch-Soziale Partei (652).

[3] Deutsch-Völkische Freiheitspartei (7939), Nationalliberale Vereinigung (1333), Republikanische Partei Deutschlands (1293), Nationale Freiheitspartei (324), Sozialistischer Bund (872), Deutsche Arbeitnehmerpartei (568), Deutsch-Soziale Partei (7858), Haeußerbund (122), Polnische Volkspartei (795).

[4] Nationalsozialistische Freiheitsbewegung.

[5] Deutsch-Soziale Partei (3435), Polnische Volkspartei (537), Aufwertungs- und Wiederaufbaupartei (143), Deutsche Aufwertungs- und Aufbaupartei (130), Freiwirtschaftsbund (99), Deutsch-Hannoversche Partei (70), Haeußerbund (37), Partei für Volkswohlfahrt (61), Mieterpartei Deutschlands (31).

[6] Deutsch-Soziale Partei (3478), Polnische Volkspartei (546), Deutsche Aufwertungs- und Aufbaupartei (292), Partei für Volkswohlfahrt (86), Deutsch-Hannoversche Partei (78).

[7] Deutsch-Völkische Freiheitspartei (2026), Deutsch-Soziale Partei (1768), Evangelischer Gemeinschaftsbund (1272), Sparerbund (276), Deutsche Mittelstandspartei (221), Nationalliberale Reichspartei (120), Deutsche Arbeitnehmerpartei (63).

[8] Deutsch-Völkische Freiheitspartei (2011), Deutsch-Soziale Partei (1746), Evangelischer Gemeinschaftsbund (1296), Sparerbund (178), Deutsche Mittelstandspartei (209), Nationalliberale Reichspartei (125), Deutsche Arbeitnehmerpartei (60)

[9] Ab jetzt: Reichspartei des deutschen Mittelstandes.

[10] Völkisch-Nationaler Block (1599), Linke Kommunisten (522), Volksrechtpartei (587), Volksblock der Inflationsgeschädigten (574), Volksrechtpartei (R.A.G.) (366), Reichspartei für Handwerk, Handel und Gewerbe (441), Deutsch-Soziale Partei (303), Christlich-Soziale Reichspartei (244), Polnische Volkspartei (462), Christlich-Nationale Mittelstandspartei (175), Alte Sozialdemokratische Partei (172), Deutsche Haus- und Grundbesitzer-Partei (55), Christlich-Nationale Bauern- und Landvolkpartei (34), Deutscher Reichsblock der Geschädigten (65), Deutsch-Hannoversche Partei (37).

[11] Völkisch-Nationaler Block (1566), Linke Kommunisten (507), Volksrechtpartei (579), Volksblock der Inflationsgeschädigten (507), Volksrechtpartei (R.A.G.) (373), Deutsch-Soziale Partei (303), Reichspartei für Handwerk, Handel und Gewerbe (402), Polnische Volkspartei (495), Alte Sozialdemokratische Partei (208), Christlich-Nationale Mittelstandspartei (200), Christlich-Soziale Reichspartei (234), Deutsche Haus- und Grundbesitzerpartei (84), Deutsch-Hannoversche Partei (66), Christlich-Nationale Bauern- und Landvolkpartei (18), Deutscher Reichsblock der Geschädigten (62).

[12] Deutsch-Völkische Freiheitsbewegung (533), Christlicher Volksdienst (2083), Volksrechtpartei (204), Freibund des Handwerks, Kleinhandels u. Gewerbes (294), Allgemeine Volkspartei (215), Reichspartei für Handel, Handwerk und Gewerbe (173), Linke Kommunisten (256), Nationalrevolutionäre Volkspartei (40), Christlich-Soziale Reichspartei (336), Partei für Mietsreform (83).

[13] Deutsch-Völkische Freiheitsbewegung (527), Christlicher Volksdienst (2092), Volksrechtpartei (198), Freibund des Handwerks, Kleinhandels und Gewerbes (293), Allgemeine Volkspartei (218), Reichspartei für Handel, Handwerk und Gewerbe (172), Linke Kommunisten (252), Nationalrevolutionäre Volkspartei (40), Christlich-Soziale Reichspartei (323), Partei für Mietsreform (88).

[14] Christlich-Soziale Volksgemeinschaft (404), Deutsche Kulturpartei der geistigen Berufe, Angestellten und Beamten (208), Deutsches Landvolk (99), Volksrechtpartei und Christlich-Soziale Reichspartei (217), Deutsche Bauernpartei (18), Konservative Volkspartei (1570), Evangelische Wähler und Wählerinnen (226), Freibund des Handwerks, Kleinhandels und Gewerbes (101), Polnische Volkspartei (369), Partei gegen den Alkohol (77),

Haus- und Landwirtepartei (12), Arbeiterpartei für das arbeitende und schaffende Volk (42).

[15] Ab jetzt: Deutsche Staatspartei.

[16] Radikaler Mittelstand (202), Interessengemeinschaft der Kleinrentner und Inflationsgeschädigten (888), Volksrechtpartei (105), Deutsches Landvolk — Deutsche Rechte (598), Nationale Beamte, Angestellte und freie Berufe (119), Haus- und Landwirtepartei (710), Deutsch-Hannoversche Partei (27), Sozialistische Arbeiterpartei Deutschlands (411), Polnische Volkspartei (306), Partei der Erwerbslosen (183), Nationale Opposition der Vereinigten Reichsbankgläubiger und Markgeschädigten (73).

[17] Preußische Zentrumspartei.

[18] Radikaler Mittelstand (562), Deutsches Landvolk — Christlich-Nationale Bauern- und Landvolkpartei (48), Volksrechtpartei (44), Sozialistische Arbeiterpartei Deutschland (218), Deutsch-Sozialistische Kampfbewegung (10), Polenliste (162), Freiwirtschaftliche Partei Deutschlands (22), Partei der Erwerbslosen (34), Haus- und Landwirtepartei (2), Interessengemeinschaft der Kleinrentner und Inflationsgeschädigten (19), Nationalsozialistische Kleinrentner, Inflationsgeschädigte und Vorkriegsgeldbesitzer (29), Kampfgemeinschaft der Lohn- und Gehaltsabgebauten (8), Der ernste evangelisch-lutherische Christ (70), Nationalsozialistischer enteigneter Mittelstand (11), Nationalsozialistische Kriegsteilnehmer (15), Übrige Parteien (23).

[19] Radikaler Mittelstand (793), Interessengemeinschaft der Kleinrentner und Inflationsgeschädigten (69), Deutsch-Hannoversche Partei (61), Deutsches Landvolk (18), Volksrechtspartei (48), Gerechtigkeitsbewegung Meißner (8),Sozialrepublikanische Partei Deutschlands (89), Sozialistische Arbeiterpartei Deutschlands (175), Polenliste (192), Freiwirtschaftliche Partei Deutschlands (21), Haus- und Landwirte-Partei (6), Kleinrentner, Inflationsgeschädigte und Vorkriegsgeldbesitzer (28), Radikaldemokratische Partei (87), Handwerker, Handel- und Gewerbetreibende (23), Für Hindenburg und Papen (180), Unitaristenunion Deutschlands (16), Übrige Parteien (23).

[20] Kampffront Schwarz-Weiß-Rot.

[21] Deutsche Bauernpartei (17), Deutsch-Hannoversche Partei (21), Sozialistische Kampfgemeinschaft (29).

[22] Mit Hindenburg für ein nationales Preußen (2454), Preußischer Mittelstand und Sparer (235), Radikaler Mittelstand (148), Radikalsozialistische Partei (17), Deutsch-Hannoversche Partei (26), Polenliste (187), Kampfgemeinschaft der Arbeiter und Bauern (14), Sozialistische Kampfgemeinschaft (23).

[23] Freibund des Handwerks, Kleinhandels und Gewerbes (85), Radikaldemokratische Partei (13), Einheitsliste der Werktätigen (28), Mit Hindenburg für ein nationales Berlin (81), Kampfbund für Handwerk, Handel und Gewerbe (109).

[24] Freibund des Handwerks, Kleinhandels und Gewerbes (92), Radikaldemokratische Partei (12), Einheitsliste der Werktätigen (31), Mit Hindenburg für ein nationales Berlin (84), Kampfbund für Handwerk, Handel und Gewerbe (110).

3. Bezirk Wedding

3. *Bezirk Wedding: Sozialstatistik (1919, 1925 und 1933)**

BEVÖLKERUNG

Volkszählung	insgesamt	männlich	weiblich
1919	337.193	155.326	181.867
1925	351.798	165.896	185.902
1933	332.146	156.276	175.870

RELIGIONSZUGEHÖRIGKEIT (in %)

Jahr	evangelisch	katholisch	andere Christen	jüdisch	sonstige
1925	76,8	9,0	0,2	1,1	13,0
1933	68,5	8,8	0,1	1,1	21,5

ERWERBSPERSONEN (einschließlich der Arbeitslosen)

1.1. nach Berufsgruppen

Jahr	Erwerbspersonen		Arbeiter und Hausangestellte		Angestellte und Beamte		Selbständige		Mithelfende Familienangehörige		Berufslose Selbständige	
	absolut	in % der Wohnbevölkerung	absolut	in % der Erwerbspersonen	absolut	in % der Erwerbspersonen	absolut	in % der Erwerbspersonen	absolut	in % der Erwerbspersonen	absolut	in % der Erwerbspersonen
1925	216.534	61,6	124.678	57,6	44.000	20,3	23.647	10,9	4.017	1,9	20.192	9,3
1933	216.387	65,2	122.184	56,5	40.339	18,6	14.665	6,8	3.873	1,8	35.326	16,3

1.2. Berufszugehörige

Jahr	Wohnbevölkerung	Arbeiter und Hausangestellte		Angestellte und Beamte		Selbständige		Mithelfende Familienangehörige		Berufslose Selbständige	
		absolut	in % der Wohnbevölkerung	absolut	in % der Wohnbevölkerung	absolut	in % der Wohnbevölkerung	absolut	in % der Wohnbevölkerung	absolut	in % der Wohnbevölkerung
1925	351.798	205.330	58,4	72.431	20,6	42.192	12,0	4.138	1,2	27.707	7,9
1933	332.146	192.362	57,9	62.301	18,8	24.571	7,4	3.950	1,2	48.962	14,7

2.1. nach Wirtschaftszweigen

Jahr	Landwirtschaft		Gewerbe		Handel und Verkehr		Dienstleistungen (incl. Häusliche Dienste)		Handel, Verkehr und Dienstleistungen insgesamt		Berufslose Selbständige	
	absolut	in % der Erwerbspersonen	absolut	in % der Erwerbspersonen	absolut	in % der Erwerbspersonen	absolut	in % der Erwerbspersonen	absolut	in % der Erwerbspersonen	absolut	in % der Erwerbspersonen
1925	702	0,3	126.457	58,4	49.098	22,7	20.085	9,3	69.183	32,0	20.192	9,3
1933	1.566	0,7	103.485	47,8	52.510	24,3	23.500	10,9	76.010	35,1	35.326	16,3

2.2. Berufszugehörige

Jahr	Landwirtschaft		Gewerbe		Handel und Verkehr		Dienstleistungen (incl. Häusliche Dienste)		Handel, Verkehr und Dienstleistungen insgesamt		Berufslose Selbständige	
	absolut	in % der Wohnbevölkerung	absolut	in % der Wohnbevölkerung	absolut	in % der Wohnbevölkerung	absolut	in % der Wohnbevölkerung	absolut	in % der Wohnbevölkerung	absolut	in % der Wohnbevölkerung
1925	1.241	0,4	206.250	58,6	83.418	23,7	33.182	9,4	116.600	33,1	27.707	7,9
1933	2.903	0,9	160.470	48,3	83.650	25,2	36.161	10,9	119.811	36,1	48.962	14,7

ARBEITSLOSE (1933)

in % der tatsächlichen Erwerbspersonen	39,5
insgesamt	71.578
männlich	49.267
weiblich	22.311

* *Quellenangaben:* Siehe TABELLE 1.

3a. *Bezirk Wedding: Wahlstatistik 1921—1933**

Wahl		Wahl-berechtigte	Gültige Stimmen	Wahl-beteiligung in %	KPD	USPD	SPD	DDP	Z	DVP	Wirtschafts-partei	Christl.-Soz. Volksdienst	DNVP	NSDAP	Son-stige
Landtag	20. 2.1921	236.838	166.552	70,5	17,3	28,5	22,5	4,1	3,1	8,2	3,7	—	12,7	—	0,0[1]
Bezirk	16.10.1921	230.454	153.474	66,7	15,6	32,7	20,2	3,8	3,0	7,8	3,8	—	13,0	—	0,1[2]
Stadt	16.10.1921	230.448	153.475	66,7	15,6	32,7	20,2	3,8	3,0	7,8	3,8	—	13,0	—	0,1**
Reichstag	4. 5.1924	247.344	187.236	76,4	30,2	4,0	23,3	5,8	3,3	5,2	3,5	—	16,9	—	7,8[3]
Reichstag	7.12.1924	252.129	196.927	79,0	29,3	0,9	34,4	7,3	3,3	3,0	2,8	—	16,8	0,9[4]	1,3[5]
Landtag	7.12.1924	252.106	196.246	78,9	29,5	0,9	34,4	7,3	3,3	3,0	2,8	—	16,7	0,9[4]	1,3[6]
Bezirk	25.10.1925	251.061	163.586	65,8	33,0	1,1	36,8	6,0	2,7	2,5	2,9	—	12,8	—	2,3[8]
Stadt	25.10.1925	251.061	163.882	65,9	33,0	1,1	36,8	6,0	2,7	2,5	2,9	—	12,8	—	2,3[7]
Reichstag	20. 5.1928	268.471	219.579	82,6	40,4	0,2	34,0	4,5	2,6	2,6	2,1[9]	—	11,0	0,8	2,0[10]
Landtag	20. 5.1928	268.457	218.852	82,6	40,4	0,2	34,0	4,5	2,6	2,6	2,1	—	11,0	0,8	2,0[11]
Bezirk	17.11.1929	275.522	201.505	74,0	40,6	0,3	30,1	3,7	2,9	2,6	3,7	—	10,8	3,1	2,2[13]
Stadt	17.11.1929	275.522	202.663	74,1	40,6	0,3	30,1	3,7	2,9	2,6	3,7	—	10,8	3,1	2,2[12]
Reichstag	14. 9.1930	276.561	231.003	84,0	43,0	0,1	28,0	3,0[15]	2,7	1,6	2,1	0,9	8,7	9,0	1,1[14]
Landtag	24. 4.1932	285.215	222.823	78,7	38,5	—	29,9	1,6	3,0[17]	0,3	0,3	0,6	4,9	18,9	2,0[16]
Reichstag	31. 7.1932	280.373	215.781	81,5	42,6	—	27,8	0,9	3,4	0,2	0,2	0,4	4,7	19,3	0,6[18]
Reichstag	6.11.1932	275.796	224.182	82,5	47,1	—	23,4	0,8	3,2	0,3	0,1	0,5	6,0	18,0	0,7[19]
Reichstag	5. 3.1933	271.720	237.264	88,2	39,2	—	22,8	1,0	3,6	0,3	—	0,5	6,6[20]	25,9	0,0[21]
Landtag	5. 3.1933	271.717	235.522	88,1	38,8	—	22,4	1,0	3,5[17]	0,3	—	0,5	6,4[20]	25,5	1,5[22]
Bezirk	12. 3.1933	270.345	202.021	75,3	32,6	—	24,0	1,1	3,7	0,3	—	0,5	7,6[20]	30,0	0,3[24]
Stadt	12. 3.1933	270.345	202.166	75,3	32,5	—	24,1	1,1	3,7	0,3	—	0,5	7,6[20]	30,0	0,3[23]

* Berechnungen (sofern nicht anders angegeben) nach: *Statistisches Jahrbuch* bzw. *Statistisches Taschenbuch der Stadt Berlin* 1920—1933.

** Siehe dazu oben TABELLE 10.

Anmerkungen zur Tabelle 3a:
Wahlstatistik des Bezirkes Wedding von Groß-Berlin 1921—1933

1 Niedersächsische Partei (4).

2 Deutsch-Soziale Partei (201).

3 Nationalliberale Vereinigung (630), Republikanische Partei Deutschlands (970), Nationale Freiheitspartei (403) Sozialistischer Bund (1983), Deutsche Arbeitnehmerpartei (720), Deutsch-Soziale Partei (4744), Haeußerbund (179), Polnische Volkspartei (528), Deutsch-Völkische Freiheitspartei (4451).

4 Nationalsozialistische Freiheitspartei.

5 Deutsch-Soziale Partei (1602), Polnische Volkspartei (350), Aufwertungs- und Wiederaufbaupartei (183), Deutsche Aufwertungs- und Aufbaupartei (148), Freiwirtschaftsbund (149), Deutsch-Hannoversche Partei (42), Haeußerbund (54), Partei für Volkswohlfahrt (51), Mieterpartei Deutschlands (47).

6 Deutsch-Soziale Partei (1604), Polnische Volkspartei (401), Deutsche Aufwertungs- und Aufbaupartei (327), Partei für Volkswohlfahrt (85), Deutsch-Hannoversche Partei (36).

7 Deutsch-Soziale Partei (1057), Evangelischer Gemeinschaftsbund (1272), Nationalliberale Reichspartei (103), Deutsche Arbeitnehmerpartei (95), Staegemanns nationaler Bund der Hauswirte (39), Deutsch-Völkische Freiheitspartei (1132).

8 Deutsch-Soziale Partei (1945), Evangelischer Gemeinschaftsbund (1273), Nationalliberale Reichspartei (104), Nationale Wirtschaftliche Vereinigung (90) Deutsche Arbeitnehmerpartei (92), Deutsch-Völkische Freiheitspartei (1122).

9 Ab jetzt: Reichspartei des deutschen Mittelstandes.

10 Völkisch-Nationaler Block (907), Linke Kommunisten (668), Volksrechtpartei (299), Volksblock der Inflationsgeschädigten (763), Volksrechtpartei (R.A.G.) (346), Reichspartei für Handwerk, Handel und Gewerbe (177), Deutsch-Soziale Partei (157), Christlich-Soziale Reichspartei (315), Polnische Volkspartei (241), Christlich-Nationale Mittelstandspartei (174), Alte Sozialdemokratische Partei (128), Deutsche Haus- und Grundbesitzerpartei (61), Christlich-Nationale Bauern- und Landvolkpartei (49), Deutscher Reichsblock der Geschädigten (62), Deutsch-Hannoversche Partei (13).

11 Völkisch-Nationaler Block (875), Linke Kommunisten (690), Volksrechtpartei (301), Volksblock der Inflationsgeschädigten (633), Volksrechtpartei (R.A.G.) (389), Deutsch-Soziale Partei (161), Reichspartei für Handwerk, Handel und Gewerbe (169), Polnische Volkspartei (247), Alte Sozialdemokratische Partei (239), Christlich-Nationale Mittelstandspartei (227), Christlich-Soziale Reichspartei (267), Deutsche Haus- und Grundbesitzerpartei (68), Deutsch-Hannoversche Partei (57), Christlich-Nationale Bauern- und Landvolkpartei (25), Deutscher Reichsblock der Geschädigten (28).

12 Deutsch-Völkische Freiheitsbewegung (254), Christlicher Volksdienst (2589), Volksrechtpartei (153), Freibund des Handwerks, Kleinhandels und Gewerbes (241), Allgemeine Volkspartei (274), Reichspartei für Handel, Handwerk und Gewerbe (210), Linke Kommunisten (493), Christlich-Soziale Reichspartei (244).

13 Deutsch-Völkische Freiheitsbewegung (260), Christlicher Volksdienst (2579), Volksrechtpartei (153), Freibund des Handwerks, Kleinhandels und Gewerbes (237), Allgemeine Volkspartei (276), Reichspartei für Handel, Handwerk und Gewerbe (209), Linke Kommunisten (496), Christlich-Soziale Reichspartei (243).

14 Christlich-Soziale Volksgemeinschaft (493), Deutsche Kulturpartei der geistigen Berufe, Angestellten und Beamten (291), Deutsches Landvolk (99), Volksrechtpartei und Christlich-Soziale Reichspartei (217), Deutsche Bauernpartei (17), Konservative Volkspartei (476), Evangelische Wähler und Wählerinnen (275), Freibund des Handwerks, Kleinhandels und Gewerbes (238), Polnische Volkspartei (225), Partei gegen den Alkohol (202), Haus- und Landwirtepartei (17), Arbeiterpartei für das arbeitende und schaffende Volk (47).

15 Ab jetzt: Deutsche Staatspartei.

16 Radikaler Mittelstand (245), Interessengemeinschaft der Kleinrentner und Inflationsgeschädigten (2987), Volksrechtpartei (99), Deutsches Landvolk — Deutsche Rechte (135), Nationale Beamte, Angestellte und freie Berufe (98), Haus- und Landwirtepartei (677), Deutsch-Hannoversche Partei (7), Sozialistische Arbeiterpartei Deutschlands (634), Polnische Volkspartei (180), Partei der Erwerbslosen (235), Nationale Opposition der Vereinigten Reichsbankgläubiger und Markgeschädigten (114).

17 Preußische Zentrumspartei.

18 Radikaler Mittelstand (475), Deutsches Landvolk — Christlich-Nationale Bauern- und Landvolkpartei (32), Volksrechtpartei (60), Sozialistische Arbeiterpartei Deutschlands (330), Deutsche Sozialistische Kampfbewegung (10), Polenliste (95), Freiwirtschaftliche Partei Deutschlands (18), Partei der Erwerbslosen (46), Haus- und Landwirtepartei (4), Ingeressengemeinschaft der Kleinrentner und Inflationsgeschädigten (14), National-Sozialistische Kleinrentner, Inflationsgeschädigte und Vorkriegsgeldbesitzer (32), Kampfgemeinschaft der Lohn- und Gehaltsabgebauten (8), Der ernste evangelisch-lutherische Christ (57), Nationalsozialistischer enteigneter Mittelstand (7), Nationalsozialistische Kriegsteilnehmer (17), Übrige Parteien (38).

19 Radikaler Mittelstand (693), Interessengemeinschaft der Kleinrentner und Inflationsgeschädigten (55), Deutsch-Hannoversche Partei (51), Deutsches Landvolk (10), Volksrechtpartei (12), Gerechtigkeitsbewegung Meißner (26), Sozialrepublikanische Partei Deutschlands (68), Sozialistische Arbeiterpartei Deutschlands (259), Polenliste (105), Freiwirtschaftliche Partei Deutschlands (29), Haus- und Landwirtepartei (5), Kleinrentner, Inflationsgeschädigte und Vorkriegsgeldbesitzer (46), Radikaldemokratische Partei (38), Handwerker, Handel- und Gewerbetreibende (29), Für Hindenburg und Papen (130), Unitaristenunion Deutschlands (6), Übrige Parteien (34).

20 Kampffront Schwarz-Weiß-Rot.

21 Deutsche Bauernpartei (10), Deutsch-Hannoversche Partei (14), Sozialistische Kampfgemeinde (34).

22 Mit Hindenburg für ein nationales Preußen (3002), Preußischer Mittelstand und Sparer (248), Radikaler Mittelstand (139), Radikal-Sozialistische Partei (44), Deutsch-Hannoversche Partei (13), Polenliste (83), Kampfgemeinschaft der Arbeiter und Bauern (9), Sozialistische Kampfgemeinschaft (31).

23 Freibund des Handwerks, Kleinhandels und Gewerbes (224), Radikaldemokratische Partei (23), Einheitsliste der Werktätigen (34), Mit Hindenburg für ein nationales Berlin (58), Kampfbund für Handwerk, Handel und Gewerbe (248).

24 Freibund des Handwerks, Kleinhandels und Gewerbes (220), Radikaldemokratische Partei (22), Einheitsliste der Werktätigen (33), Mit Hindenburg für ein nationales Berlin (53), Kampfbund für Handwerk, Handel und Gewerbe (250).

4. Bezirk Prenzlauer Berg

4. *Bezirk Prenzlauer Berg: Sozialstatistik (1919, 1925 und 1933)**

BEVÖLKERUNG

Volkszählung	insgesamt	männlich	weiblich
1919	311.631	141.425	170.206
1925	326.311	152.305	174.006
1933	312.981	145.496	167.485

RELIGIONSZUGEHÖRIGKEIT (in %)

Jahr	evangelisch	katholisch	andere Christen	jüdisch	sonstige
1925	74,3	9,3	0,2	6,3	9,9
1933	67,2	9,4	0,1	5,8	17,5

ERWERBSPERSONEN (einschließlich der Arbeitslosen)

1.1. nach Berufsgruppen

Jahr	Erwerbspersonen		Arbeiter und Hausangestellte		Angestellte und Beamte		Selbständige		Mithelfende Familienangehörige		Berufslose Selbständige	
	absolut	in % der Wohnbevölkerung	absolut	in % der Erwerbspersonen	absolut	in % der Erwerbspersonen	absolut	in % der Erwerbspersonen	absolut	in % der Erwerbspersonen	absolut	in % der Erwerbspersonen
1925	200.364	61,4	96.556	48,2	52.401	26,2	27.847	13,9	3.801	1,9	19.759	9,9
1933	205.935	65,8	101.721	49,4	47.306	23,0	17.773	8,6	4.421	2,2	34.174	16,9

1.2. Berufszugehörige

Jahr	Wohnbevölkerung	Arbeiter und Hausangestellte		Angestellte und Beamte		Selbständige		Mithelfende Familienangehörige		Berufslose Selbständige	
		absolut	in % der Wohnbevölkerung	absolut	in % der Wohnbevölkerung	absolut	in % der Wohnbevölkerung	absolut	in % der Wohnbevölkerung	absolut	in % der Wohnbevölkerung
1925	326.311	154.078	47,2	88.300	27,1	53.024	16,3	3.892	1,2	27.017	8,3
1933	312.981	156.839	50,1	74.687	23,9	30.848	9,9	4.546	1,5	46.061	14,7

2.1. nach Wirtschaftszweigen

Jahr	Landwirtschaft		Gewerbe		Handel und Verkehr		Dienstleistungen (incl. Häusliche Dienste)		Handel, Verkehr und Dienstleistungen insgesamt		Berufslose Selbständige	
	absolut	in % der Erwerbspersonen	absolut	in % der Erwerbspersonen	absolut	in % der Erwerbspersonen	absolut	in % der Erwerbspersonen	absolut	in % der Erwerbspersonen	absolut	in % der Erwerbspersonen
1925	708	0,4	103.504	51,7	53.758	26,8	22.635	11,3	76.393	38,1	19.759	9,9
1933	1.508	0,7	89.796	43,6	55.438	26,9	24.479	11,9	79.917	38,8	34.714	16,9

2.2. Berufszugehörige

Jahr	Landwirtschaft		Gewerbe		Handel und Verkehr		Dienstleistungen (incl. Häusliche Dienste)		Handel, Verkehr und Dienstleistungen insgesamt		Berufslose Selbständige	
	absolut	in % der Wohnbevölkerung	absolut	in % der Wohnbevölkerung	absolut	in % der Wohnbevölkerung	absolut	in % der Wohnbevölkerung	absolut	in % der Wohnbevölkerung	absolut	in % der Wohnbevölkerung
1925	1.069	0,3	167.944	51,5	92.039	28,2	38.242	11,7	130.281	39,9	27.017	8,3
1933	2.777	0,9	138.004	44,1	87.602	28,0	38.537	12,3	126.139	40,3	46.061	14,7

ARBEITSLOSE (1933)

in % der tatsächlichen Erwerbspersonen	34,4
insgesamt	58.974
männlich	40.029
weiblich	18.945

* *Quellenangaben:* Siehe TABELLE 1.

4 a. *Bezirk Prenzlauer Berg: Wahlstatistik 1921—1933**

Wahl		Wahl-berechtigte	Gültige Stimmen	Wahl-beteiligung in %	KPD	USPD	SPD	DDP	Z	DVP	Wirtschafts-partei	Christl.-Soz. Volksdienst	DNVP	NSDAP	Son-stige
Landtag	20. 2.1921	220.981	155.969	70,7	11,1	20,9	25,2	6,6	3,7	10,9	5,0	—	16,7	—	0,0[1]
Bezirk	16.10.1921	214.541	142.350	66,6	10,7	22,7	23,6	6,2	3,6	11,1	5,0	—	17,1	—	—
Stadt	16.10.1921	214.528	142.351	66,6	10,7	22,7	23,6	6,2	3,6	11,1	5,0	—	17,1	—	—
Reichstag	4. 5.1924	230.251	180.340	78,9	20,9	2,8	24,3	8,7	3,7	6,1	3,7	—	21,0	—	8,8[2]
Reichstag	7.12.1924	234.066	185.572	80,1	19,0	0,6	35,5	10,0	3,8	4,1	2,9	—	21,1	1,4[3]	1,6[4]
Landtag	7.12.1924	233.922	185.164	80,1	19,1	0,6	35,5	10,0	3,8	4,1	3,0	—	21,0	1,4[3]	1,5[5]
Bezirk	25.10.1925	232.872	152.341	66,0	21,4	0,8	38,6	8,2	3,3	3,4	3,2	—	17,3	—	3,6[7]
Stadt	25.10.1925	232.872	152.548	66,1	21,6	0,8	38,6	8,2	3,3	3,4	3,2	—	17,3	—	3,7[6]
Reichstag	20. 5.1928	241.825	196.428	81,9	28,6	0,1	37,5	6,3	3,1	3,5	2,4[8]	—	15,2	1,2	2,0[9]
Landtag	20. 5.1928	241.796	195.347	81,9	28,7	0,1	37,5	6,3	3,1	3,5	2,4	—	15,2	1,2	2,1[10]
Bezirk	17.11.1929	251.259	180.845	73,1	29,0	0,2	33,6	4,9	3,7	3,2	3,9	—	14,8	4,5	2,2[12]
Stadt	17.11.1929	251.259	182.169	73,1	29,0	0,2	33,6	4,9	3,7	3,2	3,9	—	14,8	4,6	2,2[11]
Reichstag	14. 9.1930	253.075	209.207	83,1	32,1	0,1	31,6	4,1[14]	3,3	1,7	2,2	0,7	11,3	11,9	1,1[13]
Landtag	24. 4.1932	249.899	206.526	83,2	28,5	—	33,5	2,1	3,5[16]	0,4	0,3	0,4	6,3	23,3	1,8[15]
Reichstag	31. 7.1932	254.704	196.144	83,6	32,3	—	31,2	1,1	4,0	0,3	0,2	0,3	6,2	23,8	0,7[17]
Reichstag	6.11.1932	253.584	207.064	83,2	36,9	—	26,7	1,0	3,7	0,4	0,1	0,3	8,0	22,1	0,8[18]
Reichstag	5. 3.1933	252.441	219.441	88,6	29,7	—	25,5	1,3	4,2	0,5	—	0,4	8,3[19]	30,2	0,0[20]
Landtag	5. 3.1933	252.438	217.908	88,6	29,5	—	25,0	1,3	4,0[18]	0,5	—	0,4	8,1[19]	29,7	1,6[21]
Bezirk	12. 3.1933	249.885	191.293	77,1	23,3	—	26,5	1,4	4,2	0,4	—	0,4	9,4[19]	34,1	0,2[23]
Stadt	12. 3.1933	249.885	191.246	77,1	23,3	—	26,5	1,4	4,2	0,4	—	0,4	9,4[19]	34,1	0,2[22]

* Berechnungen (sofern nicht anders angegeben) nach: *Statistisches Jahrbuch* bzw. *Statistisches Taschenbuch der Stadt Berlin* 1920—1933.

Anmerkungen zur TABELLE 4a:
Wahlstatistik des Bezirks Prenzlauer Berg von Groß-Berlin 1921—1923

[1] Niedersächsische Partei (6).

[2] Deutsch-Völkische Freiheitspartei (5514), Nationalliberale Vereinigung (736), Republikanische Partei Deutschlands (1183), Nationale Freiheitspartei (361), Sozialistischer Bund (1599), Deutsche Arbeitnehmerpartei (574), Deutsch-Soziale Partei (5352), Haeußerbund (168), Polnische Volkspartei (428).

[3] Nationalsozialistische Freiheitsbewegung.

[4] Deutsch-Soziale Partei (2090), Polnische Volkspartei (244), Aufwertungs- und Wiederaufbaupartei (170), Deutsche Aufwertungs- und Aufbaupartei (122), Freiwirtschaftsbund (125), Deutsch-Hannoversche Partei (41), Haeußerbund (34), Partei für Volkswohlfahrt (141), Mieterpartei Deutschlands (54).

[5] Deutsch-Soziale Partei (2076), Polnische Volkspartei (266), Deutsche Aufwertungs- und Aufbaupartei (285), Partei für Volkswohlfahrt (171), Deutsch-Hannoversche Partei (42).

[6] Deutsch-Völkische Freiheitspartei (2109), Deutsch-Soziale Partei (1756), Evangelischer Gemeinschaftsbund (1102), Sparerbund (283), Deutsche Mittelstandspartei (143), Nationalliberale Reichspartei (79), Arbeiterpartei (154), Staegemanns nationaler Bund der Hauswirte (24).

[7] Deutsch-Völkische Freiheitspartei (2105), Deutsch-Soziale Partei (1738), Evangelischer Gemeinschaftsbund (1103), Sparerbund (300), Nationalliberale Reichspartei (72), Arbeiterpartei (138), Deutsche Arbeitnehmerpartei (59).

[8] Ab jetzt: Reichspartei des deutschen Mittelstands.

[9] Völkisch-Nationaler Block (998), Linke Kommunisten (645), Volksrechtpartei (387), Volksblock der Inflationsgeschädigten (433), Volksrechtpartei (R.A.G.) 344), Reichspartei für Handwerk, Handel und Gewerbe (162), Deutsch-Soziale Partei (217), Christlich-Soziale Reichspartei (198), Polnische Volkspartei (113), Christlich-Nationale Mittelstandspartei (165), Alte Sozialdemokratische Partei (170), Deutsche Haus- und Grundbesitzerpartei (53), Christlich-Nationale Bauern- und Landvolkpartei (23), Deutscher Reichsblock der Geschädigten (31), Deutsch-Hannoversche Partei (12).

[10] Völkisch-Nationaler Block (938), Linke Kommunisten (679), Volksrechtpartei (395), Volksblock der Inflationsgeschädigten (386), Volksrechtpartei (R.A.G.) (342), Deutsch-Soziale Partei (223), Reichspartei für Handwerk, Handel und Gewerbe (148), Polnische Volkspartei (169), Alte Sozialdemokratische Partei (187), Christlich-Nationale Mittelstandspartei (209), Christlich-Soziale Reichspartei (178), Deutsche Haus- und Grundbesitzerpartei (64), Deutsch-Hannoversche Partei (39), Christlich-Nationale Bauern- und Landvolkpartei (17), Deutscher Reichsblock der Geschädigten (28).

[11] Deutsch-Völkische Freiheitsbewegung (375), Christlicher Volksdienst (1966), Volksrechtpartei (154), Freibund des Handwerks, Kleinhandels und Gewerbes (601), Allgemeine Volkspartei (186), Reichspartei für Handel, Handwerk und Gewerbe (206), Linke Kommunisten (309), Nationalrevolutionäre Volkspartei (32), Christlich-Soziale Reichspartei (161).

[12] Deutsch-Völkische Freiheitsbewegung (379), Christlicher Volksdienst (1924), Volksrechtpartei (159), Freibund des Handwerks, Kleinhandels und Gewerbes (506), Allgemeine Volkspartei (187), Reichspartei für Handel Handwerk und Gewerbe (195), Linke Kommunisten (303), Nationalrevolutionäre Volkspartei (29), Christlich-Soziale Reichspartei (159).

[13] Christlich-Soziale Volksgemeinschaft (402), Deutsche Kulturpartei der geistigen Berufe, Angestellten und Beamten (221), Deutsches Landvolk (23), Volksrechtpartei und Christlich-Soziale Reichspartei (159). Deutsche Bauernpartei (13), Konservative Volkspartei (606), Evangelische Wähler und Wählerinnen (190), Freibund des Handwerks, Kleinhandels und Gewerbes (361), Polnische Volkspartei (165) Partei gegen den Alkohol (85),

Haus- und Landwirtepartei (24), Arbeiterpartei füre das arbeitende und schaffende Volk (35).

[14] Ab jetzt: Deutsche Staatspartei.

[15] Radikaler Mittelstand (238), Interessengemeinschaft der Kleinrentner und Inflationsgeschädigten (1389), Volksrechtpartei (149), Deutsches Landvolk — Deutsche Rechte (183), Nationale Beamte, Angestellte und freie Berufe (116), Haus- und Landwirtepartei (711), Deutsch-Hannoversche Partei (21), Sozialistische Arbeiterpartei Deutschlands (717), Partei der Erwerbslosen (161), Nationale Opposition der Vereinigten Reichsbankgläubiger und Markgeschädigten (97).

[16] Preußische Zentrumspartei.

[17] Radikaler Mittelstand (572), Deutsches Landvolk — Christlich-Nationale Bauern- und Landvolkpartei (47), Volksrechtpartei (51), Sozialistische Arbeiterpartei Deutschlands (323), Deutsche Sozialistische Kampfbewegung (8), Polenliste (60), Freiwirtschaftliche Partei Deutschlands (18), Partei der Erwerbslosen (47), Haus- und Landwirtepartei (6), Interessengemeinschaft der Kleinrentner und Inflationsgeschädigten (22), Nationalsozialistische Kleinrentner, Inflationsgeschädigte und Vorkriegsgeldbesitzer (27), Kampfgemeinschaft der Lohn- und Gehaltsabgebauten (10), Der ernste evangelisch-lutherische Christ (45), Nationalsozialistischer enteigneter Mittelstand (15), Nationalsozialistische Kriegsteilnehmer (16), Übrige Parteien (23).

[18] Radikaler Mittelstand (799), Interessengemeinschaft der Kleinrentner und Inflationsgeschädigten (40), Deutsch-Hannoversche Partei (43), Deutsches Landvolk (8), Volksrechtpartei (46), Gerechtigkeitsbewegung Meißner (17), Sozialrepublikanische Partei Deutschlands (66), Sozialistische Arbeiterpartei Deutschlands (272), Polenliste (67), Freiwirtschaftliche Partei Deutschlands (24), Haus- und Landwirtepartei (7), Kleinrentner, Inflationsgeschädigte und Vorkriegsgeldbesitzer (37), Radikaldemokratische Partei (37), Handwerker, Handel- und Gewerbetreibende (19), Für Hindenburg und Papen (121), Unitaristen-Union Deutschlands (12), Übrige Parteien (27).

[19] Kampffront Schwarz-Weiß-Rot.

[20] Deutsche Bauernpartei (18), Deutsch-Hannoversche Partei (8), Sozialistische Kampfgemeinschaft (27).

[21] Mit Hindenburg für ein nationales Preußen (2974), Preußischer Mittelstand und Sparer (209), Radikaler Mittelstand (130), Radikal-Sozialistische Partei (19), Deutsch-Hannoversche Partei (12), Polenliste (67), Kampfgemeinschaft der Arbeiter und Bauern (17), Sozialistische Kampfgemeinschaft (22).

[22] Freibund des Handwerks, Kleinhandels und Gewerbes (139), Radikal-Soziale Partei (5), Radikaldemokratische Partei (16), Einheitsliste der Werktätigen (30), Mit Hindenburg für ein nationales Berlin (77), Kampfbund für Handwerk, Handel und Gewerbe (106).

[23] Freibund des Handwerks, Kleinhandels und Gewerbes (149), Radikaldemokratische Partei (18), Einheitsliste der Werktätigen (31), Mit Hindenburg für ein nationales Berlin (73), Kampfbund für Handwerk, Handel und Gewerbe (112).

5. Bezirk Friedrichshain

5. *Bezirk Friedrichshain: Sozialstatistik (1919, 1925 und 1933)**

BEVÖLKERUNG

Volkszählung	insgesamt	männlich	weiblich
1919	326.062	149.186	176.876
1925	336.338	156.633	179.705
1933	303.149	142.085	161.064

RELIGIONSZUGEHÖRIGKEIT (in %)

Jahr	evangelisch	katholisch	andere Christen	jüdisch	sonstige
1925	74,3	11,5	0,2	2,4	11,6
1933	66,9	11,7	0,1	2,1	19,2

ERWERBSPERSONEN (einschließlich der Arbeitslosen)

1.1. nach Berufsgruppen

Jahr	Erwerbspersonen		Arbeiter und Hausangestellte		Angestellte und Beamte		Selbständige		Mithelfende Familienangehörige		Berufslose Selbständige	
	absolut	in % der Wohnbevölkerung	absolut	in % der Erwerbspersonen	absolut	in % der Erwerbspersonen	absolut	in % der Erwerbspersonen	absolut	in % der Erwerbspersonen	absolut	in % der Erwerbspersonen
1925	210.893	62,7	114.227	54,2	45.114	21,4	27.750	13,2	4.261	2,0	19.541	9,3
1933	200.605	66,2	113.347	56,5	33.464	16,7	16.317	8,1	4.206	2,1	33.271	16,6

1.2. Berufszugehörige

Jahr	Wohnbevölkerung	Arbeiter und Hausangestellte		Angestellte und Beamte		Selbständige		Mithelfende Familienangehörige		Berufslose Selbständige	
		absolut	in % der Wohnbevölkerung	absolut	in % der Wohnbevölkerung	absolut	in % der Wohnbevölkerung	absolut	in % der Wohnbevölkerung	absolut	in % der Wohnbevölkerung
1925	336.338	181.747	54,0	72.882	21,7	50.944	15,2	4.387	1,3	26.378	7,8
1933	303.149	175.747	58,0	49.897	16,5	27.268	9,0	4.294	1,4	45.943	15,2

2.1. nach Wirtschaftszweigen

Jahr	Landwirtschaft		Gewerbe		Handel und Verkehr		Dienstleistungen (incl. Häusliche Dienste)		Handel, Verkehr und Dienstleistungen insgesamt		Berufslose Selbständige	
	absolut	in % der Erwerbspersonen	absolut	in % der Erwerbspersonen	absolut	in % der Erwerbspersonen	absolut	in % der Erwerbspersonen	absolut	in % der Erwerbspersonen	absolut	in % der Erwerbspersonen
1925	579	0,3	114.898	54,5	55.128	26,1	20.747	9,8	75.875	36,0	19.541	9,3
1933	1.402	0,7	94.501	47,1	51.454	25,7	19.977	10,0	71.431	35,6	33.271	16,6

2.2. Berufszugehörige

Jahr	Landwirtschaft		Gewerbe		Handel und Verkehr		Dienstleistungen (incl. Häusliche Dienste)		Handel, Verkehr und Dienstleistungen insgesamt		Berufslose Selbständige	
	absolut	in % der Wohnbevölkerung	absolut	in % der Wohnbevölkerung	absolut	in % der Wohnbevölkerung	absolut	in % der Wohnbevölkerung	absolut	in % der Wohnbevölkerung	absolut	in % der Wohnbevölkerung
1925	950	0,3	182.951	54,4	92.972	27,6	33.087	9,8	126.059	37,5	26.378	7,8
1933	2.307	0,8	144.100	47,5	81.288	26,8	29.511	9,7	110.799	36,6	45.943	15,2

ARBEITSLOSE (1933)

in % der tatsächlichen Erwerbspersonen	38,4
insgesamt	64.316
männlich	43.899
weiblich	20.417

* *Quellenangaben:* Siehe Tabelle 1.

5 a. *Bezirk Friedrichshain: Wahlstatistik 1921—1933**

Wahl		Wahl-berechtigte	Gültige Stimmen	Wahl-beteiligung in %	KPD	USPD	SPD	DDP	Z	DVP	Wirtschafts-partei	Christl.-Soz. Volksdienst	DNVP	NSDAP	Son-stige
Landtag	20. 2.1921	234.220	163.003	69,9	14,3	24,4	22,8	5,4	3,9	9,6	5,1	—	14,3	—	0,0[1]
Bezirk	16.10.1921	225.816	147.404	65,4	13,5	26,8	20,8	4,8	3,9	9,9	5,2	—	14,8	—	0,2[2]
Stadt	16.10.1921	225.812	147.404	65,4	13,5	26,8	20,8	4,9	3,9	9,9	5,2	—	14,8	—	0,2**
Reichstag	4. 5.1924	247.594	183.782	74,9	24,8	3,6	23,2	7,0	4,1	5,9	4,4	—	17,5	—	9,6[3]
Reichstag	7.12.1924	252.436	190.981	76,6	22,8	0,9	34,4	8,5	4,2	3,6	4,1	—	18,2	1,3[4]	2,0[5]
Landtag	7.12.1924	252.421	190.476	76,5	23,0	0,9	34,3	8,5	4,2	3,6	4,1	—	18,2	1,3[4]	1,9[6]
Bezirk	25.10.1925	244.848	156.682	64,7	27,0	1,2	36,2	7,1	3,7	2,9	3,9	—	14,6	—	3,4[8]
Stadt	25.10.1925	244.848	157.064	64,8	26,9	1,2	36,2	7,1	3,7	2,9	3,9	—	14,6	—	3,4[7]
Reichstag	20. 5.1928	256.296	204.487	80,5	34,8	0,2	34,6	5,4	3,3	3,1	2,6[9]	—	12,5	1,2	2,4[10]
Landtag	20. 5.1928	256.284	203.273	80,3	34,9	0,2	34,5	5,4	3,3	3,0	2,7	—	12,4	1,2	2,4[11]
Bezirk	17.11.1929	260.672	181.907	70,6	35,0	0,3	30,9	3,9	3,9	2,9	4,2	—	12,5	3,7	2,7[13]
Stadt	17.11.1929	260.672	183.156	70,8	35,0	0,4	30,9	3,9	3,9	2,9	4,2	—	12,5	3,7	2,7[12]
Reichstag	14. 9.1930	260.144	210.967	81,6	38,0	0,1	28,4	3,2[15]	3,5	1,5	2,3	0,8	9,3	11,6	1,2[14]
Landtag	24. 4.1932	251.987	201.494	80,5	34,7	—	30,3	1,7	3,7[17]	0,3	0,4	0,5	5,6	20,7	2,1[16]
Reichstag	31. 7.1932	251.301	192.983	82,6	38,5	—	28,1	0,8	4,3	0,3	0,2	0,4	5,2	21,6	0,7[18]
Reichstag	6.11.1932	249.355	201.559	82,1	43,3	—	23,9	0,8	3,9	0,3	0,1	0,4	6,4	20,0	0,8[19]
Reichstag	5. 3.1933	249.261	214.847	87,5	34,7	—	22,9	1,0	4,5	0,3	—	0,5	7,2[20]	28,9	0,0[21]
Landtag	5. 3.1933	249.276	213.283	87,4	34,5	—	22,4	1,0	4,3[17]	0,3	—	0,5	7,1[20]	28,3	1,7[22]
Bezirk	12. 3.1933	246.216	184.305	75,4	28,7	—	23,9	1,0	4,6	0,3	—	0,5	8,1[20]	32,6	0,3[24]
Stadt	12. 3.1933	246.216	184.415	75,4	28,7	—	23,9	1,0	4,6	0,3	—	0,5	8,1[20]	32,7	0,3[23]

* Berechnungen (sofern nicht anders angegeben) nach: *Statistisches Jahrbuch* bzw. *Statistisches Taschenbuch der Stadt Berlin* 1920—1933.

** Siehe dazu oben TABELLE 10.

Anmerkungen zur TABELLE 5a:
Wahlstatistik des Bezirks Friedrichshain von Groß-Berlin 1921—1923

[1] Niedersächsische Partei (6).

[2] Deutsch-Soziale Partei (279).

[3] Deutsch-Völkische Freiheitspartei (6135), Nationalliberale Vereinigung (675), Republikanische Partei Deutschlands (1193), Nationale Freiheitspartei (377), Sozialistischer Bund (1369), Deutsche Arbeitnehmerpartei (608), Deutsch-Soziale Partei (5771), Haeußerbund (149), Polnische Volkspartei (1304).

[4] Nationalsozialistische Freiheitsbewegung.

[5] Deutsch-Soziale Partei (2255), Polnische Volkspartei (855), Aufwertungs- und Wiederaufbaupartei (182), Deutsche Aufwertungs- und Aufbaupartei (174), Freiwirtschaftsbund (146), Deutsch-Hannoversche Partei (52), Haeußerbund (57), Partei für Volkswohlfahrt (59), Mieterpartei Deutschlands (41).

[6] Deutsch-Soziale Partei (2217), Polnische Volkspartei (858), Deutsche Aufwertungs- und Aufbaupartei (344), Partei für Volkswohlfahrt (105), Deutsch-Hannoversche Partei (39).

[7] Deutsch-Völkische Freiheitspartei (1861) Deutsch-Soziale Partei (1599), Evangelischer Gemeinschaftsbund (1396), Sparerbund (262), Arbeiterpartei (175), Staegemanns nationaler Bund der Hauswirte (41).

[8] Deutsch-Völkische Freiheitspartei (1851), Deutsch-Soziale Partei (1575), Evangelischer Gemeinschaftsbund (1392), Sparerbund (258), Arbeiterpartei (186).

[9] Ab jetzt: Reichspartei des deutschen Mittelstandes.

[10] Völkisch-Nationaler Block (938), Linke Kommunisten (768), Volksrechtpartei (352), Volksblock der Inflationsgeschädigten (510), Volksrechtpartei (R.A.G.) (369), Reichspartei für Handwerk, Handel und Gewerbe (386), Deutsch-Soziale Partei (214), Christlich-Soziale Reichspartei (236), Polnische Volkspartei (610), Christlich-Nationale Mittelstandspartei (223), Alte Sozialdemokratische Partei (162), Deutsche Haus- und Grundbesitzerpartei (75), Christlich-Nationale Bauern- und Landvolkpartei (48), Deutscher Reichsblock der Geschädigten (44), Deutsch-Hannoversche Partei (26), Deutsch-kristliche folke-partei (1), Deutsche Bauernpartei (1).

[11] Völkisch-Nationaler Block (923), Linke Kommunisten (773), Volksrechtpartei (353), Volksblock der Inflationsgeschädigten (434), Volksrechtpartei (R.A.G.) (376), Deutsch-Soziale Partei (220), Reichspartei für Handwerk, Handel und Gewerbe (308), Polnische Volkspartei (640), Alte Sozialdemokratische Partei (210), Christlich-Nationale Mittelstandspartei (261), Christlich-Soziale Reichspartei (178), Deutsche Haus- und Grundbesitzerpartei (136), Deutsch-Hannoversche Partei (80), Christlich-Nationale Bauern- und Landvolkpartei (38), Deutscher Reichsblock der Geschädigten (30), Deutsche Bauernpartei (1).

[12] Deutsch-Völkische Freiheitsbewegung (331), Christlicher Volksdienst (2328), Volksrechtpartei (186), Freibund des Handwerks, Kleinhandels und Gewerbes (514), Allgemeine Volkspartei (239), Reichspartei für Handel, Handwerk und Gewerbe (305), Linke Kommunisten (512), Nationalrevolutionäre Volkspartei (54), Christlich-Soziale Reichspartei (405).

[13] Deutsch-Völkische Freiheitsbewegung (314), Christlicher Volksdienst (2337), Volksrechtpartei (186), Freibund des Handwerks, Kleinhandels und Gewerbes (519), Allgemeine Volkspartei (239), Reichspartei für Handel, Handwerk und Gewerbe (302), Linke Kommunisten (486), Nationalrevolutionäre Volkspartei (48), Christlich-Soziale Reichspartei (400).

[14] Christlich-Soziale Volksgemeinschaft (462), Deutsche Kulturpartei der geistigen Berufe, Angestellten und Beamten (265), Deutsches Landvolk (37), Volksrechtpartei und Christlich-Soziale Reichspartei (178), Deutsche Bauernpartei (18), Konservative Volkspartei (415), Evangelische Wähler und Wählerinnen (223), Freibund des Handwerks, Kleinhandels und Gewerbes (138), Polnische Volkspartei (565), Partei gegen den Alkohol (85), Haus- und Landwirtepartei (25), Arbeiterpartei für das arbeitende und schaffende Volk (52).

[15] Ab jetzt: Deutsche Staatspartei.

[16] Radikaler Mittelstand (220), Interessengemeinschaft der Kleinrentner und Inflationsgeschädigten (1645), Volksrechtpartei (102), Deutsches Landvolk — Deutsche Rechte (128), Nationale Beamte, Angestellte und freie Berufe (96), Haus- und Landwirtepartei (640), Deutsch-Hannoversche Partei (14), Sozialistische Arbeiterpartei Deutschlands (591), Polnische Volkspartei (422), Partei der Erwerbslosen (235), Nationale Opposition der Vereinigten Reichsbankgläubiger und Markgeschädigten (106).

[17] Preußische Zentrumspartei.

[18] Radikaler Mittelstand (506), Deutsches Landvolk — Christlich-Nationale Bauern- und Landvolkpartei (34), Volksrechtpartei (60), Sozialistische Arbeiterpartei Deutschlands (329), Deutsch-Sozialistische Kampfbewegung (9), Polenliste (208), Freiwirtschaftliche Partei Deutschlands (28), Partei der Erwerbslosen (33), Haus- und Landwirtepartei (4), Interessengemeinschaft der Kleinrentner und Inflationsgeschädigten (19), Nationalsozialistische Kleinrentner, Inflationsgeschädigte und Vorkriegsgeldbesitzer (40), Kampfgemeinschaft der Lohn- und Gehaltsabgebauten (9), Der ernste evangelisch-lutherische Christ (58), Nationalsozialistischer enteigneter Mittelstand (8), Nationalsozialistische Kriegsteilnehmer (32), Übrige Parteien (32).

[19] Radikaler Mittelstand (652), Interessengemeinschaft der Kleinrentner und Inflationsgeschädigten (53), Deutsch-Hannoversche Partei (44), Deutsches Landvolk (13), Volksrechtpartei (23), Gerechtigkeitsbewegung Meißner (14), Sozialrepublikanische Partei Deutschlands (92), Sozialistische Arbeiterpartei Deutschlands (245), Polenliste (274), Freiwirtschaftliche Partei Deutschlands (21), Haus- und Landwirtepartei (5), Kleinrentner, Inflationsgeschädigte und Vorkriegsgeldbesitzer (40), Radikaldemokratische Partei (25), Handwerker, Handel- und Gewerbetreibende (26), Für Hindenburg und Papen (124), Unitaristenunion Deutschlands (9), Schicksalsgemeinschaft deutscher Erwerbslosen, Kleinhandel und Gewerbe (2), Übrige Parteien (30).

[20] Kampffront Schwarz-Weiß-Rot.

[21] Deutsche Bauernpartei (12), Deutsch-Hannoversche Partei (14), Sozialistische Kampfgemeinschaft (31).

[22] Mit Hindenburg für ein nationales Preußen (2928), Preußischer Mittelstand und Sparer (219), Radikaler Mittelstand (113), Radikal-Soziale Partei (22), Deutsch-Hannoversche Partei (17), Polenliste (291), Kampfgemeinschaft der Arbeiter und Bauern (13), Sozialistische Kampfgemeinschaft (35).

[23] Freibund des Handwerks, Kleinhandels und Gewerbes (78), Radikaldemokratische Partei (6), Einheitsliste der Werktätigen (22), Mit Hindenburg für ein nationales Berlin (92), Kampfbund für Handwerk, Handel und Gewerbe (337).

[24] Freibund des Handwerks, Kleinhandels und Gewerbes (85), Radikaldemokratische Partei (9), Einheitsliste der Werktätigen (26), Mit Hindenburg für ein nationales Berlin (96), Kampfbund für Handwerk, Handel und Gewerbe (362).

6. Bezirk Kreuzberg

6. *Bezirk Kreuzberg: Sozialstatistik (1919, 1925 und 1933)**

BEVÖLKERUNG

Volkszählung	insgesamt	männlich	weiblich
1919	366.299	165.874	200.425
1925	377.253	171.919	205.334
1933	339.198	155.074	184.124

RELIGIONSZUGEHÖRIGKEIT (in %)

Jahr	evangelisch	katholisch	andere Christen	jüdisch	sonstige
1925	77,7	11,0	0,2	2,2	8,9
1933	71,3	11,6	0,1	1,8	15,2

ERWERBSPERSONEN (einschließlich der Arbeitslosen)

1.1. nach Berufsgruppen

Jahr	Erwerbspersonen		Arbeiter und Hausangestellte		Angestellte und Beamte		Selbständige		Mithelfende Familienangehörige		Berufslose Selbständige	
	absolut	in % der Wohnbevölkerung	absolut	in % der Erwerbspersonen	absolut	in % der Erwerbspersonen	absolut	in % der Erwerbspersonen	absolut	in % der Erwerbspersonen	absolut	in % der Erwerbspersonen
1925	240.218	63,7	114.072	47,5	63.535	26,5	33.255	13,8	4.055	1,7	25.301	10,5
1933	229.926	67,8	113.373	49,3	49.427	21,5	22.505	9,8	4.838	2,1	39.783	17,3

1.2. Berufszugehörige

Jahr	Wohnbevölkerung	Arbeiter und Hausangestellte		Angestellte und Beamte		Selbständige		Mithelfende Familienangehörige		Berufslose Selbständige	
		absolut	in % der Wohnbevölkerung	absolut	in % der Wohnbevölkerung	absolut	in % der Wohnbevölkerung	absolut	in % der Wohnbevölkerung	absolut	in % der Wohnbevölkerung
1925	377.253	176.186	46,7	99.859	26,5	63.073	16,7	4.138	1,1	33.997	9,0
1933	339.198	171.454	50,6	72.713	21,4	38.367	11,3	4.913	1,5	51.751	15,3

2.1. nach Wirtschaftszweigen

Jahr	Landwirtschaft		Gewerbe		Handel und Verkehr		Dienstleistungen (incl. Häusliche Dienste)		Handel, Verkehr und Dienstleistungen insgesamt		Berufslose Selbständige	
	absolut	in % der Erwerbspersonen	absolut	in % der Erwerbspersonen	absolut	in % der Erwerbspersonen	absolut	in % der Erwerbspersonen	absolut	in % der Erwerbspersonen	absolut	in % der Erwerbspersonen
1925	634	0,3	111.519	46,4	68.504	28,5	34.260	14,3	102.764	42,8	25.301	10,5
1933	1.783	0,8	92.977	40,4	63.528	27,6	31.855	13,9	95.383	41,5	39.783	17,3

2.2. Berufszugehörige

Jahr	Landwirtschaft		Gewerbe		Handel und Verkehr		Dienstleistungen (incl. Häusliche Dienste)		Handel, Verkehr und Dienstleistungen insgesamt		Berufslose Selbständige	
	absolut	in % der Wohnbevölkerung	absolut	in % der Wohnbevölkerung	absolut	in % der Wohnbevölkerung	absolut	in % der Wohnbevölkerung	absolut	in % der Wohnbevölkerung	absolut	in % der Wohnbevölkerung
1925	1.074	0,3	176.724	46,8	113.237	30,0	52.221	13,8	165.458	43,9	33.997	9,0
1933	3.639	1,1	140.838	41,5	96.913	28,6	46.057	13,6	142.970	42,2	51.751	15,3

ARBEITSLOSE (1933)

in % der tatsächlichen Erwerbspersonen	34,0
insgesamt	64.722
männlich	42.693
weiblich	22.029

* *Quellenangaben:* Siehe Tabelle 1.

6 a. *Bezirk Kreuzberg: Wahlstatistik 1921—1933**

Wahl		Wahlberechtigte	Gültige Stimmen	Wahlbeteiligung in %	KPD	USPD	SPD	DDP	Z	DVP	Wirtschaftspartei	Christl.-Soz. Volksdienst	DNVP	NSDAP	Sonstige
Landtag	20. 2.1921	280.670	203.078	72,5	10,1	17,1	25,5	6,4	3,9	14,2	4,8	—	18,0	—	0,0[1]
Bezirk	16.10.1921	268.085	183.198	68,5	9,4	18,7	23,6	6,3	3,9	14,4	4,7	—	18,9	—	—
Stadt	16.10.1921	268.072	183.198	68,6	9,4	18,7	23,6	6,3	3,9	14,4	4,7	—	18,9	—	—
Reichstag	4. 5.1924	292.014	222.829	76,9	17,7	2,9	22,8	8,7	4,0	7,7	3,5	—	23,0	—	9,8[2]
Reichstag	7.12.1924	300.791	229.613	77,1	15,4	0,6	33,8	10,2	4,1	6,0	3,0	—	23,6	1,8[3]	1,7[4]
Landtag	7.12.1924	300.499	228.763	77,0	15,5	0,6	33,8	10,1	4,1	5,9	3,0	—	23,5	1,8[3]	1,6[5]
Bezirk	25.10.1925	287.784	187.882	66,0	17,9	0,7	36,9	8,3	3,4	5,0	3,4	—	20,9	—	3,5[7]
Stadt	25.10.1925	287.784	188.235	66,1	17,9	0,7	36,9	8,3	3,4	5,0	3,4	—	20,9	—	3,5[6]
Reichstag	20. 5.1928	302.018	234.565	78,2	25,1	0,2	35,5	6,4	3,3	5,2	2,5[8]	—	17,4	1,7	2,7[9]
Landtag	20. 5.1928	302.016	232.621	78,0	25,2	0,2	35,5	6,4	3,3	5,1	2,5	—	17,4	1,7	2,5[10]
Bezirk	17.11.1929	308.499	210.718	69,1	25,9	0,2	31,0	4,7	4,0	4,8	4,0	—	17,5	5,4	2,4[12]
Stadt	17.11.1929	308.499	212.156	69,3	25,9	0,2	31,0	4,8	4,0	4,8	4,0	—	17,5	5,4	2,4[11]
Reichstag	14. 9.1930	302.581	241.138	80,1	29,2	0,1	28,7	4,3[14]	3,4	2,5	2,3	0,9	13,1	14,0	1,4[13]
Landtag	24. 4.1932	290.726	231.409	80,0	26,2	—	30,5	2,2	4,0[16]	0,5	0,4	0,5	7,5	26,1	2,0[15]
Reichstag	31. 7.1932	292.613	220.347	81,0	30,1	—	28,3	1,2	4,7	0,5	0,2	0,4	7,4	26,6	0,7[17]
Reichstag	6.11.1932	289.152	229.970	80,5	34,5	—	24,2	1,1	4,2	0,7	0,1	0,4	10,2	23,7	0,9[18]
Reichstag	5. 3.1933	290.240	246.002	85,4	27,0	—	22,9	1,3	4,8	0,6	—	0,5	10,1[19]	32,8	0,0[20]
Landtag	5. 3.1933	290.230	243.896	85,3	26,8	—	22,3	1,3	4,6[16]	0,6	—	0,5	9,8[19]	32,3	1,7[21]
Bezirk	12. 3.1933	286.015	212.051	74,6	22,0	—	23,4	1,4	4,7	0,4	—	0,5	11,1[19]	36,1	0,3[22]
Stadt	12. 3.1933	286.015	212.111	74,6	22,0	—	23,6	1,4	4,7	0,4	—	0,5	11,1[19]	36,1	0,3[23]

* Berechnungen (sofern nicht anders angegeben) nach: *Statistisches Jahrbuch* bzw. *Statistisches Taschenbuch der Stadt Berlin* 1920—1933.

** Siehe dazu oben Tabelle 10.

Anmerkungen zur TABELLE 6a:
Wahlstatistik des Bezirkes Kreuzberg von Groß-Berlin 1921—1933

1 Niedersächsische Partei (31).

2 Deutsch-Völkische Freiheitspartei (8953), Nationalliberale Vereinigung (1194), Republikanische Partei Deutschlands (1607), Nationale Freiheitspartei (430), Deutsche Arbeitnehmerpartei (584), Deutsch-Soziale Partei (6440), Haeußerbund (148), Polnische Volkspartei (962), Sozialistischer Bund (1515).

3 Nationalsozialistische Freiheitsbewegung.

4 Deutsch-Soziale Partei (2543), Polnische Volkspartei (620), Aufwertungs- und Wiederaufbaupartei (160), Deutsche Aufwertungs- und Aufbaupartei (156), Freiwirtschaftsbund (147), Deutsch-Hannoversche Partei (62), Haeußerbund (44), Partei für Volkswohlfahrt (65), Mieterpartei Deutschlands (46).

5 Deutsch-Soziale Partei (2545), Polnische Volkspartei (646), Deutsche Aufwertungs- und Wiederaufbaupartei (328), Partei für Volkswohlfahrt (106), Deutsch-Hannoversche Partei (53).

6 Deutsch-Soziale Partei (1811), Evangelischer Gemeinschaftsbund (1525), Deutsche Mittelstandspartei (336), Nationalliberale Reichspartei (118), Nationale Wirtschaftliche Vereinigung (225), Deutsche Arbeitnehmerpartei (128), Deutsch-Völkische Freiheitspartei (2387).

7 Deutsch-Soziale Partei (1804), Evangelischer Gemeinschaftsbund (1541), Deutsche Mittelstandspartei (338), Nationalliberale Reichspartei (126), Nationale Wirtschaftliche Vereinigung (235), Deutsche Arbeitnehmerpartei (116), Deutsch-Völkische Freiheitspartei (2379).

8 Ab jetzt: Reichspartei des deutschen Mittelstandes.

9 Völkisch-Nationaler Block (1585), Linke Kommunisten (771), Volksrechtpartei (510), Volksblock der Inflationsgeschädigten (817), Volksrechtpartei (R.A.G.) (414), Reichspartei für Handwerk, Handel und Gewerbe (334), Deutsch-Soziale Partei (297), Christlich-Soziale Reichspartei (389), Polnische Volkspartei (466), Christlich-Nationale Mittelstandspartei (271), Alte Sozialdemokratische Partei (222), Deutsche Haus- und Grundbesitzerpartei (74), Christlich-Nationale Bauern- und Landvolkpartei (59), Deutscher Reichsblock der Geschädigten (86), Deutsch-Hannoversche Partei (27).

10 Völkisch-Nationaler Block (1526), Linke Kommunisten (777), Volksrechtpartei (489), Volksblock der Inflationsgeschädigten (731), Deutsch-Soziale Partei (310), Reichspartei für Handwerk, Handel und Gewerbe (280), Polnische Volkspartei (493) Alte Sozialdemokratische Partei (291), Christlich-Nationale Mittelstandspartei (337), Christlich-Soziale Reichspartei (385), Deutsche Haus- und Grundbesitzerpartei (85), Deutsch-Hannoversche Partei (73), Christlich-Nationale Bauern- und Landvolkpartei (36), Deutscher Reichsblock der Geschädigten (80).

11 Deutsch-Völkische Freiheitsbewegung (441), Volksrechtpartei (219), Linksradikale Antikorruptionspartei (17), Freibund des Handwerks, Kleinhandels und Gewerbes (306), Allgemeine Volkspartei (300), Reichspartei für Handel, Handwerk und Gewerbe (239), Linke Kommunisten (316), Christlich-Soziale Reichspartei (363), Partei für Mietsreform (104), Christlicher Volksdienst (2757).

12 Deutsch-Völkische Freiheitsbewegung (443), Volksrechtpartei (217), Linksradikale Antikorruptionspartei (15), Freibund des Handwerks, Kleinhandels und Gewerbes (303), Allgemeine Volkspartei (295), Reichspartei für Handel, Handwerk und Gewerbe (232), Linke Kommunisten (323), Christlich-Soziale Reichspartei (343), Partei für Mietsreform (99), Christlicher Volksdienst (2749).

13 Christlich-Soziale Volksgemeinschaft (558), Deutsche Kulturpartei der geistigen Berufe, Angestellten und Beamten (271), Deutsches Landvolk (95), Volksrechtpartei und

Christlich-Soziale Reichspartei (242), Deutsche Bauernpartei (21), Konservative Volkspartei (1072), Evangelische Wähler und Wählerinnen (247), Freibund des Handwerks, Kleinhandels und Gewerbes (174), Polnische Volkspartei (420), Partei gegen den Alkohol (139), Haus- und Landwirtepartei (20), Arbeiterpartei für das arbeitende und schaffende Volk (48).

[14] Ab jetzt: Deutsche Staatspartei.

[15] Radikaler Mittelstand (242), Interessengemeinschaft der Kleinrentner und Inflationsgeschädigten (1500), Volksrechtpartei (119), Deutsches Landvolk — Deutsche Rechte (359), Nationale Beamte, Angestellte und freie Berufe (120), Haus- und Landwirtepartei (820), Deutsch-Hannoversche Partei (22), Sozialistische Arbeiterpartei Deutschlands (681), Polnische Volkspartei (310), Partei der Erwerbslosen (265), Nationale Opposition der Vereinigten Reichsbankgläubiger und Markgeschädigten (146).

[16] Preußische Zentrumspartei.

[17] Radikaler Mittelstand (627), Deutsches Landvolk — Christlich-Nationale Bauern- und Landvolkpartei (25), Volksrechtpartei (46), Sozialistische Arbeiterpartei Deutschlands (346), Deutsche Sozialistische Kampfbewegung (8), Polenliste (200), Freiwirtschaftliche Partei Deutschlands (28), Partei der Erwerbslosen (51), Haus- und Landwirtepartei (6), Interessengemeinschaft der Kleinrentner und Inflationsgeschädigten (38), Nationalsozialistische Kleinrenter, Inflationsgeschädigte und Vorkriegsgeldbesitzer (50), Kampfgemeinschaft der Lohn- und Gehaltsabgebauten (8), Der ernste evangelisch-lutherische Christ (68), Nationalsozialistischer enteigneter Mittelstand (11), Nationalsozialistische Kriegsteilnehmer (18), Übrige Parteien (22).

[18] Radikaler Mittelstand (1029), Interessengemeinschaft der Kleinrentner und Inflationsgeschädigten (79), Deutsch-Hannoversche Partei (67), Deutsches Landvolk (14), Volksrechtpartei (32), Gerechtigkeitsbewegung Meißner (25), Sozialrepublikanische Partei Deutschlands (129), Polenliste (220), Freiwirtschaftliche Partei Deutschlands (36), Haus- und Landwirtepartei (3), Kleinrentner, Inflationsgeschädigte und Vorkriegsgeldbesitzer (60), Radikaldemokratische Partei (64), Handwerker, Handel- und Gewerbetreibende (29), Für Hindenburg und Papen (208), Unitaristenunion Deutschlands (11), Übrige Parteien (29).

[19] Kampffront Schwarz-Weiß-Rot.

[20] Deutsche Bauernpartei (22), Deutsch-Hannoversche Partei (27), Sozialistische Kampfgemeinschaft (36).

[21] Mit Hindenburg für ein nationales Preußen (3400), Preußischer Mittelstand und Sparer (280), Radikaler Mittelstand (134), Radikal-Soziale Partei (31), Deutsch-Hannoversche Partei (29), Polenliste (216), Kampfgemeinschaft der Arbeiter und Bauern (17), Sozialistische Kampfgemeinschaft (39).

[22] Freibund des Handwerks, Kleinhandels und Gewerbes (138), Radikaldemokratische Partei (17), Einheitsliste der Werktätigen (28), Mit Hindenburg für ein nationales Berlin (100), Kampfbund für Handwerk, Handel und Gewerbe (252).

[23] Freibund des Handwerks, Kleinhandels und Gewerbes (135), Radikaldemokratische Partei (16), Einheitsliste der Werktätigen (32), Mit Hindenburg für ein nationales Berlin (94), Kampfbund für Handwerk, Handel und Gewerbe (247).

7. Bezirk Charlottenburg

7. *Bezirk Charlottenburg: Sozialstatistik (1919, 1925 und 1933)**

BEVÖLKERUNG

Volkszählung	insgesamt	männlich	weiblich
1919	325.084	141.191	183.893
1925	345.139	153.273	191.866
1933	340.596	151.633	188.963

RELIGIONSZUGEHÖRIGKEIT (in %)

Jahr	evangelisch	katholisch	andere Christen	jüdisch	sonstige
1925	74,2	10,8	0,6	8,9	5,7
1933	69,9	11,6	0,4	7,9	10,2

ERWERBSPERSONEN (einschließlich der Arbeitslosen)

1.1. nach Berufsgruppen

Jahr	Erwerbspersonen		Arbeiter und Hausangestellte		Angestellte und Beamte		Selbständige		Mithelfende Familienangehörige		Berufslose Selbständige	
	absolut	in % der Wohnbevölkerung	absolut	in % der Erwerbspersonen	absolut	in % der Erwerbspersonen	absolut	in % der Erwerbspersonen	absolut	in % der Erwerbspersonen	absolut	in % der Erwerbspersonen
1925	212.764	61,7	80.155	37,7	66.488	31,3	33.680	15,8	3.727	1,8	28.714	13,5
1933	227.723	66,9	84.863	37,3	67.378	29,6	28.935	12,7	4.225	1,9	42.322	18,6

1.2. Berufszugehörige

Jahr	Wohnbevölkerung	Arbeiter und Hausangestellte		Angestellte und Beamte		Selbständige		Mithelfende Familienangehörige		Berufslose Selbständige	
		absolut	in % der Wohnbevölkerung	absolut	in % der Wohnbevölkerung	absolut	in % der Wohnbevölkerung	absolut	in % der Wohnbevölkerung	absolut	in % der Wohnbevölkerung
1925	345.139	123.386	35,8	109.400	31,7	68.404	19,8	3.820	1,1	40.129	11,6
1933	340.596	124.560	36,6	103.728	30,5	50.991	15,0	4.332	1,3	56.985	16,7

2.1. nach Wirtschaftszweigen

Jahr	Landwirtschaft		Gewerbe		Handel und Verkehr		Dienstleistungen (incl. Häusliche Dienste)		Handel, Verkehr und Dienstleistungen insgesamt		Berufslose Selbständige	
	absolut	in % der Erwerbspersonen	absolut	in % der Erwerbspersonen	absolut	in % der Erwerbspersonen	absolut	in % der Erwerbspersonen	absolut	in % der Erwerbspersonen	absolut	in % der Erwerbspersonen
1925	1.037	0,5	72.543	34,1	59.284	27,9	51.186	24,1	110.470	51,9	28.714	13,5
1933	1.507	0,7	68.500	30,1	61.383	27,0	54.011	23,7	115.394	50,7	42.322	18,6

2.2. Berufszugehörige

Jahr	Landwirtschaft		Gewerbe		Handel und Verkehr		Dienstleistungen (incl. Häusliche Dienste)		Handel, Verkehr und Dienstleistungen insgesamt		Berufslose Selbständige	
	absolut	in % der Wohnbevölkerung	absolut	in % der Wohnbevölkerung	absolut	in % der Wohnbevölkerung	absolut	in % der Wohnbevölkerung	absolut	in % der Wohnbevölkerung	absolut	in % der Wohnbevölkerung
1925	1.871	0,5	124.972	36,2	103.217	29,9	74.950	21,7	178.167	51,6	40.129	11,6
1933	2.718	0,8	108.348	31,8	96.715	28,4	75.830	22,3	172.545	50,7	56.985	16,7

ARBEITSLOSE (1933)

in % der tatsächlichen Erwerbspersonen	24,2
insgesamt	44.869
männlich	29.736
weiblich	15.133

* *Quellenangaben:* Siehe TABELLE 1.

7 a. *Bezirk Charlottenburg: Wahlstatistik 1921—1933**

Wahl		Wahl-berechtigte	Gültige Stimmen	Wahl-beteiligung in %	KPD	USPD	SPD	DDP	Z	DVP	Wirtschafts-partei	Christl.-Soz. Volksdienst	DNVP	NSDAP	Son-stige
Landtag	20. 2.1921	252.575	155.462	61,7	5,6	12,2	18,3	12,5	3,7	19,4	5,6	—	22,8	—	0,0[1]
Bezirk	16.10.1921	222.338	129.764	58,5	5,2	12,5	16,7	12,2	3,6	20,1	5,1	—	18,9	—	5,7[2]
Stadt	16.10.1921	222.329	129.766	58,5	5,2	12,5	16,7	12,2	3,6	20,1	5,1	—	18,9	—	5,7**
Reichstag	4. 5.1924	254.808	186.648	73,5	10,7	2,0	15,8	13,3	3,9	10,3	3,2	—	23,3	—	17,6[3]
Reichstag	7.12.1924	263.263	195.918	75,0	9,6	0,5	24,2	16,3	4,0	8,3	2,9	—	27,3	4,0[4]	3,1[5]
Landtag	7.12.1924	263.025	194.600	74,8	9,7	0,5	24,2	16,2	4,0	8,2	2,9	—	27,3	4,0[4]	3,0[6]
Bezirk	25.10.1925	252.888	150.356	60,0	11,5	0,6	25,8	14,7	3,6	8,2	3,7	—	24,7	—	7,3[8]
Stadt	25.10.1925	252.888	150.473	60,0	11,5	0,6	25,8	14,7	3,6	8,2	3,7	—	24,6	—	7,3[7]
Reichstag	20. 5.1928	269.051	199.598	74,6	15,5	0,1	28,7	12,6	3,7	9,4	2,2[8]	—	21,4	2,0	4,5[10]
Landtag	20. 5.1928	268.825	197.682	74,5	15,6	0,1	28,7	12,5	3,7	9,2	2,3	—	21,5	2,0	4,5[11]
Bezirk	17.11.1929	274.144	176.025	65,1	15,6	0,2	23,2	10,2	3,8	10,6	4,2	—	20,9	7,9	3,5[13]
Stadt	17.11.1929	274.144	176.401	65,1	15,7	0,2	23,5	10,6	—	12,1	4,7	—	21,3	8,0	3,9[12]
Reichstag	14. 9.1930	279.161	215.219	77,4	18,1	0,1	24,5	8,8[15]	4,2	5,5	2,1	1,2	14,8	18,5	2,3[14]
Landtag	24. 4.1932	277.513	217.533	78,7	15,5	—	27,8	5,2	4,9[16]	1,4	0,4	0,5	10,2	31,8	2,4[17]
Reichstag	31. 7.1932	279.856	203.013	79,1	19,5	—	26,0	2,4	6,7	1,1	0,2	0,5	10,3	33,1	0,4[18]
Reichstag	6.11.1932	282.869	219.820	78,2	22,4	—	22,5	2,2	5,7	1,7	0,1	0,6	14,6	29,4	0,9[19]
Reichstag	5. 3.1933	285.448	239.353	85,3	16,8	—	19,8	3,0	6,6	1,1	—	0,6	13,2[20]	38,9	0,0[21]
Landtag	5. 3.1933	285.412	237.036	85,3	16,7	—	19,3	3,1	6,3[16]	1,1	—	0,6	12,8[20]	38,6	1,5[22]
Bezirk	12. 3.1933	278.050	204.428	74,0	12,8	—	19,6	3,9	5,5	0,9	—	0,5	14,3[20]	42,4	0,2[24]
Stadt	12. 3.1933	278.050	204.664	73,9	12,8	—	19,6	3,9	5,5	0,9	—	0,5	14,2[20]	42,4	0,3[23]

* Berechnungen (sofern nicht anders angegeben) nach: *Statistisches Jahrbuch* bzw. *Statistisches Taschenbuch der Stadt Berlin* 1920—1933.

** Siehe dazu oben TABELLE 10.

Anmerkungen zur Tabelle 7a:
Wahlstatistik des Bezirkes Charlottenburg von Groß-Berlin 1921—1933

[1] Niedersächsische Partei (36).

[2] Deutsch-Soziale Partei (1361), Liste der Deutschnationalen Wählerschaft (5983).

[3] Deutsch-Völkische Freiheitspartei (16 042), Nationalliberale Vereinigung (1594), Republikanische Partei Deutschlands (1073), Nationale Freiheitspartei (480), Sozialistischer Bund (601), Deutsche Arbeitnehmerpartei (609), Deutsch-Soziale Partei (11 749), Haeußerbund (50), Polnische Volkspartei (640).

[4] Nationalsozialistische Freiheitsbewegung.

[5] Deutsch-Soziale Partei (4664), Polnische Volkspartei (491), Aufwertungs- und Wiederaufbaupartei (456), Deutsche Aufwertungs- und Aufbaupartei (233), Freiwirtschaftsbund (103), Deutsch-Hannoversche Partei (77), Haeußerbund (29).

[6] Deutsch-Soziale Partei (4865), Polnische Volkspartei (478), Deutsche Aufwertungs- und Aufbaupartei (460), Deutsch-Hannoversche Partei (72).

[7] Deutsch-Völkische Freiheitspartei (5164), Deutsch-Soziale Partei (2782), Evangelischer Gemeinschaftsbund (1838), Sparerbund (520), Deutsche Mittelstandspartei (304), Nationalliberale Reichspartei (128), Nationale Wirtschaftliche Vereinigung (77), Deutsche Arbeitnehmerpartei (95).

[8] Deutsch-Völkische Freiheitspartei (5159), Deutsch-Soziale Partei (2755), Evangelischer Gemeinschaftsbund (1838), Sparerbund (522), Deutsche Mittelstandspartei (315), Nationalliberale Reichspartei (138), Nationale Wirtschaftliche Vereinigung (87), Deutsche Arbeitnehmerpartei (100).

[9] Ab jetzt: Reichspartei des deutschen Mittelstandes.

[10] Völkisch-Nationaler Block (3845), Linke Kommunisten (808), Volksrechtpartei (996), Volksblock der Inflationsgeschädigten (453), Volksrechtpartei (R.A.G.) (622), Reichspartei für Handwerk, Handel und Gewerbe (508), Deutsch-Soziale Partei (457), Christlich-Soziale Reichspartei (277), Polnische Volkspartei (340), Christlich-Nationale Mittelstandspartei (229), Alte Sozialdemokratische Partei (273), Deutsche Haus- und Grundbesitzerpartei (63), Christlich-Nationale Bauern- und Landvolkpartei (58), Deutsch-Hannoversche Partei (34).

[11] Völkisch-Nationaler Block (3781), Linke Kommunisten (829), Volksrechtpartei (972), Volksblock der Inflationsgeschädigten (434), Volksrechtpartei (R.A.G.) (611), Deutsch-Soziale Partei (432), Reichspartei für Handwerk, Handel und Gewerbe (478), Polnische Volkspartei (355), Alte Sozialdemokratische Partei (363), Christlich-Nationale Mittelstandspartei (261), Christlich-Soziale Reichspartei (197), Deutsche Haus- und Grundbesitzerpartei (66), Deutsch-Hannoversche Partei (63), Christlich-Nationale Bauern- und Landvolkpartei (37).

[12] Deutsch-Völkische Freiheitsbewegung (1600), Christlicher Volksdienst (3118), Volksrechtpartei (359), Freibund des Handwerks, Kleinhandels und Gewerbes (366), Allgemeine Volkspartei (232), Reichspartei für Handel, Handwerk und Gewerbe (318), Linke Kommunisten (326), Christlich-Soziale Reichspartei (624).

[13] Deutsch-Völkische Freiheitsbewegung (1558), Christlicher Volksdienst (2694), Volksrechtpartei (350), Freibund des Handwerks, Kleinhandels und Gewerbes (357), Allgemeine Volkspartei (219), Reichspartei für Handel, Handwerk und Gewerbe (299), Linke Kommunisten (311), Christlich-Soziale Reichspartei (341).

[14] Christlich-Soziale Volksgemeinschaft (681), Deutsche Kulturpartei der geistigen Berufe, Angestellten und Beamten (287), Deutsches Landvolk (132), Volksrechtpartei (330), Deutsche Bauernpartei (16), Konservative Volkspartei (2811), Freibund des Handwerks, Kleinhandels und Gewerbes (153), Polnische Volkspartei (313), Partei gegen den Alkohol (86), Haus- und Landwirtepartei (14), Arbeiterpartei für das arbeitende und schaffende Volk (24).

15 Ab jetzt: Deutsche Staatspartei.

16 Preußische Zentrumspartei.

17 Interessengemeinschaft der Kleinrentner und Inflationsgeschädigten (1159), Volksrechtpartei (165), Deutsches Landvolk — Deutsche Rechte (1268), Nationale Beamte, Angestellte und freie Berufe (224), Haus- und Landwirte-Partei (1116), Deutsch-Hannoversche Partei (34), Sozialistische Arbeiterpartei Deutschlands (662), Polnische Volkspartei (206), Partei der Erwerbslosen (167), Nationale Opposition der Vereinigten Reichsbankgläubiger und Markgeschädigten (60), Volksrechts- und Wirtschaftspartei des enteigneten Mittelstandes (59), Aktivistische Notgemeinschaft (13), Deutsche Kampfpartei (33).

18 Deutsches Landvolk — Christlich-Nationale Bauern- und Landvolkpartei (28), Volksrechtpartei (86), Sozialistische Arbeiterpartei Deutschlands (213), Deutsche Sozialistische Kampfbewegung (9), Polenliste (109), Freiwirtschaftliche Partei Deutschlands (28), Partei der Erwerbslosen (33), Haus- und Landwirtepartei (8), Interessengemeinschaft der Kleinrentner und Inflationsgeschädigten (31), Nationalsozialistische Kleinrentner, Inflationsgeschädigte und Vorkriegsgeldbesitzer (47), Kampfgemeinschaft der Lohn- und Gehaltsabgebauten (10), Der ernste evangelisch-lutherische Christ (52), Nationalsozialistische enteigneter Mittelstand (16), Nationalsozialistischer Kriegsteilnehmer (22), Übrige Parteien (49).

19 Radikaler Mittelstand (722), Deutsch-Hannoversche Partei (31), Deutsches Landvolk (11), Volksrechtpartei (78), Gerechtigkeitsbewegung Meißner (8), Sozialrepublikanische Partei Deutschlands (91), Sozialistische Arbeiterpartei Deutschlands (134), Polenliste (136), Freiwirtschaftliche Partei Deutschlands (34), Haus- und Landwirtepartei (10), Kleinrentner, Inflationsgeschädigte und Vorkriegsgeldbesitzer (76), Radikaldemokratische Partei (128), Für Hindenburg und Papen (512), Unitaristenunion Deutschlands (11), Schicksalgemeinschaft deutscher Erwerbslosen, Kleinhandel und Gewerbe (33) Partei der Erwerbslosen (22), Übrige Parteien (40).

20 Kampffront Schwarz-Weiß-Rot.

21 Deutsche Bauernpartei (28), Deutsch-Hannoversche Partei (22), Sozialistische Kampfgemeinschaft (43).

22 Mit Hindenburg für ein nationales Preußen (2872), Preußischer Mittelstand und Sparer (262), Radikaler Mittelstand (190), Deutsch-Hannoversche Partei (58), Polenliste (25), Kampfgemeinschaft der Arbeiter und Bauern (114), Sozialistische Kampfgemeinschaft (46).

23 Freibund des Handwerks, Kleinhandels und Gewerbes (92), Radikaldemokratische Partei (21), Einheitsliste der Werktätigen (38), Mit Hindenburg für ein nationales Berlin (105), Kampfbund für Handwerk, Handel und Gewerbe (138).

24 Freibund des Handwerks, Kleinhandels und Gewerbes (90), Radikaldemokratische Partei (22), Einheitslisten der Werktätigen (42), Mit Hindenburg für ein nationales Berlin (116), Kampfbund für Handwerk, Handel und Gewerbe (133), Übrige Parteien (47).

8. Bezirk Spandau

8. *Bezirk Spandau: Sozialstatistik (1919, 1925 und 1933)**

BEVÖLKERUNG

Volkszählung	insgesamt	männlich	weiblich
1919	104.360	51.093	53.267
1925	111.629	54.856	56.773
1933	146.472	71.635	74.837

RELIGIONSZUGEHÖRIGKEIT (in %)

Jahr	evangelisch	katholisch	andere Christen	jüdisch	sonstige
1925	82,7	10,2	0,2	0,5	6,5
1933	77,7	10,3	0,1	0,5	11,4

ERWERBSPERSONEN (einschließlich der Arbeitslosen)

1.1. nach Berufsgruppen

Jahr	Erwerbspersonen		Arbeiter und Hausangestellte		Angestellte und Beamte		Selbständige		Mithelfende Familienangehörige		Berufslose Selbständige	
	absolut	in % der Wohnbevölkerung	absolut	in % der Erwerbspersonen	absolut	in % der Erwerbspersonen	absolut	in % der Erwerbspersonen	absolut	in % der Erwerbspersonen	absolut	in % der Erwerbspersonen
1925	65.064	58,3	35.289	54,2	15.556	23,9	4.926	7,6	1.502	2,3	7.791	12,0
1933	84.866	57,9	40.835	48,1	21.871	25,8	5.683	6,7	1.551	1,8	14.926	17,6

1.2. Berufszugehörige

Jahr	Wohnbevölkerung	Arbeiter und Hausangestellte		Angestellte und Beamte		Selbständige		Mithelfende Familienangehörige		Berufslose Selbständige	
		absolut	in % der Wohnbevölkerung	absolut	in % der Wohnbevölkerung	absolut	in % der Wohnbevölkerung	absolut	in % der Wohnbevölkerung	absolut	in % der Wohnbevölkerung
1925	111.629	60.855	54,5	27.974	25,1	9.914	8,9	1.526	1,4	11.360	10,2
1933	146.472	72.832	49,7	39.598	27,0	10.320	7,1	1.585	1,1	22.137	15,1

2.1. nach Wirtschaftszweigen

Jahr	Landwirtschaft		Gewerbe		Handel und Verkehr		Dienstleistungen (incl. Häusliche Dienste)		Handel, Verkehr und Dienstleistungen insgesamt		Berufslose Selbständige	
	absolut	in % der Erwerbspersonen	absolut	in % der Erwerbspersonen	absolut	in % der Erwerbspersonen	absolut	in % der Erwerbspersonen	absolut	in % der Erwerbspersonen	absolut	in % der Erwerbspersonen
1925	1.232	1,9	38.454	59,1	9.506	14,6	8.081	12,4	17.587	27,0	7.791	12,0
1933	1.620	1,9	40.006	47,1	15.840	18,7	12.474	14,7	28.314	33,4	14.926	17,6

2.2. Berufszugehörige

Jahr	Landwirtschaft		Gewerbe		Handel und Verkehr		Dienstleistungen (incl. Häusliche Dienste)		Handel, Verkehr und Dienstleistungen insgesamt		Berufslose Selbständige	
	absolut	in % der Wohnbevölkerung	absolut	in % der Wohnbevölkerung	absolut	in % der Wohnbevölkerung	absolut	in % der Wohnbevölkerung	absolut	in % der Wohnbevölkerung	absolut	in % der Wohnbevölkerung
1925	1.762	1,6	67.950	60,9	16.555	14,8	14.002	12,5	30.557	27,4	11.360	10,2
1933	3.021	2,1	73.863	50,4	27.129	18,5	20.322	13,9	47.451	32,4	22.137	15,1

ARBEITSLOSE (1933)

in % der tatsächlichen Erwerbspersonen	26,2
insgesamt	18.336
männlich	13.991
weiblich	4.345

* *Quellenangaben:* Siehe TABELLE 1.

8 a. *Bezirk Spandau: Wahlstatistik 1921—1933**

Wahl		Wahlberechtigte	Gültige Stimmen	Wahlbeteiligung in %	KPD	USPD	SPD	DDP	Z	DVP	Wirtschaftspartei	Christl.-Soz. Volksdienst	DNVP	NSDAP	Sonstige
Landtag	20. 2.1921	71.239	49.766	70,1	7,6	14,1	30,5	6,2	4,3	16,8	3,8	—	16,6	—	—
Bezirk	16.10.1921	65.481	41.261	63,2	6,5	15,2	29,0	8,6	4,7	—	—	—	—	—	36,6[1]
Stadt	16.10.1921	65.477	41.261	63,3	6,5	15,2	29,0	8,6	4,7	—	—	—	—	—	36,0**
Reichstag	4. 5.1924	76.149	57.867	76,5	17,9	1,7	26,6	4,8	3,9	8,8	3,8	—	20,2	—	12,3[2]
Reichstag	7.12.1924	77.306	58.920	77,1	11,6	0,4	39,8	6,5	4,2	6,8	4,1	—	22,1	3,2[3]	1,2[4]
Landtag	7.12.1924	77.276	58.507	77,0	11,7	0,4	39,8	6,4	4,3	6,9	4,2	—	22,1	3,2[3]	1,0[5]
Bezirk	25.10.1925	78.380	45.557	58,7	12,0	0,3	41,8	4,9	3,9	5,7	5,7	—	21,1	0,3	4,4[7]
Stadt	25.10.1925	78.380	45.585	58,7	12,0	0,3	41,8	4,9	3,9	5,6	5,7	—	21,2	—	4,6[6]
Reichstag	20. 5.1928	89.985	68.267	76,5	17,2	0,1	41,0	5,1	3,6	7,3	3,2	—	17,9	2,3	2,1[8]
Landtag	20. 5.1928	89.940	67.701	76,4	17,3	0,1	41,0	5,2	3,6	7,3	3,3	—	18,0	2,3	2,1[9]
Bezirk	17.11.1929	93.716	62.927	68,0	16,0	0,1	34,3	4,4	4,3	8,7	6,6	—	18,5	5,3	2,0[11]
Stadt	17.11.1929	93.716	63.348	68,2	16,0	0,1	34,4	4,4	4,3	8,6	6,6	—	18,4	5,3	2,0[10]
Reichstag	14. 9.1930	98.549	82.099	83,9	20,0	0,0	32,4	3,7[13]	3,8	5,7	3,1	1,9	12,6	15,0	1,9[12]
Landtag	24. 4.1932	106.570	87.125	82,2	16,9	—	30,2	2,0	4,0[14]	2,0	0,7	1,0	7,4	33,6	2,3[15]
Reichstag	31. 7.1932	106.552	91.432	86,2	20,4	—	29,2	1,0	4,7	1,4	0,4	0,7	7,1	34,9	0,3[16]
Reichstag	6.11.1932	107.947	88.685	82,8	23,2	—	25,7	0,8	4,4	2,1	0,3	0,9	9,5	33,0	0,4[17]
Reichstag	5. 3.1933	110.198	98.024	89,8	17,2	—	23,9	0,8	4,5	1,6	—	0,8	9,6[18]	41,6	0,0[19]
Landtag	5. 3.1933	110.329	97.170	89,6	17,0	—	23,1	0,9	4,4[14]	1,6	—	0,8	9,2[18]	41,1	2,0[20]
Bezirk	12. 3.1933	109.189	83.625	77,1	12,3	—	24,0	0,8	4,5	1,5	—	0,8	11,5[18]	44,4	0,3[22]
Stadt	12. 3.1933	109.189	83.713	77,1	12,3	—	24,0	0,8	4,4	1,5	—	0,8	11,4[18]	44,5	0,3[21]

* Berechnungen (sofern nicht anders angegeben) nach: *Statistisches Jahrbuch* bzw. *Statistisches Taschenbuch der Stadt Berlin* 1920—1933.

** Siehe dazu oben TABELLE 10.

Anmerkungen zur TABELLE 8a:
Wahlstatistik des Bezirkes Spandau von Groß-Berlin 1921—1933

[1] Deutsch-Soziale Partei (4931), Liste der Freien Vereinigung (9933).

[2] Deutsch-Völkische Freiheitspartei (5065), Nationalliberale Vereinigung (205), Republikanische Partei Deutschlands (161), Nationale Freiheitspartei (42), Sozialistischer Bund (152), Deutsche Arbeitnehmerpartei (187), Deutsch-Soziale Partei (1132), Haeußerbund (38), Polnische Volkspartei (140).

[3] Nationalsozialistische Freiheitsbewegung.

[4] Deutsch-Soziale Partei (414), Polnische Volkspartei (102), Aufwertungs- und Wiederaufbaupartei (47), Deutsche Aufwertungs- und Aufbaupartei (67), Freiwirtschaftsbund (18), Deutsch-Hannoversche Partei (2), Haeußerbund (25).

[5] Deutsch-Soziale Partei (400), Polnische Volkspartei (98), Deutsche Aufwertungs- und Aufbaupartei (100), Deutsch-Hannoversche Partei (2).

[6] Deutsch-Völkische Freiheitspartei (643), Deutsch-Soziale Partei (429), Evangelischer Gemeinschaftsbund (830), Nationalliberale Reichspartei (35), Entschiedene Demokraten (164).

[7] Deutsch-Völkische Freiheitspartei (559), Deutsch-Soziale Partei (407), Evangelischer Gemeinschaftsbund (821), Nationalliberale Reichspartei (35), Entschiedene Demokraten (173).

[8] Völkisch-Nationaler Block (250), Linke Kommunisten (262), Volksrechtpartei (119), Volksblock der Inflationsgeschädigten (148), Volksrechtpartei (R.A.G.) (109), Reichspartei für Handwerk, Handel und Gewerbe (115), Deutsch-Soziale Partei (64), Christlich-Soziale Reichspartei (82), Polnische Volkspartei (52), Christlich-Nationale Mittelstandspartei (73), Alte Sozialdemokratische Partei (81), Christlich-Nationale Bauern- und Landvolkpartei (21), Deutscher Reichsblock der Geschädigten (15), Deutsch-kristliche-folke-partei (35), Deutsche Bauernpartei (26).

[9] Völkisch-Nationaler Block (247), Linke Kommunisten (247), Volksrechtpartei (119), Volksblock der Inflationsgeschädigten (128), Volksrechtpartei (R.A.G.) (112), Deutsch-Soziale Partei (69), Reichspartei für Handwerk, Handel und Gewerbe (106), Polnische Volkspartei (67), Alte Sozialdemokratische Partei (94), Christlich-Nationale Mittelstandspartei (92), Christlich-Soziale Reichspartei (60), Christlich-Nationale Bauern- und Landvolkpartei (29), Deutscher Reichsblock der Geschädigten (15), Deutsche Bauernpartei (19).

[10] Deutsch-Völkische Freiheitsbewegung (209), Christlicher Volksdienst (865), Volksrechtpartei (59), Freibund des Handwerks, Kleinhandels und Gewerbes (67), Allgemeine Volkspartei (79), Nationalrevolutionäre Volkspartei (16).

[11] Deutsch-Völkische Freiheitsbewegung (212), Christlicher Volksdienst (839), Volksrechtpartei (91), Freibund des Handwerks, Kleinhandels und Gewerbes (69), Nationalrevolutionäre Volkspartei (18).

[12] Christlich-Soziale Volksgemeinschaft (344), Deutsche Kulturpartei der geistigen Berufe, Angestellten und Beamten (138), Deutsches Landvolk (101), Volksrechtpartei und Christlich-Soziale Reichspartei (58), Deutsche Bauernpartei (10), Konservative Volkspartei (732), Freibund des Handwerks, Kleinhandels und Gewerbes (77), Polnische Volkspartei (48), Haus- und Landwirtepartei (18), Arbeiterpartei für das arbeitende und schaffende Volk (15).

[13] Ab jetzt: Deutsche Staatspartei.

[14] Preußische Zentrumspartei.

[15] Interessengemeinschaft der Kleinrentner und Inflationsgeschädigten (745), Volksrechtpartei (113), Deutsches Landvolk — Deutsche Rechte (103), Nationale Beamte, Angestellte und freie Berufe (79), Haus- und Landwirtepartei (558), Sozialistische Arbeiterpartei

Deutschlands (184), Polnische Volkspartei (35), Partei der Erwerbslosen (116), Nationale Opposition der Vereinigten Reichsbankgläubiger und Markgeschädigten (23), Volksrecht- und Wirtschaftspartei des enteigneten Mittelstandes (23), Aktivistische Notgemeinschaft (15), Deutsche Kampfpartei (8).

[16] Deutsches Landvolk — Christlich-Nationale Bauern- und Landvolkpartei (13), Volksrechtpartei (20), Sozialistische Arbeiterpartei Deutschlands (61), Deutsche Sozialistische Kampfbewegung (4), Polenliste (20), Freiwirtschaftliche Partei Deutschlands (21), Haus- und Landwirtepartei (9), Interessengemeinschaft der Kleinrentner und Inflationsgeschädigten (26), Nationalsozialistische Kleinrentner, Inflationsgeschädigte und Vorkriegsgeldbesitzer (44), Kampfgemeinschaft der Lohn- und Gehaltsabgebauten (9).

[17] Radikaler Mittelstand (2), Deutsches Landvolk (12), Volksrechtpartei (11), Gerechtigkeitsbewegung Meißner (8), Sozialrepublikanische Partei Deutschlands (13), Sozialistische Arbeiterpartei Deutschlands (31), Polenliste (19), Freiwirtschaftliche Partei Deutschlands (23), Haus- und Landwirtepartei (4), Kleinrentner, Inflationsgeschädigte und Vorkriegsgeldbesitzer (25), Radikaldemokratische Partei (5), Für Hindenburg und Papen (155), Unitaristenunion Deutschlands (10), Schicksalsgemeinschaft deutscher Erwerbslosen, Kleinhandel und Gewerbe (26), Übrige Parteien (2).

[18] Kampffront Schwarz-Weiß-Rot.

[19] Deutsche Bauernpartei (19), Sozialistische Kampfgemeinschaft (21).

[20] Mit Hindenburg für ein nationales Preußen (1767), Preußischer Mittelstand und Sparer (166), Polenliste (23), Kampfgemeinschaft der Arbeiter und Bauern (1).

[21] Freibund des Handwerks, Kleinhandels und Gewerbes (61), Radikaldemokratische Partei (10), Kampfbund für Handwerk, Handel und Gewerbe (187).

[22] Freibund des Handwerks, Kleinhandels und Gewerbes (58), Radikaldemokratische Partei (10), Kampfbund für Handwerk, Handel und Gewerbe (177), Übrige Parteien (26).

9. Bezirk Wilmersdorf

9. *Bezirk Wilmersdorf: Sozialstatistik (1919, 1925 und 1933)**

BEVÖLKERUNG

Volkszählung	insgesamt	männlich	weiblich
1919	157.944	62.619	95.325
1925	174.884	72.044	102.840
1933	196.573	81.445	115.128

RELIGIONSZUGEHÖRIGKEIT (in %)

Jahr	evangelisch	katholisch	andere Christen	jüdisch	sonstige
1925	72,8	10,1	0,6	13,0	3,5
1933	68,6	10,9	0,6	13,5	6,4

ERWERBSPERSONEN (einschließlich der Arbeitslosen)

1.1. nach Berufsgruppen

Jahr	Erwerbspersonen		Arbeiter und Hausangestellte		Angestellte und Beamte		Selbständige		Mithelfende Familienangehörige		Berufslose Selbständige	
	absolut	in % der Wohnbevölkerung	absolut	in % der Erwerbspersonen	absolut	in % der Erwerbspersonen	absolut	in % der Erwerbspersonen	absolut	in % der Erwerbspersonen	absolut	in % der Erwerbspersonen
1925	107.715	61,6	33.950	31,5	34.323	31,9	21.816	20,3	1.653	1,5	15.973	14,8
1933	129.934	66,1	37.390	28,8	44.580	34,3	21.714	16,7	2.315	1,8	23.935	18,4

1.2. Berufszugehörige

Jahr	Wohnbevölkerung	Arbeiter und Hausangestellte		Angestellte und Beamte		Selbständige		Mithelfende Familienangehörige		Berufslose Selbständige	
		absolut	in % der Wohnbevölkerung	absolut	in % der Wohnbevölkerung	absolut	in % der Wohnbevölkerung	absolut	in % der Wohnbevölkerung	absolut	in % der Wohnbevölkerung
1925	174.884	46.019	26,3	57.529	32,9	46.566	26,6	1.715	1,0	23.055	13,2
1933	196.573	49.033	24,9	71.732	36,5	40.699	20,7	2.374	1,2	32.735	16,7

2.1. nach Wirtschaftszweigen

Jahr	Landwirtschaft		Gewerbe		Handel und Verkehr		Dienstleistungen (incl. Häusliche Dienste)		Handel, Verkehr und Dienstleistungen insgesamt		Berufslose Selbständige	
	absolut	in % der Erwerbspersonen	absolut	in % der Erwerbspersonen	absolut	in % der Erwerbspersonen	absolut	in % der Erwerbspersonen	absolut	in % der Erwerbspersonen	absolut	in % der Erwerbspersonen
1925	564	0,5	24.896	23,1	31.415	29,2	34.867	32,4	66.282	61,5	15.973	14,8
1933	825	0,6	26.913	20,7	36.657	28,2	41.604	32,0	78.261	60,2	23.935	18,4

2.2. Berufszugehörige

Jahr	Landwirtschaft		Gewerbe		Handel und Verkehr		Dienstleistungen (incl. Häusliche Dienste)		Handel, Verkehr und Dienstleistungen insgesamt		Berufslose Selbständige	
	absolut	in % der Wohnbevölkerung	absolut	in % der Wohnbevölkerung	absolut	in % der Wohnbevölkerung	absolut	in % der Wohnbevölkerung	absolut	in % der Wohnbevölkerung	absolut	in % der Wohnbevölkerung
1925	1.072	0,6	43.644	25,0	57.323	32,8	49.790	28,5	107.113	61,3	23.055	13,2
1933	1.397	0,7	42.719	21,7	61.221	31,1	58.501	29,8	119.722	60,9	32.735	16,7

ARBEITSLOSE (1933)

in % der tatsächlichen Erwerbspersonen	16,4
insgesamt	17.379
männlich	10.592
weiblich	6.787

* *Quellenangaben:* Siehe TABELLE 1.

9a. *Bezirk Wilmersdorf: Wahlstatistik 1921—1933**

Wahl		Wahlberechtigte	Gültige Stimmen	Wahlbeteiligung in %	KPD	USPD	SPD	DDP	Z	DVP	Wirtschaftspartei	Christl.-Soz. Volksdienst	DNVP	NSDAP	Sonstige
Landtag	20. 2.1921	123.945	86.166	69,7	3,6	6,3	14,7	14,8	3,5	26,0	5,0	—	26,6	—	0,0
Bezirk	16.10.1921	110.243	73.461	66,7	2,8	6,6	13,3	14,3	3,2	25,5	4,7	—	27,9	—	1,8[1]
Stadt	16.10.1921	110.239	73.462	66,7	2,8	6,6	13,3	14,3	3,2	25,5	4,7	—	27,9	—	1,8**
Reichstag	4. 5.1924	127.280	98.012	77,3	5,9	1,0	12,0	16,5	3,8	11,4	3,7	—	31,6	—	14,2[2]
Reichstag	7.12.1924	132.919	103.362	78,3	4,9	0,3	18,2	19,4	3,9	10,4	2,8	—	34,6	2,5[3]	2,8[4]
Landtag	7.12.1924	132.683	102.621	78,1	4,9	0,3	18,5	19,4	3,9	10,4	2,9	—	34,6	2,5[3]	2,8[5]
Bezirk	25.10.1925	129.191	80.281	62,5	5,9	0,2	20,3	17,4	3,1	10,6	3,5	—	33,7	—	5,3[7]
Stadt	25.10.1925	129.191	80.365	62,6	5,9	0,2	20,3	17,4	3,1	10,6	3,5	—	33,7	—	5,4[6]
Reichstag	20. 5.1928	141.764	105.626	74,9	8,3	0,1	23,6	15,4	3,5	12,7	2,3[8]	—	28,3	2,1	3,8[9]
Landtag	20. 5.1928	141.584	104.520	74,6	8,3	0,1	23,6	15,3	3,5	12,5	2,4	—	28,5	2,1	3,8[10]
Bezirk	17.11.1929	148.642	97.178	65,9	7,4	0,1	18,8	12,8	4,0	13,9	3,5	—	28,8	8,5	2,2[12]
Stadt	17.11.1929	148.642	97.798	66,1	7,4	0,1	18,9	12,8	4,0	13,8	3,5	—	28,7	8,6	2,2[11]
Reichstag	14. 9.1930	152.658	117.803	77,4	9,4	0,1	22,1	12,0[14]	4,3	7,7	1,8	0,8	19,9	18,8	3,3[13]
Landtag	24. 4.1932	161.065	127.778	79,6	7,8	—	26,6	7,1	5,5[15]	2,1	0,3	0,4	14,4	33,6	2,2[16]
Reichstag	31. 7.1932	162.335	114.173	78,7	10,3	—	25,4	3,5	8,1	1,7	0,2	0,3	15,2	35,1	0,3[17]
Reichstag	6.11.1932	164.328	128.461	78,8	12,4	—	23,0	3,3	6,5	2,6	0,1	0,4	21,4	29,3	1,2[18]
Reichstag	5. 3.1933	166.680	139.934	85,2	9,0	—	19,1	5,0	7,8	1,7	—	0,4	18,8[19]	38,2	0,0[20]
Landtag	5. 3.1933	166.660	138.459	85,1	8,9	—	18,7	5,0	7,5[15]	1,8	—	0,5	18,2[19]	38,1	1,3[21]
Bezirk	12. 3.1933	162.572	119.871	74,0	6,5	—	18,4	6,0	5,8	1,5	—	0,4	20,2[19]	41,1	0,2[23]
Stadt	12. 3.1933	162.572	119.985	74,0	6,5	—	18,4	6,0	5,8	1,5	—	0,4	20,1[19]	41,2	0,2[22]

* Berechnungen (sofern nicht anders angegeben) nach: *Statistisches Jahrbuch* bzw. *Statistisches Taschenbuch der Stadt Berlin* 1920—1933.

** Siehe dazu oben TABELLE 10.

Anmerkungen zur TABELLE 9a:
Wahlstatistik des Bezirkes Wilmersdorf von Groß-Berlin 1921—1933

1 Deutsch-Soziale Partei.

2 Nationalliberale Vereinigung (1224), Republikanische Partei Deutschlands (608), Nationale Freiheitspartei (217), Sozialistischer Bund (267), Deutsche Arbeitnehmerpartei (224), Deutsch-Soziale Partei (4578), Haeußerbund (25), Polnische Volkspartei (169), Deutsch-Völkische Freiheitspartei (6604).

3 Nationalsozialistische Freiheitsbewegung.

4 Deutsch-Soziale Partei (2384), Polnische Volkspartei (103), Aufwertungs- und Wiederaufbaupartei (250), Deutsche Aufwertungs- und Aufbaupartei (98), Freiwirtschaftsbund (35), Deutsch-Hannoversche Partei (48), Haeußerbund (10).

5 Deutsch-Soziale Partei (2505), Polnische Volkspartei (104), Deutsche Aufwertungs- und Aufbaupartei (233), Deutsch-Hannoversche Partei (41).

6 Deutsch-Soziale Partei (1746), Evangelischer Gemeinschaftsbund (485), Sparerbund (318), Nationalliberale Reichspartei (93), Deutsch-Völkische Freiheitspartei (1653).

7 Deutsch-Soziale Partei (1723), Evangelischer Gemeinschaftsbund (481), Sparerbund (324), Nationalliberale Reichspartei (93), Deutsch-Völkische Freiheitspartei (1663).

8 Ab jetzt: Reichspartei des deutschen Mittelstandes.

9 Völkisch-Nationaler Block (1502), Linke Kommunisten (300), Volksrechtpartei (596), Volksblock der Inflationsgeschädigten (267), Volksrechtpartei (R.A.G.) (307), Reichspartei für Handwerk, Handel und Gewerbe (225), Deutsch-Soziale Partei (271) Christlich-Soziale Reichspartei (159), Polnische Volkspartei (65), Christlich-Nationale Mittelstandspartei (102), Alte Sozialdemokratische Partei (128), Deutsche Haus- und Grundbesitzerpartei (32), Christlich-Nationale Bauern- und Landvolkpartei (26), Deutsch-Hannoversche Partei (19).

10 Völkisch-Nationaler Block (1454), Linke Kommunisten (316), Volksrechtpartei (581), Volksblock der Inflationsgeschädigten (245), Volksrechtpartei (R.A.G.) (304), Deutsch-Soziale Partei (268), Reichspartei für Handwerk, Handel und Gewerbe (216), Polnische Volkspartei (69), Alte Sozialdemokratische Partei (174), Christlich-Nationale Mittelstandspartei (124), Christlich-Soziale Reichspartei (125), Deutsche Haus- und Grundbesitzerpartei (32), Deutsch-Hannoversche Partei (44), Christlich-Nationale Bauern- und Landvolkpartei (29).

11 Deutsch-Völkische Freiheitsbewegung (460), Volksrechtpartei (183), Freibund des Handwerks, Kleinhandels und Gewerbes (171), Allgemeine Volkspartei (164), Reichspartei für Handel, Handwerk und Gewerbe (193), Linke Kommunisten (160), Christlich-Soziale Reichspartei (104), Christlicher Volksdienst (718).

12 Deutsch-Völkische Freiheitsbewegung (462), Volksrechtpartei (183), Freibund des Handwerks, Kleinhandels und Gewerbes (169), Allgemeine Volkspartei (157), Reichspartei für Handel, Handwerk und Gewerbe (195), Linke Kommunisten (161), Christlich-Soziale Reichspartei (99), Christlicher Volksdienst (715).

13 Christlich-Soziale Volksgemeinschaft (351), Deutsches Kulturpartei (136), Deutsche Landvolk (125), Volksrechtpartei und Christlich-Soziale Reichsparte (190), Deutsche Bauernpartei (12), Konservative Volkspartei (2757), Freibund des Handwerks, Kleinhandels und Gewerbes (136), Polnische Volkspartei (68), Partei gegen den Alkohol (49), Haus-und Landwirtepartei (19), Arbeiterpartei (14).

15 Preußische Zentrumspartei.

16 Interessengemeinschaft der Kleinrentner und Inflationsgeschädigten (324), Volksrechtpartei (111), Deutsches Landvolk — Deutsche Rechte (1280), Nationale Beamte, Angestellte und freie Berufe (144), Haus- und Landwirtepartei (554), Deutsch-Hannoversche Partei (14), Sozialistische Arbeiterpartei Deutschlands (266), Polnische

Volkspartei (46), Partei der Erwerbslosen (51), Nationale Opposition der Vereinigten Reichsbankgläubiger und Inflationsgeschädigter (30), Volksrechts- und Wirtschaftspartei des enteigneten Mittelstandes (20), Aktivistische Notgemeinschaft (5), Deutsche Kampfpartei (17).

17 Deutsches Landvolk (10), Volksrechtpartei (30), Sozialistische Arbeiterpartei Deutschlands (132), Deutsche Sozialistische Kampfbewegung (8), Polenliste (27), Freiwirtschaftliche Partei Deutschlands (15), Partei der Erwerbslosen (10), Haus- und Landwirtepartei (2), Interessengemeinschaft der Kleinrentner und Inflationsgeschädigte (8), Nationalsozialistische Kleinrentner, Inflationsgeschädigte und Volkriegsgeldbesitzer (22), Kampfgemeinschaft (5), Der ernste evangelisch-lutherische Christ (21), Nationalsozialistischer enteigneter Mittelstand (11), Nationalsozialistische Kriegsteilnehmer (12), Übrige Parteien (34).

18 Radikaler Mittelstand (472), Deutsch-Hannoversche Partei (13), Deutsches Landvolk (17), Volksrechtpartei (50), Gerechtigkeitsbewegung Meißner (5), Sozialrepublikanische Partei Deutschlands (61), Sozialistische Arbeiterpartei Deutschlands (96), Polenliste (28), Freiwirtschaftliche Partei Deutschlands (18), Haus- und Landwirtepartei (5), Kleinrenter, Inflationsgeschädigter und Vorkriegsgeldbesitzer (36), Radikaldemokratische Partei (130), Für Hindenburg und Papen (381), Unitaristenunion Deutschlands (6), Schicksalsgemeinschaft deutscher Erwerbslosen, Kleinhandel und Gewerbe (21), Partei der Erwerbslosen (10), Übrige Parteien (16).

19 Kampffront Schwarz-Weiß-Rot.

20 Deutsche Bauernpartei (16), Deutsch-Hannoversche Partei (12), Sozialistische Kampfgemeinschaft (13).

21 Mit Hindenburg für ein nationales Preußen (1482), Preußischer Mittelstand und Sparer (142), Radikaler Mittelstand (154), Deutsch-Hannoversche Partei (21), Polenliste (10), Kampfgemeinschaft der Arbeiter und Bauern (26), Sozialistische Kampfgemeinschaft (9).

22 Freibund des Handwerks (46), Radikaldemokratische Partei (29), Einheitsliste der Werktätigen (9), Mit Hindenburg für ein nationales Berlin (54), Kampfbund für Handwerk, Handel und Gewerbe (56).

23 Freibund des Handwerks (47), Radikaldemokratische Partei (30), Einheitsliste der Werktätigen (13), Mit Hindenburg für ein nationales Berlin (52), Kampfbund für Handwerk, Handel und Gewerbe (56).

10. Bezirk Zehlendorf

10. *Bezirk Zehlendorf: Sozialstatistik (1919, 1925 und 1933)**

BEVÖLKERUNG

Volkszählung	insgesamt	männlich	weiblich
1919	32.913	13.840	19.073
1925	44.288	18.840	25.448
1933	65.948	28.141	37.807

RELIGIONSZUGEHÖRIGKEIT (in %)

Jahr	evangelisch	katholisch	andere Christen	jüdisch	sonstige
1925	85,3	8,3	0,3	3,4	2,8
1933	80,9	9,7	0,2	3,5	5,7

ERWERBSPERSONEN (einschließlich der Arbeitslosen)

1.1. nach Berufsgruppen

Jahr	Erwerbspersonen		Arbeiter und Hausangestellte		Angestellte und Beamte		Selbständige		Mithelfende Familienangehörige		Berufslose Selbständige	
	absolut	in % der Wohnbe-völkerung	absolut	in % der Erwerbs-personen	absolut	in % der Erwerbs-personen	absolut	in % der Erwerbs-personen	absolut	in % der Erwerbs-personen	absolut	in % der Erwerbs-personen
1925	24.970	56,4	9.554	38,3	6.900	27,6	4.232	17,0	276	1,1	4.008	16,1
1933	38.399	58,2	13.151	34,3	12.896	33,6	5.167	13,5	521	1,4	6.664	17,4

1.2. Berufszugehörige

Jahr	Wohnbevölkerung	Arbeiter und Hausangestellte		Angestellte und Beamte		Selbständige		Mithelfende Familienangehörige		Berufslose Selbständige	
		absolut	in % der Wohnbe-völkerung	absolut	in % der Wohnbe-völkerung	absolut	in % der Wohnbe-völkerung	absolut	in % der Wohnbe-völkerung	absolut	in % der Wohnbe-völkerung
1925	44.288	13.187	29,8	13.222	29,9	11.697	26,4	284	0,6	5.898	13,3
1933	65.948	18.058	27,4	25.151	38,1	12.266	18,6	527	0,8	9.946	15,1

2.1. nach Wirtschaftszweigen

Jahr	Landwirtschaft		Gewerbe		Handel und Verkehr		Dienstleistungen (incl. Häusliche Dienste)		Handel, Verkehr und Dienstleistungen insgesamt		Berufslose Selbständige	
	absolut	in % der Erwerbspersonen	absolut	in % der Erwerbspersonen	absolut	in % der Erwerbspersonen	absolut	in % der Erwerbspersonen	absolut	in % der Erwerbspersonen	absolut	in % der Erwerbspersonen
1925	605	2,4	5.345	21,4	5.024	20,1	9.988	40,0	15.012	60,1	4.008	16,1
1933	951	2,5	7.419	19,3	8.327	21,7	15.038	39,2	23.365	60,9	6.664	17,4

2.2. Berufszugehörige

Jahr	Landwirtschaft		Gewerbe		Handel und Verkehr		Dienstleistungen (incl. Häusliche Dienste)		Handel, Verkehr und Dienstleistungen insgesamt		Berufslose Selbständige	
	absolut	in % der Wohnbevölkerung	absolut	in % der Wohnbevölkerung	absolut	in % der Wohnbevölkerung	absolut	in % der Wohnbevölkerung	absolut	in % der Wohnbevölkerung	absolut	in % der Wohnbevölkerung
1925	1.169	2,6	10.670	24,1	10.597	23,9	15.954	36,0	26.551	60,0	5.898	13,3
1933	1.726	2,6	14.215	21,6	16.047	24,3	24.014	36,4	40.061	60,8	9.946	15,1

ARBEITSLOSE (1933)

in % der tatsächlichen Erwerbspersonen	10,0
insgesamt	3.186
männlich	2.330
weiblich	856

* *Quellenangaben:* Siehe TABELLE 1.

10a. *Bezirk Zehlendorf: Wahlstatistik 1921—1933**

Wahl		Wahl-berechtigte	Gültige Stimmen	Wahl-beteiligung in %	KPD	USPD	SPD	DDP	Z	DVP	Wirtschafts-partei	Christl.-Soz. Volksdienst	DNVP	NSDAP	Son-stige
Landtag	20. 2.1921	24.638	19.224	78,2	2,6	6,8	17,5	8,1	2,0	31,1	3,9	—	28,0	—	0,0[1]
Bezirk	16.10.1921	22.218	16.852	76,1	2,5	7,2	14,4	7,2	—	—	5,1	—	—	—	63,6[2]
Stadt	16.10.1921**	.	.	.	.	.	.	.	.	.	.	.	.	.	.
Reichstag	4. 5.1924	29.089	23.708	81,8	5,3	0,9	11,8	8,8	3,1	17,8	2,4	—	35,0	—	14,9[3]
Reichstag	7.12.1924	31.170	25.371	82,0	3,7	0,2	18,8	11,9	3,6	16,2	2,8	—	37,0	4,2[4]	1,5[5]
Landtag	7.12.1924	31.123	25.080	81,6	3,8	0,2	19,0	11,9	3,6	16,1	2,5	—	37,2	4,2[4]	1,4[6]
Bezirk	25.10.1925	30.439	20.215	66,9	3,9	0,3	20,6	9,9	3,1	18,0	3,6	—	35,9	—	4,8[8]
Stadt	25.10.1925	30.439	20.213	66,9	3,9	0,2	20,5	9,9	2,9	17,7	3,5	—	35,6	—	5,6[7]
Reichstag	20. 5.1928	36.676	29.242	80,2	5,8	0,1	23,2	10,4	3,7	18,5	2,3[9]	—	30,1	1,8	4,2[10]
Landtag	20. 5.1928	36.587	28.886	79,9	5,8	0,1	23,1	10,4	3,7	18,4	2,4	—	30,3	1,8	4,0[11]
Bezirk	17.11.1929	39.391	28.481	72,9	5,3	0,1	18,7	8,4	4,3	19,8	4,2	—	30,4	7,8	1,2[13]
Stadt	17.11.1929	39.391	28.614	73,1	5,3	0,1	18,6	8,2	4,3	19,5	4,1	—	29,8	7,9	2,2[12]
Reichstag	14. 9.1930	43.421	35.080	81,1	7,4	0,1	19,7	9,8[15]	4,1	11,7	2,0	0,9	21,2	17,7	5,6[14]
Landtag	24. 4.1932	49.240	41.406	84,4	6,2	—	22,1	5,7	5,3[16]	3,6	0,3	0,6	17,6	35,5	3,2[17]
Reichstag	31. 7.1932	49.816	39.953	85,1	8,5	—	21,2	3,2	7,4	3,0	0,2	0,4	19,4	36,3	0,3[18]
Reichstag	6.11.1932	50.533	42.105	83,5	10,4	—	18,5	2,8	5,9	4,8	0,0	0,6	26,7	29,4	1,0[19]
Reichstag	5. 3.1933	50.787	44.898	89,6	7,9	—	15,9	3,1	6,4	2,7	—	0,7	24,1[20]	39,2	0,0[21]
Landtag	5. 3.1933	50.772	44.400	89,6	7,9	—	15,5	3,2	6,1[16]	2,8	—	0,7	23,6[20]	38,8	1,5[22]
Bezirk	12. 3.1933	48.722	38.528	79,4	5,3	—	15,3	3,8	5,3	2,7	—	0,7	25,7[20]	41,1	0,1[24]
Stadt	12. 3.1933	48.722	38.537	79,4	5,4	—	15,3	3,8	5,4	2,6	—	0,7	25,7[20]	41,1	0,1[23]

* Berechnungen (sofern nicht anders angegeben) nach: *Statistisches Jahrbuch* bzw. *Statistisches Taschenbuch der Stadt Berlin* 1920—1933.

** Es liegen nur die Ergebnisse für den die Bezirke Zehlendorf, Steglitz und Tempelhof umfassenden Wahlkreis X vor; siehe hierzu oben TABELLE 10 auf S. 335 (auch für alle folgenden Tabellen zur Wahlstatistik).

Anmerkungen zur TABELLE 10a:
Wahlstatistik des Bezirkes Zehlendorf von Groß-Berlin 1921—1933

[1] Niedersächsische Partei (7).

[2] Liste des Ordnungsblocks.

[3] Nationalliberale Vereinigung (308), Republikanische Partei Deutschlands (194), Nationale Freiheitspartei (42), Sozialistischer Bund (84), Deutsche Arbeitnehmerpartei (36), Deutsch-Soziale Partei (538), Haeußerbund (9), Polnische Volkspartei (16), Deutsch-Völkische Freiheitspartei (2313).

[4] Nationalsozialistische Freiheitsbewegung.

[5] Deutsch-Soziale Partei (272), Polnische Volkspartei (10), Aufwertungs- und Wiederaufbaupartei (57), Deutsche Aufwertungs- und Aufbaupartei (12), Freiwirtschaftsbund (32), Deutsch-Hannoversche Partei (7), Haeußerbund (1).

[6] Deutsch-Soziale Partei (305), Polnische Volkspartei (9), Deutsche Aufwertungs- und Aufbaupartei (30), Deutsch-Hannoversche Partei (4).

[7] Deutsch-Soziale Partei (249), Evangelischer Gemeinschaftsbund (132), Sparerbund (121), Deutsche Mittelstandspartei (10), Nationalliberale Reichspartei (18), Mieterschutz und Bodenreform (22), Deutsch-Völkische Freiheitspartei (587).

[8] Evangelischer Gemeinschaftsbund (139), Sparerbund (141), Nationalliberale Reichspartei (24), Deutsch-Völkische Freiheitspartei (674).

[9] Ab jetzt: Reichspartei des deutschen Mittelstandes.

[10] Völkisch-Nationaler Block (548), Linke Kommunisten (73), Volksrechtpartei (237), Volksblock der Inflationsgeschädigten (21), Volksrechtpartei (R.A.G.) (72), Reichspartei für Handwerk, Handel und Gewerbe (14), Deutsch-Soziale Partei (33), Christlich-Soziale Reichspartei (42), Polnische Volkspartei (6), Christlich-Nationale Mittelstandspartei (47), Alte Sozialdemokratische Partei (55), Deutsche Haus- und Grundbesitzerpartei (20), Christlich-Nationale Bauern- und Landvolkpartei (17), Deutsch-Hannoversche Partei (6).

[11] Völkisch-Nationaler Block (542), Linke Kommunisten (71), Volksrechtpartei (238), Volksblock der Inflationsgeschädigten (21), Volksrechtpartei (R.A.G.) (72), Deutsch-Soziale Partei (28), Reichspartei für Handwerk, Handel und Gewerbe (16), Polnische Volkspartei (5), Alte Sozialdemokratische Partei (68), Christlich-Nationale Mittelstandspartei (42), Christlich-Soziale Reichspartei (23), Deutsche Haus- und Grundbesitzerpartei (21), Deutsch-Hannoversche Partei (10), Christlich-Nationale Bauern- und Landvolkpartei (11).

[12] Deutsch-Völkische Freiheitsbewegung (188), Volksrechtpartei (92), Freibund des Handwerks, Kleinhandels und Gewerbes (31), Allgemeine Volkspartei (20), Reichspartei für Handel, Handwerk und Gewerbe (29), Nationalrevolutionäre Volkspartei (7), Christlich-Soziale Reichspartei (28), Christlicher Volksdienst (242).

[13] Deutsch-Völkische Freiheitsbewegung (177), Volksrechtpartei (110), Freibund des Handwerks, Kleinhandels und Gewerbes (41).

[14] Christlich-Soziale Volksgemeinschaft (155), Deutsche Kulturpartei der geistigen Berufe, Angestellten und Beamten (38), Deutsches Landvolk (107), Volksrechtpartei und Christlich-Soziale Reichspartei (60), Deutsche Bauernpartei (8), Konservative Volkspartei (1559), Freibund des Handwerks, Kleinhandels und Gewerbes (7), Polnische Volkspartei (2), Partei gegen den Alkohol (11), Haus- und Landwirtepartei (9), Arbeiterpartei für das arbeitende und schaffende Volk (5).

[15] Ab jetzt: Deutsche Staatspartei.

[16] Preußische Zentrumspartei.

[17] Interessengemeinschaft der Kleinrentner und Inflationsgeschädigten (63), Volksrechtpartei (58), Deutsches Landvolk — Deutsche Rechte (755), Nationale Beamte, Angestellte und freie Berufe (46), Haus- und Landwirtepartei (186), Deutsch-Hannoversche

Partei (1), Sozialistische Arbeiterpartei Deutschlands (111), Polnische Volkspartei (2), Partei der Erwerbslosen (15), Nationale Opposition der Vereinigten Reichsbankgläubiger und Inflationsgeschädigter (4), Volksrecht- und Wirtschaftspartei des enteigneten Mittelstands (6), Aktivistische Notgemeinschaft (1), Deutsche Kampfpartei gegen Inflation und falsche Geldpolitik (2).

18 Deutsches Landvolk — Christlich-Nationale Bauern- und Landvolkpartei (11), Volksrechtpartei (19), Sozialistische Arbeiterpartei Deutschlands (44), Deutsch-Sozialistische Kampfbewegung (3), Polenliste (1), Freiwirtschaftliche Partei Deutschlands (4), Partei der Erwerbslosen (6), Haus- und Landwirtepartei (2), Interessengemeinschaft der Kleinrentner und Inflationsgeschädigten (3), Nationalsozialistische Kleinrentner, Inflationsgeschädigte und Vorkriegsgeldbesitzer (6), Kampfgemeinschaft der Lohn- und Gehaltsabgebauten (9), Der ernste evangelisch-lutherische Christ (7), Nationalsozialistischer enteigneter Mittelstand (4), Nationalsozialistische Kriegsteilnehmer (6), Übrige Parteien (6).

19 Radikaler Mittelstand (159), Deutsch-Hannoversche Partei (4), Deutsches Landvolk (7), Volksrechtpartei (26), Sozialrepublikanische Partei Deutschlands (13), Sozialistische Arbeiterpartei Deutschlands (12), Polenliste (2), Freiwirtschaftliche Partei Deutschlands (6), Haus- und Landwirtepartei (2), Kleinrentner, Inflationsgeschädigte und Vorkriegsgeldbesitzer (10), Radikaldemokratische Partei (16), Für Hindenburg und Papen (133), Unitaristenunion Deutschlands (6), Partei der Erwerbslosen (1), Übrige Parteien (3).

20 Kampffront Schwarz-Weiß-Rot.

21 Deutsche Bauernpartei (6), Deutsch-Hannoversche Partei (3), Sozialistische Kampfgemeinschaft (3).

22 Mit Hindenburg für ein nationales Preußen (539), Preußischer Mittelstand und Sparer (45), Radikaler Mittelstand (38), Deutsch-Hannoversche Partei (7), Polenliste (2), Kampfgemeinschaft der Arbeiter und Bauern (5), Sozialistische Kampfgemeinschaft (6).

23 Freibund des Handwerks, Kleinhandels und Gewerbes (12), Radikaldemokratische Partei (3), Einheitsliste der Werktätigen (6), Kampfbund für Handwerk, Handel und Gewerbe (8).

24 Freibund des Handwerks, Kleinhandels und Gewerbes (13), Radikaldemokratische Partei (3), Einheitsliste der Werktätigen (11).

11. Bezirk Schöneberg

11. *Bezirk Schöneberg: Sozialstatistik (1919, 1925 und 1933)**

BEVÖLKERUNG

Volkszählung	insgesamt	männlich	weiblich
1919	218.926	92.587	126.339
1925	231.664	99.750	131.914
1933	221.111	95.580	125.531

RELIGIONSZUGEHÖRIGKEIT (in %)

Jahr	evangelisch	katholisch	andere Christen	jüdisch	sonstige
1925	76,6	10,2	0,5	7,7	5,0
1933	72,1	10,9	0,4	7,3	9,3

ERWERBSPERSONEN (einschließlich der Arbeitslosen)

1.1. nach Berufsgruppen

Jahr	Erwerbspersonen		Arbeiter und Hausangestellte		Angestellte und Beamte		Selbständige		Mithelfende Familienangehörige		Berufslose Selbständige	
	absolut	in % der Wohnbevölkerung	absolut	in % der Erwerbspersonen	absolut	in % der Erwerbspersonen	absolut	in % der Erwerbspersonen	absolut	in % der Erwerbspersonen	absolut	in % der Erwerbspersonen
1925	142.478	61,5	46.253	32,5	49.692	34,9	24.955	17,5	2.181	1,5	19.397	13,6
1933	147.388	66,7	48.454	32,9	48.852	33,2	20.733	14,1	2.821	1,9	26.528	18,0

1.2. Berufszugehörige

Jahr	Wohnbevölkerung	Arbeiter und Hausangestellte		Angestellte und Beamte		Selbständige		Mithelfende Familienangehörige		Berufslose Selbständige	
		absolut	in % der Wohnbevölkerung	absolut	in % der Wohnbevölkerung	absolut	in % der Wohnbevölkerung	absolut	in % der Wohnbevölkerung	absolut	in % der Wohnbevölkerung
1925	231.664	69.285	29,9	82.379	35,6	50.169	21,7	2.868	1,0	27.603	11,9
1933	221.111	69.837	31,6	75.313	34,1	36.977	16,7	2.286	1,3	36.116	16,3

2.1. nach Wirtschaftszweigen

Jahr	Landwirtschaft		Gewerbe		Handel und Verkehr		Dienstleistungen (incl. Häusliche Dienste)		Handel, Verkehr und Dienstleistungen insgesamt		Berufslose Selbständige	
	absolut	in % der Erwerbspersonen	absolut	in % der Erwerbspersonen	absolut	in % der Erwerbspersonen	absolut	in % der Erwerbspersonen	absolut	in % der Erwerbspersonen	absolut	in % der Erwerbspersonen
1925	590	0,4	41.226	28,9	46.670	32,8	34.595	24,3	81.265	57,0	19.397	13,6
1933	724	0,5	38.476	26,1	46.075	31,3	35.585	24,1	81.660	55,4	26.528	18,0

2.2. Berufszugehörige

Jahr	Landwirtschaft		Gewerbe		Handel und Verkehr		Dienstleistungen (incl. Häusliche Dienste)		Handel, Verkehr und Dienstleistungen insgesamt		Berufslose Selbständige	
	absolut	in % der Wohnbevölkerung	absolut	in % der Wohnbevölkerung	absolut	in % der Wohnbevölkerung	absolut	in % der Wohnbevölkerung	absolut	in % der Wohnbevölkerung	absolut	in % der Wohnbevölkerung
1925	1.053	0,5	69.685	30,1	82.130	35,5	51.193	22,1	133.323	57,6	27.603	11,9
1933	1.295	0,6	59.724	27,0	73.710	33,3	50.266	22,7	123.976	56,1	36.116	16,3

ARBEITSLOSE (1933)

in % der tatsächlichen Erwerbspersonen	21,7
insgesamt	26.248
männlich	16.762
weiblich	9.486

* *Quellenangaben:* Siehe TABELLE 1.

11 a. *Bezirk Schöneberg: Wahlstatistik 1921—1933**

Wahl		Wahl-berechtigte	Gültige Stimmen	Wahl-beteiligung in %	KPD	USPD	SPD	DDP	Z	DVP	Wirtschafts-partei	Christl.-Soz. Volksdienst	DNVP	NSDAP	Son-stige
Landtag	20. 2.1921	163.227	116.098	71,3	4,5	9,0	18,6	11,5	4,0	22,4	5,1	—	24,9	—	0,0[1]
Bezirk	16.10.1921	161.029	102.358	63,6	4,1	9,2	17,4	11,1	3,9	21,1	4,9	—	26,4	—	2,0[2]
Stadt	16.10.1921	161.027	102.358	63,6	4,1	9,2	17,4	11,1	3,9	21,1	4,9	—	26,4	—	2,0**
Reichstag	4. 5.1924	175.897	135.611	77,4	8,9	1,0	15,1	12,9	4,0	10,9	3,6	—	29,8	—	13,7[3]
Reichstag	7.12.1924	182.834	142.391	78,4	7,5	0,3	22,4	15,7	4,2	9,2	3,1	—	32,6	2,4[4]	2,6[5]
Landtag	7.12.1924	182.622	141.614	78,3	7,5	0,3	22,5	15,7	4,2	9,2	3,1	—	32,6	2,3[4]	2,7[6]
Bezirk	25.10.1925	176.178	111.222	63,6	9,2	0,4	24,8	13,5	3,6	9,1	3,9	—	30,3	—	5,3[8]
Stadt	25.10.1925	176.178	111.277	63,6	9,1	0,4	24,7	13,5	3,6	9,0	4,0	—	30,3	—	5,4[7]
Reichstag	20. 5.1928	187.807	140.529	75,3	12,8	0,1	27,6	12,0	3,7	9,9	2,5[9]	—	26,1	2,1	3,4[10]
Landtag	20. 5.1928	187.285	139.299	75,2	12,7	0,1	27,6	12,0	3,7	9,8	2,5	—	26,3	2,1	3,3[11]
Bezirk	17.11.1929	185.822	126.144	68,5	12,1	0,1	23,0	9,2	4,2	9,7	3,8	—	26,8	8,6	2,5[13]
Stadt	17.11.1929	185.822	126.984	68,7	12,1	0,1	23,0	9,2	4,2	9,7	3,8	—	26,7	8,7	2,5[12]
Reichstag	14. 9.1930	191.492	147.626	77,4	14,9	0,0	23,7	8,3[15]	4,0	5,3	2,2	0,9	18,4	19,9	2,3[14]
Landtag	24. 4.1932	200.504	148.834	74,5	12,2	—	26,6	5,0	4,6[16]	1,4	0,3	0,4	12,3	35,2	2,0[17]
Reichstag	31. 7.1932	201.235	136.323	74,0	15,4	—	25,1	2,4	6,3	1,1	0,1	0,3	13,2	35,7	0,3[18]
Reichstag	6.11.1932	203.044	148.949	74,1	18,1	—	21,9	2,2	5,3	1,8	0,1	0,4	17,8	31,7	1,0[19]
Reichstag	5. 3.1933	193.793	160.369	83,9	13,3	—	19,8	3,1	6,0	1,3	—	0,4	16,3[20]	39,8	0,0[21]
Landtag	5. 3.1933	193.323	159.102	84,1	13,2	—	19,3	3,1	5,8[16]	1,3	—	0,4	15,9[20]	39,5	1,4[22]
Bezirk	12. 3.1933	189.719	139.850	74,1	10,1	—	19,3	3,9	5,1	1,0	—	0,4	17,4[20]	42,6	0,2[24]
Stadt	12. 3.1933	189.719	139.923	74,1	10,1	—	19,3	3,9	5,1	1,0	—	0,4	17,4[20]	42,6	0,2[23]

* Berechnungen (sofern nicht anders angegeben) nach: *Statistisches Jahrbuch* bzw. *Statistisches Taschenbuch der Stadt Berlin* 1920—1933.

** Siehe dazu oben Tabelle 10.

Anmerkungen zur Tabelle 11a
Wahlstatistik des Bezirkes Schöneberg von Groß-Berlin 1921—1933

[1] Niedersächsische Partei (29).

[2] Deutsch-Soziale Partei (2009).

[3] Deutsch-Völkische Freiheitspartei (7939), Nationalliberale Vereinigung (1217), Republikanische Partei Deutschlands (986), Nationale Freiheitspartei (381), Deutsche Arbeitnehmerpartei (327), Deutsch-Soziale Partei (7101), Haeußerbund (46), Polnische Volkspartei (186), Sozialistischer Bund (436).

[4] Nationalsozialistische Freiheitsbewegung.

[5] Deutsch-Soziale Partei (3175), Polnische Volkspartei (103), Aufwertungs- und Wiederaufbaupartei (337), Deutsche Aufwertungs- und Aufbaupartei (158), Freiwirtschaftsbund (65), Deutsch-Hannoversche Partei (53), Haeußerbund (20).

[6] Deutsch-Soziale Partei (3331), Polnische Volkspartei (112), Deutsche Aufwertungs- und Aufbaupartei (329), Deutsch-Hannoversche Partei (54).

[7] Deutsch-Völkische Freiheitspartei (1991), Deutsch-Soziale Partei (2356), Evangelischer Gemeinschaftsbund (858), Sparerbund (162), Mittelstandspartei (407), Nationalliberale Reichspartei (122), Nationale Wirtschaftliche Vereinigung (52).

[8] Deutsch-Völkische Freiheitspartei (1977), Deutsch-Soziale Partei (2352), Evangelischer Gemeinschaftsbund (858), Sparerbund (172), Deutsche Mittelstandspartei (413), Nationalliberale Reichspartei (119).

[9] Ab jetzt: Reichspartei des deutschen Mittelstandes.

[10] Völkisch-Nationaler Block (1501), Linke Kommunisten (375), Volksrechtpartei (572), Volksblock der Inflationsgeschädigten (512), Volksrechtpartei (R.A.G.) (370), Reichspartei für Handwerk, Handel und Gewerbe (394), Deutsch-Soziale Partei (417), Christlich-Soziale Reichspartei (151), Polnische Volkspartei (83), Alte Sozialdemokratische Partei (165), Christlich-Nationale Mittelstandspartei (122), Deutsche Haus- und Grundbesitzerpartei (41), Christlich-Nationale Bauern- und Landvolkpartei (22), Deutsch-Hannoversche Partei (24).

[11] Völkisch-Nationaler Block (1504), Linke Kommunisten (346), Volksrechtpartei (555), Volksblock der Inflationsgeschädigten (483), Volksrechtpartei (R.A.G.) (343), Deutsch-Soziale Partei (395), Reichspartei für Handwerk, Handel und Gewerbe (362), Polnische Volkspartei (98), Alte Sozialdemokratische Partei (220), Christlich-Nationale Mittelstandspartei (121), Christlich-Soziale Reichspartei (86), Deutsche Haus- und Grundbesitzerpartei (43), Deutsch-Hannoversche Partei (53), Christlich-Nationale Bauern- und Landvolkpartei (29).

[12] Deutsch-Völkische Freiheitsbewegung (486), Christlicher Volksdienst (1155), Volksrechtpartei (264), Freibund des Handwerks, Kleinhandels und Gewerbes (359), Allgemeine Volkspartei (196), Reichspartei für Handel, Handwerk und Gewerbe (399), Linke Kommunisten (203), Christlich-Soziale Reichspartei (129).

[13] Deutsch-Völkische Freiheitsbewegung (489), Christlicher Volksdienst (1142), Volksrechtpartei (260), Freibund des Handwerks, Handels und Gewerbes (357), Allgemeine Volkspartei (202), Reichspartei für Handel, Handwerk und Gewerbe (390), Linke Kommunisten (212), Christlich-Soziale Reichspartei (127).

[14] Christlich-Soziale Volksgemeinschaft (361), Deutsche Kulturpartei der geistigen Berufe, Angestellten und Beamten (193), Deutsches Landvolk (109), Volksrechtpartei und Christlich-Soziale Reichspartei (157), Deutsche Bauernpartei (11), Konservative Volkspartei (2270), Freibund des Handwerks, Kleinhandels und Gewerbes (131), Polnische Volkspartei (80), Partei gegen den Alkohol (76), Haus- und Landwirtepartei (8), Arbeiterpartei für das arbeitende und schaffende Volk (19).

[15] Ab jetzt: Deutsche Staatspartei.

16 Preußische Zentrumspartei.

17 Interessengemeinschaft der Kleinrentner und Inflationsgeschädigten (579), Volksrechtpartei (119), Deutsches Landvolk — Deutsche Rechte (871), Nationale Beamte, Angestellte und freie Berufe (143), Haus- und Landwirtepartei (743), Deutsch-Hannoversche Partei (20), Sozialistische Arbeiterpartei Deutschlands (294), Polnische Volkspartei (64), Partei der Erwerbslosen (77), Nationale Opposition der Vereinigten Reichsbankgläubiger und Markgeschädigten (52), Volksrechts- und Wirtschaftspartei des enteigneten Mittelstandes (24), Aktivistische Notgemeinschaft (7), Deutsche Kampfpartei (18).

18 Deutsches Landvolk — Christlich-Nationale Bauern- und Landvolkpartei (20), Volksrechtpartei (40), Sozialistische Arbeiterpartei Deutschlands (121), Deutsche Sozialistische Kampfbewegung (18), Polenliste (37), Freiwirtschaftliche Partei Deutschlands (16), Partei der Erwerblosen (19), Haus- und Landwirtepartei (6), Interessengemeinschaft der Kleinrentner und Inflationsgeschädigten (29), Nationalsozialistische Kleinrentner, Inflationsgeschädigte und Vorkriegsgeldbesitzer (45), Kampfgemeinschaft der Lohn- und Gehaltsabgebauten (9), Der ernste evangelisch-lutherische Christ (19), Nationalsozialistischer enteigneter Mittelstand (16), Übrige Parteien (22).

19 Radikaler Mittelstand (588), Deutsch-Hannoversche Partei (19), Deutsches Landvolk (9), Volksrechtpartei (45), Gerechtigkeitsbewegung Meißner (5), Sozialrepublikanische Partei Deutschlands (96), Sozialistische Arbeiterpartei Deutschlands (115), Polenliste (45), Freiwirtschaftliche Partei Deutschlands (26), Haus- und Landwirtepartei (17), Kleinrentner, Inflationsgeschädigte und Vorkriegsgeldbesitzer (51), Radikaldemokratische Partei (83), Für Hindenburg und Papen (312), Unitaristenunion Deutschlands (8), Schicksalsgemeinschaft deutscher Erwerbslosen, Kleinhandel und Gewerbe (20), Partei der Erwerbslosen (20), Übrige Parteien (23).

20 Kampffront Schwarz-Weiß-Rot.

21 Deutsche Bauernpartei (12), Deutsch-Hannoversche Partei (9), Sozialistische Kampfgemeinschaft (18).

22 Mit Hindenburg für ein nationales Preußen (1878), Preußischer Mittelstand und Sparer (158), Radikaler Mittelstand (152), Deutsch-Hannoversche Partei (18), Polenliste (8), Kampfgemeinschaft der Arbeiter und Bauern (44), Sozialistische Kampfgemeinschaft (19).

23 Freibund des Handwerks, Kleinhandels und Gewerbes (60), Radikaldemokratische Partei (12), Einheitsliste der Werktätigen (10), Mit Hindenburg für ein nationales Berlin (69), Kampfbund für Handwerk, Handel und Gewerbe (59).

24 Freibund des Handwerks, Kleinhandels und Gewerbes (65), Radikaldemokratische Partei (10), Einheitsliste der Werktätigen (10), Mit Hindenburg für ein nationales Berlin (64), Kampfbund für Handwerk, Handel und Gewerbe (59).

12. Bezirk Steglitz

12. *Bezirk Steglitz: Sozialstatistik (1919, 1925 und 1933)**

BEVÖLKERUNG

Volkszählung	insgesamt	männlich	weiblich
1919	146.666	64.910	81.756
1925	160.580	72.147	88.433
1933	194.795	86.680	108.115

RELIGIONSZUGEHÖRIGKEIT (in %)

Jahr	evangelisch	katholisch	andere Christen	jüdisch	sonstige
1925	85,4	8,8	0,3	1,5	4,0
1933	82,5	9,6	0,1	1,6	6,2

ERWERBSPERSONEN (einschließlich der Arbeitslosen)

1.1. nach Berufsgruppen

Jahr	Erwerbspersonen		Arbeiter und Hausangestellte		Angestellte und Beamte		Selbständige		Mithelfende Familienangehörige		Berufslose Selbständige	
	absolut	in % der Wohnbevölkerung	absolut	in % der Erwerbspersonen	absolut	in % der Erwerbspersonen	absolut	in % der Erwerbspersonen	absolut	in % der Erwerbspersonen	absolut	in % der Erwerbspersonen
1925	90.820	56,6	28.916	31,8	33.546	36,9	12.869	14,2	1.627	1,8	13.862	15,3
1933	118.042	60,6	35.423	30,0	44.749	37,9	13.290	11,3	2.046	1,7	22.534	19,1

1.2. Berufszugehörige

Jahr	Wohnbevölkerung	Arbeiter und Hausangestellte		Angestellte und Beamte		Selbständige		Mithelfende Familienangehörige		Berufslose Selbständige	
		absolut	in % der Wohnbevölkerung	absolut	in % der Wohnbevölkerung	absolut	in % der Wohnbevölkerung	absolut	in % der Wohnbevölkerung	absolut	in % der Wohnbevölkerung
1925	160.580	45.351	28,2	62.433	38,9	30.360	18,9	1.687	1,1	20.749	12,9
1933	194.795	53.070	27,2	80.892	41,5	26.448	13,6	2.092	1,1	32.293	16,6

2.1. nach Wirtschaftszweigen

Jahr	Landwirtschaft		Gewerbe		Handel und Verkehr		Dienstleistungen (incl. Häusliche Dienste)		Handel, Verkehr und Dienstleistungen insgesamt		Berufslose Selbständige	
	absolut	in % der Erwerbspersonen	absolut	in % der Erwerbspersonen	absolut	in % der Erwerbspersonen	absolut	in % der Erwerbspersonen	absolut	in % der Erwerbspersonen	absolut	in % der Erwerbspersonen
1925	1.224	1,4	27.397	30,2	25.415	28,0	22.922	25,2	48.337	53,2	13.862	15,3
1933	1.411	1,2	31.140	26,4	32.398	27,5	30.559	25,9	62.957	53,3	22.534	19,1

2.2. Berufszugehörige

Jahr	Landwirtschaft		Gewerbe		Handel und Verkehr		Dienstleistungen (incl. Häusliche Dienste)		Handel, Verkehr und Dienstleistungen insgesamt		Berufslose Selbständige	
	absolut	in % der Wohnbevölkerung	absolut	in % der Wohnbevölkerung	absolut	in % der Wohnbevölkerung	absolut	in % der Wohnbevölkerung	absolut	in % der Wohnbevölkerung	absolut	in % der Wohnbevölkerung
1925	2.228	1,4	50.137	31,2	49.224	30,7	38.242	23,8	87.466	54,5	20.749	12,9
1933	2.514	1,3	53.441	27,4	57.964	29,8	48.583	24,9	106.547	54,7	32.293	16,6

ARBEITSLOSE (1933)

in % der tatsächlichen Erwerbspersonen	16,7
insgesamt	15.975
männlich	11.280
weiblich	4.695

* *Quellenangaben:* Siehe TABELLE 1.

12 a. *Bezirk Steglitz: Wahlstatistik 1921—1933**

Wahl		Wahl-berechtigte	Gültige Stimmen	Wahl-beteiligung in %	KPD	USPD	SPD	DDP	Z	DVP	Wirtschafts-partei	Christl.-Soz. Volksdienst	DNVP	NSDAP	Son-stige
Landtag	20. 2.1921	99.016	81.327	82,8	4,2	8,8	17,3	8,4	3,2	29,5	5,5	—	23,3	—	0,0[1]
Bezirk	16.10.1921	93.086	74.953	80,7	3,5	9,5	16,1	8,0	3,3	30,8	5,4	—	22,3	—	1,1[2]
Stadt	16.10.1921**	.	.	.	.	.	.	.	.	.	.	.	.	.	.
Reichstag	4. 5.1924	110.706	90.936	82,5	8,0	1,2	12,0	7,1	3,4	16,0	5,6	—	27,8	—	18,7[3]
Reichstag	7.12.1924	113.222	93.753	83,6	6,8	0,4	19,5	10,3	3,8	13,8	4,5	—	32,8	3,8[4]	4,4[5]
Landtag	7.12.1924	113.141	93.270	83,6	6,9	0,4	19,5	10,3	3,8	13,8	4,6	—	32,7	3,8[4]	4,3[6]
Bezirk	25.10.1925	114.322	77.544	68,4	7,8	0,5	20,5	8,4	3,1	15,4	5,4	—	29,1	—	9,5[8]
Stadt	25.10.1925	114.322	77.749	68,5	7,8	0,5	20,6	8,5	3,1	15,3	5,4	—	29,2	—	9,5[7]
Reichstag	20. 5.1928	130.518	103.718	79,9	11,2	0,1	22,9	8,9	3,4	16,7	3,0[9]	—	26,5	2,9	4,3[10]
Landtag	20. 5.1928	130.625	102.683	79,6	11,2	0,1	22,9	8,8	3,4	16,6	3,0	—	26,7	2,9	4,3[11]
Bezirk	17.11.1929	138.425	101.837	74,3	9,6	0,2	17,6	6,9	4,0	18,1	4,7	—	25,4	10,2	3,4[13]
Stadt	17.11.1929	138.425	102.621	74,5	9,6	0,2	17,6	6,8	4,0	18,0	4,7	—	25,2	10,3	3,5[12]
Reichstag	14. 9.1930	143.281	120.084	84,2	11,8	0,1	18,8	7,1[15]	3,6	9,6	2,6	1,2	17,7	23,3	4,2[14]
Landtag	24. 4.1932	152.820	130.460	85,7	9,8	—	19,8	4,4	4,0[16]	2,6	0,4	0,7	13,8	42,1	2,3[17]
Reichstag	31. 7.1932	153.677	120.135	86,2	12,3	—	19,0	2,4	5,5	2,1	0,2	0,6	15,6	42,1	0,3[18]
Reichstag	6.11.1932	154.870	132.408	86,3	14,4	—	16,0	1,9	4,7	3,1	0,1	0,7	22,0	36,1	1,0[19]
Reichstag	5. 3.1933	154.200	140.190	92,3	10,6	—	14,3	2,2	5,1	2,1	—	0,8	19,8[20]	45,2	0,0[21]
Landtag	5. 3.1933	154.185	138.993	92,3	10,5	—	13,9	2,3	5,0[16]	2,1	—	0,8	19,3[20]	45,0	1,2[22]
Bezirk	12. 3.1933	150.975	125.971	83,9	7,6	—	13,7	2,5	4,5	1,7	—	0,7	21,1[20]	48,1	0,1[24]
Stadt	12. 3.1933	150.975	126.004	83,9	7,6	—	13,6	2,5	4,5	1,7	—	0,7	21,1[20]	48,1	0,1[23]

* Berechnungen (sofern nicht anders angegeben) nach: *Statistisches Jahrbuch* bzw. *Statistisches Taschenbuch der Stadt Berlin* 1920—1933.

** Es liegen nur die Ergebnisse für den die Bezirke Zehlendorf, Steglitz und Tempelhof umfassenden Wahlkreis X vor; siehe hierzu oben TABELLE 10.

Anmerkungen zur Tabelle 12a:
Wahlstatistik des Bezirkes Steglitz von Groß-Berlin 1921—1933

1 Niedersächsische Partei (30).

2 Deutsch-Soziale Partei (802).

3 Deutsch-Völkische Freiheitspartei (8641), Nationalliberale Vereinigung (1238), Republikanische Partei Deutschlands (631), Nationale Freiheitspartei (155), Sozialistischer Bund (513), Deutsche Arbeitnehmerpartei (261), Deutsch-Soziale Partei (5491), Haeußerbund (26), Polnische Volkspartei (73).

4 Nationalsozialistische Freiheitsbewegung.

5 Deutsch-Soziale Partei (3540), Polnische Volkspartei (34), Aufwertungs- und Wiederaufbaupartei (257), Deutsche Aufwertungs- und Aufbaupartei (132), Freiwirtschaftsbund (91), Deutsch-Hannoversche Partei (44), Haeußerbund (10).

6 Deutsch-Soziale Partei (3586), Polnische Volkspartei (34), Deutsche Aufwertungs- und Aufbaupartei (304), Deutsch-Hannoversche Partei (41).

7 Deutsch-Völkische Freiheitspartei (2028), Deutsch-Soziale Partei (2894), Evangelischer Gemeinschaftsbund (894), Sparerbund (523), Deutsche Mittelstandspartei (183), Nationalliberale Reichspartei (52), Mieterschutz und Bodenreform (842).

8 Deutsch-Völkische Freiheitspartei (2001), Deutsch-Soziale Partei (2853), Evangelischer Gemeinschaftsbund (899), Sparerbund (513), Deutsche Mittelstandspartei (203), Nationalliberale Reichspartei (52), Mieterschutz und Bodenreform (853).

9 Ab jetzt: Reichspartei des deutschen Mittelstandes.

10 Völkisch-Nationaler Block (2080), Linke Kommunisten (247), Volksrechtpartei (579), Volksblock der Inflationsgeschädigten (261), Volksrechtpartei (R.A.G.) (265), Reichspartei für Handwerk, Handel und Gewerbe (270), Deutsch-Soziale Partei (278) Christlich-Soziale Reichspartei (108), Polnische Volkspartei (30), Christlich-Nationale Mittelstandspartei (86), Alte Sozialdemokratische Partei (159), Deutsche Haus- und Grundbesitzerpartei (99), Christlich-Nationale Bauern- und Landvolkpartei (26), Deutsch-Hannoversche Partei (16).

11 Völkisch-Nationaler Block (2040), Linke Kommunisten (255), Volksrechtpartei (555), Volksblock der Inflationsgeschädigten (232), Volksrechtpartei (R.A.G.) (284), Deutsch-Soziale Partei (267), Reichspartei für Handwerk, Handel und Gewerbe (240), Polnische Volkspartei (43), Alte Sozialdemokratische Partei (208), Christlich-Nationale Mittelstandspartei (108), Christlich-Soziale Reichspartei (68), Deutsche Haus- und Grundbesitzerpartei (96), Deutsch-Hannoversche Partei (26), Christlich-Nationale Bauern- und Landvolkpartei (30).

12 Deutsch-Völkische Freiheitsbewegung (532), Christlicher Volksdienst (1563), Volksrechtpartei (553), Freibund des Handwerks, Kleinhandels und Gewerbes (532), Allgemeine Volkspartei (118), Reichspartei für Handel, Handwerk und Gewerbe (164), Nationalrevolutionäre Volkspartei (56), Christlich-Soziale Reichspartei (49).

13 Deutsch-Völkische Freiheitsbewegung (537), Christlicher Volksdienst (1562), Volksrechtpartei (550), Freibund des Handwerks, Kleinhandels und Gewerbes (528), Allgemeine Volkspartei (121), Reichspartei für Handel, Handwerk und Gewerbe (164).

14 Christlich-Soziale Volksgemeinschaft (472), Deutsche Kulturpartei der geistigen Berufe, Angestellten und Beamten (171), Deutsches Landvolk (163), Volksrechtpartei und Christlich-Soziale Reichspartei (198), Deutsche Bauernpartei (15), Konservative Volkspartei (3702), Freibund des Handwerks, Kleinhandels und Gewerbes (223), Polnische Volkspartei (27), Partei gegen den Alkohol (62), Haus- und Landwirtepartei (15), Arbeiterpartei für das arbeitende und schaffende Volk (27).

15 Ab jetzt: Deutsche Staatspartei.

16 Preußische Zentrumspartei.

17 Interessengemeinschaft der Kleinrentner und Inflationsgeschädigten (439), Volksrechtpartei (132), Deutsches Landvolk — Deutsche Rechte (1299), Nationale Beamte,

Angestellte und freie Berufe (139), Haus- und Landwirtepartei (573), Deutsch-Hannoversche Partei (22), Sozialistische Arbeiterpartei Deutschlands (259), Polnische Volkspartei (15), Partei der Erwerbslosen (73), Nationale Opposition der Vereinigten Reichsbankgläubiger und Markgeschädigten (23), Volksrechts- und Wirtschaftspartei des enteigneten Mittelstandes (26), Aktivistische Notgemeinschaft (16), Deutsche Kampfpartei (17).

18 Deutsches Landvolk — Christlich-Nationale Bauern- und Landvolkpartei (13), Volksrechtpartei (46), Sozialistische Arbeiterpartei Deutschlands (98), Deutsche Sozialistische Kampfbewegung (3), Polenliste (14), Freiwirtschaftliche Partei Deutschlands (16), Partei der Erwerbslosen (24), Haus- und Landwirtepartei (1), Interessengemeinschaft der Kleinrentner und Inflationsgeschädigten (10), Nationalsozialistische Kleinrentner, Inflationsgeschädigte und Vorkriegsgeldbesitzer (32), Kampfgemeinschaft der Lohn- und Gehaltsabgebauten (10), Der ernste evangelisch-lutherische Christ (19), Nationalsozialistischer enteigneter Mittelstand (12), Nationalsozialistische Kriegsteilnehmer (11), Übrige Parteien (23).

19 Radikaler Mittelstand (422), Deutsch-Hannoversche Partei (18), Deutsches Landvolk (12), Volksrechtpartei (46), Gerechtigkeitsbewegung Meißner (4), Sozialrepublikanische Partei Deutschlands (59), Sozialistische Arbeiterpartei Deutschlands (52), Polenliste (12), Freiwirtschaftliche Partei Deutschlands (30), Haus- und Landwirtepartei (9), Kleinrentner, Inflationsgeschädigte und Vorkriegsgeldbesitzer (41), Radikaldemokratische Partei (51), Für Hindenburg und Papen (482), Unitaristenunion Deutschlands (8), Schicksalsgemeinschaft deutscher Erwerbslosen, Kleinhandel und Gewerbe (31), Partei der Erwerbslosen (17), Übrige Parteien (24).

20 Kampffront Schwarz-Weiß-Rot.

21 Deutsche Bauernpartei (8), Deutsch-Hannoversche Partei (19), Sozialistische Kampfgemeinschaft (13).

22 Mit Hindenburg für ein nationales Preußen (1363), Preußischer Mittelstand und Sparer (125), Radikaler Mittelstand (87), Deutsch-Hannoversche Partei (23), Polenliste (4), Kampfgemeinschaft der Arbeiter und Bauern (14), Sozialistische Kampfgemeinschaft (15).

23 Freibund des Handwerks, Kleinhandels und Gewerbes (75), Radikaldemokratische Partei (8), Einheitsliste der Werktätigen (19), Kampfbund für Handwerk, Handel und Gewerbe (61).

24 Freibund des Handwerks, Kleinhandels und Gewerbes (78), Radikaldemokratische Partei (11), Einheitsliste der Werktätigen (18), Kampfbund für Handwerk, Handel und Gewerbe (63).

13. Bezirk Tempelhof

13. *Bezirk Tempelhof: Sozialstatistik (1919, 1925 und 1933)**

BEVÖLKERUNG

Volkszählung	insgesamt	männlich	weiblich
1919	60.060	27.856	32.204
1925	68.009	31.619	36.390
1933	114.385	52.729	61.656

RELIGIONSZUGEHÖRIGKEIT (in %)

Jahr	evangelisch	katholisch	andere Christen	jüdisch	sonstige
1925	81,7	9,6	0,2	1,4	7,2
1933	75,2	11,3	0,1	2,0	11,4

ERWERBSPERSONEN (einschließlich der Arbeitslosen)

1.1. nach Berufsgruppen

Jahr	Erwerbspersonen		Arbeiter und Hausangestellte		Angestellte und Beamte		Selbständige		Mithelfende Familienangehörige		Berufslose Selbständige	
	absolut	in % der Wohnbevölkerung	absolut	in % der Erwerbspersonen	absolut	in % der Erwerbspersonen	absolut	in % der Erwerbspersonen	absolut	in % der Erwerbspersonen	absolut	in % der Erwerbspersonen
1925	38.148	56,1	16.113	42,2	12.585	33,0	4.293	11,3	890	2,3	4.267	11,2
1933	68.021	59,5	24.158	35,5	26.233	38,6	6.503	9,6	1.357	2,0	9.770	14,4

1.2. Berufszugehörige

Jahr	Wohnbevölkerung	Arbeiter und Hausangestellte		Angestellte und Beamte		Selbständige		Mithelfende Familienangehörige		Berufslose Selbständige	
		absolut	in % der Wohnbevölkerung	absolut	in % der Wohnbevölkerung	absolut	in % der Wohnbevölkerung	absolut	in % der Wohnbevölkerung	absolut	in % der Wohnbevölkerung
1925	68.009	27.115	39,9	24.190	35,6	9.659	14,2	916	1,4	6.129	9,0
1933	114.385	38.724	33,9	47.940	41,9	12.456	10,9	1.374	1,2	13.891	12,1

2.1. nach Wirtschaftszweigen

Jahr	Landwirtschaft		Gewerbe		Handel und Verkehr		Dienstleistungen (incl. Häusliche Dienste)		Handel, Verkehr und Dienstleistungen insgesamt		Berufslose Selbständige	
	absolut	in % der Erwerbspersonen	absolut	in % der Erwerbspersonen	absolut	in % der Erwerbspersonen	absolut	in % der Erwerbspersonen	absolut	in % der Erwerbspersonen	absolut	in % der Erwerbspersonen
1925	1.047	2,7	17.119	44,9	9.877	25,9	5.838	15,3	15.715	41,2	4.267	11,2
1933	1.494	2,2	23.755	34,9	20.232	29,7	12.768	18,8	33.000	48,5	9.770	14,4

2.2. Berufszugehörige

Jahr	Landwirtschaft		Gewerbe		Handel und Verkehr		Dienstleistungen (incl. Häusliche Dienste)		Handel, Verkehr und Dienstleistungen insgesamt		Berufslose Selbständige	
	absolut	in % der Wohnbevölkerung	absolut	in % der Wohnbevölkerung	absolut	in % der Wohnbevölkerung	absolut	in % der Wohnbevölkerung	absolut	in % der Wohnbevölkerung	absolut	in % der Wohnbevölkerung
1925	1.550	2,3	30.674	45,1	19.235	28,3	10.421	15,3	29.656	43,6	6.129	9,0
1933	2.453	2,1	40.310	35,2	35.979	31,5	21.752	19,0	57.731	50,5	13.891	12,1

ARBEITSLOSE (1933)

in % der tatsächlichen Erwerbspersonen	18,6
insgesamt	10.856
männlich	7.822
weiblich	3.034

* *Quellenangaben:* Siehe TABELLE 1.

13 a. *Bezirk Tempelhof: Wahlstatistik 1921—1933**

Wahl		Wahl-berechtigte	Gültige Stimmen	Wahl-beteiligung in %	KPD	USPD	SPD	DDP	Z	DVP	Wirtschafts-partei	Christl.-Soz. Volksdienst	DNVP	NSDAP	Son-stige
Landtag	20. 2.1921	41.915	31.319	74,9	7,6	14,9	24,9	9,6	4,4	22,3	1,3	—	15,0	—	0,0[1]
Bezirk	16.10.1921	39.478	28.163	71,5	7,0	16,3	21,9	8,5	4,8	19,9	5,7	—	15,4	—	0,5[2]
Stadt	16.10.1921**	.	.	.	.	.	.	.	.	.	.	.	.	.	.
Reichstag	4. 5.1924	46.626	36.433	78,6	14,0	1,5	21,1	8,2	4,5	11,2	3,3	—	23,7	—	12,6[3]
Reichstag	7.12.1924	47.636	38.712	81,9	12,0	0,3	30,7	10,8	4,6	8,9	3,2	—	24,8	2,0[4]	2,7[5]
Landtag	7.12.1924	47.610	38.497	81,7	12,1	0,3	30,7	10,8	4,6	8,9	3,2	—	24,7	2,0[4]	2,6[6]
Bezirk	25.10.1925	47.173	32.252	68,9	13,3	0,4	32,0	8,7	4,2	9,5	3,9	—	21,6	—	6,4[8]
Stadt	25.10.1925	47.173	32.306	69,0	13,3	0,4	32,0	8,7	4,2	9,3	3,9	—	21,6	—	6,6[7]
Reichstag	20. 5.1928	57.805	46.282	80,6	16,7	0,0	33,9	8,9	3,9	8,6	2,6[9]	—	20,4	1,8	3,2[10]
Landtag	20. 5.1928	57.785	45.938	80,4	16,7	0,0	34,0	8,9	3,9	8,5	2,6	—	20,5	1,8	3,2[11]
Bezirk	17.11.1929	62.815	46.120	74,3	15,5	0,1	29,6	6,9	5,1	8,3	3,9	—	21,7	5,7	3,2[13]
Stadt	17.11.1929	62.815	46.387	74,5	15,5	0,1	29,7	6,9	5,0	8,2	4,0	—	21,6	5,9	3,3[12]
Reichstag	14. 9.1930	71.795	60.299	84,4	18,1	0,0	28,4	7,2[15]	4,8	4,3	2,2	1,4	16,1	15,7	1,9[14]
Landtag	24. 4.1932	85.468	70.792	83,2	14,9	—	29,4	4,2	4,9[16]	1,3	0,4	0,6	9,7	32,7	1,9[17]
Reichstag	31. 7.1932	86.676	68.463	84,4	17,4	—	27,8	2,3	6,0	1,0	0,2	0,6	10,6	33,9	0,4[18]
Reichstag	6.11.1932	88.784	73.826	83,9	21,2	—	23,4	1,8	5,7	1,4	0,1	0,7	14,6	30,3	0,9[19]
Reichstag	5. 3.1933	90.657	80.679	90,2	15,8	—	21,9	2,3	6,4	1,1	—	0,7	13,4[20]	38,5	0,1[21]
Landtag	5. 3.1933	90.655	80.063	90,1	15,8	—	21,4	2,3	6,2[16]	1,1	—	0,7	13,0[20]	38,2	1,3[22]
Bezirk	12. 3.1933	89.261	70.713	79,7	12,0	—	21,7	2,5	5,9	0,8	—	0,7	14,9[20]	41,4	0,1[24]
Stadt	12. 3.1933	89.261	70.671	79,7	12,0	—	21,7	2,4	5,9	0,8	—	0,7	14,9[20]	41,5	0,1[23]

* Berechnungen (sofern nicht anders angegeben) nach: *Statistisches Jahrbuch* bzw. *Statistisches Taschenbuch der Stadt Berlin* 1920—1933.

** Es liegen nur die Ergebnisse für den die Bezirke Zehlendorf, Steglitz und Tempelhof umfassenden Wahlkreis X vor; siehe hierzu oben TABELLE 10.

Anmerkungen zur Tabelle 13a:
Wahlstatistik des Bezirkes Tempelhof von Groß-Berlin 1921—1933

[1] Niedersächsische Partei (5).

[2] Deutsch-Soziale Partei (148).

[3] Deutsch-Völkische Freiheitspartei (1724), Nationalliberale Vereinigung (217), Republikanische Partei Deutschlands (194), Nationale Freiheitspartei (710), Sozialistischer Bund (217), Deutsche Arbeitnehmerpartei (130), Deutsch-Soziale Partei (1904), Haeußerbund (20), Polnische Volkspartei (59).

[4] Nationalsozialistische Freiheitsbewegung.

[5] Deutsch-Soziale Partei (812), Polnische Volkspartei (59), Aufwertungs- und Wiederaufbaupartei (80), Deutsche Aufwertungs- und Wiederaufbaupartei (49), Freiwirtschaftsbund (24), Deutsch-Hannoversche Partei (15), Haeußerbund (3).

[6] Deutsch-Soziale Partei (858), Polnische Volkspartei (54), Deutsche Aufwertungs- und Aufbaupartei (92), Deutsch-Hannoversche Partei (11).

[7] Deutsch-Völkische Freiheitspartei (609), Deutsch-Soziale Partei (716), Evangelischer Gemeinschaftsbund (326), Sparerbund (22), Deutsche Mittelstandspartei (43), Nationalliberale Reichspartei (19), Mieterschutz und Bodenreform (385).

[8] Deutsch-Völkische Freiheitspartei (602), Deutsch-Soziale Partei (708), Evangelischer Gemeinschaftsbund (328), Nationalliberale Reichspartei (24), Mieterschutz und Bodenreform (411).

[9] Ab jetzt: Reichspartei des deutschen Mittelstandes.

[10] Völkisch-Nationaler Block (694), Linke Kommunisten (111), Volksrechtpartei (110), Volksblock der Inflationsgeschädigten (60), Volksrechtpartei (R.A.G.) (94), Reichspartei für Handwerk, Handel und Gewerbe (43), Deutsch-Soziale Partei (105), Christlich-Soziale Reichspartei (67), Polnische Volkspartei (42), Christlich-Nationale Mittelstandspartei (52), Alte Sozialdemokratische Partei (23), Deutsche Haus- und Grundbesitzerpartei (39), Christlich-Nationale Bauern- und Landvolkpartei (26), Deutsch-Hannoversche Partei (8).

[11] Völkisch-Nationaler Block (691), Linke Kommunisten (113), Volksrechtpartei (105), Volksblock der Inflationsgeschädigten (63), Volksrechtpartei (R.A.G.) (107), Deutsch-Soziale Partei (107), Reichspartei für Handwerk, Handel und Gewerbe (46), Polnische Volkspartei (41), Alte Sozialdemokratische Partei (42), Christlich-Nationale Mittelstandspartei (56), Christlich-Soziale Reichspartei (57), Deutsche Haus- und Grundbesitzerpartei (37), Deutsch-Hannoversche Partei (18), Christlich-Nationale Bauern- und Landvolkpartei (4).

[12] Deutsch-Völkische Freiheitsbewegung (309), Christlicher Volksdienst (793), Volksrechtpartei (45), Freibund des Handwerks, Kleinhandels und Gewerbes (213), Allgemeine Volkspartei (30), Reichspartei für Handel, Handwerk und Gewerbe (53), Nationalrevolutionäre Volkspartei (10), Christlich-Soziale Reichspartei (60).

[13] Deutsch-Völkische Freiheitsbewegung (320), Christlicher Volksdienst (772), Volksrechtpartei (48), Freibund des Handwerks, Kleinhandels und Gewerbes (213), Allgemeine Volkspartei (33), Nationalrevolutionäre Volkspartei (9), Christlich-Soziale Reichspartei (60).

[14] Christlich-Soziale Volksgemeinschaft (123), Deutsche Kulturpartei der geistigen Berufe, Angestellten und Beamten (73), Deutsches Landvolk (105), Volksrechtpartei und Christlich-Soziale Reichspartei (63), Deutsche Bauernpartei (7), Konservative Volkspartei (571), Freibund des Handwerks, Kleinhandels und Gewerbes (94), Polnische Volkspartei (38), Partei gegen den Alkohol (35), Haus- und Landwirtepartei (4), Arbeiterpartei für das arbeitende und schaffende Volk (9).

[15] Ab jetzt: Deutsche Staatspartei.

[16] Preußische Zentrumspartei.

17 Interessengemeinschaft der Kleinrentner und Inflationsgeschädigten (297), Volksrechtpartei (45), Deutsches Landvolk — Deutsche Rechte (321), Nationale Beamte, Angestellte und freie Berufe (71), Haus- und Landwirtepartei (264), Deutsch-Hannoversche Partei (9), Sozialistische Arbeiterpartei Deutschlands (23), Polnische Volkspartei (24), Partei der Erwerbslosen (25), Nationale Opposition der Vereinigten Reichsbankgläubiger und Markgeschädigten (19), Volksrechts- und Wirtschaftspartei des enteigneten Mittelstandes (17), Aktivistische Notgemeinschaft (3), Deutsche Kampfpartei (11).

18 Deutsches Landvolk — Christlich-Nationale Bauern- und Landvolkpartei (13), Volksrechtpartei (24), Sozialistische Arbeiterpartei Deutschlands (101), Deutsche Sozialistische Kampfbewegung (1), Polenliste (14), Freiwirtschaftliche Partei Deutschlands (18), Partei der Erwerbslosen (9), Haus- und Landwirtepartei (3), Interessengemeinschaft der Kleinrentner und Inflationsgeschädigten (6), Nationalsozialistische Kleinrentner, Inflationsgeschädigte und Vorkriegsgeldbesitzer (8), Kampfgemeinschaft der Lohn- und Gehaltsabgebauten (2), Der ernste evangelisch-lutherische Christ (16), Nationalsozialistischer enteigneter Mittelstand (2), Nationalsozialistische Kriegsteilnehmer (9), Übrige Parteien (16).

19 Radikaler Mittelstand (236), Deutsch-Hannoversche Partei (9), Deutsches Landvolk (13), Volksrechtpartei (24), Gerechtigkeitsbewegung Meißner (9), Sozial-Republikanische Partei Deutschlands (38), Sozialistische Arbeiterpartei Deutschlands (73), Polenliste (17), Freiwirtschaftliche Partei Deutschlands (21), Haus- und Landwirtepartei (3), Kleinrentner, Inflationsgeschädigte und Vorkriegsgeldbesitzer (10), Radikaldemokratische Partei (38), Für Hindenburg und Papen (100), Unitaristenunion Deutschlands (8), Schicksalsgemeinschaft deutscher Erwerbslosen (12), Partei der Erwerbslosen (8), Übrige Parteien (5).

20 Kampffront Schwarz-Weiß-Rot.

21 Deutsche Bauernpartei (15), Deutsch-Hannoversche Partei (8), Sozialistische Kampfgemeinschaft (20).

22 Mit Hindenburg für ein nationales Preußen (881), Preußischer Mittelstand und Sparer (62), Radikaler Mittelstand (51), Deutsch-Hannoversche Partei (13), Polenliste (23), Kampfgemeinschaft der Arbeiter und Bauern (5), Sozialistische Kampfgemeinschaft (20).

23 Freibund des Handwerks, Kleinhandels und Gewerbes (48), Radikaldemokratische Partei (9), Einheitsliste der Werktätigen (9), Kampfbund für Handwerk, Handel und Gewerbe (18).

24 Freibund des Handwerks, Kleinhandels und Gewerbes (52), Radikaldemokratische Partei (12), Einheitsliste der Werktätigen (14).

14. Bezirk Neukölln

14. *Bezirk Neukölln: Sozialstatistik (1919, 1925 und 1933)**

BEVÖLKERUNG

Volkszählung	insgesamt	männlich	weiblich
1919	279.447	129.646	149.801
1925	290.327	137.079	153.248
1933	315.632	149.539	166.093

RELIGIONSZUGEHÖRIGKEIT (in %)

Jahr	evangelisch	katholisch	andere Christen	jüdisch	sonstige
1925	74,9	8,3	0,1	1,0	15,7
1933	67,9	8,3	0,0	0,9	22,9

ERWERBSPERSONEN (einschließlich der Arbeitslosen)

1.1. nach Berufsgruppen

Jahr	Erwerbspersonen		Arbeiter und Hausangestellte		Angestellte und Beamte		Selbständige		Mithelfende Familienangehörige		Berufslose Selbständige	
	absolut	in % der Wohnbevölkerung	absolut	in % der Erwerbspersonen	absolut	in % der Erwerbspersonen	absolut	in % der Erwerbspersonen	absolut	in % der Erwerbspersonen	absolut	in % der Erwerbspersonen
1925	173.233	59,7	92.131	53,2	43.059	24,9	20.600	11,9	4.096	2,4	13.347	7,7
1933	197.802	62,7	102.986	52,1	47.099	23,8	15.649	7,9	3.903	2,0	28.165	14,2

1.2. Berufszugehörige

Jahr	Wohnbevölkerung	Arbeiter und Hausangestellte		Angestellte und Beamte		Selbständige		Mithelfende Familienangehörige		Berufslose Selbständige	
		absolut	in % der Wohnbevölkerung	absolut	in % der Wohnbevölkerung	absolut	in % der Wohnbevölkerung	absolut	in % der Wohnbevölkerung	absolut	in % der Wohnbevölkerung
1925	290.327	153.949	53,0	74.398	25,6	38.397	13,2	4.204	1,5	19.379	6,7
1933	315.632	167.418	53,0	77.810	24,7	26.868	8,5	3.992	1,3	39.544	12,5

2.1. nach Wirtschaftszweigen

Jahr	Landwirtschaft		Gewerbe		Handel und Verkehr		Dienstleistungen (incl. Häusliche Dienste)		Handel, Verkehr und Dienstleistungen insgesamt		Berufslose Selbständige	
	absolut	in % der Erwerbspersonen	absolut	in % der Erwerbspersonen	absolut	in % der Erwerbspersonen	absolut	in % der Erwerbspersonen	absolut	in % der Erwerbspersonen	absolut	in % der Erwerbspersonen
1925	1.996	1,2	98.123	56,6	41.778	24,1	17.989	10,4	59.767	34,5	13.347	7,7
1933	2.409	1,2	92.740	46,9	51.367	26,0	23.121	11,7	74.488	37,7	28.165	14,2

2.2. Berufszugehörige

Jahr	Landwirtschaft		Gewerbe		Handel und Verkehr		Dienstleistungen (incl. Häusliche Dienste)		Handel, Verkehr und Dienstleistungen insgesamt		Berufslose Selbständige	
	absolut	in % der Wohnbevölkerung	absolut	in % der Wohnbevölkerung	absolut	in % der Wohnbevölkerung	absolut	in % der Wohnbevölkerung	absolut	in % der Wohnbevölkerung	absolut	in % der Wohnbevölkerung
1925	2.940	1,0	163.936	56,5	73.264	25,2	30.808	10,6	104.072	35,9	19.379	6,7
1933	4.241	1,3	149.623	47,4	84.000	26,6	38.224	12,1	122.224	38,7	39.544	12,5

ARBEITSLOSE (1933)

in % der tatsächlichen Erwerbspersonen	33,6
insgesamt	56.954
männlich	40.987
weiblich	15.967

* *Quellenangaben:* Siehe Tabelle 1.

14 a. *Bezirk Neukölln: Wahlstatistik 1921—1933**

Wahl		Wahl-berechtigte	Gültige Stimmen	Wahl-beteiligung in %	KPD	USPD	SPD	DDP	Z	DVP	Wirtschafts-partei	Christl.-Soz. Volksdienst	DNVP	NSDAP	Son-stige
Landtag	20. 2.1921	190.214	136.054	71,7	14,8	22,3	29,4	4,7	2,6	9,5	5,9	—	10,9	—	0,0[1]
Bezirk	16.10.1921	184.765	122.524	66,5	13,8	23,8	27,9	4,5	2,7	9,5	5,6	—	12,1	—	0,2[2]
Stadt	16.10.1921	184.721	122.523	66,5	13,8	23,8	27,9	4,5	2,7	9,5	5,6	—	12,1	—	0,2**
Reichstag	4. 5.1924	202.618	156.219	77,6	24,7	2,9	27,4	6,3	2,8	7,0	4,4	—	16,1	—	8,4[3]
Reichstag	7.12.1924	206.559	162.076	79,1	22,1	0,7	39,3	7,5	2,8	4,3	3,8	—	16,4	1,3[4]	1,7[5]
Landtag	7.12.1924	206.556	161.425	79,0	22,2	0,7	39,3	7,5	2,8	4,3	3,8	—	16,3	1,3[4]	1,8[6]
Bezirk	25.10.1925	209.874	136.481	65,5	25,7	0,9	41,0	6,0	2,4	3,9	3,4	—	13,0	—	3,7[8]
Stadt	25.10.1925	209 874	136.606	65,5	25,7	0,9	41,1	6,0	2,4	3,9	3,4	—	13,0	—	3,7[7]
Reichstag	20. 5.1928	225.415	186.725	83,5	30,8	0,1	40,3	5,2	2,4	4,0	2,4[9]	—	11,2	1,2	2,4[10]
Landtag	20. 5.1928	225.393	185.710	83,3	30,9	0,1	40,3	5,1	2,4	4,0	2,4	—	11,2	1,1	2,5[11]
Bezirk	17.11.1929	236.148	176.267	75,4	31,7	0,3	35,1	4,5	2,7	4,4	3,4	—	11,5	4,0	2,4[13]
Stadt	17.11.1929	236.148	177.057	75,6	31,7	0,3	35,1	4,5	2,7	4,4	3,4	—	11,5	4,0	2,4[12]
Reichstag	14. 9.1930	238.722	201.833	85,1	34,9	0,1	32,6	3,4[14]	2,5	2,4	2,2	1,1	8,7	11,1	1,1[15]
Landtag	24. 4.1932	246.565	204.801	83,6	31,0	—	32,8	2,0	2,6[16]	0,5	0,5	0,5	5,0	22,6	2,4[17]
Reichstag	31. 7.1932	249.785	194.403	84,5	34,4	—	30,9	1,1	3,2	0,4	0,3	0,4	4,9	24,0	0,5[18]
Reichstag	6.11.1932	252.862	209.038	83,9	39,3	—	26,2	1,0	3,0	0,5	0,1	0,5	6,6	22,2	0,7[19]
Reichstag	5. 3.1933	253.592	224.070	89,8	31,9	—	25,9	1,1	3,4	0,5	—	0,6	6,9[20]	29,7	0,0[21]
Landtag	5. 3.1933	253.588	222.579	89,8	31,7	—	25,3	1,2	3,3[16]	0,5	—	0,6	6,7[20]	29,4	1,4[22]
Bezirk	12. 3.1933	252.336	195.011	77,9	26,2	—	26,6	1,2	3,4	0,4	—	0,5	8,2[20]	33,4	0,2[24]
Stadt	12. 3.1933	252.336	195.093	77,9	26,2	—	26,6	1,2	3,4	0,4	—	0,5	8,1[20]	33,4	0,2[23]

* Berechnungen (sofern nicht anders angegeben) nach: *Statistisches Jahrbuch* bzw. *Statistisches Taschenbuch der Stadt Berlin* 1920—1933.

** Siehe dazu oben Tabelle 10.

Anmerkungen zur TABELLE 14a:
Wahlstatistik des Bezirkes Neukölln von Groß-Berlin 1921—1933

1 Niedersächsische Partei (8).

2 Deutsch-Soziale Partei (219).

3 Nationalliberale Vereinigung (404), Republikanische Partei (899), Nationale Freiheitspartei (375), Sozialistischer Bund (1284), Deutsche Arbeitnehmerpartei (570), Deutsch-Soziale Partei (4428), Haeußerbund (72), Polnische Volkspartei (334), Deutsch-Völkische Freiheitspartei (4730).

4 Nationalsozialistische Freiheitsbewegung.

5 Deutsch-Soziale Partei (2036), Polnische Volkspartei (301), Aufwertungs- und Wiederaufbaupartei (171), Freiwirtschaftsbund (92), Deutsch-Hannoversche Partei (57), Haeußerbund (21).

6 Deutsch-Soziale Partei (2168), Polnische Volkspartei (293), Deutsche Aufwertungs- und Aufbaupartei (331), Deutsch-Hannoversche Partei (54).

7 Deutsch-Soziale Partei (1605), Evangelischer Gemeinschaftsbund (1366), Deutsche Mittelstandspartei (277), Nationalliberale Reichspartei (68), Nationale Wirtschaftliche Vereinigung (70), Arbeiterpartei (180), Deutsch-Völkische Freiheitspartei (1487).

8 Deutsch-Soziale Partei (1580), Evangelischer Gemeinschaftsbund (1391), Deutsche Mittelstandspartei (275), Nationalliberale Reichspartei (76), Nationale Wirtschaftliche Vereinigung (67), Arbeiterpartei (178), Deutsch-Völkische Freiheitspartei (1496).

9 Ab jetzt: Reichspartei des deutschen Mittelstandes.

10 Völkisch-Nationaler Block (937), Linke Kommunisten (695), Volksrechtpartei (335), Volksblock der Inflationsgeschädigten (373), Volksrechtpartei (R.A.G.) (477), Reichspartei für Handwerk, Handel und Gewerbe (322), Deutsch-Soziale Partei (279) Christlich-Soziale Reichspartei (321), Polnische Volkspartei (208), Christlich-Nationale Mittelstandspartei (252), Alte Sozialdemokratische Partei (132), Haus- und Grundbesitzerpartei (96), Christlich-Nationale Bauern- und Landvolkpartei (47), Deutsch-Hannoversche Partei (18).

11 Völkisch-Nationaler Block (939), Linke Kommunisten (724), Volksrechtpartei (329), Volksblock der Inflationsgeschädigten (331), Volksrechtpartei (R.A.G.) (465), Deutsch-Soziale Partei (273), Reichspartei für Handwerk, Handel und Gewerbe (295), Polnische Volkspartei (233), Alte Sozialdemokratische Partei (190), Christlich-Nationale Mittelstandspartei (299), Christlich-Soziale Reichspartei (269), Deutsche Haus- und Grundbesitzerpartei (86), Deutsch-Hannoversche Partei (70), Christlich-Nationale Bauern- und Landvolkpartei (40).

12 Deutsch-Völkische Freiheitsbewegung (387), Volksrechtpartei (143), Freibund des Handwerks, Kleinhandels und Gewerbes (262), Allgemeine Volkspartei (151), Reichspartei für Handel, Handwerk und Gewerbe (327), Linke Kommunisten (367), National-Revolutionäre Volkspartei (78), Christlich-Soziale Reichspartei (239), Partei für Mietsreform (71), Christlicher Volksdienst (2271).

13 Deutsch-Völkische Freiheitsbewegung (378), Volksrechtpartei (144), Freibund des Handwerks, Kleinhandels und Gewerbes (259), Allgemeine Volkspartei (152), Reichspartei für Handel, Handwerk und Gewerbe (324), Linke Kommunisten (351), National-Revolutionäre Volkspartei (76), Christlich-Soziale Reichspartei (241), Partei für Mietsreform (67), Christlicher Volksdienst (2261).

14 Ab jetzt: Deutsche Staatspartei.

15 Christlich-Soziale Volksgemeinschaft (488), Deutsche Kulturpartei der geistigen Berufe (255), Deutsches Landvolk (122), Volksrechtpartei und Christlich-Soziale Reichspartei (145), Deutsche Bauernpartei (18), Konservative Volkspartei (704), Freibund des Handwerks, Kleinhandels und Gewerbes (192), Polnische Volkspartei (195), Partei gegen den Alkohol (123), Haus- und Landwirtepartei (10), Arbeiterpartei für das schaffende und arbeitende Volk (40).

16 Preußische Zentrumspartei.

17 Interessengemeinschaft der Kleinrentner und Inflationsgeschädigten (2103), Volksrechtpartei (80), Deutsches Landvolk — Deutsche Rechte (315), Nationale Beamte, Angestellte und freie Berufe (176), Haus- und Landwirtepartei (759), Deutsch-Hannoversche Partei (15), Sozialistische Arbeiterpartei Deutschlands (934), Polnische Volkspartei (126), Partei der Erwerbslosen (176), Nationale sozialistische Opposition der Vereinigten Reichsbankgläubiger und Markgeschädigten (74), Volksrecht- und Wirtschaftspartei des enteigneten Mittelstandes (58), Aktivistische Notgemeinschaft (18), Deutsche Kampfpartei gegen Inflation und falsche Geldpolitik (21).

18 Deutsches Landvolk — Christlich-Nationale Bauern- und Landvolkpartei (23), Volksrechtpartei (48), Sozialistische Arbeiterpartei Deutschlands (456), Deutsche Sozialistische Kampfbewegung (12), Polenliste (90), Freiwirtschaftliche Partei Deutschlands (17), Partei der Erwerbslosen (40), Haus- und Landwirtepartei (12), Interessengemeinschaft der Kleinrentner und Inflationsgeschädigten (23), Nationalsozialistische Kleinrentner, Inflationsgeschädigte und Vorkriegsgeldbesitzer (50), Kampfgemeinschaft der Lohn- und Gehaltsabgebauten (14), Der ernste evangelisch-lutherische Christ (42), Nationalsozialistischer enteigneter Mittelstand (16), Nationalsozialistische Kriegsteilnehmer (24), Übrige Parteien (47).

19 Radikaler Mittelstand (463), Deutsch-Hannoversche Partei (24), Deutsches Landvolk (11), Volksrechtpartei (22), Gerechtigkeitsbewegung Meißner (13), Sozialrepublikanische Partei Deutschlands (57), Sozialistische Arbeiterpartei Deutschlands (333), Polenliste (110), Freiwirtschaftliche Partei Deutschlands (42), Haus- und Landwirtepartei (9), Kleinrentner, Inflationsgeschädigte und Vorkriegsgeldbesitzer (61), Radikaldemokratische Partei (57), Für Hindenburg und Papen (220), Unitaristenunion Deutschlands (10), Schicksalsgemeinschaft deutscher Erwerbslosen, Kleinhandel und Gewerbe (42), Partei der Erwerbslosen (28), Übrige Parteien (33).

20 Kampffront Schwarz-Weiß-Rot.

21 Deutsche Bauernpartei (27), Deutsch-Hannoversche Partei (21), Sozialistische Kampfgemeinschaft (39).

22 Mit Hindenburg für ein nationales Preußen (2672), Preußischer Mittelstand und Sparer (207), Radikaler Mittelstand (135), Deutsch-Hannoversche Partei (19), Polenliste (23), Kampfgemeinschaft der Arbeiter und Bauern (105), Sozialistische Kampfgemeinschaft (32).

23 Freibund des Handwerks, Kleinhandels und Gewerbes (118), Radikaldemokratische Partei (11), Einheitsliste der Werktätigen (32), Mit Hindenburg für ein nationales Berlin (91), Kampfbund für Handwerk, Handel und Gewerbe (100).

24 Freibund des Handwerks, Kleinhandels und Gewerbes (123), Radikaldemokratische Partei (9), Einheitsliste der Werktätigen (29), Mit Hindenburg für ein nationales Berlin (87), Kampfbund für Handwerk, Handel und Gewerbe (102).

15. Bezirk Treptow

15. *Bezirk Treptow: Sozialstatistik (1919, 1925 und 1933)**

BEVÖLKERUNG

Volkszählung	insgesamt	männlich	weiblich
1919	89.138	42.929	46.209
1925	97.524	47.122	50.402
1933	124.534	59.754	64.780

RELIGIONSZUGEHÖRIGKEIT (in %)

Jahr	evangelisch	katholisch	andere Christen	jüdisch	sonstige
1925	76,5	8,9	0,2	0,7	13,8
1933	70,4	9,1	0,1	0,8	19,6

ERWERBSPERSONEN (einschließlich der Arbeitslosen)

1.1. nach Berufsgruppen

Jahr	Erwerbspersonen		Arbeiter und Hausangestellte		Angestellte und Beamte		Selbständige		Mithelfende Familienangehörige		Berufslose Selbständige	
	absolut	in % der Wohnbevölkerung	absolut	in % der Erwerbspersonen	absolut	in % der Erwerbspersonen	absolut	in % der Erwerbspersonen	absolut	in % der Erwerbspersonen	absolut	in % der Erwerbspersonen
1925	55.955	57,4	29.461	52,7	16.097	28,8	5.041	9,0	988	1,8	4.368	7,8
1933	74.492	59,8	34.477	46,3	22.380	30,0	5.485	7,4	1.337	1,8	10.813	14,5

1.2. Berufszugehörige

Jahr	Wohnbevölkerung	Arbeiter und Hausangestellte		Angestellte und Beamte		Selbständige		Mithelfende Familienangehörige		Berufslose Selbständige	
		absolut	in % der Wohnbevölkerung	absolut	in % der Wohnbevölkerung	absolut	in % der Wohnbevölkerung	absolut	in % der Wohnbevölkerung	absolut	in % der Wohnbevölkerung
1925	97.524	49.477	50,7	29.575	30,3	10.474	10,7	1.004	1,0	6.994	7,2
1933	124.534	57.078	45,8	40.276	32,3	10.104	8,1	1.352	1,1	15.724	12,6

2.1. nach Wirtschaftszweigen

Jahr	Landwirtschaft		Gewerbe		Handel und Verkehr		Dienstleistungen (incl. Häusliche Dienste)		Handel, Verkehr und Dienstleistungen insgesamt		Berufslose Selbständige	
	absolut	in % der Erwerbspersonen	absolut	in % der Erwerbspersonen	absolut	in % der Erwerbspersonen	absolut	in % der Erwerbspersonen	absolut	in % der Erwerbspersonen	absolut	in % der Erwerbspersonen
1925	521	0,9	33.857	60,5	11.299	20,2	5.910	10,6	17.209	30,8	4.368	7,8
1933	747	1,0	35.447	47,6	18.048	24,2	9.437	12,7	27.485	36,9	10.813	14,5

2.2. Berufszugehörige

Jahr	Landwirtschaft		Gewerbe		Handel und Verkehr		Dienstleistungen (incl. Häusliche Dienste)		Handel, Verkehr und Dienstleistungen insgesamt		Berufslose Selbständige	
	absolut	in % der Wohnbevölkerung	absolut	in % der Wohnbevölkerung	absolut	in % der Wohnbevölkerung	absolut	in % der Wohnbevölkerung	absolut	in % der Wohnbevölkerung	absolut	in % der Wohnbevölkerung
1925	860	0,9	58.601	60,1	20.898	21,4	10.171	10,4	31.069	31,9	6.994	7,2
1933	1.331	1,1	59.756	48,0	31.799	25,5	15.924	12,8	47.723	38,3	15.724	12,6

ARBEITSLOSE (1933)

in % der tatsächlichen Erwerbspersonen	27,9
insgesamt	17.757
männlich	12.869
weiblich	4.888

* *Quellenangaben:* Siehe TABELLE 1.

15 a. *Bezirk Treptow: Wahlstatistik 1921—1933**

Wahl		Wahl-berechtigte	Gültige Stimmen	Wahl-beteiligung in %	KPD	USPD	SPD	DDP	Z	DVP	Wirtschafts-partei	Christl.-Soz. Volksdienst	DNVP	NSDAP	Son-stige
Landtag	20. 2.1921	62.747	47.042	75,2	14,3	18,0	25,7	7,6	3,4	14,6	6,8	—	9,7	—	0,0[1]
Bezirk	16.10.1921	60.858	39.849	65,7	12,7	20,5	23,8	7,5	3,5	16,0	5,2	—	10,9	—	—
Stadt	16.10.1921**	.	.	.	.	.	.	.	.	.	.	.	.	.	.
Reichstag	4. 5.1924	66.773	51.699	78,1	21,2	3,0	23,1	6,5	3,9	9,3	3,3	—	20,2	—	9,4[2]
Reichstag	7.12.1924	68.523	54.504	80,4	20,6	0,7	32,4	8,9	3,9	6,3	3,2	—	21,0	1,1[3]	1,9[4]
Landtag	7.12.1924	68.435	54.231	80,5	20,7	0,8	32,4	8,9	3,9	6,3	3,2	—	21,0	1,1[3]	1,8[5]
Bezirk	25.10.1925	69.665	45.304	65,8	21,6	1,4	35,5	7,2	3,4	6,4	3,7	—	17,7	—	3,2[7]
Stadt	25.10.1925	69.665	45.318	65,8	21,5	1,4	35,5	7,2	3,4	6,3	3,7	—	17,6	—	3,3[6]
Reichstag	20. 5.1928	76.613	63.427	83,5	27,9	0,1	35,0	6,4	3,2	6,0	3,0	—	14,9	1,0	2,6[8]
Landtag	20. 5.1928	76.602	62.971	83,4	27,9	0,1	35,0	6,4	3,2	6,0	3,0[10]	—	15,0	0,9	2,6[9]
Bezirk	17.11.1929	81.952	61.345	75,8	26,9	0,4	31,0	5,2	3,9	6,3	4,2	—	15,6	4,3	2,3[12]
Stadt	17.11.1929	81.952	61.766	76,1	26,9	0,3	31,0	5,2	3,8	6,3	4,2	—	15,5	4,3	2,5[11]
Reichstag	14. 9.1930	87.159	74.866	86,4	29,1	0,1	29,5	4,6[13]	3,4	3,4	2,8	1,2	12,0	12,5	1,5[14]
Landtag	24. 4.1932	96.2	80.201	83,8	24,4	—	30,9	3,0	3,7[15]	0,9	0,4	0,7	7,0	27,1	2,1[16]
Reichstag	31. 7.1932	97.899	79.029	84,5	27,4	—	29,6	1,7	4,5	0,7	0,3	0,6	7,0	27,9	0,4[17]
Reichstag	6.11.1932	99.183	82.837	84,4	31,2	—	25,7	1,4	4,2	0,9	0,1	0,6	9,5	25,8	0,7[18]
Reichstag	5. 3.1933	98.529	88.786	91,2	25,2	—	23,7	1,6	4,5	0,9	—	0,7	9,3[19]	34,1	0,0[20]
Landtag	5. 3.1933	98.527	88.264	91,2	25,0	—	23,2	1,6	4,5[15]	0,9	—	0,7	9,0[19]	33,8	1,3[21]
Bezirk	12. 3.1933	97.525	78.101	80,6	20,1	—	24,1	1,7	4,5	0,6	—	0,7	10,5[19]	37,7	0,1[23]
Stadt	12. 3.1933	97.525	78.124	80,6	20,1	—	24,1	1,7	4,5	0,6	—	0,7	10,5[19]	37,7	0,2[22]

* Berechnungen (sofern nicht anders angegeben) nach: *Statistisches Jahrbuch* bzw. *Statistisches Taschenbuch der Stadt Berlin* 1920—1933.

** Es liegen nur die Ergebnisse für den die Bezirke Treptow und Köpenick umfassenden Wahlkreis XIII vor; siehe hierzu oben TABELLE 10.

Anmerkungen zur TABELLE 15a:
Wahlstatistik des Bezirkes Treptow von Groß-Berlin 1921—1933

[1] Niedersächsische Partei (3).

[2] Deutsch-Völkische Freiheitspartei (1621), Nationalliberale Vereinigung (193), Republikanische Partei Deutschlands (288), Nationale Freiheitspartei (135), Sozialistischer Bund (228), Deutsche Arbeitnehmerpartei (157), Deutsch-Soziale Partei (2096), Haeußerbund (32), Polnische Volkspartei (110).

[3] Nationalsozialistische Freiheitsbewegung.

[4] Deutsch-Soziale Partei (740), Polnische Volkspartei (72), Aufwertungs- und Wiederaufbaupartei (74), Deutsche Aufwertungs- und Aufbaupartei (65), Freiwirtschaftsbund (44), Deutsch-Hannoversche Partei (10), Haeußerbund (19).

[5] Deutsch-Soziale Partei (770), Polnische Volkspartei (66), Deutsche Aufwertungs- und Aufbaupartei (105), Deutsch-Hannoversche Partei (10).

[6] Deutsch-Völkische Freiheitspartei (383), Deutsch-Soziale Partei (480), Evangelischer Gemeinschaftsbund (423), Sparerbund (106), Deutsche Mittelstandspartei (85), Nationalliberale Reichspartei (15).

[7] Deutsch-Völkische Freiheitspartei (378), Deutsch-Soziale Partei (455), Evangelischer Gemeinschaftsbund (431), Sparerbund (106), Deutsche Mittelstandspartei (83).

[8] Völkisch-Nationaler Block (398), Linke Kommunisten (231), Volksrechtpartei (142), Volksblock der Inflationsgeschädigten (67), Volksrechtpartei (R.A.G.) (171), Reichspartei für Handwerk, Handel und Gewerbe (93), Deutsch-Soziale Partei (88), Christlich-Soziale Reichspartei (181), Polnische Volkspartei (52), Christlich-Nationale Mittelstandspartei (73), Alte Sozialdemokratische Partei (46), Deutsche Haus- und Grundbesitzerpartei (44), Christlich-Nationale Bauern- und Landvolkpartei (16), Deutscher Reichsblock der Geschädigten (6), Deutsch-Hannoversche Partei (8), Deutsch-kristliche-folke-partei (13), Deutsche Bauernpartei (2).

[9] Völkisch-Nationaler Block (391), Linke Kommunisten (236), Volksrechtpartei (146), Volksblock der Inflationsgeschädigten (68), Volksrechtpartei (R.A.G.) (167), Deutsch-Soziale Partei (84), Reichspartei für Handwerk, Handel und Gewerbe (83), Polnische Volkspartei (62), Alte Sozialdemokratische Partei (60), Christlich-Nationale Mittelstandspartei (78), Christlich-Soziale Reichspartei (155), Deutsche Haus- und Grundbesitzerpartei (43), Deutsch-Hannoversche Partei (23), Christlich-Nationale Bauern- und Landvolkpartei (20), Deutscher Reichsblock der Geschädigten (4), Deutsche Bauernpartei (1).

[10] Ab jetzt: Reichspartei des deutschen Mittelstandes.

[11] Deutsch-Völkische Freiheitsbewegung (69), Volksrechtpartei (86), Freibund des Handwerks, Kleinhandels und Gewerbes (154), Evangelische Wähler und Wählerinnen (106), Allgemeine Volkspartei (40), Linke Kommunisten (93), Nationalrevolutionäre Volkspartei (16), Christlich-Soziale Reichspartei (110), Christlicher Volksdienst (851).

[12] Volksrechtpartei (88), Freibund des Handwerks, Kleinhandels und Gewerbes (156), Evangelische Wähler und Wählerinnen (117), Allgemeine Volkspartei (48), Linke Kommunisten (97), Nationalrevolutionäre Volkspartei (23), Christlicher Volksdienst (860).

[13] Ab jetzt: Deutsche Staatspartei.

[14] Christlich-Soziale Volksgemeinschaft (183), Deutsche Kulturpartei der geistigen Berufe, Angestellten und Beamten (108), Deutsches Landvolk (52), Volksrechtpartei und Christlich-Soziale Reichspartei (138), Deutsche Bauernpartei (8), Konservative Volkspartei (461), Freibund des Handwerks, Kleinhandels und Gewerbes (33), Polnische Volkspartei (47), Partei gegen den Alkohol (33), Haus- und Landwirtepartei (6), Arbeiterpartei für das arbeitende und schaffende Volk (15).

[15] Preußische Zentrumspartei.

[16] Interessengemeinschaft der Kleinrentner und Inflationsgeschädigten (688), Volksrechtpartei (36), Deutsches Landvolk — Deutsche Rechte (134), Nationale Beamte, Ange-

stellte und freie Berufe (68), Haus- und Landwirtepartei (319), Deutsch-Hannoversche Partei (4), Sozialistische Arbeiterpartei Deutschlands (281), Polnische Volkspartei (35), Partei der Erwerbslosen (66), Nationale Opposition der Vereinigten Reichsbankgläubiger und Markgeschädigten (15), Volksrechts- und Wirtschaftspartei des enteigneten Mittelstandes (22), Aktivistische Notgemeinschaft (3), Deutsche Kampfpartei (8).

[17] Deutsches Landvolk — Christlich-Nationale Bauern- und Landvolkpartei (8), Volksrechtpartei (21), Sozialistische Arbeiterpartei Deutschlands (128), Deutsch-Sozialistische Kampfbewegung (5), Polenliste (20), Freiwirtschaftliche Partei Deutschlands (17), Partei der Erwerbslosen (7), Haus- und Landwirtepartei (3), Interessengemeinschaft der Kleinrentner und Inflationsgeschädigten (9), Nationalsozialistische Kleinrentner, Inflationsgeschädigte und Vorkriegsgeldbesitzer (9), Kampfgemeinschaft der Lohn- und Gehaltsabgebauten (7), Der ernste evangelisch-lutherische Christ (20), Nationalsozialistischer enteigneter Mittelstand (11), Übrige Parteien (20).

[18] Radikaler Mittelstand (163), Deutsch-Hannoversche Partei (8), Deutsches Landvolk (5), Volksrechtpartei (14), Gerechtigkeitsbewegung Meißner (5), Sozialrepublikanische Partei Deutschlands (23), Sozialistische Arbeiterpartei Deutschlands (93), Polenliste (29), Freiwirtschaftliche Partei Deutschlands (20), Haus- und Landwirtepartei (3), Kleinrentner, Inflationsgeschädigte und Vorkriegsgeldbesitzer (19), Radikaldemokratische Partei (13), Für Hindenburg und Papen (111), Unitaristenunion Deutschlands (4), Schicksalsgemeinschaft deutscher Erwerbslosen, Kleinhandel und Gewerbe (19), Partei der Erwerbslosen (6), Übrige Parteien (13).

[19] Kampffront Schwarz-Weiß-Rot.

[20] Deutsche Bauernpartei (11), Deutsch-Hannoversche Partei (5), Sozialistische Kampfgemeinschaft (14).

[21] Mit Hindenburg für ein nationales Preußen (1008), Preußischer Mittelstand und Sparer (87), Radikaler Mittelstand (51), Deutsch-Hannoversche Partei (4), Kampfgemeinschaft der Arbeiter und Bauern (18), Sozialistische Kampfgemeinschaft (13).

[22] Freibund des Handwerks, Kleinhandels und Gewerbes (54), Einheitsliste der Werktätigen (15), Kampfbund für Handwerk, Handel und Gewerbe (49).

[23] Freibund des Handwerks, Kleinhandels und Gewerbes (72), Einheitsliste der Werktätigen (27).

16. Bezirk Köpenick

16. *Bezirk Köpenick: Sozialstatistik (1919, 1925 und 1933)**

BEVÖLKERUNG

Volkszählung	insgesamt	männlich	weiblich
1919	56.910	26.564	30.346
1925	65.765	31.167	34.598
1933	88.517	42.358	46.159

RELIGIONSZUGEHÖRIGKEIT (in %)

Jahr	evangelisch	katholisch	andere Christen	jüdisch	sonstige
1925	81,2	6,6	0,2	0,8	11,3
1933	75,9	7,1	0,1	0,7	16,2

ERWERBSPERSONEN (einschließlich der Arbeitslosen)

1.1. nach Berufsgruppen

Jahr	Erwerbspersonen		Arbeiter und Hausangestellte		Angestellte und Beamte		Selbständige		Mithelfende Familienangehörige		Berufslose Selbständige	
	absolut	in % der Wohnbevölkerung	absolut	in % der Erwerbspersonen	absolut	in % der Erwerbspersonen	absolut	in % der Erwerbspersonen	absolut	in % der Erwerbspersonen	absolut	in % der Erwerbspersonen
1925	37.737	57,4	19.159	50,8	8.968	23,8	4.404	11,7	1.142	3,0	4.064	10,8
1933	52.295	59,1	24.233	46,3	12.960	24,8	5.034	9,6	1.544	3,0	8.524	16,3

1.2. Berufszugehörige

Jahr	Wohnbevölkerung	Arbeiter und Hausangestellte		Angestellte und Beamte		Selbständige		Mithelfende Familienangehörige		Berufslose Selbständige	
		absolut	in % der Wohnbevölkerung	absolut	in % der Wohnbevölkerung	absolut	in % der Wohnbevölkerung	absolut	in % der Wohnbevölkerung	absolut	in % der Wohnbevölkerung
1925	65.765	32.373	49,2	16.653	25,3	9.490	14,4	1.157	1,8	6.092	9,3
1933	88.517	40.609	45,9	24.509	27,7	9.317	10,5	1.579	1,8	12.503	14,1

2.1. nach Wirtschaftszweigen

Jahr	Landwirtschaft		Gewerbe		Handel und Verkehr		Dienstleistungen (incl. Häusliche Dienste)		Handel, Verkehr und Dienstleistungen insgesamt		Berufslose Selbständige	
	absolut	in % der Erwerbspersonen	absolut	in % der Erwerbspersonen	absolut	in % der Erwerbspersonen	absolut	in % der Erwerbspersonen	absolut	in % der Erwerbspersonen	absolut	in % der Erwerbspersonen
1925	624	1,7	20.924	55,5	7.471	19,8	4.654	12,3	12.125	32,1	4.064	10,8
1933	879	1,7	24.220	46,3	11.437	21,9	7.235	13,8	18.672	35,7	8.524	16,3

2.2. Berufszugehörige

Jahr	Landwirtschaft		Gewerbe		Handel und Verkehr		Dienstleistungen (incl. Häusliche Dienste)		Handel, Verkehr und Dienstleistungen insgesamt		Berufslose Selbständige	
	absolut	in % der Wohnbevölkerung	absolut	in % der Wohnbevölkerung	absolut	in % der Wohnbevölkerung	absolut	in % der Wohnbevölkerung	absolut	in % der Wohnbevölkerung	absolut	in % der Wohnbevölkerung
1925	977	1,5	37.055	56,3	13.542	20,6	8.099	12,3	21.641	32,9	6.092	9,3
1933	1.454	1,6	41.708	47,1	20.064	22,7	12.788	14,5	32.852	37,1	12.503	14,1

ARBEITSLOSE (1933)

in % der tatsächlichen Erwerbspersonen	27,5
insgesamt	12.018
männlich	9.012
weiblich	3.006

* *Quellenangaben:* Siehe TABELLE 1.

16 a. *Bezirk Köpenick: Wahlstatistik 1921—1933**

Wahl		Wahl-berechtigte	Gültige Stimmen	Wahl-beteiligung in %	KPD	USPD	SPD	DDP	Z	DVP	Wirtschafts-partei	Christl.-Soz. Volksdienst	DNVP	NSDAP	Son-stige
Landtag	20. 2.1921	40.049	31.103	77,9	13,3	14,0	27,1	6,0	1,9	20,6	4,5	—	12,6	—	0,0[1]
Bezirk	16.10.1921	40.379	27.289	67,8	12,8	14,6	24,9	5,6	2,3	18,4	4,0	—	—	—	17,4[2]
Stadt	16.10.1921**	.	.	.	.	.	.	.	.	.	.	.	.	.	.
Reichstag	4. 5.1924	45.627	35.870	79,1	21,1	2,7	21,4	5,2	2,4	10,0	4,5	—	22,2	—	10,4[3]
Reichstag	7.12.1924	46.093	37.124	81,4	19,8	1,0	29,3	6,9	2,6	7,3	4,6	—	24,2	3,2[4]	1,3[5]
Landtag	7.12.1924	46.090	36.917	81,3	19,9	1,0	29,4	6,8	2,6	7,2	4,7	—	24,1	3,1[4]	1,3[6]
Bezirk	25.10.1925	46.795	30.053	65,1	20,8	0,9	30,2	5,4	2,2	5,7	9,4	—	19,4	—	6,0[8]
Stadt	25.10.1925	46.795	30.112	65,1	20,8	0,9	30,2	5,4	2,2	5,6	9,3	—	19,2	—	6,4[7]
Reichstag	20. 5.1928	57.515	47.289	82,9	23,9	0,2	32,9	5,9	2,1	6,2	6,7[9]	—	17,8	1,5	3,0[10]
Landtag	20. 5.1928	57.563	46.972	82,6	23,9	0,1	32,9	5,8	2,1	6,1	6,7	—	17,9	1,5	3,0[11]
Bezirk	17.11.1929	57.855	43.489	76,2	24,7	0,3	26,8	3,9	2,6	5,9	10,7	—	16,4	6,3	2,6[13]
Stadt	17.11.1929	57.855	43.856	76,5	24,7	0,3	26,8	3,9	2,6	5,9	10,7	—	16,1	6,4	2,8[12]
Reichstag	14. 9.1930	64.342	56.105	87,8	27,1	0,1	26,2	4,4[15]	2,3	3,9	5,8	1,3	13,0	14,0	1,9[14]
Landtag	24. 4.1932	68.832	58.525	85,5	23,3	—	26,6	2,6	2,5[16]	1,0	0,7	0,7	9,2	31,0	2,3[17]
Reichstag	31. 7.1932	66.667	69.019	88,5	26,5	—	27,3	1,4	3,0	0,8	0,4	0,5	9,3	30,5	0,4[18]
Reichstag	6.11.1932	67.983	58.007	85,0	29,3	—	22,5	1,1	2,9	1,0	0,2	0,7	12,1	29,5	0,8[19]
Reichstag	5. 3.1933	68.590	61.822	90,4	23,6	—	20,3	1,3	3,1	0,8	—	0,8	11,8[20]	38,3	0,0[21]
Landtag	5. 3.1933	68.590	61.416	90,3	23,5	—	19,8	1,3	3,0[16]	0,9	—	0,8	11,6[20]	38,0	1,3[22]
Bezirk	12. 3.1933	67.827	54.362	80,8	18,5	—	19,7	1,4	3,1	0,6	—	0,9	13,1[20]	42,4	0,4[24]
Stadt	12. 3.1933	67.827	54.456	80,8	18,5	—	19,8	1,4	3,0	0,6	—	0,9	13,1[20]	42,5	0,3[23]

* Berechnungen (sofern nicht anders angegeben) nach: *Statistisches Jahrbuch* bzw. *Statistisches Taschenbuch der Stadt Berlin* 1920—1933.

** Es liegen nur die Ergebnisse für den die Bezirke Treptow und Köpenick umfassenden Wahlkreis XIII vor; siehe hierzu oben TABELLE 10.

Anmerkungen zur TABELLE 16a:
Wahlstatistik des Bezirkes Köpenick von Groß-Berlin 1921—1933

1 Niedersächsische Partei (4).

2 Liste des Blocks „Los von Berlin" (4737).

3 Deutsch-Völkische Freiheitspartei (2153), Nationalliberale Vereinigung (352), Republikanische Partei Deutschlands (146), Nationale Freiheitspartei (60), Sozialistischer Bund (157), Deutsche Arbeitnehmerpartei (123), Deutsch-Soziale Partei (694), Haeußerbund (27), Polnische Volkspartei (32).

4 Nationalsozialistische Freiheitsbewegung.

5 Deutsch-Soziale Partei (335), Polnische Volkspartei (19), Aufwertungs- und Wiederaufbaupartei (43), Deutsche Aufwertungs- und Aufbaupartei (60), Freiwirtschaftsbund (15), Deutsch-Hannoversche Partei (4), Haeußerbund (4).

6 Deutsch-Soziale Partei (359), Polnische Volkspartei (14), Deutsche Aufwertungs- und Aufbaupartei (84), Deutsch-Hannoversche Partei (3).

7 Deutsch-Völkische Freiheitspartei (732), Deutsch-Soziale Partei (211), Evangelischer Gemeinschaftsbund (431), Sparerbund (440), Deutsche Mittelstandspartei (68), Nationalliberale Reichspartei (30).

8 Deutsch-Völkische Freiheitspartei (779), Evangelischer Gemeinschaftsbund (451), Sparerbund (464), Deutsche Mittelstandspartei (67), Nationalliberale Reichspartei (35).

9 Ab jetzt: Reichspartei des deutschen Mittelstandes.

10 Völkisch-Nationaler Block (368), Linke Kommunisten (145), Volksrechtpartei (371), Volksblock der Inflationsgeschädigten (60), Volksrechtpartei (R.A.G.) (124), Reichspartei für Handwerk, Handel und Gewerbe (46), Deutsch-Soziale Partei (77), Christlich-Soziale Reichspartei (60), Polnische Volkspartei (5), Christlich-Nationale Mittelstandspartei (54), Alte Sozialdemokratische Partei (27), Deutsche Haus- und Grundbesitzerpartei (37), Christlich-Nationale Bauern- und Landvolkpartei (10), Deutscher Reichsblock der Geschädigten (3), Deutsch-Hannoversche Partei (6), Deutsch-kristliche-folke-partei (5), Deutsche Bauernpartei (2).

11 Völkisch-Nationaler Block (360), Linke Kommunisten (159), Volksrechtpartei (366), Volksblock der Inflationsgeschädigten (57), Volksrechtpartei (R.A.G.) (125), Deutsch-Soziale Partei (73), Reichspartei für Handwerk, Handel und Gewerbe (63), Polnische Volkspartei (7), Alte Sozialdemokratische Partei (36), Christlich-Nationale Mittelstandspartei (49), Christlich-Soziale Reichspartei (50), Deutsche Haus- und Grundbesitzerpartei (36), Deutsch-Hannoversche Partei (8), Christlich-Nationale Bauern- und Landvolkpartei (12), Deutscher Reichsblock der Geschädigten (3), Deutsche Bauernpartei (3).

12 Deutsch-Völkische Freiheitsbewegung (132), Christlicher Volksdienst (599), Volksrechtpartei (214), Freibund des Handwerks, Kleinhandels und Gewerbes (70), Evangelische Wähler und Wählerinnen (66), Allgemeine Volkspartei (55), Linke Kommunisten (27), Nationalrevolutionäre Volkspartei (40), Christlich-Soziale Reichspartei (19).

13 Deutsch-Völkische Freiheitsbewegung (136), Christlicher Volksdienst (606), Volksrechtpartei (217), Freibund des Handwerks, Kleinhandels und Gewerbes (72), Allgemeine Volkspartei (58), Nationalrevolutionäre Volkspartei (24).

14 Christlich-Soziale Volksgemeinschaft (178), Deutsche Kulturpartei der geistigen Berufe, Angestellten und Beamten (181), Deutsches Landvolk (31), Volksrechtpartei und Christlich-Soziale Reichspartei (215), Deutsche Bauernpartei (5), Konservative Volkspartei (361), Freibund des Handwerks, Kleinhandels und Gewerbes (25), Polnische Volkspartei (10), Partei gegen den Alkohol (19), Haus- und Landwirtepartei (13), Arbeiterpartei für das arbeitende und schaffende Volk (10).

15 Ab jetzt: Deutsche Staatspartei.

16 Preußische Zentrumspartei.

[17] Interessengemeinschaft der Kleinrentner und Inflationsgeschädigten (482), Volksrechtpartei (44), Deutsches Landvolk — Deutsche Rechte (94), Nationale Beamte, Angestellte und freie Berufe (64), Haus- und Landwirtepartei (312), Deutsch-Hannoversche Partei (4), Sozialistische Arbeiterpartei Deutschlands (242), Polnische Volkspartei (3), Partei der Erwerbslosen (46), Nationale Opposition der Vereinigten Reichsbankgläubiger und Markgeschädigten (19), Volksrechts- und Wirtschaftspartei des enteigneten Mittelstandes (28), Aktivistische Notgemeinschaft (9), Deutsche Kampfpartei (15).

[18] Deutsches Landvolk — Christlich-Nationale Bauern- und Landvolkpartei (8), Volksrechtpartei (24), Sozialistische Arbeiterpartei Deutschlands (147), Deutsche Sozialistische Kampfbewegung (3), Polenliste (11), Freiwirtschaftliche Partei Deutschlands (18), Partei der Erwerbslosen (5), Haus- und Landwirtepartei (1), Interessengemeinschaft der Kleinrentner und Inflationsgeschädigten (8), Nationalsozialistische Kleinrentner, Inflationsgeschädigte und Vorkriegsgeldbesitzer (32), Kampfgemeinschaft der Lohn- und Gehaltsempfänger (3), Der ernste evangelisch-lutherische Christ (12), Nationalsozialistischer enteigneter Mittelstand (5), Nationalsozialistische Kriegsteilnehmer (5), Übrige Parteien (12).

[19] Radikaler Mittelstand (119), Deutsch-Hannoversche Partei (6), Deutsches Landvolk (1), Volksrechtpartei (25), Gerechtigkeitsbewegung Meißner (6), Sozialrepublikanische Partei Deutschlands (24), Sozialistische Arbeiterpartei Deutschlands (67), Polenliste (3), Freiwirtschaftliche Partei Deutschlands (14), Haus- und Landwirtepartei (7), Kleinrentner, Inflationsgeschädigte und Vorkriegsgeldbesitzer (19), Radikaldemokratische Partei (11), Für Hindenburg und Papen (104), Unitaristenunion Deutschlands (4), Schicksalsgemeinschaft deutscher Erwerbslosen, Kleinhandel und Gewerbe (15), Partei der Erwerbslosen (9), Übrige Parteien (3).

[20] Kampffront Schwarz-Weiß-Rot.

[21] Deutsche Bauernpartei (5), Deutsch-Hannoversche Partei (4), Sozialistische Kampfgemeinschaft (8).

[22] Mit Hindenburg für ein nationales Preußen (702), Preußischer Mittelstand und Sparer (64), Radikaler Mittelstand (33), Deutsch-Hannoversche Partei (5), Polenliste (8), Kampfgemeinschaft der Arbeiter und Bauern (3), Sozialistische Kampfgemeinschaft (6).

[23] Freibund des Handwerks, Kleinhandels und Gewerbes (30), Einheitsliste der Werktätigen (24), Kampfbund für Handwerk, Handel und Gewerbe (120).

[24] Freibund des Handwerks, Kleinhandels und Gewerbes (31), Einheitsliste der Werktätigen (29), Kampfbund für Handwerk, Handel und Gewerbe (134).

17. Bezirk Lichtenberg

17. *Bezirk Lichtenberg: Sozialstatistik (1919, 1925 und 1933)**

BEVÖLKERUNG

Volkszählung	insgesamt	männlich	weiblich
1919	183.706	86.773	96.933
1925	198.832	95.461	103.371
1933	241.186	115.811	125.375

RELIGIONSZUGEHÖRIGKEIT (in %)

Jahr	evangelisch	katholisch	andere Christen	jüdisch	sonstige
1925	79,2	9,4	0,1	1,0	10,3
1933	71,2	9,9	0,0	0,9	18,0

ERWERBSPERSONEN (einschließlich der Arbeitslosen)

1.1. nach Berufsgruppen

Jahr	Erwerbspersonen		Arbeiter und Hausangestellte		Angestellte und Beamte		Selbständige		Mithelfende Familienangehörige		Berufslose Selbständige	
	absolut	in % der Wohnbevölkerung	absolut	in % der Erwerbspersonen	absolut	in % der Erwerbspersonen	absolut	in % der Erwerbspersonen	absolut	in % der Erwerbspersonen	absolut	in % der Erwerbspersonen
1925	116.943	58,8	57.727	49,4	30.453	26,0	12.604	10,8	2.470	2,1	13.689	11,7
1933	149.696	62,1	72.509	48,4	36.439	24,3	11.451	7,7	2.921	2,0	26.376	17,6

1.2. Berufszugehörige

Jahr	Wohnbevölkerung	Arbeiter und Hausangestellte		Angestellte und Beamte		Selbständige		Mithelfende Familienangehörige		Berufslose Selbständige	
		absolut	in % der Wohnbevölkerung	absolut	in % der Wohnbevölkerung	absolut	in % der Wohnbevölkerung	absolut	in % der Wohnbevölkerung	absolut	in % der Wohnbevölkerung
1925	198.832	96.753	48,7	55.514	27,9	24.978	12,6	2.519	1,3	19.068	9,6
1933	241.186	119.249	49,4	62.379	25,9	20.314	8,4	2.993	1,2	36.251	15,0

2.1. nach Wirtschaftszweigen

Jahr	Landwirtschaft		Gewerbe		Handel und Verkehr		Dienstleistungen (incl. Häusliche Dienste)		Handel, Verkehr und Dienstleistungen insgesamt		Berufslose Selbständige	
	absolut	in % der Erwerbspersonen	absolut	in % der Erwerbspersonen	absolut	in % der Erwerbspersonen	absolut	in % der Erwerbspersonen	absolut	in % der Erwerbspersonen	absolut	in % der Erwerbspersonen
1925	2.012	1,7	59.381	50,8	29.764	25,5	12.097	10,3	41.861	35,8	13.689	11,7
1933	2.414	1,6	64.847	43,3	38.497	25,7	17.562	11,7	56.059	37,5	26.376	17,6

2.2. Berufszugehörige

Jahr	Landwirtschaft		Gewerbe		Handel und Verkehr		Dienstleistungen (incl. Häusliche Dienste)		Handel, Verkehr und Dienstleistungen insgesamt		Berufslose Selbständige	
	absolut	in % der Wohnbevölkerung	absolut	in % der Wohnbevölkerung	absolut	in % der Wohnbevölkerung	absolut	in % der Wohnbevölkerung	absolut	in % der Wohnbevölkerung	absolut	in % der Wohnbevölkerung
1925	2.999	1,5	99.734	50,2	55.659	28,0	21.372	10,8	77.031	38,7	19.068	9,6
1933	3.651	1,5	105.770	43,9	66.129	27,4	29.385	12,2	95.514	39,6	36.251	15,0

ARBEITSLOSE (1933)

in % der tatsächlichen Erwerbspersonen	31,4
insgesamt	38.656
männlich	28.158
weiblich	10.498

* *Quellenangaben:* Siehe TABELLE 1.

17 a. *Bezirk Lichtenberg: Wahlstatistik 1921—1933**

Wahl		Wahl-berechtigte	Gültige Stimmen	Wahl-beteiligung in %	KPD	USPD	SPD	DDP	Z	DVP	Wirtschafts-partei	Christl.-Soz. Volksdienst	DNVP	NSDAP	Son-stige
Landtag	20. 2.1921	128.693	91.677	71,4	12,7	21,1	24,8	4,8	3,9	13,9	7,2	—	11,7	—	0,0[1]
Bezirk	16.10.1921	123.063	79.993	65,1	12,2	23,2	21,3	4,9	3,8	14,0	7,3	—	13,2	—	0,2[2]
Stadt	16.10.1921	123.060	79.993	65,1	12,2	23,2	21,3	4,9	3,8	14,0	7,3	—	13,2	—	0,2**
Reichstag	4. 5.1924	135.274	105.313	78,5	22,6	3,3	21,4	5,9	3,7	6,1	5,2	—	19,6	—	12,3[3]
Reichstag	7.12.1924	138.081	110.313	80,8	21,1	0,9	33,0	7,7	4,0	4,9	4,2	—	19,6	1,5[4]	3,0[5]
Landtag	7.12.1924	138.081	109.724	80,9	21,2	0,9	33,0	7,7	4,1	4,9	4,3	—	19,5	1,6[4]	2,8[6]
Bezirk	25.10.1925	140.844	89.490	64,4	23,7	1,2	35,2	6,6	3,6	3,9	4,4	—	17,2	—	4,3[8]
Stadt	25.10.1925	140.844	89.488	64,4	23,6	1,2	35,2	6,6	3,6	3,9	4,4	—	17,3	—	4,3[7]
Reichstag	20. 5.1928	154.928	125.578	81,8	29,4	0,2	35,6	5,2	3,2	4,6	3,0[9]	—	14,2	1,5	2,9[10]
Landtag	20. 5.1928	154.890	124.422	81,7	29,5	0,2	35,6	5,3	3,3	4,6	3,0	—	14,2	1,5	2,9[11]
Bezirk	17.11.1929	167.209	119.653	72,5	29,3	0,3	31,1	3,6	4,0	4,4	4,8	—	13,6	5,7	3,2[13]
Stadt	17.11.1929	167.209	120.529	72,7	29,3	0,3	31,1	3,6	4,0	4,4	4,8	—	13,6	5,8	3,2[12]
Reichstag	14. 9.1930	174.611	143.756	82,8	31,7	0,1	29,2	3,6[15]	3,6	2,3	2,8	1,4	10,2	13,9	1,2[14]
Landtag	24. 4.1932	183.988	148.541	81,2	27,6	—	31,2	2,1	3,9[16]	0,6	0,5	0,8	6,4	24,6	2,4[17]
Reichstag	31. 7.1932	186.681	147.242	82,6	31,1	—	29,4	1,1	4,5	0,5	0,3	0,6	6,2	26,1	0,3[18]
Reichstag	6.11.1932	189.234	152.965	81,6	35,7	—	24,8	1,0	4,1	0,6	0,1	0,7	8,2	24,3	0,5[19]
Reichstag	5. 3.1933	189.507	165.567	88,4	29,2	—	23,5	1,1	4,3	0,6	—	0,7	8,0[20]	32,7	0,0[21]
Landtag	5. 3.1933	189.507	164.755	88,4	29,0	—	22,9	1,1	4,2[16]	0,6	—	0,7	7,8[20]	32,2	1,5[22]
Bezirk	12. 3.1933	188.532	143.061	76,4	23,5	—	24,0	1,1	4,4	0,4	—	0,7	9,0[20]	36,7	0,3[24]
Stadt	12. 3.1933	188.532	143.142	76,4	23,5	—	24,0	1,1	4,4	0,4	—	0,7	9,0[20]	36,7	0,3[23]

* Berechnungen (sofern nicht anders angegeben) nach: *Statistisches Jahrbuch* bzw. *Statistisches Taschenbuch der Stadt Berlin* 1920—1933.

** Siehe dazu oben TABELLE 10.

Anmerkungen zur TABELLE 17a:
Wahlstatistik des Bezirkes Lichtenberg von Groß-Berlin 1921—1933

[1] Niedersächsische Partei (1).

[2] Deutsch-Soziale Partei (134).

[3] Deutsch-Völkische Freiheitspartei (4305), Nationalliberale Vereinigung (859), Republikanische Partei Deutschlands (629), Nationale Freiheitspartei (168), Sozialistischer Bund (604), Deutsche Arbeitnehmerpartei (485), Deutsch-Soziale Partei (5444), Haeußerbund (161), Polnische Volkspartei (271).

[4] Nationalsozialistische Freiheitsbewegung.

[5] Deutsch-Soziale Partei (2554), Polnische Volkspartei (263), Aufwertungs- und Wiederaufbaupartei (165), Deutsche Aufwertungs- und Aufbaupartei (155), Freiwirtschaftsbund (71), Haeußerbund (57).

[6] Deutsch-Soziale Partei (2564), Polnische Volkspartei (186), Deutsche Aufwertungs- und Aufbaupartei (290).

[7] Deutsch-Völkische Freiheitspartei (981), Deutsch-Soziale Partei (1160), Evangelischer Gemeinschaftsbund (1045), Sparerbund (490), Deutsche Mittelstandspartei (165), Staegemanns nationaler Bund der Hauswirte (19).

[8] Deutsch-Völkische Freiheitspartei (982), Deutsch-Soziale Partei (1123), Evangelischer Gemeinschaftsbund (1031), Sparerbund (500), Deutsche Mittelstandspartei (163), Nationalliberale Reichspartei (53).

[9] Ab jetzt: Reichspartei des deutschen Mittelstandes.

[10] Völkisch-Nationaler Block (929), Linke Kommunisten (448), Volksrechtpartei (519), Volksblock der Inflationsgeschädigten (248), Volksrechtpartei (R.A.G.) (303), Reichspartei für Handwerk, Handel und Gewerbe (178), Deutsch-Soziale Partei (252), Christlich-Soziale Reichspartei (145), Polnische Volkspartei (105), Christlich-nationale Mittelstandspartei (210), Alte Sozialdemokratische Partei (141), Christlich-Nationale Bauern- und Landvolkpartei (53), Deutscher Reichsblock der Geschädigten (41), Deutsch-kristliche-folke-partei (59), Deutsche Bauernpartei (37).

[11] Völkisch-Nationaler Block (924), Linke Kommunisten (477), Volksrechtpartei (505), Volksblock der Inflationsgeschädigten (181), Volksrechtpartei (R.A.G.) (257), Deutsch-Soziale Partei (255), Reichspartei für Handwerk, Handel und Gewerbe (164), Polnische Volkspartei (129), Alte Sozialdemokratische Partei (194), Christlich-Nationale Mittelstandspartei (224), Christlich-Soziale Reichspartei (131), Christlich-Nationale Bauern- und Landvolkpartei (196), Deutscher Reichsblock der Geschädigten (36), Deutsche Bauernpartei (32).

[12] Deutsch-Völkische Freiheitsbewegung (319), Christlicher Volksdienst (2130), Volksrechtpartei (227), Freibund des Handwerks, Kleinhandels und Gewerbes (561), Allgemeine Volkspartei (177), Reichspartei für Handel, Handwerk und Gewerbe (166), Linke Kommunisten (153), Christlich-Soziale Reichspartei (95), Partei für Mietsreform (40).

[13] Deutsch-Völkische Freiheitsbewegung (307), Christlicher Volksdienst (2135), Volksrechtpartei (227), Freibund des Handwerks, Kleinhandels und Gewerbes (558), Allgemeine Volkspartei (168), Reichspartei für Handel, Handwerk und Gewerbe (163), Linke Kommunisten (163), Christlich-Soziale Reichspartei (95), Partei für Mietsreform (44).

[14] Christlich-Soziale Volksgemeinschaft (319), Deutsche Kulturpartei der geistigen Berufe, Angestellten und Beamten (217), Deutsches Landvolk (83), Volksrechtpartei und Christlich-Soziale Reichspartei (211), Deutsche Bauernpartei (17), Konservative Volkspartei (552), Freibund des Handwerks, Kleinhandels und Gewerbes (185), Polnische Volkspartei (122), Haus- und Landwirtepartei (27), Arbeiterpartei für das arbeitende und schaffende Volk (32).

[15] Ab jetzt: Deutsche Staatspartei.

[16] Preußische Zentrumspartei.

[17] Interessengemeinschaft der Kleinrentner und Inflationsgeschädigten (1850), Volksrechtpartei (102), Deutsches Landvolk — Deutsche Rechte (155), Nationale Beamte, Angestellte und freie Berufe (133), Haus- und Landwirtepartei (550), Sozialistische Arbeiterpartei Deutschlands (416), Polnische Volkspartei (73), Partei der Erwerbslosen (186), Nationale Opposition der Vereinigten Reichsbankgläubiger und Markgeschädigten (60), Volksrechts- und Wirtschaftspartei des enteigneten Mittelstandes (46), Aktivistische Notgemeinschaft (11), Deutsche Kampfpartei (23).

[18] Deutsches Landvolk — Christlich-Nationale Bauern- und Landvolkpartei (20), Volksrechtpartei (52), Sozialistische Arbeiterpartei Deutschlands (193), Deutsche Sozialistische Kampfbewegung (4), Polenliste (47), Freiwirtschaftliche Partei Deutschlands (37), Haus- und Landwirtepartei (18), Interessengemeinschaft der Kleinrentner und Inflationsgeschädigten (22), Nationalsozialistische Kleinrentner, Inflationsgeschädigte und Vorkriegsgeldbesitzer (56), Kampfgemeinschaft der Lohn- und Gehaltsabgebauten (20), Übrige Parteien (9).

[19] Deutsches Landvolk (8), Volksrechtpartei (36), Gerechtigkeitsbewegung Meißner (6), Sozialrepublikanische Partei Deutschlands (68), Sozialistische Arbeiterpartei Deutschlands (138), Polenliste (57), Freiwirtschaftliche Partei Deutschlands (39), Haus- und Landwirtepartei (6), Kleinrentner, Inflationsgeschädigte und Vorkriegsgeldbesitzer (25), Radikaldemokratische Partei (59), Für Hindenburg und Papen (195), Unitaristenunion Deutschlands (13), Schicksalsgemeinschaft deutscher Erwerbslosen, Kleinhandel und Gewerbe (58), Übrige Parteien (8).

[20] Kampffront Schwarz-Weiß-Rot.

[21] Deutsche Bauernpartei (21), Sozialistische Kampfgemeinschaft (23).

[22] Mit Hindenburg für ein nationales Preußen (2193), Preußischer Mittelstand und Sparer (183), Polenliste (55).

[23] Freibund des Handwerks, Kleinhandels und Gewerbes (79), Wehrwolf (46), Radikaldemokratische Partei (30), Einheitsliste der Werktätigen (23), Mit Hindenburg für ein nationales Berlin (67), Handel, Handwerk und Gewerbe (243).

[24] Freibund des Handwerks, Kleinhandels und Gewerbes (85), Radikaldemokratische Partei (32), Einheitsliste der Werktätigen (27), Mit Hindenburg für ein nationales Berlin (70), Übrige Parteien (Handel, Handwerk und Gewerbe ?) (251).

18. Bezirk Weißensee

18. *Bezirk Weißensee: Sozialstatistik (1919, 1925 und 1933)**

BEVÖLKERUNG

Volkszählung	insgesamt	männlich	weiblich
1919	54.553	25.634	28.919
1925	58.114	27.728	30.386
1933	81.565	39.114	42.451

RELIGIONSZUGEHÖRIGKEIT (in %)

Jahr	evangelisch	katholisch	andere Christen	jüdisch	sonstige
1925	78,3	10,8	0,2	1,5	9,1
1933	71,2	11,6	0,0	1,7	15,5

ERWERBSPERSONEN (einschließlich der Arbeitslosen)

1.1. nach Berufsgruppen

Jahr	Erwerbspersonen		Arbeiter und Hausangestellte		Angestellte und Beamte		Selbständige		Mithelfende Familienangehörige		Berufslose Selbständige	
	absolut	in % der Wohnbevölkerung	absolut	in % der Erwerbspersonen	absolut	in % der Erwerbspersonen	absolut	in % der Erwerbspersonen	absolut	in % der Erwerbspersonen	absolut	in % der Erwerbspersonen
1925	34.350	59,1	19.304	56,2	6.153	17,9	4.572	13,3	1.189	3,5	3.132	9,1
1933	49.260	60,4	26.170	53,1	10.334	21,0	4.638	9,4	1.479	3,0	6.639	13,5

1.2. Berufszugehörige

Jahr	Wohnbevölkerung	Arbeiter und Hausangestellte		Angestellte und Beamte		Selbständige		Mithelfende Familienangehörige		Berufslose Selbständige	
		absolut	in % der Wohnbevölkerung	absolut	in % der Wohnbevölkerung	absolut	in % der Wohnbevölkerung	absolut	in % der Wohnbevölkerung	absolut	in % der Wohnbevölkerung
1925	58.114	32.146	55,3	10.747	18,5	9.737	16,8	1.226	2,1	4.258	7,3
1933	81.565	43.820	53,7	18.258	22,4	8.674	10,6	1.526	1,9	9.287	11,4

2.1. nach Wirtschaftszweigen

Jahr	Landwirtschaft		Gewerbe		Handel und Verkehr		Dienstleistungen (incl. Häusliche Dienste)		Handel, Verkehr und Dienstleistungen insgesamt		Berufslose Selbständige	
	absolut	in % der Erwerbspersonen	absolut	in % der Erwerbspersonen	absolut	in % der Erwerbspersonen	absolut	in % der Erwerbspersonen	absolut	in % der Erwerbspersonen	absolut	in % der Erwerbspersonen
1925	1.691	4,9	18.912	55,1	6.790	19,8	3.825	11,1	10.615	30,9	3.132	9,1
1933	2.172	4,4	22.262	45,2	12.031	24,4	6.156	12,5	18.187	36,9	6.639	13,5

2.2. Berufszugehörige

Jahr	Landwirtschaft		Gewerbe		Handel und Verkehr		Dienstleistungen (incl. Häusliche Dienste)		Handel, Verkehr und Dienstleistungen insgesamt		Berufslose Selbständige	
	absolut	in % der Wohnbevölkerung	absolut	in % der Wohnbevölkerung	absolut	in % der Wohnbevölkerung	absolut	in % der Wohnbevölkerung	absolut	in % der Wohnbevölkerung	absolut	in % der Wohnbevölkerung
1925	2.444	4,2	32.613	56,1	12.517	21,5	6.282	10,8	18.799	32,4	4.258	7,3
1933	3.213	3,9	37.322	45,8	21.061	25,8	10.682	13,1	31.743	38,9	9.287	11,4

ARBEITSLOSE (1933)

in % der tatsächlichen Erwerbspersonen	29,5
insgesamt	12.571
männlich	9.126
weiblich	3.445

* *Quellenangaben:* Siehe TABELLE 1.

18 a. *Bezirk Weißensee: Wahlstatistik 1921—1933**

Wahl		Wahlberechtigte	Gültige Stimmen	Wahlbeteiligung in %	KPD	USPD	SPD	DDP	Z	DVP	Wirtschaftspartei	Christl.-Soz. Volksdienst	DNVP	NSDAP	Sonstige
Landtag	20. 2.1921	36.721	23.341	63,8	11,6	21,7	18,3	4,5	4,5	18,4	6,6	—	14,4	—	—
Bezirk	16.10.1921	34.807	21.082	60,8	10,0	25,2	18,5	—	4,3	—	—	—	—	—	42,0[1]
Stadt	16.10.1921**	.	.	.	.	.	.	.	.	.	.	.	.	.	.
Reichstag	4. 5.1924	38.223	27.754	73,2	19,9	4,4	18,9	5,7	4,1	10,3	4,6	—	23,1	—	9,1[2]
Reichstag	7.12.1924	38.939	29.182	76,0	18,8	1,5	30,4	6,7	4,3	8,0	5,1	—	22,6	1,4[3]	1,4[4]
Landtag	7.12.1924	38.938	28.931	75,9	18,8	1,5	30,5	6,7	4,3	8,0	5,1	—	22,5	1,4[3]	1,2[5]
Bezirk	25.10.1925	39.119	21.936	56,6	20,3	1,4	32,0	6,1	4,0	6,6	6,4	—	19,9	—	3,2[7]
Stadt	25.10.1925	39.119	21.909	56,6	20,2	1,4	32,0	6,2	4,0	6,6	6,4	—	20,6	—	2,6[6]
Reichstag	20. 5.1928	45.137	34.849	77,9	30,8	0,2	31,9	5,0	3,4	6,1	3,7[8]	—	15,7	1,0	2,5[9]
Landtag	20. 5.1928	45.125	34.606	77,8	30,7	0,1	31,9	5,0	3,4	6,0	3,7	—	15,7	0,9	2,6[10]
Bezirk	17.11.1929	49.860	34.240	69,5	28,0	0,2	28,2	3,8	4,2	5,3	6,5	—	15,0	3,8	5,2[12]
Stadt	17.11.1929	49.860	34.522	70,0	28,0	0,2	28,2	3,9	4,1	5,3	6,5	—	14,9	4,0	4,9[11]
Reichstag	14. 9.1930	53.050	43.399	82,3	32,7	0,1	25,3	3,1[14]	3,9	2,8	3,4	1,2	12,1	14,2	1,2[13]
Landtag	24. 4.1932	58.481	46.015	79,1	28,2	—	26,4	1,9	3,8[15]	0,6	0,6	0,6	5,9	29,3	2,7[16]
Reichstag	31. 7.1932	58.821	46.267	82,4	32,2	—	24,9	0,9	4,7	0,5	0,3	0,5	5,9	29,8	0,4[17]
Reichstag	6.11.1932	61.141	48.848	80,5	37,8	—	19,7	0,8	4,2	0,6	0,2	0,5	7,9	27,8	0,5[18]
Reichstag	5. 3.1933	61.817	52.941	87,3	29,4	—	19,9	0,8	4,8	0,6	—	0,6	7,9[19]	36,0	0,0[20]
Landtag	5. 3.1933	61.816	52.700	87,2	29,2	—	19,3	0,8	4,7[15]	0,6	—	0,6	7,7[19]	35,5	1,5[21]
Bezirk	12. 3.1933	61.050	44.927	74,0	22,7	—	20,7	—	5,1	0,7	—	0,6	9,3[19]	40,9	0,2[23]
Stadt	12. 3.1933	61.050	44.923	74,0	22,7	—	20,4	0,7	5,0	0,5	—	0,6	9,1[19]	40,9	0,1[22]

* Berechnungen (sofern nicht anders angegeben) nach: *Statistisches Jahrbuch* bzw. *Statistisches Taschenbuch der Stadt Berlin* 1920—1933.

** Es liegen nur die Ergebnisse für den die Bezirke Weißensee, Pankow und Reinickendorf umfassenden Wahlkreis XV vor; siehe hierzu oben TABELLE 10.

Anmerkungen zur Tabelle 18a:
Wahlstatistik des Bezirkes Weißensee von Groß-Berlin 1921—1933

[1] Wirtschaftliche Einheitsliste (7376), Liste Heyn, Braun, Heike (1468).

[2] Deutsch-Völkische Freiheitspartei (1129), Nationalliberale Vereinigung (243), Republikanische Partei Deutschlands (93), Nationale Freiheitspartei (46), Sozialistischer Bund (131), Deutsche Arbeitnehmerpartei (87), Deutsch-Soziale Partei (674), Haeußerbund (19), Polnische Volkspartei (100).

[3] Nationalsozialistische Freiheitsbewegung.

[4] Deutsch-Soziale Partei (225), Polnische Volkspartei (84), Aufwertungs- und Wiederaufbaupartei (32), Deutsche Aufwertungs- und Aufbaupartei (26), Freiwirtschaftsbund (16), Haeußerbund (14).

[5] Deutsch-Soziale Partei (239), Polnische Volkspartei (73), Deutsche Aufwertungs- und Aufbaupartei (46).

[6] Deutsch-Soziale Partei (224), Evangelischer Gemeinschaftsbund (281), Sparerbund (16), Nationalliberale Reichspartei (14), Deutsche Arbeitnehmerpartei (24).

[7] Deutsch-Völkische Freiheitspartei (392), Evangelischer Gemeinschaftsbund (309).

[8] Ab jetzt: Reichspartei des deutschen Mittelstandes.

[9] Völkisch-Nationaler Block (121), Linke Kommunisten (140), Volksrechtpartei (70), Volksblock der Inflationsgeschädigten (72), Volksrechtpartei (R.A.G.) (88), Reichspartei für Handwerk, Handel und Gewerbe (76), Deutsch-Soziale Partei (43), Christlich-Soziale Reichspartei (59), Polnische Volkspartei (62), Christlich-Nationale Mittelstandspartei (53), Alte Sozialdemokratische Partei (34), Christlich-Nationale Bauern- und Landvolkpartei (11), Deutscher Reichsblock der Geschädigten (19), Deutsch-kristliche-folke-partei (19), Deutsche Bauernpartei (11).

[10] Völkisch-Nationaler Block (118), Linke Kommunisten (139), Volksrechtpartei (73), Volksblock der Inflationsgeschädigten (51), Volksrechtpartei (R.A.G.) (86), Deutsch-Soziale Partei (46), Reichspartei für Handwerk, Handel und Gewerbe (71), Polnische Volkspartei (78), Alte Sozialdemokratische Partei (46), Christlich-Nationale Mittelstandspartei (71), Christlich-Soziale Reichspartei (39), Christlich-Nationale Bauern- und Landvolkpartei (23), Deutscher Reichsblock der Geschädigten (19), Deutsche Bauernpartei (21).

[11] Deutsch-Völkische Freiheitsbewegung (89), Christlicher Volksdienst (623), Volksrechtpartei (36), Freibund des Handwerks, Kleinhandels und Gewerbes (142), Allgemeine Volkspartei (46), Linke Kommunisten (379), Christlich-Soziale Reichspartei (57), Überparteiliche Liste (335).

[12] Deutsch-Völkische Freiheitsbewegung (90), Christlicher Volksdienst (612), Volksrechtpartei (37), Freibund des Handwerks, Kleinhandels und Gewerbes (146), Allgemeine Volkspartei (46), Linke Kommunisten (384), Christlich-Soziale Reichspartei (55), Überparteiliche Liste (413).

[13] Christlich-Soziale Volksgemeinschaft (130), Deutsche Kulturpartei der geistigen Berufe, Angestellten und Beamten (82), Deutsches Landvolk (47), Volksrechtpartei und Christlich-Soziale Reichspartei (52), Deutsche Bauernpartei (2), Konservative Volkspartei (125), Freibund des Handwerks, Kleinhandels und Gewerbes (27), Polnische Volkspartei (54), Haus- und Landwirtepartei (8), Arbeiterpartei für das arbeitende und schaffende Volk (12).

[14] Ab jetzt: Deutsche Staatspartei.

[15] Preußische Zentrumspartei.

[16] Interessengemeinschaft der Kleinrentner und Inflationsgeschädigten (581), Volksrechtpartei (18), Deutsches Landvolk — Deutsche Rechte (23), Nationale Beamte, Angestellte und freie Berufe (46), Haus- und Landwirtepartei (268), Sozialistische Arbeiterpartei

Deutschlands (159), Polnische Volkspartei (39), Partei der Erwerbslosen (65), Nationale Opposition der Vereinigten Reichsbankgläubiger und Markgeschädigten (13), Volksrechts- und Wirtschaftspartei des enteigneten Mittelstandes (9), Aktivistische Notgemeinschaft (4), Deutsche Kampfpartei (7).

17 Deutsches Landvolk — Christlich-Nationale Bauern- und Landvolkpartei (7), Volksrechtpartei (3), Sozialistische Arbeiterpartei Deutschlands (74), Deutsche Sozialistische Kampfbewegung (2), Polenliste (30), Freiwirtschaftliche Partei Deutschlands (8), Haus- und Landwirtepartei (6), Interessengemeinschaft der Kleinrentner und Inflationsgeschädigten (9), Nationalsozialistische Kleinrentner, Inflationsgeschädigte und Vorkriegsgeldbesitzer (18), Kampfgemeinschaft der Lohn- und Gehaltsabgebauten (5), Übrige Parteien (4).

18 Deutsches Landvolk (3), Volksrechtpartei (3), Gerechtigkeitsbewegung Meißner (4), Sozialrepublikanische Partei Deutschlands (15), Sozialistische Arbeiterpartei Deutschlands (54), Freiwirtschaftliche Partei Deutschlands (3), Haus- und Landwirtepartei (3), Polenliste (26), Kleinrentner, Inflationsgeschädigte und Vorkriegsgeldbesitzer (13), Radikaldemokratische Partei (7), Für Hindenburg und Papen (89), Unitaristenunion Deutschlands (5), Schicksalsgemeinschaft deutscher Erwerbslosen, Kleinhandel und Gewerbe (15).

19 Kampffront Schwarz-Weiß-Rot.

20 Deutsche Bauernpartei (13), Sozialistische Kampfgemeinschaft (9).

21 Mit Hindenburg für ein nationales Preußen (717), Preußischer Mittelstand und Sparer (59), Polenliste (31).

22 Freibund des Handwerks, Kleinhandels und Gewerbes (27), Wehrwolf (6), Einheitsliste der Werktätigen (14), Kampfbund für Handwerk, Handel und Gewerbe (9).

23 Freibund des Handwerks, Kleinhandels und Gewerbes (55), Einheitsliste der Werktätigen (26).

19. Bezirk Pankow

19. *Bezirk Pankow: Sozialstatistik (1919, 1925 und 1933)**

BEVÖLKERUNG

Volkszählung	insgesamt	männlich	weiblich
1919	94.399	42.913	51.486
1925	100.825	46.776	54.049
1933	141.333	65.624	75.709

RELIGIONSZUGEHÖRIGKEIT (in %)

Jahr	evangelisch	katholisch	andere Christen	jüdisch	sonstige
1925	83,3	7,4	0,2	1,6	7,5
1933	76,9	8,6	0,0	1,5	13,0

ERWERBSPERSONEN (einschließlich der Arbeitslosen)

1.1. na Berufsgruppen

Jahr	Erwerbspersonen		Arbeiter und Hausangestellte		Angestellte und Beamte		Selbständige		Mithelfende Familienangehörige		Berufslose Selbständige	
	absolut	in % der Wohnbevölkerung	absolut	in % der Erwerbspersonen	absolut	in % der Erwerbspersonen	absolut	in % der Erwerbspersonen	absolut	in % der Erwerbspersonen	absolut	in % der Erwerbspersonen
1925	59.186	58,7	23.491	39,7	17.875	30,2	6.549	11,1	1.514	2,6	9.757	16,5
1933	66.988	61,6	34.302	39,4	24.695	28,4	6.826	7,9	1.996	2,3	19.169	22,0

1.2. Berufszugehörige

Jahr	Wohnbevölkerung	Arbeiter und Hausangestellte		Angestellte und Beamte		Selbständige		Mithelfende Familienangehörige		Berufslose Selbständige	
		absolut	in % der Wohnbevölkerung	absolut	in % der Wohnbevölkerung	absolut	in % der Wohnbevölkerung	absolut	in % der Wohnbevölkerung	absolut	in % der Wohnbevölkerung
1925	100.825	39.055	38,7	33.632	33,4	13.463	13,4	1.559	1,6	13.116	13,0
1933	141.333	57.225	40,5	44.448	31,5	12.515	8,9	2.046	1,5	25.099	17,8

2.1. nach Wirtschaftszweigen

Jahr	Landwirtschaft		Gewerbe		Handel und Verkehr		Dienstleistungen (incl. Häusliche Dienste)		Handel, Verkehr und Dienstleistungen insgesamt		Berufslose Selbständige	
	absolut	in % der Erwerbspersonen	absolut	in % der Erwerbspersonen	absolut	in % der Erwerbspersonen	absolut	in % der Erwerbspersonen	absolut	in % der Erwerbspersonen	absolut	in % der Erwerbspersonen
1925	2.293	3,9	25.121	42,4	13.480	22,8	8.535	14,4	22.015	37,2	9.757	16,5
1933	2.662	3,1	31.041	35,7	20.855	24,0	13.261	15,2	34.116	39,2	19.169	22,0

2.2. Berufszugehörige

Jahr	Landwirtschaft		Gewerbe		Handel und Verkehr		Dienstleistungen (incl. Häusliche Dienste)		Handel, Verkehr und Dienstleistungen insgesamt		Berufslose Selbständige	
	absolut	in % der Wohnbevölkerung	absolut	in % der Wohnbevölkerung	absolut	in % der Wohnbevölkerung	absolut	in % der Wohnbevölkerung	absolut	in % der Wohnbevölkerung	absolut	in % der Wohnbevölkerung
1925	3.298	3,3	43.517	43,2	25.777	25,6	15.117	25,6	40.894	40,6	13.116	13,0
1933	4.072	2,9	52.785	37,4	36.719	15,0	22.658	16,0	59.377	42,0	25.099	17,8

ARBEITSLOSE (1933)

in % der tatsächlichen Erwerbspersonen	27,5
insgesamt	18.667
männlich	13.578
weiblich	5.089

* *Quellenangaben:* Siehe Tabelle 1.

19a. *Bezirk Pankow: Wahlstatistik 1921—1933**

Wahl		Wahl-berechtigte	Gültige Stimmen	Wahl-beteiligung in %	KPD	USPD	SPD	DDP	Z	DVP	Wirtschafts-partei	Christl.-Soz. Volksdienst	DNVP	NSDAP	Son-stige
Landtag	20. 2.1921	67.689	51.785	76,7	9,8	16,0	21,9	7,0	2,4	19,6	5,5	—	17,9	—	—
Bezirk	16.10.1921	62.411	42.197	67,8	8,5	16,4	19,3	7,4	2,4	19,3	6,4	—	20,3	—	—
Stadt	16.10.1921**	.	.	.	.	.	.	.	.	.	.	.	.	.	.
Reichstag	4. 5.1924	69.444	53.742	78,1	17,5	1,8	18,3	7,7	2,5	9,3	5,0	—	28,6	—	9,5[1]
Reichstag	7.12.1924	70.729	55.646	79,6	15,1	0,4	29,0	9,8	2,8	7,4	4,2	—	28,4	1,4[2]	1,6[3]
Landtag	7.12.1924	70.725	55.317	79,5	15,2	0,4	29,0	9,8	2,8	7,4	4,2	—	28,3	1,4[2]	1,5[4]
Bezirk	25.10.1925	71.173	44.829	63,7	16,1	0,6	31,0	9,0	2,3	7,4	5,3	—	25,4	—	2,9[6]
Stadt	25.10.1925	71.173	44.865	63,7	16,1	0,6	31,1	9,0	2,3	7,3	5,2	—	25,4	—	2,9[5]
Reichstag	20. 5.1928	81.312	65.041	80,7	20,7	0,1	33,6	7,7	2,5	6,6	3,3[9]	—	21,5	1,3	2,7[7]
Landtag	20. 5.1928	81.293	64.487	80,6	20,7	0,1	33,6	7,6	2,5	6,6	3,4	—	21,6	1,3	2,7[8]
Bezirk	17.11.1929	86.556	61.618	72,5	20,5	0,2	29,2	6,0	2,9	6,1	5,9	—	21,2	5,7	2,4[11]
Stadt	17.11.1929	86.556	62.158	72,5	20,4	0,2	29,3	6,1	2,9	6,1	5,8	—	21,1	5,8	2,4[10]
Reichstag	14. 9.1930	92.111	76.971	84,0	23,6	0,1	28,3	5,1[13]	2,9	3,1	3,2	1,1	15,8	15,3	1,6[12]
Landtag	24. 4.1932	102.406	84.876	83,3	20,2	—	29,4	3,2	3,0[14]	0,9	0,6	0,7	8,5	31,6	2,1[15]
Reichstag	31. 7.1932	104.912	84.625	84,4	23,8	—	28,0	1,5	4,0	0,7	0,3	0,5	8,5	32,3	0,3[16]
Reichstag	6.11.1932	106.851	89.109	84,3	27,6	—	23,5	1,4	3,6	1,0	0,2	0,5	12,0	29,9	0,4[17]
Reichstag	5. 3.1933	108.056	96.235	90,5	22,2	—	21,5	1,5	3,9	0,9	—	0,6	11,0[18]	38,4	0,0[19]
Landtag	5. 3.1933	108.049	95.777	90,4	22,1	—	20,8	1,5	3,8[14]	0,9	—	0,6	10,7[18]	38,0	1,6[20]
Bezirk	12. 3.1933	106.830	83.097	78,2	16,9	—	21,0	1,7	3,8	0,7	—	0,6	12,3[18]	42,8	0,4[22]
Stadt	12. 3.1933	106.830	83.079	78,3	16,9	—	21,0	1,7	3,7	0,7	—	0,6	12,3[18]	42,8	0,3[21]

* Berechnungen (sofern nicht anders angegeben) nach: *Statistisches Jahrbuch* bzw. *Statistisches Taschenbuch der Stadt Berlin* 1920—1933.

** Es liegen nur die Ergebnisse für den die Bezirke Pankow, Weißensee und Reinickendorf umfassenden Wahlkreis XV vor; siehe hierzu oben TABELLE 10.

Anmerkungen zur Tabelle 19a:
Wahlstatistik des Bezirkes Pankow von Groß-Berlin 1921—1933

1 Deutsch-Völkische Freiheitspartei (2163), Nationalliberale Vereinigung (398), Republikanische Partei Deutschlands (227), Nationale Freiheitspartei (57), Sozialistischer Bund (207), Deutsche Arbeitnehmerpartei (243), Deutsch-Soziale Partei (1389), Haeußerbund (39), Polnische Volkspartei (71).

2 Nationalsozialistische Freiheitsbewegung.

3 Deutsch-Soziale Partei (653), Polnische Volkspartei (44), Aufwertungs- und Wiederaufbaupartei (59), Deutsche Aufwertungs- und Aufbaupartei (115), Freiwirtschaftsbund (24), Haeußerbund (18).

4 Deutsch-Soziale Partei (649), Polnische Volkspartei (22), Deutsche Aufwertungs- und Aufbaupartei (154).

5 Deutsch-Soziale Partei (546), Evangelischer Gemeinschaftsbund (358), Sparerbund (333), Nationalliberale Reichspartei (55), Deutsche Arbeitnehmerpartei (26).

6 Deutsch-Soziale Partei (528), Evangelischer Gemeinschaftsbund (365), Sparerbund (331), Nationalliberale Reichspartei (63).

7 Völkisch-Nationaler Block (447), Linke Kommunisten (288), Volksrechtpartei (258), Volksblock der Inflationsgeschädigten (114), Volksrechtpartei (R.A.G.) (138), Reichspartei für Handwerk, Handel und Gewerbe (83), Deutsch-Soziale Partei (89), Christlich-Soziale Reichspartei (59), Polnische Volkspartei (26), Christlich-Nationale Mittelstandspartei (68), Alte Sozialdemokratische Partei (80), Christlich-Nationale Bauern- und Landvolkpartei (14), Deutscher Reichsblock der Geschädigten (23), Deutsch-kristliche-folke-partei (24), Deutsche Bauernpartei (24).

8 Völkisch-Nationaler Block (442), Linke Kommunisten (307), Volksrechtpartei (267), Volksblock der Inflationsgeschädigten (96), Volksrechtpartei (R.A.G.) (131), Deutsch-Soziale Partei (84), Reichspartei für Handwerk, Handel und Gewerbe (68), Polnische Volkspartei (37), Alte Sozialdemokratische Partei (101), Christlich-Nationale Mittelstandspartei (92), Christlich-Soziale Reichspartei (54), Christlich-Nationale Bauern- und Landvolkpartei (23), Deutscher Reichsblock der Geschädigten (24), Deutsche Bauernpartei (20).

9 Ab jetzt: Reichspartei des deutschen Mittelstandes.

10 Deutsch-Völkische Freiheitsbewegung (168), Christlicher Volksdienst (772), Volksrechtpartei (97), Freibund des Handwerks, Kleinhandels und Gewerbes (201), Allgemeine Volkspartei (93), Linke Kommunisten (123), Christlich-Soziale Reichspartei (35), Überparteiliche Liste (6).

11 Deutsch-Völkische Freiheitsbewegung (166), Christlicher Volksdienst (779), Volksrechtpartei (95), Freibund des Handwerks, Kleinhandels und Gewerbes (206), Allgemeine Volkspartei (95), Linke Kommunisten (104).

12 Christlich-Soziale Volksgemeinschaft (184), Deutsche Kulturpartei der geistigen Berufe, Angestellten und Beamten (150), Deutsches Landvolk (130), Volksrechtpartei und Christlich-Soziale Reichspartei (91), Deutsche Bauernpartei (11), Konservative Volkspartei (502), Freibund des Handwerks, Kleinhandels und Gewerbes (82), Polnische Volkspartei (19), Haus- und Landwirtepartei (22), Arbeiterpartei für das arbeitende und schaffende Volk (23).

13 Ab jetzt: Deutsche Staatspartei.

14 Preußische Zentrumspartei.

15 Interessengemeinschaft der Kleinrentner und Inflationsgeschädigten (696), Volksrechtpartei (55), Deutsches Landvolk — Deutsche Rechte (79), Nationale Beamte, Angestellte und freie Berufe (92), Haus- und Landwirtepartei (409), Sozialistische Arbeiterpartei Deutschlands (246), Polnische Volkspartei (16), Partei der Erwerbslosen (95), Nationale

Opposition der Vereinigten Reichsbankgläubiger und Markgeschädigten (35), Volksrechts- und Wirtschaftspartei des enteigneten Mittelstandes (25), Aktivistische Notgemeinschaft (6), Deutsche Kampfpartei (5).

[16] Deutsches Landvolk — Christlich-Nationale Bauern- und Landvolkpartei (18), Volksrechtpartei (22), Sozialistische Arbeiterpartei Deutschlands (106), Deutsche Sozialistische Kampfbewegung (5), Polenliste (9), Freiwirtschaftliche Partei Deutschlands (9), Haus- und Landwirtepartei (6), Interessengemeinschaft der Kleinrentner und Inflationsgeschädigten (14), Nationalsozialistische Kleinrentner, Inflationsgeschädigte und Vorkriegsgeldbesitzer (27), Kampfgemeinschaft der Lohn- und Gehaltsabgebauten (19), Übrige Parteien (1).

[17] Deutsches Landvolk (5), Volksrechtpartei (20), Gerechtigkeitsbewegung Meißner (4), Sozialrepublikanische Partei Deutschlands (19), Sozialistische Arbeiterpartei Deutschlands (74), Polenliste (11), Freiwirtschaftliche Partei Deutschlands (15), Haus- und Landwirtepartei (4), Kleinrentner, Inflationsgeschädigte und Vorkriegsgeldbesitzer (25), Radikaldemokratische Partei (30), Für Hindenburg und Papen (145), Unitaristenunion Deutschlands (7), Schicksalsgemeinschaft deutscher Erwerbslosen, Kleinhandel und Gewerbe (27), Übrige Parteien (3).

[18] Kampffront Schwarz-Weiß-Rot.

[19] Deutsche Bauernpartei (19), Sozialistische Kampfgemeinschaft (24).

[20] Mit Hindenburg für ein nationales Preußen (1404), Preußischer Mittelstand und Sparer (136), Polenliste (18).

[21] Freibund des Handwerks, Kleinhandels und Gewerbes (86), Wehrwolf (3), Einheitsliste der Werktätigen (28), Kampfbund für Handwerk, Handel und Gewerbe (163).

[22] Freibund des Handwerks, Kleinhandels und Gewerbes (97), Einheitsliste der Werktätigen (30), Kampfbund für Handwerk, Handel und Gewerbe (178).

20. Bezirk Reinickendorf

20. *Bezirk Reinickendorf: Sozialstatistik (1919, 1925 und 1933)**

BEVÖLKERUNG

Volkszählung	insgesamt	männlich	weiblich
1919	92.476	44.808	47.668
1925	105.467	51.528	53.939
1933	164.319	79.690	84.629

RELIGIONSZUGEHÖRIGKEIT (in %)

Jahr	evangelisch	katholisch	andere Christen	jüdisch	sonstige
1925	78,6	9,2	0,2	0,5	11,3
1933	71,9	9,8	0,1	0,7	17,5

ERWERBSPERSONEN (einschließlich der Arbeitslosen)

1.1. nach Berufsgruppen

Jahr	Erwerbspersonen		Arbeiter und Hausangestellte		Angestellte und Beamte		Selbständige		Mithelfende Familienangehörige		Berufslose Selbständige	
	absolut	in % der Wohnbevölkerung	absolut	in % der Erwerbspersonen	absolut	in % der Erwerbspersonen	absolut	in % der Erwerbspersonen	absolut	in % der Erwerbspersonen	absolut	in % der Erwerbspersonen
1925	60.918	57,8	29.611	48,6	15.289	25,1	5.958	9,8	1.179	1,9	8.881	14,6
1933	96.965	59,0	43.627	45,0	26.303	27,1	7.530	7,8	1.843	1,9	17.662	18,2

1.2. Berufszugehörige

Jahr	Wohnbevölkerung	Arbeiter und Hausangestellte		Angestellte und Beamte		Selbständige		Mithelfende Familienangehörige		Berufslose Selbständige	
		absolut	in % der Wohnbevölkerung	absolut	in % der Wohnbevölkerung	absolut	in % der Wohnbevölkerung	absolut	in % der Wohnbevölkerung	absolut	in % der Wohnbevölkerung
1925	105.467	50.872	48,2	29.192	27,7	12.627	12,0	1.211	1,2	11.565	11,0
1933	164.319	74.429	45,3	49.541	30,2	14.137	8,6	1.897	1,2	24.315	14,8

2.1. nach Wirtschaftszweigen

Jahr	Landwirtschaft		Gewerbe		Handel und Verkehr		Dienstleistungen (incl. Häusliche Dienste)		Handel, Verkehr und Dienstleistungen insgesamt		Berufslose Selbständige	
	absolut	in % der Erwerbspersonen	absolut	in % der Erwerbspersonen	absolut	in % der Erwerbspersonen	absolut	in % der Erwerbspersonen	absolut	in % der Erwerbspersonen	absolut	in % der Erwerbspersonen
1925	737	1,2	33.582	55,1	10.840	17,8	6.878	11,3	17.718	29,1	8.881	14,6
1933	1.214	1,3	42.367	43,7	22.199	22,9	13.523	14,0	35.722	36,8	17.662	18,2

2.2. Berufszugehörige

Jahr	Landwirtschaft		Gewerbe		Handel und Verkehr		Dienstleistungen (incl. Häusliche Dienste)		Handel, Verkehr und Dienstleistungen insgesamt		Berufslose Selbständige	
	absolut	in % der Wohnbevölkerung	absolut	in % der Wohnbevölkerung	absolut	in % der Wohnbevölkerung	absolut	in % der Wohnbevölkerung	absolut	in % der Wohnbevölkerung	absolut	in % der Wohnbevölkerung
1925	1.183	1,1	60.374	57,2	20.030	19,0	12.315	11,7	32.345	30,7	11.565	11,0
1933	2.261	1,4	74.363	45,3	39.154	23,8	24.226	14,7	63.380	38,6	24.315	14,8

ARBEITSLOSE (1933)

in % der tatsächlichen Erwerbspersonen	32,2
insgesamt	25.535
männlich	19.374
weiblich	6.161

* *Quellenangaben:* Siehe TABELLE 1.

20 a. *Bezirk Reinickendorf: Wahlstatistik 1921—1933**

Wahl		Wahlberechtigte	Gültige Stimmen	Wahlbeteiligung in %	KPD	USPD	SPD	DDP	Z	DVP	Wirtschaftspartei	Christl.-Soz. Volksdienst	DNVP	NSDAP	Sonstige
Landtag	20. 2.1921	59.812	45.116	75,7	14,4	19,6	21,3	5,1	4,0	16,5	8,3	—	10,7	—	—
Bezirk	16.10.1921	58.324	39.049	67,1	14,0	21,9	19,2	4,8	4,2	17,3	6,8	—	11,9	—	—
Stadt	16.10.1921**	.	.	.	.	.	.	.	.	.	.	.	.	.	.
Reichstag	4. 5.1924	70.875	52.610	74,8	24,3	2,5	22,1	5,5	4,2	8,0	6,2	—	17,7	—	9,5[1]
Reichstag	7.12.1924	72.476	55.284	77,1	22,3	0,6	31,9	7,2	4,5	6,9	5,3	—	18,7	1,4[2]	1,2[3]
Landtag	7.12.1924	72.463	55.037	77,1	22,4	0,6	31,9	7,2	4,4	6,9	5,4	—	18,7	1,4[2]	1,1[4]
Bezirk	25.10.1925	76.064	44.629	59,8	23,9	1,1	33,8	8,8	4,4	—	9,0	—	—	—	19,1[6]
Stadt	25.10.1925	76.064	45.204	60,1	23,4	1,1	33,3	7,6	4,2	5,5	6,7	—	15,2	—	3,0[5]
Reichstag	20. 5.1928	89.494	72.449	81,6	27,9	0,1	34,1	6,1	4,0	6,6	3,8	—	13,4	1,3	2,6[7]
Landtag	20. 5.1928	89.478	71.986	81,4	28,3	0,1	34,1	6,1	3,9	6,4	3,8[9]	—	13,5	1,3	2,6[8]
Bezirk	17.11.1929	99.242	71.920	73,3	28,0	0,3	30,4	4,7	4,3	6,2	6,1	—	12,5	5,3	2,2[11]
Stadt	17.11.1929	99.242	72.315	73,6	27,9	0,3	30,4	4,7	4,3	6,2	6,0	—	12,5	5,3	2,4[10]
Reichstag	14. 9.1930	110.813	92.879	84,3	30,3	0,1	28,9	4,4[14]	3,9	3,7	3,1	1,2	9,4	13,8	1,3[12]
Landtag	24. 4.1932	118.153	97.344	82,8	26,3	—	28,9	2,5	4,0[13]	0,9	0,5	0,6	5,7	28,1	2,4[15]
Reichstag	31. 7.1932	119.999	100.954	85,1	29,4	—	27,8	1,3	4,7	0,7	0,3	0,6	6,0	29,0	0,3[16]
Reichstag	6.11.1932	122.846	101.598	83,2	33,7	—	23,0	1,1	4,4	1,0	0,1	0,6	8,5	27,1	0,5[17]
Reichstag	5. 3.1933	124.250	109.457	89,3	27,1	—	21,7	1,3	4,7	0,8	—	0,7	8,0[18]	35,7	0,0[19]
Landtag	5. 3.1933	124.246	108.954	89,2	27,0	—	21,2	1,3	4,6[13]	0,8	—	0,7	7,8[18]	35,3	1,4[20]
Bezirk	12. 3.1933	122.915	95.485	78,2	21,9	—	21,6	1,4	4,6	0,6	—	0,7	8,9[18]	40,1	0,3[22]
Stadt	12. 3.1933	122.915	95.509	78,2	21,8	—	21,6	1,4	4,6	0,6	—	0,7	8,9[18]	40,2	0,3[21]

* Berechnungen (sofern nicht anders angegeben) nach: *Statistisches Jahrbuch* bzw. *Statistisches Taschenbuch der Stadt Berlin* 1920—1933.

** Es liegen nur die Ergebnisse für den die Bezirke Reinickendorf, Weißensee und Pankow, umfassenden Wahlkreis XV vor; siehe hierzu oben TABELLE 10.

Anmerkungen zur TABELLE 20a:
Wahlstatistik des Bezirks Reinickendorf von Groß-Berlin 1921—1933

1 Deutsch-Völkische Freiheitspartei (2120), Nationalliberale Vereinigung (906), Republikanische Partei Deutschlands (183), Nationale Freiheitspartei (67), Sozialistischer Bund (208), Deutsche Arbeitnehmerpartei (209), Deutsch-Soziale Partei (1186), Haeußerbund (44), Polnische Volkspartei (77).

2 Nationalsozialistische Freiheitsbewegung.

3 Deutsch-Soziale Partei (418), Polnische Volkspartei (67), Aufwertungs- und Wiederaufbaupartei (61), Deutsche Aufwertungs- und Aufbaupartei (72), Freiwirtschaftsbund (32), Haeußerbund (24).

4 Deutsch-Soziale Partei (440), Polnische Volkspartei (47), Deutsche Aufwertungs- und Aufbaupartei (120).

5 Deutsch-Soziale Partei (414), Evangelischer Gemeinschaftsbund (577), Sparerbund (40), Nationalliberale Reichspartei (243), Deutsche Arbeitnehmerpartei (64).

6 Deutsch-Völkische Freiheitspartei (1015), Evangelischer Gemeinschaftsbund (794), Bürgerblock im Bezirk Reinickendorf: DNVP und DVP (5550), Nationalliberale Reichspartei (1048), Deutsche Arbeitnehmerpartei (99).

7 Völkisch-Nationaler Block (556), Linke Kommunisten (238), Volksrechtpartei (152), Volksblock der Inflationsgeschädigten (138), Volksrechtpartei (R.A.G.) (150), Reichspartei für Handwerk, Handel und Gewerbe (81), Deutsch-Soziale Partei (86), Christlich-Soziale Reichspartei (129), Polnische Volkspartei (34), Christlich-Nationale Mittelstandspartei (97), Alte Sozialdemokratische Partei (91), Christlich-Nationale Bauern- und Landvolkpartei (38), Deutscher Reichsblock der Geschädigten (27), Deutsch-kristliche-folke-partei (54), Deutsche Bauernpartei (16).

8 Völkisch-Nationaler Block (556), Linke Kommunisten (229), Volksrechtpartei (163), Volksblock der Inflationsgeschädigten (120), Volksrechtpartei (R.A.G.) (136), Deutsch-Soziale Partei (81), Reichspartei für Handwerk, Handel und Gewerbe (79), Polnische Volkspartei (43), Alte Sozialdemokratische Partei (117), Christlich-Nationale Mittelstandspartei (121), Christlich-Soziale Reichspartei (109), Christlich-Nationale Bauern- und Landvolkpartei (45), Deutscher Reichsblock der Geschädigten (27), Deutsche Bauernpartei (14).

9 Ab jetzt: Reichspartei des deutschen Mittelstandes.

10 Deutsch-Völkische Freiheitsbewegung (94), Christlicher Volksdienst (993), Volksrechtpartei (53), Freibund des Handwerks, Kleinhandels und Gewerbes (358), Allgemeine Volkspartei (84), Linke Kommunisten (80), Christlich-Soziale Reichspartei (55), Überparteiliche Liste (39).

11 Deutsch-Völkische Freiheitsbewegung (97), Christlicher Volksdienst (990), Volksrechtpartei (53), Freibund des Handwerks, Kleinhandels und Gewerbes (361), Allgemeine Volkspartei (90).

12 Christlich-Soziale Volksgemeinschaft (253), Deutsche Kulturpartei der geistigen Berufe, Angestellte und Beamten (152), Deutsches Landvolk (89), Volksrechtpartei und Christlich-Soziale Reichspartei (77), Deutsche Bauernpartei (8), Konservative Volkspartei (502), Freibund des Handwerks, Kleinhandels und Gewerbes (74), Polnische Volkspartei (27), Haus- und Landwirtepartei (15), Arbeiterpartei für das arbeitende und schaffende Volk (10).

13 Preußische Zentrumspartei.

14 Ab jetzt: Deutsche Staatspartei.

15 Interessengemeinschaft der Kleinrentner und Inflationsgeschädigten (1035), Volksrechtpartei (62), Deutsches Landvolk — Deutsche Rechte (79), Nationale Beamte, Angestellte und freie Berufe (73), Haus- und Landwirtepartei (447), Sozialistische Arbeiterpartei

Deutschlands (434), Polnische Volkspartei (22), Partei der Erwerbslosen (111), Nationale Opposition der Vereinigten Reichsbankgläubiger und Markgeschädigten (22), Volksrechts- - und Wirtschaftspartei des enteigneten Mittelstandes (28), Aktivistische Notgemeinschaft (4), Deutsche Kampfpartei (6).

16 Deutsches Landvolk — Christlich-Nationale Bauern- und Landvolkpartei (9), Volksrechtpartei (28), Sozialistische Arbeiterpartei Deutschlands (188), Deutsche Sozialistische Kampfbewegung (11), Polenliste (13), Freiwirtschaftliche Partei Deutschlands (19), Haus- und Landwirtepartei (3), Interessengemeinschaft der Kleinrentner und Inflationsgeschädigten (14), Nationalsozialistische Kleinrentner, Inflationsgeschädigte und Vorkriegsgeldbesitzer (29), Kampfgemeinschaft der Lohn- und Gehaltsabgebauten (12), Übrige Parteien (3).

17 Deutsches Landvolk (5), Volksrechtpartei (21), Gerechtigkeitsbewegung Meißner (4), Sozialrepublikanische Partei Deutschlands (57), Sozialistische Arbeiterpartei Deutschlands (153), Polenliste (8), Freiwirtschaftliche Partei Deutschlands (10), Haus- und Landwirtepartei (9), Kleinrentner, Inflationsgeschädigte und Vorkriegsgeldbesitzer (18), Radikaldemokratische Partei (18), Für Hindenburg und Papen (175), Unitaristenunion Deutschlands (12), Schicksalsgemeinschaft deutscher Erwerbslosen, Kleinhandel und Gewerbe (24), Übrige Parteien (1).

18 Kampffront Schwarz-Weiß-Rot.

19 Deutsche Bauernpartei (18), Sozialistische Kampfgemeinschaft (13).

20 Mit Hindenburg für ein nationales Preußen (1380), Preußischer Mittelstand und Sparer (105), Polenliste (12).

21 Freibund des Handwerks, Kleinhandels und Gewerbes (102), Wehrwolf (39), Einheitsliste der Werktätigen (29), Kampfbund für Handwerk, Handel und Gewerbe (109).

22 Freibund des Handwerks, Kleinhandels und Gewerbes (101), Einheitsliste der Werktätigen (28), Kampfbund für Handwerk, Handel und Gewerbe (108), Übrige Parteien (Wehrwolf ?) (41).

NAMEN- UND SACHREGISTER

(Der Bildteil [S. 107—156], das Literaturverzeichnis [S. 265—281] und der Tabellenteil des Statistischen Anhangs [S. 315—482] sind nicht in das Register aufgenommen; siehe hierzu die Inhaltsverzeichnisse des Bildteils [S. 109—113] und des Statistischen Anhangs [S. 287—289])

Kirchweg 33 ('Mittelhof'). D-1000 Berlin 38 (Nikolassee)